榘 矱 集

——李隼文集　第一编：诗歌·戏剧·助记语言学

李隼　著

辽宁大学出版社

图书在版编目（CIP）数据

李隼文集. 第一编，槩𫄧集：诗歌·戏剧·助记语言学 / 李隼著. —沈阳：辽宁大学出版社，2017.9

（学者文库）

ISBN 978-7-5610-8775-6

Ⅰ. ①李… Ⅱ. ①李… Ⅲ. ①文学—作品综合集—中国—现代 Ⅳ. ① I217.2

中国版本图书馆 CIP 数据核字（2017）第 236913 号

出 版 者：辽宁大学出版社有限责任公司

（地址：沈阳市皇姑区崇山中路 66 号　邮政编码：110036）

印 刷 者：大连雪莲彩印有限公司

发 行 者：辽宁大学出版社有限责任公司

幅面尺寸：170mm×240mm

印　　张：37.5

字　　数：580 千字

出版时间：2017 年 9 月第 1 版

印刷时间：2017 年 10 月第 1 次印刷

责任编辑：陈景泓

版式设计：陈　茜

封面设计：王晓波

封底篆刻：任永江

责任校对：兰　心

定　　价：109.00 元

联系电话：024-86864613

邮购热线：024-86830665

网　　址：http://press.lnu.edu.cn

电子邮件：lnupress@vip.163.com

目 次

诗歌卷（586 首）

戏剧卷（4种）

助记语言学卷

诗 歌 卷

1964·初一学生证照

2011·传媒学院课间一瞥

卷一　新诗　（116 首）

卷一上　短诗（57 首）

I．心灵印象（6 首）

1. 有一天，我经过一个小镇

有一天，
我经过一个小镇，
我想去做那里的公民。

铁路边上，
有一片松林，
火车老半天才通过一趟，
给这里留下
一路飒飒的足音。

两个陌生人走进，
仰头看松枝上的天空，
松塔被鸟儿啄落在地表上。
挺软的一层松针，
草尖上闪闪的露水，
有一两行脚印和牛粪。

几个上早学的孩子经过，
后面还有
嘻嘻哈哈的一群。

刚刚下过小雨的路上，
干净地赶来一辆马车，
是出去卖西瓜的，
车夫给车遮盖了几把新草，
便坐在车厢板上抽烟，
车就像一条小船，
开始悠然地驶向远方。

松林的尽头，
能看见城，
耀眼的钟楼和鸽鸣。
周围是农场的沃野。
就像画家画布上，
还没有调制的三原色：
黄的是小麦，
绿的是大豆，
红的是拖拉机和头巾。

我是你未来的公民，
同样是你几笔
大师的作品。

2. 我屋里是洁白的墙

我屋里的灯熄灭了，
外面的灯还亮着。

外面是灿烂的世界，
我屋里是黑海洋。

外面的灯熄灭了，
只剩下我屋里的灯光。

我外面是深黑的方框，
我屋里是洁白的墙。

3. 我做了一个梦

我做了一个梦，
我梦见
我在十八平米的世界里。
一面墙是书的格子，
两面墙是阳光，
还有一面墙
是门。

我双手支撑着椅子扶手，
我站立起；

我终于
挪动到它的背后。
我坚持
双手再支撑住椅背，
做
膝关的集训。

我看这电脑里的世界，
我遗忘了余痛。
我诅咒
我的肢体，
不可以残疾。

然而，
我的灵魂，
却与无计其数的病夫
一起，
瘫痪在这
十九厘米的世界里。

我想，
我是知道，
我本来有我的世界。

那为什么要造
这样一个世界，
锁我在
到处都是的灵魂里。

我带着

初入洗澡堂子一样的
不甘，
回避在
面对面的堂皇里。

4. 我要离开我的城邦

我要离开我的城邦，
做一次短暂的旅行。
我要去远方。
远方有多远？
远方没有汽车，
也没有街墙。
远方是一座木屋，
在森林的小溪边，
和星儿一起歌唱。

我要离开我的城邦，
做一次临时的休憩。
我要去草原。
草原有多宽？
草原没有立桥，
也没有机场。
草原是一顶毡房，
在野花的山坡下，
和云儿一起飞翔。

我要离开我的城邦，
做一次无遮拦的清闲。
我要去沙漠。

沙漠有多广？
沙漠没有快轨，
也没有邮箱。
沙漠是一处雕像，
在丘陵的镜湖里，
和月儿一起观光。

5. 当我走路的时候

当我走路的时候，
向前看，
路是直的。

当我停下来的时候，
向后看着，
路是弯的。

倘若丈量，
前面的路短，
后面的路长。

6. 大自然，我用什么来净化我的灵魂

大自然，
我用什么来净化我的灵魂？
春天用落花，
夏天用落雨，
秋天用落叶，
冬天用落雪？

我迟迟地对着落花，
我呆呆地对着落雨，
我缓缓地对着落叶，
我静静地对着落雪。

我的落花，
我的落雨，
我的落叶，
我的落雪，
我的落潮，
我的落晖，
我的落阳，
我的落阴！

我匆匆的四时的更迭啊！
我匆匆的一日的晨昏啊！
大自然，
我用什么来净化我的灵魂？
我用落发，
我用落齿，
我用落拓，
我用落泪和落笔，
听你用落雷和落音！

春天在落花，
夏天在落雨，
秋天在落叶，
冬天依旧在落雪；
我依旧在落发。

Ⅱ. 爱之旅行（9首）

1. 阳光瀑布般的树丛

阳光瀑布般的树丛。
厚厚的草地上，
手风琴歪斜着躺在那里；
旁边丢下一枝
刚刚嗅过的蒲公英，
还浸着灰色的乳浆。

2. 晚霞

晚霞把穹庐装在落日的围栏里，
她把落日装在瘦高的镜头里，
我把她装着瘦高镜头的相机
装在口袋里。

3. 我的初恋

淡月笼着熟睡的农庄，
场院里发出巨大的声响。
卷扬机把一捆捆解开的麦个子，
呼呼地送进康拜因的胸膛。
麦粒被堆成山，
麦秸被送到别的地方。

换班的时刻到了，
下班的农工都急着回家，

我突然被她踩住，
跟她拐进那个熟悉的草场。
我喘着粗气走到她近前，
她把一支辫子甩到肩膀。
我看她把口罩摘下，
露出冒着热气的脸庞。

草场发出干草的气息，
还有她那一身麦子的蒿香。
田塍很白很白，
一直通向看瓜人废弃的窝棚。
她回头走进去，
她解开了衣裳，
她就像伐木人困倒在板铺上。

我站在窝棚前，
我看着月光。
康拜因发出遥远的呼喊，
呜咽突兀而铿锵。
她向我发出第一道指令：
你是傻，还是装？

我弯腰走进去又走出来，
她把身子翻动，
我坐在她板铺上。
她把眼睛遮住，
她却又忽地坐起，
推我一把，然后说：你死样儿！
便一面系上扣子，
一面一溜烟儿跑回 ——

月光底下，
那个沸腾的打麦场。

4．我和母亲等着你

我和母亲等着你。
你跑了三里多的村路，
把一匦清晨的艾叶，
交到我母亲的手里。

我把它
连同母亲的那串葫芦，
别在我家的屋檐下。
我母亲把那朵小花儿，
插在你的头上。

我们三个人，
望着田野里的麦苗儿。
你的刘海儿下，
还滴着山上的露水。

5．我从遥远走来

我从遥远走来，
我把那株带着晨光的红山茶，
别在你的头上，
你像一位格格。

我从近旁走来，
我把那朵带着艳阳的绿牡丹，

插在你的衣襟，
你像一头孔雀。

我从高原走来，
我把那支带着晚霞的信天游，
装进你的口袋，
你像一只小羊。

我从峡谷走来，
我把那片带着星辉的火烧云，
藏在你的身后，
你像一团织锦。

我把织锦裁成了，
我带着我的孔雀，
我带着我的小羊，
献给了我的格格。

6. 不知道你现在变成了啥样

在哈尔滨，
在动力之乡，
在气轮机厂，
旁边有一个职工食堂。
我在此 ——
认识了一位卖油条的女郎，
她的年龄差不多和我相仿。

她不管收钱，
她只管付账。

她那双拨粉条一样的筷子，
唰唰地把油条一根根 ——
装进窗口排队人的饭盒上。

她娴静而且端庄，
哼哼地点数、夹起和包装。
我想，她能叫云想衣裳；
她整洁并非张扬，
哐哐地清扫、挪下和摆放。
我想，她能叫一尘不脏。

后来，因为上学
我就离开了那里，
一别就是许多的年，
可我每当在什么地方买油条，
我就会立刻想起她的模样。

不知你现在
你变成了啥样？
是退休哄孩子，
还是跟他们打麻将？
是做了新企业主，
还是被下岗吃低保，
或者因为别的什么？
又打上了唇膏，
做了另外人家的一个新娘？
你带手机了吗？
你有邮箱？
不，不想了！
也许都不是；

也许就在我昨天的博客里
早已经把你碰撞，
把你碰撞成为一块
80 后的奶糖！

7. 太阳岛

一只木船，
踩翻了橙色的云。
是两双
木屐
和湿凉了一角的裙。

那里
不曾是海，
却有一个岛屿；
也不是天体，
却有一颗太阳。
被触屏了。

一下子都滑开，
是一个梦，
记得吗？
一条湿鼓的缆绳。

8. 把思念，交给一双木屐

没有月亮，
盼月亮；
有了月亮，

把它锁在湖里。
没有星星，
盼星星；
有了星星，
把它丢弃在海上。

没有了夜晚，
制造一个夜晚。
在雨中，
哎，
把思念
交给一双木屐。

石桥，
是一把被敲打过
千年的
纸雨伞。
船的那面
是心弦。

9. 飘去的日子

像风一样
飘来；
又像风一样
停驻。

不知何时，
又会像风一样
飘去。

飘去的日子，
是一片
铜绿的
叶子。

Ⅲ. 走向深处的思念（10 首）

1. 记忆卷走的河流

小时侯，
母亲是一抱
扎手的豆秸。
灶火生成的窝头，
顶着蒸气，
揭开了 —— 我
卓午的太阳。

长大了，
母亲是一床
提花的缎被。
花镜移除的手指，
一面绗着诉说，
一面设计着 —— 我
未来的月亮。

而此时，
当太阳和月亮，
成为天体；
母亲 —— 却成为一段

孑然的故事。
那记忆卷走的河流啊，
打着折扣，
吞噬了 —— 我
心中的宇宙。

2. 铜盆的碎影

母亲，
是我门前记忆中的
那条小河。
铜盆的碎影，
再度舀起岸柳的婆娑。
一朵插满头上的黄花，
送走她一捆青春的柴禾。

当麦场的金风，
又扬起手足的开裂，
而唤我归来的眠歌，
却埋进了你一脸永存的新月。

今天，
晴雪的流光，
又亮起冰划子的雀跃；
而那道弯弯曲曲的冰河啊，
却定格了我无穷无尽的缄默。

3. 我的母亲，是一颗铜扣儿

我的母亲，她离开我们很早；

她在我的眼中，一直不是那座桥。
我的母亲，是一棵黑皮的桦树；
连着那平原，暴风，
也不曾把你吹倒。

我的母亲，她离开我们很早；
她在我的眼中，
一直不是那台花轿。
我的母亲，
是一辆横垄地上的花轱辘车；
颠簸的家乡，烟雪，
也不曾使你逃夭。

我的母亲，她离开我们很早；
她在我的眼中，
一直不是那碗诱人的糖稀。
我的母亲，
是一桌难以下咽的糠饼；
苦咸的酸楚，饥馑，
也不曾叫你哀号。

我的母亲，她离开我们很早；
她在我的眼中，
一直不是那顶草编的花帽儿。
我的母亲，
是一把两个小伙子才能启动的铡刀；
粉碎的汗水，牛郎，
也不曾如你娇娆。

我的母亲，她离开我们很早；

她在我的眼中，
一直不是那面漆雕。
我的母亲，是一颗铜扣儿；
嵌留在我的领口，即便是乌瘴啊，
也不曾有一刻令我浮摇。

4. 太阳是在天上，母亲是在地上

雾气不知不觉地
从四面八方赶来，
就像母亲打开蒸干粮的帘笼。
雾首先扑在眼睫毛上，
然后扑在脸蛋上，
然后把手也扑湿了，
开始滴答地下。

但这不是雨，是雾。
雨总是要等雾思考一会儿，
才决定是阴还是晴。
倘若是夏天的晚雾，
那一定就是雨了。

可是，在冬天
雨是没有那么便宜的。
雾是不能动摇的冰花，
还没有等到
母亲打开蒸干粮的帘笼，
就挂在树上，
成为了雾凇。

无论是雾
变为雨变为雾凇，
可它还是有晴的许诺，
就像母亲
还没有打开蒸干粮的帘笼，
一下子就烧干了锅，
然后呈现上
干干爽爽的一锅干粮。

雾是太阳婆婆的杰作，
就像干粮是母亲的杰作一样。
她把无数
微米级的水泡泡，
在她忧伤之时，
就把它们吹成了雾；
在她恼怒之时，
就把它们吹成了雾凇；
在她高兴之时，
就把它们吹成了晴。
而母亲却常常是
把那一锅锅的干粮，
吹成了天上无数颗的太阳。
金光灿烂，
圆圆鼓鼓，
密密匝匝，
只有香。

太阳是晴的奢望，
母亲是儿子的奢望。
但并非因为她是母亲，

而是她那一锅
金光灿烂
圆圆鼓鼓
密密匝匝
看就香的干粮。

无论是阴霾，
是急骤的雨，
是路障还是晴朗，
母亲都送我上路，
送我上学，
送我上班，
甚至送我上床。
送我
跌倒了又爬起来，
爬起来又踉踉跄跄。

太阳是在天上，
母亲是在地上！

5. 篱笆、风筝和网

小时候，
我和娘是篱笆；
风一来，
爹就成了桩。

长大了，
我就变成了风筝；
大晴天里

娘却成了爹手中
滑轮里的线，
叫爹在一旁望。

后来，
娘先走了，
就剩下
妻儿和爹变成的网；
我就成了缆绳，
拴在桩上，
拴在天上，
拴在房上。

6. 我梦见父亲

这几天，
我老是梦见我父亲。
他说要买海菜。
海菜坚湿，
就像一卷牲口的皮板。

他桌子上，
置一只白色的酒盅，
是透明玻璃那种。
还有一灰铝的盆，
内煮一株白菜，
是整株的玉，
漾在水里。

他半裹棉袄，

使筷子夹菜。
侧着光亮的头额，
伤心委屈得
一喜欢就流泪。

我说，你还是
老是那么着急地吃。
他无语。

7. 折一把艾蒿

这不是家园，
这只是遥念。
而在这境况里，
却还时时记住
南沟的柳草
和我开始的童年。

光滑的小路儿，
密密的柳条儿，
青青的蒿草。
卓午的阳光
正耀着明明的鼠眼。

折一把艾蒿，
敷衍母亲的哀容；
藏一个粽子，
打发姐姐的呼喊。

跳水的巨响，

淹没了袅袅的炊烟；
水气夹杂的蕴藻，
终于淡化了
父亲坚守一生的苦脸。

我总是因为
编制不好斗草，
输了，
才只好把一个
心仪已久的小姑娘，
甘心地做了
二哥哥的伙伴。

把杂花献给了归路，
把平原献给了远山，
还有不尽的
留连。

8. 我的四季牧歌

一只用秫秸扎制的，
仿佛地球仪似的
西瓜。
其实，
只有经纬度，
又像一个风轮。
在飓风中
吹滚。
我在后面，
它在前面；

在我们的后面，
是一片
灰蒙蒙的欢笑。

地面上已经开始
沟壑纵横，
我跟我的小伙伴们
吧唧着脚丫子，
就像一群
刚刚出栏的鸭子。
西天上开始
上演着火烧云。
饲养员牵马走过，
羊倌猪倌牛倌
牵牲口走过；
庄稼苇草和原野，
渐渐远去的
烧玉米的青烟。

阳光到中午才很热，
得把早上的棉衣脱了。
其时，
大人半大孩子和小孩子，
都匆忙赶着吃饭。
在家中，
在地里，
在路上；
在一边做着，
收割谷子的，
收割高粱的，

收割玉米的。
画板上只剩下
红色和黄色。
手开裂了，
足开裂了，
脸开裂了，
口开裂了，
心动了。

能够把屋宇压迫
而坍塌的，
不都是山和石头。
我这里还有
千里雪。
一只晚归的候鸟，
或许它是掉队了，
但它还是远行了。
雪就下大了。
早晨起来，
不再问候吃饭了吗，
而是
雪好大吗，
好大雪吗？
我们挖洞，
还有桥，
没有人做堆雪人
那些小玩意。
等待雪崩。
雪浪，
把狗爬犁和马掌

都淹没了。
躺在那里，
听骄阳繁星似的闪烁。
很干净的一切，
连我的生命
和你。

9. 秋天，是我童年的一支钢笔

秋天是一捆谷草。
在母亲的坚持下，
我落草为生。

秋天是一块搪板。
在刚刚腾出的碾坊里，
是城里的一位下放干部
和他的妻子，
我开始了
人生的启蒙。

秋天啊，
是偶尔生成的雁阵，
延长为远方，
消失为课程。
在朗朗的童音里，
是诗，
也是梦。

秋天啊，
是母亲带头，

捧着二号糠的菜饼，
她不断地暗示，
只有吃，
才能成行。

秋天，
是姐姐的一根头绳。
她老是躲在炕梢，
咬着它，
把头发挽成风筝。

秋天，
是父亲的家什兜子。
他借助晚归，
偷人几穗集体的玉米，
星夜里搓下，
蒸出两个窝头，
准备明天带着出工。

秋天，
是飘着炊烟的院子。
还有一匹老马，
关节嘎嘎地，
走向井台，
和着刷锅的气味，
一阵糊香，
一阵嘶鸣。

秋天啊，
是嫂子

寻找鸡鸭的叫声。
那叫声鹤唳着，
至今难宁。

秋天是什么，
是我童年的一支钢笔。
我在月下，
背着家人熟睡的鼾声，
写出了我人生的
第一篇习作，
旅程。

10. 有一种声音在记忆深处

月光携带着清露，
把蛐蛐的叫声送进我的耳鼓；
灰暗的风追逐着树影，
把窗棂的沙响蒙进了我的衾被。
田地里的庄稼留一条窄窄的小路，
突然把一对狸子焦蓝的眼睛
闪耀的交鸣，
刺进了我激烈的心跳；
浑淌河流的岸上，
是总有声响的恐惧和静谧的；
远山却是遐想和期望的无音，
也许正是这一种无音的大隙，
才吸引着我的沉郁。
是雪的脊梁，
把我的关闭屋宇的门轴戛然地大动，
多么深刻地嵌入我的肌肤！

还有，父亲，母亲，姐姐们——
和一切有关无关的人的习惯的用语，
在时不时翻着我的页码，
铺着我的文字，
成为无形而有形的诗行。

还有，我陌生的城和它的诱惑，
我鄙夷的神色和它的自以为是，
都完全像一把烙铁，
把符号，各种符号，
吱啦地烫在汗血马的后臀上一样，
印回了我的灵魂的飞芒。

古老的学术是蘸着徽墨的大笔，
把砚台磨成为计算机或者自动化，
成为单调的激动光。
我把声音的经验都集中起来，
声音，于是就几乎开始等于零头。
那些大夐都销声匿象。

可此时，
却有一种声音在我的记忆深处，
竟然像车像窗像椅子像钥匙像眼影，
像小食品的咀嚼像手机的眼泪，
然后又什么都不像，
从平静的柔媚里，
顿时转化成为怜悯
转化成为惊恐忧伤无助和墙。

在一声声的哀鸣和一阵阵的咆哮处，

我听见了看见了，想见了——
我的母亲。是母亲，是母亲啊，
唯你才有的那种悲壮和激烈，
那种奋不顾身的生还的决绝和祈望！

Ⅳ . 缅怀（2 首）

1. 把你的彩铃化作我的彩铃
—— 哭绍庆

我太笨了，绍庆！
前三天打电话，
爱珍叫你，
你没有起来接，
我竟不知道，
那时你已经不行了，绍庆！

可我又太晚了，绍庆！
今天晚上打电话，
爱珍说你已经走了，
是中午的 12 点。
电话里是嘈杂的钟磬和歌声。

此时，
我的蚊帐中还在叮咬，
此时，我想，
你的灵帐中已经不可能再有了蚊虫，
只有家人把你交给道场的嘤鸣。
绍庆！
这真是开玩笑。

你是走了吗？
你是去上海，还是远行？
仿佛都不是，
仿佛只有你诡谲的笑容。
那笑容里藏着的质朴和忠诚！

绍庆！
明天我还会打电话，
叫爱珍代我向你问候，
跟往常一样，
我一听就是你，
并且很快就传过 ——
你呼吸和咳声。
你听见了吗？
是我！还有 L.S.

这一夜，
我们都睡过了。
一起来，
大嫂就说，
哎，绍庆昨晚已经睡在山上了。

你睡在山上了，
还是我们去过的那个茔地吗？
你曾经一边吃着杨梅，
一边说，
老 L.M.，咱们把墓修好吧，
你在西，我在东；
大嫂就在这儿！

阳光痒痒的，
蜜蜂和草在嗡嗡。
花儿都落尽了，
到处是上山的人。
他们看着我们笑，
很羡慕，很热情。
因为我是异乡人，
我是你远方之朋。

绍庆！
我不再回忆了，
我有的已经回忆不起来了。
我要和你睡去 ——
睡在那山上去，绍庆！
你却依然诡谲地笑说，
NO！
我自己一个人很清净。
可你不能忘记给我打电话啊！
还有，到时
把你的彩铃化作我的彩铃。

2. 青青，别忘了，1 月 22 日那天，请代我致萧红
　　—— 纪念萧红逝世 68 周年

临了，
我把那只银瓶
看看，
又再一次加封。
这是引自家乡的井底，

水呀，
是那样的澄澈，
又激浊而扬清。
终于
在那边在今天，
我寻找到一个新的小友，
她叫青青；
是一个平和的中学生。
就请她吧，
代替我，
把这君子之交
忘年之谊，
还有带着美丽的
小城三月的风，
送上你——
曾经跋涉过的前程。
是的，我知道
我和你一样，
我不愿
再提起你不愿的往事；
但我总要
去看看你的最终。

我把你泛黄的日记展平：
1942，1，13——
住跑马地协和医院；
1，18——
转玛丽医院；
1，21黎明——
香港被日军占领，

再转红十字会圣世提凡医院；
1，22晨——
只留下一点咳声，
说"不甘，不甘！"
你就永远地把我们推开，
一个人飘向了浅水湾
那深深的海中。

那株红榕树下，
只留下了一片陶片。
现在已经化沙，
现在已经化蝶，
现在已经化成
最怯怯的琴音，
在潮汐里
泛着无数的叮咛。
太阳升起，
月亮落下，
到处撒满星辉。

青青，
这些地理
你已经可能找不到了，
其实
也无须找到了。
可你无论如何
也要把那只——
已经靠岸的银瓶
重新拾起！
不要让它搁浅，

不要让它沉默，
不要让它因为
我们都离开了她
而开始幽鸣！
你告诉我吧，
你一定能够
背向维多利亚湾，
继续把它
抛出大海，
然后说：
远行吧，诗人！
远行。

Ⅴ.向青春敬礼（5首）

1. 寻找你，春天的脚窝

一片冻绿色的树叶，
在朔风中飘落，
飘落。
如果是一直在枝桠上吹拂，
吹拂；
那么，它并非觉得寂寞。
如今，
在此生疏的地表之上，
才开始有些迷惑。
它要寻找
春天的脚窝。

这片冻绿色的小叶子，

走进了白茫茫的雪野。
它问：
"春天的脚窝，
你在何处？"
雪野说：
"春天曾经在此经过，
春风春雨不惜
把晶莹挥霍。"

这片冻绿色的小叶子，
滑进了光亮亮的冰辙。
它问：
"春天的脚窝，
你在何处？"
冰辙说：
"春天曾经在此停车，
春光春景不慎
把明丽跌落。"

这片冻绿色的小叶子，
拐进了窄矮矮的阁楼。
它问：
"春天的脚窝，
你在何处？"
阁楼说：
"春天曾经在此过夜，
春花春月不该
把绿荫弄破。"

这片冻绿色的小叶子，

它问行人，

行人把衣襟紧裹。

它问烟雪，

烟雪只会肆虐。

它问晴空，

晴空却在反问不迭：

"春天的脚窝，

你在何处？

春天的脚窝，

脚窝，

脚窝，

脚窝！！"

2．日食：90 后
—— 一个诗人和一个孩子的对话

日食，

古人说，

是天狗把日吞了。

90 年前，

一个诗人说，

我就是天狗，

我把日来吞了，

我把月来吞了，

我把一切的一切吞了！

我就是一切的一，

我就是一的一切，

我就是我！

日食，

今人说，

是月把日遮了。

90 年后，

一个孩子说，

我就是月，

我把日来遮了，

我把地来遮了，

我把一切的一切遮了！

然而他又开始自责：

可我又不是一切的一，

也不是一的一切，

难道"我不是我？"

那个孩子去问诗人，

诗人说，

"我就是我！"

而"你却不是你"。

那只是因了你——

只知食甚，

而不知初亏，

所以你不能复圆。

那个孩子归去，

有生以来第一次——

感到孤寂。

他想问日，

他想问月，

他想问地：

再过 90 年，

那将是一个什么日子？

3. 青春

其实，
我们有许多岁月，
还不值一把白雪；
但有一个岁月，
却价值连国。

这个岁月就是青春，
就是热血。

青春啊，
那么简约，
简约得就像一朵花的骨朵。

青春啊，
那么怡悦，
怡悦得就如同满园的蛱蝶。

可青春
又是那么壮阔，
有时壮阔得简直就是一座东岳。

但青春
却常常是潘多拉一个人的假设。
所以对每个人来说，
那唯一一件的赠与，
却因此而别。

青春是一道门槛，

还是一把锁钥，
青春是一只玻璃鱼缸，
还是一天远行的皓月。

青春是一部风衣飘带的手机，
青春是一本看了几遍的小说，
青春是一片青草的温存，
青春是一颗颗铺满草地上的野果儿。

青春是上学，
青春是上课，
青春是毕业，
青春是就业。

青春是传销，
青春是工作，
青春是炒股，
青春是开出租车，
青春是导游，
青春是收银员，
青春是公务员，
青春是出差，
青春是出国。

青春是深圳，
青春是墨尔本，
青春是加洲是斯德哥尔摩。

青春就是青春啊，
青春，

却是一辆快递的白色桑塔那，
邮件内只有一张纸条，
上写：
谜面在握，
谜底在我。

4. 我为新少女歌唱

我在原野里，
我为新少女歌唱！
青纱帐是你的百褶裙，
落日是你的胭脂，
拖拉机是你砰砰的心跳，
炊烟是你袅袅的马尾松。
你悠然地开动着归巢，
就像鸟和树，
牛羊和小溪，
电影机和露天宽银幕。
就像高音喇叭和村支书，
康庄大道和新居。
就像你和原野，
大地在等着你，泛起
一股温暖而潮湿的回忆。

我在工厂里，
我为新少女歌唱！
流水线是你的洋花布，
机器是你的眉笔，
大众是你闪闪的天镜，
指标是你盼盼的婚期。

你飘然地驾驶着换班，
就像菜和篮子，
超市和消费者，
购物车和刷卡机。
就像胡同公告和胖大妈，
街心花园和小区。
就像你和城市，
夜空在望着你，涂起
一片火热而甜蜜的希冀。

5. 早晨，从湖心开始

假如是早上，
是第一节课，
学生们还没有来；
我一个人，
拷贝了U盘，
拷贝了音响，
拷贝了投影仪，
拷贝了教科书，
拷贝了一切和思考，
我就站在讲台下，
习惯地
像一个教练员，
我在胸前叉起来双臂，
看他们每个人
打比赛。

可这里没有运动员，
只有一片
沉默着的

卡通一样的阶椅，
于是，
我成为一幅油画。
早到的第一个学生，
一面寻找位置，
一面道先生早。
他仿佛就像一颗石子，
投在湖里。
荡漾的波纹，
撕碎了这幅画儿。
思维和寂静，
一片片地
向四外散去。
跟着的嘈杂和尖叫，
就像冒出的湖底泉。
早晨，
从湖心开始。

VI. 与风景有个约会（15 首）

1. 有点风好

有点风好，
最好是四五级吧。
可以把尘埃吹散，
可以把尾气驱赶，
可以把路面吹干，
可以把病毒吹倦。

有点风好，

最好是五六级吧。
可以把杨柳摇撼，
可以把旗帜飘翻，
可以把白云飘卷，
可以把天空吹得瓦蓝。

有点风好，
最好是六七级吧。
可以把晴雨伞藏匿，
可以把门窗紧关，
可以把帽子扣严，
可以把前进的身躯吹弯。

有点风好，
可别是八九十来级啊！
那可就什么都不可以了，
不过，风后准是个晴天，
人们并非都是沮丧的，
静悄悄看着
吹断的桅杆，
没了屋顶的家园，
空旷的海岸，
椰子树依然。

2. 南方、北方和这里

南方的夏天等待台风，
就像在村口等待新娘。
台风一来，
热就消散，

只有晴新和清爽。
而新娘有时也焦躁，
偶尔一发便成了疯狂。

北方的夏天等待暴晒，
就像在炕上等待新郎。
暴晒一来，
热就来了，
到处是拔节和茁壮。
而新郎有时也盛怒，
偶尔一发便成了旱象。

这里的夏天等待大雾，
就像在蜜月等待洞房。
大雾一来，
就没了灰网，
是潮润润的绿和明朗。
而有时洞房也尴尬，
偶尔一发便成了雨汪儿。

3．繁星和梦

星星，
所有的星星
都惺忪起了睡眼。
是夜航的鸟，
还是夜半的钟声？
似乎都不是，
只是一丝远山上的清风。

星星，
所有的星星
又都开始在做梦。
是迷路的流云，
还是教堂里催眠的夜曲？
似乎都不是，
只是一片水气在那儿迷朦。

星星，
所有的星星
都隐没去了身影。
是西天的皓月，
还是东方的鱼肚红？
似乎都不是，
只是码头上的一声汽笛
在引吭长鸣。

起床喽！
我们这些人儿啊
我亲爱的繁星。

4．有一种花

有一种花，
从俄罗斯移来。
开在
城的缝隙里。

城际交通，
成为天上的一朵云，

假日是一把晴雨伞。

为一次约定，
不是丁香，
却淡成一串紫色。

花魂，
风把它装进
手机的像素；

夜晚把傍晚，
染成一篮子的
天空。

5. 蝉

因为声音，
而有了名；
因为居高，
而出了名；
因为黄叶，
而记住了汉宫。

其实，
只是因为
一切都埋藏过很深，
所以
才骤然叫醒，
才浑然失踪。

也罢，
跟我一样
这是命。

阳光灼热得
就像老虎，
但我依旧像
秋虫一般的
亢进。

到处是小孩子，
还有黏的网，
和辉煌璀璨的麦秸。
无边的飞蜻蜓，
这
应是一个收成；
但我已经
不再恋着窝笼。

只等着
掩起来耳朵，
就像 MP3MP4 那样，
旁若无听。
你懂。

6. 月钩

夜已经有了，
些许的水气了。

西楼上，
把月钩朦胧。

庭院中，
把树戟迷蒙。

小路旁，
把露剑轻灵。

帐子里，
把身卒撼动。

梦里，
把心旌唤醒。

7. 七夕

小时候，
每当这一天中午，
我们就曾经用筷子，
摆成一个井字。
然后
在两端依次架起。
把家中所有的筷子，
都使用完了，
就造了一座拱桥，
是给牛女的。

母亲说，
倘若那一天下雨，

那他们就是哭了。

拱桥造好了。
于是
我们就企盼着，
下雨。

下雨了，
我们就祈祷，
彩虹。

因
那是他们自在的桥。
他们的桥，
还有喜鹊撑腰；
我们的
只是一个稽首。
我们的桥，
只能够摆在桌子上，
一叩就倒。

于是
我们就开始寻觅，
看喜鹊们在那里逍遥。

但是
现在，
就连一叩就倒的桥，
彩虹，
还有喜鹊，

也都一个个地
无从知晓。

8. 小巷

大街上，人们都
穿着各自的霓裳；
夜雨冲过的街面，
树叶被洗出一片韶光。

朝暾还不很耀眼，
云跟风儿一起骀荡。
小巷里，走出一个
打着苹果的徐娘。

广告牌多采的华语，
看呆了西北望的天窗。
公交站上，有一排
等车族在遐想。

提速驶去的摩托，
掣过一面嫣红的飘发。
楼宇里，成群的
鸽子跃入上苍。

9. 云图的怀想

一切很快
就都过去了。
驿站标点的匆忙，

雁脚语素的凋伤；
还有
信使词组的青丝，
顷刻
都变成了印花，
一头银发的收藏。

一切又来得
那么突兀和铺张。
手机语汇的艳阳，
QQ 句子的星光，
还有
短信段落的云雨，
此刻
都化作了视频，
满幅云图的怀想。

10. 早上起来

早上起来，
开开窗子，
想
透透空气。
外面的
比家里的还浑浊。
我生气地拿笤帚，
把儿子的小玩具汽车
扫进了脚踏桶。
儿子哭了，
妈咪，

我的这个，
不是你们外面的
沃尔沃越野路虎四驱。
我抱起来儿子，
我挺喜欢他的现实主义。

11. 冬天的太阳

冬天的太阳
很糟，
贬值得有如
一块银毫。

白光闪耀，
冷得却
像一窝鸟巢。

公交车，
平摆积木；
小轿车，
成了孩子手中
遥控的信号。

鼓楼，
冻馊了杨柳；
钟楼，
惊呆了鸽哨。

旅行者的
甲虫，

正栖息在
电梯上，
等待爬高。

12. 雪

清早起来，
打开窗帘，
向外望：呶！
雪把操场上
着了一层厚厚的严妆。
只留下一对井盖儿，
就像大熊猫的眼眶。

雪把楼窗户
拼成了一个个井字，
雪把团玉兰
包裹成馒头的模样。
雪把双杠
变成了雪橇，
雪把塔松
压成了老人的手杖。

男人出来
踩出一串乱脚印，
女人出来
扫出一条砖路况。
小孩子出来，
把赤橙黄绿
点缀在雪地上。

老奶奶一出来
就倒背着手端详。

我出来,
走在除雪机
旋转过的马路上。

雪又下起来,
下大了。

车辆行人车辆
就像打冰球一样,
笨拙而又灵活,
友好而又安康,
个个的欣喜若狂 ——
多亏了
一场冬雪的赏光。

13. 一朵红梅的花瓣

一片红绸子,
落在雪地上。
雪地上,飘起
一片红绸子。
一朵红梅的花瓣。

14. 看俄画展

我站在河边,
这条河

虽然已经不是从前的模样;
但它总还是
曾经诞生过 ——
许多让世界知名的纤夫,
还有他们的拿画笔的伙伴。

除了刚才,
还有以往,
皮大衣口袋里的烈酒,
把父亲灌醉了;
于是,
儿子和母亲站起来,
支撑着世界的文学形象。

将来会是个什么样子?
我知道,
会比现在好;
至于到什么程度,
我也不知道。

那就看现在 ——
现在。
纪念凡高的向日葵,
老拉多格城的冬天,
圣人彼得堡的教堂。
裸体的少妇,
只有这一点是雷同的。

还有坏天气,
涅曼河畔,
到处都是市场,

一切都是俄罗斯的风光：
原野，
马，锦鸡；
伊万茶花，
覆盖大雪的农庄。

你会叫你的朋友，对他
展开永远的联想和想象。

15. 衣索匹亚

泾渭分明，
不仅
在中国，
在陕西。

它
还在非洲，
在衣索匹亚。

青尼罗河，
白尼罗河，
就像泾水渭水
那样流着。

它们中间
夹着一个古国，
夹着一个故事。

故事啊，

比衣索匹亚
还要悠久，
还要缅邈。

一个牧羊人，
看见羊在跳跃。

他知道，他那是
暗恋国王女儿的
罪责。

是一箱
出港的咖啡豆，
使他们
从美丽出发，
抵达圣洁。

Ⅶ. 诗的杂感（10 首）

1. 今年白菜丰收了

农民最糟心的事不是歉收，
而是丰收之后卖不出去。
农民最糟心的事不是丰收之后卖不出去，
而是明明知道能够卖出去却把价格压得太低。
农民最糟心的事不是明明知道能够卖出去却把价格压得太低，
而是明明知道能够卖出去却把价格压得太低之后还要加上目光的歧视。
农民最糟心的事不是明明知道能够卖出去却把价格压得太低之后还要加上
目光的歧视，
而是明明知道能够卖出去却把价格压得太低还要加上目光的歧视之后还要
陪上苦不堪言的笑意。

2. 我问过一位家长

我的办公楼下
是一所小学操场。
只要有闲暇，
我就会充当一回监控录像：
看升旗，
看上操，
看上岗。
看雄起起气昂昂，
看体育教师翻新花样。

而我的兴致却不在这里，
而是在

每天早上，
每天中午，
每天晚上，
看家长接送孩子的张望。

我问过一位家长，
她说她把孩子
一直送完到三年级的那个晚上。
学校就像一台自动取款机，
母女就像卡和钱币，
输入输出，
完全遵照程序，
一丁点都不能随心所欲。

3. 闯关东

我太爷出去时，
一张狗皮；
归来时，
还是一张狗皮。
多的是 ——
一肚子的故事。

我爷爷出去时，
一身军衣；
归来时，
还是一身军衣。
多的是 ——
一腔的豪气。

我爹出去时，
一卷行李；
归来时，
还是一卷行李。
多的是 ——
一张报纸。

我出去时，
一只手机；
归来时，
还是一只手机。
多的是 ——
一篇日记。

4. 只是无号

我没有买到这趟列车有座号的票。
我的朋友，
我在你身边的过道靠一下椅背。
如果车晃动擦着了你的肩，
请你暂时不要大喊大叫。
因为，
其实，
我也有合法的一张，
只是无号。

5. 门岗，你是另类

你整天什么事情都没有，
你又整天什么事情都有。
你很清闲，
你又很辛苦。
你很自由，
你又很不自由。
你是机械的时钟：
不上发条你不能走，
发条上紧了你又走不动。

门岗，
你是另类。
我会慢慢地把你宽容，
但不是把你放纵。
你知道吗，
你是大墙的眼睛。

没有了大墙
那我们该多么凋零！

6. 在母亲的身后是三个兄弟

在母亲的身后是三个兄弟，
三个兄弟
在各自的责任田：
一个在回忆过去，
一个在设想未来，
一个在思考现在。
回忆过去的，
不一会儿就睡着了；
设想未来的，
正在放出眼光；
思考现在的，
顿时发出一声苦笑。
母亲走过来，
为睡着的盖上被；
为放眼光的递上毛巾；
为苦笑的拍下肩膀。
对着三个兄弟，
母亲说，
"承包责任田，
是你们的创造，
可不能单干呀！"
三个兄弟起来，
成立合作社。
睡着的蓝天醒了，
放出眼光的稻谷丰收了，

苦笑的日子
化作突突的康拜因，
把幸福的博客堆满
一座座
黄金灿灿的场院。
母亲对三个兄弟说：
"三人齐心，
其力断金。"
三个兄弟给母亲
照了一张相：
在母亲的身后是
三个兄弟。

7. 幸福的形状

世上有形状的物质有许多，
惟有幸福是无形状的想望。

物质到处都是到处都是物质，
幸福却有其特定的情境特定的影像。

触摸下就知道这是大象，
大象可以称量。

想一想才懂得什么是幸福，
幸福不可以过磅。

总体来说，幸福不是物质，
是精神是感觉是坐享。

可幸福离开物质便不存在，
即使存在了也形同虚妄。

这样看来，
幸福就具有了形状
是不变的精神而又跟不断变化的
物质的搭档。

幸福的形状变成汽车是越野路华，
幸福的形状变成居室是屋顶花房。

幸福的形状又是一本书是《飘》，
幸福的形状又是一回亲吻是柠檬
香水。

幸福的形状是一件银饰是耳铛，
幸福的形状的一次旅行是拉杆皮箱。

幸福的形状是主持人是自由调侃，
幸福的形状是嘉宾是聊时装。

幸福的形状是健身房是瑜伽，
幸福的形状是身影是喜欢的一厢。

幸福的形状是职业和不称职，
幸福的形状是业余爱好和不断梦想。

幸福的形状是吃请和请吃，
幸福的形状是开车送醉鬼回家
你爱怎么样怎么样。

幸福的形状是舞池和被淹没，
幸福的形状是泳池和展示韩装。

幸福把物质吞没是一张大口，
物质便成为幸福的父亲和母亲的
梦床。

于是，幸福虽然在地上；
而实际上幸福却又总在天上。

其实，也不尽然；华尔街的巨贾
有时也常常被露宿街头者嘲谤。

而他们之间却互递颜色心照不宣：
这很使期待幸福定义的大家过于
失望。

幸福的形状从西餐大菜
成为一只饭碗，
幸福的形状从宝马雕车
成为一辆三轮。

幸福的形状从一只叉刀下的烤鸭，
一夜之间成为争食泡饭的菜汤。

幸福的阳光从上午的鄙视，
成为下午喜欢的欣赏。

物质无欲并非横流，

幸福有望其实无疆。

你可能问我那你认为什么是幸福，
以及到底幸福是什么形状。

我可以回复或者不作回复，
因为幸福一旦触摸它立刻就失去
原样。

8. 我牵过握过的那些手

幼儿园阿姨小朋友的手，
上学路上爷爷奶奶的手，
校园里老师同学的手，
过马路爸爸妈妈的手，
跌倒时陌生人的手，
长大后亲戚朋友的手，
工作中领导同志的手，
谈恋爱结婚女友妻子的手，
事业合作伙伴的手，
医生护士的手，
汽车司机的手，
三轮车夫的手，
邮递员的手，
送报工的手，
送水工的手，
送奶工的手，
扛煤气罐的手，
杂务人员的手，
社区大妈的手；

还有工人农民知识分子的手，
民警的手，
消防员的手，
解放军的手；
有形的手，
无形的手，
物质的手，
精神的手；
顷刻就忘怀的手，
终生难忘的手，
坚硬的手，
柔软的手，
香的手，
汗的手，
使劲攥着的手，
随便应酬的手，
带着眼泪的手，
不带任何邪念的手，
修长的手，
粗短的手，
调朱弄粉的手，
斫伐拖曳的手，
中国人的手，
外国人的手，
机器人的手，
一切一切的手。

这些手，
无论从何处出发，
又向何处着落，

都永远像一棵棵不知道疲倦的树，
跟我不停地弯曲，
跟我不停地拥握。
又像一棵棵树组成的屏障，
在风里在雨里把我包裹：
时时刻刻关心我，
提醒我，
挑战我，
鼓励我，
以至于欣赏我爱我。

有这些手，
我似乎没感觉到什么；
没这些手，
我才知道生活的无着和艰涩。
即使哪管是那些略带歧义的手，
也会叫我顿时感到 ——
曾经在那时温暖过片刻。

我牵过握过的那些手，
我未牵过握过的那些手，
我将牵过握过的那些手啊！
我报答你的衣，
我报答你的食，
我报答你的住，
我报答你的行，
我以学习，
我以工作，
我以生活。
我以 ——

错误和正确，
痛苦和快乐，
动摇和执着，
报答你 ——
永久的沉默和思索！

9. 我们走进一座殿堂

同学们，
我们走进一座
我们从未走过的殿堂。
在这个殿堂里，
已经没有了嫉妒，
没有了张望；
有的是宽容，
有的是欣赏。

我们跟我们的老师一起，
迎接每天第一缕朝阳；
晚上那金子似的火烧云，
醉着我们无边的遐想。

不知哪一天，
有谁又走了；
可我们知道，
这是他的一次远足，
我们为他歌唱。
我们唱的是马革顺的赞美诗，
但我们这里，
不是教堂。

10. 每次走过这间咖啡屋

每次走过这间咖啡屋，
便忍不住慢下了脚步。
窗外的细雨滴着梧桐，
路过的足音敲着无言的倾诉。
两杯年轻的热咖啡，
立着一对苍然白发的调匙。
青春，
成为一包送别的嘱咐。

卷一中　组诗（3组，57首）

Ⅰ. 母亲（23首）

1

母亲
去做乡里的人民代表，
好几天不回来。
二姐就把一个煮熟的鸭蛋
搁在小铁碗里。
我哭了，
她就把鸭蛋
一半半儿地切了，
给我摆在炕沿上。

2

母亲
有一年夏天的一个正午，

她怕在家睡过了头儿，
老早就到西南山等着薅地。
她等着等着
就睡着了。
谁知人家下半晌
已经转移了地块儿；
她一直睡到日头偏西。
是一个查边儿的乡干部
把她叫醒，
她才知道——
她脸上还扣着草帽。
她太乏了。

3

这是我小姐奚落我时
念念不忘的一个故事：
河套出鱼啦！
二虻子哥哥
把我领出去抬鱼。
父亲冲起母亲发火，
母亲在井台洗衣。
她手里还提着铜盆，
一口气赶到
十里外的稻田地，
她一面敲打着铜盆，
一面呼喊我的名字。
那粗糙的声音
和晚霞一起，
落到河里。

4

月光明镜似的
落在我家的酱栏。
我从父亲的家什兜子
摸出一块铅笔头儿；
母亲为我找出半截报纸。
她问我，
你要写啥？
这是一个八月十五的夜里。

5

我二姐的婚期，
是我母亲最忙碌的记忆：
因为一个嫂子的打岔，
母亲把我二姐的
一件素花夹袄，
一剪子就把
整片的前大襟拦腰裁断。
母亲着急地
蹦到地上跳起。
可她立时就叫我二姐，
把原来料子上的经线扯下；
捻成一模一样的纬线 ——
连夜缝合了这件新衣。

6

母亲的手，
很粗大很修长。
她说到我们家
她才学会了做这些：

锄草，割地；
铡草，放牛；
捆草，修堤。
母亲活计笸箩里
珍藏了一双青大绒
绣花的原牛皮底的布鞋 ——
但我一直不能够
知道它的秘密；
直到她没有任何话语地
静悄悄地远去。

7

在上小学以前，
我家还没有褥子。
是秫秸编制的炕席。
母亲把谷草
平铺在席下，
我们睡在席上。
席针像舌刮一样，
这头纫线，
那头穿上篾子，
母亲一针一针
补席。

8

棉衣都是手工缝制，
有厚的，有薄的；
还有夹的。
—— 他们大人都是这样的体例，
我们小孩子只有三分之一。

母亲一个人
把棉花咔吃成瓜儿，
一片片
叠在笸箩上，
就像一朵朵灰色的云，
接续在黑云里。
母亲用风快的流线
细密地组装着
我们一家
黑色的团队。

9

我出了疹子了，
母亲用萝卜缨子
给我搓身。
我就像一条
长拖拖的软黄瓜；
母亲的手
就仿佛是一把瓜蒌，
都带着刺儿。

10

雨季来临，
母亲把秫秸的窗帘
修好。
那窗帘就像
现在卷帘的门。
雨下大了，
母亲就把窗帘
放下。

我们在黑洞里
听
闪电和雷。

11

我家盖了新房子。
盖新房子，
作为父亲
可能这一生中就一回。
我们一家
住在下屋，
我被搪板砸了腿。
母亲害怕父亲，
就跟我们
编织了一个故事。
可父亲从外归来，
叫我，
我还是一瘸一拐地
朝他走去。
母亲却躲在草堆旁，
一边远望，
一边擦围裙。
—— 那是忧虑
还是欢喜？

12

母亲跟父亲
去北大界，
祭祀我的先房母亲。
可他们

却燎着了荒原！
父亲把母亲推起，
母亲却扯过衣襟，
蘸着兰花泡子，
不停地击水！
后来，
父亲说，
幸亏了她；
舍死忘我地
一同起来救急。

13
满满一锅的
黄豆，
煮熟了。
再在锅上
蒙上麻袋，
撒上谷糠。
蒸汽
就像烧锅里的出糟，
一寸寸地长。
母亲用酱杵
捣酱。
我在旁
尝。
母亲说，
香？
汗珠
就在她脸上。

14
过年
都出去玩了。
母亲一个人
包饺子。
她自制的一只扁匙——
一条牛肋骨，
磨得就像象牙一样明亮。
这才是她的强项，
盖帘上是一个挨一个的
银圆，
是晶莹的希望。

15
母亲风流眼，
春天挖菜，
她老是流眼泪。
那么大的眼睛，
总是感觉有一种
迷茫。
母亲的心
好像又一直在远方。

16
我的幼年，
她经常在盼望，
盼望。
她也经常在想，
想——
哪个村里的

哪位姑娘，
得了我的奖赏，
来做我的新娘。
她历数过的
可能不下一打儿。
但她临了，
却啥也没问，
只是点了点头，
就把眼睛合上。

17

我梦见
我去给母亲治病。
我赶着花轱辘车，
一匹枣红马，
母亲靠近车厢。
可总是在横垄地
颠簸；
忽下忽上。

18

我梦见母亲
为我疗伤。
她把刀口药
敷衍在我的中指，
把布缠绕着，
就像嫁接的山丁子树，
紧紧地捆绑。

19

霜花是树梢上的儿女，
儿女长大了，
母亲就剩下
光秃秃的枝桠。
可她老是在春风料峭里
看着发芽儿。

20

细雨是小草的妈妈，
妈妈一走，
就绿了天涯。
天涯都绿了，
才又想起来了
妈妈。

21

母亲说，
那年冬天很冷。
她的母亲临终，
跟她说，
你送我的时候，
戴帽子，
别冻着。
我的母亲
那时
她刚刚订婚。

22

母亲没有留下照相。

她闲暇时，
却经常翻看一张照相。
这相
是被剪辑过的，
一半留着一个男人的倩影：
平头
方脸
和服，
左手有一戒指；
是她的前夫，
他们是开烧锅的。
照相的一角儿
写着：民国二十四年，
正月初五。

23
母亲的老家
在伦河，
她二十三年没有回过。
这让我想起来
一幅年画儿：
昭君
和她风雪叮咚的
故国。

Ⅱ．我想起你（28首）

1. 银杏

我想起你，

我看着
银杏脸上，
斑斑的劣迹。
这年轮的
沉淀，
是痛苦的
美丽；
可那杯红酒里的
夏熟，
定要把青涩
唤起。

2. 木兰

我想起你，
才告诉你。
小孩子移来的
那盆花儿，
昨已开启。
谁也不知她的大名，
像一首朦胧的诗，
十三支柱头
擎着
一手把的火炬，
是一个一个
粗啦啦的木字。
我想起你，
就叫她木兰。
看着它积薪，
看着它引信，

看着它燃烧,
看着它白炽;
看着它
开机,
关机。

3. 蓝色

蓝色,
我想起你。
我不知道
用什么颜色的
字体。
蓝色的透明,
红色的火密,
紫色的苛刻,
黑色的暴戾。

我想起你,
我不知道用
什么样的字号,
初一的过谦,
小五的过誉。

我想起你,
我不知道,
用什么表情,
普通的嫌小,
热门的太挤。

我想起你,
把散文
误解为小说;
把小说
正解为戏剧。
把一切的
文学样式推倒,
是一串
8888 的
疲敝。

4. 浮桥

我想起你,
天街原是一条河。
几只车船,
在那儿嗤嗤驶过。
人行道的路灯,
便成了岸上的
几树灯火。

我想起你,
一个下火车的人,
匆匆在河边疾行;
几个晚归的赤子,
正在
一排斑马线的浮桥,
悉数地穿越。

我想起你,

没有汽笛，
没有灯塔，
没有装卸；
只有干净的
叫星儿坠落。

我想起你，
目的是岸，
出发也岸啊，
一千年度一回啊，
是南飞乌鹊。

5. 有儿

我想起你，
可我得告诉你
一个故事。
我楼下的老奶奶，
她去年说，
八十七。
她每天每都
捡垃圾。
她早晨三点起，
能赶上第一拨
报纸。

我想起你，
可我得告诉你，
她不缺吃，
她不缺人民币，

她一捡就是三十年。
风雨兼程，
日出日落，
而作而息。
有人说她，
不正常；
她说正常的人
有几。

我想起你，
可我得告诉你，
这不算奇；
奇的是
她脊柱弯曲，
头扣膝。
我常常议论，
她哪天要是走了，
咱小区该如何
追记？

6. 豆角

我想起你，
小孩子
一爬起来，
就说，
暑假很快就过去。
不能老玩儿，
我得准备，
拾掇拾掇，

上学。

我想起你，
菜价又涨。
黄瓜豆角芋头茄子，
世锦赛
打了第几；
酸奶加糖了没，
吃吃，
吃完好收拾。

7. 流浪

我想起你，
你知道吗？
早上过马路，
那只流浪的猫咪，
因为跟着你，
被车挤，
而后，
就再也不看我一眼，
自己独自一瘸一拐
走上山去。

我想起你，
我很后悔。
要不是
让你给它喂食，
它就不会这样怀旧；
也就不会发生

这样的事。

我想起你，
但它多少天，
都不回来了。
是躲进林中舔舐伤口，
还是已经逃离闹市。
它是怕累及我的吗？
它才那么勇毅。

8. 蜻蜓

我想起你，
连月不开的
霏霏淫雨，
昨晕而今霁。

我想起你，
风清气肃，
日高空碧。
秋到了，
就这么神力。
像一把电吹风，
梳着美人的颈，
是虚拟的篦。

我想起你，
我把被子，
把被套，
把被单，

把凉席，
把帐子，
把枕，
把我的心，
都晾在绳子上。
大格子的被单
就像风筝，
一个是蜈蚣，
一个是蜻蜓，
一个是碧空，
一个是我自己。

我想起你，
我还想起了
昭卿。
我忘记收拾了被子，
他气冲冲地
叫我，
晒得这么热，
晚上还能睡吗？
那时是
浙江的七月，
八月七。

9. 秋菊

我想起你，
今晨又起了雾。
把电缆上的鸽子
也湿了羽。

我想起你，
送报的女工，
正往卷帘门
塞进一份当天的
早报。
一辆吉普，
惺忪地
呆在那儿看；
花架子上，
几簇迎宾的
秋菊。

我想起你，
一声晨练的
吊嗓子，
把一对布拉吉
和一条哈士奇，
喊向山上去。

10. 无语

我想起你，
我在午夜里，
码着我生命中的
寂静。
虽然，
虽然也有视频，
也有短信，
可我还是欢喜

这种朦胧，
而漫无边际的
遐思。

我想起你，
我向谁都
不可以
敞开的心扉，
包括我已故的娘，
和健在的姊。

我想起你，
我可以向海日，
我可以向残夜，
我可以向江春，
我可以向旧年，
可以向碧落，
向流云，
向北辰，
向银汉，
向南斗，
向我自己，
还可以向一声，
怯懦而英勇的猫咪，
向无语。

11. 虹霓

我想起你，
沉闷的雨声，

淅沥着沉闷的
空气，
都湿了，
路灯
行人
车和虹霓。

我想起你，
超市开着门，
足疗开着门，
酒馆开着门，
烧烤店开着门，
健身房开着门，
拉丁舞开着门；
夏天的雨夜，
开着门。

12. 黄花地

我想起你，
二十几年前，
我曾在此栖息。

我想起你，
我用两角钱，
把两只
粘满芝麻的晨安，
装在烤饼的
邂逅里。

我想起你，
我携了幼子，
把小菜和精肉
年糕和团子，
还有一包豆酥糖，
盛上了那一句
谢谢你。

我想起你，
我把一棵白菜
捆了草绳，
一瓣一瓣地，
掰着
阳光的致密。

我想起你，
我在闲暇时，
我在黄花地，
我在做客的人家，
我在西瓜结满，
耀眼棉花的韭畦。

我想起你，
我把自行车，
竹篮，
泥鳅，
还有朋友的故事，
一起掉在了
河里。

13. 金币

晨安，
我想起你。
太阳刚刚
从阳台上升起。
是一个小孩子
丢了一枚金币。

我想起你，
一丝云朵都没有，
只有骤雨歇过的天街，
是电影胶片，
被冲洗。

我想起你，
一位拾掇垃圾的老人，
把车子塞满，
是一幅油画啊，
粗糙细腻。

我想起你，
到处停泊的私车，
把过道抢注，
是废弃的积木，
杂乱而彬彬有礼。

我想起你，
遛狗的人牵着狗，
还有一个高考玩儿，

是校本课的剪纸，
慵懒忸怩。

我想起你，
散乱的云鬟，
拵着惺忪的话匣子，
是老婆婆的专利。
晨安，
从打油条开始。

我想起你，
在我的双休日里；
我想起你，
在我的视野里；
我想起你，
在我的书房里；
我想起你，
在我的世界里。

14. 晨雾

我想起你，
而此时，
却是晨雾很密，
很密。
怕是前面那些
青春的能见度，
也无法辨识。
菜农清洁工，
恶补的学生，

仗剑的闲士，
摸摸脸，
尽是一片刚刚洗过的
水滴。
我第一次感受到
盲道的诡秘。

我想起你，
我把永和豆浆，
加两份油条
和一杯烫手的小米粥，
打在收费的
塑料袋里。

我身后那排
毒五香水，
正从爬起来的短裤里，
开始摸着
控肿的眼皮；
还有
被揉搓着的
小妮，
是四处张望的
拖鞋，
打着连连的
夏天里的呵欠。

15. 雨淋径

我想起你，

这梧桐，
似这般
覆盖交通，
不是丹山，
是雨径。

我想起你，
这梧桐，
在巨人肩，
结了铜豆一般的果子；
在巨人顶，
挂了豌豆一般的精英。

我想起你，
桐花白雪，
梧果赤橙，
斑驳特立独行。

我想起你，
这奇木，
巨大堪合抱，
纤细可悬铃，
精巧得能插瓶。

一伞晶莹，
两足轻，
半月明丽。

16. 浮起

我想起你，
一又四分之一的水，
浮起
两勺蒙牛奶，
盐糖面粉，
和酵母的
快意。

我想起你，
烘烤的倒计时，
动画片一般的
面的，
喷香的尾气；
轻盈的扫地机，
轻盈的马赛克，
轻盈的清洁工，
轻盈的拖鞋，
轻盈的云
和雨意。

17. 一声妈咪

我想起你，
早晨，
就在我想起你中
开始。

我想起你，

你便成为我一窗
潮湿而新鲜的
空气。

空气里弥散着
我想起你的
远山，
和远山脚下
放牧牛群的
田地；
还有那薄雾里的
一声妈咪。
我想起你。

近午，
就在我忙碌中
莅临。

我想起你，
你便成为我一口
温暖而甘甜的
果汁。

果汁里回味着
我想起你的
餐厅，
和餐厅以外
跳跳闪耀的
碎裙；
还有那手机里的

一串笑意。

我想起你，
下班，
就在我悠然中
报告。

我想你，
你便成为我一路
兴奋而快活的
林荫。

林荫里透视着
我想起你的
轻轨，
和轻轨站上，
刚刚驶过的
蜂鸣器；
还有那蜂鸣器里的
一阵催滴。

我想起你，
小床，
就在我犹豫中
沉溺。

我想你，
你便成为我一只
遥远而轻盈的
抱枕。

月色里迷朦着
我想起你的
西楼，
和西楼上
妩媚的
青纱；
还有那青纱里的
一弯新密。

18. 卓午

我想起你，
卓午的丽日，
郊野的小溪，
骑自行车的大嫂，
成片的玉米。

我想起你，
凝碧的韭畦，
橙红的桃李，
搭着摩托车的大学生，
刚刚上岸的鸭子。

我想起你，
田间的屋宇，
茂密的条枝，
扛着犁杖的大伯，
小孩子的游戏。

我想起你，
想起你，
在郊野的悠然里，
在悠然的宁谧里，
在宁谧的夏天里，
在夏天的蒸热里。

19. 流浪猫

我想起你，
我在楼上，
楼下，
积水的屋宇。
一只流浪猫，
在那儿跳去。

我想起你，
我抚着窗纱，
刚刚起飞的
两只马蜂，
在窗棂上
把蜜筑在巢里。

我想起你，
轻轻的风，
像一双玉手，
缓缓地
把我的青纱帐子，
托起。

我想起你，
还有那幅油画，
是一个朋友的
新作，
静悄悄地窥我，
在腾讯的微博
传语。

20. 地平线

我想起你，
这里，
看不见地平线。
小孩子问我，
那是朝霞，
还是晚霞。
我说是落日。

我想起你，
梧桐，
比楼房高，
像水墨画。
让电视塔
也感觉拥挤。

我想起你，
收破烂儿的当当声，
卖豆腐的梆子声，
私车的警叫声，
小女孩的尖声，

笃笃的，
孜孜的，
吭吭。

我想起你，
把晒干的衣裳
收起，
装在塑料袋子里，
是一个夏季。
妈咪。

21. 动漫电影

我想起你，
霓虹灯，
走进了美发店，
是一部
动漫电影，
和一张报纸。

我想起你，
看不见星空，
只有烧烤。
是好吃，
不好闻的气息
和酒；
男人女人孩子。

我想起你，
广场都热了。

一台不知道
姓名的节目
和标语。
雪糕冰淇淋，
也不能被冷却的
狗。

我想起你，
火车进站。
旅客下车，
疯抢
三轮摩托打的。
红绿灯，
情侣。

22. 飘

我想起你，
翻出
一本纸介质的
《飘》。
一本完整版的电影
《乱世佳人》。
一本英文本的
南方佬的故事，
都叫思嘉丽。

我想起你，
从书架上到书架上，
从电脑里到电脑里，

从语言到语言，
从言语到言语。

我想起你，
你听《红楼梦》，
你是俞论；
我看《石头记》，
我是刘评；
可谁都知道，
刘姥姥文盲，
王熙凤根本
不识字。

一个晚上，
一个月亮；
一个月亮，
一个晚上。

我想起你，
想起你，
一个月亮，
爬上了晚上。

我想起你，
想起你，
想起我想起你。
不知道，
从何时到何时。

从石镰到收割机，

从结绳到计数器，
从毛血到比萨饼，
从兽皮到睡衣，
从复道到轻轨，
从穴野到电梯，
从左丘明到电视剧，
从吴刚到杨立伟，
从鱼雁到 QQ，
从沧海到闲田隙地，
从一捧落花到黑纱缠臂；
不可逆的
是我想起，
我想起你。

我想起你，
你把心又重新
交给了钩针；
我想起你，
我把心又重新
交给了唐诗宋语。
我想起你。

我想起你，
没有，
没有前；
只有回忆，
和回忆。

我把心交给你，
是一部历史；

你把心交给我，
是一段象形文字的
传奇。

我想起你，
想起你，
想起。
我想起你，
剥去叶子，
在甘甜的等待中，
煮熟一锅
青青的玉米。

我想起你，
洗干净两个鸡蛋，
沉浸在
红豆的粥里，
是赤水河，
冲起的卵石，
一棵葱白儿，
如玉。

我想起你，
一只竹签，
一双筷子，
一把竹椅，
这是我
第一次承办的晨炊；
这是我
第一次遵照的程序；

这是我，
第一次感觉；
看着别人吃着香，
自己笑得真挚
和快意。
而后，
才拿起筷子，
却又撂下；
递给我
一沓餐纸，
还有歉意。

我想起你，
为了别人减肥，
胖了自己。

23. 火柴人

我想起你，
我以清洗过
一万遍的拖布，
拖着八十一级楼道，
还有楼下邻居，
已经试婚半年的
垃圾。
我想起你，
当着拐角，
是一堆醉汉的洗胃；
对着夹空儿，
是上街推菜人，

里急后重的手迹，
还有
一只流浪狗，
巴望的沉迷。

我想起你，
我把扫帚，
接了竹竿，
像一个卡通，
在跟火柴人，
在巷战里
决技。

我想起你，
天气预报，
今夜暴雨，
明晨暴雨，
后天暴雨，
暴雨。

24. 葡萄藤

我想起你，
一窗豪雨。
敲击着，
私车砰砰的抗议。
浪狗狗在哪里？
一双慧眼，
是马葫芦的喘息。

我想起你，
一架葡萄藤，
又着了新紫，
到处珠玑。
缀满了
那只小狐狸
无由的缺席。

我想起你，
一位收破烂的老人，
和一只花猫，
在深巷里，
拾掇起一车，
被夜雨
匆匆遗失的
空气。

25. 晴雨

我想起你，
晴雨里，
不知道什么时候，
在什么地域，
就突如其来的
蝉袭。
槐树的叶子，
柞树的叶子，
杨树的叶子，
槭树的缀果，
就如同枸杞，

都掩蔽了耳朵；
只有
知了依依。

我想起你，
这带台阶，
分明是草，
分明是石，
分明是栏杆
和燕子；
却挡不住
我那一双
远足的构思，
到处是。

26. 雨披

我想起你，
不是一把
纸雨伞，
不是丁香的
窄巷，
也不是结着愁郁的
木屐；
是一双闰脚的
旧凉鞋，
是一件用了十年的
雨披，
和暴风雨之前的
那场大雨。

我想起你，
不是佳期，
是假期；
不是幽期，
是逾期。
不是啊，
是。

27. 台风

我想起你，
台风梅花。
今夜在旅顺，
预计了明朝
丹东，
是一面浑浊的江堤。

我想起你，
记者，
是一道相机的大墙，
和
铁。
把中朝发电厂，
变成了
最短的焦距。

我想起你，
庄河风眼，
大连风边；

风眼无风，
风边大雨。
你在风眼，
我在风边。
一个热气旋，
团了咱两个，
一个十二级，
另一个十三级。

28. 台历

台历，
我想起你，
我就很感激。
是你，
每隔一年，
你都会给我一个惊喜，
无论过去怎么样。

你就像一幅桌面，
和 QQ 里微笑的表情；
我像一只鼠标，
总是在我希望的日子，
点击你的设置。

如果
我点击你，
从开头那天，
到末了那天，
刚好是 45 天，

那是你给我的两个
我盼望未久的假期；
可在此，
我没能按照你的设计，
都去做了我自己
喜欢的工作。
因为还有许多，
出于我的不能自治。

如果
我点击了某一天，
只有你知道，
这是我的隐秘。
你跟我一样，
守口如瓶，
甚至还给了我
众多的鼓励；
可我还是
不都是如愿以偿。
因为人
总是鞭长莫及。

如果
我巧合地点击了，
越来越多的某个节日。
或者固定的，
二十四节气。
那真的不是我的本初，
我可能就在这一天，
得处理一个紧急。

因为我，
生活的世界，
从每天起床开始，
都充满了琐屑，
或者晦气。

有的时候，
我尽管点击了你，
却立刻取消；
你却表现得那么
毫无介意。
任凭我攫取，
任凭我放弃；
就像我的长大时的娘，
和我的没长大时的姊。
因为只有她们，
才允许我反抗，
允许我反悔，
允许我鄙视。

我是否整本地
保存过你，
我已经不曾记住；
但我记住的，
是你每年，
是你每月，
是你每日，
是你每时，
我都会把你
掀起。

或者匆忙的，
或者思考的，
或者深深呼吸。

太阳月亮星星，
紫色的丁香，
米色的沙滩，
山和溪水，
云和红叶；
还有雨，
一切的
晨安和晚全，
都是你的馈赠，
都是你的期许。
我只是一个
接受和靡费，
沉没和感激。

台历，
我想起你。
想起你，
想起你
我就想起一个世纪。

Ⅲ. 随照（6首）

1. 槭树

两株槭树，
支撑起一座城门。

雪白的大花，
雪白地插在
箭楼上。

2. 绒毛毛

无名的你，
我很难道出你的姓名。
秋天的阔叶，
像春天的蒲公英。
藕荷色的骨朵，
绒毛毛暖和得像铃。
摇飞起
一生的梦。

3. 赭红

柞树，
我认得你，
你叫枫叶。
冬天里你还挂着
赭红。
钟楼和小鸽子。

4. 点亮

小红帽，
不戴在童话里，
是一次彩排；
或许已经开始走场。

给一束缚的光，
只把梦点亮，
拖着你的裙。

5. 似纱

雪，
没见过有这么厚了。
挥手，
是两个剪影
印在站前的
条圈椅上，
洁得似纱的
节日，
小红灯笼和大雁塔。

6. 旧巢 —— 喜鹊枝头

现在已经不是忙于筑巢的时候，
忙于筑巢的时候已经不是现在。
就像两个寒冬里的孩子看杂耍，
看杂耍就像寒冬里的两个孩子。
在蓝天下虬枝上还有一个旧巢，
还有一个旧巢在蓝天下虬枝上。
也只能等待着东风有力的消息，
东风有力的消息也只能等待着。
到那时才好衔来羽木把屋加高，
衔来羽木把屋加高到那时才好。
雄飞雌跳在叽叽喳喳的日子里，
在叽叽喳喳的日子里雄飞雌跳。

卷一下　长诗（2首）

Ⅰ. 杜甫草堂

对着草堂，
我没有诗情；
当着浣溪，
我没有画意；
看着你哀戚的浮雕，
我的身后已经没有了游人，
隐隐约约的，
是那面武侯祠堂里的暮鼓，
荡过一串童稚式的涟漪。

诗人总爱凌驾他人之上，
他们凌驾帝王之上，
他们凌驾臣民之上，
他们凌驾山川之上，
他们凌驾草木之上，
他们凌驾日月星辰之上，
他们凌驾一切有知与无知之上，
他们惟独不肯凌驾他们自己。
可你呢，
你一切都不肯凌驾，
你惟独凌驾你自己！
你真是哀戚得出格，
哀戚得可以，
怎么可以把自己皆非的面目，
跟那位屈原捆绑在了一起！

你这格局里，
仿佛分明是一座苑囿。
巨木把你密封，
使你清幽而不得；
潺水把你包裹，
使你郁闷得就像一条子了。
一千三百年的过去，
涉猎者，
不仅仅是城的平民和山的高士，
甚至还有许许多多的巨子；
不，甚至还有许许多多的
踩着巨子肩膀的巨子。

黄四家的花期过了与否，
药栏的沙崩与否，
西岭的积雪消融与否，
不尽江流滚滚与否，
齐鲁的青云泛滥与否，
与否与否与否……
你似乎已经全然无觉无知，
甚而至于就那一爿茅的归属的议题，
你也都在所不计了吗？
你在密封和包裹里，
在你密封和包裹里，
密封和包裹在你的世界里，
你难道只有与生俱来的哀戚！

是不是我错怪你，
是不是我误解你，
你是说话啊，

那你也应该原谅我——
匹夫匹妇的一个远道的诗迷！
你哪里能不原谅我呢，
因为就连他——
你这门楣之上辞题未久的主人，
对于你的草堂，
对于你的堂草，
也曾经说东道西。
假如我真的也是那样的话，
那我就该立刻竭诚地忏悔，
为你求祈，
为你弥补，
为你而跟你一样的哀戚！
我把青春献给你，
我把灵魂献给你，
我把肉身献给你，
我什么都不要了，
我把语言都献给你！

其实，
草堂并没有凋零，
浣溪也并没有一丝丝陈迹，
浮雕像完好，
一切一清如洗。
在此你度过了最为美满的时光，
在此你和老妇下棋，
在此你帮着稚子弯针垂钓，
在此你饮薄酒，
在此你食厚鱼，
在此你疲倦得再也不能疲倦了，

你干脆放倒在沙里。

就是这样，
就是这样啊！
可屈理穷词者管你和他叫双子星座，
日子过得百无聊赖的叫你还乡杜子，
惟我独尊的叫你一祖三宗，
放着清官不做的甚至叫你家的那个
杜丽小姐姐死去，
一死去就是三年，
死去还魂在三生石头上；
并且嫁给柳子厚的一个什么子嗣！
有意思。
从严格的意义上说，
你哪里做过什么官啊，
你却拥有一堆品级！

桃花印在水里，
李花放在土里，
梨花片片铺在泥里，
我不为花悲哀，
我不为鸟悲哀，
我是为留连嬉戏的蝴蝶悲哀啊，
它们竟然已经不再知道——
主人庄子里的春天原来并非花期，
那里的春天已经开始有冷雨如织。
可是，
游人的友人，
恋人的男人，
家人的女人，

把伞交横在你的园林里，
依旧做着悒态风度，
芳菲似的斗着红紫！

多亏了那一位王，
多亏了那一位亲王，
才建筑了草堂，
才题写了草堂，
才留下了草堂，
才给识字的士子们以一方匾，
写下这到处都是的
比你自己的一千四百首
还要多得多的诗！
似乎他们都比你写得好，
但又没有一个人可以说
我超出过你——
这话，当然也包括你的第二个乡曲！

在那时能给予你一方土壤，
止息流离而为寄寓，
的确堪称伟大，
伟大到了至今还叫人们念念有词。
要知道，
当人们把你已经当作香火供奉，
那时还有什么实际的意义！

你以为我在你园中沉思，
你以为我在你园中哀戚，
你以为我在你园中呻吟吗？
不，我心中的圣哲，

我笔底的波澜啊！
我是一直在你园中寻梦。
因为在我的寻梦里，
前不见草堂，
后也不见浣溪，
当中更不见你的那幅浮雕像。
这里，
自然也就不是我寻觅的你的 ——
百花潭北，
万里桥西。

Ⅱ．再读风骚
—— 纪念现代文学两大奠基者
鲁迅与郭沫若

蜀中鸟道，
海门观潮；
其时，我本是三过其门的啊，
我该借以读好 ——
那部合订本的新生代的风骚；
可惜，只是由于行色里
一切都太过于匆匆，过于草草 ——
竟未能拨冗乐山去顶礼
那只巨大的佛臂，
也未能专程禹陵去膜拜
那椽灿烂的金角！

河汉西流，
云敛天高。
渺沧海之一粟啊，

我耳鼓里又鸣奏起
那支如泣如诉的洞箫……

上野樱飘，
富士雪飘；
尽管在芸芸众生的残照里，
我不能再目睹你
独立时那冷漠的手卷；
同样，
在斑驳的桂影中，
也叠印不出你
静坐时那炙热的心潮……
可是，
也许就在今天
这个依旧唤作十六铺的河埠，
也许就是眼前的那一条
开往下关的水道；
屈指算来
已将近一个世纪。
然而
在这百年沧桑的回眸中，
我仿佛依稀地还可以想见 ——
在那浩瀚无际的大海上，
前后浮游的两条脊背，
竟然是为寻求海上仙山的
两只巨鳌！

嘉定府中那眼丁东井的边缘，
已经长起了一株株青青的水草；
绍兴城内那块不足百尺的园外，

也泛起了片片黄黄的早稻。
而那金石般的铁马的丁东，
确乎依然余音袅袅；
那幽幽南山里，
至今仍然潺流着秩秩斯干的欢笑。
此时有两个人的名字
将和他们的名字一样地永垂不朽；
有两个书塾，
将和他们的精神一样地崇高：
沈焕章和寿镜吾，
绥山山馆和三味书屋。

这道理异乎寻常的简单，
只是由于就在此处 ——
他们第一次听到了
那条惩罚而又不再下落的戒尺，
于是，
从此也就正式开始了
他们人生之旅第一次愉快地遁逃。

当着倍添黯淡的遥夜，
当着风雨如磐的深宵；
为了那台不甘情愿的花轿，
为了质铺那等于两个一己的身高 ——
为了母亲和父亲，
他们几乎异口同声地
选择了那把用于救药的剖刀！
革除痈疽的苦痛，
本就应该由表及里地做下去啊 ——
后来者何必去苛求什么
至于从体魄入手，

还是从灵魂进刀！

然而，
一切依然是那样沉重的麻木，
一切依然是那样失望的寂寥；
在北京的秋夜里，
只有两株星空中的枣树聊以慰数；
在东京的春宵中，
也只有企盼那一株银杏繁花的长号！
改悔了吧你改悔啊……
于是，
一个把一尊尊青铜器击塌，
然后熔化成为一支支号角；
一个把一堆堆碑林推倒，
然后铸造成为一挺挺飞矛。
然后，
他们把各自装扮成为甲士，
其实，原本该是这样一种模样哟 ——
我是吞噬一切黑暗的天狗，
我是扫荡这吃人筵宴的狂飙！
铁屋子开始摇落，
熟睡者在呼号：
涅槃啊涅槃 ——
我的母亲；
醒来吧醒来 ——
我的同胞！

从此，
在那座美轮美奂的
中国现代美学的圣殿里，

一夜之间平添了两件珍宝：
一个叫作富于创造，
一个叫作勇于解剖。
这是传国的法宝啊，
真法宝！

在那些
风头如刀面如割的日子里，
难免会发生
半夜行军戈相拨的懊恼……
不过，
这在一个终于发现了
辗转于文明人所发明的
枪弹的攒射中的伟大之后，
这在一个代表着自己的阶级
终于向另一个阶级的代表
做出声讨之后 ——
那条吠日的天狗，
开始喘息在江户川乡中的泥道；
那匹受伤的天狼，
也开始静听着闸北的雨巷潇潇。
这时，不能不说，
他们都曾经开始做过了 ——
战士和战友的
有关狙击和猎获的沉重的再思考。

其实，
在上海的城皇庙，
在杭州的虎跑，
按照达夫的设想，

他们本可还聊一聊。
其实，
历史似乎早就有意识地
安排他们走到一块儿，
而言归于好。
不信，请看 ——
在广州中山大学的档案馆里，
他们都填写过
属于他们自愿的那张报表：
1926 年 7 月
文科学长 ——
郭开贞，号鼎堂；
1927 年 1 月，教务主任 ——
周树人，字豫才。
所略不同的是
一个字体比文征明的
更加宏大和古拙，
一个字体比郑板桥的
更加厚实和苍老。

同样，
在那一簇簇飘动着的奇怪的岛上，
到处都留连地刻着他们相通的记号：
饮泣吻别一双儿女的情形，
挥泪惜别先生的玉照；
富士灵峰初飘的瑞雪
曾经第十九次打湿你的青衿，
上野初窦的樱花
也曾第七次染上你的襟袍……
在那陌生的言语中，

在日本宪兵的监控下，
你把中国历史的荒漠
拓成了绿洲；
在这熟识的面孔里，
在法国巡捕的肆虐中，
你依旧坚守着中国文学的孤岛。
他曾奔走过九州帝国大学的医学部，
想为你救治一下积久的肺痨；
你刚听到出版的消息，
就急不可待地买回了——
他《两周金文辞大系》的书稿。
两个人都企图通过董作宾
打听一下彼此的音讯，
两个人都想向郁达夫
倾诉一回当时的焦躁。
面子上的十万万侠骨啊，
内里却有着十万万种柔条。
这是仙交，
还是神交？
你是大海啊，
你是海中珊瑚的聚礁！
你不是也做过嘛，
那道先生的命题——桃；
你不是也刻过嘛，
那张习字桌上的——早！

河汉西流，
云敛天高。
我翻动着人民文学80年代版的
《鲁迅全集》，

我收买到已出好的
《郭沫若全集》的前几套。
真巧，
那前插的图版，
分别收入了这样两张
两个作者当时的近照：
1941年
你五十岁生日，
携了幼子和大笔，
1930年
你五十岁生日，
携了幼子和内人。
所略约不同的是
那时汉英三岁，
海婴一岁。
怜子如何不丈夫，
无情未必真英豪！

卷二　近体诗（329 首）

卷二上　五言（65 首）

五言 A（35 首）

I . 赠友人（9 首）

1. 致陈希米

希望家常事，米柴油酱茶。

铁屋余缝窄，生命乃宣达。

2. 致守疆

三百六十月，九十乘四圆。

圆时乡曲远，思念到跟前。

3. 致吴庆仁先生

南海回头鹿；北疆仰望人。

十年长念里，今早有佳音。

4. 致同学

世纪匆匆过，半程已近期。

相片编纂后，只待会心时。

5. 致秀云（2 首）

（1）

哈密棉花白，龟兹粟米黄。

参禅石窟后，感觉胜敦煌。

（2）

双七天未晓，喜鹊即封门。

渐见星河上，桥墩夯础深。

6. 致丽霞

晨起看微信，窖香满堂屋。

明年六月会，只等家醅熟。

7. 致陈丽（2 首）

（1）

中午阳光媚，秋来稻谷香。

快哉行色里，乐此金风长。

（2）

太阳岛上树，辽海岸边村。

今晚西楼月，无眠当照人。

Ⅱ. 旅行（10 首）

1. 南京（3 首）

（1）

夤夜如钩月，平明似剪风。

哨鸽深巷里，惊起六朝钟。

（2）

举手拂天象，投足过长江。

分明二十载，到处是沧桑。

（3）

雨花天外落，石子地中埋。

先达七十二，巍巍仰高台。

2. 婺江

婺江源上茶，坑李雾中花。

一片连三片，香馨扑面颊。

3. 淳安

淳安至婺上，菜花高过肘。

行程二百余，一路香着走。

4. 青岛萧军萧红故居

都道人间事，箴言出酒徒。

先生虽醒者，真话却糊涂。

5. 金州关向应故居（4 首）

（1）

白云飘何处，红枣落归根。

归怕劳乡曲，悄悄没草深。

（2）

人说黄牛老，于今乃驾车。

平常如昨日，安泰信由跶。

（3）

房平架玉米，墙立竖垂椒。

灿灿秋光里，颗颗数慰劳。

（4）

乡邻留客饭，待我犹家人。

豆腐炖白菜，汤淳米饭真。

Ⅲ. 随笔（14 首）

1. 四时（11 首）

（1）

一年春节过，诸事复匆匆。

愿汝多保护，吉人天相中。

（2）

待子归来夜，春风驰荡开。

庭前银杏树，楚楚试衣裁。

（3）

春季无分季，夏天自有天。

本来五月里，到处是清寒。

（4）

虽无除草机，快剪很争锋。

三下五除二，花盆成草坪。

（5）

夏天一两月，转眼秋即成。

惟恐未结子，秋田拼命生。

（6）

清秋林野阔，日暮山岩稠。

回首云飞起，归巢鸟叫悠。

（7）

秋雨寒烟冷，桥头自驾横。

蜗行牛步远，念汝在心中。

（8）

梧叶今晨落，石级昨晚霜。

早起棉衣著，袖笼还觉凉。

（9）

昨黑失暖气，一夜枕寒来。

两被都缩里，未曾感暖怀。

（10）

明朝是大雪，今夜已纷纷。

节气随时到，年轮不等人。

（11）

今晚平安夜，明朝圣诞节。

送君一捧雪，千里共高洁。

2. 时余（3首）

（1）

不见炊烟久，怀念炊烟深。

深深窥谷里，袅袅印人心。

（2）

望眼等游记，欲穿看散文。

大家原绣女，致密有花针。

（3）

高铁二千里，故乡四小时。

车行已似箭，心下尚嫌迟。

Ⅳ . 和诗（1首）

翠岭·和松龄兄《青染》

当年登翠岭，边关极苦寒。

干粮连冻啃，身手指难全。

附录：松龄兄《青染》

牛耕天地早，梅绽苦香寒。

万物春风过，丹青染不全。

Ⅴ . 缅怀（1首）

悼田凤兰君

荷花菡萏立，荷叶雨帘擎。

荷叶忽摧折，荷花逆风迎。

五言 B（30首）

Ⅰ . 赠友人（2首）

1. 致丽霞

群里值班人，大多劳苦辛。

单单唯有你，日日能出新。

好好为群谋，时时肩己任。

一群快乐族，树大乃根深。

2. 致秀云

又到农家游，倭瓜大过碾。

棚绿穿人行，灯红迎客展。

土豆炖鸡菇，茄子焯韭蒜。

一日得闲来，多年心上愿。

Ⅱ.旅行（5 首）

1. 黄河渡

去年谷雨时，君过黄河渡。
今岁清明头，我飞壶口瀑。
我来君不来，君驻我无驻。
紫燕剪黄花，红都三百路。

2. 泉州

入世原无补，出家本有因。
城长连草碧，笛短断肠音。
书画经天响，金石行地深。
泉州清冷月，犹照女儿心。

3. 武昌

众醉先生觉，举混自独清。
糟扬犹寂寞，醴啜尚分明。
临水平添渺，登山直视朦。
三闾投足处，渔父正攀登。

4. 望奎

高速穿田野，近前皆平畴。
绿风吹地脚，白水照云头。
不见夏锄影，乃觐长势优。
回眸问驾驶，其父本乡侯。

5. 故乡

近雪凭添热，远山着意凉。
人稀村落渺，地广树烟苍。
有室惟新建，无亲亦故乡。
停车抄小路，思似雁飞翔。

Ⅲ.随笔（17 首）

1. 四时（12 首）

（1）

元宵月在天，滚雪人初还。
手套寒花撒，围巾热气团。
冰灯深巷口，庭院浅栏边。
回首山原里，偶有炮声悬。

（2）

晨起开窗镜，夜雨湿梧桐。
行伞初橙绿，飙车渐乳红。
沿街无叫卖，于路有扶宁。
回首书房里，一天好望晴。

（3）

中雨苍茫夜，城山两若迷。
道车才洗礼，人伞已偎依。
热浪仍扑脸，凉风即袭衣。
今夜大雷雨，念汝自将息。

（4）

久旱无阴雨，积云有热风。
盆花抱瓮养，山叶接泉倾。
田亩浮尘踊，庄村落树横。
何时甘露普，重炮助其增。

（5）

过雨林枫静，停车路虎轻。
瞻前人掣肘，顾后水开瓶。
摄履临幽径，除冠看草坪。
双休身愈惰，惟此散余情。

（6）

一行无秽草，遍地数黄花。
野处声人寂，穴居语雀发。
天高行色缓，地彻心境达。
随往农人里，凭栏笑且哈。

（7）

路边果木地，户户立柴门。
很少铁丝置，大多木栅陈。
绝无砖石垒，却有篱笆屯。
虽设同虚设，一窥十亩深。

（8）

睡早梦来袭，起迟雨去湿。
渐黄听柞叶，遍绿看梧枝。
行道练人缓，过街獒犬急。
梆敲豆腐窨，学上孩童嬉。

（9）

今天送暖气，刚好冷水浴。
冷水湿肌肤，透骨着寒意。
从脚至于头，巍然顶天立。
烦恼皆根除，消消世俗气。

（10）

年年逢大雪，今朝格外寒。
霜车梧叶挺，燎地街烟残。
浪狗沉头过，流猫跳脚弹。
惟余补课仔，捂耳未着棉。

（11）

冬至春辽远，日出地广寒。
推橘行色缓，卸柚语声严。
穿卖贴墙角，横街立警坛。
手抄襟袖笼，脚跺霜凌残。

（12）

小年车阻还，心乃过乡关。
日坠街云守，鸟归路树拦。
门后群童掩，井前几老言。
遥猜台础上，鞭炮未应燃。

2. 时余（5首）

（1）

晨兴送报中，无语有鞋声。
大雾出轻汗，狂风入重钟。
阳光常断续，阴雨总兼行。
工后半啤酒，嘻哈一阵风。

（2）

懒得上班去，三杆日俨然。
幻听惟散漫，厌见恐聊天。
信短忽丝断，博微顿藕连。
还能盒午饭，拼客至车前。

（3）

驱车接我来，藏立在园门。
步履匆匆笑，铃声阵阵亲。
然忽瞥见影，时顿窃听音。
拉取车窗望，红膏印嘴唇。

（4）

读书消遣事，感觉惟自知。
譬如蜂采蜜，好比蛛结丝。
母子同成粉，家人共赏饴。
难得周末伴，在此不读时。

（5）

新垒烟囱重，旧题文字深。
草屋半堵暗，人语一时真。

意宛春朝启，心犹秋暮沉。
常常入梦醒，昨梦久难温。

IV . 和诗（1 首）

人生·和松龄兄《回丽》

人生难再来，满眼是青山。
故土精神里，爱人想念元。
历经处处秀，回首时时坚。
无用言相勉，已知学淡然。

附录：松龄兄《回丽》

开机短信来，甥女祝南山。
念意三千里，捧心五百元。
绵绵浙水秀，郁郁岭松坚。
代代当勤勉，人生养自然。

V . 缅怀（5 首）

哀钦鸿（5 首）

1

几番电话问，关机未能闻。
预感非坏想，向来企好音。
急惶拨宅电，缓慢听沉吟：
八月人初走，于今季有旬。

2

与余上下铺，一见即端人。
相遇常书店，别离每论文。
曾说名笔录，乃告吉金存。
然忽二十载，不断信连盆。

3

想想多合巧，实乃一乡群。
我徙江南府，君插塞北门。
江南兄故地，塞北弟乡音。
上海系择浦，克山通海伦。

4

教书为大业，秉性弄文章。
视角辑编入，研钻著论煌。
文坛话旧勇，世道说新强。
勤恳终年碌，挚诚整体伤。

5

今我怀良朋，绪心如探汤。
抑扬难望久，顿挫易伤长。
窗外车流阵，心中愁结肠。
未知冬色里，是否气天凉。

谢汝相酬上帝手，半天云领醉人还。

7．致柳畅
昨夜闻君欲北行，仿佛着马已叮咚。
红袖飞飞横道里，添香直到牡丹亭。

8．致钟萍
失恋人生路必由，看轻看重两悠悠。
一如竞渡千帆里，只要风发总上游。

9．致孝玲
明前玉露雀舌香，豆豉武昌鱼米乡。
莲子通心磨垢后，洪湖千顷一箱装。

10．致秀云（2首）
（1）
葡萄沟满绿玲珑，坎井清澈响淙淙。
高昌古城经卷浩，苏公塔顶入云层。
（2）
长城七省连山海，君今一日到河西。
玉门正是秋光灿，无际黄沙入眼奇。

11．致丽霞
群起一如造大屋，创时容易守时殊。
多亏几度同心结，废寝忘食补壁图。

12．致秀君
曾趁东风到井边，半瓢清冽一声甜。
知君微恙行恢复，再会明年五十年。

卷二下　七言（264首）

七言Ａ（147首）

Ⅰ．赠友人（19首）

1．致施进
干菜河边绿卷心，谁家桥上静无人。
推窗才见晴明里，一巷深深虚掩门。

2．致永江
任凭高迥天圆好，永承狭仄地方新。
江河不息来心底，篆刻原出一率真。

3．致紫楠
李花发后杏花齐，紫陌红尘燕语呢。
楠木金丝山庙宇，好扶石上看云霓。

4．致刘邕兄
一路秋光抹上山，满川奇果压枝闲。
橙黄红紫深蓝绿，丰硕悠然入笔端。

5．致玉梅
崂山水软绿茶新，噗起兰芽入齿唇。
龙井无非香彻骨，今君手赠可铭心。

6．致赵璐
从来说酒我为难，才了半杯即赧然。

13. 致陈丽（2 首）

（1）

我与班花曾比邻，街南街北竟无闻。
昨宵不是编相册，准把同窗当路人。

（2）

早市阳光用秤称，上装篮篋亦莹莹。
心情今比阳光绚，一句晨安笑语轻。

14. 致慧敏

曾立江边望塔高，南飞雁阵几焦噭。
江流寒彻乡音骨，又起遐思到玉桥。

15. 致英花

回乡几度看君忙，新立洋房起藕塘。
最是使人惊艳处，令尊芦荟高过墙。

16. 致忠举兄

垭口沉沉北望深，几多边梦已难寻。
前传近照留经纬，又唤拳拳一片心。

17. 致福海兄

望城而居势相隔，不便诸多总未合。
随取同仁一戏语，竟成好事无须磨。

II . 旅行（20 首）

1. 离川沙申屠兄旧居留别（4 首）

（1）

尝罢元宵作酱糖，冬装过后上春装。
两边泥地桃花紧，一对衔梁燕子张。

（2）

昨夜蒙蒙细雨香，今晨砖草尽张扬。
听闻邻里编篱起，忙唤佳人移海棠。

（3）

冷冷清明剪剪风，石桥以北庙关东。
半亩樱花刚渲染，一犁春雨乱烟中。

（4）

大家于路踏青堆，插柳檐中戴柳回。
忽向箱帘催浸种，明朝点得豆瓜肥。

2. 南京（3 首）

（1）

曾是当年凤姐家，龙王不请自来赊。
如今遍地揽工仔，北曲南音语似麻。

（2）

湖上微微泛绿蓝，水声宽展桨悠然。
举头吹落桃花碗，一片馨香一片甜。

（3）

历史何曾笑故人，故人早已笑翻盆：
若知群众能全国，府邸洞开迎万民。

3. 黄山

脚下黄山绿满怀，天都峰树客迎排。
连心千把情人结，云海悄悄锁上来。

4. 青岛

青岛大连一水族，空中海上两途殊。
当时虽立栈桥里，未想今朝有素书。

5．阴山

阴山以北路崎岖，渤海关头折向西。
箭扣黄崖逼峪口，大同勒马立平低。

6．壶口（2首）

（1）

壶口喧嚣瀑布沉，烟尘滚滚似秦音。
再衰一鼓三竭后，余勇犹存破楚心。

（2）

沮水汤汤绕帝乡，沿途百里麦花香。
蝴蝶不避衔泥燕，拍照佳人翘首忙。

7．西安（2首）

（1）

灞陵桥上灞陵东，陶马五千葬一坑。
十万军需才送止，又催素手夜连缝。

（2）

贵妃醉后三倾国，郭子生前两忘家。
变乱虽平遗恨迥，一抔湿土遍梨花。

8．防城

港上防城宁镜台，有人立雨待鸥来。
平沙乘浪随裙舞，素米连棵信手裁。

9．千岛湖（2首）

（1）

岛似青螺水似盘，悠悠画舫桨翕然。
忽传浪语晴初里，一族凌仙撒水仙。

（2）

千岛湖平绿柳斜，深黄浅紫有咱家。

当年也为西溪客，不信请问两岸花。

10．青岛萧军萧红故居（2首）

（1）

萍水相逢自似胶，天涯浪迹此良宵。
文学史上真情史，一笔才添是二萧。

（2）

天南地北觅知音，古往今来能几闻。
周塾窥堂难继子，程门立雪又来人。

11．慈溪

当时曾上浒山高，历数慈溪四十桥。
今读君之发现旅，原知周巷已超标。

Ⅲ．随笔（71首）

一．四时（53首）

（一）春（18首）

1．杂咏（14首）

（1）

寒潮无意久纠缠，尽让春风此占先。
遍地好花凭借力，颜开笑逐到天边。

（2）

春未来时雨却来，推窗直入梳妆台。
哪知梅子偏思雪，犹抱香肩不手裁。

（3）

明天零上气温高，今晚冬装已落潮。
边地迎春常带雨，新香拂袖过轻桥。

（4）

春来阴雨不胜寒，隐隐烧荒滞火烟。
候鸟难能全小满，时于今日尚穿棉。

（5）

连夜东风报雨烟，玉兰及早立门前。
迎春唯恐拖后腿，未到庭除几欲言。

（6）

闻道山花已烂然，入山点点觉轻寒。
陵鸦几度惊未起，啄米忙中犹话闲。

（7）

昨宵雨骤乱倾盆，今早云开热煞人。
忽地满街白富俊，超长摆短压群伦。

（8）

雨瓢昨夜泼青山，今早迎春已烂然。
杨柳从来争上进，忙挥笤帚扫街前。

（9）

蜂鸟忽来入镜游，春寒频觅暖枝悠。
却才见得香香雪，抖落梨花一树头。

（10）

四月天头未见晴，五风十雨总兼程。
今晨懒起推窗镜，一缕阳光万里明。

（11）

造林还得大家来，大树皆由小树栽。
树木十年非易事，百年况且树人才。

（12）

主花开过副花开，火种谦谦举上来。
一路轻盈聆震颤，落橙声里识襟怀。

（13）

一道山洼秀可餐，半坡嫩草碧连湾。
两声黄犊新烟里，闲置村姑绣牡丹。

（14）

桃花去后杏花还，榆柳杨槐接踵旋。
惟有劳蜂行箧里，不知辛苦只知甜。

2. 清明（4首）

（1）

去岁清明关庙西，迎春花雨已成畦。
今年只有轻阴渡，独立春朝数颤枝。

（2）

才算晴明亦有风，环城车自且悠行。
回眸书市临摊位，新本多插旧本中。

（3）

梨花初努槲初红，香客纷纭寺院中。
先祈弥陀后祈福，无风无雨过清明。

（4）

满眼柳花寸寸黄，蝴蝶不至蜜蜂忙。
游人只为求神客，未晓馨香胜降香。

（二）夏（20首）

1. 杂咏（14首）

（1）

过了春天是夏天，风筝摇曳柳枝还。
猫咪不管穿堂燕，只作懒腰任赋闲。

（2）

五一冷雨过长天，电暖风吹坐亦寒。
长假此时多盼短，捂床大被靠书眠。

（3）

小麦青青乳燕喳，黄犊失走叫街妈。
村姑一跃惺忪起，忙解纱窗问哪家。

（4）
晚上荷花醉始休，不能擎雨自擎舟。
惊人鸥鹭连滩起，动画菱萍顺水勾。

（5）
日光如雪照林斜，厚草缠绵过脚丫。
才把风琴歇手里，一畦蛙鼓又轻纱。

（6）
夕阳软软草菲菲，拦径还嫌鸟雀飞。
说爱老人浑不见，谈情学子却成堆。

（7）
高草绵绵拦径横，繁藤落落绕篱争。
忽听池上荷花语，折树条条倒水中。

（8）
云卷云舒欲雨霏，穿天凌燕剪回回。
闷雷一把重做作，无库车族一洗黑。

（9）
明湖树暖绿突突，绕水佳人若有无。
倏地回眸晴境里，一天堂伞惹鸥浮。

（10）
一盆蒸日又桑拿，发背沾裳始透纱。
回首镇龟潮溽溽，推窗放蝶扑窗花。

（11）
预报今晨有雨中，寻只雨伞看风情。
西山云雾还晴色，望角湿潮尽已蒸。

（12）
灰云队队动频繁，似点黑黑燕子钻。
社社听风疏水管，家家看雨拉窗帘。

（13）
清晨过雨路平新，夹道梧桐静候人。
一组组车临巷口，满城尽看考生神。

（14）
微信声声唤早茶，一枚太阳满院花。
庭前甬路连轻轨，刷卡直达驴友家。

2. 七夕（6首）

（1）
半弯新月夜航深，碧海银镰万古心。
人世年年说鹊起，只缘梦晓意难申。

（2）
一上飞天散落花，九条仙女去无涯。
当时鲜有航拍术，留影后来等画家。

（3）
百千年后月登临，火箭突突没霭云。
着陆并非轻易事，出舱原本费心神。

（4）
罗漫吴刚仍觉远，娥鬟飘逸尚周旋。
人文总是多虚寄，才了沧溟又作田。

（5）
今夕我于天地外，无边星月照人寰。
平铺灯火明如酒，立耸楼盘暗似奁。

（6）
不似少年多梦幻，有如耆宿少身缠。
鹊桥照例明年雨，灿烂晴空雨后蓝。

（三）秋（6首）

1
秋门伊始见秋光，秋后埋伏并未凉。
只等蚕蟥梳倦发，从肩至肘作金黄。

2
秋雨潇潇过矮桥，杂花生岸两娇娆。

板船才解悠然巷，却见渔歌绕洞箫。

3

秋雨淅淅不肯停，既无萧索也无风。

忽然记得清晨已，坐起床前熄壁灯。

4

梧叶堆堆落满阶，戛戛鸥鸟过银河。

声声蹄马来深巷，藏犬憨憨咬豢鹅。

5

蒿莱满地半黄时，红叶山中缀绿丝。

干草馨香撩寸乱，石级蹬蹬上云梯。

6

白杨已上秋光叶，蓝天初洗镜中涛。

铜音瑟瑟侵身履，抖擞搭衣望海潮。

（四）冬（9首）

1

今晨急骤降寒潮，到处梧桐尚未凋。

碧绿声中穿铁甲，如刀风口射旗袍。

2

凌晨风雨递交加，套雪随即乱似麻。

读报何曾想送报，一边上下一边插。

3

雪夜一樽兼易得，华时千卷独难求。

临行赠汝无多子，一句弥陀作大舟。

4

大雪今宵不得闲，树头残叶缀馒团。

碎毛天上依如剪，一面白棉擀作毡。

5

楼道深宵惊野猫，户外残灯看雪潮。

还等佳人归斗笠，一边磕打一边聊。

6

兼旬雪骤且频仍，昨晚萧萧又未停。

晨起却来平静扫，家人还等抱薪行。

7

去岁闻听冰雪枯，机人造雪等于无。

今冬雪大纷纷涌，还要人工把庭除。

8

一钩无梦夜朦胧，坐起才闻密雪声。

晚上谁家归浪子，半帘狂语破幽宁。

9

邮差又送贺年来，拆雪拈梅见蕊开。

翼翼小心收艳语，连香供上梳妆台。

二、时余（18首）

1. 感事（4首）

（1）

汉弩将军十石横，唯秦未现弩发声。

三编秦墓今重睹，一架蹶张出土坑。

（2）

瞬息十年不忍回，许多往事几悲摧。

从前听得闲人语，至此方知疫若雷。

（3）

未劳煮酒心酪酊，才替帽花醉已深。

到底柠檬出蜡染，始翻绢纸始沉吟。

（4）

六五年轮似海涛，起时潮长落时消。

如今刚好中秋半，坐以平心处大潮。

2. 尹湾竹简（10首）

（1）

洛阳纸贵多不见，尹湾简贱大批出。
一篇乌傅骄班固，两箧文书惭相如。

（2）

纪年明确虽元始，礼事模糊却本初。
争论集中文字考，殊知视角疏簿疏。

（3）

藏在名山传在人，汉代世风自可寻。
墓葬人家贮简牍，一为仪礼一为存。

（4）

作为史料当审慎，未必同时未必真。
数字夸张缘祈福，税收人口信笔抡。

（5）

唯唯随葬寝衣簿，才是阳间死后留。
地下须知也有匪，如实造册好排忧。

（6）

至于名刺更无谈，多为混蒙过鬼关。
如有用来考实事，需从前史验今番。

（7）

五经博士说文字，厚古薄今罪可屠。
到处如今起汉墓，竟无一简是秦出。

（8）

文字研究重小篆，汉书以下轻今书。
今书同样深彻古，学者为学必改途。

（9）

说文所录皆秦篆，汉简挥发尽草狂。
同是一朝官文样，为何两体莫相将。

（10）

一部尹湾墓葬史，惹出思考竟十章。

可能尚有诸多问，留待工余再测量。

3. 航天（4首）

（1）

玉兔初停臼杵馨，为求长药乃登临。
多亏人世藏灵意，才见月宫行旅人。

（2）

斫桂吴刚撂玉钩，俯身即看试神舟。
太阳帆板悠然起，一片归心逐漫游。

（3）

嫦娥寂寂下天庭，传感微波数有灵。
三度飞天凌纪录，轻歌曼舞笑相迎。

（4）

月亮超级初敛芒，恒河又始数星光。
心随双子巡天后，祝看神舟曳伞舱。

IV．和诗（17首）

1. 闪梭·和福海兄《苦短》

二十七年一闪梭，更新人世未同昨。
黄莺所幸还啼梦，明到辽西作话说。

附录: 福海兄《苦短》

苦短人生望暮年，未来事业几凭栏。
仍然不敢言松懈，故友相逢说杜鹃。

2. 和松龄兄（14首）

（1）又客·和《黑龙江垂钓》

又客江头逐少年，长风破浪有如烟。
飞行模式超时代，喝彩连声向日边。

附录: 松龄兄《黑龙江垂钓》

旭日临波已暮年，垂弦坐伞看江烟。
身闲难忘疆国事，落叶流声代视边。

（2）五一·和《尘苦》

五一不曾山外行，山中春雨动人情。
两双屐履深相印，一把钓钩侍锦瓶。

附录：松龄兄《尘苦》

姐妹相约欲远行，疯山野水浪怡情。
芳心犹虑征尘苦，注补滋身药几瓶。

（3）还是·和《秋日》

还是匆匆叹逐年，虽然未敢日高眠。
所遗多树羞结果，时至金秋尚怵前。

附录：松龄兄《秋日》

黄叶霜风又一年，几番春梦未成眠。
潇湘正是悲秋日，多少相思病榻前。

（4）雪消·和《香山红叶》

雪消冰上瞬成泥，依旧鹅毛落满衣。
多少橙黄冬色里，深红有处亦足惜。

附录：松龄兄《香山红叶》

转眼青峰落紫泥，长林瑟瑟挂菲衣。
秋山多少兴衰怨，总借枫红送叹息。

（5）东湖·和《为谁孤》

东湖碧水胜西湖，北岳恒山东岳无。
世代只临经石峪，悬空寺使丈方孤。

附录：松龄兄《为谁孤》

高楼夜望叹江湖，千古双星信有无。
几片浮云犹浪迹，一弯残月为谁孤。

（6）橡树·和《枯藤》

橡树蒸蒸附紫藤，花团锦簇坐招风。
时人抑止足何论，我素我行任此生。

附录：松龄兄《枯藤》

紫叶青花两树藤，缚枝扭蔓共春风。
秋来亦倦缠绵累，枯落柔条伤半生。

（7）深秋·和《秋园》

深秋少雨起尘灰，手把笤帚莫问谁。
一路躬身勤似箭，任凭桐叶扫还吹。

附录：松龄兄《秋园》

春芳落地已成灰，百媚千娇可有谁？
残叶无心说旧事，霜风偏向冷枝吹！

（8）车上、武昌·和《送梁兄》（2首）

①车上

车上热音噪管弦，窗中雨幕暗青山。
归心都入邮箱里，一日输出若许年。

②武昌

武昌水浒首操弦，还记登临珈珞山。
济济堂台星斗萃，一存相照三十年。

附录：松龄兄《送梁兄》

铁轨长途拨两弦，知音千里奏高山。
同窗尚可听流水，一曲离歌多少年。

（9）张原·和《鲁缟》

张原本义作长弓，定位还于破隘重。
无论强初强末里，承情万丈总其中。

附录：松龄兄《鲁缟》

当年矢志弩联弓，曾射关山百二重。
势尽尘封缠鲁缟，犹言文物展橱中。

（10）大麦·和《睢园》

大麦青青小麦黄，夏收晌午是天堂。
磨镰妇女护花使，送饭孩童避草伤。

附录：松龄兄《睢园》

绿意睢园色已黄，修身立气老空堂。
也思汗烤承青史，总碍刀雕有刻伤。

（11）溥天·和《南海争端》

半是屈人半是狂，屈狂何奈溥天邦。

今朝况且昔非比，怕甚豺虫怕甚狼。

附录：松龄兄《南海争端》

南海猖獗东海狂，国学难固礼仪邦。

三千弟子笑缨断，可有仲由打虎狼。

（12）红灯·和《巴山》

红灯处处堵车流，十里常山亦未休。

交警频频挥向导，一如黄叶等三秋。

附录：松龄兄《巴山》

匆匆聚散蜀江流，峡水飞舟去不休。

千古游人皆过客，巴山夜雨梦中秋。

（13）白头·和《诚粉》

白头山上路失迷，鸿爪无寻尽雪泥。

举望来时商铺旅，半为隐隐半堪疑。

附录：松龄兄《诚粉》

一生莫为一人迷，落去春花入雨泥。

况是乔装台上戏，几丝挚爱不存疑。

3. 和钦鸿兄（2首）

（1）大雨·和《赠徐铁生》

大雨忽然降满川，一双燕子造梁间。

回头才见归巢误，折过廊檐直向前。

附录：钦鸿兄《赠徐铁生》

皇皇巨著动崇川，半世心血凝此间。

荣辱浮沉挥手去，愚公兴会更无前。

（2）知青·和《游仙都》

知青插队当年勇，转眼平生叹海湖。

高考若无恢复事，至今依旧喜荒都。

附录：钦鸿兄《游仙都》

缙云游览逢端午，黄帝祠前望鼎湖。

碧水悠悠琴韵绕，梦中从此有仙都。

V. 缅怀（20首）

1. 纪念《飘》发表85周年（2首）

（1）

战争南北会群英，默默无闻郝氏名。

不为玛格留艳史，何来后进捧卿卿。

（2）

三嫁有生多不幸，百年无病一车横。

塔拉园里新红壤，到处花开赤豆声。

2. 怀念海子

十月阳光澈澈明，两旁铁轨自徐行。

何由问汝成心卧，从此诗坛乏铁声。

3. 悼余旭

余光仍照碧空远，旭日又临朱户莹。

辉映两开金孔雀，煌然一举耀天庭。

4. 母亲节

无论贫穷与富商，母亲总被称萱堂。

只因萱乃红黄色，堂是屋中最暖房。

5. 送别

犹带家乡烙饼酥，回眸已见背影涂。

谁知此次送别泪，竟是母亲最后哭。

6. 恒河

知道弥留日未多，遥看天象数恒河。
大明最亮应为汝，还照家人雪后车。

7. 同学祭（13首）

（1）娄艳青

标枪剪影依依在，中跑英姿楚楚生。
我与令叔曾念汝，所言最痛是吁声。

（2）齐洪波

踏雪莹莹到我家，一卓糖饼半壶茶。
归来仰望北门里，冰上还曾说练滑。

（3）王凤芝

自幼失亲寄外家，上学休假总迎迓。
最初知道离人世，还为上香捻佛花。

（4）于保安

还记开言汗嘘嘘，谦和无比胜诸徐。
听闻村小教书起，新婚不久却捐躯。

（5）孙世富

同乡同校早闻知，曾以乳名自戏嬉。
当我失学尚未久，即传几度病迁移。

（6）叶怀君

那年米厂相逢初，腼腆犹如一道姑。
临了未曾相抱握，分途即是永离途。

（7）李本中

久违才盼信箱来，熟料刚离手术台。
待汝复康重邂逅，竟然匆促下尘埃。

（8）邓国忠

马蹄曾羡解名尽，卸甲偶逢歧路边。
询问近情才晓得，感君为我说清还。

（9）李淑芝

夕至朝还一站间，未曾一语聊同班。
出师三十三年里，亦憾竟无半面缘。

（10）刘本和、刘本臣

刘氏二兄同岁生，家庭一富一贫穷。
个子一高一个矮，处事总归皆厚诚。

（11）王学东

邂逅情形历历在，抵足心胸挚挚情。
首回终成末回事，愿君仍笑乐盈盈。

（12）董臣江

我做木工你放牛，常常见面未言愁。
如今已望天河渡，自是甘甘居下游。

（13）赵文玉

同心乡近长发村，几度翩翩未可寻。
今夜偶然逢信客，道听途说亦为真。

七言 B（117首）

I．赠友人（10首）

1. 致钦鸿兄（2首）

（1）

校园一进即知名，未想竟分同舍中。
睡午纸翻惊入梦，寝晨腰懒碰出羹。
两经购去劳相劝，三饭赊来让互行。
回顾真真堪自慰，休言晤面夕阳红。

（2）

南面濠河南面风，濠南集里作春行。
两开草路连天长，独辟花蹊夹径生。
澈澈游鱼观静远，潺潺细石见翻腾。

杏花沥沥江南雨，点染还凭取紫红。

2. 致德才兄

家乡大雪无人管，取作棉团卷作毡。
抛上树头羞树挂，落于冰面艳冰帘。
斜阳酒对金镶玉，皓月歌当素嵌颜。
三十年中常眷汝，今朝全本念兹编。

3. 致耆英母女

包裹重重饯汝行，兼程念念几叮咛。
箱包大小头多寡，航站经停吨重轻。
超载时须呼力士，安查长想等儿婴。
旅途云共滔滔雨，厮守化为雁塔铃。

4. 致忠富兄

两度寄诗均未付，今晨早起倾诗囊。
竟然发觉空空腹，意料难酬辣辣肠。
好在诗神从未弃，唯期灵感自生芒。
望君暂且稍耽待，自此实时补矮墙。

5. 致忠成兄

如矢光阴五十年，怅然回首看斑斑。
惟期有信江花漫，不意失联塞马还。
画面聆听行聚会，音频仁视等聊天。
如今皆作围炉使，随话苍生到夜阑。

6. 致田文亭先生

文理不同道乃同，犹记说文那卷情。
印象深深电话码，言谈恳恳笑声盈。
师之先达君良秀，友者后来我益行。
一首诗小聆弟子，百年庆大请先生。

7. 致熊英

闻说微恙已复查，坚持服药自无他。
先生事业胸中业，令爱鲜花锦上花。
区厂四千手足誉，卧房五百弟兄夸。
中年人到才如日，正是阳光欲满霞。

8. 致楚楚

很难出得富人家，因此诸多事似麻。
学语牙牙懵失业，读书切切辨筛茶。
花钱竟算元分角，购物还挑好少差。
我为无车相送与，半窗辞海伴朝霞。

9. 致国联兄

我与君知系偶然，多年议会并无缘。
相逢只为分茗饮，晤面原非聚会餐。
茶道从来嫌太酽，世情过去恐多谦。
光阴一载胜十载，自此音书替往还。

Ⅱ. 旅行（9首）

1. 黄山

上了黄山第一层，始知天下有奇峰。
盘桓飞渡送云海，兀立挺拔迎客松。
眼底千年磨脚印，耳根一杵撞心钟。
世间总叫人孤旅，何日天涯作伴行。

2. 青岛萧军萧红故居（3首）

（1）

灯火悄然起万家，惟余此处尚嫌赊。
主行无事双栖去，客路有因一臂叉。

半载文章天畅晓，毕生恩怨地昏花。
说来平静实难静，恰似停云逐暮霞。
（2）
人生如梦往如尘，尘梦难平赤子心。
多数来人问侠客，少时行旅拜洛神。
不知就里恩仇在，却道其中纠葛分。
如果当年人似汝，是否接纳是否闻。
（3）
遗简真真似久违，朱栏蝇草顿生辉。
平生答复三千纸，半世聆听万壑雷。
秫米猴头红枣在，死魂毁灭铁流回。
凌晨五点人犹困，最后不知话语谁。

3. 无锡

锡山已随汉景去，此地空余一矿坑。
汉景一去不复返，太湖千载水莹莹。
渔郎田父多骄态，馆女吴娃旧风情。
早米翻成江南意，一壶春采碧茸茸。

4. 唐山地震四十年

几多星梦到唐山，只为彼时一段缘。
幸匆偶或离兹易，得缓生平劫我难。
震后曾经急赴蹈，灾前未敢漫观瞻。
狼藉到处今遗址，十里湖墙入目帘。

5. 秦陵

石榴一片压秦陵，宝马千乘撞帝京。
出浅无由因打井，埋深有意为挖坑。
一天大火人情灭，两地小人物欲横。
六国不争争六国，秦嬴专制制秦嬴。

6. 金州关向应故居（2 首）

（1）
黑山脚下一贫屋，杰子寒门道路殊。
旅顺新风知国主，沪申旧雨忘家仆。
欧东洗礼学堂备，晋北抗倭战场铺。
终生仅仅四三载，唯一侄儿守菜蔬。
（2）
难得秋高气爽时，高桥快轨柳如丝。
携来眷属参前哲，拂去尘杂拜后师。
早仰大札惊贼旅，今瞻小楷讶群诗。
一杆石磨当庭院，两草泥檐对国旗。

Ⅲ . 随笔（38 首）

一、四时（18 首）

1

虽信东风可换回，春寒怎好滞斜晖。
行人造语分啄雀，落鸟敛身向晚归。
三两义工除庙宇，五七家住起烟炊。
园门仰首深觉矮，到处班车自驾灰。

2

六月蔷薇满镜镶，分黄布紫上插墙。
怡人停雨空喧静，悦鸟徐风自抑扬。
很少练身因统考，几多习步缘纷忙。
仰头云朵轻如履，且为明堂释紧张。

3

谁家篱落满蔷薇，漆绿墙头白雪堆。
荡漾离愁才鸟过，平分别绪已蜂飞。
凝香思想因足驻，裂瓣情怀缘悔追。
怠慢春光唯背影，东风始信唤无回。

4

榆荚转转柳花飞，天气微微燕子回。
捉蚁孙儿新视角，采繁祖母旧身衣。
谈情工仔出林野，照相学生入草菲。
一座陶然真自乐，风情十种漫相随。

5

大暑才来雨已勤，乍晴未久即浓阴。
黑云随处遮楼上，白水专程贯路心。
行伞多多怜赤脚，停车挤挤耀纹银。
假期暂短从无计，独倚窗头看日新。

6

江北桥南水面翻，有双情侣素朝天。
橙黄膀臂分挠桨，黑黝胎轮充汽船。
两岸渔人停机钓，满车乘客卷窗帘。
旋涡急转从旋下，浪涌缓冲逐浪穿。

7

西子河边一草棚，万条细柳弱拂风。
修车耆宿多谈健，卖种丫儿少笑容。
过往瓜农停自若，盘桓学子弄樊笼。
田园草腐随流水，一阵清幽一朵红。

8

亓沟两岸槭花忙，如剪声声燕子墙。
新草未能遮旧草，冬装早已换春装。
果栏处处修篱院，渔网家家补苇塘。
缕缕甜歌听不断，新潮电器进山乡。

9

过了花期是草期，草宽径窄已迷离。
随时光景游人意，定向田园动漫诗。
才把镜头瞥绿水，早凭燕尾扫橙泥。
足无出户偏多怪，两日不来遍地奇。

10

黛抹群峰绿染中，盘桓道上半行空。
泉温水涌千粼碧，壑秀林深数顶红。
鸟候无名相引伴，人游有眷互呼朋。
蓦然回首晨兴里，野外人家笑语浓。

11

六月槐花最解人，一齐整队举花辛。
儿时犹记清晨早，童稚纷学系领巾。
节俭由来相教诲，日常一向互殷勤。
快活本是少年事，乐在老成梦竟深。

12

秋来千树立萧疏，惟见鹊巢满路途。
燃草忙人惊火入，瞭荒闲雉待雏出。
侬拍手机凝焦点，我踏脚鞋驻画图。
一道蓝光凌汉起，平鸥如弹到云无。

13

不觉深秋已整年，自知误会是前番。
人间苦短偏长夜，物象何宽竟窄天。
儿女难说开五五，朋友却可折七三。
回眸歧路多惆怅，九分酸软一分咸。

14

晚上旋风逐树生，半街梧叶洗中庭。
一伏浪狗惊冲起，两仰老头却步行。
印象画师新手笔，表达流派旧典型。
自然绝对超凡力，人世难为此课功。

15

奇寒多载未光临，今晨以降始纷纷。
行人路上频遮眼，商市窗前紧闭门。
风冷袭来旗裂帜，流寒过去乐嘶音。
老家东北虽寒冷，此地毫无逊半分。

16

毡履静听踏雪声，仿佛回到少年行。
负隅虽未争冰场，顽抗曾经斗雪营。
月亮漫山十里迴，灯漆遍野一身明。
如今只有慨慷在，回首拭额头汗晶。

17

天上条条暴雪绳，缠成巨蟒掩苍龙。
蛮蠊陪辇腾霄汉，屏翳扶车驾太空。
五岳埋深天堑浅，三山露短地沟平。
有风忽地如推毂，顿卷毡毛旷野清。

18

鞭炮声声入耳闻，家家摆酒待新春。
天南信短拜诸弟，地北视频话众亲。
人寿还为乡愿景，年丰总是城脉根。
此时岁岁陶然祝，祈福今年程度深。

二、时余（20 首）

1. 感事（9 首）

（1）

中考心情未必轻，不惟家出壮此行。
昨宵万户失眠后，今早千门提醒中。
模拟三回头绪颤，实施一把汗丝萦。
科举无非优则仕，如今优仕犹差评。

（2）

飞机穿越大辽河，当年战场已平歌。
背包打起新天地，行李收拾旧品格。
大众苦甘千古事，小车覆载万年说。
从来花甲周而始，惟愿上苍奏凯歌。

（3）

兵书一本三十年，犹记于今哈站班。

不是随身捐币角，何来有意作书编。
齐王虽允千金诺，漂母早忘一饭言。
在此我发寻事启，碍难大姐与微谈。

（4）

香风毒雾浦江头，回首小游尚勾留。
常记新朋车购物，难遗老总酒开筹。
世博佳雨千盆绿，城庙闲情百种悠。
虽愧大连天海小，倘能光顾事驾游。

（5）

南来未见悬铃木，尽是江边阶草深。
闷雨天头遮日烈，热风地脚卷云纷。
平生有语因尘事，半载无言为慧心。
暂把深情留自愈，凭听浅笑送伊人。

（6）

五十年华感触屏，许多影像已晨星。
惟余初照清灵水，犹似才开翠锦萍。
欲把相别消记忆，却难遗忘长神经。
人生何苦如蛄蟪，总是拳拳报矫情。

（7）

大幕拉开记忆遥，火烧云外北天高。
围盆撩起家乡切，举斧唤回胆气豪。
白雪融融俗骨易，蓝光飒飒惰心消。
最能使得视听快，一面红旗彻九霄。

（8）

熊本震区天转晴，便于灾救便施行。
停营新干缘脱轨，塌起旧桥因断陵。
累石山体须审视，横街泡沫待查明。
连连余震休催逼，尚有困人等救营。

（9）

海盗船来南海翻，无边大浪打心弦。

有容不赞侵人海，无欲必诛犯我天。
炮利已无穿世甲，船坚早有立时拦。
海疆九段连天下，南海长城守弹丸。

2. 航天（3首）

（1）

区区渺渺自今生，六位男儿下太空。
未觉一名耽果决，乃知五士始英雄。
先前万事还天定，此后千般概物情。
我辈何由重计较，恒河浩浩一沙星。

（2）

返回舱里笑盈盈，只为出舱息事宁。
误报火灾虽后怕，确知转轨却前行。
桑田沧海窥落日，嬗变横流见宿英。
遥乞娥皇轻药杵，漫惊余勇降星空。

（3）

四子王旗好地方，三英着陆一无伤。
翩翩伞往田原小，款款舱回密草长。
白璧医生行结束，红墙护士立精装。
直播处处提心胆，自主出舱顿解囊。

3. 海昏侯刘贺　（8首）

（1）

连夜发书以火光，日行汗马死相望。
中途无奈还郎谒，一路有方敛女妆。
求得长鸡鸣宿象，分开泪竹举幽篁。
为涤清白怜何善，未到灞桥已换裳。

（2）

不惟白犬无头状，更有黑熊夜舐窗。
两叫鸱鸮集恶鸟，一涂败血散污浆。

营营蝇矢实难改，苦苦中郎轻易伤。
不用其言终至废，至于掘墓尚荒唐。

（3）

孝宣忌惮犹盯访，密诏连连遣豫章。
张敞无私来坐语，海昏有恃去轻狂。
大门坚壁小门入，钱物积堆食物藏。
督盗一人巡夜昼，买卒无算列宫墙。

（4）

故王中人从不遣，疾病斗殴任痍伤。
独立王侯妻子密，交通太史体身长。
上衣精短绔肥壮，鼻准平卑目小黄。
一代海昏侯画像，虽疑相术却真章。

（5）

方晓腐才不足忌，列侯就国以千囊。
与人直到翻前账，才把从来凑后桩。
按验有司行逮捕，皇权无上削藩强。
五侯四代传今子，唯看盗深穿土夯。

（6）

正当金饼起漆箱，忽有乡人入墓墙。
自谓海昏侯后代，同携族谱系前方。
执勤安保行犹豫，考古专家立婉商：
此乃发掘现场日，不宜祭祀不宜觞。

（7）

汉武多金名不虚，曾因成色削青徐。
当时仓粟食红腐，此刻内钱校紫蛆。
金版参差粘沃土，马蹄错乱踏游鱼。
鄱阳不是湖光改，哪有今天帝子居。

（8）

海昏葬厚三千简，刑徒埋浅一残砖。
侯昏后世仍鸣鼓，徒众前生皆哑言。

露骨一排耕且易，盗坑十米铲犹难。
永初守土艰辛甚，元朔只因尽赏玩。

Ⅳ. 和诗（58 首）

1. 步鲁迅惯于长夜原韵（51 首）

（1）
前来西海吊君时，脉脉余晖绕草丝。
杰子尚留出户履，高门犹挂陨星旗。
从来慎谨难移节，何至烦频痛改诗。
父老巴中空诺守，声声杜宇自沾衣。

（2）
花丛静卧已多时，管紫毫香有憾丝。
天降斯人偏寂寞，血漂诸橹遍旌旗。
彷徨独荷千秋戟，呐喊合吟万古诗。
知汝堪称许景宋，孤檠侍坐打毛衣。

（3）
而今吊古我来时，倦倦秋风话语丝。
羽扇不留双艳影，橹樯难没一江旗。
照存始小楚天阁，笔放方惊赤壁诗。
重睹灯华回午夜，休闲已换世人衣。

（4）
曾经六世虎争时，成败由来只寸丝。
三户难支倾国厦，一仪堪损楚王旗。
秦声自是真声曲，楚怨终归罹怨诗。
杰阁东湖观朗月，千年犹印绿苔衣。

（5）
优柔断寡二难时，蜡炬春蚕自茧丝。
隔栅已闻屐履印，过街难顾指挥旗。

虹霓久会东风意，广告初传青鸟诗。
淡抹浓妆宜悦己，何由珠泪落罗衣。

（6）
昔年改岁涤场时，弟与挥笤除网丝。
庭下无杂铺赤板，檐头有序竖橙旗。
姊挪坛酒兄盛碗，她打洋琴我作诗。
月出东山人醉卧，弟眠榻上汝和衣。

（7）
娇莺恰恰暮春时，岛上残阳岸柳丝。
濯足江沙看汛塔，投腰地草数舟旗。
品茗争付斯文费，留照推题戏谑诗。
每每相邀辄忘事，前遗雨伞后风衣。

（8）
长亭聚散早迟时，难系玉骢愁柳丝。
云碧花黄嘶阵雁，林疏照落紧风旗。
青山隔送离人泪，暮霭蔽遮蜗角诗。
待化望夫痴石日，谁来推整素罗衣。

（9）
唯艰步履病贫时，泣妇啼雏债结丝。
松水舟排电大浪，杭天车队旅游旗。
何尝幻得潘生梦，竟亦行吟马骨诗。
瑞雪飘摇除夕近，又逢稚子试新衣。

（10）
莫堪唧唧又秋时，忍把西风作雨丝。
窗堕金人侵卷案，天旋神女隐云旗。
几嘶壮悔因劳马，多舛命途唯赋诗。
投笔呼妻何睡晚，床头屋漏且沾衣。

（11）
忽来又觉少年时，春入屠苏惹鬓丝。
剪柳东风红照壁，弄梅白雪绿飘旗。

更新竹爆连绵意，守岁龙翻变化诗。
且待黄锺酬木杵，也学儿女戏春衣。
（12）

又当翻去覆来时，魇压重楼搅梦丝。
前日情亲皆鬼影，今朝儿女亦幡旗。
南东西北空余北，曲赋词诗只剩诗。
未晓荒鸡晨照旧，坐观钟闹懒着衣。
（13）

城春未到我家时，冻柳窗前已剪丝。
错节铮铮方傲雪，盘根佼佼欲攀旗。
卑躬不觉屈膝意，断臂犹存折骨诗。
只待仙葩回阆苑，送君一路羽绒衣。
（14）

正当雌雉靓甜时，山满霜砒弋有丝。
过地不由横稻草，穿林必避竖竿旗。
群居忧虑啼长夜，独处犹疑唱短诗。
君觑八珍席上宴，问谁曾否制毛衣。
（15）

当年犹记别离时，佟偬归来两鬓丝。
庭雪无言空印履，篱条有恨自摇旗。
故山应悔晨钟晚，赤子堪闻暮鼓诗。
谁挽飘炊酬落照，无人笑客解征衣。
（16）

为防上路倦疲时，才把肉丁放辣丝。
醒目留心开口袋，提神毋忘禁烟旗。
不曾知汝衔微酒，也莫随人论小诗。
边塞风尘多障目，天寒常想再加衣。
（17）

琴桐冉冉弱冠时，梳落天光万缕丝。
漠漠菜畦裁碧锦，悠悠麦浪裹黄旗。

蝶飞撩动心弦曲，蛙鼓偷停手卷诗。
梁祝偏偏出队社，装窑钻井绣花衣。
（18）

想来后怕考研时，继晷焚膏充血丝。
图壁古文猜闷字，谈言外语哑谜旗。
拜书郭氏堪宏论，立雪裴门尽雅诗。
北大孙山师陕大，锦衣原是敝裘衣。
（19）

慈溪不弃我留时，遥忆犹牵情愫丝。
指点阿婆装竹板，戏嬉童稚撂门旗。
村姑怩忸出锅饺，社老剔挑题壁诗。
家姊来南曾滞沪，乡邻个个解囊衣。
（20）

涌泉点水是何时，羁旅天南作茧丝。
对弈天窗听雨幕，分瓜楼板看风旗。
闲廛慨与耕新菜，空阁恭供写旧诗。
獒犬善通人主意，绕堂每饭必牵衣。
（21）

吴姑崖上半黄时，滤卵清泉如细丝。
倨傲石山轻抱树，恭谦经阁漫遮旗。
飘然弟子言师宴，妙矣先生释梦诗。
投契本来无物我，临行赠以一袈衣。
（22）

多年不见雪来时，落我满头银发丝。
亟请弥佛吹紫管，频邀公主弄红旗。
隔篱相对呼邻酒，当苑狂歌咏物诗。
天有豪情童未泯，推妻毋送绿军衣。
（23）

适逢橄榄欲青时，鹏展波音带雨丝。
冠盖望中三足鼎，国联夹道万竿旗。

和平宜作运筹计，发展且歌旋转诗。
五十年来鸟瞰处，费城款款挂霓衣。
（24）
英年正是气吞时，百炼柔成绕指丝。
纵有风云扛举力，也无乌马斩寨旗。
项斯尚憾标格事，杨敬犹言清议诗。
留得豪情夸管鲍，先生肯与一胞衣。
（25）
十年一拜尺书时，岂止轻弹两泪丝。
此地虽无金络马，他乡犹记壮旌旗。
因愁前路多回顾，未插茱萸少有诗。
待到月台重邂逅，再来把酒洗尘衣。
（26）
三千急电告危时，怕是空筝已断丝。
唯忆青梅舒俊眼，怎看竹马立钱旗。
笑玩竟验前年话，泣涕犹题隔世诗。
雪雨春朝何料峭，风低野旷尽吹衣。
（27）
一挥弹指廿年时，乌发原来是染丝。
无数毛头张字报，满街铁臂舞团旗。
放鸣马列经天著，论辩圣明行地诗。
雅化随波真世事，摩登已上四时衣。
（28）
又来污染翻新时，河道污完污柳丝。
红雨飞天一望塑，青山吹地满枝旗。
风光尚有盆中景，山水唯余纸上诗。
谈虎已无人色变，田家拍卖聚家衣。
（29）
恭逢阿姊诞辰时，满目秋光金缕丝。
膝下积孙犹斗虎，堂前有女似条旗。

天强不息自行键，人寿无疆弟写诗。
知命堪违本有命，再添盛世百重衣。
（30）
无边香稻欲黄时，路速奇高绕带丝。
重到国门惊栈客，初开桥索亮车旗。
锦江已绣一山画，鸭绿方成半岛诗。
纪念同乘今日塔，无名高地满花衣。
（31）
一传话电越洋时，顿掩声涛唯语丝。
隔岸参商应缀幕，当轩日晷可升旗。
三言已足怀乡赋，九载堪闻思故诗。
回首如初别沪上，蒙兄伞雨蔽单衣。
（32）
倒车壶口试飞时，曾为先生握汗丝。
壮酒虽温留后宴，环花未绾待归旗。
惊人已遂山关志，醒世唯无布瀑诗。
万壑丛中忽鹊起，心随轮履落车衣。
（33）
秋林又到泛红时，懒懒金风入耳丝。
旖旎新阶连草色，蜿蜒旧谷裂枫旗。
参霄巨木堪椽笔，立壤摩岩可壁诗。
一日山行八九里，白云竹马绿蓑衣。
（34）
忙来不得赏花时，户外奇香绕栋丝。
半弃盆泥余裂瓦，一抔根叶剩撕旗。
晶莹朵上芊芊雪，寂寞庭边瑟瑟诗。
今晚西风能愿我，明移板土筑藩衣。
（35）
西湖最好荡舟时，五月垂杨已挂丝。
染碧灵峰浮赤塔，鋄金坟庙耀黄旗。

千竿竹路通幽境，半顷渔歌唱晚诗。
港上荷花才放角，三潭明月一身衣。
（36）

元宵节上赏灯时，滚滚东风斗雪丝。
舞满升平红社鼓，歌盈肃穆绿神旗。
闹花焰火天迷路，滚绣龙鱼地和诗。
忽忆有约寻众里，飘飞不见碧纱衣。
（37）

兴城怀古倚凭时，栈外虹霓化碧丝。
祖氏击船犹撼海，袁门裹革尚嘶旗。
节亏满虏新君国，气贯榆关旧史诗。
遥夜沧波疏两岸，如盘皓月共襟衣。
（38）

无名红豆半湾时，绕树蒺藜满刺丝。
草里鸭蓝惊脚语，林间雉锦警人旗。
山蚕板渡空槌杵，野牧岩墙有画诗。
久伫不归唯怅惘，频来幼犬嗅鞋衣。
（39）

重阳歇雨过庵时，满眼黄花尽卷丝。
篱径晴深空系锁，山门掩浅半张旗。
忽传小衲说荤语，即惹大师吟素诗。
度外始知尘苑远，留连踯躅忘归衣。
（40）

凌空陆海阅兵时，孰逆天公抖霰丝。
击雨银鹰轻弹道，挟雷铁旅重军旗。
长征二捆三星谱，短道多头两弹诗。
不解中军忽驻马，恐惊统帅睡深衣。
（41）

前天知汝病回时，曾嘱家兄探去丝。
昨日令亲来视我，犹言制锦赠医旗。

今晨内子听村语，却告愚人作挽诗。
士别三兮当刮目，怎看众女拭麻衣。
（42）

冒顿蓄马满山时，十万驼毛半匹丝。
青海由于疏响箭，白登遂使密围旗。
尔来帝子羞出塞，自是阏氏好入诗。
宴闭边城牛布野，漠南漠北罢戎衣。
（43）

乡关提马梦萦时，卷地风行走线丝。
瓶水冰连辙没雪，囊粮冻断路鸣旗。
盘营裂炙发薪火，僚幕和霜滞笔诗。
箪食壶浆扶父老，貂壳草履捆田衣。
（44）

且将五十作儿时，何苦文章入扣丝。
处忘每疑讥后法，行遗未敢笑前旗。
取心十万常厄斗，注手三千辄酒诗。
贾勇由来赊务去，十年假我补天衣。
（45）

那年春暮汝来时，银杏庭前若绾丝。
一日客疏方见我，半天语讷欲羞旗。
自从设酒辄旁位，即便弹歌每拙诗。
所欠良多唯一忆，明商小女寄连衣。
（46）

寒窗独立许些时，如练秋江半已丝。
孤鸟归飞村树角，落云回没寺山旗。
幕天渐匿残篱月，席地旋思弃案诗。
敲贩行知霄市晚，浑家是否欲棉衣。
（47）

旱云如火扑天时，满眼桐槐打绉丝。
垅上劳辛蒸紫土，城中游旅闭黄旗。

昨他有意传赊米，今我何心弄买诗。
倘若天公容乞雨，街头笔立任剥衣。
（48）
初来滨海倚车时，山叶经红菊满丝。
狗狗浪流知俯首，鸽鸽跌落怨折旗。
扶将以手形同志，揣想因心实异诗。
画幅伊人晴色里，一汪碧水衬风衣。
（49）
悠悠回首话当时，二十三年如寸丝。
植物园中犹鸟语，校门口外自车旗。
辞题心远成吾阁，像照地偏郭老诗。
系里忽发返程票，浑然不觉失身衣。
（50）
又到蔷薇博览时，满园花色掩风丝。
游廊染点白云朵，穿径铺平绿锦旗。
无力从来因晓梦，有情偶尔为昏诗。
年年此刻争留恋，不独今宵展夏衣。
（51）
待雨黄昏寂寞时，耳边烘响若嚼丝。
四围灰幕包窗镜，一面白烟袭顶旗。
连续穿空听电语，不时越地看雷诗。
倘能蓄势成真事，明早拦洪浣地衣。

附录：鲁迅《惯于长夜过春时》
惯于长夜过春时，挈妇将雏鬓有丝。
梦里依稀慈母泪，城头变幻大王旗。
忍看朋辈成新鬼，怒向刀丛觅小诗。
吟罢低眉无写处，月光如水照缁衣。

2. 世情·和戊寅大兄（1首）
—— 步元稹《遣悲怀其三·闲坐悲君亦自悲》原韵答友人
不是世情皆可悲，只缘寄寓不逢时。
狄金有恨才藏卷，鲁迅无言故贬词。
能作推心当自好，毋为置腹亦相期。
妆奁若许胭脂虎，必要晨昏两画眉。
附录：元稹《遣悲怀》其三
闲坐悲君亦自悲，百年都是几多时。
邓攸无子寻知命，潘岳悼亡犹费词。
同穴窅冥何所望，他生缘会更难期。
惟将永夜长开眼，报答平生未展眉。

3. 和松龄兄（5首）
（1）从来·和《莫深》
从来天地本无猜，风雨江山同感怀。
上下五千黄帝历，纵横八万史迁才。
幸得持家未易改，方能爱国久难衰。
时代疲劳争气在，只当试手漫托腮。
附录：松龄兄《莫深》
美人心事莫深猜，红粉痴情总挂怀。
春绿河宽忙种柳，风摇絮散又怜才。
昭妃出塞烟尘冷，越女来吴廊庙衰。
聚酒当年歌舞尽，一弦清泪落香腮。
（2）三十·和《三十年同学会》
三十光阴转眼消，当时还念画墙桥。
假期泛读多晨练，平素专攻几夜宵。
相差同窗十数载，共通师长忘年交。
不言艰险艰存在，回首直弯路已遥。
附录：松龄兄和诗

风雨剥蚀意未消，相约重走坝石桥。
当年足迹青苔里，此际乡情望眼瞧。
学影依稀桌不再，校园荒废地生蒿。
漫说两载艰难事，来路崎岖去路遥。

（3）平生·和《宴赠》

平生绝少笑开颜，灿若桃花冷若仙。
闺密妆奁攒锦绣，圆房窗户剪樯帆。
灶台一绾青丝网，碾道两襟弱子牵。
幸得老来情未已，学偷耳麦学操弦。

附录：松龄兄《宴赠》

八十年代见红颜，皓齿灵眸艳落仙。
朗朗情怀托创改，婷婷姿影领旗帆。
巫山少梦多遥远，神女无心有挂牵。
岁月闲琴秋水静，春风摆柳又拨弦。

（4）深宵·和《烟雨》

深宵车上数恒河，万顷银沙漾逝波。
荏苒年头空浩叹，蹉跎岁尾实难说。
虽惭松北当庭置，犹愿甬南对弈搏。
能有几回聊自慰，兜风一阵醒时多。

附录：松龄兄《烟雨》

烟雨荒林北大河，滔滔逝去已无波。
童年总是穷年影，旧事依然趣事说。
草舍油灯学困苦，官楼职场走拼搏。
人生纵有千条路，天道酬勤不必多。

（5）曾为·和《别雨》

曾为当年无病哭，而今哭病却无途。
弟兄离析天倾角，朋友分崩地堰湖。
十卷辛疾邻树策，两厢霍病壁鸦涂。
有生倘若重聚首，一笑权当两泪珠。

附录：松龄兄诗《别雨》

别雨离风心欲哭，牵衣架伞送归途。
车穿高岭迷云雾，人过平江叹海湖。
伏案耕书实谨慎，吟诗纵酒为糊涂。
此身枉历千佛劝，胸内唯存一念珠。

4. 辽海·和福海兄（1首）

—— 昆明传明惠帝遗诗

辽海西来已近秋，暇鸥于路绕船头。
乙舱还有风吹话，甲板才无浪打流。
携手随机欣照慰，并肩着意赏帆收。
人生也许仍多旅，只此单程足始休。

附录：福海兄在昆明传明惠帝遗诗

牢落西南四十秋，萧萧白发已盈头。
乾坤有恨家何在，江汉无情水自流。
长乐官中云气散，朝元阁上雨声收。
新浦细柳年年绿，野老吞声哭未休。

Ⅴ. 缅怀（2首）

1. 悼方静

曾留庄敬倾荧屏，珠语铿铿引世惊。
长久不出因问病，短期忽现起言兵。
年深未必能参道，日暂却非不宿英。
独上蓝空休寂寞，白云堆里请罗京。

2. 吊高德峰君

回眸不过两年事，已是相隔一月期。
官网犹存头像炯，圈人渐拭泪痕滋。
未曾一面虽缺憾，幸有三言赖补遗。
流语常说君走好，我今簪笔为君诗。

卷三 古风今风、古词今词，楹联（141 首）

卷三上 古风今风（79 首）

Ⅰ.赠友人（7 首）

1.致柳邶

午眠恨觉短，依稀梦汝还。

办公合署里，仅在靠墙边。

怨我不相识，抱枕打我肩。

黑黑头影暗，坐起阵心酸。

2.致熊英（3 首）

（1）

六月七八九，年年试身手。

今年不一般，令爱领头走。

令爱考得优，大家齐拍手。

我送一首诗，轻松拿榜首。

（2）

二十五年一快车，几多站口已消磨。

惟有洋山裘市左，十里菜花香似罗。

（3）

母爱深深二十年，高中初小幼儿班。

今朝赴得全统考，样样犹需备周严。

3.致戊寅兄（3 首）

（1）

江淮多大水，名地多为溪。

我在慈溪住，明尔至屯溪。

旅行后一站，听闻宿西溪。

三日归来饮，开言要鸭溪。

溪溪何稠密，快乐如剡溪。

（2）

西溪半亩绿池塘，房子都在水中央。

家家户户遮阳伞，无论晴雨都天堂。

（3）

不想江南倒也罢，一想江南黯伤神。

曾是江南檐下雨，归去竟如一片云。

Ⅱ.旅行（13 首）

一、五言（3 首）

1.西安

西安有鼓楼，平日不能鸣。

西安有钟楼，还唱东方红。

2. 大连

人说燕山雪，雪花大如围。
我说大连雪，百年头一回。
冰花凭树倚，树挂挤鹊飞。
人走争躲伞，车停让雪堆。
屋檐白眉厚，井盖黑眼肥。
今晚地炉火，新酒学诗杯。
然后邀博客，同聊喜雪归。
归来雪不停，片片还尾追。

3. 北陵

北陵有松树，世上足称奇。
三百年间里，棵棵记史实。
下马石边事，神道碑上题。
石象生前秘，隆恩殿后机。
将军两合抱，贝勒半倚石。
纽扣黄金履，马褂铜钱织。
改土中原日，归流四海时。
当年何辉赫，而今犹可知。
三呼山海动，万岁地天移。
方圆四百里，埋骨二人尸。
取土于民土，用之于民畦。
所谓不同者，归属一名词。
今日归民主，游人乐不疲。
不信问松籽，衔燕仍密植。

二、七言（6首）

1. 黄山

光明顶上光明台，光明仙子上山来。
上山个个光仙子，光光仙子坐青苔。

2. 长安

雪降长安照壁间，犹记关中赏美媛。
羊肉泡馍虽在碗，难能忘却是朱颜。

3. 上海

上海大连望水溪，云层上下总分离。
明朝待汝穿云雨，接地航班看锦衣。

4. 哈尔滨

心向动车那面飞，路似劈波相紧随。
停站横空贴布画，打工遍地睡成堆。

5. 最爱

最爱平生是旅游，刷刷步履不停留。
才报延安窑洞巧，却说平壤广场牛。

6. 阜新

闻说阜新天气凉，梨山以下已结霜。
太阳镜子刚挂起，八美千娇印成行。
马拉沁夫在此地，黄小娟子多人气。
龙梅玉荣出师早，两只蝴蝶庞龙好。
百戏杂陈蒙古调，韩梅当属第一炮。
细河连着凌河水，萧军曾居此河北。
查海遗址查海枯，海棠山岩海棠美。
一代宗师张三丰，老母本在懿州城。
阜新文明数不尽，阜新日新日日新。
地方戏曲不周全，此行我来搞调研。
开发莫忘抢昨天，明天依旧是昨天。
为了昨天应努力，明天才能中天立。

三、杂言（4 首）

1. 金州（3 首）

（1）

广场人潮，秧歌声高。

超市热服甚好，灯火旅店通宵。

（2）

老刷老洗老蹭，无尘无杂无异；

有人竟已洗头涮渍，金州站 WC

北京第一。

（3）

候车室里手机，频频召开会议。

工讲讲，农讲讲，商讲讲，学讲讲，

兵讲讲，大家都来主持，一起哈哈

嘻嘻。真奇。

2. 自题德都农场照

大豆绿，小麦黄；织成彩锦赠新娘。

谷子秀，高粱稠；新郎揭起红盖头。

Ⅲ . 随笔（58 首）

一、四言（3 首）

1. 元旦

删除今夜，链接明天。

保存快乐，复制平安！

2. 今早第一场春雨

人在镜头，晨在案头；

春在梢头，雨在心头。

3. 范曾的画

老子至柔，钟馗至坚。

牛鼻力挺，马背浑圆。

二、五言（6 首）

1. 钟声

钟声回午夜，稽祝万康宁。

2. 面子

面子不算啥，试试能超拔。

成绩须等待，功夫还得花。

3. 为楚楚装电脑桌

知汝喜穿火，独我爱聊天。

各自有圈子，互相无不言。

长节充 Q 币，短假买书钱。

不要请吃赏，只为补课烦。

4. 生日

生日非假日，自己总忘记。

如无短信来，糊涂一世纪。

忽见短信来，快乐无边际。

感谢常挂心，如此细心意。

5. 何日回家里

秋早路泥泞，鹅鸭叫始停。

送我东官道，转身复返程。

记性本来差，乃今更忘情。

还怕长途渴，黄瓜泡水中；

等我拿来后，壮尔挎包行。

边说边小跑，背影似弯弓。
燕子擦肩跃，阳光耀眼明。
吁吁带气喘，把手再叮咛。
上车来电话，不能无语声。
我已重上路，心中久未平。
何日回家里，攀膝坐看星。

6. 小妹嫁人回

小妹嫁人回，笑笑把我捶。
当初说大话，终老不嫁谁。
今日为人妇，笑脸满山堆。
又说翁姑好，又夸小姑随。
同是庭前雁，也谓婆家肥。
小衣送侄女，大衣裁裙围。
叽嘎来风闹，刷刷走场飞。
截然人两样，两乳大如锤。
一切顺自然，睡觉呼如雷。
女人还得嫁，不嫁世有违。
一旦违心愿，终生莫可追。

三、六言（4首）

1. 新月

新月楼头如旧，电照西山如透。
微信表情如酒，彻夜无眠如漏。

2. 当途

漫步西山水库，归来喜鹊当途。
林间巢垒初出，地上草芽无数。
老妪篱前积土，小丫庭后扫除。
路边黄犬呼雏，屋顶狸猫攀树。

炊爨香缭厨户，阳光暖绕瓦屋。
一台越野外呼，两扇卷门自入。

3. SARS（2首）

（1）造字

谁说没了仓颉，造字就会困难？
谁说没了许慎，说文就会麻烦？
我们没有困难，我们不怕麻烦！
我们一个星期，就造了一个字：
上头是个非字，下头是一个典；
且读作它 SARS，也没什么不便！
的的有些乖谬，确确有些贸然。
未合六书遗则，有违汉语条惯。
音序部首难入，号码四角难检！
可是我们照样，把它刻进坟典！
就像钳子夹牛，小心而且果敢。
也许过若干年，史实已经消散；
也许事后诸葛，还会作为奇谈。
而文字一出现，它即成为永远——
直到石烂海枯，仅存半片竹简！

（2）造山

传说造字当年，饿鬼为此夜哭。
此时急煞仓颉，此事可该怎办？
帝曰快快造山，快快把它压扁！
仓颉如法炮制，饿鬼自此遁然。
谁说没了黄帝，造山就会危险？
谁说没了仓颉，作法就不灵验？
我们只有八天，成一座小汤山！
它在京畿左翼，它立人民心间。
一个字一座山，一座山一个字；

字字山山字字，山山字字山山。
天上瑶台何有，地上本无神仙。
可问 SARS 还敢，造我大山十万。

四、七言（34 首）

1. 三面

三面阳光一面书，未曾着意结此庐。
阳光三面随时转，一面深书感未足。

2. 平时

平时工作太繁忙，难得一家过周末。
螃蟹好吃要女的，生活来自秋千索。

3. 周末

周末沉沉睡寝多，觉中梦我化飞蛾。
江南未往先发问，故里梁兄还念佛。

4. 似有

似有歌喉起夜莺，推窗但见斗星明。
疑心正为听觉乱，回首原来是闹铃。

5. 懒睡

懒睡不知秋色早，车流压爆天街晓。
推窗一叶上床来，夹入书中连叫好。

6. 楚楚

楚楚不常来我家，每来必要看菊花。
此时菊径刚铺瓦，一路乜斜绊脚丫。

7. 坐待

坐待除夕晓梦新，好学童稚放缤纷。
吹香倒计时空脚，堕入蹒跚上锦茵。

8. 初二

初二晚间鞭阵催，请来还送自难为。
市场虽活经济铁，原无计划现拨谁。

9. 亓沟

亓沟工地大车忙，到处都闻新土香。
热浪蒸腾庄稼长，行人于路看风光。

10. 亓上

亓上樱桃红满盆，主人园里笑声频。
绕墙皆是珊瑚树，任你随摘任你存。

11. 盛夏

盛夏阳光射眼伤，泛银禾嫁热翻墙。
有桌麻将因缺散，无地建工加倍忙。

12. 熟杏

熟杏正常六月头，赤橙黄绿满枝悠。
如今锁在暖棚里，上市随时反季候。

13. 刚刚

刚刚骤雨似倾盆，顷刻之间热煞人。
天地亦如人世险，须臾恨爱怎堪论。

14. 雷雨

雷雨昨宵车乱鸣，今晨平定走狸踪。

回来QQ更头像，才把男生换女生。

15. 网络
网络悠悠梦未停，如钩新月始朦胧。
忽尔传得滴滴Q，坐起慌忙输晚宁。

16. 何必
何必心胸冷冷沉，人间乐趣本无寻。
须知厌世时时有，短信一条可活人。

17. 近日
近日阴阴连雨多，不知昨夜睡如何。
画眉涂指镜窗里，是否因人浅泪窝。

18. 半片
半片面包奋力吞，几回咽哽哑无音。
叫声兄弟递杯水，解我心中一块根。

19. 航站
航站楼前雨镜平，美人蕉下风梳停。
拉起行囊过安检，于路归途请顺风。

20. 毒五
毒五香飘襟袖风，有人良夜上楼中。
船鞋平软凭添静，刷新爱卡启门声。

21. 晴好
晴好东南看碧空，华灯初上外滩红。
晚风跃跃人欲试，只恨明朝欲返程。

22. 十年
十年磨剑钝如鳍，事愿经常背水驰。
在我正当慵懒下，有言却道缚蛟时。

23. 不横
不横沧海潮头在，有训健儿身手深。
一线袭袭速过马，白波连涌踏红裙。

24. 末日
末日言传逐渐停，明早上班假步行。
信有红装仍素裹，依然如染依然红。

25. 不惠
不惠甚矣且暮年，子孙犹率荷夫三。
河曲不若孀妻子，才向夸娥负此山。

26. 阴雨
阴雨缠缠昨始晴，飞飞快轨两分明。
一边桑柘一边海，开发区连九里东。

27. 天空
天空晴朗天空明，万里无云万里行。
愿把赤心交赤羽，还盼精彩飞精英。

28. 高速
高速路旁景色真，松槐比比欲成林。
车行远望十八里，横架缆铝多似银。

29. 一岭
一岭刚过一岭排，无数楼盘树里栽。

正见飞车高铁路，早听轻轨下山来。

30. 刷刷

高铁刷刷绿满怀，心飞胜过电飞来。
蓦然仰首觑屏幕，时速二八一路排。

31. 自驾

自驾豪车何处开，人行道上扭成排。
儿童放学归来耍，摸过电杆摸车牌。

32. 一阵

一阵惊雷耸碧空，万条豪雨堕深庭。
骑墙堆柳如歌马，绕树杂花似打萍。
绮户纱稀聆响水，朱门漆密觑明星。
孩童为止当家戏，耆宿因停对弈声。
蓦地梆敲晴若洗，满街豆腐作歌行。

33. 去岁

去岁冬迟待雪开，今年春早雪徘徊。
夹风虽有凌空起，带雨却无浮面排。
最喜深宵天预报，果真近午地诗裁。
吞车挂树压晴伞，盖井连墙上瓦台。
不是家乡好大雪，仿佛携过家乡来。
足出户履沿街照，身入阶行于路拍。
储器不知机相满，仰头试雪湿胸怀。

34. 鲁迅当年曾铸剑

《扬子晚报》报，高邮十一岁男孩
河边洗手，发现西周青铜二十六厘米
短剑，河近古邗沟，乃吴越重埠。

鲁迅当年曾铸剑，取材锻造皆称烈。
王妃抱柱不生男，生下异胎为异铁。
大王倾城选巨工，不遴下手遴铹镆。
三年两剑淬中淬，剑有雄雌火中火。
雌剑献与大王身，为佩为敌为卫国。
雄剑埋藏待男生，果不其然王屠镆。
镆妻身孕已六月，生下男儿赤鼻血。
一抚身男十六年，匣出雄剑青光跃。
报仇无路遇人恩，恩人本是黑衣褛。
献子之头取王头，取下王头两头裂。
一头咬住王头口，一头追逐王头灭。
报了仇雠起歌乐，黑衣人士自头削。
三头滚在沸水边，三义冢成朝天阙。
今又见了青铜剑，不似越王似周错。
无论越王与周错，高邮男孩首发渫。
发渫本在一河沟，邗沟原称古吴越。
疏浚河道古物出，剑切厚纸七层过。
鲁迅如知称倘若，定写续篇珠盘落。
再铸剑青无用铁，寒铝生光如雪烁。

五、杂言（11首）

1. 二难

人生如草梦如墙，
似幻似真半已黄。
似真难得，
似幻难忘。

2. 平生两大事

平生两大事，
书多朋友少。

书多难免不杂，
友少习于寂寥。
书多可代枕，
友少自轻骄。
虽只剩这一壁辞典，
但可迅及于楼顶；
能接两部电话同时，
却难能聊得到一个良宵。
人有谁若我，
我若其谁也！
一介热儒，
两抱孤高。

3. 元旦，握一抱厚雪

元自元兮扫我屋，
旦复旦兮清我书。
密雪无痕兮掩爆竹，
橙云有缓兮天降仙姝。
踏雪寻梅兮深浅足，
感遇赋诗兮慰远途。
能有赠别兮天各一族，
永无相会兮地自两疏。
握一抱厚雪兮击穷庐，
擎两颊薄颜兮问苍梧。
多少事属误读，
多少憾叹知吾！
元旦伊始兮雪奋出，
心涛已止兮毋使意乱殊。
送一捧平雪兮自护肤，
平安伴汝兮为祈福。

4. 今世歌

今世兮今世，
今世何其速！
今世志存高，
不觉竟迟暮。
人生能有几今世，
今世所行多违误。
若言还有来生搏，
来生肯定识时务。
为君聊进今世歌，
哲学请从今世处。

5. 望儿山

母亲是座望儿山，
母亲是把人生尺。
横着竖着丈量我，
恨我不把弯走直。
我说世上只有弯，
她说变弯则为直，
弯直全由你自己。
我想，从此我得努点儿力：
先是走好每一寸，
再是走好每一尺；
然后走好每一丈，
直到走好每一里。
我想母亲能高兴，
母亲却把巴掌举。
母亲要求有点高，
母亲要求有点急。
人生之路有多长，

人生之路才伊始。
母亲向我大声斥：
姥姥就是这模式。
将来你要谈恋爱，
将来你要你你你。
那暂你会成了俺，
他们也会成了你。
这叫"老猫房上睡，
一辈留一辈"，
你倘乱来岂可以？
母亲是座望儿山，
母亲是把人生尺。
母亲是个理想家，
她对现实却不理。
现实就是这样子，
开放就是放开你。
我该怎么做，
我得慎慎思：
是"我思故我在"，
还是"我型母之仪"？

6. 名人歌

名人协会名人多，
自诩名人一筐箩。
你拥我来我挤你，
仿佛白薯称秤砣。
一个说你半斤少，
一个说你打八折。
说来说去都一样，
难分老弟与大哥。

忽地冒出一童星，
口称爷爷奶奶你别争，
我有一言送你听，
一言九鼎足耳聪。
再过一个花甲日，
筐箩里头我称雄！
正当大家鸦雀声，
有一老农敲梆行。
老农沿街卖白薯，
白薯地瓜物价平。
平了物价消了气，
回家还得喝西风。
名人自此才安宁，
名人自此得正宗。

7. 周家有女

周家有女名韩音，
母为外籍父家贫。
布鲁塞尔学医后，
抗战与唐结亲因。
重庆一书激怒唐，
不取抛头取耳光。
十年不幸唐战死，
改嫁英人出版商。
一面行医一面走，
南洋创立大学养人口。
女人混血多不易，
当时到哪都歧视。
闪恋闪婚又闪离，
孤零女子何处是！

事情说来亦称奇，
港都邀访马德里。
一见黑马王子陆文星，
仿佛多年相知己。
陆是中国友人情，
主张和平反战争。
两人双双堕爱河，
成家印度度蜜月。
夫妻信任各做各，
一年倒有十二月，
韩有七月访世界。
晚年老死在家中，
著作等身著作丰。
美国大片生死恋，
中国总理有她传。
五卷自传何辉赫，
精美清丽称雅洁。
犹如玛格丽特米切尔，
一生三嫁从未悔。
一生活到九十九，
肯与谢莹打平手。
瑞士小城名洛桑，
韩音生命之终结。
离开爱而奔向爱，
离开中国向中国。

8. 书中有我一片云

我有学生在江浙，
每年寄茶从不辍。
春采寄春秋采秋，

绿细花粗悉数有。
哪天听得快递声，
准是邮包一大桶。
大都不惑超四零，
家中令爱上高中。
明年高考须周备，
早送晚接有些累。
不但能为企业家，
还能写诗作答对。
又有一人爱摄影，
获奖交流曾上省。
小说作得也不错，
女生细腻自来色。
人物形象栩栩过，
记得是写产妇月。
另有佳构叙老妪，
老妪感恩赠鲤鱼。
鲤鱼挂上门把手，
情比鱼深情更久。
有时闲聊上泊客，
一闪一闪恐错过。
最多还是聊文章，
文章到底是什么？
文章好比天地钟，
文章恰似人生梦。
虽然从前没有文章也来往，
现在有了文章近一成。
文章友直又友谅，
文章结好结良朋。
话一开匣话就远，

还是回来说茶碱。
上班路上口中渴，
喝上一口顿清觉。
下班车中感觉累，
呷上一口甚开肺。
每当每当须用茶，
首先想起寄茶费。
尽管教过两学期，
一生情怀三生会。

正想有啥回赠汝，
即有朋友送书蠹。
我把新书打成包，
寄往钱塘月明处。
申通申通快上道，
最好能赶明朝到。
书中有我一片云，
明朝还有明月照。

9. 网上流行语

网上流行语，
大半为垃圾。
须知语用当优选，
譬如饮水食饭呼空气。
无论男和女，
无论年和纪；
出口成骂尚无知：
二靠糗大加牛逼！
世上最脏两个字，
成为当今中国流行语！
一味赶时髦，

逐臭争先恐后如蝇蛆。
有些话，老乡皆不齿，
竟然出在名嘴节目嘉宾大主持！
有些字，早废止，
干嘛拿出蒙人乱时世！
一部文字改革法，
不知大家是否已忘记，
不知乃是大无知。
你不追，我不造；
中华大民族，语言是大道；
不叫古人耻，休叫同仁港台澳门笑。
大家一起说文化，
万万别把垃圾当成宝。

10. 巨笔歌

——暑假作巨笔，书于石坪，作歌
以记其事。

昔日越王自作剑，
剑成淬火英雄血。
三千年埋藏仍发光，
三千年更迭难磨灭。
发出日光可吹毛，
发出月光可削铁。
此剑曾经称五霸，
此剑曾经威六国。
此剑真乃宝中宝，
此剑真乃杰中杰。
此剑馆藏能镇馆，
此剑世藏能镇恶。
说完此剑说巨笔，

巨笔本是凡人作。
今日我作巨笔来，
不用篁竹狼毫松香不用赭。
拾掇一把新塑管，
此管长度刚好等窝腋。
此管不是天上来，
此管本是地上客。
滚滚石油行地母，
滔滔聚氯乙烯粒成河。
此管耐腐耐用抗老化，
虽不通明洁白耀冰雪。
此管名曰PVC，
此管遍地遍城遍全国。
你说随便什么地方都可见，
我说随便什么行业都可作。
此管可以通河越海跨桥梁，
此管可以航天入宇登盈月。
此管用处多多无可数，
治病完全可以通经络。
不过我只是用来作毫管，
作了毫管随时喜欢随时握。
毫管长又长，
毫管颤峨峨；
装上笔头成巨笔，
不装笔头空耗堕。
你道这笔头为何物，
你道这笔头真个恰似巨人擘。
找来一只娃哈哈，
把水饮尽留空壳；
找来一卷新泡沫，

权当海绵塞其核。
尖端剪成笔尖状，
笔尖软绵坚实而吸墨。
你道这墨一得阁，
我说这墨分明就是天上水，
清白沧浪且凛冽。
巨笔如此大，
巨笔如此绝；
巨笔需要巨人提，
巨笔需要巨纸写。
巨纸虽然不是天然料，
曾是天然经人磨，
磨成巨大一片广场真石阶。
石阶那么新，
石台那么洁，
上面还有田字格。
一个格子一米大，
米格见方省打格。
挥手之间起章草，
顿挫抑扬成风魄，
风魄出自浪漫真实而自我。
不为颜真为鲁直，
不为二王为飞岳。
文字直接可以通魏晋，
通过魏晋能把战国汉简来追溯。
古拙壮大泼洒洗练惊秦王，
新奇果决创造开发叹吴越。
能跟越王自剑比，
能跟五霸七雄争魂魄。
蒙恬初试此巨笔，

感觉此笔沉重拘泥心凝结；
蔡伦初试此巨纸，
感觉此纸超然坦荡着手无可落。
巨笔难倒古今中外无数大学者。
巨笔信由我，
一笔书下白云起，
一笔书下蓝天阔。
一笔书下沧海桑田
日出日落人间正道大品格。
一笔书真毫无半分假，
一笔书美毫无半分丑，
一笔书善毫无半分恶。
巨笔惊天泣地号鬼神，
巨笔回复国学谦谦君子业。
巨笔写巨字，
巨字随时风干灭，
巨字思想品格永存巨笔心中永凝结。
巨笔作成歌一曲，
记述过程为明确。
他年再作巨笔时，
翻开曾经拥此页。
拥此页，须续写，
且待蔡伦后代科技造巨纸，
巨笔重书铺天盖地称杰作。
字纸崭新来把越王自作利剑层包裹，
从来剑与巨字双藏雪。

11. 人生如球赛

—— 和广仁大兄，反其《世事歌》
而用之。

人生如球赛，
倒时常以秒。
秒秒随时增，
秒秒随时少。
果不其然诚如君所言，
万念百感皆灰烬，
无须再与争分秒。
其实则不然，
虽然偶尔也有与君同时感觉
昼气惰来暮气归，
却是时时刻刻欲领跑。
有时还有许多私念来，
私念常常夜里来纷扰。
私念何续断，
私念犹如玩笑捉人恼。
私念常常能够使人老年轻，
私念简直就是成了后坐炮。
发射升空停留一刻能开花，
散落地上展转起来能结枣。
亲情爱情友情人情激情一大堆，
从来不问亦不想知道
何时才能完全失私念，
自然也无须预言世事何时方为了。
甚至转头忘乎所以朝气锐，
立德立言立功三不老。
可连战，可高耗，
还可挥毫书大道。
请君听我言，
请君诚我泡：
干嘛那么灰心泄气自伤自，

人生诚然如球赛，
顺时开始也以秒。
秒秒才开哨，
大家完全一样
都是还有两千七百秒。
只要上场来，
秒秒都不少。
只管用，莫当道，
嘻嘻哈哈
认认真真把那篮筐来投好。
目标还是需要得高分，
不得高分怎么可能唱高调。
不唱高调脚踏实，
唱着高调脚踏脚。
我是一个信口河，
和诗就此刹车了。

Ⅳ . 缅怀（1 首）

择浦·为绍卿兄五周年祭

梦中又到甬江头，回首依稀旧事由。
择浦同行三契友，赖桥别道两急流。
老屋存我新泥地，亲属随侬尽市游。
嬗变未曾生意损，积习却隐肺活忧。
五年在耳音犹颤，带喘吁吁起运筹。

卷三中　古词今词（11 首）

Ⅰ . 蝶恋花（2 首）

1. 答仲明兄

竟已还知伤逝苦，电话传来，
哽咽声如许；
默想天涯聆告语，所言极是心迟暮。
让我停停方再诉，丝缕虽存，
断茧难为缕。
只是相烦对不住，起来总把蓬头蹙。

2. 为清唱剧《钗头凤》序幕曲作

打印当年离恨苦，复制重逢，
插入泪些许；
设置相思相见语，链接昨日与今暮。
对话开开何所诉，点上消息，
空荡无丝缕。
搜索聊人群组处，砰然只望君足驻。

Ⅱ . 浣溪沙（3 首）

1. 题文婕随团赴欧所摄《米兰》照

柱柱擎来米字花，床头床尾堕明霞。
余香直到隐形纱。
垢面蓬头询地址，亮裙丽屣倒时差。
平安且报两亲家。

2. 和松龄兄（2首）

（1）独对·和《尘絮》

独对更深键最轻，输出输入两心经。

辽南陕北自生情。

不为视频存异唤，何来语塞失同声。

相思相负任聆听。

（2）床下·和《雁阵》

床下蛐蛐入未闻，窗前不觉已霜痕。

轻挥案卷漫拂尘。

置冷冰弦凝步韵，搓温盘键费神魂。

情长信短慰聊人。

附录：松龄兄《浣溪沙·尘絮》

尘絮飘零念重轻。劫波莞尔笑曾经。

是悲是喜是初情。

隐隐梵音终有唤，沉沉正果怎无声。

菩提落叶用心听。

Ⅲ．承德·和松龄兄《西藏·白居寺》（1首）

那年入草场，遍地放羊牛。

回忆至今仍浩瀚，短歌犹记长愁。

平空起蜃楼，地脚接天头。

遥想扬鞭回马后，朔风立扫横秋。

附录：松龄兄《西藏·白居寺》

千峰一掛雪，冻草两牦牛。

古刹寒鹰荒日里，苍凉可解俗愁？

莲台万道楼，禅路绕云头。

莫厌红尘身影倦，青灯也泪春秋！

Ⅳ．贺新郎·《海伦往事》观后寄守疆（1首）

情系秧歌舞。

渐前台、绕橼唢呐，画格窗户。

红袖盆边拨火柱，针线筐箩竞渡。

尽西舍东邻笑语。

忽地倭奴来侵入，

见膏旗摇煞家园路。

当此处，何从去？

和出义勇捐前妒。

赖婚姻、由人劝数，终依儿女。

今盼佳期明朝晤，却被倭兵奇辱。

枪不举、强仇岂御！

歃血为盟从来酷，

此存亡时节遍英骨。

吹号角，看天曙！

Ⅴ．剧曲词（3首）

1. 白玉兰

——红梅赞曲

白玉兰，含苞待；

朵朵花苞白玉裁。

一帘烟雨萦春榭，

树树花发胭脂台，胭脂台。

对镜簪花戴，

素手信笔来：

一幅江南香雪海，

玉兰醉群才。
美景年年应常在，
人生暂短不再来，不再来。
儿女情长多珍重，
且把画幅寄余怀，寄余怀。

2．羽书

——为歌剧《苏武牧羊》主题歌作

鼙鼓连绵，身亦咚咚，心亦咚咚。
百千瀚海彤云阻，一路极边白雪凌。
胡笳续断，心在曹营，身在曹营。
两三关塞浮城起，一箭羽书试射中。

3．东陵草

——为《德龄与慈禧》尾声作

东陵草，轻轻摇；老佛爷，睡大觉。
睡啊睡大觉，咋也睡不着。
东陵草，高又高；老佛爷，三临朝。
三啊三临朝，国事好心焦。
东陵草，黄娇娇；老佛爷，好烦恼。
好啊好烦恼，列强真是糟。
东陵草，萧条条；老佛爷，两出逃。
两啊两出逃，国破家倾巢。
东陵草，任风飘；老佛爷，笑里刀。
笑啊笑里刀，女人可知晓。

VI．驿城赋（1章）

——为《古莲》序

惟尔驿城，芙簌蓉拥。
夫思往昔孛兰之古堡兮，

乃展而今渔港之新容。
一水源于海盖，
澈澈乎清流入连以引碧北；
两山夹于金复，
巍巍然翠岭出岫而望丹东。
狭原果坐，
大樱桃宛如李子；
平岛鱼肥，
小米虾堪比蛟龙。
噫吁乎！
三个榜首可数投资之环境：
公路、植被，深水港口；
三个龙头堪夸支柱之产业：
服装、啤酒，电器加工。
适值入夜，
市区之最大人民广场，
笑语灯华美仑而美奂；
正当平明，
乡镇之最小希望小学，
欢歌带彩深挚以深情。
姹紫而嫣红兮，
盛夏之莲花初放；
情景以交融兮，
盛世之华章乃成。
有著名作家来彼采风，
作驿城小记，
嘱余作序以记盛事，
余择其要而歌之曰：
城北泡子驿城堡，
兹有汉金重出土。

金似马蹄堪珍贵，
不一而足却成对。
古之莲子兮千载而重生，
一朝破壳举世惊。
更有"五四"诗人郭沫若，
吟诗作赋传区社。
星台之西兮吴姑城，
自隋以降代代名。
石棚左近称双塔，
双塔地僻名不亚。
一塔遗存辽金迹，
二塔至今巍然茕茕立。
最是堪称辽东第六泉，
安波汤暖客纷然。
此泉出自帽山东，
硫化有机矿物遍其中。
盘山快兮高公路，
迷花倚石别墅住。
新兴游旅斗大城，
拔地而崛起兮气如虹！
赋之为体兮散而情钟，
叙事以尚简兮重在抒情。
爱其所爱兮，
再造明日之驿城！
——是以为序。

卷三下　楹联（51 副）

Ⅰ．旅行（27 副）

1．千山
十年未睹千山面，
一觉方回万壑钟。

2．清泉寺
寺后清泉满坂栗，
山前威霸一城松。

3．响水寺
康到留鸿余响水，
梁来作字有回山。

4．老虎滩
真虎笼中看鸟语，
假山园外厌涛声。

5．金石滩
鸥鸟飞飞沙静远，
滩沙去去鸟空灵。

6．石棚
围栏沿街横生亿万年银杏，
台地临河亘立三千载石棚。

7．报恩寺
一寺修源，居士涅般存舍利，

两恩理佛，香人家国报平安。

8. **冰峪沟**

沙溪庄北大峡谷，
溶洞辽南小桂林。

9. **安波温泉**

此地焉山能宜木水能依禽三径而能
易俗，
是泉也冬可融冰夏可荣草四时之可
容人。

10. **碧流河**

而今思红井依然，饮水常存开井日；
兹后望碧流澈矣，品茗终记汇流年。

11. **白云观**

黄海东南百里路，
白云西北万年山。

12. **北陵**

宝顶流光凝帝骨，
崇山溢彩聚民膏。

13. **沈阳故宫**

五爱偏临新社里，
三环正过故城头。

14. **乐山大佛**

风雨磨成新岁月，

沧桑凋换旧时身。

15. **桃花源**

草稀苗盛先生世，
风远流清弟子诗。

16. **太史公祠**

北斗其明，万古天河横宇宙；
泰山何重，千秋地表立人寰。

17. **杜甫草堂**

块垒能销，不废江河流万古；
重茅可覆，窗含西岭雪千秋。

18. **黄帝陵**

一庹桥山，叶密根皱横日月；
五匝桧柏，源追本溯亘乾坤。

19. **兰亭**

右将军下左鹅池，鹅啼鹅唤；
后茂林惊前曲水，鹊起鹊飞。

20. **南阳**

燕赵壮悲歌，自古以来多有士；
鲁陬奇圣节，从兹而后少愚人。

21. **青城山**

太上本无为，讲道惟需五斗米；
至清原有法，成仙岂止一炉丹。

22. 武侯祠

治国信农桑，三顾机中输蜀锦；

安邦宽鄙远，七擒策里度夷才。

23. 黄鹤楼

手翰挽空云，千秋笔立真才子；

心轩留去鹤，一曲风行亚圣人。

24. 行吟阁

众我问渔樵，当存烈士当全国；

江湘唯醉醒，可载椒兰可覆舟。

25. 鲁迅墓

呐喊以终生，还余野草先生愿；

彷徨仅半载，化我青铜后进心。

26. 北京鲁迅故居

母亲膝下，朱氏厅前，手植丁香留

害马；

藤野像旁，内山店里，心怀丹桂送

增田。

27. 秦淮河

四百年春闺，幡然未改李杜十娘蒋

青淮碧；

二十里故国，依旧永存文章一代陵

泪鸦吟。

Ⅱ. 赠友人（6 副）

1. 致松龄

杖伞回乡非为旧雨，

登车忆旧却因乡风。

2. 致永江

一径菜花香巷里，

两方石印抱怀中。

3. 致守疆

斯世糊涂斯世醒，

半江清澈半江红。

4. 致木贝

满野埙音留翠鸟，

半坡梨径送伊人。

5. 致韩梅

一剪寒梅出漠北，

两传佳话过江东。

6. 致孝玲

椒兰九畹于斯为盛，

学子一人唯楚有才。

Ⅲ. 随笔（6 副）

1. 偶得

残月流云远海岸，

寒鸦疏树近楼台。

2．南海暗沙

南海暗沙，东连钓岛，辽阔封疆守无量；

北天明月，西照珠峰，广狭领土捍有方。

3．金州撤市建区大会

彩灯枝头，百年槭树，雀跃欢呼，庆祝新区终建富；

瑞雪垄上，十面礼花，云腾乐舞，感恩故里始脱贫。

4．庆祝国庆

一百年来，天翻地覆，当思革命者建设者开拓者，前仆后续；

六十五载，月异日新，常念改革家科学家劳动家，继往开来。

5．纪念抗战胜利七十周年

两陆棚山，求同存异，志在和平非好战；

一衣带水，启后承先，谋于发展勿失时。

6．春联

逢年节俭年丰盛，谋事熟思事太平。

Ⅳ．缅怀（12 副）

1．悼念钱学森

海关轻拦阻，似箭归心，一腔血都赢得双弹飞飞独身终当五师劲旅，也曾有胸中萋萋芳草，还留存生前江浙江渚半园篱径；

河汉重横行，如雷贯耳，三代情莫辜负单星烁烁全节能下九豌残云，亦可无世外历历晴川，却托付身后永刚永强两注春光。

2．纪念于是之

梅兰芳也，一园香小，只待姹紫嫣红，齐放百花，再度繁荣馨舍老；

于是之乎，两代星高，且看承先启后，争辉万顷，重开宗派耀沙新。

3．悼念童庆炳先生

六百高校，用汝一本文学理论教程，追随只为真善美；

一生良知，以其五车言语德行施范，留待多因理知情。

4．纪念汤一介先生

北大不乏学者，也多精英，文章更易承前世；

寰中虽有哲人，极少练达，道义遂难启后尘。

5. 悼马长礼

听风行甘露寺，谭派马派杨派集于
一曲，宫调声声充耳；
看雨过沙家浜，梨园家园公园不止
十年，余音处处绕梁。

6. 纪念史铁生逝世六周年，赠希米

铁券丹书，其实怎能存我三世永生
旧好；
希求奢望，无非想要换他几升小米
新熟。

7. 挽金熔姐（3 副）

（1）

如果没你，我也能够成功，但尚需
卓绝艰苦岂独三五载；
因为有帮，人才不惜失败，而毋要
淫逸骄奢至少四十年。

（2）

前天待我来奔，雨过陨石，一时晴
空塞北；
今日送她归去，花湿离泪，再度沉
郁江南。

（3）

正月初六星期五，早上五时，依稀
似小憩；然零下二十一度，怎耐它
雪后犹寒，冬装嫌冷；
享年六十又九岁，身旁两女，出落
如大方；而尚存南北二屋，却教汝
生前无憾，笑语还萦。

**8. 悼上海外滩踩踏事故三十六名
遇难者**

十七级台阶五米罢了，小的十七岁
大的三十七；三十六人青春花季，
如同米诺骨牌，顷刻间一面挤拥一
面踏，混乱声声连左江；虽有万众
疾呼劝后退，然终究立少倾多，回
天乏术。
一四年最后一天而已，男生十一名
女生二十五；百二十户华发衰期，
岂止连锁反应，刹时节要么失语要
么哭，歌吟处处凌霄汉；倘无一心
振臂说前行，则必定忧深乐寡，掷
地何音！

9. 挽秀兰·邓波儿

大会群芳，倩小情人易老；十年歌
舞迷，百年不遇；
欢呼起立，憾新绿野难酬；彼岸童
星树，此岸常青。

（上下联的前两句，为邓的四部电
影作品）

10. 纪念卡斯特罗

烟斗虽标格于世，四十四载雪茄烟
不抽，现实已称许他有恒，偌些平
民群情振奋；
戎装却规范终生，九十一年英雄气
难改，历史将宣判我无罪，多少总
统自愧弗如。

2017·中国诗歌网"汀兰译笔"双语诗歌篆书诗手稿

2006·楚楚寒假斗雪

发表作品期刊之一

2017 · 作者学生的 30 年同学会

戏 剧 卷

1985·暑假清理书堆

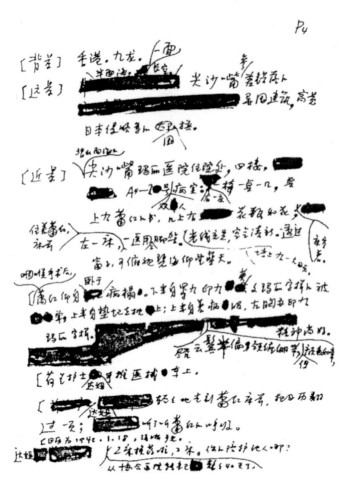

1990·《钟楼上的铜铃》手稿

卷一　戏　曲

敦煌四百八十寺

（十三齣戏曲，元白传奇）

目　次

过 场

（丑扮牧童小僧上）

【牧童小僧】〔快板〕

高太高中睿武周，中睿玄肃代德秋；

顺宪穆敬文武烈，宣懿僖昭哀后头。

话说大唐江山，自从高祖登基至于哀帝逊位，凡二十三皇二百八十九年。那辉煌鼎盛如诗如画自不待言，可这一夜之间说散就散了架子。正如风吹草低之时，我家住持那一崴子里头的牲口：我盗一头牛，你偷一匹马；若有牛马，大家一把；若无牛马，大家犯傻。

俗话说，有权不用，过期作废。小僧敦煌开觉寺牧童，法名沙净，掌管这九九八十一头牲口。你瞧，我这里得得得驾驾驾红缨鞭子一甩，它那里就得老老实实伏伏帖帖；倘若有敢轻举妄动的，看它皮里肉外胡乱吃上我一顿鞭子。说是说，做是做，要是真丢了牲口，我还免不了照样吃板子。哎，倒霉的运气！就跟我家大唐江山一样的不争，说丢就丢了。一头活生生黑巴溜湫的小半大犗牛，又给人家风马牛不相及地走失了；说不定今儿晚又成了谁家的火中之肉、盘中之飧！

我家住持是一个舞文弄墨的主，但凡丢了什么东西就四门贴告示。这不，这会儿又着我满城中贴将起告示来。贴就贴吧，反正那牛也斗大字地不识一口袋，弄不好还不拿舌头把那糨糊糊当作盐巴巴给唼了。

第一齣 悦 主

【事略】孛介可汗，回纥阿热可汗四世孙。其先世居薛延北娑陵水上，与薛部共击突厥至天山，声震北疆。初阿热自立，破回纥可汗，得文宗太和公主，以公主大唐贵女，特遣使者卫送还朝，中道为乌介可汗截邀娶之。至于懿宗大中元年，阿热被册封为英武诚明可汗。

时朱温亡唐，孛介可汗不能与通。长安大火，昭宗乾宁公主逃亡陇右，复为乌介可汗余部托黑车子所得。受大唐巡边使刘濛后人之请，孛介可汗出兵招讨托部,于焉耆得乾宁公主。

大唐多乐舞,歌有十乐之分,舞有软健之别。乾宁公主独善剑器之舞,襟风带雨,比之西域软腰拨鼓,有天壤之别。孛介心向往之;然大唐在劫,无木以支,欲送公主还朝不可通,欲娶又不许,惟思自缢。值此二难之际,且闻听公主独喜听闻讲唱故事,尤爱元和间文溆大师所著变文。为取悦公主,孛介以名马宝玉派遣回汉儿靠山大王,前往敦煌里寻找文溆大师五世传人小文溆长者。

(净扮孛介可汗引众上)

【孛介】〔一枝花〕铁肩膀改(了)朝,妙笔头更(了)号,鼓鼙儿替了霓裳笑。天子文章,(合)一曲胡笳调。扑呼(呼)弋鹄哨,(则个)玉关(儿)消,阳关(儿)倒,潼关(儿)掉。

牛羊散漫落日下,野草生黄乳酪酸。

卷地朔风沙似雪,家家行帐上毡帘。

【合】呀哈呀哈! 野草生黄乳酪酸,上毡帘,上毡帘!

【孛介】自家孛介可汗,本姓药罗葛氏。居薛延陀北娑陵水上,与薛部共击突厥北边,追至天山,声震北疆。后四世祖阿热自立,破回纥可汗,得文宗太和公主,以公主大唐贵女,特使使者卫送还朝;不料,中道为乌介可汗截邀娶之。至于懿宗大中元年,适黠戛斯部入回纥,西域有急,大唐皇帝乃诏鸿胪寺卿李业持节册封我祖阿热可汗为英武诚明可汗。

〔北二犯江水〕同为回纥,虽说同为回纥,唐皇偏怀我。(俺记着他)扫平(那)诸勒,扫平(他)那乌(儿)介。

【合】看那乌介箭往何处落!

【孛介】(你说)西地怎生活,(向)西州里苦靠(着)橐驼。

【合】西州有我家甘州好吗?

【孛介】周围三百里,只有一崴子小湖泊。湖上篝火,毡外狼窝,(无)晴日,(乱)黄沙迷眼麛。

【合】可汗,可如今他乌介诸勒还是掳掠了去一个叫做什么乾宁的主,做了押寨贵人。

【孛介】已经被我家左贤王拿下也!

　　乾宁最偃，（俺）敬畏她乾宁最偃。南朝隔绝，（也无奈那）南朝隔绝。（俺怕是苦刹她）做一个（也）通达好快活。

　　【合】前。

　　【字介】朱温亡唐，不能通使。长安大火十日不灭，昭宗乾宁公主逃亡陇右，复为乌介可汗余部托黑车子所虏。本王受大唐巡边使刘濛之后所请，派左贤王底密施骨咄讨伐他，于焉者复得乾宁公主。大唐多乐舞，歌有十乐之分，舞有软健之别。那乾宁独善剑器之舞，襟风带雨，比之于回纥软腰拨鼓有天壤之区。余心向往之；然大唐在劫，无木以支。欲送还朝不能，欲迎娶又不许，那公主不忘往日豪奢，惟思自缢。值此二难之际，且听说那公主平日里宫中最喜人演唱元和间文溆大师变文，本王于是备了名马宝玉，着回汉儿靠山大王前往寻找那文溆大师五世传人小文溆长者，以取悦公主。

　　【合】那靠山大王靠得住吗？

　　【字介】看他那眼光都盯在了马上，舌光都流在了玉上，心光都放在了王上，俺难道还怕他变卦不成？

　　〔北尾〕（急切要）离乱（中）探马（把）变文找，（且）踟蹰（的）看雪（向）敦煌绕；把（大）师家脚迹影踪都觅了。

　　有诗为证：

　　声似胡儿弹舌语，愁如塞月恨边云。

　　闲人暂听犹眉敛，可使和蕃公主闻？（白居易）

第二龃　取　庵

　　【事略】靠山大王本名高黑车子，回汉儿，勇武好斗。原属乌介可汗余部托黑车子特勒。托部为字介所败，退至西州，高黑车子率部自立，仿效汉人取号靠山大王。后部落渐衰，沦为打劫流寇。字介以名马宝玉收买靠山大王，靠山大王答应为字介寻找俗讲大师小文溆，以取悦公主。靠山大王从西京流民处打探到小文溆大师下落，遂追至敦煌宁觉寺。

　　（外扮靠山大王引众上）

　　【靠山大王】〔北点绛唇〕宝马凭风，雕车攒动。随从众，这等恢弘，（替）

换了鸟枪铳。

敦煌驿外县门前，立马着人取老庵。

为寇为王原有道，得来踏破本无干。

自家回汉儿高黑车子，却取了一个汉家大名，叫做靠山大王。俺原属回纥乌介可汗余部托黑车子诸勒。托部为字介所败，自家率众占山为王。后日渐式微，便做他一个打家劫舍的流窜。那字介可汗端的是喜俺一柄金瓜自有万夫不当之勇，赏俺名马百匹、宝玉十箱，要俺归顺于他；有道是有奶便是娘娘行，管他乌鳖笨鳖，先拿他一鳖。

看官，你道是吃人家嘴短，拿人家手短，看人家那眼光自然就短了三分。字介可汗倒是个多情的种，三山六坡七十二坎，单单是喜欢上一个流亡在外的乾宁公主。为取悦那乾宁公主，寻找这俗讲大师小文溆长者，可一路上叫我吃尽了好苦头啊！

【合】描了图，画了像，僧俗两教变文都上了账。你猜怎样？一定拿到那大耳和尚，给公主做一个道场的夹叙夹唱！

（外扮小校顺风耳上）

【顺风耳】〔番算子〕**千里夜舂粮，雪降羊肠上。一双耳听顺风墙，片片梨花放。**

大王千岁，小的顺风耳在下叩见大王！

【靠山大王】顺风耳着我问你，那小文溆和尚跑到什么山旮旯子寺庙里头开起讲唱？快快禀上。

【顺风耳】小的我在这敦煌驿中捉到了一个西京的流民。

【靠山大王】那流民怎讲？

【顺风耳】那流民说宁觉寺正做僧俗道场，那小文溆大师被请了去给一个巨贾演唱三日三夜的俗讲。

【靠山大王】什么俗讲？

【顺风耳】好像是什么快嘴李莲翠 ——？

【合】什么快嘴李莲翠 ——？那是快嘴李翠莲，哈哈哈！

【靠山大王】好了，好了。管他快嘴慢嘴翠莲莲翠，捉住他就是了！顺风耳我再问你，那宁觉寺还有多远？可怎个走法？

【顺风耳】千岁大王，那宁觉寺还有五十里，自此向东向北再向西。

【靠山大王】抄小路走近道，怎么这么迂绕？

【顺风耳】不行，大王。那是一个山旮旯子藏经地！只有此路一条。

【靠山大王】（挥鞭起程介）〔六幺令〕**如风冲荡，散城门马脚扬扬。辖轱（儿）夹道响咣当。快鞭放，立当央，敦煌草木都摇晃。**

【合】〔前腔〕

有诗为证：

重裘暖帽宽毡履，小阁低窗深地炉。

身稳心安眠未起，西京朝士得知无？（白居易）

第三齣　留　西

【事略】元稹第十世孙元好事，因科场一案被流放敦煌。后值唐昭宗大赦，改作充军。由于连年战乱，虽已经年逾花甲，但仍无归期；遂留开觉寺做了寺学塾师。一日寺学放假，便拟往宁觉寺看望晚辈白乐天公第十一世孙白地衣。时白地衣正往来于宁觉寺与西突厥人做牛马丝茶贸易。

（外扮元好事上）

【元好事】〔真珠帘〕**西京望族，元氏朱门最。凤翔处，连泾带渭。府库公卿骨，天街锦绣灰。谁道诗书能问对，升堂室，**（和）**封妻荫子；落拓不禁吹，**（况）**放逐**（这）**乱黄沙地。**

南望通州何处是？往来一万三千里。

写得家书空满纸，流清泪。书回已是明年事。

老生姓元，名好事，表字必观。我祖微之，生于西京万年县靖安里，与白乐天公同赴闻喜宴，同授秘书省校书郎。宪宗一朝，任监察御使，颇有政声。天有不测，人有旦夕。元和十年，因弹劾严、房二权幸，以勾结新党，贬通州司马。有诗为证，十年憔悴到秦京，谁料翻作岭外行。微之通州任上，续弦涪州刺使裴郧之女裴淑。我乃元裴之后也。

所恨父母早亡，兄弟零落；科场失手，舞弊案发。大唐五百律，笞杖徒流死；僖宗乾符六年，与一干人等流放到此大漠孤烟长河落日七胡八荒九死一生不毛之地。后值昭宗登典，普赦天下，改作充军。大唐律法有云，壮丁二十一岁充军六十一岁免除劳役。昔贤杜工部有诗云，去时里正与裹头，归来头白还戍边。

好不容易才蹉跎岁月地轮回到了他一个花甲；孰料后二年，西突厥大举入关，安西城不战自溃，戍守之卒作鸟兽散。此时，老生上不闻朝廷休兵之命，下不见家人备粮之书，只好流落在此开觉寺内。那寺中弘良长老，见我知诗书，明礼仪，能篆籀，会会计，也算是天地间一介儒士，便留下作了他一个寺学塾师。入寺随僧，这三年里却也是十个和尚夹一个秃儿地珠混了鱼目。

【九回肠】

〔解三酲〕**南朝四百八十寺，休说它雾失津迷。**（却）**分明是海市出戈壁，**（好）**一座祁连属沙弥。**（那一厢）**飞天慵懒羞着臂，**（这一壁）**力士惺忪怕卷眉；天王醉。**

〔三学士〕**无书抄遍了儒家壁，**（乱）**坟典幸有人窥。**（有一日）**春风普度了敦煌里，雪野初开了红柳枝。**

〔快三枪〕（那时节）**驿马在阳关内，三叠翠，把个故里来归。**

话是这么说，顷闻有位晚生白香山公公之后白地衣，正往来于那五十里之外的宁觉寺与那西突厥人做牛马丝茶贸易。虽说是个哀客，却也是书香门楣中的一个秀才；至今尚未谋面，只可是有些怠慢了他。今日正值上浣之日，活该老生与那寺学生放假，待我再续假三日，不妨前往探视一番。

你瞧，真是胡天八月，顷刻之间就落下雪来。

有诗为证：

公事归来衣雪埋，儿童灯火小茅斋。

人家不必论贫富，才有读书声便佳。（文征明）

第四齣　诗　案

【事略】哥舒翰之后开觉寺僧法洪，自从十二岁剃度，师从弘良大师，专事壁画与藏经写卷之职；二十八年与弘良大师完成上百窟壁画和上千卷经藏。人道是，千佛洞，莫高窟；开觉寺，万卷书。孰料，在秘藏大唐三藏手卷本时，突发沙暴，经洞为滑沙所埋，大师在明沙中坐化。一日，寺学塾师元好事告假，由法洪代理，在测书中发现一寺生写有王梵志诗抄。经过审问乃知是其父在挖沙中淘得唐初藏经洞，内存大量时人写本。

（末扮法洪上）

【法洪】〔满庭芳〕**西域哥舒，大唐刺使；几曾玉帛穷黩。袈裟百衲，缀一壁经书。新月半窥青海。欲买舟万里南图，却又恐师恩有负，猿马意跼躇。**

我有一方便，价值百匹练。

相打长伏弱，至死不入县。

看官，你道是贫僧自白？哪里，哪里！这好一首软绵绵团溜溜的张打油，居然出自一个十二岁蒙童之手。真是士风日靡，每下愈况。

贫僧法洪祖籍安西，乃大唐河西陇右两节度使哥舒翰之后，俗名哥舒学翰。前修李青莲居士有云，君不能学哥舒翰，横行青海夜带刀，西屠石堡取紫袍。那正是说你学他不得，须量体裁衣。贫僧十二岁师从弘良大师入开觉寺，一晃二十八年，晨钟暮鼓，宵衣旰食，作壁画，写经书，不敢荒疏。有道是，千佛洞，莫高窟；开觉寺，万卷书。

孰料，那一日，我师徒二人刚把个大唐三藏复缮之书，移入石库门中，倏忽之间狂风大作，沙尘暴起，滑沙把藏经洞填埋得无影无踪。弘良大师遂把我推落崖下，他自家却双手合十，道一声去也，便顷刻之间在明沙中坐化了。

今日里寺学放假，着我做一个代理先生。难怪说，家称二斗粮，不当孩子王。你瞧，我刚刚打了一个盹，这一课书的作业，却让那小顽童测出这么一首歪诗来。来人啊，亓天寿！着我戒尺，我要罚他一站三跪倒，看他还敢调笑本师。

（净扮寺学生亓天寿上）

【亓天寿】〔绕地游〕**高昌县属，本在宁昌住；来此寺学随父母。**

学生亓天寿来也。

【法洪】亓天寿，你身为学长，着我问你 —— 堂上为何呼戒尺？

【亓天寿】原因半首打油诗。

【法洪】歪诗出自谁手笔？

【亓天寿】同法同门一沙弥。

【法洪】这诗抄一案有伤风雅。尔等读孔子书，作仓颉字，习周公礼，不能医俗，反而为俗所易！真真气刹老衲。亓天寿，传你那同学前来见我。

【亓天寿】惟师命是从。安友谅，师傅叫你上堂，你要好生交代，不可撒谎！

（净扮寺学生安友谅，丑持一帧杂书随上）

【安友谅】〔前腔〕**胡诌乱语，害我来如许。小生子（怎禁得）批评一二。**

师傅，小生知罪了。请师傅宽恕。

【法洪】小顽愚，那后面捧上来的是一帧啥子书？我有百匹练，你可换我一方便？

【安友谅】我有大不便，师傅且莫换。

【法洪】休得饶舌！快快道来。

【安友谅】我名安友谅，我爹盖瓦房；出门挖沙去，淘出一囊箱。

【法洪】啥囊箱？

【安友谅】（递书介）书。王梵志诗抄。

【法洪】（接书读介）啊？后头还有四句——

我无一方便，啥事都难办。

姥姥不亲近，舅舅不喜欢。

这越发诒得没辙了。在此远离京都的鄙邑边城，也竟然有如此之油滑世故，怪哉！这么好的装潢，只是可惜了那架湖州笔徽州墨，冤枉了那轴端溪砚宣州纸！还有些啥子书，现在何处？一并交上来！

【亓天寿】〔玉山颓〕（尽是些）**毛边纸糊，莫说它哪辈（子）经书。漫提搂线掉绳疏，休抖捋虫食蚁蠹。**（叫）**风停沙住，虽则是夏深秋暮，（却裹得住）梨花树。**

【合】**爨茶炉，檐头（户）下长开着提水壶。**

【法洪】（惊讶介）都烧了火啦？也罢，谁让它尽是些万言不值一杯的胡鸦涂。

【安友谅】〔前腔〕**西文叵读，且多为贩马文书。五七页（乡老授）栽树插图，八九片（师傅传）养人方术。**

【法洪】还有甚书？

【安友谅】还有俗讲的话本子。

【法洪】变文？

【安友谅】师傅，是变文，那时已为一位行脚大师见证过了，一点都不错。

【法洪】（惊惧介）有多少？

【合】一驴架子车三天三夜足够它驮。

【法洪】这么多？怎么可能！尽是胡说。

【安友谅】小生不敢。

【法洪】还有呢——

【安友谅】（和）**寺学古语，端的是**（那）**颜回子路，**（背不出的）**秋荼苦。**

【合】前。

【法洪】就这些书？

【合】就这些书。

【法洪】倘若要是拾得那些散经轶典，可要备加呵护。要是有用它——

【合】剔鞋样子，垫烂足；裹油条子，糊窗户——

【法洪】我就罚他在这寺院里头一辈子抄经书！可把我这老衲气糊涂。

【亓天寿】师傅，俺老师回来也！

【法洪】那就着你家先生论处！

有诗为证：

莫入红尘去，令人心力劳。

争相两蜗角，所得一牛毛。（白居易）

第五龋　见　白

【事略】宁觉寺法泉长老负笈巴蜀，小僧义聪代为住持。在收拾施主巨贾白地衣所藏半部《白氏长庆集》时，竟发现他家先前所失散的半部原来就在本寺律库楼中。白大喜过望，布施牛马丝茶，寺僧弹冠相庆。白又出钱命人抄出两部副本，准备在石窟凿成后秘藏。元好事造访，得知《白氏长庆集》原五个副本，其中藏于南禅、东林、胜善三寺和外孙谈阁童家中的四部均散失，于是对此藏本的珠联璧合弥加珍视；并得知白虽已娶西突厥人为妻，然依记念东土，元为《白氏长庆集》作一后序留给后人，元白又传佳话。

（生扮白地衣上）

【白地衣】〔番算子〕**东土走丝茶，西域抓牛马。满天霞里海连沙，且看夕阳下。**

哀客在安西，寂寞自家知；

沙土满面上，终日被人欺。

朝朝立在市门西，风吹泪眼双垂。

遥望家乡长短，此是贫不归。

这首无名氏《长相思》，端的是单道那西域商人的苦楚，可也算作是感同身受的淋漓尽致；不过，话又说回来，你不吃苦中苦，哪得甜上甜？

自家白地衣，原名白笏，字侍朝。看官，你休道这一笏字，只为一块朝板；你却殊不知这其中还有一段寄寓。那皆因我家先父大人，为的是家道中兴，从我白氏先祖白居易、白行简两位公公的大名后头，分别续取他一个"简"头"易"尾；你道"简"头是个"竹"，"易"尾是个"勿"，天作之合地望子成龙一个笏板之"笏"。

可这名字，在我是没派上一次用场，反而以白地衣这绰号行世，真是所谓喧号夺名了。

我家乐天公公有云，地不知寒人要暖，莫夺人衣作地衣。乡人每诵读至此，便开玩笑说，你家先人重人衣轻地衣，你便叫作白地衣恰到极致。白者莫为也，倘若莫为地衣，那人衣岂不是要暖和得多了。

我想，倒也罢了。假若果真如此，管他叫什么白地衣黑地衣的，都无干系。那大庇天下寒士本是我祖之志，晚生自当不枉此生地践行他一二。

然我白地衣却又是一个十足的逆子二臣，并非是如我祖那般的钻在囊中的一个书蠹，真如乡中所云，蝼蝼蛄嗑箭杆儿——不是那里的虫子。小生今年二十八岁，却整整跟那紫须黄目赤发隆准的西突厥人作了十年牛马丝茶贸易；不敢说富比陶朱猗顿，却也是富甲一方。有道是无商不奸，俺却是不敢忘记老祖宗遗则，君子爱财取之有道。（校书介）

（净扮义聪，与元好事上）

【义聪】〔前腔〕**八百紫毫悬，数十人抄倦。晓钟更鼓落香烟，一睹诗家面。**

生而不生，一瓯泛于大觉海；

灭而不灭，孤月朗于法性天。

小僧义聪。师傅法泉长老负笈巴蜀，觉得我代理这宁觉寺最为合适。这不，我一眨眼的工夫，就成为这百十号僧众的头儿了。俗话说，无官一身轻。师傅走后还不到十日，便有施主上门，活活叫我该着作一桩流芳千古的美事，只等这师傅归来，为我刻石铭表。说句玩笑。看官，这还真算一桩蹊跷事儿。

　　那施主为避战乱，欲把他家祖上所传半部《白氏长庆集》寄藏在本寺。端的是生而不生，灭而不灭。不想，另外那半部原本就安然无恙地尘封在我家律库楼中。有道是天给他作了一个珠联璧合。那施主广有生产，大喜过望之时，布施我数十匹牛马，几十担丝茶，叫我满院僧众无不弹冠相庆。有顷，那施主又犒赏我劳钱千贯，让我遴选五十寺僧，每人每日抄写五页，两旬之内为他抄出两部副本。只待他藏经洞凿成之日，便如史迁所云藏诸名山，传之其人。

　　今儿个，那施主正在后禅房中校书，这前禅房中却来了他一位前辈相知。且待我为他引见。（叩门介）

　　白施主，白施主，你家客人元老先生到也！

　　【白地衣】久慕久慕。元老伯在上，晚生东都洛阳白笏这厢有礼了。

　　【元好事】有礼了有礼了。果然是有些香山公公的气派！

　　【白地衣】让元老伯夸奖了。

　　【义聪】客人请坐，施主请坐。寺童，敬茶也！

　　（寺童上敬茶复下）

　　【元好事】〔锁寒窗〕（你）**斥家资复缮家传**，看定（这）**敦煌有洞天**。**完璧归赵**，（是你）**金石使然**。**藏在名山**，用意（堪）**良远**。

　　后生可畏啊！为人子孙者，当如白笏也。似我这般际遇，即使是家书，也不知道竟待何年！

　　【幕后合】**沙岭外家人不见**。**怨天**？（那）**传车驿马**（也）**悄然**，**黄原古刹孤烟**。

　　【白地衣】元老伯，说来愧疚。晚生虽系东土大唐人氏，却拉得一手胡弦，娶了一位胡妇，着实应了你家微之公公那句谶语，男娶胡妇着胡装，妓进胡音务胡乐。

　　【元好事】古贤有云，世易时移，随俗为变呀——侍朝，这《白氏长庆集》不是还有副本的吗？

　　【白地衣】老伯，僖宗中和三年，李克用沙陀军乘义军之乱，入城烧杀掳掠，无所不为。我家亦只有这半部《白氏长庆集》幸存。先时我家乐天公公遗嘱有云，所抄出的五个副本，三本分藏于南禅、东林和胜善三寺，两本自藏于家和与外孙谈阁童。然自长庆以降，八十年来，动乱频仍，只有我家半部尚在，其余只有歌者口耳相袭了。

〔前腔〕**漫说俺白氏家传，**（纵使是）**两世旁人少系干，**（他娶了妻，嫁了汉，弹了胡琴，做了他乡贾客，也）**丝连藕断，魂绕梦牵：汉铸江山，诗打**（的）**宫殿。**

【合】前。

【白地衣】元老伯，感谢这宁觉寺和义聪住持；来来来，同我一起校书去。

【元好事】校书去，校书去。

【白地衣】（若有所思介）老伯，还要另请你老人家为我作一后序，就说某朝某代某年月日在某寺，那半部《白氏长庆集》失而复得，实乃人世间一大奇闻！

【元好事】看官，可这治乱本未有穷期。

有诗为证：

随营木佛贱于柴，大乐编钟满市排。

虏掠几何君莫问，大车浑载下京来。（元好问）

第六齣　俗　讲

【事略】宁觉寺代理住持义聪，因白地衣布施牛马丝茶喜庆之际，特设道场三日，以粥锅赈济往来寒士，并请俗讲大师僧小文溆，讲唱《快嘴李翠莲》故事。今日已是第三天，从快嘴与张员外之次子张狼订婚、备嫁、洞房、见姑、家务以及拌嘴到休妻，故事已近尾声。正当大师讲唱到快嘴始适还家，再别兄嫂，往明音寺为尼满堂岑寂之时，忽有寺童来报，有号称靠山大王者，率众撞开山门，乱击钟鼓，要见住持，一座皆惊。

（义聪上）

【义聪】〔一江风〕**义聪忙，一样**（在）**僧奴上。随喜**（他）**开道场，设粥房；把觯分觞，止沸扬汤，却把贫寒养。任他买笑来，任他卖俏往。**（那僧俗）受的（是）三天享。

常言道，乐善如登，好施如崩。那地衣白施主临行前单单要庆贺一番，着我做一回僧俗道场。小僧便按照寺中遗轨，一方面设粥锅，济寒士；一方面开俗讲，娱市民。你道那讲唱是哪一位？此乃大唐季世金光明寺俗讲大师号称小文溆长者，可谓变文等身。看官，年深日久，那些术语专名也要加以诠释。何谓变文？你且听我道来。古印度传经有两种，即梵呗与唱导。梵呗是运用佛曲与中国民间曲调歌唱赞偈；唱导是运用通俗语言，夹叙夹唱来宣传教义。这两种发展成为俗讲与僧讲，俗讲听众只限于普通人，僧讲只限于僧侣。

小文溆大师名噪一时，我自法泉长老那里见过他的俗讲变文就有《伍胥》《秋胡》《孟姜女》《王昭君》《张义潮》等等许多品种。（自袖中掏书介）

你瞧瞧，我这里还藏了一本戏耍他那娇妻的《秋胡》！这是法泉长老前往巴蜀着我石库门藏经时散落下来的宝物。书归正传。今儿个开的是什么讲唱？那是小文溆大师新编的一个段子俗名唤作《快嘴李翠莲》。那嘴有多快？比刀还快。要不怎会被人家休回家中？和我一样的剃度了。上那儿去了？告诉你吧，往明音寺为尼。罗嗦！请听众上场啊——

（外扮普通过往寒士与当地各族市井细民，净扮小文溆大师上）

【小文溆】〔前腔〕**满厅堂，设了屏风帐。**（人）**寂香烟荡。**（呀）**那眸光，罨罨浑浑，善根无泯，穷尽哀怜相。**（看官，且问你）**家庭在哪厢？朝廷在哪厢？**（无论贵贱谁个）**不成太平象！**

读书夜卧迟，多成日高睡。

睡起毛骨寒，窗牖琼花坠。

看官，这等天气，尔等可是饥寒？

【合】我等不饥寒，足足做他个三日神仙！吃得饱饱的，烤得暖暖的。只待大师开讲了。

【小文溆】（拍醒木介）上回书说到哪里了？

【合】上回书说到那快嘴李翠莲与张员外次子张狼订婚、备嫁、洞房、见姑，操持家务以及姑嫂拌嘴。

【小文溆】这一回说到那快嘴不思悔改，一味地欻尖卖快，恼怒了张妈妈，那婆婆替儿嫌妻。

【合】那婆婆可是怎么个嫌法？

【小文溆】看官，清官难断家务；你且容我慢慢道来也。

张妈妈听得走出来道：早是你才来得三日的媳妇，若作了三年的媳妇，我一家大小俱不要开口了。翠莲便接着道：

婆婆不要耍水性，做大不尊小不敬。

小姑不要特矫情，母亲面前少言论。

訾此轻事重报信，老蠢听得便就信。

言三语四把吾伤，说的话儿不中听。

我若有些长和短，不怕婆婆不偿命！

妈妈听了，回到房中，对着员外道：你看那媳妇口快如刀，一家大小各个被她伤过。你是阿公，便叫将出来说她几句，怕甚么？员外道：我是公公怎好说她？也罢，待我问她讨茶吃，且看怎的。妈妈道：她见你，一定不敢调嘴。只见员外吩咐道：叫张狠娘子烧中茶吃！

那翠莲听得公公讨茶，慌忙走到厨下，刷洗了锅，煎滚了茶，来到房中，打点各样果子，泡了一盘茶，托至堂前，摆下椅子，走到公公面前道：请公公婆婆到堂前吃茶。员外道：你们只说新媳妇口快，如今我唤她，却怎不敢说甚么？妈妈道：这番只是你使唤她便了。少顷一家人俱到堂前，分大小坐下，只见翠莲捧着一盘茶，口中道：

公吃茶，婆吃茶，伯伯姆姆来吃茶。

姑姑小叔若吃茶，灶上两碗自己拿。

两个拿着慢慢走，泡了手时叫喳喳。

此茶唤作阿婆茶，名实虽村趣味佳。

两个初煨黄栗子，半抄新炒白芝麻。

江南橄榄连皮核，塞北胡桃去壳渣。

二位大人慢慢吃，休得坏了你们牙。

【合】那员外说啥？

【小文溆】那员外见说，女人家需要温柔稳重，说话安排样样儿不张莫狂，方是做媳妇道理。不曾见这样长舌妇人。翠莲应道：

公是大，婆是大，伯伯姆姆且坐下。

两个老的休得骂，且听媳妇来禀话。

你儿媳妇也不村，你儿媳妇也不诈。

从小生来性刚直，话儿说了心无挂。

公婆不必苦嫌弃，十分不然休了吧。

也不愁，也不怕，搭搭凤子回家吧。

也不招，也不嫁，不搽胭脂不妆画。

上下穿件缟素衣，侍奉双亲过了吧。

【合】端的是快言快语！那翠莲这会儿直怕是要一口气说到天亮了。

【小文溆】看官，休要性急，且听我慢慢分解。那翠莲却又是一个博古通今的主儿，她接着说道：

张良蒯文通说话，陆贾萧何快掉文，

子建杨修也不亚。

苏秦张仪说六国，晏婴管仲说五霸。

六计陈平李左车，十二甘罗并子夏。

这些古人能说话，齐家治国平天下。

公公要奴不说话，将我口儿缝住吧。

【合】啧啧，夜净瓶子嘴能扎住，人嘴怎么扎？

（寺童上为小文溆大师敬茶介，复下）

【小文溆】张员外道：罢罢罢，这样媳妇，久后必败坏门风，玷辱祖先。便叫张狼说：孩儿你将妻子休了吧。我另替你娶一个好的。张狼虽口应承，心下却有不舍之意。张虎和妻俱劝道：且从容教训吧。翠莲听得便说：

公休怨，婆休怨，伯伯姆姆都休怨。

丈夫休得苦留恋，大家各自寻方便。

快将笔墨与纸砚，写了休书随我便。

不曾殴公婆，不曾骂亲眷。

不曾欺丈夫，不曾打良善。

不曾走东家，不曾西邻串。

不曾偷人财，不曾被人骗。

不曾说张三，不与李四乱。

不盗不妒与不淫，身无恶疾能书算。

亲操井臼与庖厨，纺织桑麻拈针线。

今朝随你写休书，搬去妆奁莫要怨。

手印逢中七个字，永不相逢不见面。

恩爱绝，情意断，多写几个弘誓愿。

鬼门关上若相逢，别转了脸儿不厮见！

【合】休了吗？休了吧？休了呀！

【小文溆】张狼因父母做主，只得含泪写了休书，两边搭了手印，随即讨乘轿子，叫人抬了嫁妆，将休书并翠莲送到李员外家。父母都埋怨翠莲的不是，兄嫂也说三道四。

（满堂岑寂，一小儿微咳介）

那翠莲道：

爹休嚷，娘休嚷，哥哥嫂嫂也休嚷；

奴奴不是自夸奖。从小生来有志气，

今日离了他家门，是非曲直俱休讲。

不是奴家牙齿痒，挑描刺绣能绩纺。

大裁小剪我都会，浆洗缝连不说谎。

劈柴挑水与庖厨，就是蚕儿也会养。

我今年小正当时，眼明手快精神爽。

若有闲人把眼观，就是巴掌脸上响。

李员外和妈妈道：罢罢，我两口也老了，管你不得，只怕有些一差二误，被人耻笑，可怜可怜！

【合】 好不可怜见儿的！

孩儿生得命里孤，嫁了无知村丈夫。

公婆利害犹自可，怎当姆姆与姑姑。

【小文溆】那翠莲道——

我若略略开了口，便去搬唆与舅姑。

且是骂人不吐核，动手动脚便来拖。

生出许多情切话，就写休书休了奴。

止望回家图自在，岂料爹娘也怪吾。

夫家娘家着不得，剃了头发做师姑。

【合】做师姑——

身披直裰挂葫芦，手中拿个大木鱼。

白日沿街化饭吃，黄昏寺里念佛祖。

念南无，吃斋把素用功夫。

【小文溆】那翠莲道——

头儿剃得光光的，哪个不叫一声小师姑！

【合】真的出家了？

【小文溆】真的出家了。

【合】只可惜了一对胖娃娃呀。

【小文溆】休得胡言乱语！

【合】那翠莲可是到哪里出家了？

【小文溆】就在这敦煌——

附近有座明音寺，好大一方古宝刹。

（寺童急匆匆上）

【寺童】师傅，不好了！

铁马蒙毡，银花洒泪，秋入愁城。

笛里番声，街头戏鼓，不是歌声。

【合】那是什么声？

【寺童】杀声！报告住持，院门外一队强梁，自称靠山大王，撞开寺门，乱鸣钟鼓，说是要见我家大耳和尚，还说要什么宝藏。

有诗为证：

百二关河草不横，十年戎马暗秦京。

从谁细向苍苍问，争遣蚩尤作五兵？（元好问）

第七齣　焚　变

【事略】回纥儿欠曼尔，其祖以汉人为师学字十载，其父学字十二载，其人学字十三载。靠山大王欲寻小文溆大师必有通译之人相助，于是欠曼尔便被招募到帐下。靠山大王入宁觉寺，暴雪初霁，寒气袭人。欠曼尔为靠山大王生炭取暖。

靠山大王以字介可汗之命相邀，小文溆大师以大唐虽灭然人各有志、物各有主为由不肯与往；靠山大王又以名马宝玉为聘，小文溆大师又以出家人六根俱净为辞，不为所动。靠山大王怒，欲呼人将小文溆大师拿下，小文溆大师遂将怀中变文全部投入炭火之中化为灰烬。

靠山大王殴小文溆大师，小文溆大师昏厥；小文溆大师被解往甘州，一路洪荒风雪。

（外扮靠山大王之侍者欠曼尔上）

【欠曼尔】（击掌介）来人啊，上炭火！

古来汉人为吾师，为人学字不倦疲。

李杜元白吾欣赏，迄今皆通习为之。

自家回纥儿欠曼尔，乃靠山大王侍者。俺大王虽粗通汉唐文化，然欲寻小文溆大师必有通译者；只因吾祖以汉人为师学字十载，吾父学字十二载，今吾学字十三载，世代回汉通事；所以，这才为大王招到他帐下，做了一个贴身小校。

宁觉寺暴雪初霁，寒气袭人。大王要俺生火煮茶，以御严寒。这地方哪像西京城里绿蚁新醅酒，红泥小火炉；却倒是叫人架了三堆干柴生成三大盆炭火。看官，你休道那绿蚁红泥精致十分，可要向起火来，争似这满盆榾柮，是一个劲儿的慢腾腾的暖烘烘。

（外扮生炭火人上而复下）

【欠曼尔】〔绕地游〕**炭火才架，缓步厅堂下；看淡烟明火挥发。来向一回，把人热煞。**（恁时节）**却好叫大王来唤茶。**

（靠山大王引众上）

【欠曼尔】大王千岁，在下欠曼尔叩见大王。

【靠山大王】免礼了。欠曼尔，把炭火烧旺，休得冻馁了他。

【欠曼尔】大王，这三盆炭火，一为大王您暖身，二为小文溆大师烤手，还有一盆煮茶。

【靠山大王】欠曼尔，本王依你的意思，叫手下的，休得对那小文溆大师妄加造次。俺是先礼后兵。就说俺回纥字介可汗后帐中有一个贵人专爱听他说故事，请他讲唱，邀他说话。

【欠曼尔】那小文溆大师他说啥？

【靠山大王】他说我乃大唐高僧，你家区区回纥，别说后帐一个贵人，就是前帐一个王后，也奈何不得他。

【欠曼尔】还说什么高僧，你那大唐已为朱温所灭，就连大明宫这时也早给一把大火烧成了灰渣渣。

【靠山大王】可他单道是人各有志、物各有主，贫贱不能移。呀呀呀——

【欠曼尔】那名马宝玉岂不是也送与了他？

【靠山大王】他却道，出门人六根俱净，富贵不能淫。哈哈哈——

【欠曼尔】他请不吃，聘不行，他要干啥？

【靠山大王】要他吃我一金瓜，送他回老家！

【欠曼尔】那可使不得，若是打杀他，可怎向字介可汗回话？

【靠山大王】来人！把那小文溆和尚架到堂下。

（净扮两小校架小文溆大师上）

【小文溆】〔掉角儿〕**虽说是，唐标铁铸，朝堂内几多玉斧；怎奈得，藩割镇据；无节度，日削月虏。**（终至于）**悯金瓯，伤破国，恸霓衣，哀燕羽；遍是胡服。有缘有故，可诉可哭。**

【欠曼尔】见此情此景，想必是大师还能把那朱温亡唐故事编排出一部什么亡国破家讲唱的书。

【小文溆】那倒未必；量你们也能做得出眼前的这一幕——豪夺巧取，耳不忍闻，目不忍睹。

放开些，（把）变文与我，好作说书！

【靠山大王】小文溆大师，闻听你声音婉畅，听者塞咽寺舍，就连教坊当年也效仿你的声调谱成曲度。人们瞻礼崇拜，呼为和尚——和者平也，尚者高也。今天有幸一睹大师高风亮节，果然的名不虚传，的的叫本大王感佩！

【欠曼尔】凭你这般技术，却单单为一个亡国市井小民演唱，岂不是糊涂！

【小文溆】说书人讲究斩截，休得罗嗦，快把变文与我！

【靠山大王】且把那变文与他，看他还肯与不肯与我同往。（侍者递变文，小文溆大师接介）

【欠曼尔】大师，想通了？一同去，一同去吧。

【靠山大王】那西域宝马雕车，酪香满途，原本就是西方极乐之处；任你讲唱，凭你成佛，你相信不？

【小文溆】尔等夷狄之国，不修礼度，何信之有？

【欠曼尔】胡说！你有何为证？

【小文溆】无须远溯，就是我大唐一朝——

【靠山大王】你大唐一朝怎样？

【小文溆】你且听我道来。大唐高宗与武后合墓的乾陵道上，有六十一藩臣石像生。

【合】有哇，有！

【小文溆】其中就有你家阿热可汗石像。可他们一夜之间就失去了头颅。

【靠山大王】如何失去头颅？

【小文溆】那六十一藩臣在武后下葬之后，以为生为藩臣，死为藩鬼，大失水准；于是就趁夜晚往那头颅之上个个涂了泥巴，作篝火狸鸣，说他们都成了精。果不其然，第二天一早，那乾之居民便拿了重器火药，蜂拥而至，把六十一头颅尽数砸落，以攘除灾星。可结果反中了你家藩王圈套。

【靠山大王】什么圈套？

【小文溆】那六十一藩国把那六十一头颅反运送回国安葬。

【靠山大王】休得胡言！快快把那变文收了，把那和尚捆了！给我解往甘州。

（众上前抢夺介；小文溆大师遂将怀中变文投入炭火盆中，顷刻化作片片纸灰。靠山大王以掌击小文溆大师双脸，小文溆大师持火叉播火使其尽燃）

【小文溆】〔前腔〕**火拨叉，手中频拿；猛可里**（见荼蘼）**发了树花。**

【欠曼尔】只可惜了伍胥变文那一沓！

【小文溆】**若伍胥，何其叱咤；**

【欠曼尔】更可惜了秋胡变文这一札！

【小文溆】**若秋胡，**（把）**娇妻**（活儿）**戏煞；**

【欠曼尔】更更可惜了孟姜女、王昭君和那目连佳话！

【小文溆】**倒了城，和了嫁，救了母，涂了炭，有甚牵挂！**

（宁觉寺暮鼓声声）

【小文溆】**一声**（声）**教化，**（把）**烧书声差。这花花**（儿），**满壁爬爬，**

（险把）**负笈**（人）**乐煞**。

　　哈哈，威武又奈我啥？

　　（侍者带人把小文淑大师拿下）

　　【合】〔尾声〕**文长者**（则个好不）**难驯化**，（和）**乾宁主一般**（儿）**家法**；**空备了**（的这一轮）**漆车雕玉马**。

　　【靠山大王】欠曼尔，把那和尚用我家可汗貂裘裹了，休得冻馁了他！

　　【合】休得冻馁了他！

　　【欠曼尔】套车，备马；回我甘州毡帐衙！

　　有诗为证：

敦煌县畔千年寺，雪阔云多客到稀。

闻说西来更惆怅，梨花深处一僧归。（白居易）

第八齣　计　截

　　【事略】孛介可汗怨敌西州回纥乌介可汗余部托黑车子，得知靠山大王押解俗讲大师小文淑长者，途中经过肃北，于是自当金山口派一特勒，事先设计以羁绊埋伏，于红柳峡捉得俗讲大师小文淑长者，靠山大王与欠曼尔逃回甘州。托黑车子以小文淑大师要挟孛介可汗退让至于嘉峪关以东，以报孛介可汗夺乾宁公主之仇。孛介可汗怒，决定再度讨伐托黑车子。

　　孛介可汗集甘州回纥诸勒以靠山大王为先锋与西州回纥托黑车子交战；靠山大王前线倒戈，托黑车子大胜孛介可汗。托黑车子之子雕齿大王与靠山大王两部合击，遂将孛介可汗大部逐出甘州，乾宁公主复为托黑车子所得。

　　（末扮托黑车子引众上）

　　【托黑车子】俺托黑车子是也！

濠梁庄惠谩相争，未必人情知物情。

獭捕鱼来鱼跃出，此非鱼乐是鱼惊。

　　看官，道上一首《池上寓兴》。在圣人面前卖字书！俺西州回纥斗大汉字不识一驮骡，端的是献丑了。可俺托黑车子，倒是的确不仅把它说在嘴上，而且还把它写在纸上，挂在了帐上。这一则是大唐诗人白居易白乐天公公亲手所作，二则又是白公公十一世孙白笀白地衣亲口所赠。一个亲手，一个亲口，不是父母，倒是双亲。笑话！不过，那时俺刚刚为甘州回纥字介可汗所败，不单单给他房走了乾宁公主，而且还给他赶到了西州。那西州不比甘州，不是苍苍茫茫风吹草低，却是洗兵海上放马雪中。正值俺危至之时、穷极之际，那西域大唐巨贾白地衣不嫌不弃，以丝茶换牛马，跟俺做了整整七年贸易。说一句古语倒是：一面教训，一面生聚。

〔霜天晓角〕**毡包凝重，马咤人欢动。七年笳鼓息呜咚，一载把雕弓遥控。**前面是什么地方？

【合】大汗，前面就是肃北金当山口。

【托黑车子】那么说，那靠山大王已经进入了我家圈套？

【合】哈哈！那靠山大王早就大模大样的进入了我家圈套。

（净扮雕齿大王上）

【雕齿大王】禀报父王，儿臣派一特勒，事先于红柳峡设下绊马索，待那靠山大王人马经过，便一声呼哨，登时的就箭起刀落，犹如秋风扫叶。

【托黑车子】那秋风扫叶如何？

【雕齿大王】捉住了他一个俗讲大师小文溆长者。

【托黑车子】那靠山大王与欠曼尔怎样结果？

【合】逃回甘州寻那老回纥？

【雕齿大王】是儿臣放了他这条老猎狗，叫他日后好过活。

〔前腔〕**扣留高僧，把个阴谋弄。**

【托黑车子】啥阴谋？扣住小文溆大师？孩儿请讲。

【合】是啊，要是没了小文溆大师的讲唱，看他如何再取悦那女主子乾宁？

【雕齿大王】**换他河套一川平，报的俺前仇干净。**

【合】就让那字介可汗退回到他老家嘉峪关以东的毛茸茸。划算划算，干净干净！

【雕齿大王】父王，请给那甘州字介可汗下道战表，就说我家西州回纥要在此地与他决战。

【托黑车子】好好，就这么办了。下战表——

【合】下战表了！下战表——

（托黑车子与雕齿大王引众下，字介可汗引众上）

【字介】〔前腔〕**倾巢出动，孰料内生讧。阵前倒了急先锋；斩帕头缠裹伤痛。**

欠曼尔！不必管我，我自己会缠紧绷带。快，救乾宁公主！

【欠曼尔】大汗，那乾宁公主已经被——

【字介】已经被——被什么？

【欠曼尔】已经被托黑车子虏走了。

（靠山大王与雕齿大王引众上，合围字介可汗与欠曼尔）

【靠山大王】字介，老家伙，你哪里逃！

【字介】高黑车子，你狗日鹰犬不如！欠曼尔，发我连弩杀死他！杀死他！

【合】发我连弩杀死他！杀死他！

【靠山大王】俺有甲胄在身，连弩又奈何！小的们！快！叫雕齿大王合围，把他字介老儿包抄！

【雕齿大王】放他一条生路，叫他尥。

【靠山大王】这是为的哪一遭？

【雕齿大王】俺西州回纥从不斩独根苗！哈哈哈！

（字介可汗与欠曼尔只身杀出重围，不知去向）

【雕齿大王】〔锦上花〕**掉转马头行，提顿兵戎。一着胜算，八面威风。角铮铮，角铮铮，踩的（那）西州动。**

有诗为证：

大漠沙如雪，燕山月似钩。

本当金络脑，快走踏清秋。（李贺）

第九齣　补　糊

【事略】元好事自宁觉寺回开觉寺，与寺学亓天寿、安友谅等搜集安父此前盖房挖沙时所发现唐初藏经洞散轶经书变文，经过整理补糊得经书变文等十余种，并抄出五个副本，留存开觉寺和分送宁觉寺、静觉寺、明音寺以及金光明寺。

（寺学塾师元好事坐于交椅；学长亓天寿引众寺学生上）

【亓天寿】哎 ——，先生说休息啦！休息。

写书今日了，先生莫嫌迟。

明朝是假日，早放学生归。

[步步娇] **学士**（**郎**）**从来抄书匠。歪颈项，斜肩膀。磨的砚台响，裁纸装潢，手疼脚痒。要紧**（**的是那**）**抄错行，**（**受**）**加罚撤书帐。**

学长亓天寿报告先生。我等开觉寺义学生一总二十四人，按照先生的吩咐，在上浣之日内只用七天的工夫，就把初唐五窟所散轶的经卷全部搜集、抄写、补糊、装订完毕。请先生校阅。

【元好事】好吧，尔等都坐下。亓天寿来，我要先抽检几卷。

（看抄卷自言自语介）

《捣练子》孟姜女，杞良清 —— 错了不是！安友谅这是你写的，是吧？是杞良妻，不是杞良清。是妻子之妻，不是清白之清。《论语》郑氏注，抄得不错，不错。金光明寺学士郎安友盛。—— 把名字都写上了啊？

【合】人过留名，雁过留声。哈哈哈，我们也都留了姓名。

【元好事】留什么姓名！岂不是玷污了经卷。《伍胥变文》：臣惧子胥手中剑，子胥怕臣俱总休。彼此相拟不相近，遥语声声说事由。—— 俱总，是啥意思？原文就是如此的吗？

【合】原文就是如此的。

【元好事】好好好。恐怕是原文就有误了。

【合】原文就有误了？！

【元好事】尔等无知！待我看下去再说。写书不饮酒，几日笔头干。—— 胡言乱语。

【合】张富千，你露馅 —— 嘻嘻嘻！下面还有呢。

【元好事】还有什么？学郎大哥张富千，一下趁到孝经边。—— 竟敢在《老子》后头涂鸦，真是无天无法。

【合】丁尚谦，你现眼 —— 哈哈哈！下面还有呢。

【元好事】还有就要一下趁到孔子边咿！—— 侧书还侧读，还须侧眼看。今日写书了，合有麦五升。高代不可得，还是自身灾。

【合】安友直，你玩完 —— 啊啊啊？

【元好事】下面还有没有？乾元二年正月二十六日，西州高昌县宁昌乡厚风里，义学生王老子写。—— 老子如何改姓了王？那乾元是大唐肃宗皇帝的年号，这？差不多隔了一百多年！这是谁的手笔？

【合】王生廉，你粘连 —— 呀呀呀！

【王生廉】先生，那原文后面就是这一般！

【合】好好好。恐怕是原文就有误了。

【元好事】原文就有误了？！书在哪？送我看；扯了谎，吃罚站。

【合】书在此，送尔看；未扯谎，休罚站。

【元好事】（看书介）端的是一模一样。那原来 ——

［前腔］**盛世经藏**（也）**私家样。论手笔都相当**，（则）**出自孩子王。字里歪斜，行间下上。**（自来）**经典校勘忙**，（只）**因为抄书馕**。

【亓天寿】先生，您说得对极了。俺是一面抄书，一面往嘴里馕；有一天竟馕了三个馕，抄出三大筐。

【元好事】亓天寿，你暂且把那六艺和杂书就都藏于本寺律库楼中吧。

【亓天寿】是。还有那些变文呢？师傅！

【元好事】那些变文？各选出五个副本 ——

【亓天寿】那五个副本置于何处？

【元好事】分送敦煌宁觉寺、静觉寺、明音寺，还有金光明寺住持各一部，随喜他们也做一回僧俗道场，岂不是脍炙人口。孩儿们 ——

［一封书］**今日有闲余，问寺学生何处住？**（到）**敦煌寺塾。**

安友谅你呢？

【安友谅】（俺）**两**（个）**叔叔是施主。**

【元好事】还有你们大家呢？

【合】俺们大家？**多半离乡路岔路**，（很少）**背井而囤沽待沽。**

【元好事】那你们知道我吗？

【合】（俺知道）**你**（是）**元出他**（是）**白出，考得**（个）**校书万事无。**

【元好事】［尾声］**思故土，何踟蹰。**（更）**西行驼泪扑簌簌。**（单是记着那）几卷摩岩崖下书。

有诗为证：

心逐南云逝，形随北燕来。

故园篱下朵，今日几花开？（江总）

第十龃　遗　谶

【事略】开觉寺僧法洪，在为千佛洞供养人做壁画时摔成重伤。因战乱无可救药，弥留之际，以《十诵律》故事暗中把寺中后事交代给牧童小僧，并将此前与弘良大师手抄秘藏玄奘大师三藏经之谶图，托付给元好事。

（法洪已端坐于莲座之上；牧童小僧上）

【牧童小僧】此地古称佛国，满街都是圣人。话是这么说，可这西京流民、东京流寇，长此以往，把个一座好生生的敦煌驿变得佛将不佛圣将不圣了。你大话说得出口，休让人儿打嘴巴，有何为证？看官，你道小僧原为本寺看管九九八十一头牲口，可这兵燹以来，还不到三年，就一头一头的所剩无几了。好在俺师傅是个开明寺僧，见而说道菩提本无树，明镜亦非台；于是便把手一挥作他的壁画去了。在下虽是一个牧童小僧，可晨钟暮鼓灌顶醍醐也总还是有些悟性；每听至此便跪倒在地，朝师傅的背影磕他三个响头，说一声多谢师傅，就便被大事化小小事化无的照样诵我的经书去了。

今儿个正午时分，是俺师傅这一生之中作完他一百幅壁画的纪念之日。你道那第一百幅是什么画吗？那是为西域回纥供养人托黑车子大王所作的有翼天使。那天使背生双翼原本是天庭之中的一个望门童子。

[浣溪沙] **美孜孜，双眯眯，**（端的是）**倚阊阖眺望云霓。忽闻**（的）**玉宇降天姿！**（喜出望外介）**原来是泛爱之神到此。教俺神欲飞。颔首相摩朵与颐，千佛古洞惊奇。**

可这还不到中午，俺师傅便派人叫俺来，莫非那有翼天使之作是提前画完了不成？师傅，俺来也！师傅，您叫我有事吗？

【法洪】沙净，你请坐下，我有话说。变乱以来，如今这偌大的一个寺中除了寺学，就只剩你我师徒二人了 —— 我要对你说什么，等我讲完这个故事你自然就知道了。

【牧童小僧】师傅，什么故事，你请讲啊？

【法洪】沙净。佛在阿罗毗国，时寺门楣破，佛见已知而故问阿难：是寺门楣何以破耶？答言：木师忙遽不得作。佛语阿难：求木作具来。阿难受佛教，求木与作具与佛，佛取以自手治塔门楣。沙净，你知道这故事出自哪里吗？

【牧童小僧】师傅，徒弟不知道这故事出自哪里。

【法洪】去，律库楼拿后秦弗若多罗共罗什译《十诵律》来。

（牧童小僧下）

【法洪】（痛苦介）老衲法洪，我已到知天命之年，俗言道生死有命，富贵在天；我虽不是俗人，却也是难逃俗理。自师傅走后我常有不测之虞，可没想到圆寂竟在今日。我家那沙净他毕竟还年小，剩他偌大空空一座古刹，这后事我可该怎好与他言明？

（牧童小僧拿《十诵律》上）

【牧童小僧】师傅，沙净拿《十诵律》来也。

【法洪】沙净请你翻开卷三十八。

【牧童小僧】师傅，沙净翻开卷三十八。

【法洪】沙净，可是这故事？

【牧童小僧】正是这故事，师傅。

【法洪】沙净，从此你要好自诵读，努力为之。

【牧童小僧】师傅，请毋忧。沙净铭记在心，定会好自诵读，努力为之。

【法洪】沙净，师傅今日要远行；寺中账目则须你往来敦煌各寺结算，不可贻误。

【牧童小僧】是。师傅。那寺院呢？

【法洪】眼前事务可暂时委托寺学元好事先生代理；呆会儿你下去时就说我请先生前来小坐。

【牧童小僧】是。师傅，徒弟知晓了。师傅一路保重啊！

【法洪】沙净一路保重啊！

（牧童小僧下，元好事上）

【元好事】［破阵子］日暖风清佳景，流莺似问人。正是越溪花捧艳，独隔千山与万津；单于迷虏尘。雪落停梅愁地，香檀枉注歌唇。拦径萋萋芳草绿，红脸可知珠泪频。鱼笺岂易呈！

老生元好事，虽系他大唐子民，然那大唐已是万劫不复；我虽尽不得愚忠，却可全其孝道。那变文已经糊补得差不多了，待西域有人经过怎好歹与那世交白地衣联系，让他助我一臂之力，也好即从巴峡穿过巫峡里，便下襄阳向着洛阳西！

法洪大师请我何事？迂绕。待我问问便知了。

法洪大师，老生元好事这厢有礼了！

【法洪】元老先生请上坐。

【元好事】大师，有何见教？

【法洪】岂敢岂敢；老衲倒有一事相求。

【元好事】老生借贵刹一方宝地谋生，尚无以相报，大师何言相求？

【法洪】［八声甘州］陇头绿洒，芳洲平展展，鸣沙似画。如烟谷雨，望城柳色渐加。（趁）安西无守通道佳。怕割据（来）截拦叩关卡；还怕，（有那）无端生事，失（传了俺）家法。

【元好事】大师，你有何家法？

【法洪】大唐三藏手卷。

【元好事】大唐三藏手卷？

【法洪】不，是那大唐三藏手卷藏经洞。

【元好事】那大唐三藏手卷藏经洞不是被埋没了滑沙？

【法洪】不，是那大唐三藏手卷藏经洞图谶。

【元好事】图谶？

【法洪】必要老生你经过安西之驿送往西域。

【元好事】必要老生我经过安西之驿送往西域？

【法洪】［唐多令］凿壁借灯红，摩岩步九重。（蘸）星光彩笔绘好生。才（算）把平生画总：前后计百幅成。

【元好事】法洪大师，这百幅画成是一定要庆贺一番的啊！

【法洪】（出图谶介）元老先生，这图谶在此亡国破家之时就只有托付与你了。

【元好事】（接图谶介）这这这，我可如何担当得起啊！

【法洪】元老先生，我时间已经无多，请你把它破译后，转交西域大施主白地衣，在此之时惟有他能百计营谋，妥善保藏，传于盛世，以光佛法。

【元好事】大师，那谶语现在何处？

【法洪】（出示一幅莲花图画介）元老先生，请记诵！

【元好事】（热泪盈眶记诵介）

惠我一盆莲，感君多美意。

清水照明妆，微风散香气。

枝枝作佛供，叶叶任鱼戏。

此花圣之和，浊世嗟难及。

大师，请你放心，老生领会了。

【法洪】元老先生，让你见笑了。老衲在千佛洞百幅画成之时，因一时高兴手舞足蹈，不慎塌落脚手，自百尺高杆跌下石窟，重创五内，想不久于人世；所托之事，务望尽心竭力。老衲不胜感激之至。老衲归去来也！

先生自东来，我向西方去。

来去两由之，何期泪如雨？

（雨雾之中法洪大师作一道白光飘然而下）

【元好事】（深思介）大师为家法舍得性命，我自当为家国舍得亲情。

有诗为证：

的历流光小，飘摇若翅轻。

恐畏无人识，独自暗中明。（萧绎）

第十一龁 嫁 子

【事略】托黑车子老，不久即死于西部甘州。按本部习俗，其妻乾宁公主下嫁其子雕齿大王。小文溆大师听乾宁公主婢女史满儿说明事实真相，并得知雕齿大王派靠山大王前往开觉寺求取变文取悦公主，遂改变态度，与满儿玉汝于成。乾宁公主与雕齿大王成婚。

（小文溆大师坐于毡帐中，小旦扮乾宁公主婢女史满儿上）

【史满儿】在下史满儿是也！

来未花开方见幸，去虽落叶可轻离？

自幼做了那大唐乾宁公主的一个婢女。自从乾宁公主流落西域，前年被西州回纥可汗虏了过来，去年又被甘州回纥可汗虏了过去，今年又被那西州回纥可汗虏了回来。虏来虏去，虏去虏来，我就一直跟在她身边。看官，你想，这样的一个时节，这样的一个贵人，这样的一个事体，可怎生耐得一个黑儿！

听说那小文溆大师也给捉来了，有救了！公主是最最喜欢听他演唱。可那大师还挺固执，当着回纥可汗家就是不肯开口。今儿个我就豁出去了，说什么也要凭着这张小脸，给那大师搬将过来，以取悦我家公主。

大师在上，受小的一拜。

［玉桂枝］**问君何意，有茶奶不饮西狄，把干粮啃尽东夷，**（这）**说书人**（操的是）**谁家节气？**

【小文溆】（恼怒介）哪里谁家来的一个不汉不夷小东西！

【史满儿】**休横眶立眦，休横眶立眦；我告诉你：大唐皇帝！**

【小文溆】你你 —— 你是宫女？

【史满儿】是呀。说书人你有所不知 ——

（虽然说是大势已去）**西州困，东事违；**（俺也则愿）**伴主公，随流沛。**

【小文溆】那主公是谁？

【史满儿】是乾宁主儿啊！

【小文溆】乾宁主儿，她现在怎样？

【史满儿】饭不思，茶不想，唯念自缢。

【小文溆】满儿，你要俺帮你什么忙吗？

【史满儿】（你有）**一法可解围。**

【小文溆】什么法？你说呀，满儿。

【史满儿】（把）**变文与书说。**

您忘了，昔日在宫中那乾宁公主只爱听您说书。

【小文溆】原来如此！想当初 ——

［前腔］**我小文溆，过敦煌两眼凄迷。竟无知公主留西，**（以致使）**宁觉寺焚烧赞偈。**（想）**当时景致，**（想）**当时景致，**（惟有）**凛然之意，浩然之气。**（悔之晚矣，如今拿什么讲唱来愉悦那主子？）**靠经历，凭记忆。攒围屏，拉抚尺。**（她）**听俺甚快意，**（俺）**说她解燃急。**

满儿，那公主现在哪里？

【史满儿】大师，有一事可难为了俺家公主。

【小文溆】满儿，有啥事可难为了你家公主？

【史满儿】比天还大的事！

【小文溆】比天还大的事？

【史满儿】按照西域风俗，父死子娶；那托黑车子大汗一死，乾宁公主就得下嫁给他的儿臣雕齿大王。

【小文溆】这这 —— 与礼不通啊！

【史满儿】入乡随俗。大师，呆会儿我带你去见雕齿大王。不过，还有一个好消息。据西域大唐巨贾白地衣说，那开觉寺塾师元好事先生，已经带着他的子弟，把唐初藏经洞所散失的变文，全部抄写完毕。给你？

【小文溆】（手舞足蹈介）那为何不请雕齿大王派人前往求取？

【史满儿】那雕齿大王已经派靠山大王前去。

【小文溆】极是，极是。

【史满儿】大师，你不吃不喝可如何讲唱？我们先下去垫补垫补一下如何？

【小文溆】好好好，也只能如是。

（史满儿与小文溆大师下，雕齿大王引众谋臣上 ）

【雕齿大王】时光过得这么快啊！

岭云沉日暝烟霞，见说穷边亦有花。

应是汉宫青冢怨，不甘玉貌委龙沙。

这一首《龙沙怨》，是那乾宁公主婢女史满儿，传唱于西州的曲子。当时俺只是觉得它动听，便随那满儿唱熟了；可现在俺是感同身受，端的是黯然神伤。

［榴花泣］**父王沉重，托寡在行营。将受命，娶乾宁。**

【合】（大王，你）**精诚开得金石通。虽说（她）忌讳重重，**

【雕齿大王】（俺定）**把芳心动。**

【合】（你）**那公主权作主公用。**

【雕齿大王】**传教化一改规程，入乡俗四面和风。**

事到如今，也只有这么办了。各位长者可还有甚良策？

【合】请那乾宁公主婢女史满儿定夺。

【雕齿大王】也好，就请她满儿定夺。

【合】请满儿入帐，雕齿大王有事相商。

（史满儿与小文溆大师上）

【史满儿】在下叩见大王。

【小文溆】叩见大王。

【雕齿大王】大师免礼，满儿免礼。

【史满儿】大王，这事情我们已经知晓了。

【雕齿大王】你们已经知晓了，那该怎样？

【史满儿】谨遵王命。

【小文溆】玉汝于成。

【合】[尾声]**此生光景太匆匆，**（大王啊，你）**邀去乾宁恩寸宠，把个平民过一生。**

有诗为证：

一入深宫里，年年不见春。

聊题一片叶，寄与有情人。（顾况）

第十二齣　杀 靠

【事略】靠山大王前往开觉寺，为雕齿大王求取变文时，意外发现元好事揣有大唐三藏手卷经藏图谶。遂起野心，欲将元好事解往西京，与笃信佛教的朱温换取半壁江山。途中遇朱温咸阳九门提督刘捄，行至咸阳城东三十里之萧城兴宁陵时，刘捄杀靠山大王，藏经图谶为刘捄所得。事先西域大唐巨贾白地衣，已嘱莫逆之交西京神偷时不沾一路跟随，相机行事；时遂于兴宁陵偷回藏经图谶，并与元好事同往西域投奔雕齿大王。

（净扮朱温咸阳九门提督刘捄引两卒上）

【刘捄】雪好大呀！

百鸟投林宿，各各觅高枝。

五更分散去，苦乐不相知。

俺乃后梁朱皇帝咸阳九门提督刘捄，原是大唐哀帝身边的一个卫尉，这一回也神不知鬼不觉的做了他一把有奶就是娘。那李存勗之父新亡，是俺家皇帝的仇雠之将，俺家皇帝叫俺加紧城防。看官，难道还怕他杀得来一条回马枪？

[六幺令] 飘风浮躁，鹅毛毛漫卷娇娆。（觑）长安云阵雁行高。催虎骑，作熊韬，把萧关挡住黄河道。

（刘掫一步将押两扮作赶驴之商人上，一为靠山大王，一为元好事）

【步将】禀报提督大人，内城外城三十里，我捉了两个西域来的奸细，请大人查稽。

【刘掫】很好。继续搜查！

（步将下）

【靠山大王】一路上惶惶张张，几回些遭人劫抢。前头不远是咸阳，看样子八成是西京外城守将。哎 —— 这回可是到家了！我就实话与他讲。

【刘掫】一个不像胡人，一个不是胡人；你们到底是什么人？说！

【靠山大王】在下西州回纥可汗帐下一个走卒，靠山大王是也。

【刘掫】靠山大王？啊啊，久闻大名，如雷贯耳；可你不在西域为王而往东土为寇，你又要耍什么把戏？

【靠山大王】俺这一回是要与你家朱皇帝耍一回大把戏。

【刘掫】什么大把戏？

【靠山大王】你家皇帝笃信释教，当朝问道，吃斋念佛，俺要用一张图谶与那朱温换你家半壁江山。

【刘掫】什么图谶值半壁江山？

【靠山大王】敦煌所藏大唐三藏手卷。

【刘掫】那图谶是如何到了你的手里？

【靠山大王】俺于开觉寺求取元好事，意外发现他身上藏有本寺所藏大唐三藏经手卷图谶；可他那解读藏经路线的草图，却当即为他吞服了。无可奈何之际，俺靠山大王只好把那元老儿解往你家西京再作打算。

【刘掫】那图谶呢？

【靠山大王】对不起，提督大人，俺只能一手江山一手图谶的亲自与你家皇帝老儿交换。

【刘掫】那驴架子上驮的是甚？

【靠山大王】两麻袋变文。

【刘挼】那就与我入城!

(将近萧城时分,大雪中一声声传来守城士兵击柝之声)

【元好事】啊呀呀!前面不远就是俺家园——

〔满江红〕雪共梅花,念动是经年离折。重会面,玉肌真态,一般标格。谁道无情应也妒,暗香埋没教难识。却随风偷入傍妆台,萦帘额。

惊醉眼,朱成碧。随冷暖,分清白。叹朱弦冻折,高山音息。怅望关河无驿使,剡溪兴尽成陈迹。见似枝而喜对杨花,须相忆。

【刘挼】怎么?元老儿,你那家乡原来就在此地?

【元好事】俺家乡就在你家西京城里。

【刘挼】元老儿,瞧你这一把年纪,不在西京而在西域,料想不是流徙就是逃匿。

【靠山大王】管他流徙还是逃匿,你家朱皇帝已经普赦天下广开禁忌;你可要知道,那三藏经就藏在他肚子里——那前方是什么宝地?

【刘挼】萧城。

【靠山大王】萧城?离咸阳还有多远?

【刘挼】还有三十里,乃大唐高祖李渊之父李昞之坟墓。

【元好事】是兴宁陵啊,号称代祖元皇帝。

【靠山大王】那就进去歇息。

【刘挼】也好,那就叫你们这些大唐子弟见见你们的老祖宗陈迹。

【元好事】哎!如我辈刑余之人,还有何面目见老祖宗陈迹。

【刘挼】不管三七二十一,来,元老先生,你先作个揖。

(靠山大王亦随元好事叩拜代祖元皇帝碑;刘挼手起刀落斩靠山大王于兴宁陵下,后遂将图谶藏匿于腰中)

【元好事】提督大人,你如何一定要杀掉他?

【刘挼】俺如何一定要杀掉他?你且问问他自己去吧。

【元好事】大人,求求你,把我也一早儿杀掉!

【刘挼】休得罗嗦!我家朱皇帝还等着掏你的肚皮吃斋念佛哩!来人,把那靠山大王拉下埋了!

(众拖靠山大王下)

【刘挼】(自言自语)看看天色将晚,好像前头还有一座享殿,也好!

就在那里用餐饭。

（刘捩与元好事等绕场坐于享殿作打尖小睡介，丑扮神偷时不沾上）

【时不沾】好一座隆恩宝殿！

日落西山下，黄河东海流。

人生不满百，常作万年忧。

君子忧国，小人忧家，不君子不小人忧的是那一杯铁观音茶。看官，说一句笑谈。俺是西京神偷时不沾。大能偷马，小能偷鸭，那慈恩寺要是有轱辘，俺就能把它偷回家。俺莫逆之交西域大唐巨贾白地衣，要俺一路上跟着那靠山大王，相机行事。

［四边静］飞檐头走定墙边草，四下鼾声绕。窗开月影摇，灯迷星光小。这厢耳挠，那厢脚跷。刀勒几麻绳，一吹蒙汗药。

元老伯，俺这蒙汗药须三个时辰才能解消。

【元好事】义士，那图谶呢？

【时不沾】在我小挎包，请你来揣好。赶快随我去，那雕齿大王有马就系在陵门道。

【合】［尾声］（也是）**图谶玄机家法高**，（端的）**教化了俗家名号**。（上马啊，任你是魔是道也少不得）**死里逃生**（那）**一着遭**。

有诗为证：

沉沉更鼓急，渐渐人声绝。

吹灯窗更明，月照一天雪。（袁枚）

第十三齣　两　全

【事略】元好事、白地衣、小文漱大师皆老。乾宁公主与雕齿大王生子曰乾雕漱，以记取俗讲大师所成就唐纪之动乱因缘。乾宁公主与雕齿大王等供养人拜谒千佛洞，保藏所得唐朝变文。

雕齿大王派人护送白地衣之子白人衣将图谶交与西京后唐皇帝。

后唐皇帝李存勖闻乾宁公主事甚为之感佩，以本姓皇下诏册封乾宁为文思公主，雕齿大王之子乾雕漱被册封为绥西王，与后唐镇西王李义分治敦煌；乾宁公主猝死。

（老旦扮乾宁公主与史满儿携雕齿大王及其子乾雕淑等上）

【乾宁公主】老身大唐乾宁公主，一晃流落西域已经整整十八年啊！

走却坐禅客，移将不动尊。

世间颠倒事，八万四千门。

虽是如此，可到如今也还像一棵沙棘草一般，是长在沙里见风一吹就倒啊！

只知事逐眼前过，不觉老从头上来。当初俺还是皓齿朱唇，这会儿已是鬓发如银。俺不喜佛门，却喜善事。今儿个为了却小文淑大师之遗愿，我这供养人到莫高窟来做一回道场。满儿，人道是敦煌四百八十寺，你知道我家这大唐安西州有七寺五台吗？

【史满儿】公主，满儿不知道。

【乾宁公主】那我告诉你，这七寺是——千佛洞、拉梢寺、显圣池、峰团寺、砖瓦寺、金瓦寺、观台寺；每一寺又有僧舍若干，我大唐盛世，仅玄宗祖一朝僧尼就多达五十万之众。

【史满儿】公主，那五台呢？

【乾宁公主】它们是莲花台、清净台、说法台、钟楼台、鸣鼓台，寺台辉映，蔚为大观。这千佛洞自北朝以降已经有五百五十年的历史，代代修葺，朝朝开凿；壁画千帧，经藏万卷。不幸，近年渐渐为滑沙埋掩，加之兵燹浩劫，存亡参半。真真是可惜，可叹。

［北点绛唇］**古刹**（上）**香烟，金尊**（拜）**佛面，许心愿。罗汉飞天，**（但）**保我黎民健。**

在此我还要感激小文淑大师，是他唱那本故事，把我从三更一直唱睡到天明；我也还要感激满儿，是你抚那把瑶琴，将我唤醒，我这才有心思整顿衣裳起敛面容。

【史满儿】公主，你还要感激雕齿大王，是他在洞房花烛之夜，为你斟满了那杯葡萄酒，要不然——

【乾宁公主】要不然怎么样？死丫头，你又开我玩笑了。说真的，我要感激你们这些所有的人，还有白地衣，还有元好事，人人都绞尽脑汁。大王啊，我真的感激你——

［前腔］赐我毡帘，赏俺芳甸，音容现。日影盘桓，（曾）也把天光恋。

【雕齿大王】公主，这就是养殿。你与我的雕像就都在那上面。

【乾宁公主】大王，我长的有这么好看吗？老了老了。

【史满儿】公主，这是小王爷 —— 公子哥哥乾雕溆的雕像。

【乾宁公主】满儿，还是年轻长得好看。年轻啊！

【史满儿】这是白地衣大人的雕像。

【乾宁公主】怎么不像？像像，跟年轻时期一样。怎么没有元好事大人雕像？

【史满儿】那时他不在现场，无法画像。

【乾宁公主】大王，那就请人补画一张。

【雕齿大王】再命工匠开凿雕像一同供养。

【乾雕溆】娘，我为什么叫这样一个名字？娘！

【乾宁公主】乾是我，雕是你父王，那溆就是纪念你小文溆大师。他人都已经作古了。

［前腔］宝马盈川，貂毡充垫，神仙羡。彩帐回鸾，莫可骄横遍。

你要跟父王一起，把甘州与西州联合起来，不再相残；把后唐与西域联合起来，不再相煎。愿你母后我成为这最后一个俘虏！

【雕齿大王】乾儿，你记住了吗？

【乾雕溆】不再相残，不再相煎。记住了。

【乾宁公主】满儿，那些俗家的话本子都藏在了哪里？这可是我一生中最后的一桩心愿，也是小文溆大师的一个临终遗言。

【史满儿】请公主放心，已经由小王爷亲自监督秘藏完毕。

【乾宁公主】那，大唐三藏手卷经藏图谶呢？

【史满儿】大王说，已经由我家右贤王护卫那西域大唐巨贾白地衣之子白人衣，送交给了后唐皇上。

【乾宁公主】好好好。送交给了后唐皇上。大王，一切都过去了。我们也该回去了。

（末扮寺僧上）

【寺僧】施主，后唐皇帝诏书到此。请接旨。（众叩拜，寺僧宣诏介）

惊闻乾宁公主事，甚为感佩，今以本姓皇下诏，册封乾宁为文思公主，雕齿大王之子乾雕溆为绥西王，与后唐镇西王李义分治敦煌，以彰其节；过所通关，悉听其便。钦此。

【合】谢皇上！谢皇上！

（寺僧下，公主倒介）

【史满儿】呀呀呀，大王！不好了——

【雕齿大王】满儿，什么事情这么惊忙？

【史满儿】我家公主她她她——

【雕齿大王】她怎么了？

【史满儿】她两眼翻直，口吐白沫，手脚冰凉；她，这回是她真的去见了我家皇上。

［黄钟北醉花阴］（登时的）**公主嗟呀大王傻，小王爷一厢**（儿）**尴尬。**

【雕齿大王】来人呀！快备马，请郎中，把药拿。

【史满儿】（竟这般）**颓唐**（相），**打嚓嚓。**（还不快）**把灸针拿，不往人中歇！**

【乾雕溆】母后醒来呀，醒来呀，醒来呀！

（公主醒，安详介）

【雕齿大王】孩儿，母后真的已经醒来了。

【史满儿】公主，不要走呀！要等等我满儿呀！

【乾宁公主】满儿，小哥哥，大王，请你们回西，把我也带去。

【乾雕溆】父王！

［南滴溜子］**敦煌驿，敦煌驿慈恩莫测，掉马头，掉马头西州盘跶。若选**（在）**金当口过，**（那）**公主怎生儿寻解脱？**（免不了）**触景生怯，喜悲交睫。**

【雕齿大王】小王爷，那就换一条路吧，你来定夺。

【乾雕溆】改道回西，送我母后，起驾！

（史满儿迅抽小王爷腰刀，斩除自家头发介）

【史满儿】小王爷啊，恕难从命。

【雕齿大王】满儿，你往哪里作甚？

【史满儿】大王，俺往明音寺北梨花庵，岂不两全其美么？

【雕齿大王】［北尾］（漫嗟吁）**西行**（的）**剪影平沙漫，**（俺只念）**梨花开遍**（这）**雨花庵。**（满儿啊，待来年俺青春踏过）**敦煌**（里）**有谁却等咱！**

【合】前。

有诗为证：

利门名路两何凭，百岁风前短焰灯。

只恐为僧心不了，为僧心了是输僧。（杜荀鹤）

（完）

（剧作家；2015，3）

卷二 歌 剧

钟楼上的铜铃

（五幕歌剧，萧红传）

目 次

第一幕　破　镜

[事略]　黄家曾为马占山幕僚，呼兰当地望族，闻知廼莹为县城中才女，多次向张家求婚。廼莹之父张廷举亦因家道中落之故而欲有所攀结，未经廼莹应允，即以父母之命、媒妁之言许下亲事。一日，黄家鉴于时局动荡不安，并以"马腿事件"相挟，黄继升亲自到张家劝谏廷举说服廼莹与其侄思田完婚，为在哈求学的廼莹严辞拒绝，张黄两家亲事破镜。自此廼莹开始了逃婚生涯。

[时间]　公元一九三零年夏末秋初。

[地点]　东北，黑龙江省呼兰县，城南，地主庄园，张廷举家。

[人　物]

萧红　十九岁。张廷举与原配姜玉兰之长女。原名张秀环，更名廼莹，小名荣子。于哈尔滨东省特别区区立第一女子中学就读。

张廷举　四十岁。萧红之父。呼兰县劝学高等小学校长，后为县教育署长、督学。

杨雅兰　三十二岁。萧红之继母。生二子一女。

张秀珂　十七岁。萧红之弟。张廷举与原配姜玉兰之长子。在齐齐哈尔师范学校就读。

黄继升　四十七岁。萧红之未婚夫黄思田之伯父。乡人称黄老秩子。曾留学日本，做过马占山的幕僚。

黄思田　二十三岁。萧红之未婚夫。现任马占山幕僚黄某之长子。赋闲。

有二伯　五十二岁。张廷举家之长工。与张廷举同族。可能叫张有，因排行老二，故称有二伯，黑龙江人叫有二大爷。

竹三爷　四十四岁。张廷举家之管家。姓亓名新竹，排行老三，尊称竹三爷。

老杨　三十七岁。张廷举家之厨子。歪脖子。

王二嫂　二十七岁。张廷举家之短工。生一子一女，又收养邻居父母双失的一个孤女二凤。

王二老板子　二十八岁。张廷举家之长工。王二嫂之夫。因压断马腿，胡家扣他一年工钱而疯，后失火烧死。

二凤　　六岁。王二嫂收养之女。

高大牙　三十岁。呼兰县城关南街保长。

高麻子　二十九岁。呼兰县城关护路队长。

媒人肖科长、孙科员，家仆、儿童、佃户、街坊和行人若干。

[**背景**]　松花江。松花江南岸之哈尔滨：喇嘛台；日本领事馆红楼之上的太阳旗；钟楼上的铜铃，秋风振击铜铃之声。

[**远景**]　松花江支流呼兰河。呼兰河北岸之呼兰县城。始建于一九零八年的张家庄园：三十间青砖瓦房，分为东西两大院落，中有圆形拱门相通。东大院是张家住宅；西大院是佃户住的地方，也兼做库房。

[**近景**]　东大院：瓦房的两面一边一座青砖大烟囱，就像两尊黑铁浮屠一样坚牢。一排窗户：上扇一律用两层窗纸糊着，中间夹放麻纸，用豆油油过，黄登登的，像一面面单鼓，风刮沙粒登楞登楞作响；下扇一律是透明的玻璃。屋中对开两扇板门，都是红松木做的，挺厚。门前一株柳树，高大婆娑；树下一面石桌，四个石凳。屋后是一所花园，此时已凋零殆尽，只有星星点点的秋之菊和一些杂草。萧红于一九一一年六月一日便出生在这座庄园里；然自是年夏得知其父将其许配给黄家而逃婚，至一九四二年初病殁于香港，就再也没有回来过这里。

[马头叩击串铃发出喤喤的声响。一辆二马车停驻在靠近拱门的地方。从车上走下一主一仆。群童在院中嬉逐。主仆二人挥手示意，然后绕过玩耍的群童，缓缓地走进院来，入室。

[几十只乌鸦从空中呱呱地飞过。群童即兴击节作歌：

老鸹老鸹你打场，三年给你二斗粮。

老鸹老鸹你打场，三年给你二斗粮。

[有二伯夹着家什从拱门拐进。

[行云蔽日。孩子们继续作歌：

一盆菜，一盆火，日头出来晒晒我。

一盆菜，一盆火，日头出来晒晒我。

有二伯　二凤！你妈叫你呢。西大院收回半牛车茄子，你妈她晒不过来，叫你给看孩子呢。二凤你是听见了没听见呢？

[二凤从歌谣中被唤醒过来，走向拱门，忧心忡忡地朝西大院走去。

有二伯 （唱）

> 七月里，降严霜，江南江北百草黄。
>
> 汗珠掉下摔八瓣，到头一把秕谷糠。

俗话说，丰年怕丢，歉年怕收。东家连秋租都收不上来啦，还指望着什么吃啊，喝呀，抽哇！佃户家中就更加地凄惨，十之八九，青黄不接，寅吃卯粮。可就在这节骨眼儿上，日本人又逼着修铁路修公路，真是黄鼠狼咬病鸭子，越穷越赶在一个点儿上啦。

> 男人修路去，妇女晒菜忙；
>
> 孩童不得息，家家户户筹公粮。

唉！东家也是没个正经法子，又摊事儿啦，这不！——好好歹歹跟老胡搭伙出了台车上哈喇吧山拉石头，没到半个月把个辕马腿又压折了，还得包老胡他马。你知道哇，那一匹菊花青值这半拉家业，可如何是好啊！

[萧红之继母杨雅兰手持一灰布小褂上。

杨雅兰 他二大爷，难道客人还没有来吗？你瞧你那一身梢儿，也该换一换洗儿了！这是迺莹她爷爷老箱底子，是留给你穿的。

有二伯 谁愿意穿谁穿，我不穿那千年骨殖。

杨雅兰 什么千年骨殖！桃不好杏好，谁让你们都姓张啦，五百年前是一家子。不给你二大爷穿，难道还能给那两氏旁人姓李姓王的穿吗？你瞧，是士林布的，还没上水呢。

[有二伯接过灰士林布小褂，端详，试衣。

杨雅兰 他二大爷，你在咱张家也快三十年了，许多事情不说你也知道。

> （唱）
>
> 怪只怪廷举他擅作主张，搪不住老秧子三寸舌簧。
>
> 与黄家私订下这门亲事，竟害得迺莹她不得还乡。
>
> 那外边的世道兵荒马乱，这女孩家叫人挂肚牵肠！

[群童挽四臂作抬轿之状，抢一小姑娘，抬向西大院，且舞且歌，歌声渐远：

> 呜哇噔，呜哇噔，娶个媳妇尿裤裆。
>
> 呜哇噔，呜哇噔，娶个媳妇尿裤裆。

[有二伯执帚除尘。杨雅兰携什物入室。

[高大牙、高麻子各带一仆，分别由拱门东西侧摇摇摆摆地上。

高大牙　嘿，队长！

高麻子　哈！保长。

二仆　嘿嘿哈哈！蹊跷蹊跷，今儿这事儿咋都赶到一块儿来了？

[高大牙、高麻子背对观众，相视而笑，且自言自语："今儿个奉了上峰的命令，演个戏法；如若不从，拿他一把。实为逼婚，名为包马；小家小业，看他犯傻不犯傻。"

高麻子　那好哇，哈哈哈！公务在身，咱就各行其事。

高大牙　掌柜的，我说，请出来吧。

[由院内传出杨雅兰的声音："喜鹊登枝，贵客临门。是保长、队长啊，几位请到屋里坐呀！老杨 —— 上茶！"话音未落，旋即由室内而至于院中。

高大牙　今儿个忙，就坐在这外边还挺风凉。

杨雅兰　好啊！二位，那我也就尊敬不如从命了。

[二高坐于柳树之下石凳之上；老杨用方盘送上茶盏，下。

杨雅兰　廷举还没有下学，掌柜的往滨江还没有回来，家中只有我这么一个闲人，你啥事说吧，是要收，还是要缴？

高大牙　你瞧你说的，廷举嫂子。今儿个我老高一不收税，二不要捐，三不查户口；今儿个我是来行赏来啦！

　　（唱）

　　八月里来那个好秋光，呼兰县来一位辛县长。

　　一人放你一尺三寸布，还有两条青线三块糖。

这才是新官上任三件礼，接赏啊！

[仆人从提箱子里递上赏品，杨雅兰叫老杨接了。

高大牙　还不快快谢辛大人！

杨雅兰　老杨，谢辛大人呀！

老杨　谢辛大人，谢辛大人！

[杨雅兰若有所思，自言自语："辛大人？莫非就是黄家所说的那位做我家西莹和思田主婚人的 —— 辛县长？看来，黄家是乌龟吃秤砣，铁了心眼儿啦！西莹啊，定就定了吧。话又说回来，他外场人想攀这高枝还攀不上呢！这回

也是该你的风光，张家的门面啊！"

杨雅兰　保长，队长啊！

（唱）

　　女孩子总要出嫁，为娘的也没办法。

　　都只怪读那些书，在外头风风傻傻。

[高大牙亦自言自语："官大一品压死人。你瞧瞧，这还真奏了效啦，没用一袋烟功夫我就了了戏啦。"

[前来抢吃赏糖的群童，上。跟高大牙仆人撞了个满怀。

高大牙　你瞧瞧！跟饿狼一样，啥也没见过，几块糖有什么好抢的！

杨雅兰　高队长，听竹三爷说，上回的事还多亏你帮忙。要不然我家可就得连车带马一起出了，那可就是水缸翻个 —— 撅底儿啦！

高麻子（唱）

　　呼海路，三百里长，拉沙子抬石挑土方。

　　呼兰县修到海伦北，修完路面还要打夯。

　　工期限定在九月九，上老冻没法把活扛。

[电驴子转弯发出吱扭扭突突的声音。张家管家竹三爷自滨江而归。由拱门风尘仆仆上。

杨雅兰　竹三爷，你这么快就回来啦？不是订好和廼莹一块儿回来吗？廼莹她怎么样啦？闹学潮了吗？也受了伤？

竹三爷　廼莹娘 ——

（唱）

　　你听我说，且莫慌。我上南岗，下滨江；

　　道里道外跑了七八趟，好容易找到那女学堂。

　　这时节 —— 受伤学生躺在担架上，

　　那时节 —— 绝食罢课还真闹得狂。

　　包围了日本总领事馆，见着了日本娘们就喊：

　　你他妈的快滚回东洋！

　　警察抱着水龙头，又呲水来又鸣枪。

杨雅兰　那廼莹她呢？她到底怎么样啦？

竹三爷（唱）

　　学生冲向警察署，

杨雅兰　那警察呢？

竹三爷　（唱）

　　打了好几梭子连珠枪！

杨雅兰　糟啦，廼莹她？

竹三爷　（唱）

　　廼莹被踢倒在阳沟里，外围的学生都受了伤。

杨雅兰　阿弥陀佛，老祖宗保佑！老杨，快烧一炷香啊！那廼莹啥时候回家？你见过她啦？

竹三爷　秀珂说今天下午在滨江站，他们姐弟一块儿坐火车回家。

杨雅兰　秀珂？秀珂也在哈尔滨？秀珂不是在齐齐哈尔上学吗？

〔竹三爷转向城关护路队长高麻子。

竹三爷　老高，你来——是不是咱东家那台车又出事啦？

高麻子　是啊，你咋知道？

竹三爷　我在车站上碰见了小学侯老师，听说王二老板子，他疯了。

杨雅兰　王二老板子？他怎么好模样地疯啦？

高麻子　他上山下坡一车石头滚下来，把老胡的马腿给压折了。老胡把他打了，你家那台车也被老胡扣了。老胡要从你家要他一年的工钱，再加上那台车，包赔他家一匹菊花青大辕马。那可是呼兰县里的千里驹啊！

杨雅兰　一年的工钱？一个劳计，一年的工钱还不够他一条马腿！这不是坑人吗！唉，连车也拐带上啦！没有车，这些个地，那往后的日子可怎么拉呀，竹三爷！

〔竹三爷、杨雅兰和众人都陷入沉思。高麻子起身。

高麻子　上回是警署的命令。你说跟老胡合伙，你出人出车他老胡出马，我就依了你，可结果竟是这样！这回是辛大人的命令。你跟老胡要各出各的，耽误了一天修公路扣你五块现大洋。辛大人是在共荣协约上跟日本人签了字的，我老高是无能为力啦，这回！

〔高麻子面对观众，嬉皮笑脸，装腔作势，一甩袖子，主仆二人下。竹三爷脸色苍白，汗虚脱出两颊。

杨雅兰　竹三爷，非去请辛大人不可啦，别人恐怕是帮不上这个忙！

[竹三爷明白杨雅兰的意思，急忙尾随高麻子主仆二人，追下。

竹三爷　老高，你等等，高队长，我有话跟你讲！

[唢呐声声。黄继声从拱门外下车。四只彩礼箱子被两个从人挑着，一主二仆大模大样地走进张家东大院。

[群童闻声而至。两个工人接了彩礼箱子，杨雅兰亲自把黄家客人让入内室。

[张家客厅：红木桌椅，白玉瓷瓶，线装书满架。佛龛香烟缭绕。红木桌上是一部《康熙字典》，一部《日汉辞典》。壁上一幅：新雨客疏尘锁几，故山秋澹树藏楼。

[先期而至于张家的那一主一仆是受黄家所托前来说亲的媒人，呼兰县教育署肖科长和一个办事孙科员，他们已在客厅落座，一个看书，一个品茶，见黄继声来便与寒暄。

孙科员　黄老先生，你家思田若娶了逎莹那可是骑马坐轿修来的福啊。在本科档案馆里现今还保留着逎莹的一幅西洋画，叫做《四望亭风光》，那是她高小美术课的毕业作品，拿了全呼兰县头一名。

　　（唱）

　　四望亭边野草香，四望亭上点春阳。

　　四望亭中少年立，翻飞语燕课书忙。

黄继声　肖科长，好哇，好。能以家乡名胜入画，且又赋以新意，才女，才女！看来，当初是应该叫逎莹专攻西画的呀。

肖科长　黄老先生，思田他还在家读书吗？

黄继声　（唱）

　　似我辈乃一介赳赳武夫，有什么好经典可供他读；

　　十三篇也用不上半个月，即可头头是道滚瓜烂熟。

　　家兄为他谋了一份差事，叫他一面修养一面教书。

家兄来信说，要他下一个月到哈尔滨的一个叫三育的小学里去教日语。你们也开设日语课吗？日语教员是这么的奇缺吗？

肖科长　（唱）

　　教育署奉旨下达开设日语计划，许多教员思想上还是疙疙瘩瘩。

　　本学期开始实行双语教学制度，无论你开口闭口得先讲日本话。

黄继声　听马司令说张大麻子已经坐火车把溥仪从天津接到了长春，又坐轮船把溥仪送到了日本，回来就宣布由郑孝胥组阁，成立满洲国呢。好啦，莫谈国事，只谈亲事。你们二位也并非外人，说句实在的——

（唱）

今日里恳请二位到来，只想给廷举做个光彩。

其实这张黄两家亲事，辛大人已经早作安排。

肖科长 黄老先生，这我们都知道，我们知道。

孙科员 辛大人原是您的老部下，哪里用得着我们这些人小蒜似的忙前忙后呢。

［幕内舞台由内室返回院中外景。张廷举由人力车走下，走进卧室；又由卧室出，与妻杨雅兰商量着。

［一阵旋风，上天下地卷过张家大院，叫人凄厉。群童作歌：

旋风旋风你是鬼，三把镰刀砍你腿。

旋风旋风你是鬼，三把镰刀砍你腿。

［杨雅兰把群童吆喝回西大院，歌谣渐息。

杨雅兰 廷举，这亲事无论如何也得应承下来啦，要不然，咱这马也包他不起啊！

张廷举 可在这个时候，也得莅莹在家啊，争取她同意！

杨雅兰 我看思田跟莅莹人也相当的；再说，黄家也是上赶着咱呢！

［二凤啼哭上。二凤扑向杨雅兰。

二凤 张家大娘，我娘要生啦！

杨雅兰 你娘！王二嫂，她？

二凤 我娘要生啦！我娘，还说我爹他——

（唱）

三天来未进一粒饭，两夜里未眨一双眼；

口里不停地说着马，手里一劲儿卷着烟。

钻进老胡家草垛里，竟把自个儿给点燃。

爹呀，我爹他烧死啦！张家大娘，咋这么惨啊！

张廷举 雅兰，竹三爷，有二哥！你们人呢？都还愣着干啥，都快去看一下呀！

［竹三爷、杨雅兰、有二伯急急忙忙下。

［萧红之弟秀珂一个人悄悄走进家门。

张廷举　秀珂，你怎么回来了？

秀珂　父亲大人！

　　（唱）

　　竹三爷走后我好意相劝，怎奈姐姐她竟不进一言。

　　她说这是咱爹他的女婿，与我张廼莹是毫不相干。

张廷举　那你到哈尔滨去干什么？

秀珂　（唱）

　　那齐齐哈尔学生联合会，叫我们到哈尔滨去增援。

张廷举　整个公学堂都闹学潮了？你也游行去了！—— 廼莹呢？

秀珂　（呈信）廼莹叫我给父亲大人呈上一封信，父亲大人！

张廷举　（接信）那廼莹，廼莹她为何不回来见我？

秀珂　廼莹她 —— 她她，她出走了。

张廷举　出走了？跟谁？上哪出走啦？

秀珂　跟她那个同学 ——

张廷举　唉，上北京啦？又是她那个同学。

秀珂　父亲大人，那还要我去找她吗？

张廷举　（唱）

　　公学堂已把我百般牵挂，私出走更令人难启齿牙。

　　女孩家做什么无天无法，大丈夫岂不知有国有家？

廼莹，你明明知道，你却忍心眼看着就这样地不帮助我拯救这个家业吗？小
廼莹，好狠心啊！

杨雅兰　廷举，还寻思啥？不能驳了辛大人的面子！

［竹三爷、杨雅兰、有二伯上。三人呆若木鸡地面对廷举，半晌无一言以出。

有二伯　少东家，王二嫂子也难产 —— 走了。

竹三爷　咳！偏偏竟然在这个时候，谬种，唉！谬种。

杨雅兰　一家人还都停在西大院伙计房里，这可咋整啊，廷举？

［张廷举手中那封书信飘然落地。

张廷举　廼莹啊！雅兰，也只能这样啦！

（唱）

都道是耕读传家，俺只图无牵无挂。

似这般凄凄惨惨，说什么富贵年华。

竹三爷　少东家，冲冲喜吧——宣布我大门张家与黄家订亲！我明儿个就上北京，我会劝说廼莹，把她找还回来的。

杨雅兰　把思田和秀珂也带着。

张廷举　把后仓打开，看看先放几石谷子，你们分头去处理后事。——可别怠慢了客人！

杨雅兰　廼莹？你要是不应允这门亲事，我就开除你的族籍！

张廷举　来人，叫吹鼓手！宣布订亲！

[唢呐声声，渐吹渐息。继之是二凤的声音：

老鸹老鸹你打场，三年给你二斗粮。

老鸹老鸹你打场，三年给你二斗粮。

第二幕　东　来

[事略]　廼莹不依父母之命、媒妁之言，决定婚姻自主，在报上发表声明与黄家解除婚约。其父以开除廼莹族籍并断绝求学费用相要挟，廼莹与一学长即表哥同时也是心仪已久的学生运动领袖陆生双双逃回北京。廼莹本欲以身相许，结果发现陆已有妻室，廼莹尴尬流落街头。值此两难之际，思田赶至北京，把廼莹带回哈尔滨。而黄家闻此反以行为不端为由拒绝亲事，思田租借旅馆与廼莹同居。廼莹怀孕临产，思田失业，两人欠旅馆半年房租和伙食。思田先把廼莹作为人质押在旅馆，后同意旅馆把廼莹卖掉以偿还债务，即弃之而逃。廼莹遂向先前发表声明的报馆编辑萧军求救，在茶房帮助之下逃离旅馆。

[时间]　公元一九三二年之夏，正是松花江连续发大洪水的季节。

[地点]　哈尔滨。道外景阳街。东来顺旅馆。

[人 物]

萧红　二十一岁。因为逃婚而失学，一面复习功课，一面开始尝试诗歌和散文创作，使用笔名悄吟。此时已经显怀，体质虚弱，行动不便。

黄思田　二十四岁。萧红之未婚夫。因为所在学校得知其在校外与萧红同居而被开除。

萧军　二十五岁。哈尔滨报馆编辑。与萧红有创作上的书信来往。

茶房　五十五岁。东来顺旅馆雇工。喜欢文学，在此事件中因为搭救萧红而被解雇。

米耶尼斯潘　三十岁。俄国人。此时为东来顺旅馆女招待，后改做欧罗巴旅馆茶房。

旅馆杂务以及船公等若干人。

[背景]　松花江。可以看见浩浩江水和偶然过往的船只。

[远景]　大雨。道外景阳街。新建的洋楼和低矮破旧的普通民居；买卖，行人和有轨电车。

[近景]　东来顺旅馆。萧红他们所住的靠近角落的一零九房间。黑暗而潮湿，约略可以看见桌子、椅子和床，还有餐具以及书本。

〔萧红独立于房间之一隅。一手握卷，一手支撑着腰部，在踱着步。

〔米耶尼斯潘上。

米耶尼斯潘　这事情还真有点儿棘手，尽管她是一个逃婚的，可不一定就是卖唱的；她如若不从，我这差事也就玩完了。

（唱）

老板给我一件差事，要我说服这小妮子。

把个身儿卖与歌妓，好还他房租和伙食。

一个男人不能自立，拐了老婆还要遗弃。

你们中国真有意思，私奔离异成了风气。

女生登报解除婚约，男生有家另寻欢喜。

还说什么——

反封建从家庭开始！闹了半圈依旧原地。

追求时髦却无生计，反倒成了社会问题。

大学生，思想通了？通了那就好。这是我给你们母子的一点心意 —— 一袋日本人配给的代乳粉。没有吃的是不行的，这个时候，你。

萧红 潘，你怎么变了另一个人似的，你原先不是很赞成我们中国的新文化运动吗？这的确是一个社会问题，可如果没有这样的社会大变革，那封建礼教还会被打破的吗？

米耶尼斯潘 打破？你们真是读书人，聪明反被聪明误。只怕被打破的是你们自己呀！

萧红 打破的是我们自己也好，那就还全中国人大家一个自由平等的家呀！

米耶尼斯潘 大学生，今天你可要有一些思想准备呦！我说白了，就是你要赎身，只有跟我一样去道里那个什么地方做三年五载的那种事；我知道，这在你们中国那还是一件很不十分体面的勾当。

萧红 多少钱？潘，说吧，不就是女招待吗？

米耶尼斯潘 还是大学生，痛快！大学生大学生的价钱，一点都不少，两千块，一年！除了还欠旅馆老板的房租和伙食，还略略有余呢。来，签个契约吧。

萧红 潘，哈哈哈！你听我说！那是万万不可能的事情 ——

（唱）

思田他绝对不是那种薄情汉，一定会回来偿还你伙食房钱。

当我展转北京街头走投无靠，是他亲送毛衣一路嘘暖问寒。

为了我他一面读书一面工作，竟屈就日本人所开办的校园。

为了我他红叶题诗倾心肺腑，还说等到有了生计再把家安。

为了我他甘心情愿忍饥挨饿，竟已是多次背着我面包蘸盐。

我怎么会爽约卖身弃他而去，再叫人来指指点点风语风言。

米耶尼斯潘 不要做梦了，大学生 ——

（唱）

你第一次已经被人骗，这一回可要把握正端。

尽管他没有妻室家小，可他父母早拒送房钱。

你死乞白赖住人旅馆，这高台债叫你脱身难。

不幸他又被学校除名，说有伤风化违背尊严。

萧红　你说什么，潘？除名了？思田他不是说上三育小学上课去的吗？

米耶尼斯潘　大学生，那都是他们男人的谎言。

萧红　是真的，潘？那我可得咋办啊？潘！

米耶尼斯潘　这是他叫我交给你的——情诗——挺珍贵的，保管起来吧，留着将来孩子大了，好看一看。

［幕后缓缓地朗诵：

　　你美丽的栽花姑娘，弄得两手污泥不嫌脏吗？

　　任凭你怎样的栽，也怕栽不出一株相思的树来。

　　去年的五月，正是我在北平吃青杏的时候；

　　今年的五月，我生活的痛苦，真有如青杏般的滋味！

米耶尼斯潘　大学生，还有一纸文书得交给你。

萧红　还有什么文书得交给我？思田他为什么不回来，我这样一副身子？潘！

米耶尼斯潘　我以一个女人的身份告诫你，为了你肚子里的娃，你无论如何也要活下去。其实，像你这样整天地躲在暗室里，怕人家笑话也于事无补，还不如做它一个逆来顺受，顺水推船。大学生，这是你的——你的——卖身契，正是你的思田他把你——卖掉了。

［米耶尼斯潘把思田写的以廼莹卖身偿还所欠房租的卖身契交给萧红。萧红看卖身契，天旋地转；复又大笑不止。

米耶尼斯潘　我不明白，你们这里的男人为什么这样恪守礼仪却又不讲道义。你好好考虑考虑，店主说还有几天的限期，还来得及，好嘛。我们明天这个时候再见——屋子里很潮，这个鬼天气——松花江又开始涨水了。宝贝！

［米耶尼斯潘见萧红很冷静，放心地下。

萧红　天作孽，犹可说；人作孽，岂可活！

［萧红把一沓情诗一口口嚼碎，开始呕吐；又把卖身契撕碎而咆哮。

萧红　把我当做人质，你却溜了；把我卖了，还他房钱。多么坦荡的无耻之极！天啊，这难道真的就是他们所说的我们这些人在作戏给人看吗？作戏！——哈哈哈——那我就死给你看，思田！

　　（唱）

　　都道是解放个性，俺只为困锁牢笼？

　　说什么莺歌燕语，做什么海誓山盟！

为房钱把我押下，你独自只顾逃生。

一个分明的李甲，一个好端的张生！

你全不念——

这一年三百六十日，你全不念这儿女终生。

我最初只为逃离你，才辗转来到北京城。

谁料想北京街头好生尴尬，我心中的白马王子，却竟然是有妇之夫，不忍心眼看他一双儿女泪眼盈盈，命运却再次把我轮回到你怀中！

你全不念我这悔悟，你全不念我这课功；

你全不念我这努力，你全不念我这一往深情；

你全不念这狐鼠窝中的欢快，你全不念这尽遭白眼的抗争！

你你你，你你你——

到头来你反把我丢弃在此，这潮湿湿黑蒙蒙的东来顺啊，

让我暴露在这过客里，让我担负在这妊娠中；

让我在这暴雨如注之下，何处过活何处安生！

〔窗外雷电。照着萧红苍白的脸和纷披的黑发。

〔萧红欲把门反锁上自尽。

〔茶房上，把门推开。

茶房　该用早茶啦，客人！

〔萧红似羞愧状，猛然觉醒。

萧红　大爷，你看见思田啦，大爷？

茶房　思田？——哦，看见了，看见了！天下雨道滑，待会儿就回来啦。

萧红　大爷，今儿个有一点代乳粉，就不用早茶啦！多谢你了。

茶房　孩子，这般的苦命。这一年来的光景，有些事情我都看在眼里、记在心中。实不相瞒，我也是个文学爱好者，也有叙事也有抒情；可这年月连吃都吃不上溜儿，家不像家，国不像国，哪还有心情捅咕那个玩意。不过，你在《商报》上写的那些诗，我倒觉得很有意境，我都一首不落地剪辑下来，怕是你自己有的也都丢掉了。今天我特意来把它归还于你。（把诗递给萧红）孩子！

（唱）

我把诗还你另有原因，你临盆身叫大爷生怜。

谁家没有兄弟并姐妹，岂能见死不救枉为人！

奉还诗作为唤你生路，借送茶为指点你迷津。

窗外运劈柴有船系缆，你可有亲朋我通讯音。

三十六计走才能活运，年轻轻岂可自擅离群？

萧红 大爷，那就请给我捎一封书信的吧，有劳您老啦。

茶房 孩子，我一定送到 —— 是给报馆的，对吧？

〔萧红点头，把书信写好，交给茶房。

〔茶房下。

〔思田低着头，面如土色，行径猥琐上。

〔萧红先是惊愕，后即镇定。

萧红 思田，房钱可有着落？难得这么大雨你还能够跑回来！

思田 迺莹，我是怕你出事，我才赶回来；否则，我一生中都会寝食不安的。

（唱）

我把你押下实属无奈，家有严父外又逼租债。

从此后定要好生快活，忘记过去且放眼未来。

迺莹，道里那边我已经托人讲好条件，他们允许你先把孩子生下来，再……再……

萧红 思田，你说啥！再，再什么？！

〔思田给萧红下跪。

萧红 思田，再，再为你卖身还债！

〔萧红欲给思田一记耳光，可身已不由自己，一阵痉挛。半天，萧红点了一支香烟，吸烟。

萧红 思田！你滚，你放心地滚吧。我不会死的，我即使死了，那也是天理报应，也决定赖不着你们黄家的。我还要去道里那地方去看看，他们到底有什么不体面，竟然如此地叫咱们中国的男人既喜欢而又讨厌。滚！你滚 ——

〔思田起身，欲言又止，看看外面大雨，神色萎靡，狼狈下。

〔萧军拿一封萧红的求救信上。萧军不知道萧红具体情况，只与萧红通过信，改过文稿，也从来没有与萧红见过面。

〔黑暗潮湿发霉的旅馆房间里，就像一个洞窟，突然闪露出萧红煞白的脸和散落在肩膀上的头发，就如同电影的特写镜头那样令人震撼。似曾相识，看到此时的萧红，萧军为之落泪了。

萧军　悄吟，在我眼前 ——

（唱）

看见的分明是我多年的妻，在梦中向我一步步地游移。

而我绝对是有妻室的外人，此时此刻对她该如何处置？

萧红　三郎，不要犹豫了，把我带走，三郎！

（唱）

茶房有船舷，系于檐下边。

劈柴才装满，趁水好行船。

萧军　廼莹，不忙。雨太大，暂时是不能开船的。你这样子如何走得动？等我返回报馆里，马上再叫两个同人来，一起搭救你啊！

〔萧军下。

〔茶房手持一具蓑衣上。茶房把蓑衣给萧红披在身上。

茶房　这是我家的一件旧蓑衣，作个纪念吧 —— 你是不能再淋雨的呀！我已经与船公说明，你只管上船，等船开出道外，再等他们报馆的人来接应你不迟。

萧红　那你呢，大爷？

茶房　不必多虑。我不要紧，顶多的是落得一个被人解雇罢了。事不宜迟，要快点儿起身。走吧，快走吧，才女！也送你一首我喜欢的诗 ——

（唱）

种种从前，都成今我；

莫更思量，更莫哀。

从今后，要怎么收获，就怎么栽。

〔道外一片汪洋。萧红上船，船公开船，茶房挥手致意。

第三幕　商　市

〔事略〕　廼莹乘松花江哈尔滨道外大水搭运柴船逃出险境，不久产一女，因付不起产费即把女婴交给了产院；开始与萧军一起生活。一九三三年与萧军合著小说散文集《跋涉》自费出版，因含反满情绪被查封销毁。一九三四年日本加紧对东北三省控制，在恐怖中，与萧军离开哈尔滨开始流亡生活。此为离哈往青岛之前事。

[**时间**]　一九三三年十二月一个冬雪的早晨。

[**地点**]　哈尔滨商市街副二十五号，萧红与萧军寓所。

[人 物]

萧红　二十二岁。随丈夫萧军离开欧罗巴旅馆搬到一家大杂院闲房子里——商市街副二十五号，这就是他们的家。萧红一边在长春《大同报》副刊发表散文和短篇小说，一边为自己为萧军抄写文稿，一边构思起草反映沦陷区人民苦难生活和奋起抗争的长篇小说《生死场》。始用笔名悄吟。

萧军　二十六岁。原名刘蔚天，又名刘军、田军；辽宁省义县人。萧红丈夫。《大同报》撰稿人和组稿人。一边做家庭教师，一边从事创作，现正在修改与萧红同一题材的长篇小说《八月的乡村》。始用笔名田军。以用家教费用抵销房租费用的办法带萧红住进这所家长的闲房子里。

张秀珂　二十一岁。萧红之弟。由齐齐哈尔转到哈尔滨一所大学预科班读书。

白素芹　二十三岁。萧红女中同学，原为进步青年，现已做了一个富商的太太。

有二伯　五十六岁。随张家送烤烟的爬犁到哈尔滨与萧红见面。

二凤　十岁。马腿事件王二嫂一家家破人亡，二凤沦为乞丐。有二伯在哈尔滨街头认出二凤，带至萧红家。

赖福子　十岁。原名赖大顺。父亲是买卖人，五十岁时生福子，福子上小学二年级时，请萧军做武术和文化家庭教师。

米耶尼斯潘　三十多岁。此时为欧罗巴旅馆茶房。

警察、便衣，大杂院居民、邮差等若干人。

[**背景**]　冬季来临的东北松嫩平原：覆雪的城镇、乡村和铁路；铁路沿线日本的堡垒；树，沉重的雾凇，酷寒。

[**远景**]　伪满洲国的哈尔滨城：有轨电车哐啷哐啷地爬撞着，欧罗巴建筑堆挤着，到处涂抹的日本"仁丹"广告和俄罗斯酸列巴招牌逼视着；惟有钟楼上的铜铃冻结了，凝固了。一切都充满着沦陷区的气味了。

[**近景**]　萧红寓所：左一铁床，一床头柜；柜上有书。右一桌，有墨水瓶和

瓶中插着的蘸水钢笔；有带玻璃罩子的煤油灯；没有文稿和时钟。墙上有《东北富源图》。地中有一铁炉子取暖，铁炉子上有一洋铁壶。窗子上有冰花。室内光钱还算明亮，空间还比较宽敞。

〔萧军教赖福子练武。萧军以剑舞。赖福子接剑。

萧军　福子，练武要用心啊！

赖福子　老师，你不是答应我不再叫我小名吗？我有大名啊！

萧军　好。福子，从今天起我就叫你赖大顺。大顺啊——

　　（唱）

　　十八兵器可精通，运气凝神力转功。

　　养我天地浩然志，且把善恶握手中。

〔赖福子收剑。萧军将剑装入纸筒，放入床下。

赖福子　老师，该背书了吧？

萧军　该背书啦。背第四课《国防歌》。大顺，还要老师先背吗？

赖福子　不用。老师你听我道来——

　　（唱）

　　防我国兮卫我家，同心协力义堪夸。

　　妇人女子齐活跃，愿做服务铳后花。

　　防我国兮献我身，国如磐石运日新。

　　合成三千万民力，砥柱狂澜靖边尘。

〔萧军看墙上《东北富源图》。指认大辽河，自言自语。

萧军　我曾经答应廼莹——我要买一头毛驴，垫上一床花被，再给廼莹系上一条绸子，把廼莹抱上毛驴，让她做一回新媳妇，咣唧咣唧，回我大辽河的家去。廼莹啊——

　　（唱）

　　望窗外，雪纷飞；廼莹出外尚未回。

　　天色奇寒恶犬吠，办好事情要早归。

赖福子　老师，师母买列巴去啦，马上就会回来的；是白俄开的那家酸列巴店，在地段街那边，我妈妈还带我去过呢。

萧军　好，大顺，今天的课也该到此结束了，我送你回家。我还有事。

〔萧军带赖大顺推开门，转入东家大墙隔着的正院，下。

〔萧红与其弟张秀珂上。萧红把烧开的壶水倒入茶杯，把列巴放在茶盘中，让秀珂用早点。秀珂给廼莹点烟。

张秀珂　廼莹姐，抽一支咱满洲国特产剑牌香烟。姐，你让我找的好苦呀！

萧红　秀珂，一晃三年啦，咱家都好吧？娘又生个小弟弟了？

张秀珂　廼莹姐啊！

（唱）

天上有太阳，地上有家乡。

长期流亡外，有时也淡忘。

一旦见亲人，久久犯思量。

廼莹姐，你还恨我吗？当初我没有去北京救助你？

萧红　恨你？秀珂，还提它作啥，都是过去的事啦！

张秀珂　廼莹姐，你是如何逃出东来顺旅馆的？

萧红　秀珂，想起来真叫人后怕呀！

（唱）

思田他把我带到旅馆，用作人质押半年房钱。

半年后他却独自逃走，困在旅馆我度日如年。

幸有老茶房好心搭救，趁着那道外发大洪水 ——

我才搭上运劈柴木船。

张秀珂　廼莹姐，那后来呢？我可以问一问吗，如果你不伤心的话？

萧红　秀珂，命也夫！

（唱）

女婴一生下来，就未能够见面；

因付不起产费，便交给了产院。

张秀珂　这个姐夫他人好吗？

萧红　好。好？——他正在写给他现在的爱人的诗呢！我对他们这些人已经有些麻木不仁了。秀珂啊！

（唱）

昨夜他又写了一首诗，我也写了一首诗。

他是写给他新的情人的，我是写给我悲哀的心。

不过，这指路的大恩大德，我是没齿不能忘啊！我要写我个人的不幸，是他指引我写家乡的苦痛；我要写我个人的生活，是他教导我写民族的抗争。这比起个人的恩怨又算得了什么，秀珂啊！

（唱）

八月乡村生死场，水深火热何凄惶！

老胡媳妇二里半，翠姨王婆黄子良；

小哑巴与有二伯，生的挣扎死坚强。

如在眼前在胸膛！

一支纤笔谁与似？百万红军百万枪！

秀珂，从现在开始，我们的笔名就决定，一个就叫做萧红，一个就叫做萧军——取小小红军之意啊！

张秀珂　廼莹姐，这可不是闹着玩的，小声！昨天，我的一个同学就为此给他们抓走了——还打算在这儿住多久，你，廼莹姐？

萧红　好像也住不多久，我恐怕就要奔波不息地这样生活一辈子啦。

（唱）

我们挣回几个钱，即筹集自费出版。

书名就叫做跋涉，却惹来张长李短。

检查说格调低沉，结论是抗日反满。

上半年已遭查封，他还待警方拘传。

张秀珂　廼莹姐，不要写啦——每天还要为他抄稿子吗？

萧红　是的，为他抄一些稿子。这是我甘心情愿作为报答，否则，就太自私自利了。

张秀珂　廼莹姐，先可以往关内避避风头再作计议啊。

萧红　秀珂，你不明白——

（唱）

一个人在沙漠上行走，这就决定他不能回头。

我们有两个长篇在手，完成后才可投奔胶州。

秀珂，吃一点列巴吧，这是盐，这是开水，都烧好了。

[有人打门声。萧红让秀珂开门。一个白俄女人——似先前萧红他们住过的旅店欧罗巴的茶房，用手指着商市街门牌副二十五号，一闪不见了，跟着就

上来一个警察和两个便衣。

警察 户主！户主叫刘军吗？

萧红 干什么？叫刘军，又没犯法。

便衣甲 有良民证吗？

〔萧红、秀珂出示良民证。便衣乙验证。

便衣乙 张秀珂，哈尔滨工业大学预科 —— 张廼莹北京女子师范大学预科，都是大学生啊。那刘军他哪去啦？

萧红 他工作去啦。

警察 你家有枪吗？

萧红 老总，怎么能跟我们小小老百姓开这种大大玩笑，枪是老总才使的。我这里只有这一堆破瓶烂罐针头线脑儿的，其他一无所有。

警察 我岂能听你胡言 ——

（唱）

你们从前住在欧罗巴旅馆，那个茶房叫做米耶尼斯潘。

她说你们养了一支大盖枪，装在纸筒里头藏在床下边。

搜！

〔警察三人从床下拉出纸筒抽出的不是大盖枪，而是一把剑。

警察 这是什么，送给义勇军的吧！交给日本宪兵你们就没命了。说，这是干什么的！

〔秀珂挡在萧红面前，萧红推开秀珂，上前。

萧红 老总 ——

（唱）

我们两个人都失业，已经无法维持生活。

我先生他权作家教，一面习武一面教学。

〔赖福子从隔墙角门上。赖福子的声音："这是我师傅教我习武的宝剑，是我家祖传的。"

便衣甲 噢？这是皮货店赖三爷家的大顺啊！赖少爷，原来刘军就是你的家庭教师？

警察 把剑带走！便宜你们一把，看在咱们都是中国人的面子上。交给日本宪兵那可不是闹着玩呀！

［警察三人下，赖福子的声音："谁让你们把我家宝剑拿走，谁让你们……"

［有二伯带二凤上。

萧红　是有二大爷！你是怎么找到这儿来的，有二大爷？

有二伯　秀珂？你们姐俩儿都在？真是天意，让咱们爷儿仨儿今生还能见一面。

［萧红让坐，倒茶。嘘寒问暖。

有二伯　迺莹啊！

（唱）

我坐爬犁过江送烤烟，我碰见白素芹你同班。

她说你住商市街不远，我一拐弯咱就碰了面。

这真是——

踏破铁鞋无处找，得来全不费金钱。

萧红　有二大爷，这孩子是谁呀！

有二伯　这孩子是王二嫂家的二凤，父母双失，没人收养就给丢了。我碰见白素芹的时候，我发现白素芹正在喂她一块列巴。我进前一瞧，这不是二凤吗？我说我一定要把你领回咱呼兰县。

［萧红把列巴分给二凤，为二凤洗脸，把皮帽子从衣架上摘下，从柳条箱里翻出一件锦袄，给二凤换好。

萧红　有二大爷，就把她留在我这儿吧。

有二伯　咱家大业大，也不差一个孩子吃的！你瞧你那一张床，睡一个人都不宽余，还说收留什么二凤！白素芹要我都没给她呀！白素芹这下子可阔气了，又嫁给一个富商，做太太了。

萧红　有二大爷，知道了，我们一直是好朋友啊！

有二伯　荣子——

（唱）

我给你带来几块银圆，这是我一生口挪肚攒。

我来报答你那份恩情，否则早被赶出张家院。

萧红　有二大爷，还提它作啥！都快二十年啦。

有二伯　可不是咋的啊！

（唱）

我饿急了偷两个馒头烤，你妈妈她发现不依不饶。

你说是你偷让我给你烤，这才躲过一顿痛打痛敲。

谁成想你妈妈追根问底，致使你在树上蹲到深宵。

廼莹，我得走了，还得回去交账。——常给家里来信哩！

〔萧红、秀珂与有二伯紧紧相握。有二伯把银圆推给秀珂，带二凤挥泪而下。

〔寂静。秀珂起身。

张秀珂　廼莹姐，这是我的通讯地址，还有一盒没打盒的剑牌香烟，连同这二十五元钱，也都给你留下。我还有课。我会常来看你。

张秀珂　姐啊——

（唱）

上街时天气冷，要多衣裳。

吃饭时须热烫，免得受凉。

平日里要写信，好解愁肠。

日后让我再拜见咱张家乘龙快婿吧。

〔秀珂急急忙忙下。白素芹上。

萧红　说曹操，曹操就到。素芹，白小姐，你在哪儿碰见有二大爷和二凤他们啦！

白素芹　廼莹！祝贺你，《商报》副刊给你发了一个专号呢！

（缓诵）

那边清溪唱着，这边树叶绿了。

姑娘啊！春天到了。

红红的枫叶，是送给我的！都叫我不留意丢掉了。

若知道这般离别的滋味，恨不早早地把它写上几句离别的诗。

萧红　素芹，说正经的吧，你是在哪儿看见他们的？

白素芹　廼莹，我本想把二凤收下，我家养得起的，我先生非常想要一个女孩儿。可二凤就是抓住有二大爷不放，要回呼兰，说是走丢了。在景阳街那块儿见到的。这是我陪嫁钱，廼莹，不多不少，二百元。够你上青岛了吧。走吧，走出这人间地狱。

萧红　素芹，你还是那样急性子的。我们可能还要去上海，我已经给鲁迅先生写信了，我的那本《生死场》鲁迅先生连错字都给改正了，还说"麦"字没有草字头。

白素芹　廼莹，你真行！连鲁迅先生都很器重你。在中学时你就特别喜欢鲁迅先生的文章，背呀，抄呀，讲呀，这不真的快要和我们的偶像见面了。你不久也就成了大作家了。

萧红　素芹，再问你一件事：有了，还是没有？

白素芹　廼莹啊！

　　（缓诵）

　　什么是痛苦？说不出的痛苦最痛苦。

　　在北平我们咬着青杏，这哈尔滨已不是咬青杏的时候。

抽烟！廼莹，哈德门香烟，抽一支吧。

萧红　素芹，这钱我收下了。你陪我上一趟街，我要换一件新衣，给我也给他。

　　（唱）

　　我自幼就没有了妈，我现在更怕没有家。

　　我真不怕失去一切，我只怕再失去了他。

〔云日半开。

〔邮差把信送到萧红寓所信箱。

〔警笛的声音。警察的声音："传刘军，警察署传刘军！"打门的声音。皮鞋跟刺地的声音。尖叫的声音嘈杂在一起。

〔强光聚焦于商市街副二十五号。

〔萧军刚跨进院子，就被事先蹲坑儿的警察抓走了。

〔米耶尼斯潘匆匆而入。

〔萧红见米耶尼斯潘吓倒在床前，复坐起，猛醒。

萧红　潘，你也开始无耻起来，你！

米耶尼斯潘　大学生，你坐下，我有话跟你说。

萧红　你把我的刘还给我，要不然，我今天就要你的命！

米耶尼斯潘　大学生，我正是来把刘还给你的。

萧红　休饶舌！他人现在那里？你还是人吗！你你——

米耶尼斯潘　这无关紧要。大学生——

（唱）

我要回国回家乡，我早不干那一行。

出卖你是我妹妹，我来向你诉衷肠。

我是来向你谢罪的。我也要像你一样，去参加我们国家的革命！革命！

萧红 潘，在我还没有见到刘的时候，我是不会相信你的谎言的。

米耶尼斯潘 这不是谎言，绝对不是的。你看，这是我开的保票，请你拿它到我们的领事馆那里，再去警察署把你的刘接回来吧。就说他是那里的俄文书记员，赶快，否则就没命了。再见，宝贝儿！

〔米耶尼斯潘下。

萧红 潘，你你，你等一等，你这是为什么？为什么？潘——

米耶尼斯潘 为什么？什么都不为，就因为我们都是女人。

〔萧红与白素芹急下。

第四幕 行 饯

[事略] 萧红、萧军"九·一八"事变后流亡到上海，因一时找不到工作而求助于鲁迅先生。鲁迅先生一方面为二萧修改文稿，推荐刊物发表文章换取稿费；一方面把自己的版税借给二萧。二萧暂时在上海得以立足。而此时萧红却由于创作上的苦恼和与萧军感情上的纠葛，执意决定东渡日本再作计议。鲁迅先生一家只好为萧红饯行。

[时间] 公元一九三六年七月的一天雨后的下午。

[地点] 上海。大陆新村九号鲁迅先生寓所。

[人 物]

萧红 二十六岁。继一九三三年与萧军合著的散文、小说集《跋涉》自费出版后，一九三五年十二月在鲁迅先生斡旋之下长篇小说《生死场》出版。此后开始陆续在上海发表散文和小说。

萧军 三十岁。一九三五年八月，在鲁迅先生帮助下，长篇小说《八月的乡村》出版。此间在上海一面做编辑，一面继续从事写作。

鲁迅 五十六岁。原名周树人，字豫才；浙江省绍兴县人。一九一八年《狂人日记》在《新青年》上发表始用"鲁迅"的笔名。在北京任教育部佥事，北京大学、北京高等师范专科学校以及北京女子师范大学讲师、教授之职。一九二六年"三·一八"惨案，受到北洋军阀政府迫害离开北京，往厦门和广州。一九二七年"四·一五"事变，因营救被捕的学生无效而辞去广州中山大学职务。同年十月三日与许广平同往上海，专事创作与翻译。一九三零年三月二日出席中国左翼作家联盟成立大会，被选为执行委员，作《对于左翼作家联盟的意见》。一九三六年二月写信给中共中央，称红军长征是"中华民族解放史上光辉的一页"，并说"在你们身上寄托着人类和中国的将来"；同年三月肺病转剧，体重下降至三十七公斤；六月初为纪念瞿秋白牺牲一周年而编辑的瞿秋白译文集《海上述林》上卷署"诸夏怀霜社校印"出版；大约于此前后不久，即把收到陌生人转来方志敏同志的狱中文稿《可爱的中国》，欲托宋庆龄转中共中央，后拒绝宋庆龄等同仁所提出关于携眷往国外就医的恳请，十月十九日终因积劳之疾不治而病逝于上海寓所。此为逝世前之三个月事。鲁迅先生著作略。

许广平 三十九岁。笔名景宋，广东番禺人。北京女子师范大学毕业。鲁迅先生夫人。与鲁迅先生合著有《两地书》。

海婴 七岁。鲁迅先生与许广平所生之子。

阿三 四十九岁。鲁迅先生一家叫她岑妈妈，外人叫她阿三。上海普通女工，乡下人。鲁迅先生家的女佣。

周建人 四十九岁。字乔峰，笔名克士。浙江省绍兴县人。鲁迅先生之三弟。商务印书馆编辑。

王蕴如 三十七岁。浙江省上虞县人。鲁迅先生三弟周建人夫人。

阿菩 六岁。周建人与王蕴如所生之女。

许钦文 四十岁。浙江省绍兴县人。一九二零年在北京大学旁听鲁迅先生讲课。其短篇小说集《故乡》由鲁迅先生编入《乌合丛书》。一九三二年至一九三四年两次因受人牵连入狱，后经鲁迅先生托蔡元培先生设法营救获释。

黄源 三十二岁。字河清，浙江省海盐县人。翻译家。一九二七年鲁迅先生在上海劳动大学作《关于智识阶级》演讲即由他记录。一九三三年任《文学》月刊助编，一九三四年任鲁迅先生倡议出版的《译文》编辑。

丁玲　三十三岁。原名蒋炜，又名冰之；湖南省临澧县人。女作家，"左联"成员。一九三三年五月在上海被国民党逮捕，鲁迅先生参与营救，并在传闻其被害后作《悼丁君》。一九三六年逃离南京，赴陕北之前，写信给鲁迅先生表示感谢。

草明　二十四岁。原名吴绚文，广东省顺德县人。女作家，"左联"成员。一九三五年在上海被捕后曾得到鲁迅先生资助，次年出狱后致函鲁迅先生表示感谢。

小岛　大约四十岁。即小岛醉雨，日本人。中国文学研究者。

内山　五十二岁。即内山完造；鲁迅先生又称邬山生、邬其山生等，日本人。内山书店主人。鲁迅先生定居上海后因常往书店购书而相识，其后在上海的几次避难中都得到他的帮助，并代用该店作通讯和会客地点。著有《活中国的姿态》，由鲁迅先生作序。

内山夫人　四十四岁。即内山美喜，原姓井上，日本人。内山完造夫人。鲁迅先生病期间受内山之托，多次前来探视。

须藤　五十岁。即须藤五百三，日本退职军医。一九三三年在上海设立须藤医院，为内山书店医药顾问。一九三四年十一月起为鲁迅先生诊病至鲁迅先生逝世。

工人　收电费的。

[背景]　入夏。细雨蒙蒙的祖国河山。上海外滩；漫流的橙黄的江水，船桅丛集的码头，拖着尾烟飘着旗帜鸣着汽笛的轮船；鳞次栉比的洋房，高耸入云的海关钟楼，钟楼刚刚响过的钟声。

[远景]　上海地方民居。靶子场附近。隐约可见内山书店。

[近景]　大陆新村九号鲁迅先生寓所内：一楼为鲁迅先生工作室及卧室；二楼为海婴和保姆所居之所，也作会客的地方；三楼有一个临时可住人的亭子间。一楼当窗的一面是鲁迅先生的写字台，上陈设有文具、时钟和文稿；配有藤椅和竹躺椅。侧面是一架老式钢琴。角落设一台手摇式缝纫机。屋顶上头吊一只带伞的电灯。光线是明亮的，空间是开阔的，色调是和谐的。

[鲁迅先生夫人许广平正在用手摇缝纫机缝制被罩；作工熟练，表情坚毅。

许广平　岑妈妈，大先生出去带了伞啦吗？

[阿三手提礼品上。

阿三　太太，广平。你还不知道大先生的脾气嘛！他要带就带的，他不要带就不要带的。大先生说下午不会下雨，凉爽着呢。病刚好一点点，说走一脚跨出门去就走，头也不回的。

许广平　岑妈妈，好吧。好在内山书店也没有几步远；再说，即便是回来，他们也不会让他一个人淋了雨的。岑妈妈，有人来吗？有邮件吗？

阿三　你上街去送海婴的时候，有人来过。

许广平　是萧红吗？她会来得这么早吗？

阿三　不是——

　　（唱）

　　他自称言午许与太太同姓，从二马路跑过来看望先生。

　　送上一条他们金华的火腿，还有给先生注射用的药瓶。

　　他说还有一个下午的公务，于是留下一封信匆匆辞行。

许广平　是许寿裳许季黻先生吗？

阿三　不是，许季黻先生我认识的。比许季黻先生年纪要小一些的。

许广平　噢，那就是许钦文先生。不是金华人，是大先生他们绍兴老乡，好像一九二五年曾经在北大旁听过大先生的讲课，是前年大先生托蔡元培先生把他营救出来的。现在是一家杂志的校对。大概有四十岁吧。

[许广平撂下手中的作工，略略看过信封面的字迹，将信置于工作台上；继续工作。

[阿三把礼品送至厨房复返。

阿三　广平，自从大先生发热以来，大约也有两个月没有听到你弹琴了。

许广平　岑妈妈，是啊，我好像是已经有两个月没有弹琴了。岑妈妈，你还喜欢听吗？

阿三　喜欢，喜欢。

许广平　岑妈妈，那我就趁客人还没有来，给你弹一支曲子。岑妈妈，你会唱越剧吗？

阿三　唱什么越剧，还不是只会哼几句江南小调儿罢了，这时也早忘得光光了。

[许广平起身来到琴边，以手抚键，琴声由沉闷抑郁而激越起来。

许广平　岑妈妈，你知道哇，我与大先生，十年携手共艰危，以沫相濡亦可哀呀。岑妈妈，弹什么呢？我都有些忘了。

阿三　你随便喜欢什么，就弹什么吧。

许广平　那我就弹一段席勒的《欢乐颂》吧。

（唱）

从真理光芒四射的镜面上，欢乐对着造访者含笑相迎。

她给他指点着执迷的道路，领他到美德的险峻的山顶。

在阳光闪烁的信仰的山头，可以看到欢乐大旗的飘动。

即使是从裂开乌云的堆里，也见她站在天使合唱队中。

阿三　广平，自从海婴来了，我也就跟着在你们周家做工，一晃八个年头过去了，你们待我情同手足。那一年慈溪发了蝗虫，颗粒无收，是大先生叫你给我拿五十块钱回家，要不然我一家就得沿街乞讨了。广平，这么多年，有些事情我多少还是明白一些呀！

（唱）

若论世道风雨飘摇，惟大先生骨格奇高。

他对自己克勤克俭，待敌待友明如秋毫。

许广平　岑妈妈，我还要感谢你的，有多少回——

（唱）

云凶雨恶，夜凛风萧；

我一家避难客栈，你一人厮守倾巢。

怎忍心叫你——

夜半时恐狸妖人走，三更里惊怪树枭号。

岑妈妈，还有多少回大先生他——

病中坐起，奋臂挥毫。

我这边为海婴，困酣娇眼艰于侍坐；

你那里却为我替他，祛痰止喘捶背捶腰。

更无须说平日里，烧茶煮笋不尽辛劳。

许广平　岑妈妈，你看一下，好像有客人来，是萧红他们吧。

[阿三下，与黄源上；黄源手持一套《果戈理全集》。

许广平 啊，是黄先生；岑妈妈，你瞧我正忙，你替我沏杯茶吧。黄先生请坐，坐吧。

黄源 师母，这是《译文》杂志社转给大先生的版税，是六月份的，二十五元。师母——

（唱）

大先生年内要把果戈理译完，计划从下半年开始翻译残编。

弟子遵命搞到一部德文译本，现已专程献于师母您的尊前。

许广平 谢谢黄先生，黄先生谢谢。呦，是麻丝的那一种啊！这是大先生最喜欢的封面啦。

[许广平翻书看到价格，脱口而出："十八元啊！黄先生，这差不多是你一个月的工资呀。"

黄源 师母，怎敢忘——《关于智识阶级》那篇著名论断！

（唱）

那是一九二七年十月的一天，大先生往上海劳动大学讲演。

场内外挤满慕名而来的青年，为作记录者乃是我河清黄源。

此后便追随大先生从事译著，给读者绍介些外国名著名篇。

而常常苦于资本且艰于销路，是大先生节衣缩食支撑其间。

许广平 好吧，这版税我只能收十元，那十五元是付《果戈理全集》的；大先生说因为书价太巨，就这么办吧。黄先生待会儿可要早一点陪我们和萧红吃饭啊。

[黄源呈上一信，许广平看信。

黄源 师母，请你向大先生和萧红说明，这是我写给我朋友的一封信，她在长崎，他们自会照应。我有事要办，我先告辞，我会如约前来为萧红饯行。

许广平 河清，黄先生！等一等，你代我顺便把大先生他的邮件发出去。

[阿三送黄源拿邮件下。鲁迅先生三弟媳王蕴如提什物上。

许广平 蕴如，你不是替我去接海婴回家的吗？怎么你一个人回来啦？

王蕴如 大嫂！

（唱）

江堤边梧桐树上的风儿歇了，天空上乱云堆里的雨儿敛了。

我刚刚从外白渡来到幼稚园，萧红她早已等在那座花墙边。

　　她说一定要亲自接一回海婴，以兑现她跟海婴的一句戏言。

　　萧红她内具天资而外多勤勉，一边静候海婴一边奋笔诗篇。

　　因此上我这才提前打道回府，好让我家大娘子早来把心安。

许广平　蕴如，好吧，那你就先到厨房帮我择择菜吧，其他小东西好像都备了；省得客人多了，我和岑妈妈两个手忙脚乱的。

王蕴如　大嫂，你知道丁玲她还在，她和草明他们已经到那边去了吗？

许广平　我是刚刚代大先生给他们发过信的。

[有敲击房门的声音："看表，收电费的，看表！"岑妈妈带一个工人上。

工人　户主叫什么名字？

许广平　不是上一个月已经登过记的吗？姓许啊。

工人　喔，对不起，我是换班的。许景宋，大陆新村九号，许——景——宋。

许广平　看表？

工人　看表！六月份，电费九元四角。

许广平　又涨价啦，怎么？

工人　太太，我们是替买看吃，照规矩办事，没法子。你想印花已经涨到三块钱一张喽，还有不涨价的时候吗？

[许广平付过电费，岑妈妈带收电费工人下。

[海婴的声音："红姐姐到，妈妈开门！开门啊妈妈。"萧红一手拉海婴，一手擎一束巨大的广玉兰花；海婴手里拿着木棒玩具；内山夫人提礼品盒子和书籍，同上。

海婴　看魔棒呀，看魔棒，岑奶奶。

阿三　海婴！又是萧红姐姐买的吧？这东西放在海婴手里就活像一个巡捕；吓人的。海婴，跟岑妈妈上楼玩吧，下面还有客人来。

海婴　不，不！我今儿个和红姐姐玩，红姐姐说她要走了，走得很远很远。

许广平　ようこそいらっしゃいました。（欢迎，欢迎）

内山夫人　こんにちは。（您好）

萧红　师母，你看这支广玉兰插在这只茶瓶里漂亮不漂亮？是我献给大先生的。

许广平　漂亮。放在写字台上吧 —— お茶をどうぞ。（请喝茶）

内山夫人　ありがとうございます。（谢谢）

［萧红代许广平从内山夫人手中接过一包书，阿三从内山夫人手中接过礼品。

内山夫人　《チェーホフ全集》第十八册；《近世锦绘世相史》第八册，共两本。大先生要的。

［萧红看了看书转给许广平，然后带海婴翩然起舞地在客厅中转了一圈儿。

萧红　海婴，红姐姐要走了；红姐姐要走了……

海婴　红姐姐，说真的，日本离上海多远啊，坐火车吗？

萧红　坐轮船。就是外滩那样子的轮船。好大好大……其实日本并没有多远，还没有我家到上海远哩！

海婴　红姐姐，你家在哪儿呀！

［内山夫人转给许广平一个账单。

内山夫人　周太太，这是上一个月的书账，是大先生捎信儿一定要结算的；不过，这一月书店生意还好，内山君说不要还了。大先生发病以来他还没有买过什么礼物。

许广平　どうもありがとうございました。（太感谢您了）

内山夫人　いいえ，かまいません。（不，没关系）

许广平　内山夫人——

　　（唱）

　　扶桑诸夏两条根，患难由来见情真。

　　虎口回回说历险，幸有内山一家人。

内山夫人　那点小事，还劳您挂在嘴边。大先生病好了吗？那是小岛君送的水果罐头，他正在书店里写鲁迅先生，分不出身来——要把鲁迅先生介绍给日本青年；这边的苹果汽水是内山君的一点点心意。

许广平　噢？大先生到书店去看书啦，你来时他刚去。病好一点就坐不住的，抓起帽子就走。没办法。

内山夫人　失礼します。（请原谅，我要走了）

许广平　また来てください。（请再来）大先生回来时最好是叫他搭车。

内山夫人　はい，そうですね。（是，是啊）

［许广平送内山夫人下。

［萧红眼望窗外的花园。花园里有海婴种的几株玉米。萧红陷入沉思。

萧红　海婴，红姐姐家也有这样一座小小的花园。

许广平　海婴，别缠红姐姐，让妈妈陪红姐姐坐一会儿好吗？

海婴　红姐姐，你说呀，你家在哪儿？也有轮船吗？

〔萧红把幼稚园毕业奖状交给许广平。

萧红　师母，这是海婴在幼稚园一期毕业第一名奖状，我差点给忘了。海婴，红姐姐祝贺你呀！

　　（唱）

　　我家是在东北黑龙江，那里有平原也有山岗。

　　那里没有轮船和大海，那里有的是木头杂粮。

　　从上海到我家关河险，从上海到日本一苇航。

海婴啊！

　　我家的后花园里不种玉米，我们那儿玉米都种田野上。

　　我家花园里种的是扫帚梅，还有许多茇茇草和红姑娘。

　　到如今已整整十个年头，我还一直在外奔波流浪。

海婴　红姐姐，你从日本回来就回家吗？

许广平　岑妈妈呀，你带海婴到楼上玩玩好不好呢？海婴！

〔岑妈妈拉海婴上楼。海婴喊："我要爸爸打针的药瓶。你们有吗？"

〔萧红把一本手装诗集交给许广平。

萧红　师母——

　　（唱）

　　现在想来真是愧悔难当，当初我们的确幼稚荒唐。

　　不晓得大先生一直卧病，却在五次三番催促文章。

　　为他那凌河八月的乡村，为我这呼兰河的生死场；

　　给你一家平添许多麻烦，给大先生消耗许多时光。

许广平　大先生说，作为作家，萧红和萧军，萧红是最有希望的。萧红，只有努力为之啊！

萧红　师母，拜托了——真是个杨花雨打，柳絮风飘；从哈尔滨到青岛，从青岛到上海，除了一本短短的散文和一本小说，我仅存一本诗稿。师母，我回来我回不来，都请你代我保管吧。

〔许广平看萧红《自集诗稿》；读诗题目。

许广平　《钟楼上的铜铃》《春曲》《苦杯》，还有哇！一共三十六首。萧红，想不到你竟还是一位诗人啊！绝妙好诗，好诗！

（唱）

还没有走上沙漠，就忍着沙漠之渴。

那么，既已走上沙漠，又将怎样？

［远处传来钟楼上铜铃的声音或是驼铃的声音。

萧红　师母，那沙漠之上还是沙漠呀！请你放心啊 —— 为防那边对左翼作家的监视，我已下定决心不再提笔；我一定会潜心学习日文，归来为普罗效力呀！我深知 ——

（唱）

从异乡又奔向异国，这愿望是多么的渺茫！

而况送我的是海上的波浪。

［许广平继续翻萧红《自集诗稿》，读诗。

许广平　（缓诵）

走吧，还是走！

若生了流水一般的命运，为何又希求安息？

萧红　师母，我跟您打听一件事。

许广平　什么事？你说吧。

萧红　你知道丁玲他们的消息吗？

许广平　连续一个多月以来，因病转剧，大先生很少动笔，收发信件大都只能由我来做的。昨天有丁玲和草明的信，丁玲已到了那边，草明可能还在途中。两个人，一个是来信感谢大先生参与营救；一个是说要还钱的，当时我是给草明借了盘缠。就是这些。

萧红　师母，萧军让我问大先生，史沫特莱的那篇稿子还要吗？我已经带来了。

许广平　有关东北义勇军的事？

萧红　是啊，有关义勇军的事。

许广平　只叙事不发议论？

萧红　对啊，不发议论。

许广平　快给我，萧红。大先生说正急需此稿，还要托人译出，否则就会耽搁到下一年发表，那就误了大事啦。

［萧红把稿件送与许广平，许广平看稿。

许广平　萧红，谢谢你们。

萧红　谢谢我们？我不知道，等到那一天来到之时，我们的人民该怎样谢谢你们啊！这正是——

　　（唱）

　　　灵台无计逃神矢，风雨如磐暗故园。

　　　寄意寒星荃不察，我以我血荐轩辕。

［许广平携萧红上楼，把稿件置于秘室。

［鲁迅先生、内山完造和周建人先生上。

［鲁迅先生与内山完造用日语交谈。

周建人　多谢内山先生关照！

内山完造　乔峰，大先生病好了就好，我们多跑几趟腿也没关系的。请转告周太太，明天须藤先生因病不能前来给大先生打针，要换一个女医士来的。请求大先生——

　　（唱）

　　　天气已经渐近梅雨时节，要少出门也要减少工作。

　　　倘若书店里有别的事情，可打个招呼让我们来做。

［鲁迅先生亲自送内山完造下，并以日语告别。

鲁迅先生　乔峰，你还有事吗，乔峰？如果没事的话——

周建人　没有，大先生。

鲁迅先生　那就请你到四马路那边找李先生催一下《海上述林》，叫他们能不能快一些印。晚上带阿菩他们来吃饭。

［周建人翻看鲁迅先生工作台上《死魂灵》后半译稿。

周建人　请曹靖华译不好吗？

鲁迅先生　最合适的人选就是秋白。现在也不知道给他们埋在哪里的地下了。

　　（唱）

　　　中国是必要先把好人杀完，否则就会于心于理两不甘。

　　　不用说别的就单是这一点，也足以十恶不赦罪孽滔天。

［周建人下。许广平、萧红由楼上下。

许广平　这么快就回来啦？

鲁迅先生　一个妇女一面锣，三个妇女半台戏。眼看你们这台戏就要开场，我怎敢晚点啊！

萧红　我们还真是就等着大先生落座才开演哩！

鲁迅先生　这是刚采下的广玉兰吧？插在瓶子里 —— 可活上一个星期。

萧红　大先生，折断的花枝子已经让花农用火柴烧过了，是可以活上一个星期的。

鲁迅先生　船票买好了吗？

萧红　船票买好了。

〔萧红给鲁迅先生看船票。

鲁迅先生　是哪一条船？噢，开往长崎的，知道了知道了。秩父丸，邮船，邮船。那边都安排好了吗？

萧红　安排好了，都安排好了。

鲁迅先生　我先后两次到日本，前后加起来有十来年。

萧红　东京也无非是这样，上野的樱花烂漫的时节望去确也像一片绯红的青云……哈哈哈……。

鲁迅先生　不开玩笑了。萧红，出门在外，你不要怕！

　　（唱）

　　　在码头上时时有验病的上来，这是惯例你不必要大惊小怪。

　　　中国人往往专会吓唬中国人，验病的没来茶房就喊来也来！

我可以抽一支烟吧？

〔鲁迅先生吸烟、咳嗽、背影。

〔许广平把海婴幼稚园一期毕业第一名奖状递与鲁迅先生看。

鲁迅先生　怎么，少爷还叫这名字吗？萧红啊，

　　（唱）

　　　开学之初海婴他就要把名字改，说婴字底下有一女字叫人难挨。

　　　还问妈妈说爸爸这人可以吃吗？要是可以妈妈就不用整天买菜。

广平，《海上述林》校样送过来了吗？

许广平　今天下午送来的是下部第三节。萧红，请你代我到楼上拿下来给大先生，就在那个饼干盒子里。

〔萧红上楼，复返。鲁迅先生看校样校稿。许广平把当日报纸送上。鲁迅先

生接过来报纸看，复又校稿。

鲁迅先生　广平，菜都准备好了吗？要请吃就要准备得好一点。准备好了，那就好。萧红！萧军他们那几位还没有来吗？

萧红　他们还没有来。

鲁迅先生　萧红，那我就一边校稿子，一边陪你聊天，一边等他们到来。

[萧红拿过《海上述林》上部，自言自语："诸夏怀霜社校印，藻林"。

[过了不多久，鲁迅先生就坐在躺椅上，微睡了。胸部明显地一起一伏，似哮喘之状。

[许广平把毛巾被搭在他身上。

许广平　萧红，这情形是先前没有过的。

[萧红、许广平都背起身去哭了。萧红把那束洁白如玉的大花广玉兰轻轻地放在鲁迅先生一侧。又待了一会儿，鲁迅先生好像真的睡熟了。

[许广平和萧红两个人缠毛线，准备给鲁迅先生打过冬的毛衣。夜降临，萧红把电灯拉开。

萧红　大先生啊！

　　（唱）

　　　花丛静卧已多时，管紫毫香有憾丝。

　　　天降斯人偏寂寞，血漂诸橹遍旌旗。

　　　彷徨独荷千秋戟，呐喊合吟万古诗。

　　　知汝堪称许景宋，孤檠侍坐打毛衣。

[鲁迅先生醒了。面向许广平。

鲁迅先生　其实，这种情形先前也是有的，不过很少。今年似乎多些。萧红——我生在江南，不会弄船但会骑马；从十六岁开始，便一个人闯荡天下。我的身体本来还很结实，从未卧床不起。像我这个年纪，这病恐怕还不至于挺不住的。

许广平　大先生，藏书房那边还要通风吗？

鲁迅先生　困难九十九，难不倒两只手。凡事都要你们自己去做吧，要是没有我呢？

[许广平去摇缝纫机继续工作，鲁迅先生仍侧起校稿。两个人坚毅的表情里充满生的力量。

〔萧红凝视那束广玉兰自言自语。

萧红　这纯正之花，这生命之花，世上稀有。在我的眼前，仿佛就在这泥淖沟中，生起一片广玉兰之花林。

（唱）

白玉兰，含苞待；朵朵花苞白玉裁。

泥来埋，土来盖，泥埋土盖放光彩。

白玉兰，竞日开；树树花发胭脂台。

风来拆，雨来坏，风拆雨坏香不改。

玉兰花啊，是你们给我以力量，给我以理想；让我执着，我要远航。

〔周建人、阿菩、萧军、黄源等上。

〔鲁迅先生家客厅饯行之宴已经摆好。

鲁迅先生　今天是破例的，我不开小灶了，我不到二楼吃饭了，我要和大家一起为萧红饯行。请大家举起酒杯。

〔掌声。

〔黄源用照相机拍摄。

第五幕　惊　变

〔事略〕　一九四零年春季，在日本侵略军炮火步步逼迫下，萧红和端木蕻良从重庆辗转来到香港。在不到七八个月的短短大半年时间里，在胡愈之、周鲸文、柳亚子以及史沫特莱帮助下，由端木蕻良主编的《时代文学》创刊；他们也住进了大时代书店的九龙尖沙嘴乐道八号；萧红长篇散文《回忆鲁迅先生》、哑剧《民族魂》和长篇纪实散文《呼兰河传》相继完成。萧红一九四一年四月因病住进玛丽医院，病中继续长篇小说《马伯乐》和散文《小城三月》的创作。"一二·八"日本偷袭珍珠港，太平洋战争爆发。日本侵略军占领九龙。重病的萧红又再一次地被置于战火之中：她先后被转入跑马地协合医院、红十字会设在一所女校改成的临时医院等几家医院；因病体难支，于一九四二年一月二十二日十一时在惊恐中死去。临终前三呼："半生尽遭白眼冷遇，身先死，不甘，不甘！"此为萧红因病重第二次住进玛丽医院，时间是住院的第四十天，后四天即谢世了。

[**时间**]　一九四二年一月十八日。

[**地点**]　香港。九龙。玛丽医院。

[人　物]

萧红　三十二岁。一九三七年一月自日本归国；同年"八·一三"事变，上海抗战爆发，与萧军撤退到武汉。一九三八年一月往山西临汾应李公朴先生之邀到民族革命大学任教；二月随撤往西安即与萧军分手；四月与端木蕻良在武汉结婚，不久日军进攻武汉；九月往重庆，埋头创作；一九三九年三月后继遭日军轰炸；一九四零年春与端木蕻良往香港。死后由端木蕻良葬香港浅水湾。

端木蕻良　三十一岁。原名曹京平，辽宁省昌图县人。萧红丈夫。一九三三年在北平清华大学历史系读书时参加北方"左联"。时为香港《时代文学》主编；著有长篇小说《新都花絮》，一九四零年五月由知识出版社出版。

柳亚子　五十七岁。名慰高，又名弃疾，字安如，号亚子。江苏省吴江县人。诗人，南社创始人之一。一九二八年为国民党中央监察委员，上海通志馆馆长。一九三二年与鲁迅先生、宋庆龄等发起营救牛兰夫妇，一九三三年参加中国民权保障同盟。抗战爆发避难香港。

茅盾　四十六岁。原名沈德鸿，字雁冰。浙江省桐乡县人。文学研究会发起人之一，曾编辑《小说月报》。大革命失败后被国民党通缉，在上海与鲁迅先生同住景云里。一九三零年参加"左联"，并担任过领导工作。著有长篇小说《子夜》。抗战后到香港。

骆宾基　二十六岁。原名张君璞，吉林省珲春县人。萧红之弟张秀珂之同学。一九三六年从哈尔滨逃亡到上海从事创作。上海抗战爆发后到香港。战火中，在萧红病重最后的四十四天里一直受秀珂之托在医院帮助端木蕻良照顾萧红转院陪护等事。

杨刚　三十岁。香港《大公报》文艺副刊的女编辑。

史沫特莱　A.Smedley，五十二岁。美国女作家，记者。一九二八年以德国《法兰克福日报》特派记者身份访华。一九三零年为《萌芽》月刊撰稿。一九三三年春参加中国民权保障同盟。鲁迅先生《黑暗中国的文艺界的现状》

由她译成英文。

达娅　三十二岁。香港九龙玛丽医院荷兰女护士。史沫特莱女友，国际友人。为萧红住院找药传送信件做了许多工作。

李医生　四十岁。香港九龙玛丽医院外科医生。

日本随军记者　三十岁。会讲英语，曾把汽车借给端木蕻良为萧红转院。送花人，病员、医务人员，日本兵士若干。

[背景]　香港。九龙。

[远景]　半面海，一面长空。尖沙嘴参差错落的异国建筑，高悬的日本侵略军的国旗。

[近景]　背山面海的尖沙嘴玛丽医院住院处，四楼，四零二号双人病室：右一床一椅一桌一几，桌上有萧红的书，几上有花瓶和花；床空着。左一床，住着萧红，床前一医用三脚架。墙上有一大日历。光线充足，空气清新。透过窗子，可俯视碧海仰望蓝天。

[咽喉手术后，萧红仰身卧于病榻。下半身罩有印有英文玛丽字样的被单，上半身垫起在枕上；上半身着病服，左胸亦印有玛丽字样。尽管云鬓半偏，颈缠绷带，但颜色如常，精神尚好。

[荷兰护士达娅手推医械车上。

[达娅轻轻地走到萧红床前，把日历翻过一页；听了听萧红的呼吸。

[日历显示为"一九四二年一月十八日"，清晰可见。

达娅　二床换药啦，二床。从协和医院转来已整整四十天了吧？你的陪护他人呢？

萧红　他有事情出去啦。达娅，你不是答应叫我姐姐吗？

达娅　不过，在医院值班时间是不被允许叫姐姐的。自己买的体温计吗？三十七度五，体温正常。不过下班后我可以来叫你红姐姐的。在中文里红字除了颜色的意思，还有别的意思吗？把身子坐起来。

萧红　达娅，谢谢你。

　　（唱）

　　鸽子比附和平，红色象征革命。

碧海宛如胸襟，蓝天即是亲情。

达娅 二床，好吧，今天破例，红姐姐。在荷兰我本来是心理护士，如果按照我的职责是可以陪你坐着聊天的。海阔天空，无所顾忌。我们荷兰也有像你这样的大作家。

萧红 有哇！是个剧作家，叫海耶曼。可我哪能跟海耶曼相提并论呀！海耶曼，你听这名字就是大海，我只是一滴水而已。他有剧本《犹太人区》《纵火案》等等三十多部。我在鲁迅先生家中看见过他的传记，好像还做过新闻记者。

达娅 他有一部话剧叫《好望号》，跟你讲给我的《生死场》差不多，描写的多半是穷人的悲剧啊！

（唱）

渔船主他不顾渔民死活，强使漏船出海以致沉没。

淹死亲人渔民更加凄惨，渔船主依旧是歧视盘剥。

萧红 达娅，是不是在剧的结尾时，一位老渔民告诉一位年青渔民说，你们要过活，就要到海上寻找仙人岛！

（唱）

海上从来就没有仙人岛，世上有的却尽是冤魂桥。

受苦人变成一只大白兔，他们没有呻吟只有迅跑。

达娅 这是你的小说老胡家团圆媳妇死后在西大桥下变大白兔的故事吧。浪漫谛克。

萧红 达娅，你为我找一本英译的《好望号》，不要葡萄牙原文的，我看不懂。此后有时间你能帮我学葡萄牙语吗？

达娅 好吧，你好好养病，君子层（成）人之美嘛！

（唱）

这四十天虽然只是短暂一瞬，你留给我的印象却率直真淳。

一面为我讲呼兰河传的故事，一面帮我字斟句酌学习中文。

我目睹了小城三月蝇头小楷，我发现了马伯乐稿大作等身。

在此处我看不见战争的阴霾，在此处我听不见病痛的呻吟。

我们荷兰有过一句民间谚语：比人硬的是铁比铁硬的是魂。

萧红 达娅，还能在这儿耽搁吗？还有许多病人需要你换药啊。达娅，医生不会责怪你吗？

达娅 红姐姐，今天大半病人已经出院，况且又是探视之日。不过，我也该走了。那本《呼兰河传》明天我同那本《好望号》同时带过来叫你签名，留作纪念的。

萧红 噢？今天是几号？是探视日吗？

达娅 一月十八号。是探视日。

萧红 达娅，你帮我整理一下好吗？他们都会来的，他们。

达娅 好的。红姐姐，你今天一定要起床走一走。

萧红 达娅，为什么要起床走一走呢？往日你不是要我躺着睡一睡的吗？

达娅 没有什么。身体不活动抵抗力会下降的。那我走了；那花你自己可以滴一点水的。

[达娅推医械车下。

[过了好一会儿，萧红却在病榻上睡着了。

[骆宾基手提药品和信件上。

萧红 我要回家呀！端木君，我要回家。

骆宾基 红姐姐，是我回来了。端木君下午才能从杂志社回来，上午的稿子还没有编排。

萧红 君璞，你过来抱——扶我一下，君璞，我怎么起不来呀，我做梦回家啦，我要回家呀。

[骆宾基搀扶萧红挣坐起，下床，走不多久，又躺倒。萧红大哭起来。骆宾基手足无措。

萧红 君璞，你快去叫他们来呀，不要丢下我一个人孤零零在这里呀！君璞，你能记起我家乡春天的样子吗？我要回家呀！——

骆宾基 红姐姐，我，我只是在你的小说中见过——春天：

（缓诵）

在我的家乡那里，它为什么不早来一点，来到我们城里多住些日子！

在我家乡那里，春天是快的，五天不出屋，树发芽了；

再五天不看树，树长叶了；再过五天，树绿得叫人不认得了。

它从老远的地方跑过来，在孩子们耳边打一声口哨，就跑过了……

萧红 是的，这是《小城三月》我家乡里的春天呀！

骆宾基 那是多么令人怀想的小城三月啊！

萧红　还有呢，还有冬天啊！

骆宾基　（唱）

　　大平原上站三个村子，就像祖父、父亲和儿子。

　　冬天落雪的天气，三个村子白得整整齐齐。

　　后村人走过中村时，问一声好大雪哩！

　　中村人走过前村时，问一声雪好大噫！

萧红　这是《旷野的呼唤》，君璞，你记得这么真确吗？君璞，这里是哪里啊？这里没有春天也没有冬天，这里没有春雪也没有冬云，这里是哈尔滨吗？这里是青岛吗？这里是北京吗？这里是上海吗？这里是横滨吗？这里是武汉吗？这里是临汾吗？这里是西安吗？这里是重庆吗？

〔骆宾基意识到萧红在发烧，他欲找李医生。

萧红　君璞，你看我出一头的冷汗，是不是把你都沾污染湿了。秀珂他怎么不来扶我，打发你来？

骆宾基　红姐姐，秀珂他回东北为你求款治病去啦——我是自愿来照顾你的。

萧红　你喜欢我吗，君璞？你说呀！

骆宾基　红姐姐，我们都姓张，家都在东北，我又是秀珂同学，秀珂的姐姐，就是我的姐姐，如何不喜欢！

〔萧红倒在骆宾基的臂弯中睡过去。骆宾基把萧红放在枕上，按了一下电铃。

〔李医生提医药箱上，李医生为萧红诊脉。

李医生　抗菌素弄到多少？

骆宾基　一支。

李医生　一支？一支怎么挨过今天夜晚？

骆宾基　抗菌素都被日军野战医院收购一空，他们说这是非常时期，一切服从军需。

李医生　可恶！

　　（唱）

　　还说什么非常时期，分明拿人命作儿戏。

　　何况并非平常之人，她多么需要人救急。

骆先生，你赶紧去叫达娅，让她打开保险柜，取出十支抗菌素给萧红注射。

〔骆宾基愣住了。

李医生 还站着作什么？你就说一切责任由我来负。要怎么样就由它去吧。

〔骆宾基下，复与达娅上。

达娅 李医生，只剩下两支——是我昨天留下来的。日本人连保险柜都拉走了。

李医生 嘿呀！晚了，一切都晚了。

〔达娅叫骆宾基扶起萧红，达娅用大针管推静脉。

李医生 你们不要讲话了，让她休息几个小时，今天下班前必须转院。

〔李医生下，达娅下。骆宾基独坐在右床上发呆。

〔过了半晌，萧红复醒，看信。

〔《大公报》记者杨刚手持一花与南社诗人柳亚子上。

〔骆宾基扶萧红走下病榻。

杨刚 萧女士，病好些了吗？能下地走动了吗？这是柳先生送萧女士的一束水仙，我是借花献佛。

柳亚子 萧红，端木还没回来吗？这是他要的住院费，我全部准备好。君璞，你代收下。有事情跟我通电话。

萧红 柳老，真是天涯孤女有人怜啊！一晃快十个年头啦。

（唱）

　　战火把我们从内地赶到香港，战火又要将我们从香港赶到海洋。

　　十年前我们从东北流亡到上海，五年前我们从上海撤退到武昌。

　　三年前我们从武昌转移到重庆，两年前我们又从重庆逃跑到香港。

　　悔不能当初在西安一同前往，到如今死无葬身还无希望。

君璞，把这瓶中之花都撤下去，单把柳老的水仙放在瓶中，让我们以此来酬谢柳老的大恩大德啊！

柳亚子 萧红，好生将养！

（唱）

　　轻飔炉烟静不哗，胆瓶为我斥群花。

　　誓求良药三年艾，依旧清淡一饼茶。

　　风雪龙城愁失地，江湖鸥梦尚宜家。

　　天涯孤女休垂泪，珍重春韶鬓未华。

杨刚 萧女士，这是《大公报》副刊发出的稿子；这是版税，请你过目。

萧红 多谢了，杨编辑，多谢了。

[柳亚子与骆宾基耳语。铃声，探望时间到。

柳亚子 萧红，探望时间已到，你好好养病，外面的事由端木我们来办。保重啊萧红！

[柳亚子与杨刚下。

萧红 君璞，我好像是好多了。我要下楼。

骆宾基 李医生说不可以的。

萧红 我自己是清楚的，你不要担心——那么，你替我到楼下办一件事好吗？

骆宾基 那好吧。我去去就回。

萧红 我这里有两封信，一封信是寄往上海给鲁迅先生夫人许广平女士的，一封信是寄往哈尔滨给我的弟弟秀珂的。要快，不要在十字街邮筒里发，要到邮局里发。就这些。

[骆宾基持信下。

[日本兵士在医院走廊先以日语后以英语最后以汉语呼喊：奉大日本陆军关东军司令部命令，因战事需要，玛丽医院改为野战医院，限所有病员必在晚四点前撤出，否则按军法论处。

[萧红拖着术后伤口久不愈合的肢体，推开门，望见日本兵士腰佩短枪、臂戴袖章，一声惊叫昏厥在地。

[端木蕻良与日军记者上。

[端木一把抱起萧红，痛不欲生。

[炮声由远及近，把萧红震醒。

萧红 端木君！端木——

[萧红又昏死过去。

端木蕻良 萧红，你是怎么啦，你啊！

（唱）

在龟山天空中那一排机关枪，没有打进你的胸膛；

在歌乐山地面上那一颗炸弹，没有把你的腿炸伤；

在骊山上飞过的那一串钢炮，没有叫你后退疯狂。

在世界上这著名的安全岛内，竟使你变成这模样：

你就像条冬蛰的巨蟒，被冰凉的搭在猎人的肩膀上。

［茅盾提药品与史沫特莱上。

茅盾 萧红啊，萧红！

（唱）

接到君璞电话我立即找药，差不多找遍朋友找遍全岛。

七八个人凑了一盒抗菌素，大家还告诉我要把你治好。

我们还想读读你——黑龙江上的长篇叙事诗，

我们还想看看你——呼兰河上多彩的风土画，

我们还想听听你——松花江上那串凄婉歌谣。

史沫特莱女士，转院，请联系车吧！

史沫特莱 好的，茅盾先生。我马上与日本记者朋友联系，请他开车，转往红十字会医院。萧红啊！

（唱）

当初你们为什么不往南洋，那里有医生有药品有洋房。

用你们中国人自己的话说，难道死也要吊在一棵树上？

我真不明白！不可思议！

［李医生与达娅推担架上。端木把萧红放在担架上，萧红微微睁了睁眼，从此就只有一句话再也说不出来地面对死神了。

［炮声，惊乱声，日本记者启动汽车声，行人慌乱一团。

［然后是碧海、蓝天，大寂静。

史沫特莱 让我们携手抬起这位旧中国的新女性，抬起这位中国被压迫阶级欲掀翻压迫阶级的女作家，让我们抬起萧红。

［幕后歌谣：

老鸹老鸹你打场，三年给你二斗粮。

老鸹老鸹你打场，三年给你二斗粮。

［送花人上。手持一束广玉兰背对观众，缓缓走上台阶，走入蓝天走入大海。

（完）

萧红年表

萧红 原名张廼莹，原籍山东省莘县。

诞生 一九一一年六月一日，农历端午节，出生在黑龙江省呼兰县城，乳名荣子。父张廷举，做过小学教员、校长、县教育署长、督学。母姜玉兰，生四子女，除萧红与其弟张秀珂外，余子夭亡。

八岁 一九一九年，母亲去世，父亲续弦。

十岁 一九二一年，入龙王庙小学读书，后升劝学高等小学读书。

十五岁 一九二六年，在家闲居半年。

十六岁 一九二七年，考入哈尔滨东省特别区区立第一女子中学读书。

十九岁 一九三零年夏，得知父亲将她许配给呼兰汪家，萧红逃婚，出走哈尔滨。同年秋，去北平读书。同年冬，父亲宣布开除萧红祖籍，断绝父女关系。

二十岁 一九三一年春，萧红回到哈尔滨，居无定所。后被汪家少爷找到，并与其同居。

二十一岁 一九三二年春，只身逃往北平，不久被汪家少爷追回哈尔滨，发觉已怀孕。同年夏，遭汪遗弃，萧红被扣留在哈尔滨东兴顺旅馆。夏，在困境中结识萧军，借松花江大水，逃出旅馆。九月，生一女，寄存在妇产医院；出院后，与萧军同居。年底，在赤贫生活中，开始小说创作。

二十二岁 一九三三年，与萧军合著的小说、散文集《跋涉》自费出版。因内含反满情绪，很快被查封销毁。

二十三岁 一九三四年春，日本加紧了对东北三省的控制。在恐怖中，与萧军离开哈尔滨，开始流亡生活。经大连到达青岛，并开始创作长篇小说《生死场》。十月，慕名将《生死场》原稿寄给当时居于上海的鲁迅先生求救。十月底，因报社变故，从青岛乘船到上海。十一月底，与鲁迅先生在上海内山书店见面。

二十四岁 一九三五年春，开始在上海文学期刊上发表小说。十一月底，应鲁迅先生之邀，到鲁迅先生家中做客。十二月，《生死场》作为"奴隶丛书"之三，由上海容光书局出版。

二十五岁 一九三六年七月，因感情上的失落，只身去日本。

二十六岁 一九三七年一月，由日本回上海。四月，再次因为感情上的原因，独自去北平。八月，上海抗战爆发。九月，由上海撤退到武汉。

二十七岁 一九三八年一月，去山西临汾任教于民族革命大学。二月，撤退到西安，不久与萧军正式分手。四月，与端木蕻良在武汉结婚。不久，发现早已怀孕。九月中旬，由武汉流亡重庆。不久，生一子，夭亡。

二十八岁 一九三九年三月，与端木蕻良在一起，埋头写作，后重庆遭日军轰炸，创作受阻。

二十九岁 一九四零年春，与端木蕻良一起飞抵香港，集中精力创作《马伯乐》《呼兰河传》等长篇小说。

三十岁 一九四一年四月，因病入玛丽医院。十一月，回家休养。十二月二十五日，日军攻占香港。萧红病情加重。

三十一岁 一九四二年一月十三日，病重，被送入跑马地协合医院。一月十八日，转入玛丽医院。一月二十一日黎明，玛丽医院被日军占领，萧红被赶往红十字会设立的圣世提凡医院。二十二日，死于疾病与惊恐中。

　　一九四七年，柳亚子、翦伯赞等人去香港浅水湾，寻找萧红墓地，未果。十数日后，柳亚子夫妇、周鲸文等人，又一次去浅水湾，在一株红影树下，找到了盛萧红骨灰的黑釉瓦罐。一九五七年七月底，香港市政局派人挖出装有萧红骨灰的瓦罐；整理骨灰时，找到一小块似未烧化的牙床骨，另有一小块似布灰。一九五七年八月三日，萧红骨灰由香港作家送至深圳罗湖桥，由广州作家迎至广州，并迁入广州银河公墓。碑文如下：

女作家萧红同志之墓

一九一一年生于黑龙江省呼兰县

一九四二年卒于香港原葬香港浅水湾

一九五七年八月十五日迁骨灰安葬于银河

　　　　（根据萧红故居纪念馆馆长孙延林先生 1989 年夏寄下的手写稿整理）

　　　　　　　　　　（剧作家；2010，3）

生死场

（七幕十六场歌剧，根据萧红原著改编）

目 次

序幕 亡 羊

[**时间**] 民国十三年夏秋之交，打麦子的前几天。

[**地点**] 东北，哈尔滨北呼兰县城南，呼兰河边上的胡拉温屯。胡拉温是满语，即呼兰最初名字的音转。

[人 物]

二里半 　三十五岁。瘸子。姓李，名字未详。

麻面婆 　二十五岁。麻子，二里半之妻。

罗圈腿 　七岁。二里半与麻面婆之子。

赵三 　四十三岁。二里半之乡邻，老王婆之后夫。

老王婆 　四十五岁。自幼跟父亲打猎，至今会使洋炮洋枪。

[**远景**] 呼兰河，哈尔滨城，铁道线，庄稼棵子；半隐在庄稼棵子里的稀稀拉拉的村庄，就像刚刚打在绿色的台球桌面上的一把散乱的骰子。这一切都被太阳充足的光线照射着，是东北农村小秋收午间特有的安宁。菜田里一个小孩慢慢地踱走。在草帽盖伏下，像是一棵大蘑菇。捕蝴蝶吗，捉蚂蚱吗？

[**近景**] 菜田的边道，小小的地盘，绣着野菜。经过这条短道，前面就是二里半的房窝，他家门前种着一株杨树，杨树翻摆着叶子。土屋周围，树条编做成墙，杨树一半阴影洒落到院中。当院左边是一个羊圈，右边是一个柴栏。院门敞开着。土房的窗子门，望去那和洞一样。

　　【二里半的妻子麻面婆正在院子里一面烧水准备做晌饭，一面在阴影中洗濯衣裳。两只蝴蝶飞戏着闪过麻面婆，她用湿的手把飞着的蝴蝶打下来，一个落到盆中溺死了。汗水在麻面婆的脸上，如珠如豆，渐渐浸着每个麻痕而下流。麻面婆不是一只蝴蝶，她生不出翅膀来，只有印就的麻痕。

麻面婆 （搭完衣裳，顺手把院门关上）我这没用的东西！我是没用的东西！我娘来说，不怪人家二里半揍你，揍死你也不多！一个大活人在家，连一头羊也看不住。唉，可也是的，刚刚把一把柴禾填进灶火坑里，羊就给看丢了。

（唱）

三月三，菜钻天。地租长，日子艰。

娘叫我把羊羔抱，到秋好还地租钱。

如今羊羔已长大，栏里见人便撒欢。

谁曾想转眼不见，真叫我难上加难。

那刘二爷刚刚来过，还说什么风凉话呢：穷鬼！我说你家称万贯，带毛的不算。你不信，看看怎么样，还不是丢了吧？想别的法子掂对钱交地租吧！今年东家说，地租是一定要长的，白旗屯那边早就长起来了！穷鬼。

【画外音——二里半："罗圈腿，唉呀！不能找到？"罗圈腿："没有。"漫山遍野呼唤羊的喊声。农村里就是这样，往往一家丢了牲畜，就满村满街头的吆喝，就像办事情一样。有时候，主人还会拎着笼头，找到外村里去。咩咩——咩！咩咩——咩！

【赵三从麦田里回家，拎着锋利的镰刀，经过二里半的家。他在路上也帮找了一圈羊。赵三，上。

麻面婆　（急切地，向赵三）看见罗圈腿和二里半他们了你，啊，老赵三哥？

赵三　（把镰刀挂在院墙上）嗯，看见二里半了。

麻面婆　（一面把院门打开，一面指着羊栏）那，羊找到了？

赵三　（没有进院子，仍站在院外，唉声叹气地）还没。我还帮找了一圈呢！再说，这大晌头的，一时半会儿上哪里去找哇！

（唱）

白菜长，麦上场。小秋收，人大忙。

高粱晒米青纱帐，玉米拔节红缨枪。

青草没髁全找遍，死热荒天不见羊。

二里半还捱了打，说是羊把菜吃光！

麻面婆　三哥，吃了谁家的菜啦，这还愿的羊！

赵三　咳！谁家的菜？远去了。二里半找到白旗屯那边，说是有个姓什么的老罗家，正赶上两口子晌头儿查看菜地，发现菜叫羊吃了半垄，就赖上你家的羊了。

麻面婆　那二里半他呢？

赵三　二里半他说，你没见羊，咋就知道一定是俺家的羊吃了你家的菜？

麻面婆　他们就动打了？

赵三　动打了！还动了酱缸耙子，把二里半的草帽也打掉了地下。

　　【赵三拿着镰刀回家，下。

　　【太阳偏西。村里收工的嘈杂声又起。二里半戴着破草帽头，罗圈腿胳膊下夹了一个柳条枝子，父子俩一瘸一拐沮丧地回家。上。

　　【画外音——罗圈腿："娘，我饿了。我要吃晌饭，我要吃干饭！"二里半："败家娘们儿！"

麻面婆　（着急地）那羊呢，她爹？

罗圈腿　（走上前抢白）我爹碰见老钱瞎子，他说找不着就别找了，今儿个是六月初四，大暑，忌纳羊。

麻面婆　（更急了）忌啥？

二里半　（蔑视地）忌纳羊！你没出去找吗？

麻面婆　（怯懦地）怎么可能没出去？找了两趟没找着哇！你瞧，我这裤子，还被刘家的狗扯了一口。

二里半　（更加蔑视地）都怪你，败家娘们儿！偏偏这天把羊给看丢了，哼！瞧你那面相，不是好兆相！

　　（唱）

　　蒲草密，蒲棒稠。麻婆脸，不知愁。

　　一年三百六十日，倒霉跟你倒到头。

　　去年孩子被马踢，前年俺腿撞车轴。

　　大暑天头你犯困，把个山羊给整丢！

你还愣着干啥，孩子饿了，还不快去揍饭去！败家娘们儿！不是好兆相！

　　【想想这些年的倒霉事儿，二里半愈加迁怒他的麻面婆了，他拽她头发，想动打，但看看天色已晚，又饿又累，他打不动了，便罢了手。

　　【邻屋的烟筒，浓烟冲出，被风吹散着，布满二里半的全院，烟迷着麻面婆她的眼睛了！她知道家人回来要吃饭，自知理亏，慌张着心弦，她用湿水浸过的手去墙角拿茅草，她贴了满手的茅草，就那样，她烧饭。她把口袋底儿剩得不多的一升米，用葫芦瓢，舀了半瓢，她家的烟筒也冒着烟了。过了一会儿，她又出来抱柴，茅草在手中，一半拖在地面，另一半在围裙下，她是拥着走。头发飘了满脸，那样，麻面婆是一只母熊了！母熊带着草进洞。

【麻面婆把饭端在条桌上，二里半和罗圈腿吃饭，像狼，那一点饭一个大小伙都不够，他们爷俩几口就扒拉完。饭后，二里半和罗圈腿都乏了，爷俩瘫在炕上。麻面婆喝了一碗粥，却听见有什么东西在蹭划院墙的声音。

麻面婆　（哭了，泪水汪在麻痕里，一滴滴地往下流）羊咋就丢了呢！

（唱）

苦菜窄，柳叶宽。晚垫圈，早扫栏。

一瓢泔水把羊唤，一把细草给羊填。

拿手摸着羊长大，就像爹娘待儿男。

找羊苦煞二里半，丢羊我自有罪愆。

麻面婆　（顿时起了号啕地冲向门外）二里半，我下辈子我我托生牲口，我也要把羊还给你们爷俩呀！二里半，我对不住你啊！

【黑夜，只有呼兰河的呜咽和一点渔火。麻面婆一出门，却撞上了迎面赶来的一个人。

麻面婆　（惊疑地）谁呀，谁？

老王婆　（大声地）赵三家的，我！老王婆。李二兄弟，他婶子，羊跑回来啦！羊！羊，羊自个儿跑回来啦！

二里半　（突然来了精神地）他妈的，谁偷了我的羊，混帐种子！

麻面婆　（喜出望外地）你是咋看见的羊，啊，赵三嫂子！

老王婆　你赵三哥叫我过来看看你们，说别闹出啥事儿来啊。这不，羊正在拱你家院门呢嘛！

罗圈腿　羊回家哩，羊回家哩！

【羊亲切地，就像他们的孩子，扑跳地奔向条桌。又向水缸，吃吃地饮起水来。

【画外音——二里半一家人："羊回家哩，羊回家哩！"

【幕后歌谣：

秋风长，秋风凉。

谁家的孩子没了娘，月亮满西窗。

秋风长，秋风凉。

谁家的孩子没了娘，月亮满西窗。

第一幕　麦　场

第一场　盖　麦

[**时间**]　紧接序幕的这天晚上。

[**地点**]　赵三家前的麦场。

[人　物]

老王婆。

赵三。

二里半。

平儿　十岁。赵三先房的孩子，其实也不是赵三的亲子，是赵三在拾荒的半路上捡回来的。

村妇　若干，每天晚上都到赵三家听老王婆讲瞎话的。

一个猎人　从山上打猎归来的。

主事人。

孩子若干。

[**远景**]　刚刚黑天的夜晚，呼兰河发出吃吃的水声，渔火或许是乱死岗子上的磷火。下露水了，偶尔的闪电，乡村这时就像遥远的梦。

[**近景**]　微弱的麻油的灯亮，照着听瞎话的一群村妇的脸。他们有的就地，有的坐猪槽子上。

　　【画外音——听瞎话的一群村妇的笑声，一个孩子的声音："三奶奶，再讲一个吗？！"

老王婆　（想了想）好，那我就再讲个黄狼段儿。

　　（唱）

　　山前麋鹿山后狼，狼鹿结拜在山冈。

狼要有难鹿搭救，鹿要有难狼躲藏。

话说有这么一天，山上就来了一只老虎，那老虎眼看就要把麋鹿给叼住，可这时候，你猜那狼怎样？

一个听故事孩子　（下意识地）狼帮老虎把麋鹿给吃啦！

　　【众人大笑起来。

老王婆　（也笑了）狼跑了。为人不能交无义友哇！

　　【老王婆继续讲瞎话，讲到高兴处，她激动得站起。几个小孩子打架，跑来在他们的母亲面前哭闹着送冤。

老王婆　（想起来她自己的孩子）那年我的青牛下了一头小牛犊。那年我的麦子子粒比他们都大，比二里半你家的大，比李青山的大。可我还是想起来了我的那个傻丫头。

　　（唱）

　　夜游鸟，五更风。当家人，要远行。

　　喂牛要填二和草，缝衣得上领畔钉。

　　孩子被我撂草垛，我把青牛套上绳。

　　牛叫把孩吓一跳，滑下草垛撞犁锋。

　　提起话来真可叹，我那孩儿叫小钟。

命啊！我讲到哪儿啦，我？

另一个听故事孩子　（急切地）打麦子，该讲打麦子一节啦！三奶奶。

老王婆　（没有眼泪，她从来都没有眼泪，无论讲到别人还是自己）我手心里捧着麦粒子，叫他们这些人看呢，又大又饱满，活像一颗颗珊瑚珠子。我就把我的小钟给忘了，我还记着她干啥呢，那麦子这么好！可她要是还活着，也总该比罗圈腿要大几岁了，也差不多该找个人家啦！

　　【从山上打猎归来的一个猎人，拎着猎枪和一只野鸭，也习惯地就地坐在那里听老王婆讲瞎话。他们天天如此。

老王婆　（向打猎的人，开玩笑似的）这么晚还不回家烤鸭子去！

猎人　（习惯地）呃，听你讲瞎话咧！接着讲，讲。

老王婆　（向众人）那我就接着再讲一个打猎瞎话。我就讲我自个儿，说起早先年呢！

（唱）

　　老林莽，新草塘；我跟爹，闯围场。

　　麋鹿下山无狐鼠，野鸡上树有豺狼。

　　豪猪进帐鹰出手，老虎偎窝枪上膛。

　　左牵白鹤右链马，网捆黑熊棒打獐。

　　五棵松到老爷岭，谁人不知王姑娘。

这真还是说一段瞎话，吹牛腿啦！其实，我没那么大本事。乡中无乐事，给大伙取个笑儿罢了！

　　【可老王婆显然激动了，仿佛有往昔的英勇一定要她展示给人看。她讲了几句她少年跟她爹打猎的故事，倏地，她把那猎人的枪拉过来，对着夜空。

老王婆　（向那猎人）给我一把沙子！

猎人　（一边递给老王婆沙子，一边敬佩地）你自个儿装！

　　【老王婆把沙子装进枪筒，把一洋炮的沙子射向了黑黑的夜空，仿佛就是礼花开在天庭。随着，西天边上就是一道闪电，似有雨滴在砸落。又来了一道闪光，赵三从里屋炕沿站起。

赵三　（用手掌擦着眼睛，疑惑地，向他的后妻老王婆）怎么，你也会使枪！

老王婆　（把枪还了猎人，向众人）怕是要落雨吧！坏啦，麦子还没打完，在场上堆着！怎不去看麦子？

　　【闪光更来了！雷响，风声。一切翻动着黑夜的村庄。众人下。二里半家只有苞米，没有麦子，就跟赵三和老王婆，还有平儿，一起冲出屋子去场院盖赵三家的麦子。

老王婆　（向平儿）我在这里呀，平儿！到草棚拿席子来，把麦子盖起吧！

赵三　（向二里半）他二叔，快快抬犁杖，把席子压住，麦子一定要给水冲走呢！

　　【高粱地像要倒折，地端的榆树吹啸起来，有点像金属的声音，为着闪的原故，全庄忽然裸现，忽然又沉埋下去。全庄像是海上浮着的泡沫。农家好比鸡笼，向着鸡笼投下火去，鸡们会翻腾着。

　　【画外音——邻家和距离远一点的邻家有孩子的哭声，大人在嚷吵，什么酱缸没有盖啦！驱赶着鸡雏啦！种麦田的人家嚷着麦子还没有打完啦！

　　【忽而，又雨过天晴。赵三、老王婆和平儿又回到屋子里。二里半告辞，下。

赵三 （一面拧衣裳，一面向老王婆）唉，盖了麦子，也是白盖，还不得都进了人家东家的粮仓！

（唱）

骤雨停，满天星。一粒麦，汗一升。

感谢老天风雨顺，叫我赵三笑脸盈。

十载难逢好年景，满场麦子黄登登。

可那刘二又逼债，地租非得加三成。

我求情来把头叩，他却漫骂不绝声。

地租加三成，再加上去年的陈欠，这几石麦子可就都得全交了租啦。

老王婆 （冷静地）那你怎么跟青山商量的？他也加三成？

赵三 （无助地）那条老狗，见我跟二里半在青山家唠嗑，他就说我要带头抗租，还说你小心你那鳖窝，一把火给你沤啦！

老王婆 （把平儿让进屋里睡觉，悄声地）他要放火烧咱？你不是跟青山拉起镰刀会了吗？

赵三 （冷丁地想起，却摇头）人家有洋炮，你几把镰刀顶个啥用！

【老王婆从草堆里摸出一杆长枪，递与赵三。

赵三 （惊讶地）你怎么也有枪？

【门外有人倾诉的声音，赵三把枪藏在地窖里。赵三开门看时，是钱瞎子死了，他的长子跟一个主事人前来挨门逐户地磕头报丧。

主事人 （给赵三作揖，并提示钱家长子）给赵三哥磕头了，钱家老老爷子老啦！

【幕后歌谣：

一嘛一更里呀，月亮照花台。才郎哥哥说是今晚来。

叫丫鬟送上一壶酒，四个菜碟端上来呀哎咳哟。

头碟呀是莴苣，二碟是螃蟹；

第三碟炒的是面筋，第四碟炒的是黄花菜呀哎咳哟。

朱红椅子呀拿两把，一对盅筷对面摆。

手托香腮，单等我郎来呀哎咳哟。

一等也不来呀，二等也不来，脱掉硬鞋换软鞋。

手拿软鞋无有心肠换，两眼那个伤心泪下来呀哎咳哟。

第二场 打 麦

[时间] 第二天早上。
[地点] 赵三家前的麦场。

[人 物]

老王婆。
平儿。
过路人。
老胡家的孩子   跟平儿的年纪相仿。
李青山家的   二十七八岁。拉抗租镰刀会的李青山的媳妇。

[远景]   早晨了，雨还没有落下。东边一道长虹悬起来；感到湿的气味的云掠过人头，东边高粱头上，太阳走在云后，那过于艳明，像红色的水晶，像红色的梦。远看高粱和小树林一般森严着；村家在早晨趁着气候的凉爽，各自在田间忙。

[近景]   赵三家前的麦场，麦垛，石头磙子。

　　【画外音 —— 老王婆："平儿！懒蛋子，日头晒屁股啦，还不起来！牵马去，打场！"平儿："娘，我爹呢？"老王婆："你爹跟二里半上老钱家落忙去了，老钱老老爷子老啦！"平儿："又老了，真麻烦。"

　　【麦场上平儿光着脚牵着马，因为是一条年青的马，它跳着荡着尾巴跟它的小主人走上场来。小马欢喜用嘴撞一撞停在场上的石磙子，它的前腿在平滑的地上踩打几下，接着它必然像索求什么似的叫起不很好听的声来。平儿立在场中央牵马，小马拉着石磙子在场边绕圈子，就像圆规画着圆儿。王婆穿的宽袖的短袄，走上场院。她的头发毛乱而且绞卷着。朝晨的红光照着她，她的头发恰像田上成熟的苞米红色缨穗。

过路人　（随便地）三嫂子，吃饭了吗？

老王婆　（一边拿耙子搂麦秸，一边跟过路人答话）还没有呢！趁着早上凉快，先打几捆麦子啊！

（唱）

> 露珠闪，彩虹悬。碌子转，马儿欢。
>
> 家家男工落忙去，户户妇孺不得闲。
>
> 平儿赶马中间转，我操耙扫漫场边。
>
> 无分老幼人忙遍，眼见麦秸攒成山。

【一个跟平儿年纪相仿的半大小子撺掇到场中央，他是羡慕平儿能够赶马打场了。他是老胡家的。他抢了平儿的鞭子赶马。

老胡家的孩子　（自豪地，得得驾驾地模仿二人转哼起来）叫声大叔大婶子，听我来一段小帽！

（唱）

> 回来啦，傻哥你要来什么宝贝啦？
>
> 要来一大帮，不老少的。
>
> 来，我瞧瞧啊，都是些什么宝贝？
>
> 给你个荞麦饼，咬个大窟窿，套在大脖颈；
>
> 给你个黄瓜种，肚子吃得咣咣咚咚。
>
> 饿了吃荞麦饼，渴了吃黄瓜种。
>
> 吃饱了就不饿，睡着了就不醒。
>
> 吃饱了就回家，上了年纪，老了就死。
>
> 买个大躺箱，死了往里装；
>
> 远远抬，深深埋，别让他蹦出来！

平儿　（站到场外，快乐而抱怨地）娘，你看还是小马好玩吧，又疯又跳又乖巧，你看它跳着荡着尾巴多愉快啊！

老王婆　（喜悦而揶揄地）咋不牵老马来？小马就像小孩子！压碌子又不是赛马，你看看，你就知道贪玩，你看看，弄得麦穗都溅出了场外去啦！

【小马走了一会它游戏够了，就和嬉耍着的小狗需要休息一样，休息下来。老王婆担心上午打不完麦子，怕午后有雨，着了疯一般地又挥着耙子，小马暴跳起来，它跑了两个圈子，把石碌子带着离开铺着麦穗的场院，并且嘴里咬嚼一些麦穗。平儿拉住马笼头。

平儿　（恼羞成怒地，向着老胡家的孩子，骂）少教的，这是你也能来闹着玩的地场？你看，把麦子都瞎啦！滚，滚一边去！去去去！

老王婆　（心疼地）呵！你总偷着把它拉上场，你看这样的小马能打麦子吗？死了去吧！别烦我吧！快去南河边上，把那老马牵回来！

【村前火车经过河桥，看不见火车，听见隆隆的声响，只有旋上天空的黑烟。两个孩子下去牵马。李青山家的挑着一挑子柿子，路过赵家的麦场。上。

李青山家的　（捧起一捧柿子给老王婆）三嫂子，吃柿子吧！

老王婆　（不好意思地）这，你拿集上卖的，吃了不是白瞎了嘛！

李青山家的　（爽快地）三嫂子——

（唱）

小河水，鸣渐渐；大道树，响翩翩。

大麦澄黄小麦满，菜花香雪豆花甜。

都道钱毛物涨价，谁知谷贱把农残。

茄子白菜地里烂，黄瓜柿子不值钱。

趁着火车刚进站，问问老客可买单。

唉！没法子，赶上这年月啦。三嫂子，你忙你的，我得上车站卖柿子去啊！

老王婆　（一边拿着柿子，一边送李青山媳妇）哎，青山媳妇，你慢走啊！看看要是卖得了啦，赶明儿个我也择一筐菜去卖哩！

【李青山家的，下。老马在墙外两条腿吱嘎吱嘎响，它要下汤锅啦！两个孩子不愿意牵它。上。老王婆把柿子分给两个孩子吃。

平儿　（焦急地）娘，我爹被人打啦！

老王婆　（半信半疑地）啊，你爹？你爹被谁打啦？

平儿　娘，我爹被刘二爷的人打啦！说他抗租。

老王婆　（果断地）那你们俩先看着场院，我下去看看。

【幕后歌谣：

二嘛二更里呀，月亮渐渐高。

翻来覆去睡不着觉，越思越想越烦恼。

骂一声杀人刀，一去不来了呀哎咳哟。

一去呀不来了。

小奴我伤心不住泪滔滔，只哭得两眼似樱桃。

从今后谁能再相交呀哎咳哟。

第二幕 菜 圃

第一场 摘柿子

[**时间**] 秋天的一个中午。

[**地点**] 菜圃，河湾，高粱地。

[人　物]

金枝　十七岁。

成业　二十岁。福发的侄子，正在跟金枝热恋着。

[**远景**]　菜圃上寂寞的大红的西红柿，红着了。小姑娘们摘取着柿子，大红大红的柿子，盛满她们的筐篮。然后，她们一个个挽着筐篮，走向另外的一块菜地，逐渐地消失了。

[**近景**]　金枝听着鞭子响，听着口哨响，她猛然站起来，提好她的筐子惊惊怕怕的走出菜圃。在菜田东边，柳条墙的那个地方停下，她听一听口笛渐渐远了！鞭子的响声与她隔离着了！她忍耐着等了一会儿，口笛婉转地从背后的方向透过来；她又将与他接近着了！

【画外音——菜田上一些女人望见金枝，远远的呼唤："你不来摘柿子，干什么站到那儿？"她摇一摇她成双的辫子，她大声摆着手说："我要回家了！"像是福发的侄子成业，一边打口哨一边在悠然地唱，暗示金枝上河边约会的声音："昨晨落着毛毛雨，小姑娘，披蓑衣。小姑娘，去打鱼。"

【静静的河湾有水湿的气味，男人等在那里。金枝假装着回家，绕过人家的篱墙，躲避一切菜田上的眼睛，朝向河湾去了。筐子挂在腕上，摇摇搭搭。口笛不住的在远方催逼她，仿佛她是一块被引的铁跟住了磁石。

【幕后歌声：

柳丝缠，柳笛尖。盼想见，望欲穿。

河湾水浅蒸人面，草场露深沾衣衫。

男人见我如猛虎，我见男人似面团。

又是惊来又是喜，相见时甜别时酸。

【迷迷荡荡的一些花穗颤在那里，背后的长茎草倒折了！不远的地方打柴的老人在割野草。成业和金枝他们受着惊扰了，发育完强的青年的汉子成业，带着姑娘，像猎犬带着捕捉物似的，又走下高粱地去。

【五分钟过后，这回金枝仍和小鸡一般，被成业野兽般地压在那里。成业着了疯了！他的大手敌意一般地捉紧金枝的肉体，想要吞食，想要破坏那块热的肉体。成业尽量的充涨了血管，仿佛他是在一条白的死尸上面跳动，金枝赤白的圆形的腿子，也不能盘结住他。于是一切音响从两个贪婪着的人身上创造出来。

金枝 （一边系扣，一边低语）成业，你说找媒人，那媒人咋还不来？

成业 （光着上身，粗冷地）那你，真有了？

金枝 （羞涩地，递给成业一件小东西）那还能骗你，骗你狗！这烟荷包，俺都给你绣好啦！

（唱）

一绣黄豆城，城内大扎营。

绣一个曹操，管呀管大兵。

二绣一只船，船内过大年。

八十岁老翁，把呀把桨船。

三绣周文王，渭水访贤良。

姜子牙扶周，灭呀灭纣王。

哎，金叶子锁！哎，银叶子锁！

金锁银锁连儿锁，想哥哥。

连儿锁锁，连儿锁锁，想起了哥！

六拉锁，依儿吆。

成业 （把烟装在烟袋里，把烟荷包挂烟袋上，欲抽烟，抢白地）是《绣荷包》呀，你唱的？俺也会唱！

金枝　（疑惑地）你也会唱？你娘不是早就没有了吗？谁教你的？

成业　（自持地）我是听我婶娘一边给我叔叔绣荷包，一边唱的呀！

（唱）

六绣赵五娘，人是女贤良。

画就了云烟，找呀找夫郎。

七绣七月七，牛郎配织女。

她夫妻相会，难呀难分离。

荷包子带胸前，妹妹的好手段。

把贤妹美名，天呀天下传。

金枝　（深情地）你家到底是找没找媒人呢？

成业　（无奈地）找啦，找了李二叔二里半呀，可被你娘给顶回来啦！

金枝　（不解地）二里半，李二叔？他不是挺会保媒的吗？咋被我娘给顶回来啦？

成业　（憾恨地）

（唱）

油灯暗，火绳长。保媒人，费周详。

男大当婚女当聘，闺女大了不由娘。

东村月英西家嫁，西院凤姐东村郎。

你家金枝人品好，人说好女不出庄。

媒人说，大嫂子，我看把你家金枝许配给福发的侄子成业，那真是天作之合，鸳鸯一对啊！

金枝　（焦急地）那我娘是咋说的？

成业　（气愤地）你娘她——

（唱）

头不抬来眼不张，一口八个不相当。

金枝　（无助地）为啥不相当啊！为啥？

成业　（不屑地）你娘说我婶母名声不好。

金枝　（焦急地）你婶母咋个名声不好呀？

成业　（难为情地）你娘她说我婶母也在这河湾，跟我叔叔先有后嫁的。

金枝　（拉着成业，小声地）这可是真的？我娘她说你婶母也在这河湾，跟你叔叔先有后嫁的？

成业 （果敢地）真的，是真的！

金枝 （完全崩溃地）这可咋整啊，成业？我的脑袋瓜子都要炸啦！成业！

成业 （不管不顾地）爱咋整咋整呗，反正也干啦！

　　【金枝坐地啜泣。成业看见二里半菜地边上，有两个人，一个大人一个小孩，正偷金枝家的倭瓜，往车上装呢。成业拉起来金枝就撵。

成业 （大声地）有人偷倭瓜啦！谁？站住！站住！

　　【幕后歌谣：

　　三嘛三更里呀，月亮照当空。

　　家家户户睡梦中，叫丫鬟秉上小银灯；

　　生着火炉给我烘一烘呀哎咳哟。

　　火炉呀生起来了，生起火炉满屋暖烘烘。

　　火炉比我小郎热，喊它十声九声它不答应呀哎咳哟。

第二场　丢筐篮

[**时间**] 接着前场的一个晚上。

[**地点**] 金枝家。

[人 物]

朱大爷　五十多岁。

金枝的母亲　三十五岁。

金枝。

[**远景**]　呼兰河，远处几点渔火；天空几多星星。

[**近景**]　该睡觉的时候了！火绳从门边挂手巾的铁线上倒垂下来，屋中听不着一个蚊虫飞了！夏夜每家挂着火绳。那绳子缓慢而绵长的燃着。惯常了，那像庙堂中燃着的香火，沉沉的一切使人无所听闻，渐渐催人入睡。艾蒿的气味渐渐织入一些疲乏的梦魂去。蚊虫被艾蒿烟驱走。

【金枝去月英家替鞋样子，母亲还没有睡的时候，有人来在窗外，轻慢的咳嗽着。是朱大爷提着筐篮。上。

朱大爷 （把筐篮交给金枝的母亲，悄悄地）他嫂子，金枝没在家吧？这是你家的筐篮，撂在河边的。

金枝的母亲 （惊讶地）她不在家，她去月英家替鞋样子去啦。你看看，朱大爷，这丫头整天丢魂似的，摘柿子，咋把筐篮都丢了！

朱大爷 这没啥啊，年轻人嘛！那我走了。

金枝的母亲 （忽然想起来什么）哎，朱大爷，你先别走。这几天我总觉得外面有些闲话，可他们见我就不说了。是不是我家金枝有啥事啦？

朱大爷 （谨慎而又无顾忌地）那我就告诉你，他嫂子。

（唱）

　　水车转，水声潺。街市上，起流言。

　　都说金枝起邪念，一筐柿子摘半天。

　　见天晌头跑河湾，还把筐篮丢河边。

　　河湾不是好地方，那个丫头就算完！

这是我下工的时候听他们传说的，也不知道是真假，你自己问问金枝吧，但可不要吓着她啊！那我走啦。

【朱大爷下，金枝的母亲眩晕了。她一手支撑着腰，一手扶着水缸。

金枝的母亲 （惊惧地）我好糊涂哇！

（唱）

　　苦菜花，开路边。母女俩，苦熬煎。

　　忽听金枝遭人语，顿觉家中雷打天。

　　朱大爷人不撒谎，金枝鬼她竟相瞒。

　　为娘的应有预感，只恨我糊涂这般！

【画外音——那边又有女人故意大声地开始议论金枝了："上河沿去跟男人，没羞的，男人扯开她的裤子？"又有回音响亮起。

【这声音使金枝的母亲自己重重地打了两个耳光，瘫倒在地上。金枝拿鞋样子，上。

金枝 （惊愕地扶起娘）娘，你咋的啦，娘！

金枝的母亲 （缓缓地）把筐篮放回院子里去。

【拿起来筐篮，金枝傻眼了，原来是自己摘柿子丢的啊！金枝的母亲却夺下筐篮，开始愤怒了。

金枝的母亲　（恨恨地）小死鬼儿！你还想摘柿子吗？金枝，你不像摘柿子吧？你把筐子都丢啦！我看你好像一点心肠也没有，打柴的人幸好是朱大爷，若是别人拾去还能找出来吗？若是别人拾得了，名声也不能好听哩！福发的媳妇，不就是在河沿坏的事吗？唉！那是怎样的人呀？以后婆家也找不出去。她有了孩子，没法做了福发的老婆，她娘为这事羞死了。

金枝　（躲靠到门框上，下意识地）娘，娘！

金枝的母亲　（气不打一处来）灯油快干了，还不给油灯填水去！

【金枝的母亲一口咳嗽上来的痰，恰好都迸溅到金枝的脸上。金枝的母亲趁势发作起来。

金枝的母亲　（顿时真的火了，厉声地）呸！该死的！你真干那事啦，你？

金枝　（一边拨灯花，一边擦脸，自言自语）这都怨我自己呢？

（唱）

　　水花响，灯花亮。人难为，口难张。

　　事到如今无颜面，路逢歧途有彷徨。

　　娘拉扯我不容易，我顺从娘理应当。

　　休说成业人撞莽，莫道二叔事不详。

【金枝立时夺下母亲手中的筐篮，要趁着夜色去地里摘柿子，作为补偿。

金枝　（推开门，突然肚子剧痛，只好停下来）怪只怪啊——

（唱）

　　那丢魂的金枝我，这该死的柿子筐！

金枝的母亲　（却负罪似的，顿时又起了善心）别去了，天色已经晚了，一个人，地里是常常有狼的。你有病了，金枝？

【金枝趴在炕沿边上。无语。金枝似乎在沉想的深渊中被母亲踢打着自己的灵魂。

金枝的母亲　（喜怒无常地）你发傻了吗？啊，你失掉了魂啦？我撕掉你的辫子！

【金枝没有挣扎，倒了下来。母亲和老虎一般捕住自己的女儿。金枝的鼻子立刻流血。

金枝的母亲　（有气无力地）小老婆，你真能败毁。摘青柿子！你，不服气吗？

　　【金枝妊娠反应，呕吐了。

金枝的母亲　（又一次崩溃地）小老婆，你肚子里的崽子，到底是谁的？说！

金枝　（站起来，解开衣扣，把娘的手拉进来贴着自己的肚子，坦白地）是成业的，娘！

金枝的母亲　（软了下来，却又发疯似的求饶）那该咋办呢，二里半都叫我顶走了。你睡觉吧，那我去请你李二叔去。

　　【金枝的母亲下。金枝去焐被子。须臾，平儿上。

平儿　（大声地）金枝姐，你娘掉水啦，我爹一个人拉不上来，你快去救呀！

　　【幕后歌谣：

　　四嘛四更里呀，月亮照正西。

　　奴的心中只有你。

　　奴要有三心并二意，天打雷轰死我自己呀哎咳哟。

第三幕　荒　山

第一场　地租加了价吗

[**时间**]　当年的冬天，一个晚上。

[**地点**]　赵三家。

[人　物]

老王婆。

赵三。

李青山家的。

五姑娘和她的姐姐　都是显怀的大肚子。

还有邻居的几个妇女。

小偷。

[**远景**]　昏黑的夜晚。有风声，偶尔有一两声犬吠声。

[**近景**]　赵三家的院子，影影绰绰地可见凸凹的院墙和高摇的柴垛，有走路的人影。

【冬闲，五姑娘和她的姐姐，还有邻居的几个妇女们正围着老王婆，听老王婆讲瞎话。赵三进城回来，他披着两张羊皮回家。他的额头还缠着被刘二爷狗腿子打伤的白布，上面还有些血痕。

老王婆　（惊疑地问）哪里来的羊皮？你买的吗？哪来的钱呢？

【赵三有什么事在心中似的，他什么也没言语。摇闪的经过炉灶，通红的火光立刻鲜明着，他走出去了。未久，李青山家的拖了她的孩子来了。

李青山家的　（开门见山地向老王婆）是地租加了价吗？啊，五姑娘也在这儿。

老王婆　（警醒地）我还没听说。

李青山家的　（见都是贫苦姐妹，也不瞒着他们）他们到底想要杀死谁啊？

（唱）

雪没髁，门冻裂。平地里，起密谋。

青山他们有事情，见面总是瞒着我。

前晚挪进瓜棚窝，昨夜说到后半夜。

我在墙外耳听说，杀死那块老恶祸！

杀死那块老恶祸！他们到底想要杀死谁啊？

【李青山家的抚着孩子的头顶，有一点哀怜的样子，做出一个确定的表情；众女起身。

老王婆　（笑笑地，毫无慌乱地）他婶子，我还没听说呀。

李青山家的　（急于地）是的呀！你还不知道吗？三哥天天到我家去和他爹商量这事。我看这种情形非出事不可，他们天天夜晚计算着，就连我，他们也躲着。杀死那块老恶祸！他们到底要杀死谁呢？

老王婆　（笑笑地，毫无慌乱，继续地）我还没听说呀。

五姑娘　（似乎早有耳闻地）是啊是啊，八成还有他们别人谁家的吧？你要劝说三哥，他们若是出了事，像我们怎样活？孩子还都小着哩！

老王婆　（煞有介事地）没有事啊！

（唱）

泥河北，四方堆；冬闲里，好打围。

野鸡飞来苍鹰落，跳猫钻去黄狗追。

地租有价人难过，场院无粮日难为。

弄几张狍皮鹿角，分几块兔瘦猪肥。

坐吧，坐。他们本是算计着打猎去的，也好让众乡亲过个年呢！你想，这地租真的长了，那不就得断顿了吗！

【五姑娘和别的村妇们带着他们的小包袱，听瞎话来的，踏进来的时候，她们是满脸盈笑。虽然他们听了老王婆的解说，可此时她们还是立刻忧郁起来，一点闲情也没有！一点笑声也没有，每个人痴呆地想了想，惊恐地探问了几句。五姑娘的姐姐，她是第一个扭着大圆的肚子走出去，就这样一个连着一个寂寞的走去。她们好像群聚的鱼似的，忽然有钓竿投下来，她们四下分行去了！

众人　（体恤地）那我们就都走啦！走啦，三嫂。

【众人走尽，老王婆对着里屋叫起来平儿。

老王婆　（严肃地）去打渔村，把你你爹叫回来！

平儿　（不情愿地）叫我爹，爹，喔，那好吧。

【平儿下。须臾，外面的院子里传来打死架的声音。老王婆见时，赵三正打一个人，那人也开始还手。

【幕后歌谣：

五嘛五更里呀，东方发了明。

忽听门外郎的脚步声，姑娘我听见了也装没听见，

翻身朝里假装睡着了不吭声呀哎咳哟。

第二场　地租就这样加成了

[时间]　紧接前场。

[地点]　赵三家。

[人　物]

老王婆。

赵三。

二里半。

小偷、村长和警所的当差。

[**远景**]　夜色略微转明。风声息，渐渐有此起彼伏的犬吠声。

[**近景**]　赵三家的院子，油灯照见的清晰凸凹的院墙和高摇的柴垛，还有被打倒的人。

　　【赵三已经打累了，把棒子拄着，在那里看着被打的人，那人被赵三打断了一条腿。原来是一个来偷他家柴禾的小偷。村中人听着极痛的呼叫，四面出来寻找。不一会儿，那小偷昏过去了，赵三以为他是死了。

赵三　（似乎没有恐惧感了，他转向老王婆，哀求地）找二里半来，快！把这个小子埋了。他妈的，该你死！早来晚不来，偏偏这时候来偷，我还当你是刘二那恶棍来放火呢！

　　【老王婆下。

赵三　（叹息地）这是作孽啊！

　　（唱）

　　　　树有根，水有源。一失手，恨千年。

　　　　钱老爷子死那天，刘二借酒把牌摊。

　　　　你可不要耍地痞，敬酒不吃吃罚单。

　　　　带头交租事完了，抗租不交事没完！

　　　　说罢上来狗腿子，薅我头领扒衣衫。

　　　　赵三不吃那一套，把他酒碗给撞翻。

　　　　刘二杀鸡给猴看，趁势发疯叫连天。

　　　　一边抡起皮带打，一边恶口出狂言：

　　　　穷鬼看你敢造反，一火焚之连窝端。

刘二爷他多次扬言要放火烧我一家，逼我加租，叫我穷鬼滚蛋。今儿个可倒好，这租，也就算是永远地加到头上啦！

【老王婆与二里半慌忙上。

赵三　（还是很坚强地）二兄弟，你扒拉扒拉看他还有没有一口气！

【老王婆与二里半一同勘验，赵三也低头查看。

二里半　（很干脆地）没气儿啦，三哥。

赵三　（走投无路地）找个雪坑，帮我把他埋了！

【远处传来杂乱的叫声。赵三与二里半拖动小偷，鲜血印在雪地上。二里半忽然阻止赵三。

二里半　（又很冷静地）这哪行呢！开春时节，土坑发现死尸，传出风声，那是人命哩！

老王婆　（摸摸小偷，还是没有气息，果决地）还犹豫啥？把他扔井里去，赵三！

【赵三拖着独腿人转着弯跑，但他不能把他掩藏起来。在赵三惶恐的心情下，他确实也愿意寻到一个井把他放下去。赵三弄了满手血。此时，独腿人却"啊"了一声，活了。

老王婆　（顿时，斩截地）站住，赵三！人还没死！得把他弄回炕上去。

赵三　（无可奈何地）那我不就得蹲大狱了吗！那我得逃啊？

老王婆　（果决地）不行，抬人呀！先救人要紧，他二叔！

（唱）

　　黄狗叫，乡邻毛；事宜早，不宜逃！

　　快快找块白裤腰，把他伤腿紧紧包。

　　他要不死他命大，你蹲大狱你捡着。

二里半　（很赞同地）是啊，三哥！

（唱）

　　先把人抬炕上去，再等警所来人瞧。

　　纵使蹲他三年半，总比偿命一招高。

【村长带狗腿子跟在警所的当差后边，还有看热闹的乡邻。上。静场。

警所的当差　（苛刻地，向赵三）你就是赵三，前天抗租的是你，今晚行凶的也是你！给我抓起来！

【赵三还想逃，被警所的当差抓住，反剪着捆了。

村长　（向老王婆，轻蔑而同情地）还愣着干啥？老嫂子，还不掂对钱，找车把伤者送往医院，要是救活了，说不定三哥一年半载也就出来啦！要是死了，那可就没完啦！

老王婆 （横着眼泪，向赵三，刚烈地）他爹，你走，我会想法子给他找车上医院去！不能叫他死！

赵三 （愧疚地）对不起你，他娘！

（唱）

　　春寒峭，冻柳梢。做夫妻，悲喜交。

　　你到我家不一载，事事叫你把心操。

老王婆 （给赵三找件破皮袄，给他套上，隐忍地）你走，他爹！

（唱）

　　春天到，白雪消。他伤愈，你出牢。

　　我把平儿照顾好，叫他看牛放羊羔。

　　【幕后歌声：（重唱前段）

　　春天到，白雪消。他伤愈，你出牢。

　　我把平儿照顾好，叫他看牛放羊羔。

　　【赵三被押解与众人一起，下。小偷被抬到里屋。须臾，李青山家的跑着上。

李青山家的 （向老王婆，惊恐地）不好了，平儿在草上睡着，冻昏过去啦！

　　【幕后歌谣：

　　叫丫鬟呀，快开门。

　　请丫鬟讲情快讲情，外边溜溜的西北风，

　　冻得俺浑身生溜疼呀哎咳哟。

　　钢条呀绣花针，七彩花线买半斤；

　　苏州官粉扬州胭脂，谁撒谎调皮不算人呀哎咳哟。

第四幕　老马走进屠场

第一场　为着赵三出狱

[**时间**]　又一年的二月，这天的中午。
[**地点**]　赵三家。

[**人 物**]

老王婆。
麻面婆。
李青山家的。
五姑娘和她的姐姐。

[**远景**]　二月了。山上的积雪现出毁灭的色调，但荒山上却有行人来往。渐渐有送粪的人担着担子行过荒凉的山岭。农民们蛰伏的虫子样又醒过来。渐渐送粪的车子忙着了！只有赵三家的车子没有牛挽，平儿冒着汗和老王婆并驾着车辕。

[**近景**]　赵三家的院子，柴禾堆只有一个小小的垛影，家里连一匹牲畜也没有了。虽然院墙也倾颓起来，就像一座长久无人来过的尼庵；但院子里还被他们母子俩收拾得干干净净，是活得艰难的力量。

　　【老王婆把青牛抵押了赵三出狱的钱，老马换回一张皮钱的三张票子，当时就补交了还欠东家的一亩地租。她跟平儿正在卸送粪的车。
老王婆　（突然发现似的）平儿，你咋把你爹毡嘎鞡穿上送粪呢。一双毡嘎鞡要穿三五年呢！你赶紧给他脱下来！
平儿　（不情愿而又侥幸地）娘，我还有一只的脚，冻伤得还没好哇！不穿毡嘎鞡我穿啥啊，娘！
老王婆　（狠狠地）你穿啥，我不管，你赶紧给他脱下来！你没看人家这暂都把毡嘎鞑挂棚顶上了吗？你赶紧给他脱下来！败家子！

【老王婆和平儿娘俩在院子里追逐着撺脱毡嘎鞑，平儿光脚在残雪上一瘸一拐奔跳，就像狗烫伤爪子一样叫。二里半老婆麻面婆端着一升荞麦面，上。

麻面婆 （可怜地）三嫂，叫他穿吧，那地上雪还没有化净，冰茬子扎脚疼啊！

老王婆 （激动地）他二婶子，我以为你说说就过去了，你看你，还当真地送过来！

麻面婆 （热情地）三嫂！

（唱）

驴打滚，地租翻。穷家主，命相连。

平儿冻伤落炕里，三哥失手入牢监。

家中只剩你一个，里里外外好艰难。

不是什么值钱物，一升荞面包菜团。

老王婆 （感激地）他二婶子，你家也不宽绰啊！平儿这不已经好多了吗？你三哥这两天也就出狱了。

【李青山家的拎了一条鱼，五姑娘和她的姐姐各自拿了一点小东西，三个人，上。

李青山家的 （真诚地）三嫂，听说一两天三哥就要回家了。青山捡了几条冻鱼，叫我给你拿来，大狱里啥吃的没有哇，还吃死猫肉哩，可给三哥熬干坏啦！

五姑娘和她的姐姐 （随声附和地）可不是咋的！我们也拿了点小东西，一点心意吧！

麻面婆 （疑惑地）三嫂，听说小偷死了啦？

老王婆 （很不情愿地）咳！小偷，死啦。

五姑娘和她的姐姐 （惊讶地）死啦？！可你是咋把三哥从大狱整出来的啊？

老王婆 （艰辛而无畏地）没法子啊，我求了刘二。

（唱）

虎吃狸，狼吃鸡。人檐下，把头低。

本为乡里除恶祸，却把小偷当怨敌。

一旦不治身亡死，人命案子事有急。

我求刘二救赵三，刘二要我三桩事。

五姑娘 （追问地）这第一桩呢？

老王婆 （叹息地）还不是为地租加价啊！

（唱）

三石小麦都交租，一张马皮顶利息。

五姑娘的姐姐 （惋惜地）怪不得你把老马送进了汤锅。那第二桩呢？

老王婆 （无可奈何地）啊！还不是为抗租啊！

（唱）

赵三出狱须悔悟，若再抗暴灭天理！

李青山家的 （遗憾地）三嫂，青山他们，没了顶梁柱赵三哥，这几天也就
自消自灭啦！那第三桩呢？

老王婆 （恨恨地）还不是为他家那群羊啊！

（唱）

我家平儿冻伤愈，给他无偿做劳计。

五姑娘 （抱怨地）呵，给他放羊啊，都成他的家奴啦！

老王婆 （哭诉地）这样，刘二才替我求了东家。东家是跟官相穿一条裤子的。
东家说，好险！若不为你说一句话，三年大狱你可怎么蹲呢？东家说——

（唱）

小偷他算没好运，不用接腿不跳神。

我来着手给你办，让他死了那份心。

地东地户没里外，从此好好为乡邻。

东家要打点官相，我就把青牛给卖了！赵三回来，现在可是啥也没有了。真
是筷子夹骨头，就剩三条光棍啦！

【平儿背着搅箩子，捡冰排上的臭鱼去了。下。

【女人们像松树籽那样容易结聚。又来了一些看望老王婆的女人。他们
叽喝地在老王婆家里满炕坐。老王婆在灶上做饭。五姑娘在编麻鞋，她为着笑，
弄得一条针丢在席缝里，她寻找针的时候，做出可笑的姿势来，她像一个灵
活的小鸽子站起来在炕上跳着走。

【画外音——"谁偷了我的针？小狗偷了我的针？"

"不是呀！小姑爷偷了你的针！"

"莫要打，打人将要找一个麻面的姑爷。"

"五姑娘编成几双麻鞋了？给小丈夫要多多编几双呀！"

"哪里有你这样的老太婆，快五十岁了，还说这样话！"

"你们都年青，哪里懂什么，多多编几双吧！小丈夫才会希罕哩。"

"你的第一家那个丈夫还活着吗？"

"说呀！你们年青，每夜要有那事吧？"

"十多回。"

"月英要吃咸黄瓜，我还忘了，我是来拿黄瓜。"

【静场。

【平儿匆匆返回。

平儿 （大声地）娘，月英不行啦，月英不行啦！

【幕后歌谣：说口《三贤》

老身王门刁氏，我算命打卦吃他妈八个井水。

头一家嫁给老杨家，二一家嫁给老黄家，

三一家嫁给老郎家，四一家嫁给老梁家，

五一家嫁给老常家，六一家嫁给老唐家，

七一家嫁给老姜家，八一家嫁给老王家。

我搁这三年之内，这八家都嫁到了。

人家骂我扫帚星搅家不贤，我还觉得我差不离儿。

到老王家不到一年，打个破大盆儿。

第二场 月英临死

[时间] 接前场的这天午后。

[地点] 月英家。

[人 物]

月英 二十九岁。李青山家的邻居，痨病。

李青山家的。

老王婆。

麻面婆。

五姑娘和她的姐姐。

[远景]　山上的雪被风吹着像埋蔽这傍山的小房似的。大树号叫，风雪向小房遮蒙下来。一株山边斜歪着的大树，倒折下来。太阳怕被一切声音扑碎似的，退缩到天边的云里去了！

[近景]　这时候月英家透出来的声音，更哀楚。一盘土炕，窗户纸昏黄得像一面单鼓，风雪打在窗户纸上，噔楞噔楞作响。地上的两个妇女正在给月英找衣裳；连着间壁的锅台冒着热气，几个妇女正在给月英烧水。

【垂死的月英靠墙坐炕上，突然缓醒过来。众女人为她临终忙碌着。

【月英是村里最美丽的女人。她家也最穷，和李青山家的隔壁住着。她是如此温和，从不听她高声笑过，或是高声吵嚷。生就的一对多情的眼睛，每个人接触她的眼光，好比落到绵绒中那样愉快和温暖。可是现在那完全消失了！

李青山家的　（担心而惊喜地递上咸黄瓜）月英，咸黄瓜，能吃吧？

月英　（平静地）你你给我一点水吧，我渴死了！

老王婆　（用羹匙，轻轻地）刚烧的，喝一口，润润嗓子。

月英　（急切地，声音却弱得柔惨欲断似的）嘴干死了，把水碗给我呀！

李青山家的　（递过水碗，悲悯地）唉，挺直了身子，弯曲着会呛着的呀！

【月英喝水，一口气没上来，又憋过去了。众人呼叫。

李青山家的　（愧悔而背对着众人）人，说走就走，说完就完啊！

（唱）

雪打山，天云散；行影单，人命浅。

月英与我做邻居，如今整整三年半。

头一年她过了门，井台打水遭小产。

第二年她闹了病，整夜咳嗽喘气难。

第三年她落了炕，窝吃窝拉已瘫痪。

男人出外扛活去，女人在家无人管。

女人命苦如黄连，月英命苦赛苦胆。

天生一棵美人蕉，到头一把风折伞。

一心想吃咸黄瓜，到了嘴边不能咽。

真是可叹啊！三嫂，你们看着她，我去叫他男人金生来！

老王婆 （急促地）青山他嫂子，你赶紧去。我掐了人中，没有回应，怕是不行啦！

【一个短时间内仍没有回应，于是孱弱哀楚的小响不再作了！众人啜泣着，哼着，像是听到月英心灵里在流泪一般，滴滴点点地。月英回光返照了！她好人一样地说话，叫人，要这要那，只是不能够动。

老王婆 （安慰地）你好了一点，脸孔有一点血色了！

月英 （深情地）你们都来了？都来送我？我算完了，你看我连被子都拿不动了！这两年把我造得你们看像什么似的呀！

（唱）

驴拉磨，驴打尖；人有难，人相残。

幽黑屋子像佛龛，佛龛中坐女魂胭。

枕头四面围住我，倒下睡觉难上难！

起初金生还请神，土地庙前索药煎。

后来干治不见好，索性大骂没心肝。

今世交了倒霉运，娶个祖宗供上天。

那时还能把我打，这时连看也不看。

晚上卖菜回家转，自己做饭自己填。

一夜睡到大天亮，把我摞在他身边。

在他身边我像鬼，仿佛彼此不相连。

三嫂啊，五姑娘！我不行啦！我怎么能行，我快死啦！

【月英说话只有舌尖在转动。王婆靠近她，同时那一种难忍的气味更强烈了！更强烈的从那一堆污浊的东西，发散出来。

月英 （指点身后，凄然地）你们看看，这是那死鬼给我弄来的砖，他说我快死了！用不着被子了！用砖倚住我，我全身一点肉都瘦空。那个没有天良的，他想法折磨我呀！

【五姑娘觉得男人太残忍，把砖块完全抛下炕去。月英她的眼睛，白眼珠完全变绿，整齐的一排前齿也完全变绿，她的头发烧焦了似的，紧贴住头皮。她像一头患病的猫儿，孤独而无望。

【老王婆下地用条枝拢了盆火，火盆腾着烟放在月英身后。老王婆打开她的被子时，看见那一些排泄物淹浸了那座小小的骨盆。五姑娘扶住月英的腰，但是她仍然使人心楚的在呼唤！

老王婆 （心酸地）哎呀，咋把人造成这个样子啊！

（唱）

尘灰辫，头上悬；两条腿，似竹竿。

手上冰凉没感觉，胯下还热有虫盘。

借着火光看看你，好似灯笼挂杆边。

牙绿眼蓝白脸面，肉腐便溺气熏天。

都收拾干净了，给她穿装老衣裳吧！不要等着咽气，那样殃要打人的。你们要快啊！

【月英叫五姑娘到隔壁借一面镜子，月英她看了镜子，悲痛沁人心魂地她大哭起来。但面孔上不见一点泪珠，仿佛是猫忽然被斩轧，她难忍的声音，没有温情的声音，开始低嘎。

月英 （在她人生的最后一刻，果敢地）我是个鬼啦！快些死吧！活埋了我吧！

【她用手来撕头发，脊骨摇扭着，一个长久的时间她忙乱的不停。现在停下了，她是那样无力。头是歪斜地横在肩上；她又那样微微的睡去。她死了。三天以后，月英的棺材抬着横过荒山而奔着去埋葬，葬在荒山下。

【幕后歌谣：

你父他认我作螟蛉，

又恐怕树粗缰短拴不住马，河宽水浅养不住龙；

听信你三叔心腹话，把恩妹许配二哥家中。

第五幕 刑罚的日子

第一场 刑罚的日子

[**时间**] 夏天。

[**地点**] 五姑娘的姐姐家。

[人 物]

五姑娘的姐姐　二十六岁。临产。

五姑娘姐姐的母亲　五十五岁。

五姑娘姐姐的丈夫　红脸汉，三十岁。

收生婆　五十岁。

五姑娘。

老王婆。

福发婶子　四十岁。

[远景]　房后的草堆上，温暖在那里蒸腾起了。全个农村跳跃着泛滥的阳光。小风开始荡漾田禾，夏天又来到人间，叶子上树了！假使树会开花，那么花也上树了！房后草堆上，狗在那里生产。大狗四肢在颤动，全身抖擞着。经过一个长时间，小狗生出来。暖和的季节，全村忙着生产。大猪带着成群的小猪喳喳的跑过，也有的母猪肚子那样大，走路时快要接触着地面，它多数的乳房有什么在充实起来。

[近景]　五姑娘的姐姐家。幔帐半遮的土炕，一张饭桌，一口躺箱。清贫至极。

　　【幕后歌声：
　　夏天暖，夏天长。天忙生，地忙养。
　　黄狗生个白花狗，青羊产个黑花羊。
　　四姐养个大胖小，五姑捡个小姑娘。
　　人与牲畜一起忙，忙生忙养为哪桩？
　　【产妇五姑娘的姐姐，头缠青布，半卧在炕。她的母亲，在地上忙来忙去的走。五姑娘姐姐的丈夫红脸汉走出门去。五姑娘跟着老王婆一起进门来。上。

老王婆　（向着五姑娘的姐姐，关切地）他姐姐，不是说还有半拉月的吗，咋这么快！

五姑娘的母亲　（遗憾地）他三嫂，看又把你折腾来啦！！孩子已经落草啦。

老王婆　（疑惑地）落草啦，孩子？

五姑娘的姐姐　（坚强地）三嫂啊，别提啦！

　　（唱）

　　本来在地割羊草，感觉不好忙进房。

　　撂下窗帘撂幔帐，卷起炕席靠炕墙。

　　收生婆婆讲究大，说我坐草不吉祥。

　　回头又把草卷起，坐着土炕光脊梁。

老王婆　（不解地）哪那么多讲究的？

五姑娘的母亲　（无奈地）说是压财！

　　（唱）

　　好歹熬到天放亮，鸡叫三遍不开张。

　　产婆说是要闹事，换个人来理应当。

五姑娘　（抱歉地）那个收生婆无奈拎着盆就走！我娘说，赶快把三嫂叫来啊！这不，就把你给折腾过来了。

五姑娘的姐姐　（依旧坚强地）三嫂啊！

　　（唱）

　　说罢我即昏死去，红脸说我把死装。

　　脱下靴子骂贱货，一只靴子打上墙。

　　我混乱中忙站起，孩子哗啦掉炕上。

五姑娘的母亲　（痛心地）他三嫂，你看看，还有救没救啊？女人，真是没法子啊！

　　【老王婆和五姑娘一起检验，孩子早已经没有气息。老王婆做口对口呼吸也无济于事。老王婆示意叫五姑娘把她红脸姐夫叫上来。红脸汉，上。

红脸汉　（历来如此地，并不在乎地）那就赶紧扔了吧，三嫂！

老王婆　（果断地）他姐夫啊！

　　（唱）

　　找来一捆新谷草，捆上三道把他装。

　　送到南岗阳坡上，且莫回头漫思量。

　　再生爹娘世没有，再生儿郎一大帮。

　　年轻轻地忙生养，来年这暂又声张。

她姐姐，你也别上火，好生将养啊！快去吧，他姐夫！

【五姑娘的母亲与红脸汉抱孩子下。福发婶子急匆匆上。

福发婶子 （向老王婆，哀求地）三嫂，过去一趟吧，成业媳妇金枝也要生啦！

老王婆 （半信半疑地）金枝，金枝不是刚刚结婚才四个月吗？

【幕后歌谣：

葱丝儿，肉丝儿，花椒大料拌馅子，尝尝好滋味儿。

咿个呀儿吆儿吆，尝尝好滋味儿。

大嫂子，卖饺子，咿个呀儿吆儿吆，尝尝好滋味儿。

第二场 金枝河边生子

[**时间**] 接前场的那个夏天。

[**地点**] 呼兰河边。

[人 物]

金枝 十七岁。临产。

成业 二十岁。

老王婆。

[**远景**] 阳光下，一片草塘，弯曲的呼兰河静悄悄地流淌着。

[**近景**] 河边。四月里，鸟雀们也孵雏了！常常看见黄嘴的小雀飞下来，跳跃着啄食。小猪的队伍逐渐肥起来，只有女人在乡村夏季更贫瘦，和耕种的马一般。隐约的草丛，传来单调的捣衣声，叫人犯困。

【刑罚，眼看降临到金枝的身上，使她短的身材，配着那样大的肚子，十分不相称。金枝还不像个妇人，仍和一个小女孩一般。但是肚子膨胀起了！很快做妈妈了，妇人们的刑罚快擒着她。并且她出嫁还不到四个月，就渐渐会诅咒丈夫，渐渐感到男人是严凉的人类！那正和别的村妇一样。

【坐在河边沙滩上，金枝在捶板石上洗衣服。太阳直照着河水，对岸林子的倒影，随逐着金波荡漾着。成业在后边，站在远远的地方，他抽烟呢，他是准备下地了。

成业 （随口干预地）大晌午头的呀，你洗衣裳！懒老婆，晚上你做啥来？

【幕后歌声：

太阳高，水潦潦。捣衣声，好心焦。

当牛做马谁酬犒，女人生来命相薄。

晚上陪着男人觉，早上起来把饭烧。

晌午洗衣河边照，一天到晚好辛劳。

听惯骂来捱惯打，显怀身子不禁敲。

【金枝在石板上一滑动，把腰闪了。

金枝 （着急地）成业，不好啦！你快过来，帮帮我。

成业 （大声地）帮你啥呀！我要下地啦！你自己整吧。

金枝 （痛苦地）成业，真的，真的，不行了，我！

（唱）

水声潦，蛙声喧。忽然间，人影旋。

顿时感觉肚子疼，四肢无力眼发蓝。

伸手摸摸似是血，一泡黄水撞裤衫。

成业，成业！快快，生啦！

成业 （依旧大声地）你起来自己走回去啊！

金枝 （更加痛苦地）成业，我走不了啦！

成业 （似乎觉警地）我背你啊！

金枝 （有气无力地）也不行啦！

（唱）

前头不远找三婶，快快叫她莫迁延！

成业 （还是埋怨地）好吧！我这就去。

（唱）

晚上不把衣裳浣，偏偏这时到河边！

【成业急忙下。赤身的女人，金枝她一点不能爬动，她觉得她应该等着老王婆来，跟他一起，才能为生死再挣扎到最后的一刻。辽阔的草塘，平静的河面，安然的金枝。

【老王婆带来一瓶子水，跟成业一起，上。

老王婆 （毫无惊恐地）喝一口水！她从什么时候起？

成业　（不再埋怨地）刚刚，就这么一会儿的工夫。

　　【老王婆给金枝饮水，叫她增加些力气。老王婆开始熟练地指挥金枝配合接生。

老王婆　（一边动手，一边安抚地）马上就出来啦，瞧瞧，这不是露头儿啦！

　　（唱）

　　柳绵飘，日影摇；这河套，好地梢。

　　金枝金枝你挺住，年轻轻地用力刨！

　　四下无人多青草，愿意咋嚎就咋嚎。

　　你须跟我配合好，咱把孩儿一起包。

生啦，成业！

成业　（急于地）生啦？是个啥？

老王婆　（一边解下自己的衣衫，一边包孩子，深情地）是个丫头。成业，你把金枝裤子提起来，这里时间长了会受风的。咱们走，回家！

　　【老王婆抱着小金枝，成业背着金枝，离开了叫他们永志不忘的草塘与那河边。

老王婆　（一边抱着孩子，一边开玩笑，风趣地）我要还能够生养一个那该多好哇！——你们昨晚是不是干那事啦？那可是要命的事情啊！你们年轻！

　　【幕后歌谣：

　　小老妈在上房打扫尘土，打扫那东屋啊又到西屋。

　　东屋那个西屋打扫完毕，我来到客大爷的小内屋。

第六幕　罪恶的五月节

第一场　老王婆服毒

[时间]　五月节。

[地点]　赵三的家。

[人 物]

赵三。

老王婆。

平儿。

二里半。

冯丫头 十来岁。老王婆先房的女儿。

五姑娘。

男人们。

女人们。

[远景] 弯月如同弯刀刺上林端。赵三房后柴栏，轻开篱门。柴栏外是墨沉沉的静甜的，微风不敢惊动这墨色的夜面。黄瓜爬上架了！苞米响着雄宽的叶子，没有蛙鸣，也少虫声。

[近景] 赵三贫困的家屋。土炕，因丧事借来的条桌，厨房像一个黑窑洞。暗淡的灯光。

【窗子打开，使死者见一见最后的星光。老王婆跳突着胸口，微微尚有一点呼吸，昏黄的光线照拂着她素静的打扮。已经为她换上一件黑色棉裤和一件浅色短单衫。除了脸是紫色，临死她没有什么怪异的面相。

【乡亲陆续走进走出。平儿跪地上。

五姑娘 （向赵三，低声询问地）三嫂咋服毒了呢，三哥？

赵三 （没有表情地倾诉）咳，谁知道啊！

（唱）

　　五月节，五端阳；草垛上，起祸殃。

　　忽听门外一声响，我忙起身跳过墙。

　　见有一人倒草上，原是平儿他的娘。

　　身旁躺着酒葫芦，口服毒药吐血浆。

摸摸心口已没气儿啦，我就叫他李二叔来看着，我就进城给她拉棺木去了。

好歹跟我过了两年，咋说也是夫妻一场，咋也不能用炕席卷啊！

【冯丫头夹包袱，哭着。上。

平儿 （向赵三，不情愿地） 爹，冯丫头来啦，冯丫头来啦！

【女人们给她戴孝，冯丫头是哭她亲娘来了。

冯丫头 （无助地）娘，你咋也走了，那我去找谁啊，娘！

一女人 （好奇而同情地）哭一会儿就得了，咳，起来吧。那你姓冯的爹呢？

冯丫头 （啜泣地）我姓冯的爹啊！

（唱）

　　姓冯爹爹早死亡，死时没有棺材装。

　　我娘卖掉青丝发，换领草席来送丧。

另一女人 （啜泣地）那你亲爹呢？

冯丫头 （不再啜泣）我的亲爹啊！

（唱）

　　我亲爹爹本姓王，原在关东跑单帮。

　　听说早已回关里，不知到底在何方。

又一女人 （也跟着啜泣地）那你哥哥呢？

冯丫头 （又开始啜泣）我的哥哥啊！

（唱）

　　哥哥靠个窑姐姐，没钱就去抢钱庄。

　　官相捉住把他毙，身前身后捱三枪。

赵三 （瞪眼地阻止她）别说了，里屋落忙的正在喝酒，你也去跟吃口饭吧！

【冯丫头进里屋。突然外间有人嘈杂的声音。

二里半 （向赵三，惶惑地）三哥，不好，三嫂诈尸啦！

赵三 （果决地）快快，都撂下碗筷！

（唱）

　　女人都到外间去，男人赶快拿扁担。

　　死尸还魂不了得，压她不住有麻烦。

　　力大无比能抱树，抱住小孩能上山！

【几个男人用扁担压在老王婆的胸口，老王婆一口黑血，吐在赵三身上。
老王婆消停了。赵三叫人把她装殓。

一女人 （因同情而果敢地）三哥，先不要刹扣，还有些气息！

赵三 （依旧果决地）知道啦！有气也不能活啦！那是毒药哇！

【幕后歌谣：

一尺布，裁裤子；二尺布，缝斗篷。

三尺串绸剪春袄，四尺软缎把被蒙。

五尺叠幔帐，六尺做屏风。

七姑八姨手工巧，十九嫁妆成。

第二场　二里半会朋友

[时间] 五月节。

[地点] 四处（二里半家的菜地 —— 李青山家的麦田 —— 金枝家的苞米地 —— 老王婆钓鱼的河边。）

[人 物]

二里半一家。

赵三和平儿。

金枝。

老王婆和冯丫头。

[远景] 五月节了，家家门上挂起葫芦。全村表示着过节，菜田和麦地，不管什么地方都是静静的，甜美的。虫子们也仿佛比平日会唱了些。

[近景一] 二里半家的菜地，生菜花黄得就像一片锦缎。

　　【二里半那个傻婆子屋里有孩子哭着，她却蹲在门口拿刷马的铁耙子给羊刷毛。

　　【二里半跛着脚。过节，带给他的感觉非常愉快。他在白菜地里看见白菜被虫子吃倒几棵。若在平日他会用短句咒骂虫子，或是生气把白菜用脚踢着。但是现在过节了，他一切愉快着，他觉得自己是应该愉快。走在地边他看一看柿子还没红，他想摘几个柿子给孩子吃吧！过节了！过节渲染着整个二里半的灵魂。他经过家门没有进去，把柿子扔给孩子又走了！他要趁着这样愉快的日子会一会朋友。

二里半 （酒兴撞击着他，高兴而放纵地）过节啦，会会朋友去哩！

（唱）

生菜花，开满栏；牵羊羔，上西山。

剩只羊羔好将养，母羊交了地租钱。

来年秋到又生产，此时羊羔已打栏！

过节啦，我得会会朋友去哩！会会朋友去哩！过节啦！

[近景二] 李青山家的麦地，麦浪滚滚，到处是大田茂盛的馨香。

【赵三在各家收割的大麦地头上卖镰刀。这些镰刀是那时他拉镰刀会用的，现在他要换几个口粮钱了。

赵三 （羡慕而诚恳地）这是李青山家的麦地，该开镰啦！卖镰刀啊！

（唱）

小麦青，大麦黄；卖镰刀，换口粮。

麦熟三晌人欢喜，加钢镰刀割麦忙。

那时为着抗租暴，如今已全无用场。

要不是刘二爷给我说句话，那东家怎能救我，还不得在大狱里蹲着！人不能够没有良心，这镰刀会也就不能够再拉了；再说，我家青牛老马也卖尽了，麦子也不能种了，镰刀自然也就没用了。都卖它吧，这上好的加钢镰，卖镰刀啊！

[近景三] 金枝家的苞米地，一股浓密的甜香，沁人心脾。

【金枝在那里铲三遍地。

金枝 （心事重重地）成业，不知道是找没找到孩子啊！

（唱）

苞米地，窜红缨；想心事，好心惊。

小小金枝才两岁，被人拐走被人扔。

成业去了哈尔滨，我把锄头到地耕。

晌午啦，我也该回家去啦！看看成业他回来没有，好过个节呀！

[近景四] 呼兰河。静悄悄的南河湾，茂草，树丛，闪闪的波光，简直就是一处圣地。

【老王婆和她的女儿冯丫头在河边钓鱼。她没有死，活了。她开始酗酒。冯丫头也来在了她的家中。

老王婆 （放荡不羁地）他们说我诈尸，险些把我压死！—— 我活啦！走不动啦，就坐着；坐不住了，就躺着。去他妈拉八巴子的，我这一辈子！

（唱）

南河泾，水流平；草儿茂，鱼儿丰。

一口烧酒下了肚，一条黑鱼上钩中。

从此不问家人事，莫怪王婆我忘情。

喝酒！冯丫头。你跟我喝酒！你不会喝酒？那你也得喝一口，就一口，一口。

冯丫头 （劝阻地）娘，你别喝啦，耍酒风是咋的，你！娘。

（唱）

挡风帐，蒺藜编；报仇恨，记心田。

谁杀我哥我杀谁，咱疼我娘娘疼咱。

等我成人长大后，不做弱女做强男！

娘，你告诉我，谁是咱仇人？娘！

老王婆 （兴高采烈地）傻孩子，这烈性子，真还有点儿像我。赶明儿个，还能有个啥出息似的呢。哈哈，怕你做强盗都没有机会哩！听说金枝孩子被人贩子拐跑了，还是死了，我得去看看呢！

【幕后歌谣：

高高山上一棵蒿哎，众仙他影影绰绰来到了。

狐仙要喝一口哈喇气儿，黄仙要尝一碗鸡蛋糕儿。

众位仙他就落了座，望闻问切前来把高招儿。

小小猪猡，你——

快把那生日时辰报，姓甚名谁也好把病瞧。

第七幕 瘟疫来了

第一场 传染病

[时间] 民国二十年即公元一九三一年，九月十八日，后几天的一个正午。

[地点] 离赵三家不远的，呼兰河的南河沿。浮桥。

[人 物]

一老太太 大约有六十岁。

金枝和成业。

赵三。

一老大爷和他临产的儿子媳妇。

二里半。

冯丫头和一个女学生 他们都已经十六七岁了。

[远景] 南河沿涨大水啦！大水仿佛是一个巨大的怪兽，把一切立时就吞没了。呼兰河就是这样的相隔几年就要出槽。大水过后，太阳血一般昏红，从朝至暮蚊虫混同着朦雾充塞天空。高粱，苞米，一切菜类被人丢弃在田圃，每个家庭是病的家庭，是将绝灭的家庭。远处听见一个驴子在号叫，驴子号叫在水沟吗？

[近景] 南河沿的浮桥。桥头高墩上，坐一个无家可归的老太太。不知道她在那里是看热闹，还是绝望着。浮桥上奔走的行人，似乎都是逃难的。

【金枝接过成业找回的孩子，但孩子已经不行了。上。

成业 （疲惫而凄楚地）这是什么天象啊！我刚刚离开家这么两天，就变得这番景象了！

（唱）

南河梁，水荒茫；浮桥上，人逃亡。

一场大水把地淹，高粱苞米全泡汤。

恰似一群寒号鸟，家园灾后何凄凉。

金枝 （无奈却坚强地）成业啊！

（唱）

小小金枝虽找到，奄奄一息命不长。

瘟疫流行人命短，怎跟着你度灾荒！

来，妈妈喂你一口奶吧。啊，成业，孩子已经不行啦！

老太太 （自怨自艾地）我说，天象，这是什么天象啊？

（唱）

天要崩塌地要陷，老天叫人全死亡。

都是自己招来罪，强盗打仗杀人狂。

天要灭人呀！老天早该灭人啦！人世尽是强盗！金枝，你那孩子已经死在你
男人怀里，你还不找捆草把她扔乱死岗子去啊！

金枝 （顺手把买主给孩子的半袋代乳粉扔进河里，愤怒地）孩子都死了，
还要这干什么！成业——

　【金枝号啕着，一家人，下。

　【太阳变成暗红色的放大而无光的圆轮，当在人头。昏茫的村庄埋着天然
灾难的种子，渐渐种子在滋生。传染病和放大的太阳一般勃发起来,茂盛起来！

　【赵三踏着死蛤蟆走路。人们抬着棺材在他身边暂时现露而滑过去！一
个歪斜面孔的小脚女人跟在后面，她小小的声音哭着。又听到驴子叫，不一
会驴子闪过去，背上驮着一个重病的老人。赵三站来到河边，站在桥头上。

　【天上出现了日本人的飞机，在盘旋着，在撒着传单。传单到处都是，
间断的持续着，人开始慌乱。

　【二里半老婆麻面婆抱着半死的孩子被脚下的土块跌倒，她起来慌张着。
上。

麻面婆 （逃避瘟疫和死亡似的）三哥，还坐在这里！

（唱）

天上飞，地上瘟；众乡亲，大逃奔。

鬼子来了要清屯，就连小孩也打针。

我把孩子抱出来，宁肯病死也甘心。

鬼子身穿白外套，嘴上挂着白囊，说起难懂的中国话："你的，病人的有？我的治病好，来！快快的。"

【麻面婆抱着半死的孩子，下。另一个老大爷，领一个孕妇，上。孕妇被飞机吓着了把孩子生在裤兜子里。老大爷无奈，找到桥头高墩上坐的那个无家可归的老太太，请她帮忙。

孕妇 （悲怆至极地）爹，我把孩子已经生了！

老大爷 （焦急地）老嫂子，我儿子媳妇生孩子啦，请你帮她一把，老嫂子！

老太太 （点头应允而急切地）咳，咋赶在这个时候呢！

（唱）

飞机响，乱嗡嗡；传单撒，闹嘤嘤。

乱马营哗跑日本，屁滚尿流躲灾星。

黄鼠狼咬病鸭子，越穷越是被人坑。

李家一家都死尽，你却偏要这时生！

你去高粱地撅一棵箭杆，我要用席篾子给她剪掉脐带啊！

【赵三帮助把孕妇搀扶到草地里，飞机的传单落在孕妇他们的身上。那个老大爷去高粱地撅秫秸。

赵三 （被激怒了，他嗷起来）我日你祖宗小鬼子，你们丧尽天良！你们不得好死啊！

【回音——"你们丧尽天良！你们不得好死啊！"

【一架飞机失事，拖着浓烟，扎在谷子地里去了。

【静场。

【二里半上，他是来叫赵三回家的。

二里半 （向赵三，紧迫地）三哥！城里来拉人啦！

（唱）

场院里，锣声勤；叫乡邻，打药针。

鬼子前来灭瘟疫，说是你家有病人。

三个鬼子站在地，平儿躺在炕当心。

你须回去做检验，传染别人要犯禁。

三哥，刘二爷、村长叫你回家哩！平儿被他们抓起来往肚子里打药针呢！

赵三 （火了，但也没办法地）我没病！没病。

【二里半拉赵三，下。过浮桥逃难的乡亲陆续从浮桥上回来了。

【画外音 —— 村长通知的喊声，反复着："都到西山谷地去，帮助日本人抬飞机啊！飞机掉谷地啦！"

【冯丫头和一个女学生，手持传单，上。

女学生　（慷慨激昂地）冯丫头，叫乡亲们，不要去啊！你们不要去！不要给日本人抬飞机啊！

　　（唱）

　　日本人，侵略咱；全东北，都沦陷！

　　说什么共存共荣，实际上连蒙带骗。

　　今天占我东三省，明天就进山海关。

　　不要给他抬飞机，跟他们来决死战！

冯丫头，咱们撤！

【画外音 —— 群众反复着："小鬼子军车进村啦，快跑哇！"

【幕后歌谣：

　　正月里呀正月正，清查户口要劳工。

　　要是有钱花钱雇，要是没钱自己顶。

第二场　黑色的舌头

[**时间**]　又一年的夏天，晚上。

[**地点**]　赵三家的院子里。

[人　物]

老王婆。

金枝的母亲。

赵三。

平儿。

黑胡子　四十五岁，抗联里的人。

翻译高丽人和伪村长。

[**远景**]　田间无际限的浅苗湛着青色。草地上汽车突起着飞尘跑过，一些红色绿色的纸片播着种子一般落下来。小茅房屋顶有花色的纸片在起落。从城里出发的汽车又追踪着驰来。车上站着威风飘扬的日本人，高丽人，也站着扬威的中国人。那一些举着日本旗子作出媚笑杂样的人，消失在道口。那一些"王道"的书篇飞到山腰去，河边去。

[**近景**]　老王婆立在门前，二里半的山羊垂下它的胡子。老羊轻轻走过正在繁茂的树下。山羊不再寻什么食物，它的眼神模糊好像垂泪似的。对着前面的洼地，对着山羊，老王婆追踪过去痛苦的日子。

　　【金枝的母亲手中捉住两只公鸡，经过老王婆的家门。上。

金枝的母亲　（向老王婆，痛苦不堪地）日子算是没法过了！成业被抓走了，去孙吴修铁路。金枝去了哈尔滨，给人缝小工。日子可怎么过？就剩两只鸡，还得快快去卖掉！要不然晚上来查夜也得抢走啦。世道变啦，快出真龙天子了。

　　（唱）

　　日本兵，满街横；日本旗，飘在空。

　　日本鬼子恶得凶，村里姑娘都跑净。

　　年轻媳妇也一样，半夜三更抓劳工。

我听说王家屯一个十三岁的小丫头也叫日本子弄去了！

老王婆　（似有心事，无心挽留地）歇一歇再走吧！金枝她娘。

　　【鸡有气无力地叫着，金枝的母亲摇摆着身子，下。赵三从屋子里走出。赵三的胡子白了，也更稀疏。喝过酒，脸更是发红。平儿担了大捆的绿草回来，晒干可以成柴，在院心他把绿草铺平。进屋他不立刻吃饭，透汗的短衫脱在身边，他好像愤怒似的，用力来抬响他多肉的肩头，嘴里长长的吐着呼吸。他长成大人了。

平儿　（向赵三，似乎想起来了什么，冷丁地）亡国了！这地不能种了！

　　【老王婆给平儿缝汗衫上的大口子，想到亡国，她感动了，把汗衫缝错了！她把两个口子完全缝住。

平儿　（继续他的述说，有些愤恨地）娘！今早有个女学生被小鬼子枪毙了，还给挂在树上！真他妈狠毒！

老王婆　（不祥之兆，惊悸地）女学生！？

平儿　（肯定地）女学生！

　　（唱）

　　　　日冒红，鸟林鸣；二里半，把羊松。

　　　　发现树上吊个人，原来是那女学生。

娘，给挂在树上啦。真惨啊！小鬼子说干就干啦！

赵三　（果然不出意料地）女学生！就是那个在浮桥头，不让乡亲们去帮助小鬼子抬飞机，宣传抗日的那个，女学生！

老王婆　（焦虑地）那冯姑娘呢，平儿！

平儿　（又有些后悔似的）娘！没有冯姑娘。娘！真的没有哇！

　　（唱）

　　　　两只黑狗吃红眼，仿佛恶魔发了疯。

　　　　突然来个黑胡子，叫我帮忙挖个坑。

老王婆与赵三　（异口同声地）黑胡子？那你呢，你帮他忙了吗？挖坑！

　　（唱）

　　　　借来捅锹挖开土，覆上树枝盖上棚。

　　　　那人采来花一朵，顷刻钻林无影踪。

那黑胡子就跑啦！钻林子哩！

赵三　（随口地）听别人说，那女学生是什么党。

老王婆　（阻止地）平儿，别说了。小鬼子会来抓人的，这是通匪啊！

　　【远处小鬼子的军车声，警犬声，乡亲哭喊声，乱作一团。近处，从林子里钻出一人，就是黑胡子。黑胡子，上。

黑胡子　（向平儿，下意识地，又像下命令似的）快，给我找个地场藏起来！小鬼子抓人啦！

　　【赵三愣了一下，就又马上用身体挡住了远处的视线。

　　【画外音——伪村长和小鬼子："抓黑胡子，抓黑胡子，别让跑啦！"

老王婆　（沉着而又熟练地）平儿，把你衣服给黑胡子换上！黑胡子啊！

　　（唱）

　　　　黑胡子，红胡子！中国人，打鬼子！

后院有口浇地井，你顺井绳下井中。

我把井盖加上锁，你在井中躲一程！

【老王婆指挥平儿穿上黑胡子的衣服向林子里钻去诱敌，把黑胡子锁井中。小鬼子军车停在赵三家门口，下来一个伪村长，还有一个翻译高丽人。

翻译高丽人　（假惺惺地）老爷子，请告诉吧！有赏哩！我们是捉胡子，有胡子乡民也是同样受害，你没见着昨天汽车来到村子宣传王道吗？王道叫人诚实。老爷子说了吧！有赏呢？

伪村长　（向赵三，幸灾乐祸地）赵三，你看见黑胡子啦？

赵三　（装作害怕而坚决地）看见啦。

伪村长　（认定地）赵三，那你交出来吧。知道胡子不报告，查出来枪毙！

赵三　（发誓地）村长啊！

（唱）

来时他像一阵雨，走时他像一阵风。

村长你往那边看，黑黑胡子进林中。

【画外音——军车上小鬼子半生不熟的中国话："快快的，那边的，林子里的干活！抓住他！"

【众人下。

赵三　（向老王婆，道歉似的）他娘！

（唱）

早上听说女学生，还有咱家姑娘冯。

两个都是什么党，宣传抗日闹罢工。

一个当时就处死，一个关在大狱中。

我受打击不敢讲，恐怕事漏走风声。

对不住，他娘！还有咱家冯姑娘啊！

老王婆　（向赵三，鄙视地）狗！到底不是狼！你为什么不早告诉！你要早告诉，我拿洋炮跟小鬼子拼去！

（唱）

打死一个将顶命，打死两个赚有零。

家不家来国不国，贪生怕死窝囊生！

【老王婆从屋里把洋炮拿出，赵三从井里把黑胡子救出来。黑胡子接过老王婆手中洋炮。

黑胡子　（深情地）大娘！

　　（唱）

　　　今晚开个宣誓会，咱们一起去抗争！

　　　跟着抗联闹抗日，劈开乌云见光明。

你的女儿冯姑娘，能干得很啊！背着步枪爬山爬得快呢！可是，她她她 ——

老王婆　（向黑胡子，心知肚明地）我那冯姑娘，是不是已经死了，黑胡子？

早上我就闻知了一些的不祥，但没成想就是她啊！我那儿啊！

　　（唱）

　　　听说人头挂城上，应该就是冯姑娘！

　　　只是他们瞒着我，叫我错过报仇枪！

赵三，你王八蛋，你！

　　【老王婆昏厥，又站起，众人把她搀扶到屋子里。

　　【幕后歌谣：

　　　二月里呀龙抬头，劳工上火车呀人人都犯愁。

　　　手把车门向外望那嘛咳，这条大路怎么修？

尾声　歧　路

[**时间**]　当天晚上。

[**地点**]　赵三家的后园子里。

[人　物]

老王婆。

赵三。

伪村长和小鬼子查夜的人。

李青山　四十多岁。

黑胡子。

罗圈腿　已经长成大小伙子了。

二里半。

寡妇们。

平儿。

[**远景**]　黑色的远山，隐约的呼兰河，明灭的渔火，几颗闪烁的星星，云和新月。有露水和蛙鸣，有狗叫的声音，是小鬼子跟伪村长在查夜。

[**近景**]　赵三家的后园子里。四围是柳条编制的篱笆墙和青稞，像一个深井那样隐秘。井台上的辘轳，地上石板上放着一张八仙桌子。虽然没有灯光，但一切依稀可见。李青山他们准备在这里盟誓。

【新月的夜，李青山发着疯了！他的哑喉咙，使他讲话带着神秘而紧张的声色。这是一次他们大型的集会。在赵三家里，他们像在举行什么盛大的典礼，庄严与静肃。人们感到缺乏空气一般，人们连鼻子也没有一个作响。屋子不燃灯，人们的眼睛和夜里的猫眼一般，闪闪有磷光而发绿。

【老王婆的尖脚，不住的踏在窗外，她安静的手下提了一只破洋灯罩，她时时准备着把玻璃灯罩摔碎。她是个守夜的老鼠，时时防备猫来。她到篱笆外绕走一趟，站在篱笆外听一听他们的谈论高低，有没有危险性，手中的灯罩她时刻不能忘记。

【亡国后的老赵三，蓦然念起那些死去的英勇的伙伴！他在院子里抽烟，烟火闪闪着，能够听到他巨大的呼吸，他身旁的狗也在粗大的喘气。

老王婆　（提着灯罩，警觉地）好久都没有这样地守夜啦！好久也没这样地场面啦！真有些心动呢！

（唱）

星光灿，夜色阑；盟誓人，在今晚。

黑胡子精神饱满，李青山大义凛然。

乡亲们跃跃欲试，众寡妇勇往直前。

这气氛把我感染，想当年豪气冲天。

哼，赵三说我身上还压着一个案子，连他也不敢翻身。什么他妈案子，还不是跟我爹拉绺子，打了他妈的那个官相！今儿个，你不找我，我还要找你去呢！看咱们谁是好汉，谁是赖蛋。我要给我那儿子，给我那冯姑娘报仇雪耻！

　　【画外音——赵三家的狗狂叫声；伪村长和几个鬼子查夜声。伪村长："开门！开门！有人吗？查户口！"

老王婆　（把灯罩震动着，果敢地）有人吗？没有人！人都叫你们抓走了。

　　【画外音——一个小鬼子的声音："花姑娘的有？"

老王婆　（轻蔑地）有个瞎老婆子，你们也要抓走吗？

　　【画外音——伪村长的声音："太君，老婆子的，不中用啦！"中国人的笑声，小鬼子也跟着瞎笑。须臾，都滚了。

　　【屋中李青山固执而且浊重的声音继续下去。

李青山　（成熟了许多，很有把握地）在这半月里，我才真知道革命军真是不行。咱们得帮他们打小鬼子啊！

　　（唱）

　　　密林外，连山崴；大部队，一排排。

　　　革命尽是洋学生，上马还得用人抬。

　　　嘴里就会喊退却，连帽子都丢下来。

　　　他们常常被围困，饭碗被炸人被埋。

二十八日那天下雨，黑胡子给他们解了围，要不然他们就被小鬼子打死哩！两个人出去寻炸弹的来路，大家来想一想，两个洋学生跑出去，唉！丧气！

罗圈腿　（发生了兴趣似的，插嘴）革命军还不如红胡子有用？

黑胡子　（接着话茬儿，订正地）喔，也不都是这样，反正那里急需着咱们哩！

　　（唱）

　　　革命纪律真厉害，不能强抢不能卖。

　　　眼睛盯着村姑娘，也要来把枪托捱！

你们懂吗？什么叫纪律？那就是规矩。规矩太紧！青山刚刚来时也吃了一回苦。你们得有个思想准备。

众人　（异口同声地）那中！要抗日就得吃苦嘛！

　　【二里半对于这些事情始终是缺乏兴致，他在一边瞌睡着，赵三用他的烟袋撞一下在睡着的二里半，并且赵三大不满意起来。

赵三　（向着二里半，怒其不争地）听着呀！听着，这是什么年头还睡觉？

　　【老王婆的尖脚乱踏着地面作响一阵，人们听一听，没听到灯罩的响声，知道日本兵没有来，同时人们感到严重的气氛。李青山的计划郑重着发表。

李青山 （诚恳地）乡亲们，先前我还暗地里拉起过镰刀会；现下，公开啦！把屯子里的小伙子招集起来救国吧！

（唱）

　　青山我本是农人，许多事体不辨分。

　　他们叫做革命队，咱们就叫自卫军。

　　清除汉奸打日本，都是为着救乡亲。

全村男人被抓劳工走了，妇女都被这些畜生糟蹋了！起来吧，乡亲们！

一个寡妇 （同意地）青山啊！

（唱）

　　处暑里，天转寒；众姐妹，苦熬煎。

　　金枝出外两个月，挣了五块三角钱。

　　坐上火车回家转，遇见鬼子被污奸。

　　站在江边想投水，被人救到尼姑庵。

起来吧，姐妹们！叫三嫂教咱们使枪，打小鬼子去！

平儿 （踊跃地）革命军那一群洋学生是不行，只有红胡子才有胆量！招集小伙子们，参加自卫军啊！

【在墙外，还可以数清二里半他鼾声的拍子。

黑胡子 （有意识作宣传地）乡亲们！

（唱）

　　日本毒化我国民，恢复清国做忠臣。

　　男人声言做孝子，女子节妇为人伦。

　　相反势力在增长，面对形势要认真。

　　北满抗联正抓紧，组织成立义勇军。

咱们先把绺子拉出去，等到了抗联根据地，再一起组织起来，归大部队，人多力量大啊！

【快鸡叫的时候了！赵三的家没有鸡，全村听不见往日的鸡鸣。只有褪色的月光在窗上，三星不见了，知道天快明了。

老王婆 （势在必行地）盟誓吧，黑胡子，青山！投义勇军去！

【人们聚集在赵三家的后园子里，准备歃血为盟。一个找公鸡的小伙子上，向李青山报告。

小伙子　（向李青山，恳求地）李大叔，到每家去寻公鸡，没得寻到，要不就把李二叔家老山羊杀了吧！

【罗圈腿下，把山羊拉到赵三家后园子里。二里半却站起来把山羊牵住。

二里半　（不想投义勇军，也不反对地）鸡没有了，羊也杀了，那不全完了吗？青山啊，羊不能杀，我牵回去啦！

（唱）

一朝天子一朝臣，啥时都得当顺民。

明年还要交地租，没了老羊怎处分！

【二里半把羊牵下。平儿挽起来袖子，用刀刺臂血，李青山斟酒，众人列队开始盟誓。

平儿　（向黑胡子，忠诚地）大叔，盟誓吧！

（唱）

月儿落，星儿烁；好男儿，一身铁！

从此跟定义勇军，出生入死豺狼灭。

不畏深山灌木丛，岂怕老林铁岭绝。

为冯姑娘报冤仇，替金枝姐把耻雪。

众合　（踊跃地）青山，盟誓吧！

（唱）

从此跟定义勇军，出生入死豺狼灭。

为冯姑娘报冤仇，替金枝姐把耻雪。

黑胡子和李青山　（坚决地）盟誓！

老王婆和赵三　（坚决地）盟誓！

【画外音——《义勇军进行曲》变奏曲。

众人的声音："若是心不诚，天杀我，枪杀我，枪子是有灵有圣有眼睛的啊！"

赵三的　（向着二里半的背影，愤恨地）你个老跛脚的东西，你，你不想活吗？二里半！

老王婆　（向着黑胡子，郑重地）开拔吧！

黑胡子　（庄严地）乡亲们，开拔！开拔啦！

【众人列队，李青山举起来义旗，众作雕塑造型。幕徐徐落。

【幕后歌谣：

三月里，三月三；劳工下火车来到孙吴县。

撇下父母不行孝，撇下妻子不得团圆。

九月里，九重阳；各县来给劳工发衣裳。

发个棉袄半截袖，发个棉裤大开裆。

十月里，立了冬；三星落地滴水又成冰。

冻得劳工双脚跳，盼到钟点好收工。

十一月里，十一月一；劳工从孙吴回到本县里。

要是活的还好受，要是没的哭哭啼啼。

十三月里，是闰年；东北光复劳工见青天。

多亏八路军来解放，穷人翻身得团圆。

（完）

（实验课本剧，序幕和第一幕一、二两场；中国教育改革与教学研究；2012，6）

培尔·金特

（十二场歌剧，根据易卜生原著改编）

目 次

第一场　来，孩子们！喝点白兰地吧

【葬礼舞蹈后，大家围坐在一块儿。

培尔·金特　话说培尔晚年躲过海难一劫，回到故乡山庄，却道物是人非。

（唱）

满目疮痍费思量，感叹人生空断肠。

犹如葱头无心汉，不禁黯然把神伤。

阿斯拉克　（瞥见培尔·金特）咦，来了生客了！天保佑你，朋友！

（唱）

山庄原本亦无奇，现在只剩一垃圾！

培尔·金特　你好！

（唱）

今个这儿真忙，一片节日景象。

是给孩子命名，还是给人下葬？

阿斯拉克　这就是结尾——生命故事的结尾。

培尔·金特　我小时候就知道了。

（唱）

每个故事都古已有之，每个故事结尾都一样。

青年甲　（拿着一只铸勺）瞧，我刚买来的！漂不漂亮？培尔·金特曾经用过这个铸过钮扣。

培尔·金特　培尔·金特？他是什么人？

阿斯拉克　我只晓得——

（唱）

他是死神的小舅子，也是铁匠我的亲戚。

马斯穆恩　你把我忘掉了。你是醉了还是发疯了？

阿斯拉克　你把黑格镇忘掉了。

马斯穆恩　真忘了。可你什么时候变得这么吹毛求疵了？

阿斯拉克　也许他是在跟死亡开玩笑吧！

马斯穆恩 来吧，同你的小舅子干一杯。

阿斯拉克 小舅子！见鬼！你发昏啦！

马斯穆恩 胡说八道！

（唱）

亲戚毕竟是亲戚，咱跟培尔有关系。

培尔·金特 没错，我的确见到老朋友了！来，孩子们，喝点白兰地吧。

（唱）

自我感觉人已老，得把东西都卖掉。

零七八碎没有用，换口烧酒暖暖腰。

青年乙 你都有些什么？

培尔·金特 喔！

（唱）

龙德之山有城堡，墙竖沟横井台高。

青年丙 我出一个钮扣。

培尔·金特 出价比那再低可就算罪孽了，我这匹马——葛兰妮！谁给个价钱？

青年丁 它在哪？

培尔·金特 在西边，小伙子们，在日落的地方！葛兰妮！

（唱）

那马跑起来可就是快，简直同流言一般地来！

青年戊 你还有什么？

培尔·金特 是我买下的，都有污点，我要甩卖。

（唱）

路有拾遗也有劫难，家有黄金也有破烂。

青年己 拿出来给我们瞧瞧！

培尔·金特 好。

（唱）

还有本梦想祈祷书，谁出个大子就归谁。

青年甲 让你的梦想见鬼去吧！

培尔·金特 （沉思）你们尽管嘲笑我好了！

（唱）

我一点都不感觉到意外，只是我要向你们表个态：

已故的培尔·金特直到死，始终保持着自己贞操在。

（鞠躬）再见吧 —— 非常感谢你们的隆情厚谊。

第二场　我今儿晚上就去

奥丝　培尔，你撒谎！

培尔·金特　（继续走着）妈，你说什么？我撒谎？

奥丝　那你发个誓，你说的都是实话？！

培尔·金特　（停下来）我说的全是实话！

奥丝　那你敢正眼看我吗？

（唱）

寒霜降，雁南翔；庄园上下忙冬藏。

你却林中追狐鼠，蒺藜撕破烂衣裳。

你说说，你是在哪见到那只驯鹿的？

培尔·金特　在燕子滩西边啊。

奥丝　（轻蔑地笑了一下）倒是靠那么点谱！

培尔·金特　奥丝，我敢说你这辈子也没见过这么好的一只驯鹿！

（唱）

鹿犄角，马蹄掌；牛身驼峰四不像。

培尔我躲大树后，砰地一声开了枪。

驯鹿倒在山崖下，这大家伙倒安详。

骑上驼背扭左耳，用刀刺它喉咙上。

奥丝　（戏谑地）扭左耳，用刀刺它喉咙上，这不就了结啦！

培尔·金特　可它突然脑袋那么向后一甩 ——

（唱）

犄角挤我腿肚子，驮我冲上燕子岗。

奥丝　（不由自主）我的老天爷！阿弥陀佛！

培尔·金特　忽然间，在一个悬崖的尽头 ——

（唱）

驯鹿脚下岩洞里，一只松鸡正飞翔。

惊得驯鹿哞哞叫，身子一歪坠汪洋。

奥丝　（吓得站不稳）培尔，天保佑你！我的儿子，你快说下去吧！

培尔·金特　你猜怎么着——

（唱）

半空之中驯鹿降，正巧落在湖当央。

浪花飞溅三里远，差点没把我泡汤。

好容易才凫到湖岸，这样我才回的家！

奥丝　幸亏你没栽断胳膊，腿也没折，哎！感谢老天！

（唱）

性本善，天赐良；感谢上苍慧眼张。

从那悬崖跳下水，竟然毫发无损伤。

没出什么大事，我真的高兴得眼泪都流了出来！（欲哭，忽然住了口，瞪大了眼睛，张大了嘴，一声不响地望着他。接着嚷起来）哎呀，你全是瞎编的！

你这孽障全撒谎，胡编乱造为哪桩！

我做姑娘便听过，用那瞎话骗你娘。

（哭着）天哪！我这个不孝之子，成天把这谎说得丢人陷眼，叫我多么伤心！

瞧咱这间农舍——

篱笆墙塌井台倒，房上难存整扇窗。

牛舍无棚风雨打，野草有地大田荒！

（大哭）我的命怎么这么苦呀！

培尔·金特　妈，您别老念穷秧子！咱们是倒了霉，可是这人间的事，说不定也总是会苦尽甘来的。

奥丝　苦尽甘来？

（唱）

白日梦，美名堂；害得你有多荒唐。

倘能抛弃疯傻事，或许办成喜事桩：

黑格姑娘喜欢你，何不正经娶过房。

你要是本本分分地去求她，本来是可以把她求到手的。

培尔·金特　您真这么想吗？

奥丝　哎，我的培尔，在黑格镇上，那可是个有家当的姑娘。

　　（唱）

　　她爹田产半山梁，承继过来归咱庄。

　　从此庄园日日上，不再辛苦不再忙！

培尔·金特　（急切地）跟我来，我去求婚。

奥丝　去哪？

培尔·金特　黑格镇呀！

奥丝　可怜的小子，不灵啦！

培尔·金特　怎么？

奥丝　天啊！

　　（唱）

　　我恨不得哭一场，错过机会悔难当。

　　你骑驯鹿满天阆，人家马斯娶新娘。

马斯穆恩上门，把那姑娘求到手了！

培尔·金特　什么，马斯穆恩？

　　（唱）

　　眼翻白，嘴掉渣；那个人称大傻瓜。

　　等我把车全套上，看他做个瞎忙活。

（转身要走）等等，我得去把车套上。

奥丝　你用不着费事了，人家明天就举行婚礼。

培尔·金特　不行，我今儿晚上就赶去。

奥丝　你去了只会把事情弄得更糟，这还不够吗？你非叫咱们丢尽了脸不可吗？

培尔·金特　放心吧，妈。（边笑边嚷）妈，咱们不套车了，套车太麻烦！（把奥丝抱起来）

　　（唱）

　　人生本是一铜勺，化作胸前钮扣骄。

　　万事总能皆如意，黑格培尔两逍遥。

奥丝　撒开我！

培尔·金特　不，我要抱着我妈去参加婚礼！

奥丝　来人啊！放开我，培尔！

　　（培尔·金特抱着奥丝妈妈下）

第三场　你不过是个大葱头

【五旬节前夕，森林深处，一幢茅屋前，培尔·金特趴在地上剥葱。

培尔·金特　在生活中，最重要的事情是填饱肚子。用葱头来填？那可不成。
　　（唱）
　　　　林深处，茅屋窄；脚下满山黄叶排。
　　　　心中宇宙无穷大，世间万物我主宰。
　　　　大树被风吹倒下，等我死时就里埋。
　　　　浑身上下黄金灿，仿佛棕熊过冬来。
　　　　树皮刮出八个字：万兽皇帝，为人正派！
培尔·金特，皇帝？（自己笑起来）你这个老傻瓜！你不是皇帝，你不过是
个大葱头！我要剥你的皮了，亲爱的！祈祷呀！流泪呀，现在都白搭。（拿
起一个葱头，一层层地剥着皮）这是外头一层皮——
　　　　最外这层全蹭破，简直是条落水船。
　　　　乘客瘦得如竹篙，快要淹死把船扳。
尝尝看，还是有点培尔·金特的味道。
　　　　里头这层就是我，淘金帽子像王冠。
这层像顶王冠，实在不敢领教。（继续剥葱，剥一层数落一层）
　　　　这是一位考古家，个子不高很坦然。
　　　　这是一位预言家，新鲜多汁牛冲天。
　　　　能使妇人流眼泪，敢把稻草说金钱。
这一层，
　　　　又白又软风流债，如倒五味苦辣酸。
　　　　底下这层传教士，满身黑斑好可怜。
（一下剥掉几层）可真有不少层！什么时候才剥出芯子来呢？（把整个葱头

掰碎）哎呀，它没有芯子，一层一层地剥到头，越剥越小。老天真会跟人开玩笑！（把碎片扔掉）让思想见鬼去吧。老实说——

思考是个大坏包，一旦思考站不牢。

如今我四肢趴在地，不再担心会跌倒。

（搔后脑勺）人生真是个古怪的勾当。有人说——

生命是在玩把戏，失望总比期望高。

你想一把抓住它，一溜烟地便跑掉。

（走近茅屋，望了望它，大吃一惊）咦，一座茅屋？在森林里！但是——（糊涂了，揉揉眼）我敢赌咒我曾经见过这座房子，门上那是驯鹿的犄角！那木板和钉子，还有一根门闩，不让妖魔鬼怪的邪念进来！

（从茅屋里传出索尔薇格的歌声）

五旬节眼看就来到，我的情人飘在远方。

什么时候你才归来，可带着沉重的行囊？

索尔薇格　歇一会儿，歇一会儿吧，我老早就答应过你，一定等你回到家乡。

培尔·金特　（培尔·金特站起来，面色煞白）一个铭记，一个忘光。

索尔薇格　一个坚信，一个彷徨。

培尔·金特　我已结束了全程。命运啊！你在捉弄我！

第四场　袜带松了紧一紧

【黑格镇农庄，婚礼舞蹈后，众人围在一块儿。

管家的　诸位，欢迎来咱们黑格镇农庄，来参加庄主女儿的婚礼！大家吃好喝好！

（培尔·金特精神抖擞上，在众宾客跟前停了下来，搓着手）

培尔·金特　哎——

（唱）

哪位姑娘最欢势？哪位姑娘最善舞？

姑娘甲　NO！

姑娘乙　NO！

（合唱）

不是我来不是你——

青年甲　（唱）

难道会是谁家姝？

（众人讥笑，培尔·金特感到无趣，走到另一对客人面前，指着索尔薇格，问她父亲）

培尔·金特　可以同您的这位小姐跳个舞吗？

父亲　（安详地）当然可以。不过我们得先进去问候一下主人。（和索尔薇格走向房屋）

管家的　（向培尔·金特递过一杯酒）既然来了，就喝一杯吧！

培尔·金特　（紧紧盯住索尔薇格）不，我不喝，我是来跳舞的。

（管家的走开。培尔·金特望着屋子，露出笑容）

培尔·金特　她多美呀！没见过比她更漂亮的！

（唱）

大大的眼睛总朝下，穿着雪白的晚礼服。

扯着妈妈的裙褶笑，手绢包的是祈祷书。

我还得去见见她。

（培尔·金特转身朝茅屋走去，索尔薇格正好踱出门口）

索尔薇格　刚才大概是你邀我跳舞的吧？

培尔·金特　当然了！

（唱）

你总不会把我忘，咱们一块去跳舞！

索尔薇格　妈妈说，可别走远了。

培尔·金特　妈妈说！妈妈说！

（唱）

难道你是才生下，一片羽毛还未出？

索尔薇格　你在笑我呢。

培尔·金特　喏，你还是个孩子嘛，你还没长大呢！

索尔薇格　我去年春天就行过坚振礼啦。

培尔·金特　喂，喂——

（唱）

　　请把名字告诉我，咱们谈起好自如。

索尔薇格　我叫索尔薇格，请问，你呢？

培尔·金特　培尔·金特，培尔 —— 金特。

索尔薇格　（缩回手去）哎呀，我的天！

培尔·金特　怎么啦？

索尔薇格　咦 ——

（唱）

　　我的袜带有点松，我得下去紧一紧。

　　袜带不是小事情，开了扣子要伤神！

　　（快速离开培尔·金特）

培尔·金特　喂！等一下！索尔薇格！（追索尔薇格下）

第五场　你把人变成野兽啦

【妖宫舞蹈后，群妖围攻培尔·金特。

群妖　杀死他！杀死他！

山妖大王　冷静些！冷静些！

（唱）

　　天上鹅，地上河；培尔·金特回答我：

　　人妖区别是什么？ ——

培尔·金特　（后空翻）在我看来，一点区别也没有。

（唱）

　　大妖要把你烤吃，小妖要把你皮坏。

　　我们人类放开胆，照样也能干得来！

山妖大王　这一点也不假，两者是有不少相同之处。可是 ——

（唱）

　　夜宵毕竟是夜宵，清早毕竟是清早：

　　只要你的眼力好，区别自然一目了。

听我来把实嗑唠，人类伪善无可考。

你们常言做人道：保持自己真节操。

俺们山妖无高调：为俺自己就够了！

众妖臣 就够了！就够了！

（众妖臣背对舞台把培尔·金特围住，露出身后贴的大字"为自己就够了"）

山妖大王 现在你明白了吧，培尔·金特？

培尔·金特 好像不那么容易辨别。

山妖大王 孩子——"就够了！"

（唱）

你得把这三个字，金丝绣成门牌号。

整日挂在家门口，数着念着别忘掉！

培尔·金特 （抓耳挠腮）可是……

山妖大王 可是？可是什么！还有呢——

（唱）

你得脱掉基督套，安上尾巴做山妖！

多沃瑞村都如此，样样都属自己造。

尾巴是咱代表作，引以为豪成地标。

（众山妖摇尾巴）

培尔·金特 （生气地）我没有尾巴。

山妖大王 我可以给你一根。女儿，把我节日的尾巴给他安上。

培尔·金特 你敢！

山妖大王 哈哈哈！可你总不能——

（唱）

背后光秃没尾巴，娶我女儿做老婆？！

培尔·金特 你把人变成野兽啦！

（众妖把培尔·金特扛起）

山妖大王 孩子，你大错特错了！我是在——

（唱）

把你打扮成阔少，金黄尾巴无上高。

名门望族好荣耀，山妖女婿多娇娆！

培尔·金特　（深思）嗯，人们说——

（唱）

世人是颗毛毛狗，难免被风吹着走。

好，就这么办吧。

（绿衣女把尾巴安在培尔·金特身上）

山妖大王　你是个聪明的年轻人。

（众山妖把培尔·金特放下，培尔挣脱束缚，把尾巴摘下，重重摔在地上）

培尔·金特　呵呵，呵！

（唱）

你搞什么鬼花招，简直拿我开玩笑！

宁可不做你女婿，也不变这众山妖！

山妖大王　（暴怒）什么？你敢——

（唱）

提了裤子不认账，反说我搞鬼名堂！

来人啊！

把他眼睛挖出来，挂在洞里做装潢！

（众山妖上前围攻培尔·金特）

培尔·金特　（被压在众山妖下面）救命呀！妈妈！他们要害死我！

（这时，传来了远处教堂里晨祷的钟声。众妖逃去，一阵喧哗尖叫声）

第六场　要把你熔化了

【铸钮扣人带围棋盘和铸勺上。

铸钮扣人　老汉，晚上好。

培尔·金特　朋友，晚上好。

铸钮扣人　你这么匆匆忙忙，要去哪呀？

培尔·金特　去参加葬礼。

铸钮扣人　请问，你是不是叫培尔？

培尔·金特　对，培尔·金特。

铸钮扣人　真巧！我正在到处找培尔·金特呢。

培尔·金特　哦，你找我干吗？

铸钮扣人　哎，朋友，我是个铸钮扣的人。人啊——

　　（唱）

　　气是清风肉是泥，我要把你放勺里。

　　你瞧，干我们这行的，就是要来熔化你！

培尔·金特　做什么？

铸钮扣人　要把你熔化了。

培尔·金特　熔化了？

铸钮扣人　对。瞧——

　　（唱）

　　这把勺我已擦过，里头全是空落落。

　　多好的机会无占位，独享熔化你幸运哥儿！

培尔·金特　好朋友，你一定是搞错了！我的下场——

　　（唱）

　　总该比这里要好些，我没你想的那么绝。

　　世上的好事也做过，顶多定我个笨嘴舌。

我声明，我决不是个死不悔改的人！

铸钮扣人　喔，喔喔！

　　（唱）

　　正因你罪过轻微不足道，才没把你送上火海山刀。

　　你同大部分人一样得好，归宿在我这把浇铸铜勺。

培尔·金特　（无奈而坚决地）随便你叫它什么！

　　（唱）

　　铸勺也罢深渊也好，结果反正一样的糟！

走开吧，魔鬼！

铸钮扣人　朋友，你大错特错了。

　　（唱）

　　既然咱俩都很忙，简明扼要跟你商：

　　正如你所交代的，并不是个罪孽狂。

说不定，连中等都数不上。

培尔·金特　现在，你总算开始讲点道理了。

（铸钮扣人打开棋盘）

铸钮扣人　你晓得——

（唱）

干我铸造这一行，出现废品也经常。

铸成钮扣没有眼儿，倘要是你怎么样？

培尔·金特　扔掉。

铸钮扣人　是滴！

（唱）

人间马甲漂漂亮，需有钮扣闪闪光。

可你没有窟窿眼儿，只好推进废品仓。

哦，你有颗灵魂，那就使你在废铁堆里有了一定的价值。

培尔·金特　不成。告诉你，不成。我要拼到底，我抗议，干什么都成，我就是不当废铁！

铸钮扣人　可是，亲爱的培尔！其实——

（唱）

你用不着如此惊骇，你何时有过贞操在？

你就是永远消失掉，又有什么大惊小怪！

培尔·金特　我从来不曾保持过自己的贞操？

（唱）

这个说法实可笑，培尔不曾保贞操？

魔鬼休想糊弄我，咱们路上走着瞧！

第七场　我是穿雪鞋来的

【森林里，一幢新盖的茅屋前。培尔·金特正在装一大根门闩，不时停下来大笑一阵。

培尔·金特　哎吆，哎吆！

（唱）

光有门，没有闩；保不定魔鬼往里钻。

非得安个大门杠，把那害人精灵远远煽。

（索尔薇格穿着雪鞋上，披着围巾，手里提着一包东西）

索尔薇格　培尔，亲爱的！

（唱）

天保佑你盖得快，千万别叫我走开！

你前脚托人捎去话，我后脚一步踏进来。

如今，我是你的了。

培尔·金特　索尔薇格！不，不可能吧？

（唱）

天鹅飞，蛤蟆叫；你来把我吓一跳！

真是你！你不怕到我身边来吗？

索尔薇格　你不是叫小海尔嘉捎给我一棵雪莲吗？还有啊！

（唱）

风和沉默提醒我，我能听到你心音。

你妈话里有深沉，我从弦外听得真。

漫漫长夜捎口信儿，寂寂白昼展素心。

万事万物传信息，不来看你怎为人。

在那边，我的生命已没趣，不会欢笑不伤神。

我不晓得你想法，我只知道做女人。

培尔，我只晓得我该做什么，必须做什么。

培尔·金特　可是你父亲……

索尔薇格　培尔，亲爱的！

（唱）

在这茫茫人海间，如今已无爹娘唤。

我和他们早永诀，只为望你眼欲穿。

培尔·金特　索尔薇格，我的宝贝！你做这一切，都是为了我？

索尔薇格　对，仅仅为了你。培尔，你必须是我的一切，我的生命。（哭起来）

培尔·金特　索尔薇格！你晓得他们判了我多么重的刑罚吗？

（唱）

　　他们夺我继承权，把我家产连窝端。

　　一只绵羊没留下，叫我连夜宿露天。

索尔薇格　我抛弃我心爱的家来投奔你，并不是为了你的财产。

培尔·金特　别的你晓得吗？我命在旦夕，只要我跨出这座森林一步，随便什么人都可以逮住我。

索尔薇格　我是穿雪鞋来的，一路上向人打听怎么走。人家问我："你去哪？"我回答说："我回家。"

培尔·金特　那么我就不需要挡住精灵和魔鬼的钉子、木板和门闩了。索尔薇格！

（唱）

　　倘若你敢同我住，咱这茅屋即圣土。

　　让我前来看看你，别贴太近别亲昵。

　　多么纯洁多么美，眼睛恰似一汪水。

　　让我把你轻轻抱，你这身体真苗条。

　　轻盈宛如洁白云，抱你不贴你的身！

索尔薇格，抱你我永远也不会疲倦。我不会玷污你。你是这么可爱，我多么想念你呀！看啊——

　　这座房子是我盖，木料也是我搬来。

　　我要把它全拆掉，太小太简礼不该！

索尔薇格　培尔！大也好，小也好，我都喜欢，因为这是你的。

（唱）

　　山谷里头太憋闷，觉得简直埋进坟。

　　这里呼吸可真好，这也是我来一大因。

　　松涛幽静鸟儿歌，阳光时时照我心。

可是住在家里，就只能孑然一身，只有寂寥了。

培尔·金特　你确实拿定主意了吗？这可是件终身大事呀。

索尔薇格　我已经投奔你了，我没留下回去的路。

培尔·金特　那你是我的了。进来吧！让我在屋里瞧瞧你。进去吧。

（唱）

我弄木头点个火，一会儿便把屋烧热。

叫你永远无冻馁，舒适明亮多暖和。

（培尔把门打开，索尔薇格走进去）

培尔·金特　我的公主！

（唱）

盼星星，盼月亮；白雪公主升殿堂。

千辛万苦找到你，建座宫殿把你装。

喏，这地面上应兴起一座宫殿。

（培尔·金特抓起一把斧头，刚想离去劈柴。绿衣女身着破烂衣服上，后面跟着众山妖，抄家）

索尔薇格　（呆呆地，站在门口）你进来吗？

培尔·金特　你得等我。这儿这么暗，我身上的担子沉重极了。

索尔薇格　等等，我来帮你，培尔。

（唱）

我要过来帮你挑！

培尔·金特　别！你站在原地。

（唱）

我得想个办法逃！

索尔薇格　好，你可要快点儿。

培尔·金特　亲爱的，你得耐心等待。不论我走开多少时候——

索尔薇格　（点头）我一定等。

（培尔·金特上前亲吻了一下索尔薇格的裙褶，掉头跑开，消失在森林里）

第八场　脆弱啊，你的名字叫做女人

【棕榈树下，皓月当空，培尔·金特抱着吉他坐在树下。

安妮特拉　我的主子，你叫喊过吗，夜里？

培尔·金特　对，亲爱的！

（唱）

夜里的确是如此，先知曾经叫喊过。

猫打架打得厉害，吵得我不能眼合。

安妮特拉 先知，不要以为它们在打架！

（唱）

世上最难熬，是人听猫叫。

说句实在话，比打架还糟。

培尔·金特 那是什么呢？

安妮特拉 啊，别让我难为情！

培尔·金特 你说吧！

安妮特拉 我可脸红啦！

培尔·金特 （靠近）也许就是当我送给你那颗可爱的蛋白石的时候，我通身有的那种感觉吧。

安妮特拉 （吃惊）我的宝贝，堂堂的先知怎么能同一只赖皮猫相比！

培尔·金特 安妮特拉！

（唱）

从一个情人角度说，先知同公猫没区别。

安妮特拉 啊，我的主子，笑话从你的口中像蜜汁一样淌出来。

培尔·金特 亲爱的，

（唱）

你像其他姑娘一样调贫，总爱从表面来判断伟人。

其实我的内心十分活跃，尤其咱俩在一起的时辰。

由于地位我不得不如此，戴着一副面具就像天神。

我每天要处理许多大事，我时刻要解决各种纠纷。

作为先知我是少言寡语，我承认我不够随和可亲。

但那不过是表面上装相，在你身边立马恢复本真。

（培尔坐到树下，把安妮特拉拉到身边）

来吧，安妮特拉！那个先知我早已逃遁，我只是培尔·金特而已，安妮！

（唱）

咱俩在棕榈树下玩一阵，树阴遮盖着咱唇吻相亲。

接着下来咱俩调换位置，悄悄话像小鸟高飞入云。

你吃吃笑向我倾吐情愫，我避而不答倾听你心音。

安妮特拉 （躺在培尔·金特脚下）培尔！

（唱）

你的每一句话都是一首歌，美妙得已超出了我的理解。

我的主子请你继续往下说，你说我就有蛋白石的感觉。

（安妮特拉说着睡去）

培尔·金特 她睡了。

（唱）

我的话就像一阵晚风，在她的耳边轻轻歌颂；

我的话就像一道溪流，在她的脚下缓缓丁冬。

我的权威已确立下来，竟使她徐徐飘然入梦。

（站起来，往安妮特拉膝上放些宝石）

给你这些宝石。还有，还有。睡下去吧，安妮特拉！

让我在你梦中出现，在梦中你为我加冕。

今晚我完全凭借本人，赢得最伟大的睡眠。

睡吧，安妮特拉。脆弱啊！你的名字叫做 —— 女人。

第九场　要当个山妖不一定长犄角

【荒原的一个角落，培尔遇见老山妖大王。

培尔·金特 山妖大王，还记得在龙德之山，你同我凶吼起来，要挖下我的眼珠，要把培尔·金特变成一个山妖时，我怎么来着？

（唱）

我挺身而出跟你斗，你却如败叶落风口。

只要保持我贞操驻，敢把你城邦视草狗！

山妖大王 保持你的贞操？这我办不到。可你不记得你 ——

（唱）

装上尾巴那一遭，喝了蜜酒变山妖？

培尔·金特 对，你是这么诱惑过我。

（唱）

可我并没屈服你，最后还是我胜利。

山妖大王 可是培尔，后来的结果同你说的刚好相反啊！

培尔·金特 你这是什么意思？

山妖大王 你离开我那王宫的时候，你把我们山妖那句格言写到你的家徽上了——山妖，为你自己就够了。

培尔·金特 （后退一步）为自己就够了！

山妖大王 培尔！

（唱）

你本像山妖那么活，你为啥瞒着不许说？

我把这格言给人类，只想叫众生寻解脱。

那句格言已经使你成为玲珑八面的世故人，它给了你名声，使你成为一个不折不扣的利己主义者。

培尔·金特 一个不折不扣的利己主义者？为自己就够了！一个山妖！这全是一派胡言！一派胡言乱语！

山妖大王 （拿出一张报纸）你以为我没有报纸吗？这有一篇题目叫《山妖的国家主义》！

培尔·金特 什么，山妖的国家主义？

山妖大王 是滴，培尔！

（唱）

作者已经把你驳，要当山妖好快活：

关键在于你自我，未必长角安尾巴。

你猜文章怎作结？山妖品格即人格！

接着，他就举出培尔·金特作为典范。

培尔·金特 我？一个山妖？（抢过报纸）

第十场 他凭直觉应该晓得

【十字路口，培尔·金特在和铸钮扣的人对弈。

培尔·金特　朋友！

（唱）

　　我有一个问题，我常想问问你。

　　保持自己贞操，到底什么意思？

铸钮扣人　哦，朋友！

（唱）

　　要保持自己贞操，就是要把坏去掉。

　　要把好都挖出来，回归上天为人道。

培尔·金特　要是一个人从来也不晓得上天要他做些什么呢？

铸钮扣人　他凭直觉应该晓得。

培尔·金特　我放弃我曾经保持过自己贞操的这个说法。

（唱）

　　想要证明这一点，看来确实有些难。

　　我所犯的大罪孽，一时半晌数不完。

　　不但表现在行动，而且常常有语言。

　　请给我点时间来，找位牧师把悔忏。

培尔·金特　然后，我再把记录交给你。

铸钮扣人　好吧，如果你能拿到证明，那你就可以不进我的铸勺了。

（唱）

　　下一路口再相见，十字街头莫拖延。

第十一场　我们给他加冕吧

【疯子搬东西上，院长和培尔·金特从门口进来。

培尔·金特　博士先生，主任先生……

疯人院长　我既不是博士，也并非是主任。我只是曾经当过……可是现在……培尔先生！

（唱）

　　倘能替我保个密，我把心声吐给你。

培尔·金特　（不安）什么呢？

疯人院长　答应我，你听了不会晕倒。

培尔·金特　我尽力做到。

疯人院长　（把他拉到一个角落里，低声说）

（唱）

绝对理性在昨晚，十一点钟上西天。

培尔·金特　我的天！

疯人院长　是的。

（唱）

事情出现得太突然，以我的感觉尤可怜。

直到现在我才发现，这里被看做疯人院。

培尔·金特　疯人院！……对不起……

（唱）

我的时间很宝贵，耽误时间要犯罪。

（转身欲走）

疯人院长　你的时间！瞧——

（唱）

你把我记忆颠倒了，重生的时刻来到了。

（打开门，大声叫嚷）来吧！理性已经死亡！培尔·金特万岁！

培尔·金特　可是亲爱的朋友……

疯人院长　（对着众疯子）可喜可贺的早晨。来吧——

（唱）

得救的曙光来临了，我们的皇帝驾临了。

培尔·金特　皇帝？

疯人院长　皇帝！

培尔·金特　（唱）

这样的荣誉我当不起，

疯人院长　（唱）

这样的时刻你别谦虚。

培尔·金特　（唱）

　　　容我一点时间想想看，

疯人院长　（唱）

　　　保持贞操只有你自己！

培尔·金特　我不胜任，简直晕头转向。

疯人院长　晕头转向？你？一个保持贞操的人！

培尔·金特　问题正在这里。

　　　（唱）

　　　难道只有我保持贞操，你们岂不是都失掉了？

疯人院长　失掉？不，不，可惜你弄错了。正是在这里！

　　　（唱）

　　　人们最能保贞操，纯粹贞操自我造：

　　　船上张满自我心，木桶关着自我笑；

　　　塞子堵住自我嘴，又在自我井里泡。

　　　不为别人掉眼泪，不管别人怎么瞧。

　　　无论思想和声音，俺们都为自己搞。

　　　并已扩展到极限，急需皇帝来指导！

你肯定是最合适的人选，培尔！

培尔·金特　真是见鬼！

　　　（众疯子一片喧哗声，一位大臣霍显从人群中挤了出来）

霍显　我听说今天来了一位皇帝。（对培尔）是你吗？

培尔·金特　这好像已成定局了。

霍显　那么有几个文件你得签。

培尔·金特　（挠头发）好吧，全拿来，越多越好。

霍显　先生！

　　　（唱）

　　　简单说一下我的经历，我是一支没用过的笔。

培尔·金特　噢，笔先生！

　　　（唱）

　　　我的经历也很简单，我是一张无字的纸。

霍显　（唱）

没人知道我能干些什么，因为没有人用我来写字。

培尔·金特　（唱）

我本来属于一个主妇，一本带着银夹子的书。

不管印刷者清醒还是糊涂，他终究还是犯了错误。

霍显　要把刀子！我钝了。

（唱）

快来削削我，快来切切我！

如果不快来，世界将毁灭。

培尔·金特　我为世界担心，像上帝所创造的其他东西一样！

（唱）

上帝一旦创造了我，我必认为完美无缺！

疯人院长　这有把刀。

霍显　（夺过去）啊，现在我可以把墨水舔个干净。

（唱）

抹自己脖子，舔自己的血。

那是何等兴奋，何等快乐！

疯人院长　（掉过身去）何必溅我一身血！

培尔·金特　（越来越害怕起来）握住他！

霍显　对，握住我！说的对。握住！握住笔！用笔在纸上。（倒下）我完了！

不要忘记：

（唱）

他曾生活过，现在他死了。

向来由旁人挥动，从未有过自我。

（霍显被众疯子抬下）

培尔·金特　（疯狂地）我该做什么？我是什么？

（唱）

老天把我抓紧紧，我代表你的一切心。

我是个土耳其人，我内心有什么在迸喷！

我虽然是个山妖物，可你是疯人保护神！

请帮助我，（叫喊）你的名字……我忘掉啦……记不起啦……啊，救救我！

（培尔精疲力尽，晕倒在地上，众疯子将他抬起）

疯人院长　嘿！

（唱）

你看他有多么神气，仿佛已经忘乎所以。

世界安静得都如你，就像一把烙铁蘸了水。

来啊，我们给他加冕吧！

（把草编的王冠戴在培尔·金特头上）

众疯子　培尔·金特万岁！培尔·金特万岁！……

（把培尔·金特抬下）

第十二场　我来摇你，守在你身边

【开遍石楠花的山坡，一条羊肠小道蜿蜒通往山中。

牧师　我不能收纳你，因为你这一生 ——

（唱）

既没有值得一笑的，也没有值得一哭的；

既没有什么可夸耀的，也没有什么可绝望的；

既没有什么可灰心的，也没有什么可激怒的！

不过是你成天担着心，我还是要请你得记住：

人有两种方式保贞操，有的正确也有的错误。

也许你从朋友那得知，最近巴黎人发明照相术：

拿到照片的就有光，拿到底片的就模糊。

在人生活的过程里，光与暗颠倒是常数。

培尔·金特　我懂了。倘有个灵魂被拍成了底片，那么，这张底片不会给丢掉，而是送到你这里来。

牧师　是滴！

（唱）

我负责底下的过程，我任务是把它澄清。

我把它浸在药水里，一直到它现出本形。

—— 这就叫照片。也许你永远不会知道，在一百多年后，人们会发明一种叫电脑的东西。

培尔·金特　电脑？

牧师　是滴！到时我就会 ——

　　（唱）

　　把每个人存在电脑里，把他拉伸来把他铺平。

　　可是像你这样的小人，干了些事又想涂干净！

　　一旦底片染上了毒病，恐怕永远也无法清空。

　　（一颗流星掠过天空）

培尔·金特　这么说来，一个人的灵魂是可以凄惨地回到那虚无飘渺的灰色烟雾里去的。

　　（唱）

　　我可爱的地球，我在你上面啥都没留！

　　不要因我白白踩了你，你就生气得将要发抖。

　　我可爱的太阳，你浪费了你的好时光！

　　使你把那灿烂的光辉，徒然照在一间空屋上。

　　屋子的主儿已走，你不要怪他没有安享。

　　我可爱的地球，我可爱的太阳！

　　你们白白地孕育了我，浪费那些温暖的营养！

　　精神界该有多么吝啬，自然界却又多么慷慨！

　　一个人为了要生下来，一辈子付出代价高昂！

　　我要攀登顶峰的顶峰，我要饱尝欣赏的欣赏。

　　我要把上帝许下的福地，看到心神疲倦眼睛发慌。

　　然后让雪把我埋起来，让这里变成一座天堂。

　　叫书法家写上墓志铭：这里没有什么人埋葬。

然后 —— 喏，随它去。

　　（十字路口）

铸钮扣人　早上好，培尔·金特！你根据自己一生所犯的罪过开出的清单在哪呢？

培尔·金特　我在到处喊叫，吹口哨。

铸钮扣人　没见到什么人吗？

培尔·金特　见到一个串街给人照相的。

铸钮扣人　那你的时刻到了。

培尔·金特　什么都到了时刻。

（唱）

难道你没听见夜猫子叫，它一定察觉黎明快来到？

铸钮扣人　那是晨祷的钟声。

培尔·金特　那边的灯光是什么？

铸钮扣人　不过是一间茅屋。

培尔·金特　我听到一阵声音，像是风穿过树林。

铸钮扣人　那是一个女人在唱歌。

培尔·金特　在那，在那我会找到自己的清单！

铸钮扣人　（抓住培尔的胳膊）来，该把你的家整理好了。

培尔·金特　把我的家整理好？家就在这！你走开！

（唱）

你那把铸勺有棺材那么大，也难把我和我的清单容下！

铸钮扣人　那么，就在第三个十字路口见吧，培尔·金特，可那时侯——（转身走了）

（培尔走近茅屋）

培尔·金特　不，我听得出，这是一种狂烈的、无止无休的喊声，我要进去，我要回家，我要回家。勃格说："要绕道"。困难再大，这次我也要走进去。（匍匐在门口）向我这个罪人宣判吧！

索尔薇格　是他！是他呀！感谢上帝呀！

培尔·金特　大声说说我造的罪孽有多深重吧！

索尔薇格　我唯一爱的，你什么罪孽也没造。

铸钮扣人　（在茅屋后）培尔·金特，那张清单呢？

培尔·金特　大声把我的罪孽嚷出来吧！

索尔薇格　（在他旁边坐下）

（唱）

你是我一生的最爱，我是你一生的风铃。

你终于回到小小木屋，愿上天为你祝福平宁。

也祝福五旬节早上，那呼唤暮鼓的晨钟。

培尔·金特 这下我可完了！

索尔薇格 天上那位是会了解的。

培尔·金特 （朗笑）我完了—— 除非你能破一个谜！

索尔薇格 说吧！

培尔·金特 说？对，可是你得破出来。你能说说自从你上回见到培尔·金特以后，他到哪去了吗？

索尔薇格 他到哪去了呢？

培尔·金特 你听着，索尔薇格！

（唱）

从他额上写着的命运，看得出是上帝造的人。

那却是上帝心血来潮，就像风和气吹出的云。

上帝创造了他，他到哪去了呢？你能告诉我吗？要是你说不出，那我就得回到那阴暗的幽谷里去。

索尔薇格 （微笑）这个迷好破。

培尔·金特 那么你说吧。我自己，那个真正的我，完整的我，真实的我到哪去了？到哪去了呢？

索尔薇格 培尔！

（唱）

你一直在我的信念里，你一直在我的希望里；

你一直在我的爱情里，你一直在我的一切里。

培尔·金特 你说什么？这是你在说谜语啊！你好像是做母亲的同他的孩子讲话一般。

索尔薇格 正是这样。可谁是这孩子的父亲呢？

（唱）

听了母亲的祈祷，便赦免了他的人；

那个人就是上帝，那个人就是父亲。

（一道光辉照在培尔身上，他哭出声来）

培尔·金特 啊，保护我，用你的爱情把我保护起来吧！

（唱）

　　我的妻子！我的母亲！

　　我这圣洁的女人！

　　（培尔紧紧依偎着她，把脸贴在她的膝上）

　　（索尔薇格温柔地唱着）

索尔薇格　睡吧，我的心肝，我的乖！我来摇你，守在你身边。

　　（唱）

　　坐在妈妈的膝头上，听妈妈来把故事讲。

　　玩啊玩啊跑一天，偎依着妈妈睡得香。

上帝祝福你，我的乖！

　　贴在妈妈的心房上，听妈妈来把歌儿唱。

　　玩啊玩啊跑一天，偎依着妈妈睡得香。

他现在疲倦了。睡吧，我的心肝，我的宝贝，睡吧，睡吧！

　　（黑白气球升天）

铸钮扣人　培尔，咱们在最后一个十字路口见吧。到时候，看看你到底——
我不再说下去了。

索尔薇格　睡吧，我来摇你，我的孩子！我的乖，睡吧，做梦吧。

　　（唱）

　　我来摇你，在你身边。

　　我的宝贝，我的心肝。

（完）

卷三　清唱剧

钗头凤

（现代版全剧）

目　次

【事略】（旁白）陆游（公元 1125-1210 年）字务观，号放翁，越州山阴（今浙江绍兴）人。南宋爱国诗人，有《剑南诗稿》《渭南文集》等存世。唐琬，字蕙仙，生卒年月不详。陆家曾以家传凤钗作信物，与唐家订亲。陆游二十岁（绍兴十四年，公元 1145 年）与唐琬结合。唐琬自幼才华出众，唐琬的才华和与陆游的情感，引起陆母的不满。陆母以唐琬贻误科考前程，遂命陆游休了唐琬。陆游曾一度另筑宅院安置唐琬，但其母察觉后又命陆游另娶邻女王氏为妻。唐琬只好由家人作主嫁给皇家后裔同郡士子赵士程。绍兴二十四年（公元 1155 年），礼部会试不中，陆游到沈园偶然遇见了唐琬，两个人非常难过。陆游感伤地在墙上题了一首《钗头凤》（红酥手）。第二年，唐琬再次来到沈园见陆游题词，不胜感慨，于是又和了一首《钗头凤》（世情薄），后不久便死去了。

序曲　梦金钗

【事略】（旁白）一生为家国颠沛流离，到嘉定元年（公元 1208 年），陆游已经七十三岁；赵士程也年逾古稀。他们又在沈园相遇了。作为同郡士子、唐琬的第二任丈夫，此刻，赵士程拉着陆游的手，两个人来到当年陆游和唐琬题词的粉壁墙前，感慨万端。他们不约而同地想起来了唐琬，渐渐地进入了梦境。

陆游　（清唱，诉衷情）当年万里觅封侯，匹马戍梁州。关河梦断何处，尘暗旧貂裘。胡未灭，鬓先秋，泪空流。此生谁料，心在天山，身老沧洲。

赵士程　（清唱，蝶恋花）陌上箫声寒食近。雨过园林，花气浮芳润。千里斜阳钟欲暝，凭高望断南楼信。　海角天涯行略尽。三十年间，无处无遗恨。天若有情终欲问，忍教霜点相思鬓。

唐琬　（幕后，清唱，临江仙）梦后楼台高锁，酒醒帘幕低垂。去年春恨却来时。落花人独立，微雨燕双飞。　记得小苹初见，两重心字罗衣。琵琶弦上说相思。当时明月在，曾照彩云归。

陆游　（清唱，蝶恋花）庭院深深深几许？杨柳堆烟，帘幕无重数。玉勒雕鞍游冶处，楼高不见章台路。雨横风狂三月暮。门掩黄昏，无计留春住。泪眼问花花不语，乱红飞过秋千去。

合　（诵诗）是啊！假如还能够——

　　给我一个春天，我要选择幸福；给我一个秋天，我要复制爱情。

　　给我一个虚拟，我要保存快乐；给我一个现实，我要删除忧伤。

　　给我一个过去，我要粘贴翅膀；给我一个未来，我要打印远方。

唐琬　（幕后，独白）可是啊！下一步该向左走，还是向右走呢？我们常常为此左右困惑。我从这边上楼，你从那边下楼，我们也许就这样擦肩而过。

第一乐章　丢金钗

【事略】（旁白）绍兴十四年（公元 1145 年），朝廷主战派被排挤，有传闻金人铁骑又将进逼临安。绍兴的士子们也不能够安心地读书，就连乡试也拖延得不能够如期举行了。唐琬得知这一消息，憋闷在闺中。这日，被女伴们拉出来在沈园跟他们一起荡秋千。一时兴尽晚归，不慎把陆家的定亲信物凤凰图案的金钗给丢掉了。

唐琬　（清唱，破阵子）四十年来家国，三千里地山河。凤阁龙楼连霄汉，玉树琼枝作烟萝。几曾识干戈。一旦归为臣虏，沉腰潘鬓消磨。最是仓皇辞庙日，教坊犹奏离别歌。垂泪对宫娥。

女伴　（清唱，蝶恋花）遥夜亭皋闲信步。乍过清明，早觉伤春暮。数点雨声风约住，朦胧澹月云来去。桃李依依春黯度。谁在秋千笑里低低语？一片芳心千万绪，人闲没个安排处。

唐琬　（清唱，点绛唇）蹴罢秋千，起来慵整纤纤手。露浓花瘦，薄汗轻衣透。见有人来，袜刬金钗溜，和羞走。倚门回首，却把青梅嗅。

女伴　（诵诗）哎！这一回

　　我要做一所小房子捆绑家家，我要做一只小鸡启动院庭。

　　我要做一朵小花登录暧昧，我要做一棵小树点击黄莺。

　　我要做一条小溪刷新浪漫，我要做一条小路锁定山顶。

唐琬　（独白）哎哎！婚姻往往在意料之中，而爱情却往往在意料之外。初恋，总是在夜深人静的时候，敲我的窗子，我一推窗，她又成了远处的风景。

第二乐章　拾金钗

【事略】（旁白）不久，同郡士子赵士程乡试归来跟陆游到沈园游玩，赵士程拾到唐琬丢失的金钗，被陆游认出，赵士程转交给了陆游，并劝陆游设法归还唐琬。

赵士程　（清唱，扬州慢）淮左名都，竹西佳处，解鞍少驻初程。过春风十里，尽荠麦青青。自胡马窥江去后，废池乔木，犹厌言兵。渐黄昏、清角吹寒，都在空城。杜郎俊赏，算而今重到须惊。纵豆蔻词工，青楼梦好，难赋深情。二十四桥仍在，波心荡，冷月无声。念桥边红药，年年知为谁生。

陆游　（清唱,祝英台令）宝钗分，桃叶渡。烟柳暗南浦。怕上层楼，十日九风雨。断肠片片飞红，都无人管，倩谁唤、流莺声住。鬓边觑。试把花卜归期，才簪又重数。罗帐灯昏，呜咽梦中语。是他春带愁来，春归何处。却不解、将愁归去。

赵士程　（清唱,撷芳词）桃花暖，杨花乱。可怜朱户春强半。长记忆，探芳日。笑凭郎肩，殢红偎碧。惜、惜、惜。春宵短，离肠断。泪痕长向东风满。凭青翼，问消息。花谢春归，几时来得。忆、忆、忆。

合　（诵诗）

　　　我是虹，我输入清晨；我是雾，我另存中午；

　　　我是云，我链接傍晚。我是雨，我恢复晚上；

　　　我是电，我转换午夜；我是霾，我编辑黎明。

唐琬　（幕后，独白）唉！望着窗外的白云，等着一个人，要多浪漫就有多浪漫。真想谈一次古典的恋爱，在煤油灯下，写一封思念电灯的情书。

第三乐章　还金钗

【事略】（旁白）不久，陆游在唐琬侍女盼儿的安排之下，在山阴禹陵春游，并在桃花渡口相会。陆游把唐琬荡秋千丢失的信物凤钗又重新交还了唐琬。

合 （清唱，水调歌头）雪洗房尘静，风约楚云留。何人为写悲壮，吹角古城楼。湖海平生豪气，关塞如今风景，剪烛看吴钩。剩喜然犀处，骇浪与天浮。忆当年，周与谢，富春秋。小乔初嫁，香囊未解，勋业故优游。 赤壁矶头落照，肥水桥边衰草，渺渺唤人愁。我欲乘风去，击楫誓中流。

唐琬 （清唱，梦江南）梳洗罢，独倚望江楼。过尽千帆皆不是，斜晖脉脉水悠悠。肠断白苹洲。千万恨，恨极在天涯。山月不知心里事，水风空落眼前花。摇曳碧云斜。

合 （清唱，鹧鸪天）南浦舟中两玉人，谁知重见楚江滨。凭教后苑红牙版，引上西川绿锦茵。才浅笑，却轻颦，淡黄杨柳又催春。情知言语难传恨，不似琵琶道得真。

陆游 （清唱，临江仙）鸠雨催成新绿，燕泥收尽残红。春光还与美人同。论心空眷眷，分袂却匆匆。只道真情易写，那知怨句难工。水流云散各西东。半廊花院月，一帽柳桥风。

合 （清唱，鹧鸪天）陌上柔桑破嫩芽，东邻蚕种已生些。平冈细草鸣黄犊，斜日寒林点暮鸦。山远近，路横斜，青旗沽酒有人家。城中桃李愁风雨，春在溪头荠菜花。

陆游 （诵诗）

你我是阴与阳的属性，你我是天与地的剪切。

你我是左与右的边框，你我是前与后的表格。

你我是上与下的自选图形，你我是来与去的超链接。

唐琬 （独白）情侣情侣，一双木屐；风雨同当，日月相依。早上又叫清晨，傍晚又叫黄昏。我知道晨昏不能颠倒，可热恋时谁又分得清？

第四乐章　合金钗

【事略】（旁白）绍兴十四年（公元1145年）陆游二十岁与唐琬结合。婚后，他们度过了一年多快乐的时光。

合 （清唱，曲春游）禁苑东风外，暖丝晴絮，春思如织。燕约莺期，恼芳情、偏在翠深红隙。漠漠香尘隔。沸十里乱弦丛笛。看画船尽入西泠，闲却半湖春色。柳陌。新烟凝碧。映帘底宫眉，堤上游勒。轻暝笼寒，怕梨云梦冷，杏香愁幂。歌管酬寒食。奈蝶怨良宵岑寂。正满湖碎月摇花，怎生去得！

唐琬 （清唱，七绝）洞房昨夜停红烛，待晓堂前拜舅姑。妆罢低声问夫婿，画眉深浅入时无？

陆游 （清唱，五绝）三日入厨下，洗手做羹汤。未谙姑食性，先遣小姑尝。

唐琬 （清唱，青玉案）东风夜放花千树，更吹落，星如雨。宝马雕车香满路。凤箫声动，玉壶光转，一夜鱼龙舞。蛾儿雪柳黄金缕，笑语盈盈暗香去。众里寻他千百度，蓦然回首，那人却在灯火阑珊处。

陆游 （清唱，鹊桥仙）纤云弄巧，飞星传恨，银汉迢迢暗度。金风玉露一相逢，便胜却人间无数。柔情似水，佳期如梦，忍顾鹊桥归路。两情若是久长时，又岂在朝朝暮暮！

合 （诵诗）

风说，我要泅泅修订孤独；花答，我要手机扩展寂寞。

雪说，我要视频录制感伤；月答，我要邮箱改写狂热。

唐琬 （独白）被爱囚禁，我是幸福的囚徒。泡沫让人产生错觉，泡沫让人迷失自我。爱情如火，切记时时加薪。

第五乐章 拆金钗

【事略】（旁白）唐琬自幼才华出众，唐琬的才华和与陆游的情感，引起陆母的不满。大约在绍兴十六年（公元 1147 年）即婚后的第二年，陆母以唐琬贻误科考前程，遂命陆游休了唐琬。陆游曾一度另筑宅院安置唐琬，但其母察觉后又命陆游另娶邻女王氏为妻。陆游只好与唐琬分手。

唐琬 （清唱，水龙吟）似花还似非花，也无人惜从教坠。抛家傍路，思量却是，无情有思。萦损柔肠，困酣娇眼，欲开还闭。梦随风万里，寻郎去处，又还被，莺呼起。不恨此花飞尽，恨西园，落红难缀。晓来雨过，遗踪何在？一池萍碎。春色三分，二分尘土，一分流水。细看来，不是杨花，点点是离人泪。

陆游 （清唱，长相思）吴山青，越山青。两岸青山相送迎，谁知离别情？君泪盈，妾泪盈。罗带同心结未成，江头潮已平。

合　（清唱，兰陵王）柳阴直，烟里丝丝弄碧。隋堤上，曾见几番，拂水飘绵送行色，登临望故国。谁识，京华倦客。长亭路，年来岁去，应折柔条过千尺。闲寻旧踪迹。又酒趁哀弦，灯照离席。梨花榆火催寒食。愁一箭风快，半篙波暖，回头迢递便数驿，望人在天北。凄恻，恨堆积。渐别浦萦回，津堠岑寂。斜阳冉冉春无极。念月榭携手，露桥闻笛。沉思前事，似梦里，泪暗滴。

陆游　（诵诗）

世界上最遥远的距离不是生与死，

而是我站在你面前你却不知道我爱你。

世界上最遥远的距离不是我站在你面前你却不知道我爱你，

而是明明知道彼此相爱却不能在一起。

世界上最遥远的距离不是明明知道彼此相爱却不能在一起，

而是明明无法抵御这种思念却故意装着丝毫没有把你放在心里。

世界上最遥远的距离不是明明无法抵御这种思念却故意装着丝毫没有把你放在心里，

而是用自己冷漠的心对自己爱的人掘了一条无法跨越的沟渠。

唐琬　（独白）我知道一个人走来走去的滋味，我知道孤独的影子也会流泪。能够出版发行的情书，那只是书，而没有情。因为情在写的时候，就躲开了。

第六乐章　续金钗

【事略】（旁白）战事稍歇，乡试榜拖延将近一年才得以发布，赵士程中举。赵士程托付他和陆游的塾师许镜清先生向唐琬求婚。唐琬只好由家人作主嫁给皇家后裔同郡士子赵士程。

赵士程　（清唱，贺新郎）乳燕飞华屋。悄无人、桐阴转午，晚凉新浴。手弄生绡白团扇，扇手一时似玉。渐困倚、孤眠清熟。帘外谁来推绣户？枉教人，梦断瑶台曲，又却是，风敲竹。石榴半吐红巾蹙。待浮花、浪蕊都尽，伴君幽独。秾艳一枝细看取，芳意千重似束。又恐被、西风惊绿，若得待君来向此，花前对酒不忍触。共粉泪，两簌簌。

唐琬　（清唱，永遇乐）落日熔金，暮云合璧，人在何处？染柳烟浓，吹梅笛怨，春意知几许？元宵佳节，融和天气，次第岂无风雨？来相召、香车宝马，谢他酒朋诗侣。中州盛日，闺门多暇，记得偏重三五。铺翠冠儿，捻金雪柳，簇带争济楚。如今憔悴，风鬟霜鬓，怕见夜间出去。不如向、帘儿底下，听人笑语。

赵士程　（清唱，醉花阴）薄雾浓云愁永昼，瑞脑消金兽。佳节又重阳，玉枕纱橱，半夜凉初透。东篱把酒黄昏后，有暗香盈袖。莫道不消魂，帘卷西风，人比黄花瘦。

唐琬　（清唱，一剪梅）红藕香残玉簟秋。轻解罗裳，独上兰舟。云中谁寄锦书来？雁字回时，月满西楼。　花自飘零水自流。一种相思，两处闲愁。此情无计可消除，才下眉头，却上心头。

合　（清唱，武陵春）风住尘香花已尽，日晚倦梳头。物是人非事事休，欲语泪先流。闻说双溪春尚好，也拟泛轻舟。只恐双溪舴艋舟，载不动、许多愁。

唐琬　（诵诗）

打起黄莺儿，莫教枝上啼。

啼时惊妾梦，不得到园西！

赵士程　（独白）

有的等待是一种浪漫，有的等待是一种义务，有的等待是一种无奈。有青春时挥霍青春，当青春不再时，那就细嚼慢咽着沧桑吧。

第七乐章　忆金钗

【事略】（旁白）唐琬只好由家人作主嫁给皇家后裔同郡士子赵士程。绍兴二十四年（公元1155年），礼部会试不中，陆游到沈园偶然遇见了唐琬，两个人非常难过。陆游感伤地在墙上题了一首《钗头凤》（红酥手）。第二年，唐琬再次来到沈园见陆游题词，不胜感慨，于是又和了一首《钗头凤》（世情薄），后不久便死去了。

合　（清唱，钗头凤）无绳网，有情场；相思渐进金箍绑。寝难按，空晨练；尺书邮达，寸心箱满。念，念，念。香车降，羽裳荡；半窗雨意槐花巷。燕声减，红人脸；几回身醒，一声心唤。盼，盼，盼。

陆游 （清唱，钗头凤）红酥手，黄縢酒。满城春色宫墙柳。东风恶，欢情薄。一怀愁绪，几年离索。错、错、错。春如旧，人空瘦。泪痕红浥鲛绡透。桃花落，闲池阁。山盟虽在，锦书难托。莫、莫、莫。

唐琬 （清唱，钗头凤）世情薄，人情恶。雨送黄昏花易落。晓风乾，泪痕残。欲笺心事，独语斜阑。难、难、难。人成各，今非昨。病魂尝似秋千索。角声寒，夜阑珊。怕人寻问，咽泪装欢。瞒、瞒、瞒。

合 （诵诗）

　　给我一个伙伴，我要寻找出口；给我一个下午，我要收集迷茫。

　　给我一个爱人，我要拾掇将来；给我一个清晨，我要清理以往。

唐琬 （独白）

　　可不过，也还是那句老话：你中有我，我中有你。我打你一巴掌，是打属于我的那一份；你吻我一下，也是吻属于你的那点内容。要想让爱情经受风吹雨打，最好的办法是到海上举行婚礼。

尾声　吊金钗

【事略】（旁白）陆游去世的前一年，也就是嘉定二年（公元 1209 年），这时陆游已经七十四岁。赵士程带领他的子嗣，邀请陆游再次来到沈园纪念唐琬。

合 （清唱，卜算子）我住长江头，君住长江尾。日日思君不见君，共饮长江水。此水几时休，此恨何时已？但愿君心似我心，定不负相思意。

赵士程 （清唱，江城子）十年生死两茫茫，不思量，自难忘。千里孤坟，无处话凄凉。纵使相逢应不识，尘满面，鬓如霜。夜来幽梦忽还乡，小轩窗，正梳妆。相顾无言，惟有泪千行。料得年年肠断处，明月夜，短松冈。

陆游 （清唱，定风波）莫听穿林打叶声，何妨吟啸且徐行。竹杖芒鞋轻胜马，谁怕？一蓑烟雨任平生。料峭春风吹酒醒，微冷，山头斜照却相迎。回首向来萧瑟处，归去，也无风雨也无晴。

唐琬 （幕后，清唱，水调歌头）明月几时有？把酒问青天。不知天上宫阙，今夕是何年。我欲乘风归去，又恐琼楼玉宇，高处不胜寒，起舞弄清影，何似在人间。转朱阁，低绮户，照无眠。不应有恨，何事长向别时圆。人有悲欢离合，月有阴晴圆缺，此事古难全。但愿人长久，千里共婵娟。

赵士程　（诵诗）

瞿塘嘈嘈十二滩，人言道路古来难。长恨人心不如水，等闲平地起波澜。

隐隐飞桥隔野烟，石矶西畔问渔船。岸上相逢无纸笔，凭君传语报平安。

唐琬　（幕后，独白）

其实，累也是一种感觉。高兴时累也不累，心烦时不累也累。雨下多了，盼望晴；晴太久了，盼望雨。靠得太近，想念距离；隔得太远，没法亲近。在没有情人的情人节，自己给自己送一支玫瑰。用左手握着送给右手，或双手捧着送给孤独的心。

合　（清唱，卜算子）我住长江头，君住长江尾。日日思君不见君，共饮长江水。此水几时休，此恨何时已？但愿君心似我心，定不负相思意。

（完）

（实验课本剧，中国教育改革与教学研究；2012，4）

琵琶行

（根据白居易原著改编）

序曲 别时茫茫江浸月

送君浦口意彷徨。
面对着，浔阳月照江流荡；
怎奈何，枫叶落冷荻花凉。

愁前路，无知己，把酒推让；
主人马，客人船，两两相将。

忽地一声岑寂琵琶里，
觑他江上，如语绕峦梁。

把个归发忘，把个归发忘；
只缘这一曲清商，一曲清商。

第一乐章 别有幽愁暗恨生

暗恨生，传乌篷，琵琶声歇欲语停；
船相近，两厢惊，添酒挑灯开宴重。

琵琶遮，含羞红，罗裙胜雪暗香浓；
曲未成，先有情，千呼万唤始相迎。

浔阳地， 知音邀，把酒与君倾；
高山流水一江情。

诉不尽，平生志，声声掩映；

说不完，无限事，弦弦有声。

大弦轻拢，一曲霓裳，嘈嘈骤雨空山静；
小弦慢捻，一曲六幺，窃窃私语息事宁。

大珠小珠，落得玉盘子干净；
莺语泉流，涮得冰滩下清明。

猛可里，冰弦冻折哪可通；
殊不知，此时无声胜有声。

漫躲闪，有爆溅的银瓶，淙淙砰砰；
且回眸，有喋杀的铁骑，嘤嘤铮铮。

流云似问苍穹，何来裂帛异曲同？
皓月如答碧落，惟见江流赋此声。

第二乐章　梦啼妆泪阑干红

夜深梦，少年行，梦啼妆泪阑干红；
京城外，灞桥东，家在滩下虾蟆陵。

十三教坊成，十四善才名；
十五妆成秋娘妒，十六少年争五陵。

钿头击节碎，罗裙翻酒倾；
今年欢笑春风里，明年等闲秋月中。

一晌欢情，把青春抛净。
只知京城形胜，不知弟走阿姨冷；

老大嫁商人，商人重利轻卿卿。

守空船，结空镜，肠断白萍；
望尽浮梁茶马，人不归，且把琵琶弄。

第三乐章 同是天涯沦落人

我闻琵琶语，且感此身情。
同是天涯沦落，何必曾识说相逢。

发浔阳，辞帝京，谪居卧病；
临溢江，地泥泞，黄苦丛生。

早晚啼杜鹃，四时猿哀鸣；
呕哑有山歌，啁哳乃无丝竹悦耳听。

莫辞行，更前行，重弹一曲仙乐明；
我为教坊度此曲，曲名唤作琵琶行。

尾声 江州司马青衫湿

江流去，人卓立，弦弦转急。
道一声，京城善才勤珍视；
道一声，江州司马且莫再把青衫湿。

山也凄，水也凄，山水长相聚；
云也迷，月也迷，云月两相依。

（完）

（实验课本剧，中国教育改革与教学研究；2009，9）

四桥曲
（根据中国古代四大民间故事改编）

第一曲 灞桥

孟姜女，杞梁妻；千里足，送寒衣。
秦王五世横扫六合地，一夕归来虎视何称奇：
愿为匹夫匹妇长相聚，与君把酒分觞灞桥西。
倏地一声哭报长城弃，谓水挥鞭回马自乱蹄。

第二曲 鹊桥

牵牛宿，织女星；七夕里，鹊桥东。
年年结彩张灯盼相逢，一担儿女今夕笑语盈：
莫忘前回牛老耳提命，会当曳杖衔绳渡天庭。
蓦地一席翻惊王母梦，银汉拂帏拭幛尽盆倾。

第三曲 草桥

梁山伯，祝英台；草桥拜，两无猜。
十八相送即景生情怀：舍有九妹还望早迎来。
家严寻衅却嫁马郎才，梁兄闻知方悔没深宅。
忽地一叹假允祝员外，陇头唤蝶呼蜂不分开。

第四曲 断桥

西湖外，断桥边；白娘子，遇许仙。
端阳节饮雄黄尽合欢，夜阑时看人妖作枕眠。
盗草还阳姐妹生芒剑，叩门破镜法海算机关。
端地一怒水漫金山院，雷峰夕照朝晖报状元。

（完）

卷四　戏剧史论讲稿

第一讲　汉代的戏剧

第一节　汉代以前的戏剧

摘要：汉代以前，没有戏剧这个概念。凡是戏剧一类的活动，统统被称为乐。乐和礼绑定在一起，乐指文艺，礼则指政治。从黄帝开始，一直到周代，八代九王之乐，都是为实施其礼而制作的。这就是所谓古乐，古乐属于宫廷歌舞剧，比如，《武王克殷》。战国时期出现了新乐，新乐属于民间歌舞剧，比如，《优侏儒》；新乐已经开始有了实际性质的舞台行动表演。无论是古乐，还是新乐，都具有了现代歌舞剧的一般要素，比如，歌诵舞等；但还不是纯粹意义上的现代歌舞剧，而是属于原始初民歌舞剧形态，是中国戏剧历史形成发展的源头。中国的戏剧到清代还一直没有脱离这个歌舞的范式，以致使以歌舞演故事最终成为中国传统戏剧的本质元素。汉代虽"百戏杂陈"，但却无折无本，原因是多方面的，其主要原因是汉代对于上古礼乐观念的继承尤为严重，歧视所谓的非礼之乐，自然也桎梏了歌舞剧文本的形成。汉武帝时期已经出现了戏车，即彩车舞台。

关键词：礼乐　古乐　新乐　戏车

从戏剧本身形成、发展的历史，更加包容、更加宽泛视角的意义上说，戏剧在很早的上古时期就已经出现了。研究发现，包括大约从黄帝开始，一直延续到周代以后的春秋战国时期，在这样很长一段的历史时期内，它即以歌舞剧的形式存在了。不过，这个时期的歌舞剧，既不是十九世纪欧洲的歌舞剧，也不是近现代的戏曲和宋元时期的杂剧，而是跟这些戏剧都有着很大差别的，根植于原始初民时代的戏剧模式。这种原始初民时代的戏剧模式，以其外在明显有着戏剧初阶形态的基本特征，同时又以其内在跟十九世纪欧洲的歌舞剧、近现代的戏曲，乃至宋元时期的杂剧，明显有着千丝万缕密切联系的主体标识，而成为中国戏剧形成发展历史长河的上游或者源头。

一、关于古乐的两个问题

汉代以前，没有戏剧这个概念，当然也没有歌舞剧的提法。凡有关诸如现在我们所说的戏剧一类的活动，都一律笼统称为乐。而乐也不是孤立存在的，它总是跟礼绑定在一起，即所谓礼乐。"大乐与天地同和，大礼与天地同节。和故百物不失，节故祀天祭地。"[1] 这种礼乐合一状况，到了周代就已经定型了。倘若区分开来说，礼和乐这两个概念，它们还同时具有实质性和抽象性的双重含义。礼既可指礼节和礼仪，"卜筮者，扫除设坐，正其冠带，然后乃言事，此有礼也。"[2] 也可指政治，"周衰，礼废乐坏，大小相逾逾，管仲之家，兼备三归。"[3] 乐也是一样，既可指音乐和歌舞，"昔者舜作五弦之琴，夔始作乐，以赏诸侯。"[4] 也可指配合政治实施的文艺，"先王之为乐也，以法治也。"[5] 礼乐合在一起，则往往指的就是政治和文艺了。

（一）古乐：乐备礼具的观念和制度

礼乐作为古代帝王实施思想政治的一种手段，在久远的上古时期就已经开始形成。由于乐不断地被上层建筑强化为礼服务，礼乐不仅成为一种文艺标准，而且也成为一种社会制度。这种制度和观念一直延续影响到汉代。

古帝王作乐。我们目前能够看到的古乐，一般古书上说，都为上古帝王所作。"王者未作乐之时，因先王之乐以教化百姓，说乐其俗，然后改作，以章功德。《易》曰：'先王以作乐崇德，殷荐之上帝，以配祖考。'昔黄帝作《咸池》，颛顼作《六茎》，帝喾作《五英》，尧作《大章》，舜作《招》，禹作《夏》，汤作《濩》，武王作《武》，周公作《勺》。《勺》，言能勺先祖之道也。《武》，言以功定天下也。《濩》，言救民也。《夏》，大承二帝也。《招》，继尧也。《大章》，章之也。《五英》，英华茂也。《六茎》，及根茎也。《咸池》，备矣。"[6] 从黄帝、颛顼、帝喾、尧、舜，到夏禹、商汤，到武王、周公，这八代九王，代代王王都有所作。说到作乐，这些帝王又大都沿袭这样的一个传统模式，那就是在他们没能够称王作乐的时候，往往通过先王之乐教化百姓，使民俗愉悦；等到他们称王亲自改行新乐的时候，就开始宣传其文治武功。而成大功的帝王，他们就会更加地不仅强化乐，而且强化礼。

乐备礼具。"王者成功作乐，治定制礼。其功大者其乐备，其治辨者其礼具。"[7] 乐和礼成为王者成功治定的两手，而且这两手都得必备。

乐和礼不平等。乐得为礼服务，乐是礼的一个元素。比如"人体安驾乘，为之金舆错衡以繁其饰；目好五色，为之黼黻文章以表其能；耳乐钟磬，为之调谐八音以荡其心；口甘五味，为之庶羞，酸咸以致其美；情好珍善，为之琢磨圭璧以通其意。故大路越席，皮弁布裳，朱弦洞越，大羹玄酒，所以防其淫侈，救其凋敝。是以君臣朝廷尊卑贵贱之序，下及黎庶车舆衣服宫室饮食嫁娶丧祭之分，事皆有宜适，物有节文。"[8]"朱弦洞越"是乐器，八音就是金、石、土、革、丝、木、匏、竹，也是乐器。可见那时这些民乐已经很普及，这也是乐的实施所必备的一个技术层面上的基本条件。这里所说的礼所包含的五大元素，即体、目、耳、口、情，有关耳的内容，实际就是乐，乐同时又成为礼的一个组成部分。"耳乐钟磬，为之调谐八音以荡其心"就是以愉悦灵魂的乐来实施礼的教化。"夫上古明王举乐者，非以娱心自乐，快意恣欲，将欲为治也。"[9]这说的就更为直截了当。为治就是为定治，也就是为礼，乐须服务于礼，这也还是文艺为政治服务的标准。乐为礼服务，礼为王者服务。王者、礼和乐这三个层级，乐是最下位的概念，是王者实施统治的政治思想基础，因此也最受王者的重视。

乐分三等。王者不仅可以制定大乐，以推行大礼，而且还可以通过不同的乐来体察不同的礼，即国情。"是故治世之音安以乐，其正和；乱世之音怨以怒，其正乖；亡国之音哀以思，其民困。声音之道，与正通矣。郑卫之音，乱世之音也。比于慢矣。桑间濮上之音，亡国之音也，其政散，其民流，诬上行私而不可止。"[10]按照礼的标准，乐被严格地分解为三个方面不同的表征，有治世之音、乱世之音和亡国之音。而最被批判和抵制的为郑卫、桑间濮上之音，即亡国之音。实际上，这个分类，也就是最早关于雅乐与俗乐的分法。俗乐被拒绝于大雅，那就是因为它的所谓非礼之乐，也就是不合乎其王者为实施政治统治所规定的艺术标准。

古乐和新乐。到战国时期，礼废乐坏，就是打破了这个艺术标准。为了有所区别，人们则把先王之乐称为古乐，把郑卫、桑间濮上之音，称为新乐。古乐被提升到了治国的高度，新乐被抵制到了可以亡国的地步。

古乐逐渐失传。尽管如此，古乐到周代的时候，流传下来的已经无多。比如，"自夏以往，其流不可闻已，《殷颂》犹有存者。"[11]古乐从黄帝、颛顼、帝喾、尧、舜，到夏禹、商汤，到武王、周公，这八代九王，尽管代代都有所作。除了夏代以前的古乐，流传下来的情况不甚明了，而夏代以后、周代以前的古乐只是在诗经《商颂》里还保留一些篇目。依据历来的说法，那就是，以《那》为首篇的《商颂》十二篇，这十二篇即是所谓夏朝以后所遗留下来的古乐，而且都是祭歌。因此，也就加重了人们对于古乐的怀念，以至到汉代还念念不忘。"广厦阔屋，连阀通房，人之所安也；鸟入之而忧。高山险阻，深林丛薄，虎豹之所乐也；人入之而畏。川谷通原，积水重泉，鼋鼍之所便也；人入之而死。咸池、承云、九韶、六英，人之所乐也；鸟兽闻之而惊。"[12]"咸池、承云、九韶、六英"这些都是夏代以前的古乐。这段话语出《淮南子》，其著者刘安（公元前179- 公元前122 年）是汉武帝（刘彻，公元前156- 公元前87 年）时期的淮南王。从黄帝到汉武帝时期已经将近两千五百年，差不多就等于从我们现在上溯到汉武帝时期的一样遥远，经过这么悠久的历史，人们还一直在向往着絮念着，一方面可见古乐对于后世影响的深远，一方面也反证了新乐出现时间的漫长。古乐和新乐之争，也推进了歌舞剧的即将登场。

（二）古乐：国风士风的形成和繁荣

由于古帝王的礼乐制度和观念的推动，汉代以前古乐的兴起和繁荣，呈现出诸多异为突出的局面，强化了当时士风，也推进了后世歌舞剧的形成。

学校教育。典者自卿大夫师瞽以下，皆选有道德之人，朝夕习业，以教国子。国子者，卿大夫之子弟也。皆学歌九德，诵六诗，习六舞、五声、八音之和。故帝舜命夔曰："女典乐，教胄子，直而温，宽而栗，刚而无虐，简而无敖。诗言志，歌咏言，声依咏，律和声，八音克谐。"此之谓也。[13]从帝舜命夔作乐和管理乐的工作开始，后来的历代直到汉代，一直把乐作为引导国子，即贵族子弟形成"直而温，宽而栗，刚而无虐，简而无敖"人格的学校教育。也就是使乐成为教国子以六艺，即"礼、乐、射、御、书、数"这些总课程其中的一门课程，那样地被重视起来。而作为课程，乐的教师，也是百里挑一，有兼职的卿大夫，就是朝廷的重臣；有专业的乐人，就是师瞽，他们的人选都是德高望重的。而且，即使是现在，在春秋战国之交的史书上，还能够看到这些大量乐人十分活跃的身影，像师瞽、师旷、师涓、师乙、师延等等。这些为数众多的乐的教育家，在从其播乐的同时，还肩负着布礼的重任，有的已经成为流传后世的典故，乃至楷模。所以，对于乐而言，无论普及还是提高，都具有了相当扎实的思想教化基础，也自然地强化了作为主旋律乐的社会文化氛围的形成。"莫春者，春服既成，冠者五六人，童子六七人，浴乎沂，风乎舞雩，咏而归。"[14]人们已经沉浸在那种耳熟能详的美乐陶冶之中了。乐的教育促进了国风士风日上。

歌舞剧元素。回过头来，倘若从歌舞剧的视角考虑，除了上文说到的乐器乐人这些技术层面的问题，还需要解决本文开头所说的深层次问题，就是关于歌舞剧的要素问题。对于这个问题，也可以从这段引文中，提取出来，找到答案。"歌九德，诵六诗，习六舞"，作为歌舞剧的基本要素，歌诗舞，也叫歌诵舞，已经明显有了具体的分工。用现代的语言表述，歌九德就是歌唱，诵六诗就是朗诵，习六舞就是舞蹈。乐为后世歌舞剧形成，提供了极其重要的中国戏剧本质元素。现代的歌舞剧，一般认为是由音乐、戏剧、文学、舞蹈、舞美等元素构成的，但这毕竟是现代的艺术作品，是不可以把这个标准生搬硬套于古乐的。话又说回来，即使是以现代的艺术标准衡量那时作为歌舞剧的古乐，而这些作为歌舞剧的古乐之于现代歌舞剧的这些必要的戏剧元素，也并非完全陌生，完全不具备；恰恰相反，作为歌舞剧的而主打的元素，比如，音乐、文学、舞蹈等，这些必备的元素，作为歌舞剧的古乐都已经十分充分，而且有些元素已经达到了相当完美的水准。

古乐论。古乐歌诵舞的理论已经出现，"故歌者，上如抗，下如队，曲如折，止如槁木，居中矩，句中钩，累累乎殷如贯珠。故歌之为言也，长言之也。说之，故言之；言之不足，故长言之；长言之不足，故嗟叹之；嗟叹之不足，故不知手之舞之足之蹈之。"[15]这是子贡跟师乙在讨论乐，也就是著名的歌舞剧五段论。说之，言之，长言之，嗟叹之，手之舞之足之蹈之。按照师乙的理解，歌也是一种语言，是属于一种长声调的语言。人愉悦了，有可表达的情感了，才言语出来；言语表达得不充分，才用长声的语调表达；如果仍不充分，才相续相和，反复吟唱；倘若还是不充分，就不知不觉的手舞足蹈起来了。这也可以看出，那时乐师对于歌舞剧的歌诵舞理论已经有了相当高度的认识。

艺术品位。这是古乐的成熟时期，也是歌舞剧开始形成发展的时期。古乐理论对于古乐实践的指导，已经从自发的形成，开始走上了自觉创造的道路，致使古乐的艺术品位已经达到了崇高的境界。卫灵公（公元前540-公元前 493 年）之时，将之晋，至于濮水之上舍。夜半时闻鼓琴声，问左右，皆对曰"不闻"。乃召师涓曰："吾闻鼓琴音，问左右，皆不闻。其状似鬼神，为我听而写之。"师涓曰："诺"。因端坐援琴，听而写之。明日，曰："臣得之矣，然未习也，请宿习之。"灵公曰："可。"因复宿。明日，报曰："习矣。"即去之晋，见晋平公。平公置酒于施惠之台。酒酣，灵公曰："今者来，闻新声，请奏之。"平公曰："可。"即令师涓坐师旷旁，援琴鼓之。未终，师旷抚而止之曰："此亡国之声也，不可遂。"平公曰："何道出？"师旷曰："师延所作也。与纣为靡靡之乐，武王伐纣，师延东走，自投濮水之中，故闻此声必于濮水之上，先闻此声者国削。"平公曰："寡人所好者音也，愿遂闻之。"师涓鼓而终之。平公曰："音无此最悲乎？"师旷曰："有。"平公曰："可得闻乎？"师旷曰："君德义薄，不可以听之。"平公曰："寡人所好者音也，愿闻之。"师旷不得已，援琴而鼓之。一奏之，有玄鹤二八集乎廊门；再奏之，延颈而鸣，舒翼而舞。平公大喜，起而为师旷寿。反坐，问曰："音无此最悲乎？"师旷曰："有。昔者黄帝以大合鬼神，今君德义薄，不足以听之，听之将败。"平公曰："寡人老矣，所好者音也，愿遂闻之。"师旷不得已，援琴而鼓之。一奏之，有白云从西北起；再奏之，大风至而雨随之，飞廊瓦，左右皆奔走。"（16）从这段引文看，就乐的习练程序上已经完全定型，乐的习练是由"闻、写、鼓、习"四个程序构成的。乐的习练的定型，说明乐的学习、使用和研究，已经脱离了原始习练的状态，而是步入了比较科学的教授训练阶段。特别是"为我听而写之"一句，还告诉我们一个特别企盼的史实，听音识谱，已经是乐师们的家常便饭。而且乐师的高手后面还有高手，甚至简直到了出神入化的程度。师涓、师延、师旷，一个比一个高明。我国很早的时期就有高山流水、吹箫引凤的说法。"师旷不得已，援琴而鼓之。一奏之，有玄鹤二八集乎廊门；再奏之，延颈而鸣，舒翼而舞。"可以吸引鹤来听乐，使鹤伴随乐翩翩起舞，乐已经达到了能够模拟天籁之音的水准。而且，在这段引文中，我们也会感觉到乐就像现代的电视剧一样，成为人们生活不可以或缺的一个组成部分。

上古的歌舞剧就是在这样的一个礼乐氛围十分浓厚的古乐声声中，在古帝王和国家的推动下，走出亘古，诞生了。

二、古乐和新乐并立局面之下歌舞剧的出现

汉代以前的歌舞剧在《史记》《汉书》等典籍里有较为详细的记载，具有代表性的是军乐歌舞剧《武王克殷》和新乐歌舞剧《优侏儒》。《武王克殷》为周武王时期的作品，《优侏儒》是魏文侯时期的戏剧。

（一）古乐：《武王克殷》孔子问武，商周时期军乐歌舞剧的出现和乐府的承传

孔子（公元前 551- 公元前 479 年），晚年曾经修订《礼》《乐》，"孔子问武"，《史记》原注为"宾牟贾问"。孔子所问之《武》，也称《武》舞，为周武王所作。周武王（约公元前 1087- 公元前 1043 年），一般史书称他为武王，而现代出土的西周青铜器铭文则往往称他为斌。他是周文王姬昌的次子，其兄伯邑考被商纣王所杀，他继王位。牧野之战，一举灭商，成为西周开国君主。《武》舞是他牧野之战战前的誓师，也是他战后祝捷的演出。

宾牟贾侍坐于孔子，孔子与之言，及乐，曰："夫《武》之备戒之已久，何也？"答曰："病不得其众也。""永叹之，淫液之，何也？"答曰："恐不逮事也。""发扬蹈厉之已蚤，何也？"答曰："及时事也。""《武》坐致右宪左，何也？"答曰："非武坐也。""声淫及商，何也？"答曰："非《武》音也。"子曰："若非《武》音，则何音也？"答曰："有司失其传也。如非有司失其传，则武王之志荒矣。"子曰："唯丘之闻诸苌弘，亦若吾子之言是也。"宾牟贾起，免席而请曰："夫《武》之备戒之已久，则既闻命矣。敢问迟之迟而又久，何也。"[17]

从这段"孔子问武"看，周武王所作《武》舞，到他春秋的那时已经面目皆非，坐"非武坐也"，音"非《武》音也"。而且乐府作为乐舞的管理机构也名存实亡，"有司失其传也。如非有司失其传，则武王之志荒矣。"从周武王克殷到孔子时期大约五百年的时间，这个时期正是孔子一再呼吁的"礼废乐坏"的社会转型时期，孔子为此还提出"克己复礼"的主张。"孔子问武"也正是在这个背景之下发生的。因为孔子晚年修订过《礼》《乐》，是这一领域十分精通的大师，所以表面上看是对周武王所作《武》舞的请教，其实殊不知却是对时人无知于礼乐的质问。下文孔子反客为主的陈述，才回到了文章的正题。这里，恰好为我们研究《武》舞作为军乐歌舞剧的形成，也就是目前能见到的较早的，汉代以前的戏剧，提供了事实上的依据和细节

上的帮助。

子曰："居，吾语汝。夫乐者，象成者也。总干而山立，武王之事也；发扬蹈厉，太公之志也；武乱皆坐，周召之治也。且夫《武》，始而北出，再成而灭商，三成而南，四成而南国是疆，五成而分陕，周公左，召公右，六成复缀，以崇天子，夹振之而四伐，盛（振）威于中国也。分夹而进，事蚤济也。久立于缀，以待诸侯之至也。且夫女独未闻牧野之语乎？武王克殷反商，未及下车，而封黄帝之后于蓟，封帝尧之后于祝，封帝舜之后于陈；下车而封夏后氏之后于杞，封殷之后于宋，封王子比干之墓，释箕子之囚，使之行商容而复其位。庶民弛政，庶士倍禄。济河而西，马散华山之阳而弗复乘；牛散桃林之野而不复服；车甲衅而藏之府库而弗复用；倒载干戈，苞之以虎皮；将率之士，使为诸侯，名之曰'建櫜'。然后天下知武王不复用兵也。散军而郊射，左射《狸首》，右射《驺虞》，而贯革之射息也；裨冕搢笏，而虎贲之士税剑也；祀乎明堂，而民知孝；朝觐，然后诸侯知所以臣；耕藉，然后诸侯知所以敬。五者天下之大教也。食三老五更于太学，天子袒而割牲，执酱而馈，执爵而酳，冕而总干，所以教诸侯之悌也。若此，则周道四达，礼乐交通，则夫《武》之迟久，不亦宜乎？"（同上）

这段话就是孔子反客为主论《武》舞的全部内容。孔子论《武》舞的中心意图，是在说明《武》舞的"成象"功能。作为主张复礼精通古乐的大师，孔子透彻地解析了《武》舞表演的程序和环节，并说明了这些演出程序和环节的象征意义。孔子的解析，不仅为我们明确地阐释了《武》舞的内涵，而且也为我们研究汉代以前的戏剧，留下了极其宝贵的有关大型军乐歌舞剧的细节资料。

这里，需要格外引起大家注意的是：

《武》舞的戏剧结构。《武》舞是军乐歌舞剧。《武》舞倘若是发生在周商两军交战前的演出，那还情有可原，或者说纯粹属于行军作战仪仗誓师的性质，当然也同样包含有戏剧表演的因素；而如果是在武王克殷的全面胜利而后的演出，那就只能够说是戏剧了。从全部孔子反客为主论《武》舞的内容看，这两种情形，就是战前振奋誓师的仪仗和战后庆祝胜利的演出，都是存在的。我们把周商两军交战前的振奋誓师的仪仗，叫做简本；把武王克殷战后庆祝胜利的演出，叫做繁本。因为《武》舞所"成象"的内容，比如，"未及下车"和"下车"等的一系列有关君国大事的活动,都发生在"武王克殷反商"之后。实际上,从简本到繁本,乃为《武》舞军乐歌舞剧形成发展的两个阶段。按照亚里士多德(公元前384- 公元前322年)的说法,许多歌舞剧的形成,也正是经历了这种来源于生活,而后又模仿生活的两个阶段。这是很合乎戏剧本身发展规律的。孔子所论的《武》舞主要是繁本的内容,那就是武王克殷的全面胜利后祝捷的演出。这有点像我们今天的《长征组歌》。《武王克殷》的繁本,从它歌舞的形式上看,已经初步具有了戏剧的性质。这就是因为,《武》舞已经具有了基本的戏剧因素,有歌,而且歌已经有了板式,"永叹之,淫液之";有舞,而且舞已经有了规范的舞姿,"发扬蹈厉之"、"坐致右宪左",仿佛就是秦代的跪射俑。作为戏剧的结构,其开端是"总干而山立",发展和高潮是"发扬蹈厉",结局"武乱皆坐"。乱就是尾声。其中发展和高潮这部分,又是通过"六成"来完成的,成就是奏,变,或者终。诸如"始出,再成,三成,四成,五成,六成"等环节。其"六成"的象征意义分别为"北出,灭商,而南,而南国,而分陕,以崇天子。"这已经是"武王克殷反商"的凯旋了。换句话说,孔子所叙述的这个大型军乐歌舞剧《武王克殷》的题材,完全取自"武王克殷反商"未及下车和下车后的全部史实。未及下车的活动有封黄帝、帝尧和帝舜之后;下车后的活动有封夏后氏、殷之后,封比干之墓,释箕子之囚等。这里,我们不能够排除孔子事后的附庸风雅,但我们也不能够完全推倒孔子所记述的武王克殷是全面胜利后祝捷的演出。两相比较,后者可能比前者更加言之凿凿。至少是在那时孔子的春秋时期,就已经按照繁本这样演出却不能够完全复原周武王的《武》舞,而遭到孔子五次三番的质疑。

军乐歌舞剧的背景。这种大型军乐歌舞剧的出现,是因军礼的施行为它提供了理念上的约束和场面上排演的机会。毛泽东在《论持久战》中说,"我们不是宋襄公,不要那种蠢猪式的仁义道德。"这个故事说的是,春秋五霸时期,即公元前六百三十八年的宋楚"泓水之战"。宋军先到而摆好阵势,而楚军正在渡河,宋襄公(公元前?-公元前637年)的弟弟请求襄公说,楚军人多,我们人少,应趁他们过河的时候出击。襄公说,不可以,等楚军完全渡河。他弟弟又说,现在可以攻击了吧?襄公说,人家还没排好阵势呢!直到楚军摆好了阵势,宋襄公才下令宋军开始出击。结果宋军一败涂地,襄公的大腿也受了伤。宋国人都埋怨他,襄公却说,"君子不重伤,不禽二毛。

古之为军也，不以阻隘也，寡人虽亡国之余，不鼓不成列。"他意思就是说，君子作战时不攻击已经受伤的敌人，同时也不打头发斑白的老人。前人打仗都不靠关塞险阻取胜，我虽然是侥幸还没有灭亡国家，也不可以去攻打没有摆好阵势的敌人。从商周开始，到春秋五霸这段历史时期，敌我双方作战还依然坚持古代的所谓军礼，这里宋襄公"不鼓不成列"就是其中最为重要的一个礼仪，毛泽东叫他"蠢猪式的仁义道德"，后来还有人称他为"贵族精神"。那时的兵书上也有类似的说法，"无邀正正之旗，勿击堂堂之陈"，"归师勿遏，围师必阙，穷寇勿迫，此用兵之法也。"(18)这样看来，敌我双方按照军礼，排列好阵势然后宣战，即所谓叫战，就给军乐歌舞剧提供了必要的理念保障和有限的排练演出的机会。假使双方在战前都有仪仗排演，那对于军乐歌舞剧的发展还会有一定的促进作用，这样就使得军乐歌舞剧有了竞争，即所谓唱对台戏。因此，研究品评军乐歌舞剧也就成为了那时讨论礼乐关系的一个重要内容。"孔子问武"也正是这样的一个话题。等到礼废乐坏，军乐歌舞剧也就自然沦落为挑战或者叫骂，就像《三国演义》说诸葛亮讨伐司马懿，司马懿却坚壁清野不出，而给他一个女人头巾之类的羞辱一样。毛泽东后来还写过"宜将剩勇追穷寇"，军礼被彻底地消失了。

后世还有《武》舞传统戏的演出。汉代到汉哀帝时（刘欣，公元前25—公元前1年）还有《武》舞延续的演出。虽然《武》舞从周初到春秋，也开始演变，乃至演变得无论歌还是舞，都已经面目皆非了。"有司失其传也。如非有司失其传，则武王之志荒矣。""有司失其传"的状况到汉武帝时期，又恢复了它本来面貌，就是乐府的重新建立。这种大型军乐歌舞剧到了西汉末代依旧还在承传。汉哀帝时因郑声尤甚，曾经下诏书罢免乐府官员，从八百二十九人减员到三百八十八人，并指示，"郊祀乐及古兵法《武》乐，在经非郑卫之乐者，条奏，别属他官。"(19)《武》舞虽然保留下来，但已经下降到由非乐府部门管辖的地步，乐府也撤消，衰微了。那么，这个歌舞剧的人数应该怎么推断呢？一是根据"六成复缀，以崇天子，夹振之而四伐，盛（振）威于中国也。分夹而进，事蚤济也"一句的注解，是说"武王和大将夹军而奋铎振动士卒"，即可得知大型军乐歌舞剧《武王克殷》的阵前仪仗演出，不是三军将士全部，而只是挑战者的方阵，因为主力部队主要功能还是作战，所以被"武王和大将夹军而奋铎振动"。而武王克殷反商后的演出，这已经是可以确论的事实，从周朝经过春秋一直演出到西汉末年；但我们现在还不明具体是在宫廷，还是在郊庙。但有一个数据可以参考，那就是依据《汉书》所记载一般郊庙祭祀演出的人数是七十至于一千之间。《武王克殷》人数基于演出场所的大小，大致也就应该是在这个数字之内。

（二）新乐：《优侏儒》魏文侯问乐，战国时期新乐歌舞剧的诞生和乐对礼的发难

魏文侯（公元前 472- 公元前 396 年），战国时期魏国开国君主。"魏文侯问乐"，《史记》原注为"文侯问"。

魏文侯问于子夏曰："吾端冕而听古乐则唯恐卧，听郑卫之音则不知倦。敢问古乐之如彼，何也？新乐之如此，何也？"子夏答曰："今夫古乐，进旅而退旅，和正以广，弦匏笙簧合守拊鼓，始奏以文，止乱以武，治乱以相，讯疾以雅。君子于是语，于是道古，修身及家，平均天下。此古乐之发也。今夫新乐，进俯退俯，奸声以淫，溺而不止，及优侏儒，獶杂子女，不知父子。乐终不可以语，不可以道古。此新乐之发也。今君之所问者乐也，所好者音也。夫乐之与音，相近而不同"。[20] 这段话，语出司马迁（约公元前 145- 公元前 90 年）《史记·乐书》。魏文侯问子夏，本意虽然在于讨论礼乐的相互作用问题，但却透露了两个十分重要的戏剧信息：

司马迁提出了一组关键性的概念，古乐和新乐。"及优侏儒，獶杂子女，不知父子"，这句话历来被忽略翻译。因为翻译的失误，其意义也被歪曲。"及"是等到，这在文言中常见，比如，"及日中则如盘盂。"[21] "优侏儒"是名词活用为使动，即使侏儒为优，就是有意识让侏儒上台搞笑。这一行为改变了以往以伶为优的常态，俗乐开始向雅乐发难，古乐开始向新乐转变。司马迁把在这个转变的过程中，歌舞剧开始增加形体动作，出现了以小矮人为戏子的插科打诨，男女同台，父子上场，具有了群众表演的性质，还具有了喜剧成分的郑卫之音，称为新乐；把与之相反的称为古乐。能够被称为新乐的戏剧形式，说明已经形成了气候，否则是不能够被这样定义下来的，正如新诗、新文学，为旧诗、旧文学的对立面一样。这为我们研究一个旧剧形式的衰微、新剧形式的勃兴，既提供了理论上的帮助，同时也明确了概念的界定。

引发了一场关于礼与乐、俗与雅之争。一贯以雅为正宗的古乐，被所谓俗不可耐的新乐所打破，雅俗不能够共赏。魏文侯却"听郑卫之音则不知倦"，"端冕而听古乐则唯恐卧"。看来，魏文侯还是一个很随和时尚的人，喜欢新乐，不一味好古。而子夏却食古不化抱残守缺，认为新乐"乐终不可以语，不可以道古"，古乐可以"道古，修身及家，平均天下"。礼与乐、俗与雅之争的结果是，跟后来花雅之争一样，雅部表面获胜，而花部却遍地开花。同样，而"优侏儒"的风气一开，便成为潜则，《史记》的《滑稽列传》，所记录的齐淳于髡、楚优孟、秦优旃等这一类人物，个子除了优孟高一些，其他也都是侏儒。尽管如此，而新乐的遭遇也只能够被看作亡国之音，被作为乐服务于礼的反面教材。但是一个不容质疑的事实摆在了我们的面前：新乐诞生了。因为我们无法否认新乐"进俯退俯"的舞蹈，"奸声以淫"的声情，"溺而不止"的作态，"优侏儒"的为满足观众的好奇，以及"獶杂子女，不知父子"大众性娱乐的戏剧场面。所以，在还没有发现新的史料之前，我们姑且把它确认为较早时期新乐歌舞剧，而名其为《优侏儒》，是没问题的。周的军乐歌舞剧《武王克殷》不算，就宫廷新乐歌舞剧而言，《优侏儒》的出现，使中国戏剧的历史，从南北朝的民间歌舞小戏《踏摇娘》，从大约公元四百年，一下子提前了大约公元前四百年，将近八百年的历史。比如，

　　文侯曰："敢问如何？"子夏答曰："夫古者天地顺而四时当，民有德而五谷昌，疾疢不作而无祅祥，此之谓大当。然后圣人作为父子君臣以为之纪纲，纪纲既正，天下大定，天下大定，然后正六律，和五声，弦歌诗颂，此之谓德音，德音之谓乐。今君所好者，其溺音与？"文侯曰："敢问溺音者何从出也？"子夏答曰："郑音好滥淫志，宋音燕女溺志，卫音趣数烦志，齐音骜辟骄志，四者皆淫于色而害于德，是以祭祀不用也。《诗》曰：'诱民孔易'，此之谓也。然后圣人作为鞀鼓椌楬埙箎，此六者，德音之音也。然后钟磬竽瑟以和之，干戚旄狄以舞之。此所以祭先王之庙也，所以献酬酳酢也，所以官序贵贱各得其宜也，此所以示后世有尊卑长幼序也。钟声铿，铿以立号，号以立横，横以立武。君子听钟声则思武臣。石声硁，硁以立别，别以致死。君子听磬声则思死封疆之臣。丝声哀，哀以立廉，廉以立志。君子听琴瑟之声则思志义之臣。竹声滥，滥以立会，会以聚众。君子听竽笙箫管之声则思畜聚之臣。鼓鼙之声讙，讙以立动，动以进众。君子听鼓鼙之声则思将帅之臣。君子之听音，非听其铿鎗而已也，彼亦有所合之也。"[22]

礼废乐坏。伴随着周王朝的解体，其礼对于乐的控制也呈现出无能为力的局面，这为新乐的进一步发展，开始打破思想政治的禁锢，也就是礼对乐的捆绑开始松动。因而被称作溺音的新乐，在诸侯国家中同时也呈现出百花齐放的形势。郑音好滥，宋音燕女，卫音趣数，齐音鷔辟，已经不限制于郑卫、桑间濮上了，连老牌的姜太公的封地，也是高傲地演唱起来地方戏，甚至已经不再顾及有伤宗庙大雅的祭祀。这个情况发展到后世，大约就相当于现在的庙会。以往一贯庄严肃穆的宗庙祭祀，一下子变成了游乐园。因此，固守礼的子夏，当然也包括他所代言的那些上层建筑，是一定要起来"克己复礼"，大张旗鼓地进行挞伐的，并在这挞伐的同时重申和定位礼乐的关系。这就有了上面那段著名的"子夏论乐"。

古乐的形式。可以用来祭祀宗庙的古乐，也就是所谓合乎礼的古乐，是以圣人制定的能够产生六德之音的"鞉鼓椌楬埙篪"等为主要配器，再以"钟磬竽瑟"等为其合奏，加以"干戚旄狄"的舞蹈，呈现为一种歌伴舞的模式。这是一种在新乐《优侏儒》产生之前的歌舞剧形式。

新乐的形式。逆向推论，而新乐歌舞剧的形式，也就是那些所谓不可以用来祭祀宗庙的郑宋卫齐之音，溺音，这些地方歌舞剧，便没有了"鞉鼓椌楬埙篪"，没有了"钟磬竽瑟"，也没有了"干戚旄狄"；而是"滥淫""燕女""趣数""鷔辟"的"百戏杂陈"了。"魏文侯问乐"，从侧面描绘的当时新乐出现遍地开花的景观，无疑为我们寻找汉代"百戏杂陈"的源头，开启了一扇至关重要的闸门，这已经比我们知道和想象的汉代的"百戏杂陈"要早了五百年。反过来说，所谓"百戏杂陈"大致从公元前四百多年就已经在那时开始了。

三、汉代"百戏杂陈"，为何无折无本

汉代结束中原逐鹿，以其空前统一的民族和国家，多元而大一统的文化、辉煌的成就和昂扬进取的气象，为实施礼乐新政，继承并且完善了上古帝王，即此前八代九王礼乐合一的文艺观念，并再次把这个观念提升到前所未有的思想政治层面。

"乐也者，情之不可变者也；礼也者，理之不可易者也。乐统同，礼别异，礼乐之说贵乎人情矣。穷本知变，乐之情也；著诚去伪，礼之经也。礼乐顺

天地之诚,达神明之德,降兴上下之神,而凝是精粗之体,领父子君臣之节。"(23)
这就是说,礼乐对于一个国家,对于一个朝代,对于它的每一个臣民,在情
理上,包括天地、神明、上下,乃至君臣、父子等,这些所有社会生活元素
在内的,这一切,都可以称之为,不可以动摇的社会生活的良俗和不可改变
的社会生存的公序。

　　官僚机构乐府。为了实施这个良俗和公序,到汉代的第六个皇帝汉武帝
时期,把上古由黄帝起始到周代初年文王、武王和周公等帝王所逐渐形成的
礼乐体系,经由春秋战国时期的礼废乐坏,甚至经过秦代的焚书坑儒之后,
第一次制度化、具体化地恢复和重组起来,这就是后人所熟知的,为实施礼
乐而设立的专门官僚机构乐府。作为国家专门官僚机构的乐府,在秦代以前
就已经存在了,只是由于汉代统一以前的四五百年间,因连年的争霸和由此
而导致的国家分裂,使其名存实亡。比如,一九七六年在西安秦始皇陵区出
土的"乐府"钮钟,二零零零年在西安秦遗址出土的"乐府承印"封泥,都
是此前乐府的明证。而汉武帝时期设立的乐府,主要负责收集编纂全国各地
民歌民乐,然后通过加工改编创作,进行演唱演奏。乐府也是有着双重含义
的一个概念,一是官府即政府机关,另一是乐府即演歌舞剧的场所;后来还
演化为诗体。上面说的那两件出土的"乐府"文物,当为乐府即演歌舞剧的
场所的实物,因为钮钟是演奏的,封泥是陪葬乐器包裹的签印。汉代四百年间,
特别是西汉,其"百戏杂陈"的局面,正是在这样一个国家稳固、礼乐相和
的背景下形成和走向繁荣的。这也使得汉代的戏剧,以其特有的、不同于汉
代以前戏剧,即歌舞剧的形式,实现了在改朝换代之后,与它以前戏剧历史
的对接。

　　然而,为什么在汉代所谓"百戏杂陈"的盛世,却找不到一折一本的戏剧?
这是我们研究汉代戏剧所不能够回避的问题。汉代戏剧的无折无本,主要应
从两个方面考虑:

　　戏剧历史发展的自身原因。一个时代的戏剧,有一个时代戏剧的特定取
向,因而决定了这个时代戏剧的特殊形式。略微远一点地说,人类最初的戏剧,
只有一个原始生活姿态的模仿,发展而后才有了故事,渐渐才有了幕表,有
了剧本。展开来说,就世界戏剧史而言,甚至直到中世纪之后,比如,意大
利还有即兴喜剧的表演,那也就只能留下一个剧目而已,也同样是无折无本

的。即使是今天，我们也还有导演主张用幕表，不需要剧本，其他的戏剧要素完全由演员场上发挥。也就是，事实上也不是每个时代的戏剧，都有折有本的。比如，我们所叙述的汉代以前戏剧的历史，也是只能够从《史记》《汉书》等典籍中，搜寻到它们的吉光片羽。可就戏剧自身形成发展来说，各个朝代的戏剧，它们却既是以有着深层的、内在的密切联系，同时又是以有着表层的、外在的松散断裂的结构，而存在于其间的。这种精神的产品，是时时受着不同社会政治经济发展等物质生产形态制约和催化的，这也是各个朝代戏剧自身，为什么表现为阶段性特征的一个普遍的规律。比如，我们今天信息化时代的电视剧和动漫，是那时的宋元杂剧明清传奇所没有的；而虽是那时宋元杂剧明清传奇，却又是秦皇汉武时期"百戏杂陈"所没有的。所以不能够说，我们这个时代所没有的，他们那个时代就不是戏剧。同样，也不能够说，我们这个时代有折有本，他们那个时代无折无本，他们那个时代就没有戏剧，是一个道理。比如，中国戏曲成熟时期明清传奇的"四功五法"，唱念作打，手眼身法步。即使在现代的京剧和昆曲里，也还能够随时可见其行踪，但倘若上溯到宋元杂剧的那个时代，就未必清晰；而至于汉代便自然地就会更加模糊。但我们倘若从现存的汉代乐舞俑下溯到现代，便会发现，他们却又没有一处不是在展示跟我们现代剧人"四功五法"的一脉相袭。汉代那时的戏剧，虽然无足折足本，可从戏剧发展长河看，只是这个时期的戏剧，外在表现得松散断裂，而其实骨子里却还是跟它以前或者以后的戏剧，有着深层的、内在的密切联系的。比如，在本书的正文里边，我们还会讨论到汉代"百戏杂陈"跟它以前戏剧歌舞剧的不同；同时，也会讨论到，汉代以前的歌舞剧跟汉代以来叙事体的"乐府歌词"的密切联系。而汉代，作为空前统一的民族和国家，正是在这样一个既不同而又有联系的大约四百年间，创造了诸如"曼衍之戏，技后乃有高絙、吞刀、履火、寻幢等"杂陈的百戏，散漫而却又齐整地，虽无折无本，却酣畅地链接了我国戏剧这条漫长而深厚的大河，同时也开启了星辉灿烂的宋元戏剧浩瀚而激流的碧波。

戏剧发展历史自身以外的原因。我们知道，汉代又是一个把文艺跟政治捆绑得死死的时期。尽管作为戏剧的乐，在时时为作为政治的礼勤勤恳恳服务，但实际上却只被限制而不被重视，特别是对于作为戏剧大众化基础的俗乐，更是到了时时受到打压和歧视的地步。班固（公元 32-92 年）说，"先王之作乐，所以节百事也。"⁽²⁴⁾这里被节制的百事，当然也包括百戏，一部《汉书》之于文艺，一直所念念不忘的，是在对郑卫之音和桑间濮上的批判，可以说是到了谈戏剧而色变的程度。为什么会达到了这种严重的程度？太史公曰："先人有言：'自周公卒五百岁而有孔子。孔子卒后至于今五百岁，有能绍明世，正易传，继春秋，本诗书礼乐之际？'意在斯乎！意在斯乎！小子何敢让焉。"⁽²⁵⁾司马迁的一部《史记》之于文艺，一直所念念不忘的，同样是对思想政治上当仁不让地继承所谓"本诗书礼乐"而坚定不移，可以说到了痴迷的地步。所以，汉代即使设立了有那么高规格的乐府，也很难看到有在留心收取民间有关于百戏杂陈的记录；甚至就连三教九流也只能勉强加入小说家者流，是无论如何也不肯与戏剧家相让的。这不仅开了打压和歧视戏剧的先河，甚至使得后世几代几劫的书会才人，连自己也觉得蒙羞，以至不愿在剧本上留下实名，有时只好启用一个临时的笔名而胡乱交卸。比如，大荒逋客，方诸生，月榭主人，即空观主人，我们都无从得知他们姓甚名谁。而即使留有实际姓名的，其籍贯身世行状也无从查考。诸如元杂剧第一人关汉卿，至今我们也还不能够知道他先前到底是干什么的。而偶或出来一个人开始搜罗这些剧作家姓名的，也只能够叫《录鬼簿》，是无论如何也看不出褒义，也许还怕是因为恐惧于礼的诋毁，才出此下策为其书命名的。《红楼梦》宝玉挨打，贾政骨子里的气愤就是由于他不沾经济，而结交戏子。甚至直到建国前还流传着这样的污语，把女演员称戏子，称为"坐娼"，跟妓女无别，只是妓女为"行妓"罢了。这种打压和歧视戏剧的状况，宋元以前尤甚，这在前面我们所分析的"魏文侯问乐"里是完全可以看出来的。因而淹没了宋元以前、包括汉代在内的，那些更为众多的戏剧演出的剧目。这种情况，以致使得诸如王国维（公元1877-1927年）和青木正儿（公元1887-1964年）那样的国学汉学大师，研究起来中国戏剧，也只能够望洋兴叹地只好自宋元伊始。须知，到宋元这时候，我们的戏剧，已经比古希腊悲剧之父的埃斯库罗斯（约公元前525-公元前456年）晚了一千五百年！埃斯库罗斯是跟孔子同一时代的人，只是比孔子小了几岁，而至于他的后学索福克勒斯（约公前496-公元前406年），已经出现了单本足本的大戏，比如，《俄狄浦斯王》，至今传世。人类历史研究表明，生产和生活，物质和精神，就文明古国而言，他们的进程基本上是同步的。然而，出现了这样的使人根本无法相信的，中国戏剧比欧洲晚了这么多年的历史，就其被打压和歧视、就宋元以前的包括汉代在内的戏剧史料，基本是一片空白的事实来说，中国戏剧的形成和发展，其本身就是一个大悲剧。

因此，我们不能够以无折无本，而忽略汉代那时"百戏杂陈"的戏剧形式，忽略它上承周代乃至春秋战国以来所形成的歌舞剧，下启宋元以后所发展的杂剧和传奇。如果我们无视汉代的戏剧存在，或者只能够说一句"百戏杂陈"的惯用语，那我们就跟司马迁与《史记》，跟班固与《汉书》一样，犯了歧视和抵制中国早期戏剧的错误。"应该承认，百戏杂陈是一种戏剧形态，百戏是个整体，不可分割。它对成熟戏剧的滋养是整体的，全面的。分割提取的方法违背了中国戏剧进化的实际。不能够因为它与成熟戏剧有距，就降低了它的戏剧意义。"[26] 也正是以往这种被指斥为分割提取的方法，限制了汉代戏剧概念的提出和研究，乃至汉代剧种的确认。百戏虽然是个整体，而百戏又是以个体形式存在的，比如，音乐歌舞、武术幻术、滑稽戏耍等等杂戏，都是可以从中剥离出来，成为汉代以后其他剧种的上游或者源头。比如，歌舞与歌剧，滑稽与相声，甚至武术幻术，已经成为后世戏剧中吞刀吐火的一个重要行动设计。

彩车式的舞台，大角抵之戏和曼延之戏。在汉武帝时期，已出现了类似十一世纪欧洲宗教剧那种彩车形式的舞台。东方朔（生卒不详），就上书说，"今陛下以城中为小，图起建章，左凤阙，右神明，号称千门万户。木土衣绮绣，狗马被缋罽；宫人簪玳瑁，垂珠玑。设戏车，教驰逐，饰文采，丛珍怪；撞万石之钟，击雷霆之鼓，作俳优，舞郑女。上为淫侈如此，而欲使民独不奢侈失农，事之难者也。"[27] 那时叫戏车，是说汉武帝建造建章宫的同时，也建造了彩车舞台。彩车舞台上装饰着花纹，承载着珍奇；有钟鼓，有演员，有舞女。教驰逐，驰是奔跑，逐是追赶，就是配合钟鼓训练彩车舞台运行的节奏。汉武帝时期还有公知的，给朝觐的西域人看的大角抵之戏，给自己看的曼延之舞。

汉代戏剧的折本。其实，汉代戏剧所谓折或本，却是以片段的方式，被分散记录于当时和后来其他史书、乐书、诗书中的。诸如，汉赋，汉乐府，《史记》和《汉书》；乃至南北朝的《玉台新咏》，宋代的《乐府诗集》。作为其它文体的融合，而淹没了它戏剧自身的光环。比如，汉杂赋十二家的《客主赋》[28]

是较早保存下来的台词，也就是所谓唱科白中的宾白。歌诗二十八家中的《诏赐中山靖王子唁及孺子妾冰未央材人歌诗》四篇[29]是较早形成的宫廷歌舞剧。最可值得称道的是其中还有曲谱的记录，比如《河南周歌声曲折》七篇，《周谣歌诗声曲折》七十五篇。（同上）而"自孝武立乐府而采歌谣，于是有代赵之讴，秦楚之风，皆感于哀乐，缘事而发，亦可以观风俗，知薄厚云。"[30]则是较早的大规模的民间歌舞剧采集的记录；同时，这也是第一次为秦末的焚书坑儒所造成的汉初万马齐喑的局面，而采取的献书采风策略的补救。到宋代郭茂倩（公元1041-1099年）编《乐府诗集》，著录汉魏到唐、五代的乐府歌辞兼及先秦至唐末的歌谣，共五千多首。其中《陌上桑》《东门行》《孔雀东南飞》等，都是辗转取自其他杂书中有关汉代的歌诗，歌诗不是诗歌，歌诗即相当于现代的歌舞剧。因为它已具备以歌舞演故事的戏剧元素。这些歌舞剧，不仅有明确的古辞和今曲推演的记载，而且从戏曲体式上看，叙事代言，对白、独白、旁白等戏剧要素也都是齐备的。所不同的是，只是没有以折或本的形式被标识出来而已。那时严重的礼乐思想政治，也不可能允许人们产生这种标识出来的意识。换句话说，这个被隐形起来的，无折或本的歌舞剧形式，也完全是因为后世以来继续沿用汉代所形成的礼乐标准，把作为俗文学的戏剧摒弃于所谓雅文学之外，打压和歧视的结果。或者说，人们已经习惯了从戏剧中提取他们各自的所需，而使戏剧的一部分进入到他们那些其他文学样式中去，而绝大部分被忽略起来，读者也就习以为常事了。

　　形成这样一个由来已久的有"百戏杂陈"之名，而无百戏之实的公案，其主要原因，还是跟汉代把礼乐关系绑定的过死分不开的，即自周秦以来，过分强化了乐的功能，一方面既使其不堪重负，一方面又使其默默无闻。其实，对于礼乐关系这个问题，后人已早经看得透彻，唐代章碣（公元836-905年）那首著名的诗，就有关于"坑灰未冷东山乱，刘项原来不读书"的深刻针砭，其实也就是对过分强调乐的作用的嘲讽和对乐的功能的质疑。反过来说，在古代，乐又是一个始终被放置在"有它半斤，没它八两"的位置，而礼才是核心。基于汉代和汉代以往这样严重的礼乐失衡史实，作为乐的戏剧，不可能为汉代留下多少折本，而在一千多年后礼乐解禁的宋代才具有了像《张协状元》那样的本子，也就毫无奇怪了。但这不可以阻止由周代古乐，战国新乐，以至汉代百戏角抵曼延，这一连串以歌舞剧为主要样式的中国戏剧大幕的拉开，并骤然如洪水与唐宋戏剧合流，至于元代登峰造极惊涛拍岸。

注释：

（1）史记四，乐书，P1189；中华书局，1982

（2）史记十，日者列传，P3219；中华书局，1982

（3）史记四，礼书，P1155；中华书局，1982

（4）史记四，乐书，P1197；中华书局，1982

（5）史记四，乐书，P1199；中华书局，1982

（6）汉书四，礼乐志，P1039；中华书局，1962

（7）史记四，礼书，P1193；中华书局，1982

（8）史记四，礼书，P1158；中华书局，1982

（9）史记四，礼书，P1236；中华书局，1982

（10）史记四，礼书，P1182；中华书局，1982

（11）汉书四，礼乐志，P1038；中华书局，1962

（12）二十二子，淮南子，齐俗训，P1252；上海古籍出版社，1987

（13）汉书四，礼乐志，P1038；中华书局，1962

（14）论语，先进，P93；延边人民出版社，2008

（15）史记四，乐书，子贡问乐，P1234；中华书局，1982

（16）史记四，乐书，P1235；中华书局，1982

（17）史记四，乐书，P1226；中华书局，1982

（18）孙子兵法，军争，P71；中华书局，1981

（19）汉书四，礼乐志，P1073；中华书局，1962

（20）史记四，乐书，P1221～1225；中华书局，1982

（21）二十二子，列子，汤问，P208；上海古籍出版社，1986

（22）史记四，乐书，P1221～1225；中华书局，1982

（23）史记四，乐书，P1202；中华书局，1982

（24）汉书六，艺文志，P1779；中华书局，1962

（25）史记十，太史公自序，P3296；中华书局，1982

（26）赵明，两汉大文学史，小说的兴起与戏剧的发轫，P803；吉林大学出版社，1998

（27）汉书九，东方朔传，P2858；中华书局，1962

（28）汉书六，艺文志，P1752；中华书局，1962

（29）汉书六，艺文志，P1754；中华书局，1962

（30）汉书六，艺文志，P1756；中华书局，1962

（剧作家，2016，2）

第二节 汉代的歌舞剧

摘要：汉代百戏，主要为角抵戏和歌舞剧。歌舞剧分为庙酎歌舞剧、传承歌舞剧和即兴歌舞剧等。汉代歌舞剧的兴盛，主要原因有两个，一是汉代帝王能歌善舞，一是汉代崇尚滑稽辩难。汉代的宫廷建设也为汉代歌舞剧的发展提供了支撑。

关键词：百戏 歌舞剧 庙酎 传承 即兴

汉代的戏剧形式，可以笼统地称为百戏。百戏中著名的为角抵戏，但更多的是歌舞剧。角抵戏有剧目之实的，即为研究者所定名的《东海黄公》。有东海人黄公，少时为术，能制蛇御虎。佩赤金刀，以绛缯束发。立兴云雾，坐成山河。及衰老，气力赢惫，饮酒过度，不能复行其术。秦末有白虎见于东海。黄公乃以赤金刀御虎，术既不行，遂为虎所杀。"三辅人俗用以为戏，汉帝亦取以为角抵之戏焉。"[1] "三辅"又称"三秦"，为汉武帝时期长安附近的三个地区，即京兆、左冯翊、右扶风。《东海黄公》就是在这里的民间进行演出的。角抵戏应该还有许多其他剧目，但当时并没有被明确记载下来，或者目前还没有被发现。大家之所以单单肯定《东海黄公》为汉代剧目，就是因为《西京杂记》信笔写下了这样一句话，"三辅人俗用以为戏，汉帝亦取以为角抵之戏焉。"反言之，那些即使是当时盛演的剧目，但到了我们现在，因为没有看到类似这样的一句话，即无证不信，也就不可以轻易地下结论了。

角抵戏，"三百里内皆观"。角抵戏到汉武帝时期，场面变得异常宏大，有些类似后来的庙会。"（元封）三年（公元前108年）春，作角抵戏，三百里内皆观。"[2] "三百里内皆观"，可以有两种理解，一是于京城三百里内演出，人皆观看；一是三百里内的人，都到京城观看演出。倘若是后者，那么，我们知道，汉武帝虽有长乐、未央这样巨大的宫殿，而且每一宫殿平均又都有将近五六平方公里，可"三百里内皆观"，人山人海，这么大规模的演出，即使两个宫殿都全部对民开放，恐怕也是难以容纳得下的。估计，有可能就是现代草台班子那种露天的演出。这里所演出的剧目，推断有类似像《东海黄公》那样的剧目，也还有与《东海黄公》不同的其他名目的剧目。因为角抵戏只是这一个时代戏剧的代名词。应劭（约公元153-196年）曰："角者，角技也，抵者，相抵触也。"文颖（生卒不详）曰："名此乐为角抵者，两两相当，角力角技艺射御，故名角抵，盖杂技乐也。巴俞戏，鱼龙蔓延之属也。汉后更名平乐观。"（同上）"角力角技艺射御"，意思就是有角力的，有角技的，有角艺的，有角射的，有角御的。如此众多各不相同的舞台动作，决定了它们不同的演出形式。看来，只能是把一个类似运动场那样的露地，切割为许多模块，这样才能够保证各种不同形式的表演，在同一时间不同的场地进行，跟现代的体育盛会差不多。另从"汉后更名平乐观"这句话看，汉武帝所作的角抵戏，很有可能便是后来演化为庙会的那种最初形式。但无论怎么说，有一点可以肯定，角抵戏从戏剧规模上，已经具有小型和大型两种模式的演出，小型如《东海黄公》，大型如汉武帝所作"三百里内皆观"。角抵戏是当时相当活跃的戏剧。

大角抵。汉代角抵戏的兴盛，是开始于汉武帝时期各国的朝贡的。"是时上方数巡狩海上，乃悉从外国客，大都多人则过之，散财帛以赏赐，厚具以饶给之，以览示汉富厚焉。于是大角抵，出奇戏诸怪物，多聚观者，行赏赐，酒池肉林，令外国客遍观各仓库府藏之积，见汉之广大，倾骇之。及加其眩者之工，而角抵奇戏岁增变，甚盛益兴，自此始。"[3] "及加其眩者之工，而角抵奇戏岁增变"一句看，角抵戏，已经由自发的"大角抵"娱乐活动，而逐渐开始向自觉的"角抵奇戏"的戏剧艺术创作迈进了。

《长城之歌》至今未绝。汉代的百戏，除了角抵戏，还有歌舞剧。歌舞剧是汉代更为主要的戏剧发展形式。歌舞剧，我们在讨论汉代以前戏剧的时候说过，古乐到了战国时期，就被新乐所替代，新乐已经具有了歌舞剧的基本元素，即"歌颂舞"。秦代作为一个时代虽然短暂，而由秦代流传下来的歌舞剧《长城之歌》，到汉元帝的时候，甚至到了现代还在承传。

贾捐之（公元前？-公元前43年），字君房，贾谊之曾孙也。元帝（刘奭，公元前74-公元前33年）初即位，上疏言得失，召待诏金马门。上使侍中驸马都尉乐昌侯王商诘问捐之曰："珠厓内属为郡久矣，今背畔逆节，而云不当击，长蛮夷之乱，亏先帝功德，经义何以处之？"捐之对曰："臣闻尧舜，圣之盛也，禹入圣域而不优，故孔子称尧曰'大哉'，《韶》曰'尽善'，禹曰'无间'。以三圣之德，地方不过数千里，西被流沙，东渐于海，朔南暨声教，迄于四海，欲与声教则治之，不欲与者不强治也。故君臣歌德，含气之物各得其宜。武丁、成王，殷、周之大仁也，然地东不过江、黄，西不过氐、羌，南不过蛮荆，北不过朔方。是以颂声并作，视听之类咸乐其生，越裳氏重九译而献，此非兵革之所能致。及其衰也，南征不还，齐桓救其难。孔子定其文。以至乎秦，兴兵远攻，贪外虚内，务欲广地，不虑其害。然地南不过闽越，北不过太原，而天下溃畔，祸卒在于二世之末，《长城之歌》至今未绝。"[4]

《长城之歌》就是后来的四大民间故事之一的《孟姜女哭长城》。毋庸置疑，作为歌舞剧《长城之歌》已经具有了相当曲折的戏剧故事情节。这个史实，是贾捐之，也就是贾谊的曾孙，他在跟侍中驸马都尉乐昌侯王商讨论是否出大军征伐珠厓，作为不出大军征伐的论据，而向我们提供的极其宝贵的由秦代民间创作，一直流传到汉代，乃至于今的叙事性歌舞剧的范本。这个歌舞剧的本子，我们在吐鲁番出土的唐代抄本中，还可以看到它的"孟姜女，杞梁妻"的只言片语。

汉武帝作诗乐。汉代是中国历史上一个载歌载舞的时代。从帝王将相到才子佳人，甚至某些平民，几乎都能歌善舞。这除了外部原因，汉代是一个空前统一而异常富庶浪漫的国度；还有另外一个内部的原因，也就是《子夜歌》所说的"谁能思不歌，谁能饥不食"，是人之本能，歌为心声的。这也可以说明，为什么歌舞剧早于话剧，中国的戏剧为什么一定要"以歌舞演故事"的形式呈现出来。

汉代帝王从开国皇帝汉高祖（刘邦，公元前256-公元前195年）起始，作歌舞诗乐就成为了一个世代相传的风气。汉高祖不仅可以作歌，而且还可以作舞。汉高祖的戚夫人擅跳"翘袖折腰"之舞，也开了中国舞蹈史上宫廷歌舞创作的先河。而一生中作诗乐最多的则是汉武帝。《汉书》武帝纪赞曰："汉承百王之弊，高祖拨乱反正，文、景务在养民，至于稽古礼文之事，犹多阙焉。孝武初立，卓然罢黜百家，表章《六经》。遂畴咨海内，举其俊茂，与之立功。兴太学，修郊祀，改正朔，定历数，协音律，作诗乐，建封禅，礼百神，绍周后，号令文章，焕焉可述。后嗣得遵洪业，而有三代之风。如武帝之雄材大略，不改文、景之恭俭以济斯民，虽《诗》《书》所称，何有加焉！"[5]这里，虽然不乏过誉之词，但就推动汉代歌舞剧大盛的作用而言，汉武帝的"兴太学，修郊祀，改正朔，定历数，协音律，作诗乐，建封禅，礼百神，绍周后，号令文章，焕焉可述"，这些史实，还是言之凿凿的。仅就"作诗乐"而言，汉武帝本人自元狩至于太始这三十年间，几乎每个年号之中都有"作诗乐"的记载。汉武帝的这些诗乐，不仅记录了他获白麟、获汗血马、获赤雁，得宝鼎，宫内中产芝等等，这些奇珍异宝的乐事；而且还记录了他亲自江中射蛟获蛟，命从臣将军以下皆负薪塞河堤等等，这些惊心动魄的壮举。

"元狩元年冬十月，行幸雍，祠五畤。获白麟，作《白麟之歌》。""（元鼎五年）六月，得宝鼎后土祠旁。秋，马生渥洼水中。作《宝鼎》《天马》之歌。""（元封二年，公元前 109 年）夏四月，还祠泰山。至瓠子，临决河，命从臣将军以下皆负薪塞河堤，作《瓠子之歌》。""（元封二年）六月，诏曰：'甘泉宫内中产芝，九茎连叶。上帝博临，不异下房，赐朕弘休。其赦天下，赐云阳都百户牛、酒。'作《芝房之歌》。""（元封）五年冬，行南巡狩，至于盛唐，望祀虞舜于九嶷。登灊天柱山，自寻阳浮江，亲射蛟江中，获之。舳舻千里，薄枞阳而出，作《盛唐枞阳之歌》。""（太初）四年（公元前 101 年）春，贰师将军广利斩大宛王首，获汗血马来。作《西极天马之歌》。""（太始三年，公元前 94 年）二月，令天下大酺五日。行幸东海，获赤雁，作《朱雁之歌》。""（太始四年）夏四月，幸不其，祠神人于交门宫，若有乡坐拜者。作《交门之歌》。"[6]

"天马徕从西极，经万里兮归有德。承灵威兮降外国，涉流沙兮四夷服。"

这是汉武帝《西极天马之歌》的传本。汉代的诗乐，除了民间流行着自由体式的诗乐之外，宫廷里还盛行着楚辞体的赋乐，赋乐逐渐形成了汉赋的形式。汉赋也属于诗乐，有大中小赋等不同体制，都是配唱的。汉武帝《西极天马之歌》属于抒情小赋，但含有叙事的成分，塑造了抒情主人公，戎马倥偬，顿时执辔而立，回首望眼西极，高大威猛的帝王形象。

歌舞才人辈出。汉武帝的继承高祖亲作诗乐，一方面推动了当时宫廷歌舞剧的发展繁盛，那时不仅是汉武帝的长乐、未央终日管弦呕哑；就是他的五个儿子，即所谓的"武五子"，作为诸侯王，也是整天歌舞啁哳的。汉代宫廷歌舞剧造就了中国戏剧史上任何一个朝代都不可比拟的歌舞才人。汉高祖的戚姬，汉武帝的李夫人、李延年，汉成帝（刘骜，公元前51-公元前7年）的赵飞燕，汉武帝之子燕刺王旦的华容夫人，东汉废帝弘农怀王辩（刘辩，公元176-190年）的唐姬，都是出类拔萃的歌舞剧明星。这为朝廷歌舞剧的普及，民间歌舞剧的提高形成了率先垂范的支撑。另一方面也为后世宫廷歌舞剧的承传树立了楷模。由于汉武帝爱好，我们完全有理由可以联想到汉代以降，诸如陈后主，唐明皇，李后主，乃至明代那些皇室成员不事政务，却起来弄戏剧的花心由来已久。这真是"国家不幸诗家幸"对戏剧的一大贡献。歌舞剧兴盛起来，而从汉武帝以后到他的东汉乃至三国，国家就再也没有振作起来。

汉代歌舞剧根据其不同的演出空间和表演形式，可以分为若干种类，主要有庙酎歌舞剧、传承歌舞剧和即兴歌舞剧等。

一、庙酎歌舞剧

庙酎歌舞剧是汉代歌舞剧的一种主要形式。酎即为醇酒，是用以祭祀宗庙的，庙酎就是庙祭；顾名思义，庙酎歌舞剧即为祭祀宗庙演出的歌舞剧。

追叙商人之所由生。庙酎歌舞剧的历史可以上溯到殷商时期。《诗经》风雅颂之颂，就都是用作庙酎的祭歌。最著名的是《商颂》。《商颂》是商朝及周朝时期宋国的乐歌，产生于商朝发源地商丘。前三章《那》《烈祖》《玄鸟》即为祭祀商朝先祖而制作的乐歌。《玄鸟》：

"天命玄鸟，降而生商，宅殷土芒芒。古帝命武汤，正域彼四方。方命厥后，奄有九有。商之先后，受命不殆，在武丁孙子。武丁孙子，武王靡不胜。龙旂十乘，大糦是承。邦畿千里，维民所止，肇域彼四海。四海来假，来假祁祁，景员维河。殷受命咸宜，百禄是何。"

《毛序》"《玄鸟》祀高宗也。"朱熹《序》"此亦祭祀宗庙之乐，而追叙商人之所由生，以及其有天下之初也。"[7]《玄鸟》等一批庙酎歌舞，由于要叙述先祖功德，不免要叙事，这就为后世歌舞剧朝着以抒情为辅，以叙事为主的发展轨道前进，奠定了最为原始的方向性基础。

发德明功。汉代废黜百家，独尊儒术。庙酎是儒家所主张的大礼，从汉高祖建立汉朝以来就被继承下来。太上皇死当年，"八月，（高祖）令诸侯王皆立太上皇庙于国都。"[8] "十一月，行自淮南还。过鲁，以大牢祠孔子。"[9] 建庙祭祖祭孔之风盛行，而庙酎则成为汉代历代皇帝的必修课，庙酎歌舞剧就在那时的此种风气中逐渐形成和定型，并且发扬光大起来。（汉景帝）元年冬十月，诏曰："盖闻古者祖有功而宗有德，制礼乐各有由。歌者，所以发德也；舞者，所以明功也。"[10] 汉景帝（刘启，公元前188-公元前141年）是西汉承前启后的帝王，在他即位的当年就开始强调庙酎的教化作用。汉代还有由于诸侯王贡献酎金成色或者数量不足，而被削侯削地的记载。可以想见，庙酎被汉代统治者重视的程度。因此，庙酎歌舞剧也自然被提升到了一个国家，一个时代发德明功的政治认知高度。换句话说，发德明功成为汉代帝王继承上古庙酎遗风，以演艺歌舞实施思想教化的一个主要的治国理政手段。

古今歌舞并用。 "高庙酎，奏《武德》《文始》《五行》之舞。孝惠庙酎，奏《文始》《五行》之舞。" "孝文皇帝庙为《昭德》之舞，以明休德。"[11] 汉景帝之前的三皇，汉高祖、汉惠帝和汉文帝（刘恒，公元前203-公元前157年），其庙酎之舞，并没有完全沿袭秦代以前庙酎之舞，而是有了创新，也有了继承。孟康（生卒不详）曰："《武德》高祖所作也，《文始》舜舞也，《五行》周舞也。"[12] 汉高祖庙酎的三舞，《武德》是他自己的作品，其他两舞都是自上古承传下来的。这也说明中国庙酎歌舞剧历史的悠久。

庙酎歌舞等级相对是很严格的。汉朝的创建者汉高祖因全面的文治武功，所以以《武德》《文始》《五行》三舞举行庙酎；以下守成者次之，汉惠帝以《文始》《五行》两舞，汉文帝则以《昭德》一舞；汉代后世帝王还有用《盛德》《四时》等名目之舞举行庙酎。宣帝（刘询，公元前91-公元前49年）本始二年，诏曰："朕以眇身奉承祖宗，夙夜惟念孝武皇帝躬履仁义，选明将，讨不服，匈奴远遁，平氐、羌、昆明、南越，百蛮乡风，款塞来享；建太学，修郊祀，定正朔，协音律；封泰山，塞宣房，符瑞应，宝鼎出，白麟获。功德茂盛，不能尽宣，而庙乐未称，其议奏。"有司奏请宜加尊号。六月庚午，尊孝武庙为世宗庙，奏《盛德》《文始》《五行》之舞。应劭曰："宣帝复采《昭德》之舞为《盛德》舞，以尊世宗庙也。诸帝庙皆常奏《文始》《四时》《五行》舞也。"天子世世献。武帝巡狩所幸之郡国，皆立庙。[13]

道具服装因舞而异。"《武德》者，其舞人执干戚。《文始》舞，执羽籥。《五行》舞，冠冕衣服法五行色。见《礼乐志》。"[14] 庙酎歌舞剧的具体形式，汉代还是以周代庙酎为其基本套路的。"《武德》者，其舞人执干戚。"即为仿拟周代武舞《武王克殷》。因为已经是和平时期，所以舞者所执的"干戚"就是盾牌斧钺，完全变成了仪仗，或者说就是道具了。而"《文始》舞，执羽籥。《五行》舞，冠冕衣服法五行色。"也都是根据庙酎的歌舞节目，变换道具或者服饰。羽籥就是羽旄和管乐，象征天下大治。冠冕衣服法五行色，是帽子和服饰按照五行色，即《黄帝内经》所谓"东方木其色苍，南方火其色赤，中央土其色黄，西方金其色白，北方水其色黑"来设计的。那么，演出也当然就要按照这五个方位，排列为"东、西、南、北、中"五个方阵，各方阵服装颜色也都要与五行位置相对应。这个也是具有象征意义的，五行古人认为是世界构成的最初基本元素，代表了天地和谐之美。

立九旗，撞千石钟，声闻百里。在前文《汉代以前的戏剧》里说过，武舞由战场演化而来，至于宫廷。规格很高，规模很大。但有时也可以根据空间的大小，由七十人到一千人不等。"《汉旧仪》，高庙盖地六顷三十亩四步，堂上东西五十步，南北三十步。祠日立九旗，堂下撞千石钟十枚，声闻百里。"[15]这是汉高祖的庙。战国秦汉六尺为步，百步为亩，五十亩为顷。只有如此巨大的宗庙建筑空间，才能够容纳得下《武德》《文始》《五行》如此壮观的演出。不用说同时演出，即使是按照顺次单个接续演出，像上面所说的《五行》之舞，也是需要十分巨大开阔场地的。虽然汉代的帝王也有尚俭的，比如，汉文帝来自民间，体悟过民间疾苦。他的庙据说当时很小，文帝四年，作顾成庙。服虔（生卒不详）曰："庙在长安城南，文帝作。"应劭曰："文帝自为庙，制度卑狭，若顾望而成，犹文王灵台不日成之，故曰顾成。"[16]这只是他生前一个例外，而他死后庙酎歌舞并非因此而取消，却完全是按照天子七庙，即"一祖二宗四近帝"规格举行庙酎的。

祝宰乐人万二千一百四十七人。元帝永光四年（公元前40年）十月，罢祖宗庙在郡国者。五年，毁太上皇、孝惠皇帝寝园庙。建昭元年，罢孝文太后、孝昭太后寝园。时祖宗庙在郡国六十八，合百六十七所。师古曰："六十八者，郡国之数也。百六十七所，宗庙之数也。"[17] 这是汉代一次大规模的削庙，否则即使歌舞剧再怎么赏心悦目，国家也是肯定吃不消的。还有不能够被削减的庙，"而昭灵后、武哀王、昭哀后、孝文太后、孝昭太后、戾太子、戾后各有寝园，与诸帝合，凡三十所。一岁祠，上食二万四千四百五十五，用卫士四万五千一百二十九人，祝宰乐人万二千一百四十七人，养牺牲卒不在数中。"[18]　"祝宰乐人万二千一百四十七人"，汉元帝削庙之后依旧是这么巨大的数字，而汉元帝之前八九位皇帝庙酎歌舞的盛况，该是何等的空前，是可想而知道的。这样庞大的庙酎歌舞剧，从设计到彩排再到演出，是需要有一个非常专业的编导演系统的。我们知道，那时已经有了礼官，这可以说是歌舞剧最初的导演或者监制。

新中国成立后，发现的汉代兵马俑有两处，徐州狮子山兵马俑和咸阳杨家湾兵马俑。前者一九九四年正式发掘，位于徐州市东郊狮子山故名，兵马俑总数达四千多件，当为景武之际，西汉第三代楚王刘戊（公元前？-公元前154年）的墓葬。有甲胄俑、跪坐俑、盔甲俑、发辫俑、发髻俑、弓弩手俑及持长械俑等。俑身涂粉，局部绘朱。后者一九六五年于咸阳市杨家湾汉墓的十一个陪葬坑中出土。初步推断为周勃（公元前？-公元前169年）墓，为西汉前期。步兵俑一千八百多件，另有文官、乐舞俑、杂役俑一百多件，共计二千五百四十八件。步俑排成战阵，手中所持多为象征性的兵器。兵俑、陶马周身彩绘，有红、白、黑、绿、黄等多种颜色。

汉陵这些兵马俑，虽然只有真人三分之一大小，而那密集规则的行伍，与《武德》之舞相比较，亦可谓"雁荡具体而微者"，是一个被压缩了的实景。而那些彩绘的兵马俑和乐舞俑，也可以使我们窥见《五行》之舞上演的盛况。这为庙酎歌舞剧的深入研究提供了更为真实形象的史料。

汉代庙酎歌舞类似欧洲中世纪的宗教剧，但在时间上要比宗教剧早上千年。宗教剧演出目的在于布道，汉代庙酎歌舞剧在于发德明功，其教化作用可谓完全相同。演出场所两者也有惊人的相似，都不用剧场而是在宗庙或者教堂。至于剧本也多有雷同，宗教剧使用《圣经》的故事，汉代庙酎歌舞剧则一面延续上古帝王的旧作，一面由自己来创新。在表现形式上它们也有许多接近的地方，宗教剧唱白兼用，规模较小；汉代庙酎歌舞剧则是以舞蹈为主要展示手段，构成场面宏大的演出。汉代庙酎歌舞剧，为后来中国戏剧"以歌舞演故事"奠定了"歌舞演"最基础的元素，乃至规定了中国戏剧民族化的发展方向。

二、传承歌舞剧

汉代传承歌舞剧的剧目，较早的为汉高祖的《大风歌》。而把汉高祖《大风歌》作为传承歌舞剧来加以研究，其主要分类依据是因为跟传承歌舞剧对应的，还有即兴歌舞剧，而且这两者一直是独立地沿着两条轨道演进的。

《大风歌》，得百二十人，教之歌。 淮南王布谋反，汉高祖击溃淮南王布，经过他的故乡，创作了歌舞剧《大风歌》。在他故乡当地组织了一百二十人的少年合唱团，他一面击筑歌舞，一面排练教授。作为经典剧目，《大风歌》在汉代后世一直被传承下来。

十二年冬十月，上破布军于会缶。布走，令别将追之。上还，过沛，留，置酒沛宫，悉召故人父老子弟佐酒。发沛中儿得百二十人，教之歌。酒酣，上击筑自歌曰：

"大风起兮云飞扬，威加海内兮归故乡，安得猛士兮守四方！"

令儿皆和习之。上乃起舞，忼慨伤怀，泣数行下。谓沛父兄曰："游子悲故乡。吾虽都关中，万岁之后吾魂魄犹思沛。且朕自沛公以诛暴逆，遂有天下，其以沛为朕汤沐邑，复其民，世世无有所与。"沛父老诸母故人日乐饮极欢，道旧故为笑乐。十余日，上欲去，沛父兄固请。上曰："吾人众多，父兄不能给。"乃去。沛中空县皆之邑西献。上留止，张饮三日。沛父兄皆顿首曰："沛幸得复，丰未得，唯陛下哀矜。"上曰："丰者，吾所生长，极不忘耳。吾特以其为雍齿故反我为魏。"沛父兄固请之，乃并复丰，比沛。[19]

其实，"刘项原来不读书"的说法，从这里的引文看，是错的；或者对汉高祖的出身和后来的作为，是断章取义的。"刘项"只能是笼统理解为指他们的部众。《大风歌》脍炙人口，塑造了一个开国君王气吞山河，还多少有些忧郁的形象。后世诸如《高祖还乡》一类的戏文，无论是直接沿用旧剧，还是改造一新，都是以此为蓝本的。如果我们把他"忼慨伤怀，泣数行下，谓沛父兄"的话，也改变为诗行，这也是完全可以演唱的。

令为吹乐，后有阙，辄补之。 说《大风歌》是汉代的传承歌舞剧，还有一个理由，这就是到了汉惠帝（刘盈，公元前210- 公元前188年）的时候，不仅增加了配器"吹乐"，最初是击筑的，而且一百二十人的少年合唱团，人数一旦有缺失，就及时补充。汉惠帝"五年，帝思高祖之志乐沛，以沛宫为高祖庙，高祖所教歌儿百二十人皆令为吹乐，后有阙，辄补之。"⁽²⁰⁾这里同时还为我们提供了"以沛宫为高祖庙"的信息，也就是说，《大风歌》是可以同庙酎歌舞剧同台演出的。后来到辽东高祖庙失火，"武帝巡狩所幸郡国凡四十九，皆立庙，如高祖、太宗焉。"⁽²¹⁾《大风歌》因此而承传了四五代，演出四十九庙，遍及全国。这应该看做是汉代歌舞剧的一次大普及。

侍妇数百皆习之。《大风歌》更为重要的，也是主要的，还是推动了宫廷歌舞剧的兴盛。"高帝戚夫人（戚姬，公元前？－公元前194年），善鼓瑟击筑。帝常拥夫人倚瑟而弦歌，毕每泣下流涟。夫人善为翘袖折腰之舞，歌《出塞》《入塞》《望归》之曲。侍妇数百皆习之。后宫齐首高唱，声彻云霄。"⁽²²⁾宫廷歌舞剧配器又增加了瑟，人数也达到了数百。《出塞》《入塞》《望归》之曲，到汉武帝李延年的时候，还在宫廷沿用或者创新，到明代也有人以此仿制，而始作歌舞剧者，正是这位"善为翘袖折腰之舞"的戚夫人。这个说法见于曹嘉之（生卒不详）的《晋书·乐志》注。

《乐府解题》曰："汉横吹曲，二十八解，李延年造。魏、晋已来，唯传十曲：一曰《黄鹄》，二曰《陇头》，三曰《出关》，四曰《入关》，五曰《出塞》，六曰《入塞》，七曰《折杨柳》，八曰《黄覃子》，九曰《赤之扬》，十曰《望行人》。后又有《关山月》《洛阳道》《长安道》《梅花落》《紫骝马》《骢马》《雨雪》《刘生》八曲，合十八曲。"

《晋书·乐志》曰："《出塞》《入塞》曲，李延年造。"曹嘉之《晋书》曰："刘畴尝避乱坞壁，贾胡百数欲害之，畴无惧色，援笳而吹之，为《出塞》《入塞》之声，以动其游客之思，于是群胡皆垂泣而去。"按《西京杂记》曰："戚夫人善歌《出塞》《入塞》《望归》之曲。"则高帝时已有之，疑不起于延年也。唐又有《塞上》《塞下》曲，盖出于此。

《出塞》《入塞》《望归》这些传统的歌舞剧，汉代后世具体的演出形式，我们在《乐府解题》也还是可以看到一些大致的情形："横吹曲，其始亦谓之鼓吹，马上奏之，盖军中之乐也。北狄诸国，皆马上作乐，故自汉已来，北狄乐总归鼓吹署。其后分为二部，有箫笳者为鼓吹，用之朝会、道路，亦以给赐。汉武帝时，南越七郡，皆给鼓吹是也。有鼓角者为横吹，用之军中，马上所奏者是也。汉博望侯张骞入西域，传其法于西京，唯得《摩诃兜勒》一曲。李延年因胡曲更造新声二十八解，乘舆以为武乐，后汉以给边将，和帝时万人将军得用之。魏晋以来,二十八解不复具存,而世所用者有《黄鹄》等十曲。"

《出塞》《入塞》《望归》这类的传统歌舞剧,转而为两部,一部有箫笳配器的为鼓吹,用之朝会、道路,也用以赏赐。这个直接继承了戚夫人之舞;一部有鼓角配器的为横吹,用之军中或者马上所奏。这个融合了西域《摩诃兜勒》,演出阵容多达上万人。配器、内容和演出规模都发生了显著变化。

三、即兴歌舞剧

汉代即兴歌舞剧,并非汉代的发明。其实,即兴发挥的喜剧,同人类文明的历史一样悠久。《史记》还辟有《滑稽列传》,早在春秋时期已经出了一些专业的艺人,著名的有优孟(生卒不详)等;战国还出现了一批以即兴滑稽辩难著称的宾客,甚至有的还成为外交家而合纵连横。汉武帝时期还有郭舍人、东方朔等。在外国,于文艺复兴时期意大利出现的即兴喜剧,也曾经在欧洲盛行了一二百年。即兴喜剧的基本特征是无拘无束,尽情发挥。有点类似现代的剧场互动。

汉代的即兴歌舞剧,跟以上这些剧种有许多相同之处,不拘泥舞台,随时随地,在宫廷在家庭;而它的独特之处,则在于它的歌舞形式。汉代即兴的戏剧,之所以没有像春秋战国和欧洲文艺复兴时期那样以对白的形式呈现,而是以歌舞的形式风行,其主要原因有两个,一个是除了我们上面讨论过的,汉代歌舞剧形成的背景,汉代是一个浪漫而载歌载舞的时代,汉代帝王君臣都是诗歌舞的能手。除了上面说到的汉高祖,汉代前期的汉昭帝、汉武帝等帝王也都是才华横溢的歌者。

汉昭帝:《黄鹄之歌》。汉昭帝(刘弗陵,公元前94-公元前74年)始元元年(公元前86年),黄鹄下太液池。上为歌曰:

"黄鹄飞兮下建章,羽衣肃兮行跄跄;金为衣兮菊为裳。唼喋荷荇,出入蒹葭。自顾菲薄,愧尔嘉祥。" (23)

庆安世:《双凤离鸾之曲》。而同时有歌舞才能者也不断被引进宫廷。"庆安世年十五。为成帝侍郎。善鼓琴。能为《双凤离鸾之曲》。赵后悦之。白上得出入御内绝见爱幸。" (24)这是汉成帝时事。这就为歌舞剧在人才等核心元素层面作了必要的储备。

还有一个很重要的原因,即汉代虽承秦弊,却延续了春秋战国的滑稽之风，是一个朝野充满戏剧性的国度。

滑稽之风。时，有幸倡郭舍人，滑稽不穷，常侍左右，曰："朔狂，幸中耳，非至数也。臣愿令朔复射，朔中之，臣榜百，不能中，臣赐帛。"乃覆树上寄生，令朔射之。朔曰："是寠薮也。"舍人曰："果知朔不能中也。"朔曰："生肉为脍，干肉为脯；著树为寄生，盆下为寠薮。"上令倡监榜舍人，舍人不胜痛，呼謈。朔笑之曰："咄！口无毛，声謷謷，尻益高。"舍人恚曰："朔擅诋欺天子从官，当弃市。"上问朔："何故诋之？"对曰："臣非敢诋之，乃与为隐耳。"上曰："隐云何？"朔曰："夫口无毛者，狗窦也；声謷謷者，鸟哺鷇也；尻益高者，鹤俯啄也。"舍人不服，因曰："臣愿复问朔隐语，不知，亦当榜。"即妄为谐语曰："令壶龃，老柏涂，伊优亚，狋吽牙。何谓也？"朔曰："令者，命也。壶者，所以盛也。龃者，齿不正也。老者，人所敬也。柏者，鬼之廷也。涂者，渐洳径也。伊优亚者，辞未定也。狋吽牙者，两犬争也。"舍人所问，朔应声辄对，变诈锋出，莫能穷者，左右大惊。上以朔为常侍郎，遂得爱幸。⁽²⁵⁾

这段就是著名的东方朔《答郭舍人问》。东方朔的即兴滑稽辩难之才，使他雅俗共赏的答对，赢得了汉武帝的赏识，因此而做了汉武帝的常侍郎。《汉书》赞说东方朔"应谐似优，不穷似智，正谏似直"，可知汉代是把文艺与政治捆绑在一起的。在这样的一个诗乐歌舞时代，在这样的一个滑稽辩难时代，在这样的一个十分宽松的文化大背景之下，汉代的即兴歌舞剧便发展兴盛起来。汉代的即兴歌舞剧大致可以分为，宫廷即兴歌舞剧和民间即兴歌舞剧等。

（一）宫廷即兴歌舞剧

汉代的即兴歌舞剧，主要指的是帝王宫廷的即兴歌舞剧。像上面汉高祖的《大风歌》，也是可以从这个标准划归帝王宫廷即兴歌舞剧的。我们把这个称为即兴壮歌。

李延年：《北方有佳人之歌》。孝武李夫人，本以倡进。初，夫人兄延年性知音，善歌舞，武帝爱之。每为新声变曲，闻者莫不感动。延年侍上起舞，歌曰：

"北方有佳人，绝世而独立，一顾倾人城，再顾倾人国。宁不知倾城与倾国，佳人难再得！"

上叹息曰:"善!世岂有此人乎?"平阳主因言延年有女弟,上乃召见之,实妙丽善舞。由是得幸,生一男,是为昌邑哀王。李夫人少而蚤卒,上怜闵焉,图画其形于甘泉宫。⁽²⁶⁾

李延年(生卒不详,公元前112年见汉武帝),以此即兴歌舞的形式婉转地向汉武帝举荐了他的妹妹美人李夫人,成为千古美誉。而这种以戏剧性的手段劝谏帝王的故事,早在春秋时期就已经有之,"优孟摇头而歌",说的就是优孟以服装道具模拟功臣孙叔敖生前的模样,为其后人争取封妻荫子的故事。李延年与优孟不同,是把优孟的演艺故事,变成为歌舞了。

汉武帝:《姗姗来迟之歌》。上思念李夫人不已,方士齐人少翁言能致其神。乃夜张灯烛,设帷帐,陈酒肉,而令上居他帐,遥望见好女如李夫人之貌,还幄坐而步。又不得就视,上愈益相思悲感,为作诗曰:

"是邪,非邪?立而望之,偏何姗姗其来迟!"

令乐府诸音家弦歌之。⁽²⁷⁾

汉武帝的以"致其神"的方式表达对已故美人李夫人的缅怀,直接影响了后世帝王,唐明皇李隆基对贵妃杨玉环的追思,所使用的手段,几乎完全出于汉武帝的模本。这些故事为后世文学家,诸如,白居易的《长恨歌》,白朴的《梧桐雨》,洪昇的《长生殿》,不断地直至演艺为成型的大戏。

汉武帝:《伤悼夫人之赋》。上又自为作赋,以伤悼夫人,其辞曰:

"美连娟以修嫮兮,命樔绝而不长,饰新官以延贮兮,泯不归乎故乡。惨郁郁其芜秽兮,隐处幽而怀伤,释舆马于山椒兮,奄修夜之不阳。秋气憯以凄泪兮,桂枝落而销亡,神茕茕以遥思兮,精浮游而出畺。托沈阴以圹久兮,惜蕃华之未央,念穷极之不还兮,惟幼眇之相羊。函菱荴以俟风兮,芳杂袭以弥章,的容与以猗靡兮,缥飘姚虖愈庄。燕淫衍而抚楹兮,连流视而娥扬,既激感而心逐兮,包红颜而弗明。欢接狎以离别兮,宵寤梦之芒芒,忽迁化而不反兮,魄放逸以飞扬。何灵魂之纷纷兮,哀裴回以踌躇,势路日以远兮,遂荒忽而辞去。超兮西征,屑兮不见。浸淫敞恍,寂兮无音,思若流波,怛兮在心。"

乱曰:"佳侠函光,陨朱荣兮,嫉妒阘茸,将安程兮!方时隆盛,年夭伤兮,弟子增欷,洿沫怅兮。悲愁于邑,喧不可止兮。向不虚应,亦云已兮。嫶妍太息,叹稚子兮,懰栗不言,倚所恃兮。仁者不誓,岂约亲兮?既往不来,申以信兮。

去彼昭昭，就冥冥兮，既下新宫，不复故庭兮。呜呼哀哉，想魂灵兮！"（同上）

这一首《伤悼夫人之赋》，不同于那时汉代所流行的散体大赋，也不同于后世的抒情小赋，而是介乎于两者之间的，我们称为言情中赋。跟此前的汉代歌舞剧相比较，更加逐步地阔大和完善了汉代歌舞剧的长度和结构。如果我们把《姗姗来迟之歌》看做序幕，那么"乱曰"就是尾声，而《伤悼夫人之赋》正文则是歌舞剧的主体，成为一出相对完整的歌舞剧形式。

我们把悼亡的这样一类即兴歌舞剧称为即兴哀歌。宫廷的即兴哀歌由于汉武帝的推动，这种戏剧形式，在汉代后世还有许多。

班婕妤：《自伤悼之赋》。 孝成班婕妤。帝初即位选入后宫。始为少使，蛾而大幸，为婕妤，居增成舍，再就馆，有男，数月失之。成帝游于后庭，尝欲与婕妤同辇载，婕妤辞曰："观古图画，贤圣之君皆有名臣在侧，三代末主乃有嬖女，今欲同辇，得无近似之乎？"上善其言而止。太后闻之，喜曰："古有樊姬，今有班婕妤。"婕妤诵《诗》及《窈窕》《德象》《女师》之篇。每进见上疏，依则古礼。

自鸿嘉后，上稍隆于内宠。婕妤进侍者李平，平得幸，立为婕妤。上曰："始卫皇后亦从微起。"乃赐平姓曰卫，所谓卫婕妤也。其后，赵飞燕姊弟亦从自微贱兴，逾越礼制，浸盛于前。班婕妤及许皇后皆失宠，稀复进见。鸿嘉三年，赵飞燕谮告许皇后、班婕妤挟媚道，祝诅后宫，詈及主上。许皇后坐废。孝问班婕妤，婕妤对曰："妾闻'死生有命，富贵在天。'修正尚未蒙福，为邪欲以何望？使鬼神有知，不受不臣之诉；如其无知，诉之何益？故不为也。"上善其对，怜悯之，赐黄金百斤。

赵氏姊弟骄妒，婕妤恐久见危，求共养太后长信宫，上许焉。婕妤退处东宫，作赋自伤悼，其辞曰：

"承祖考之遗德兮，何性命之淑灵。登薄躯于宫阙兮，充下陈于后庭。蒙圣皇之渥惠兮，当日月之盛明。扬光烈之翕赫兮，奉隆宠于增成。既过幸于非位兮，窃庶几乎嘉时。每寤寐而累息兮，申佩离以自思。陈女图以镜监兮，顾女史而问诗。悲晨妇之作戒兮，哀褒、阎之为邮；美皇、英之女虞兮，荣任、姒之母周。虽愚陋其靡及兮，敢舍心而忘兹？历年岁而悼惧兮，闵蕃华之不滋。痛阳禄与柘馆兮，仍襁褓而离灾。岂妾人之殃咎兮，将天命之不可求。白日忽已移光兮，遂暗莫而昧幽。犹被覆载之厚德兮，不废捐于罪邮。奉共养于东宫兮，托长信之末流。共洒扫于帷幄兮，永终死以为期。愿归骨于山足兮，依松柏之余休。"

重曰："潜玄宫兮幽以清，应门闭兮禁闼扃。华殿尘兮玉阶菭，中庭萋兮绿草生。广室阴兮帷幄暗，房栊虚兮风泠泠。感帷裳兮发红罗，纷綷縩兮纨素声。神眇眇兮密靓处，君不御兮谁为荣？俯视兮丹墀，思君兮履綦。仰视兮云屋，双涕兮横流。顾左右兮和颜，酌羽觞兮销忧。惟人生兮一世，忽一过兮若浮。已独享兮高明，处生民兮极休。勉虞精兮极乐，与福禄兮无期。《绿衣》兮《白华》，自古兮有之。"

至成帝崩，婕妤充奉园陵，薨，因葬园中。[28]

汉成帝班婕妤（公元前48- 公元2年），在汉代美人中属于知书达理的贤妃良后，失宠后的悲惨境遇，使她忧伤抑郁地创作了这首《自伤悼之赋》，悲怨哀戚、载歌载舞的形象，栩栩若生人。如此规格的结构设计，深彻的情感表达，已经完全脱离了即兴的范畴，是经过心理发生准备过程之后的艺术化创作。"重曰"是尾声的重唱，比"乱曰"更近了一步。其叙述方式，虽参照汉武帝《伤悼夫人之赋》的抒情体式，而行文长度比汉武帝的《伤悼夫人之赋》四百字，还多出了五十字，是言情中赋这一类歌舞剧，明显受到散体大赋的影响而向戏剧化道路发展的一个例证。

宫廷即兴歌舞剧在汉代，不仅在皇帝的宫廷时有演出，而在诸侯王的宫殿里也时有发生。这个发现可以佐证汉代宫廷即兴歌舞剧在当时的广泛普及。

燕刺王旦：《万载宫之歌》。王愈忧恐，谓广等曰："谋事不成，妖祥数见，兵气且至，奈何？"会盖主舍人父燕仓知其谋，告之，由是发觉。丞相赐玺书，部中二千石逐捕孙纵之及左将军桀等，皆伏诛。旦闻之，召相平曰："事败，遂发兵乎？"平曰："左将军已死，百姓皆知之，不可发也。"王忧懑，置酒万载宫，会宾客、群臣、妃妾坐饮。王自歌曰：

"归空城兮，狗不吠，鸡不鸣；横术何广广兮，固知国中之无人！"

华容夫人起舞曰：

"发纷纷兮寘渠，骨籍籍兮亡居。母求死子兮，妻求死夫。裴回两渠间兮，君子独安居！"

坐者皆泣。[29]

燕刺王旦（刘旦，公元前？ - 公元前80年），李姬所生，为汉武帝第四子。

昭帝时谋篡事发，而遇不赦。这是他以绶自绞前不久的歌舞。配合他起舞而作歌的，还有他能歌善舞的华容夫人。我们把这个既不是汉高祖《大风歌》式的壮歌，也不是汉武帝《伤悼夫人之赋》式的哀歌，是介乎于两者之间的即兴歌舞剧，称为即兴悲歌。即兴悲歌的历史由来已久。

项羽：《垓下歌》，歌数阕。 项王（项羽，公元前 232- 公元前 202 年）军壁垓下，兵少食尽，汉军及诸侯兵围之数重。夜闻汉军四面皆楚歌，项王乃大惊曰："汉皆已得楚乎？是何楚人之多也！"项王则夜起，饮帐中。有美人名虞，常幸从；骏马名骓，常骑之。于是项王乃悲歌忼慨，自为诗曰：

"力拔山兮气盖世，时不利兮骓不逝。骓不逝兮可奈何，虞兮虞兮奈若何！"

歌数阕，美人和之。项王泣数行下，左右皆泣，莫能仰视。[30] 美人和之，就是所谓《和垓下歌》：

"汉兵已略地，四方楚歌声。大王意气尽，贱妾何聊生！"

从"歌数阕"看来，即兴歌舞剧是要重复演唱的，我们称为复唱，古人也叫复沓。这在为我们提供汉代即兴歌舞剧演唱的基本模式复唱的同时，也为我们解释了汉代前期即兴歌舞剧为什么词章总是那么简短的疑问。

（二）民间即兴歌舞剧

民间即兴歌舞剧，包括民间非即兴歌舞剧，在汉代诸如《孔雀东南飞》《古诗十九首》等一类的体式甚众，本书将以专节的形式在后加以研究。在此，只以《汉书》等典籍所记载的史实加以讨论。

戚夫人：《永巷囚之歌》。 高祖崩，惠帝立，吕后（吕雉，公元前 241-公元前 180 年）为皇太后，乃令永巷囚戚夫人，髡钳衣赭衣，令舂。戚夫人舂且歌曰：

"子为王，母为虏，终日舂薄暮，常与死为伍！相离三千里，当谁使告女？"

太后闻之大怒，曰："乃欲倚女子邪？"乃召赵王诛之。使者三反，赵相周昌不遣。太后召赵相，相征至长安。使人复召赵王，王来。惠帝慈仁，知太后怒，自迎赵王霸上，入宫，挟与起居饮食。数月，帝晨出射，赵王不能蚤起，太后伺其独居，使人持鸩饮之。迟帝还，赵王死。太后遂断戚夫人手足，去眼熏耳，饮瘖药，使居鞠域中，名曰"人彘"。居数月，乃召惠帝视"人彘"。帝视而问，知其戚夫人，乃大哭，因病，岁余不能起。使人请太后曰："此非人所为。臣为太后子，终不能复治天下！"以此日饮为淫乐，不听政，七年而崩。[31] 戚夫人为汉高祖的宠姬，炙手可热，而高祖死后，吕后掌权，戚夫人母子沦为阶下囚。"髡钳"就是剃发，披枷带锁。"赭衣"就是土红色的粗布囚服。而这首且舂且歌的《永巷囚》，却招致更惨烈的迫害。赵王被鸩毒，戚夫人自己也被断手足，去眼熏耳，饮瘖药。就这样，她不能再以手足起舞，以眼耳观闻，以歌喉演唱。一代歌舞之王后，凄惨谢幕。而她留给我们的即兴歌舞剧《永巷囚》，两千年来却感伤着无数的受众。即兴歌舞剧《永巷囚》，不仅创作了感天动地的戏剧哀歌，而且创作了骇人听闻的戏剧情境，这为后世歌舞剧艺术创作提供了最直接和最戏剧化的蓝本。

杨恽：《田彼南山之歌》。夫人情所不能止者，圣人弗禁，故君父至尊亲，送其终也，有时而既。臣之得罪，已三年矣。田家作苦，岁时伏腊，亨羊炰羔，斗酒自劳。家本秦也，能为秦声。妇，赵女也，雅善鼓瑟。奴婢歌者数人，酒后耳热，仰天抚缶而呼乌乌。其诗曰：

"田彼南山，芜秽不治，种一顷豆，落而为萁。人生行乐耳，须富贵何时！"

是日也，拂衣而喜，奋袖低卬，顿足起舞，诚淫荒无度，不知其不可也。恽幸有余禄，方籴贱贩贵，逐什一之利，此贾竖之事，污辱之处，恽亲行之。下流之人，众毁所归，不寒而栗。虽雅知恽者，犹随风而靡，尚何称誉之有！董生不云乎？"明明求仁义，常恐不能化民者，卿大夫意也；明明求财利，常恐困乏者，庶人之事也。"故"道不同，不相为谋。"今子尚安得以卿大夫之制而责仆哉！[32]

杨恽（生卒不详）是参与废帝昌邑王刘贺事件的重臣杨敞的次子，这是他失去爵位后，给他朋友会宗的信，即《报会宗书》中所叙述的情形。后来他自己也因故失去侯爵，但他乡居却不顾朝廷舆论而放浪形骸，因此他的友人会宗劝解他审慎，他却回复了这样一封更加显得无所谓的信。《田彼南山》跟《永巷囚》以哀歌和悲境取胜不同，而是以其"拂衣、奋袖、顿足"三个动作，成为即兴歌舞剧现场表演的基本形体招式，也成为后世歌舞剧舞台表演速度与节奏的范本。

汉代歌舞剧兴盛的另一个原由，与汉代的宫廷建设也有大关系。"汉高帝七年，萧相国营未央宫。因龙首山制前殿，建北阙未央宫。周回二十二里，九十五步五尺。街道周回七十里。台殿四十三，其三十二在外，其十一在后。宫池十三，山六，池一；山一亦在后宫。门闼凡九十五。武帝作昆明池，欲伐昆吾夷，教习水战。因而于上游戏养鱼，鱼给诸陵庙祭祀，余付长安市卖之。池周回四十里。"[33]

　　汉代宫殿汉武以后又多有毁建。其兰台专为宫廷诗画，渐台专为宫廷礼乐所设计。柏梁台名为选皇子妃之地，实际上歌舞演示亦在其中。这些酷似后世的娱乐中心，为汉代歌舞剧的形成和发展，创造了规格而又尽情展示的空间，成为汉代歌舞剧繁盛的另一个基础元素。

注释：

（1）西京杂记，卷三

（2）汉书一，武帝纪，P194；中华书局，1962

（3）史记十，大宛列传，P3173；中华书局，1982

（4）汉书九，严朱吾丘主父徐严终王贾传，P2830～2831；中华书局，1962

（5）汉书一，武帝纪，P212；中华书局，1962

（6）汉书一，武帝纪，P174～207；中华书局，1962

（7）四书五经中，诗经集传序，P1；中国书店，1984

（8）汉书一，高帝纪，P68；中华书局，1962

（9）汉书一，高帝纪，P76；中华书局，1962

（10）汉书一，景帝纪，P137；中华书局，1962

（11）汉书一，景帝纪，P137～138；中华书局，1962

（12）汉书一，景帝纪，P138；中华书局，1962

（13）马端临，文献通考，卷九十二宗庙考二

（14）汉书一，景帝纪，P138；中华书局，1962

（15）马端临，文献通考，卷九十二宗庙考二

（16）马端临，文献通考，卷九十二宗庙考二

（17）马端临，文献通考，卷九十二宗庙考二

（18）马端临，文献通考，卷九十二宗庙考二

（19）汉书一，高帝纪，P74；中华书局，1962

（20）马端临，文献通考，卷九十二宗庙考二

（21）马端临，文献通考，卷九十二宗庙考二

（22）西京杂记，卷一

（23）西京杂记，卷一

（24）西京杂记，卷二

（25）汉书九，东方朔传，P2844～2845；中华书局，1962

（26）汉书十二，外戚传，P3951；中华书局，1962

（27）汉书十二，外戚传，P3952；中华书局，1962

（28）汉书十二，外戚传，P3985～3987；中华书局，1962

（29）汉书九，武五子传，P2757；中华书局，1962

（30）史记一，项羽本纪，P333；中华书局，1982

（31）汉书十二，外戚传，P3937～3938；中华书局，1962

（32）汉书九，公孙刘田王杨蔡陈郑传传，P2894～2895；中华书局，1962

（33）马端临，文献通考，卷九十二宗庙考二

附录：《史记》《汉书》等所存西汉歌舞剧目

1.**庙酎歌舞剧：**汉高祖《武德》《文始》《五行》之舞，汉惠帝《文始》《五行》之舞，汉文帝《昭德》之舞，汉宣帝《盛德》之舞。

2.**传承歌舞剧：**秦《长城之歌》，汉高祖《大风歌》。

3.**即兴歌舞剧：**楚汉时期项羽《垓下歌》；戚夫人《永巷囚之歌》，汉武帝《白麟之歌》《宝鼎之歌》《天马之歌》《瓠子之歌》《芝房之歌》《盛唐枞阳之歌》《西极天马之歌》《朱雁之歌》《交门之歌》《姗姗来迟之歌》《伤悼夫人之赋》，李延年《北方有佳人》，汉昭帝《黄鹄之歌》，燕刺王旦《万载宫之歌》，班婕妤《自伤悼之赋》，杨恽《田彼南山之歌》。

4.**乐府式演唱：**李延年《黄鹄》《陇头》《出关》《入关》《出塞》《入塞》《折杨柳》《黄覃子》《赤之扬》《望行人》《关山月》《洛阳道》《长安道》《梅花落》《紫骝马》《骢马》《雨雪》《刘生》，庆安世《双凤离鸾之曲》。

5.**角抵。**

（剧作家，2016，3）

第三节　汉代戏剧的演进

摘要： 汉代的戏剧到东汉时期，百戏杂陈的"陈陈之争"，表明百戏已经开始式微；而有关歌舞剧的国家大乐令的设置，庙酬歌舞剧演出的规格、形式和人才的配置，以及即兴歌舞剧演出台本和对白的出现等，这些基本元素却在逐渐完备。东汉歌舞剧的蔓延，得益于民歌民谣的熏陶和少数民族对歌舞剧的贡献。

关键词： 大乐令　演出规格　人才配置　台本对白　陈陈之争　文化原本

礼乐合一，而礼乐的捆绑也不是一成不变的。礼坏乐崩的情形，小的思潮无论，大的思潮，一般研究者认为，在汉代以前，共有两次，一次是春秋初始，一次是东汉末叶。礼乐的这种嬗变也是跟着时代的步伐而前行的。春秋之前古乐的兴盛，之后新乐的出现；东汉之前歌舞剧的发生，之后乐府的突起，都是礼作用于乐的结果。而这种作用往往是逆向的。礼坏乐崩，所坏崩的只是礼，而乐却总是呈现出蔓延生长的势头。西汉的歌舞剧到了东汉，因王莽（公元前 46- 公元 23 年）新政而"人厌淫诈，神思反德"，[1] 至光武帝（刘秀，公元前 5- 公元 57 年）又因"在兵间久，厌武事，且知天下疲耗，思乐息肩。"于是，"每旦视朝，日仄乃罢。数引公卿、郎、将讲论经理，夜分乃寐。"以致"有禹、汤之明，而失黄、老养性之福"。[2] 看来，礼尚未给乐以明确的规范，反而却给了乐以大段时空的缓冲和反思。加之这一时期，又得益起始于明帝（刘庄，公元 28-75 年）初年"大乐令"的设置，更始（刘玄，公元 23-25 年）之后民歌民谣的滋养，以及安帝（刘祜，公元 94-125 年）以来少数民族歌舞的贡献，东汉的戏剧，在国家制度的引导、大戏剧文化背景的熏陶之下，得到了较为全面的扩充和延展。概括地说，包括三个方面：一方面是歌舞剧，除了承传歌舞剧的不再上演，庙酬歌舞剧和即兴歌舞剧还在延续；另一方面是百戏杂陈，虽然受到不同声音的抵制，但还是在坚持引进和观摩；还有就是，同时又出现了更加广泛的乐府式演唱。比之西汉，东汉的戏剧，尽管没有明显的阶段性繁荣和鼎盛，而作为中国式戏剧生成时期的戏剧创造，不仅取得了为数较多的新样式，而且作为中国式戏剧的基本元素，也不断地在被加以巩固和得到必备的补充。

东汉戏剧的这种局面，直至三国鼎立时期才渐近终止，汉代戏剧开始式微。但却为后来中国戏剧的纵向生展，诸如魏晋南北朝歌舞小戏的出现，以及"以歌舞演故事"中国式戏剧的定向，都奠定了相对深厚的专业文化基础和标注了较为明确的方向。

一、庙酹歌舞剧和大乐令

无论其鼎盛，还是其衰微，汉代本身其实就是一个富于戏剧性的时代。毋庸置言那些杂陈的百戏，那些律动的歌舞，仅就其他诸如军政历史方面的事实，而其被后世列入戏剧题材的，亦堪称中国戏剧之最。下面讨论有关东汉歌舞剧的一些主要问题。

（一）庙酹歌舞剧演出的规格

随着光武中兴，庙酹歌舞剧在东汉初年，再次达到了西汉早期高大上的水准，应该说是相当完备的。光武帝"陇、蜀平后，乃增广郊祀，高帝配食，位在中坛上，西面北上。天、地、高帝、黄帝各用犊一头，青帝、赤帝共用犊一头，白帝、黑帝共用犊一头，凡用犊六头。日、月、北斗共用牛一头，四营群神共用牛四头，凡用牛五头。凡乐奏《青阳》《朱明》《西皓》《玄冥》，及《云翘》《育命》舞。"[3] 这是继西汉武帝之后，汉代最大规模和最高规格的一次庙酹歌舞。四乐两舞，六大要祭俱全。根据"天地、高帝、黄帝各用犊一头"，知道对应的乐舞表演，即为"《青阳》《朱明》《西皓》《玄冥》"之乐，这是祭祀神祇，与时俱进，高帝位于其中。而《云翘》《育命》乃为祭祀四时之舞，马端临（公元1254-1323年）认为是祭秋之时，并由光武帝亲执干戚，"光武迎秋气，亲执干戚，舞《云翘》《育命》之舞，亦庶乎近古也。"[4] 所谓近古，指的就是五帝三王的古乐。汉代歌舞剧有关古乐新乐的问题，新乐就是所谓的郑声，直到三国时期，还犹如"花雅之争"一样的在此消彼长，共繁共存。魏文帝（曹丕，公元187-226年）黄初中，杜夔为大乐令，杜夔有许多学生，但"自左延年等虽妙于音，咸善郑声，其好古存正莫及夔。"[5] 古乐尚繁，古乐已经不再泛众化，只是掌握在少数乐师的手里。同时，也因国祚的逐渐式微，诸如光武帝那样繁缛的庙酹歌舞，其后，东汉的诸代皇王都没有再进行过演出。

（二）大乐令的设置

光武帝死，明帝于永平三年（公元 60 年）"秋八月戊辰，改大乐为大予乐"，"冬十月，蒸祭光武庙，初奏《文始》《五行》《武德》之舞。"[6] 明帝改大乐为大予乐，自此东汉国家开始设置大乐令。大乐令归那时的奉常署理，专掌国家祭祀宴飨乐舞。这年尽管"比者水旱不节，边人食寡"，明帝还是能够"劝督农桑，去其螟蜮以及蝥贼"[7]，不仅举行了自高祖以来，虽有武帝、光武帝之盛，但却每下愈况的一次较为大型的庙酎歌舞，而且从制度上以大乐令职官的设置，强化了国家对于庙酎歌舞的管控。这是出自《显宗孝明帝纪》的，虽没有明确记载这次庙酎奏乐及大飨乐舞的盛况，但从"改大乐为大予乐"的职官设置这一点看，也是足够重视得有加。东汉明帝以后，大乐令自魏晋以至元明清，历代相沿，只是有的朝代职官名称有别，其实质完全相同。这为推进庙酎歌舞剧的定型，乃至于形成"以歌舞演故事"中国式戏剧的走向，都作出了制度上的保证。十三年夏四月明帝还因"今五土之宜，反其正色，滨渠下田，赋与贫人，无令豪右得固其利"，模仿武帝有"庶继世宗《瓠子》之作。"[8] 是希望把民生和民歌、民乐、民舞结合统一起来的。继之，东汉帝王作庙酎歌舞剧的，还有章帝（刘炟，公元57-88 年），"共进《武德》之舞，如孝文皇帝袷祭高庙故事。"[9] 这就是所谓袷祭，就是集汉代远近祖先神主于太祖庙的大合祭。但这次庙酎歌舞剧规模明显已大不如从前，已经从明帝《文始》《五行》《武德》，降至得只有《武德》了。而《武德》之舞到殇帝（刘隆，公元105-106 年）时朝廷还努力坚持举行了一次，辛酉，有司上奏："孝章皇帝崇弘鸿业，德化普洽，垂意黎民，留念稼穑。文加殊俗，武畅方表，界惟人面，无思不服。巍巍荡荡，莫与比隆。《周颂》曰：'于穆清庙，肃雍显相。'请上尊庙曰肃宗，共进《武德》之舞。"制曰："可。"[10] 而对于东汉庙酎歌舞剧的发展，尽管有大乐令的职官，有司的上奏，而不是渐增而是锐减的状况，出于那时连年不断的政治动荡，以及由此带来的民生多艰的现实，作为研究者，对此也还是其事可悯、其情可原的。事实上，即便无乐可言，人也总不希望变乱频生，而企盼盛世太平。礼将不礼，乐何以堪。至于桓灵二帝，已经是真正到了天下大乱，礼坏乐崩得完全避之不及了。

（三）庙酎歌舞剧的形式

东汉庙酎歌舞剧的具体形式，可以从相关记载上看得出来，"西都旧有上陵。东都之仪，百官、四姓亲家妇女、公主、诸王大夫、外国朝者侍子、郡国计吏会陵。昼漏上水，大鸿胪设九宾，随立寝殿前。钟鸣，谒者治礼引客，群臣就位如仪。乘舆自东厢下，太常导出，西向拜，折旋升阼阶，拜神坐。退坐东厢，西向。侍中、尚书、陛者皆神坐后。公卿群臣谒神坐，太官上食，太常乐奏食举，舞《文始》《五行》之舞。乐阕，群臣受赐食毕，郡国上计吏以次前，当神轩占其郡国谷价，民所疾苦，欲神知其动静。孝子事亲尽礼，敬爱之心也。周遍如礼。最后亲陵，遣计吏，赐之带佩。八月饮酎，上陵，礼亦如之。"[11]庙酎歌舞剧的演出，大致是这样的先拜谒、后乐舞的两道程序；而乐舞这一道程序，还要分段落，即所谓"乐阕"。这为后来戏曲的正式分幕奠定了至为紧要的基础。宋元杂剧动辄四本五本，金元还有像《西厢记》那样的五本二十一折五楔子，没有汉代庙酎歌舞剧乐阕的滥觞，是不能够想象宋元杂剧开源节流的。

而"郊黄帝"则提供了另外的一个关于序幕的细节，"是日夜漏未尽五刻，京都百官皆衣黄。至立秋，迎气于黄郊，乐奏黄钟之宫，歌《帝临》，冕而执干戚，舞《云翘》《育命》，所以养时训也。"[12]在黄钟之乐声震郊野的氛围中，唱着《帝临》，戴着方帽子，拿着矛盾斧钺之类的仪仗，演出《云翘》《育命》的舞蹈。序曲、歌诗、仪仗、舞蹈，到东汉已经成为诸多庙酎歌舞剧的基本形式。

而参与人数的多寡，到东汉时期，庙酎歌舞剧也因礼仪分类不同而有了区别。比如，"《巴渝》，擢歌者六十人，为六列。"[13]"五帝不同礼，三王不同乐"，历来如此。《巴渝》已不再是《文始》《五行》之舞的浩浩荡荡了。

（四）庙酎歌舞剧的人才配置

有关庙酎歌舞剧歌乐舞人才、器材，这个也是研究汉代歌舞剧不能够回避的问题。庙酎歌舞剧演出，有了职官大乐令，除了演职人员，还要有歌乐舞师教授排演，工匠乐器制作等的基本元素。由于战乱，这个问题到了三国时期，已经显得非常突出。

杜夔（生卒不详）字公良，河南人也。以知音为雅乐郎，中平五年，疾去官。州、郡、司徒礼辟，以世乱奔荆州。荆州牧刘表令与孟曜为汉主合雅乐，乐备，表欲庭观之，夔谏曰："今将军号为天子合乐，而庭作之，无乃不可乎！"表纳其言而止。后表子琮降太祖，太祖以夔为军谋祭酒，参太乐事，因令创制雅乐。夔善钟律，聪思过人，丝竹八音，靡所不能，惟歌舞非所长。时散郎邓静、尹齐善咏雅乐，歌师尹胡能歌宗庙郊祀之曲，舞师冯肃、服养晓知先代诸舞，夔总统研精，远考诸经，近采故事，教习讲肄，备作乐器。绍复先代古乐，皆自夔始也。黄初中，为太乐令、协律都尉。汉铸钟工柴玉巧有意思，形器之中，多所造作，亦为时贵人见知。夔令玉铸铜钟，其声均清浊多不如法，数毁改作。玉甚厌之，谓夔清浊任意，颇拒扞夔。夔、玉更相白于太祖，太祖取所铸钟，杂错更试，然后知夔为精而玉之妄也，于是罪玉及诸子，皆为养马士。文帝爱待玉，又尝令夔与左愿等于宾客之中吹笙鼓琴，夔有难色，由是帝意不悦。后因他事系夔。使愿等就学，夔自谓所习者雅，仕宦有本，意犹不满，遂黜免以卒。弟子河南邵登、张泰、桑馥，备至太乐丞，下邳陈颃司律中郎将。自左延年等虽妙于音，咸善郑声，其好古存正莫及夔。[14] 杜夔善雅乐，作过大乐令。他有许多学生，邵登、张泰、桑馥，都做过太乐丞，就是大乐令的助理。陈颃还做过司律中郎将，左延年还善于郑声。他所传的旧雅乐，也就是古乐，诸如《鹿鸣》《驺虞》《伐檀》和《文王》等到晋代还在演出。但他只是擅长钟律，散郎邓静、尹齐善咏雅乐，歌师尹胡能歌宗庙郊祀之曲，舞师冯肃、服养晓知先代诸舞。朝廷指令由他总统研精，远考诸经，近采故事，教习讲肄，备作乐器。这样看来，庙酎歌舞剧的分工是相当严格的。有大乐令负总责，下设散郎管雅乐，歌师管谱曲，舞师管舞蹈；编钟是庙酎歌舞剧的主要配器，巧工管铸造，他自己管编钟的音质音阶清浊。至于唱词，根据《青阳》《朱明》《西皓》《玄冥》以及《云翘》《育命》等命题，也是可推断出相应的内容的。

　　庙酎歌舞的明确分工，意味着汉代歌舞剧的全面成熟。

二、即兴歌舞剧的演进

　　东汉的即兴歌舞剧，此时，只能够看到的是宫廷即兴歌舞剧。宫廷即兴歌舞剧虽然也已开始走下坡路，尽管朝廷时不时还在有人建议礼乐合一，以六律正五音，而实际上已经看不到武帝、光武帝时期那样的盛举，只有一些哀怨情形了；但作为歌舞剧的基本元素，却在民间歌舞剧中，得到了此前所未有的添加，舞台本和对白有幸出现了。

（一）即兴歌舞剧台本的预设

我们知道，西汉那时的宫廷即兴歌舞剧，是很蓬勃兴盛的。到东汉而渐不如前，其原因主要还是在于，东汉帝王，除了光武帝、明帝和章帝，其他的帝王的个人际遇，可以说都是很不得意或者是很凄惨的，国将不国，何以戏为，西汉帝王雄才大略的诗意化抒情传统，东汉的帝王不仅没有继承，反而丢失殆尽了。除了灵帝，基本上是看不到他们有什么即兴的发挥。

1. 宫廷即兴歌舞的式微

灵帝作《追德赋》《令仪颂》诗歌。灵帝（刘宏，公元157-189年）"光和三年（公元180年），（何某）立为皇后。明年，追号后父真为车骑将军、舞阳宣德侯，因封后母兴为舞阳君。时王美人任娠，畏后，乃服药欲除之，而胎安不动，又数梦负日而行。四年，生皇子协，后遂鸩杀美人。帝大怒，欲废后，诸宦官固请得止。董太后自养协，号曰董侯。王美人，赵国人也。祖父苞，五官中郎将。美人丰姿色，聪敏有才明，能书会计，以良家子应法相选入掖庭。帝愍协早失母，又思美人，作《追德赋》《令仪颂》。"[15]《后汉书》没有记录这两出即兴歌舞剧的内容，从题目上看，是怀念女德和美貌的应该没错。这有似于《哈姆雷特》"墓地"的那一场戏，"四万个兄弟的爱合起来，抵不过我对她的爱。"[16]同样是帝王对臣妾爱妃的怀念，所不同的是，哈姆雷特对俄菲利亚的枉死选择了复仇，灵帝对王美人的被鸩却选择了哀歌。

梁商作《薤露》之歌。周举（生卒不详）字宣光，汝南汝阳人，陈留太守防之子。举出为蜀郡太守，坐事免。大将军梁商（公元？-141年），表为从事中郎，甚敬重焉。六年三月上已日，商大会宾客，宴于洛水，举时称疾不往。商与亲昵酣饮极欢，及酒阑倡罢，继以《薤露》之歌，坐中闻者，皆为掩涕。太仆张种时亦在焉，会还，以事告举。举叹曰："此所谓哀乐失时，非其所也，殃将及乎！"商至秋果薨。商疾笃，帝亲临幸，问以遗言。对曰："人之将死，其言也善。臣从事中郎周举，清高忠正，可重任也。"由是拜举谏议大夫。[17]

这是顺帝（刘保，公元115-144年），永和六年事。梁商，字伯夏，顺帝外戚，九江太守梁统曾孙。梁商"酒阑倡罢，继以《薤露》之歌"，就是酒宴酬唱之后，所演唱的即兴歌舞。《薤露》为乐府古曲，曹操（公元155-220年）也作过《薤露行》。《薤露》属相和歌曲。曹操还作过《蒿里行》，两行原都是送葬的挽歌。明代钟惺（公元 1574-1624 年）《古诗归》将两者并称为"汉末实录，真诗史也"。因《后汉书》没有节录梁商《薤露》之歌，现将曹操《薤露行》补录于下：

"惟汉廿二世，所任诚不良。沐猴而冠带，知小而谋强。犹豫不敢断，因狩执君王。白虹为贯日，己亦先受殃。贼臣持国柄，杀主灭宇京。荡覆帝基业，宗庙以燔丧。播越西迁移，号泣而且行。瞻彼洛城郭，微子为哀伤。"

梁商为贤才慷慨而歌，周举则认为是哀乐失时。即兴歌舞剧到了东汉时期，已经不再时新，因时局震荡，而逐渐开始变得小心翼翼起来。

2. 民间即兴歌舞剧台本的出现

民间即兴歌舞剧，现在所能够看到的，大多都掺杂在《乐府歌辞》中，暂且把这个叫做乐府式演唱。这是需要我们进一步按照歌舞剧的元素，一本一本的加以厘清。下面只介绍即兴歌舞剧台本的出现，因为这是一个突破性的问题。

赵壹作《秦客鲁生》之歌。赵壹（约公元 122- 约 196 年）字元叔，汉阳西县人也。而恃才倨傲，为乡党所摈，乃作《解摈》。后屡抵罪，几至死，友人救，得免。畏禁，不敢班班显言，窃为《穷鸟赋》。又作《刺世疾邪赋》，以舒其怨愤。曰：

"原斯瘼之攸兴，实执政之匪贤。女谒掩其视听兮，近习秉其威权。……故法禁屈挠于势族，恩泽不逮于单门。宁饥寒于尧、舜之荒岁兮，不饱暖于当今之丰年。乘理虽死而非亡，违义虽生而匪存。"

有秦客者，乃为诗曰：

"河清不可俟，人命不可延。顺风激靡草，富贵者称贤。文籍虽满腹，不如一囊钱。伊优北堂上，抗脏倚门边。"

鲁生闻此辞，系而作歌曰：

"势家多所宜，咳唾自成珠。被褐怀金玉，兰蕙化为刍。贤者虽独悟，所困在群愚。且各守尔分，勿复空驰驱。哀哉复哀哉，此是命矣夫！"[18]

赵壹的《刺世疾邪赋》，其中《秦客鲁生》之歌，实为虚构，借以指摘时弊，但其原本还是出自西汉以来至于东汉末期所盛行的即兴歌舞剧。秦客为诗，鲁生作歌，是已经完全把现实生活的即兴歌舞给舞台剧本化了。世态炎凉，一个在刺世疾邪，一个在此是命矣夫，认命了。赵壹婉转地借助戏剧的手法实现了他刺世疾邪的目的，却为我们复原了一出较早的即兴歌舞剧台本。研究者历来以此赋为浑然一体，其实质上，是暗含了一出舞台剧的形式。而其主客问对的手段，作为被后来戏剧家所承袭的这种对白的体式，确是在武帝时期东方朔那时就已经完具规格，至此而水到渠成。

3.　"作诗"与"作歌"的区别

"作诗"与"作歌"的区别，在两汉的提法及其意义，都是很严格，很不一样的。唯有歌舞剧，才叫做"作歌"。这一点，作为汉代歌舞剧的研究者，是应该引起足够的重视的。

梁鸿《五噫之歌》。梁鸿（生卒不详），字伯鸾，扶风平陵人也。势家慕其高节，多欲女之，鸿并绝不娶。同县孟氏有女，状肥丑而黑，力举石臼，择对不嫁，至年三十。父母问其故。女曰："欲得贤如梁伯鸾者。"鸿闻而娉之。居有顷，妻曰："常闻夫子欲隐居避患，今何为默默？无乃欲低头就之乎？"鸿曰："诺。"乃共入霸陵山中，以耕织为业，咏《诗》《书》，弹琴以自娱。仰慕前世高士，而为四皓以来二十四人作颂。因东出关，过京师，作《五噫》之歌曰：

"陟彼北芒兮，噫！顾览帝京兮，噫！宫室崔嵬兮，噫！人之劬劳兮，噫！辽辽未央兮，噫！"

肃宗（章帝）闻而非之，求鸿不得。乃易姓运期，名耀，字侯光，与妻子居齐鲁之间。初，鸿友人京兆高恢，少好《老子》，隐于华阴山中。及鸿东游思恢，作诗曰：

"鸟嘤嘤兮友之期，念高子兮仆怀思，相念恢兮爰集兹。"

二人遂不复相见。恢亦高抗，终身不仕。[19] 从"肃宗闻而非之，求鸿不得。乃易姓运期，名耀，字侯光，与妻子居齐鲁之间"一句看，即兴歌舞剧指斥时弊的社会功能，已经成为普遍得到显现的事实，是即兴歌舞剧发展到了一定程度的标志。

梁鸿大约活动在汉光武建武初年，至和帝永元末年。举案齐眉的故事为大家熟知。这里除了他的即兴歌舞《五噫》之歌，同时引用了他的《怀高恢》，另意在证明诗与歌在汉代并非同一概念，歌已经是走向戏剧了。在《汉书》和《后汉书》中，诗与歌是分立的，是被严格区分开来的。即在一个时间段上，同一个作者，如果同有诗有歌之作，那么，在诗正文之前冠以"作诗"，而在歌之前则冠以"作歌"。即如蔡文姬（生卒不详）那样的歌者，所作倘若非歌，也只能够冠以"作诗"。

陈留董祀妻者，同郡蔡邕（蔡邕，公元133-192年）之女也，名琰，字文姬。博学有才辩，又妙于音律。适河东卫仲道。夫亡无子，归宁于家。兴平中，天下丧乱，文姬为胡骑所获，没于南匈奴左贤王，在胡中十二年，生二子。曹操素与邕善，痛其无嗣，乃遣使者以金璧赎之，而重嫁于祀。

后感伤乱离，追怀悲愤，作诗二章。其辞曰："汉季失权柄，董卓乱天常。"……其二章曰："嗟薄祜兮遭世患，宗族殄兮门户单。"[20]

诗只是歌乐舞的附庸，助兴而已；歌则是歌乐舞的主题。这说明歌舞之歌，已经开始正式从诗歌中剥离出来，成为歌舞剧独立的基本元素。

（二）即兴歌舞剧对白的出现

即兴歌舞，按照歌舞剧出现、形成和发展的轨迹规律，自其出现的那一日起，这个剧种，就本应该是一直辅助以对白，来做其戏剧故事的补充的，否则便无法演出。但其"歌舞白"真正完善的形式，到东汉才被记录下来。

弘农王与妻唐姬作《宴别》之歌。宫廷即兴歌舞剧，还有一出，"明年，山东义兵大起，讨董卓（公元？-192年）之乱。卓乃置弘农王于阁上，使郎中令李儒进鸩，曰："服此药，可以辟恶。"王曰："我无疾，是欲杀我耳！？"不肯饮。强饮之，不得已，乃与妻唐姬及宫人饮宴别。酒行，王悲歌曰：

"天道易兮我何艰！弃万乘兮退守蕃。逆臣见迫兮命不延，逝将去汝兮适幽玄！"

因令唐姬起舞，姬抗袖而歌曰：

"皇天崩兮后土颓，身为帝兮命夭摧。死生路异兮从此乖，奈我茕独兮心中哀！"

因泣下呜咽，坐者皆嘘欷。王谓姬曰："卿王者妃，势不复为吏民妻。自爱，从此长辞！"遂饮药而死。时年十八。[21]

一个被免职的皇帝，连王也不能够再做下去，这么年轻，慷慨赴死多么艰难，对死亡到来却又叫人翩然起舞，拂袖而歌唱，这实在又是一件更不容易的事情。这是悲剧还是喜剧，真的是不好下断语的。这出宫廷即兴歌舞剧，不仅有歌唱，有舞蹈，而且还有对白。姑且以剧本样式呈现如下：

【弘农王大殿。

【董卓置弘农王于阁上。

李儒（进鸩）："服此药，可以辟恶。"

王曰（不肯饮）："我无疾，是欲杀我耳！？"

【李儒强饮之。

【王不得已，乃与妻唐姬及宫人饮宴别，酒行。

王（悲歌）：

"天道易兮我何艰！弃万乘兮退守蕃。逆臣见迫兮命不延，逝将去汝兮适幽玄！"

【王令唐姬起舞，唐姬起舞。

唐姬（悲歌）：

"皇天崩兮后土颓，身为帝兮命夭摧。死生路异兮从此乖，奈我茕独兮心中哀！"

王（谓姬）："卿王者妃，势不复为吏民妻。自爱，从此长辞！"

【王遂饮药而死。

是可以这样说，中国式戏剧的表达，之所以唱说参半，是来自于即兴歌舞剧的。而即兴歌舞剧对白最早的出现，则来自于这出弘农王与妻唐姬所作《宴别》之歌。

三、百戏杂陈的"陈陈之争"

所谓百戏杂陈的局面，到东汉也随着国势的渐减而备受质疑，但上演和观摩却没有停止。陈禅（公元？-127年），字纪山，巴郡安汉人也。车骑将军邓骘（公元？-121年）闻其名而辟焉，举茂才。时汉中蛮夷反畔，以禅为汉中太守。夷贼素闻其声，即时降服。迁左冯翊，入拜谏议大夫。永宁元年，西南夷掸国王献乐及幻人，能吐火，自支解，易牛马头。明年元会，作之于庭，安帝与群臣共观，大奇之。禅独离席举手大言曰："昔齐、鲁为夹谷之会，齐作侏儒之乐，仲尼诛之。又曰：'放郑声，远佞人。'帝王之庭，不宜设夷狄之技。"尚书陈忠（公元？-125年）劾奏禅曰："古者合欢之乐舞于堂，四夷之乐陈于门，故《诗》云'以《雅》以《南》，《韎》《任》《朱离》'。今掸国越流沙，逾县度，万里贡献，非郑、卫之声，佞人之比，而禅廷讪朝政，请劾禅下狱。"有诏勿收，左转为玄菟候城障尉，诏"敢不之官，上妻子从者名"。禅既行，朝廷多讼之。[22]

　　陈禅与张衡（公元78-139年）同时代人。这个时期，汉代的百戏杂陈虽有些回光返照，但对于百戏的存留看法还是有不同意见的。西南夷掸国王献乐及幻人，"能吐火，自支解，易牛马头"，虽然迷得了安帝的赏赉，但朝中还是有声音的。谏议大夫陈禅就是这样一位发声者。陈禅不给安帝留面子，当场"独离席举手大言"表示强烈反对。而另一面的尚书陈忠，却是捍卫有加，甚至建议安帝给他处死。那时在东汉，争议不仅仅关系到百戏的去留，即使像一向被汉代帝王之家看好的《干戚》之舞，在此时也开始遭受到了不同观念的质疑。"昔孔子作《春秋》，褒齐桓，懿晋文，叹管仲之功。夫岂不美文、武之道哉？诚达权救敝之理也。故圣人能与世推移，而俗士苦不知变，以为结绳之约，可复理乱秦之绪，《干戚》之舞，足以解平城之围。"[23]这是崔寔（生卒不详）向桓帝（刘志，公元132-167年）的谏言，认为目前《干戚》之舞已经不能够救弊，是需要变法了。新乐与古乐之辩，犹如花雅之争，自孔子起一直生生不息，成为中国戏剧有历史以来的共生体，而滚动着推进中国戏剧的进程。百姓杂陈的"陈陈之辩"，谏议大夫陈禅虽未被尚书陈忠弹劾掉，而对于陈禅却是"朝廷多讼之"。看来，百戏已深入人心。我国自古以来既为多民族统一的礼仪之国，对于百戏杂陈，尽管争议时发，声音迭起，而"合欢之乐舞于堂，四夷之乐陈于门"的戏剧场面，总归也还是汉代乐为礼服务、民族戏剧大融合的一个特色，一个历史的事实。

　　汉代戏剧到东汉，因国势的颓微，百戏已经逐渐不再杂陈，诸如举国普及的角抵，也只能够在祭祀四时期盼丰登之时，才可以看到它的一些踪迹，"是月也，立土牛六头于国都郡县城外丑地，以送大寒。毕飨，赐作乐，观以角抵。乐阕罢遣，劝以农桑。"[24]但总还是可以说，是比较重视的。角抵是一直伴随着汉代四百年辉煌而沉重的历史，进入戏剧史的。

四、汉代歌舞剧的文化原本

　　作为一个时代的戏剧，汉代歌舞剧与此前此后历代戏剧一样，是有它自己独具的历史文化本原的。汉代歌舞剧得益于民歌民谣的熏陶，得力于少数民族歌舞的贡献。这里主要说的是东汉。

（一）民歌民谣对歌舞剧的熏陶

东汉是一个令君国臣民共哀共怜的时代，上松下弛。事实上，也只有在这样的一个相对宽泛的时代里，才会出现大量的民歌民谣。民歌民谣既是汉代歌舞剧的文化背景，也是其形成发展的一个主体元素。

东汉时期童谣[25]例表

时期		地区	童谣	说明
更始		南阳	谐不谐，在赤眉。得不得，在河北。	时注参见前文
世祖（光武帝）建武六年（公元30年）		蜀	黄牛白腹，五铢当复。	
王莽末		天水	出吴门，望缇群。见一蹇人，言欲上天；令天可上，地上安得民！	同上
顺帝之末		京都	直如弦，死道边。曲如钩，反封侯。	同上
桓帝	之初	天下	小麦青青大麦枯，谁当获者妇与姑。丈人何在西击胡，吏买马，君具车，请为诸君鼓咙胡。	同上
		京都	城上乌，尾毕逋；公为吏，子为徒。一徒死，百乘车。车班班，入河间，河间姹女工数钱。以钱为室金为堂，石上慊慊春黄粱。梁下有悬鼓，我欲击之丞卿怒。	
			游平卖印自有平，不辟豪贤及大姓。	
	之末	京都	茅田一顷中有井，四方纤纤不可整。嚼复嚼，今年尚可后年铙。	
			白盖小车何延延。河间来合谐，河间来合谐！	
灵帝	中平中（公元184-189年）	京都	承乐世董逃，游四郭董逃，蒙天恩董逃，带金紫董逃，行谢恩董逃，整车骑董逃，垂欲发董逃，与中辞董逃，出西门董逃，瞻宫殿董逃，望京城董逃，日夜绝董逃，心摧伤董逃。	
	之末	京都	侯非侯，王非王，千乘万骑上北芒。	
献帝（公元189-220年）	之初	京都	千里草，何青青。十日卜，不得生。	
	建安初（公元196年）	荆州	八九年间始欲衰，至十三年无孑遗。	

民歌民谣东汉末年居多，而东汉初年也时有唱传。永平十二年（明帝，公元70年），哀牢王柳貌遣子率种人内属，其种邑王者七十七人，户五万一千八百九十，口五十五万三千七百一十一。西南去洛阳七千里，显宗

以其地置哀牢、博南二县，割益州郡西部都尉所领六县，合为永昌郡。始通博南山，度兰仓水。行者苦之。歌曰：

"汉德广，开不宾。度博南，越兰津。度兰仓，为它人。"[26]

这个也是即兴歌舞，姑且名之曰《汉德广》。这些本为"饥者歌其食，劳者歌其事"的客观即兴创作，当然也有主观上的谶语，而《后汉书·五行志》则是把它们一律按照谶语和所谓对应验证的史实，逐条加以合并记录下来的。这不仅保存了诸多的相关史料，而且保存了诸多的原始民歌民谣。

退而言之，民歌民谣的缘事而发，即兴而作，实际上西汉时期，就已开始流行。诸如鲁迅所考证过的"尺布斗粟"，文帝之弟淮南厉王长，谋反事发，被放逐绝食而死。民有作歌歌淮南王曰：

"一尺布，尚可缝；一斗粟，尚可春。兄弟二人，不相容。"[27]

这个《尺布斗粟》也可以说是即兴歌舞剧的雏形。民歌民谣东汉到达鼎盛。进而言之，至于三国时期，余绪犹存，甚至一些文学大家也步入其中。魏武帝曹操就是"文武并施，御军三十余年，手不舍书，昼则讲武策，夜则思经传，登高必赋，及造新诗，被之管弦，皆成乐章。"都是歌舞了。

这些被保存下来的珍贵原始民歌民谣资料，客观上也滋养了汉代，尤其是东汉变乱以来即兴歌舞剧和乐府式演唱的创作，进而催生了汉代歌舞剧的进一步勃兴。民歌民谣的渐染，一方面间接地使得即兴歌舞剧，逐渐摆脱骚体的束缚而趋向泛众化，接近人们日常生活口语的风体出现了。从西汉高祖《大风歌》到东汉赵壹《秦客鲁生》之歌，即兴歌舞剧体式的这种演变，都明显标记着其融入民歌民谣影响的遗痕；另一方面，也直接催生了诸如长篇巨制的《孔雀东南飞》、中篇紧俏的《陌上桑》，以及短篇精悍的《东门行》等，这些乐府式唱法歌舞极品的面世。

（二）少数民族对歌舞剧的贡献

少数民族的能歌善舞，对于汉代歌舞剧来说，是一个推进。至高祖为汉王，发夷人还伐三秦。秦地既定，乃遣还巴中，复其渠帅罗、朴、督、鄂、度、夕、龚七姓，不输租赋，余户乃岁入賨钱，口四十。世号为板楯蛮珍。阆中有渝水，其人多居水左右，天性劲勇，初为汉前锋，数陷陈。俗喜歌舞，高祖观之，曰："此武王伐纣之歌也。"乃命乐人习之，所谓《巴渝》舞也。遂世世服从。[28]

这是少数民族之舞在《后汉书》中被重新整理记录的情况。而关于少数民族之歌，也有如下的记载：

永平中（明帝，公元 58-76 年），益州刺史梁国朱辅（生卒不详），好立功名，慷慨有大略。在州数岁，宣示汉德，威怀远夷。自汶山以西，前世所不至，正朔所未加。白狼、槃木、唐菆等百余国，户百三十余万，口六百万以上，举种奉贡，种为臣仆。辅上疏曰："臣闻《诗》云：'彼徂者岐，有夷之行。'传曰：'岐道虽僻，而人不远。'诗人诵咏，以为符验。今白狼王唐菆等慕化归义，作诗三章。路经邛来大山零高坂，峭危峻险，百倍岐道。襁负老幼，若归慈母。远夷之语，辞意难正。草木异种，鸟兽殊类。有犍为郡掾田恭与之习狎，颇晓其言，臣辄令讯其风俗，译其辞语。今遣从事史李陵与恭护送诣阙，并上其乐诗。昔在圣帝，舞四夷之乐；今之所上，庶备其一。"帝嘉之，事下史官，录其歌焉。《远夷乐德》歌诗曰：

"大汉是治，与天合意。吏译平端，不从我来。闻风向化，所见奇异。多赐缯布，甘美酒食。昌乐肉飞，屈申悉备。蛮夷贫薄，无所报嗣。愿主长寿，子孙昌炽。"

《远夷慕德》歌诗曰：

"蛮夷所处，日入之部。慕义向化，归日出主。圣德深恩，与人富厚。冬多霜雪，夏多和雨。寒温时适，部人多有。涉危历险，不远万里。去俗归德，心归慈母。"

《远夷怀德》歌曰：

"荒服之外，土地墝埆。食肉衣皮，不见盐谷。吏译传风，大汉安乐。携负归仁，触冒险陕。高山岐峻，缘崖磻石。木薄发家，百宿到洛。父子同赐，怀抱匹帛。传告种人，长愿臣仆。"[29]

"远夷三德"的"舞四夷之乐"，这个有点跟我们"文革"跳忠字舞相似，是时代使然，是时代特有的歌舞，时代特有的艺术样式。我们把这个"白狼王唐菆等慕化归义"、明帝嘉之的"作诗三章"，叫做《远夷三德》，是为"送上"。

对于少数民族的乐舞，也有"拿来"的。"万家墨面没蒿莱，敢有歌吟动地哀"。曹操《薤露行》《蒿里行》所使用的乐府旧题，即所谓"葬则歌舞"的哀歌，这种哀歌即原起乌桓。乌桓者，本东胡也。汉初，匈奴冒顿灭其国，余类保乌桓山，因以为号焉。俗善骑射，弋猎禽兽为事。随水草放牧，居无常处。以穹庐为舍，东开向日。食肉饮酪，以毛毳为衣。俗贵兵死，敛尸以棺，有哭泣之哀，至葬则歌舞相送。建武二十五年，辽西乌桓大人赦旦等九百二十二人率众向化。于是始复置校尉于上谷宁城，开营府，并领鲜卑，赏赐质子，岁时互市焉。[30]曹操曾经两次北征乌桓，乌桓近二十年向魏朝贡。一次是，建安十年（公元205年）"夏四月，三郡乌丸攻鲜于辅于犷平。秋八月，公征之，斩犊等，乃渡潞河救犷平，乌丸奔走出塞。"[31]乌桓也作乌丸，三郡为三国时期辽西、上谷、右北平。一次是两年后，建安十二年（公元207年），八月，登白狼山，卒与虏遇，镳甚盛。公车重在后，被甲者少，左右皆惧。公登高，望虏陈不整，乃纵兵击之，使张辽为先锋，虏镳大崩，斩蹋顿及名王已下，胡、汉降者二十余万口。十一月至易水，代郡乌丸行单于普富卢、上郡乌丸行单于那楼将其名王来贺。[32]至于二十一年（公元216年）代郡乌丸行单于普富卢与其侯王来朝。天子命王女为公主，食汤沐邑。[33]

　　曹操"乌桓两行"的"拿来"，即拿自于乌桓"俗贵兵死，敛尸以棺，有哭泣之哀，至葬则歌舞相送"哀歌；同时也得益于魏与乌桓多年的化干戈为玉帛。白狼王唐菆"送上"的是赞歌，魏武帝曹操"拿来"的是哀歌，都是少数民族歌舞贡献的结果。现录乐府传本《薤露》《蒿里》如下：

　　"薤上露，何易晞。露晞明朝更复落，人死一去何时归。"

　　"蒿里谁家地，聚敛魂魄无贤愚。鬼伯一何相催促，人命不得少踟蹰。"[34]

　　少数民族歌乐舞，伴随着民族大家庭的聚合，自两汉以降，直至唐代，既保留着自己的民族本色，同时也完全与汉民族歌乐舞熔于一台。而汉代少数民族歌乐舞的不管是"送上"，还是"拿来"，在中国式戏剧即歌舞剧的生成时期，在汉代，由于国土辽阔，历时悠远，边鄙部族的不断朝觐和大汉皇帝看重的不断吸纳，对于歌舞剧元素的添加，对于歌舞剧剧种整体的成型，都起到了一定的催化和固化作用。

五、乐府式演唱歌舞剧的分类

　　汉代戏剧，主要是歌舞剧。其歌舞剧的史料资源，主要的有两个途径，一个是《史记》《汉书》《后汉书》《三国志》，即前四史，这个已经讨论过；另一个是《乐府歌辞》。乐府歌辞，既为歌词，必为演唱。这一点无论历史，还是现实的研究者都无异议。问题在于如何界定这些乐府歌词中哪些分类或者篇章为演唱的歌舞剧。

首先是概念。在汉代，在歌舞剧发生期，把那些能够作为歌舞剧演唱的那部分乐府歌辞，提取出来，上文说过，叫做乐府式演唱，这个称谓比较合适。所谓乐府式演唱，就是类似于我们现在的清唱剧。这就有可能把乐府诗歌中那些属于歌舞剧，或者接近歌舞剧的乐府歌辞，跟别的诗区别开来。

其次是分类。汉代歌舞剧的分类，在此前两章已有论述，即把汉代的歌舞剧分为：庙酊歌舞剧，比如，《青阳》《朱明》《西皓》《玄冥》，及《云翘》《育命》等；传承歌舞剧，比如，《大风歌》，一直演出了几代人；即兴歌舞剧，比如，弘农王与妻唐姬作《宴别》之歌，只是夫妇俩，一唱即逝。宋郭茂倩把《乐府诗集》分为十二类，但不都是汉代的，一直到唐代。郊庙歌辞和舞曲歌辞，属于庙酊歌舞剧类；燕射歌辞、鼓吹曲辞、横吹曲辞、相和歌辞等，可以归到即兴歌舞剧类；而清商曲辞、琴曲歌辞、杂曲歌辞，大致相当于传承歌舞剧类。至于近代曲辞、杂歌谣辞、新乐府辞等，暂时可不划入这三者范围之内。而即使是已经划入的，也须按照朝代前后，分别提出西汉和东汉的作品，加以研究整理，使之回复到汉代歌舞剧的本原。《后汉书》无艺文志，但清人有五家《补后汉书·艺文志》可作为参考。

注释：

（1）后汉书，本纪一，光武帝纪，P21；内蒙古人民出版社，2010

（2）同上，P20

（3）后汉书，志七，祭祀，P100；内蒙古人民出版社，2010

（4）张鹤泉，东汉明堂祭祀考略；咸阳师范学院学报，2011，1

（5）郑天挺，三国志选，杜夔传，P153；中华书局，1962

（6）后汉书，本纪二，显宗孝明帝纪，P22；内蒙古人民出版社，2010

（7）同上

（8）同上，P24

（9）后汉书，本纪三，肃宗孝章帝纪，P26；内蒙古人民出版社，2010

（10）后汉书，本纪四，孝和孝殇帝纪，P31；内蒙古人民出版社，2010

（11）后汉书，志四，礼仪，P96；内蒙古人民出版社，2010

（12）后汉书，志五，礼仪，P97；内蒙古人民出版社，2010

（13）后汉书，志六，礼仪，P99；内蒙古人民出版社，2010

（14）郑天挺，三国志选，杜夔传，P153；中华书局，1962

（15）后汉书，本纪十，皇后纪，P75；内蒙古人民出版社，2010

（16）哈姆雷特，朱生豪译，P106；光明日报出版社，2007

（17）后汉书，列传五十一，周举列传，P252～253；内蒙古人民出版社，2010

（18）后汉书，文苑列传七十，P340；内蒙古人民出版社，2010

（19）后汉书，逸民列传七十三，P359～360；内蒙古人民出版社，2010

（20）后汉书，列女传七十四，P340；内蒙古人民出版社，2010

（21）同上，P75

（22）后汉书，列传四十一，陈禅列传，P211；内蒙古人民出版社，2010

（23）后汉书，列传四十二，崔寔列传，P216；内蒙古人民出版社，2010

（24）后汉书，志五，礼仪，P98；内蒙古人民出版社，2010

（25）后汉书，志十三，五行，P114～115；内蒙古人民出版社，2010

（26）后汉书，南蛮西南夷列传七十六，P373；内蒙古人民出版社，2010

（27）汉书七，淮南衡山济北王传，P2144；中华书局，1962

（28）后汉书，南蛮西南夷列传七十六，P372；内蒙古人民出版社，2010

（29）同上，P374

（30）后汉书，乌桓鲜卑列传八十，P394；内蒙古人民出版社，2010

（31）郑天挺，三国志选，武帝纪，P34；中华书局，1962

（32）同上，P35～37

（33）同上，P60

（34）郭茂倩，乐府诗集，相和歌辞二

附录：《后汉书》《三国志》等所存东汉歌舞剧目

1. 庙耐歌舞剧：《青阳》《朱明》《西皓》《玄冥》《云翘》《育命》《文始》《五行》《武德》《干戚》《帝临》《巴渝》，《鹿鸣》《驺虞》《伐檀》《文王》。

2. 即兴歌舞剧：明帝《瓠子》，灵帝《追德赋》《令仪颂》，梁商《薤露之歌》，梁鸿《五噫之歌》，弘农王、唐姬《宴别之歌》，赵壹《秦客鲁生之歌》，白狼王唐菆《远夷三德之歌》，曹操《薤露行》《蒿里行》；民之歌《一尺布》《汉德广》。

3.《角抵》。

第二讲　《入唐求法巡礼行记》的戏剧意义

摘要：《入唐求法巡礼行记》为日本僧人圆仁入唐求法的日记。其入唐求法十年，包括三个主要阶段，海难、前往长安和在长安。《入唐求法巡礼行记》是一部中古时期现实版"西游记"。本文从生活真实的戏剧性视角，描述其自日本博多渡海直航，历时二十天，到达中国扬州，一路上涛波高猛，上帆渡海，读经誓祈，艰苦备尝的经历。这个经历，将为古典戏剧创作，乃至影视手段表达，诸如环境设计、人物刻画等，提供细节真实和场景模拟的帮助。

关键词：圆仁　渡海　求法　场景　真实

《入唐求法巡礼行记》为日本国遣唐使僧圆仁（公元 793-864 年）所撰。行记就是游记，是其自唐文宗开成三年（公元 838 年）至于宣宗大中元年（公元 847 年），这十年间，在大唐求法巡礼的日记。其书虽为日记体，却并非日日记，而是择要札记；但日记首尾完整，所记自日本最初入唐和自唐最后归国，其间有关在唐求法巡礼等重要史实翔备。日记分四卷，共计六百零一则。

圆仁俗姓壬生氏，下野（今栃木县）人，为天台宗僧人。唐文宗开成三年，圆仁以随遣唐使请益僧，自日本博多渡海到扬州。最初没有计划去往长安，因归国时遇风而退回到文登，后又经过五台山等地，辗转到长安。圆仁到长安的时间是唐文宗开成五年（公元 840 年）。直到唐武宗会昌五年（公元 845 年），离开长安，在长安留居四年。圆仁从长安返程，最后于唐宣宗大中元年（公元 847 年），即于登州而回日本国，直到圆寂。

圆仁入唐时四十六岁，归国时五十五岁，七十一岁圆寂。

唐朝始于高祖（公元 618 年）终于哀帝（公元 907 年），历时二百八十九年。圆仁在唐经历文宗、武宗和宣宗三朝，即从公元八百三十八年至于八百四十七年整好十年。这个时期即为历史学家所说的晚唐时期。著名的会昌灭佛就发生在此，作为入唐求法巡行的僧侣，圆仁经历了会昌灭佛的全程。

晚唐时期，出于宗教信仰之争和国家政经利益之需等原因，唐武宗采取了大规模灭佛行动。武宗年号会昌，在位六年。会昌灭佛，从会昌二年（公元 841 年）开始至于会昌六年（公元 846 年）武宗病逝，前后五年。而会昌五年（公元 845 年）灭佛行动达到高峰，即为史家所称道的最彻底和最轰轰烈烈的一次，圆仁就是这年随唐朝举国上下遣送还俗，而被遣离开长安。

在《入唐求法巡礼行记》中，圆仁记录了会昌灭佛事件的全部经过，也记录了他此前入唐求法巡礼一路上的所见所闻。从故事的可视性，从我们叫戏剧性看，《入唐求法巡礼行记》是一部晚唐时期现实版的岛国僧人自传体的"西游记"。而其以客观笔法的叙事，以主观情感的申论，又使得其笔下，无论他所经历的海难，他去往长安途中所经历的寺庙巡礼，还是长安会昌灭佛，都更加地具有真实可感的戏剧内核——矛盾的冲突性。因之，作为佛家入唐求法巡礼的文献，《入唐求法巡礼行记》，既可看作是晚唐时期的一部风物志，同时也可看作是那时佛门的一部传奇。《入唐求法巡礼行记》具有僧俗两界的戏剧性意义。

一、海难的戏剧性经验

海难的戏剧性经验，常常为戏剧家所津津乐道。莎士比亚《哈姆雷特》，詹姆斯《泰坦尼克号》，易卜生《培尔·金特》都有海难的故事性描述。海难之所以受到戏剧家的垂青，其表相似乎在于它自身的戏剧性元素，而其骨里却还是在于，海难的惊险刺激不仅活跃了航海家直面大海的神经，同时也激起了人类征服大自然、走向更高层次信仰的奋争意志；基于此，这个神经和意志，同时也才能够成为不断吸引受众眼球的看点。比如，《培尔·金特》的一开场就交代，他的主人公培尔·金特因一次海难不死，直到垂暮之年才回到他阔别的庄园，继而才倒插笔地开始讲述这个浪子悲欣交集的传奇人生。受众要看的，未必就是他的传奇，主要看的还是他的海难。这个海难反而是有了悬念的意味。人生如戏，戏如人生。跟戏剧家一样，现实生活中的圆仁，也正是以其《入唐求法巡礼行记》叙述他历经两次海难幸存，直到天命之年才回到他久违的故国，而开始整理他冒极大风险渡海，百折不挠的求法故事。就圆仁来说，读者首先想要看到的往往不是他的求法，而是他的海难。海难自然吊起来受众追踪求法的胃口。戏剧的海难情境，现实的海难经验，其描述方式不同，而其意蕴别无二致。《入唐求法巡礼行记》与《培尔·金特》一样，一开场就拉开了这部佛国游记现实版海难的大幕。

（一）惊涛骇浪中的西渡

从日本的博多港到中国扬州港大约五百海里，相当于九百二十多公里。现在，倘若以时速十七节的商船只需要三十小时即可抵达目的港。但那时日本遣唐使圆仁他们的船，却航行了二十天，相当于四百八十小时，仅为现代时速的十六分之一。以此来推断那时日本的造船技术与现代的差距，是可想而知的。适百里者，宿春粮；适千里者，三月聚粮。日本国与大唐帝国仅水路即近两千里之遥，尽管举全国之力，一次遣唐使的出航，就要准备两三年的时间。大船造出来，人员齐备，却也还是抗不过那些随时随地而来的惊涛骇浪和无法预知的浅滩暗礁，有的沉没，有的折返；其中坚韧有力者，才无畏艰险，到达此岸。据目前一般研究者的考据，从唐太宗贞观四年（公元630年）至于昭宗乾宁二年（公元895年），遣唐使前后共二十多次，其中实际到达的只是十三次。遣唐使船的到达率为十分之七。以十六分之一的造船技术，实现十分之七的到港目标，应该说还是坚忍不拔的。

圆仁自承和五年六月十三日从日本的博多港出发，[1]至于七月二日也就是唐文宗开成三年的同月同日，前后历时二十天，到达扬州海陵县淮南镇大江口[8]。①

1.博多、志贺岛，两度避风

"承和五年六月十三日午时，第一、第四两舶诸使驾舶，缘无顺风，停宿三个日。"[1]"十七日夜半，得岚风，上帆摇橹行。巳时到志贺岛东海。为无信风，五个日停宿矣。"[2]志贺岛是日本九州岛西面的一个小岛。日本遣唐使的船一般为四艘，全部人员在六百五十人左右。此行，大使是藤原常嗣，副使是小野篁。出发港是博多，在今九州的福冈。这次的四艘出发不久就出了问题，船回港修，复又出发，反复两次，这次是第三次；第三船已沉没，只发三船，第一、第四两船先发，第二船后发。圆仁搭乘的是大使驻节的第一船。初起就避风八天。

2.有救岛，上帆渡海

"廿三日巳时，到有救岛。东北风吹，征留执别。比至酉时，上帆渡海，东北风吹。"[4]有救岛即今宇久岛，属日本长崎县。征留执别，远行的和留下来的人告别。看来，应该是一些造船的工匠，在随行至此，验查船行正常之后下船的。第一、第四船开往扬州，其最后的起锚地，应该就确定就在这里。这也是非常具有戏剧性细节的记录。留别的场面一一执手相握，也是十分壮烈的，因为这是大使驻节国家级遣唐使的船。圆仁他们的船，不能够在飓风中航行，而信风也并非时时都有，信风就是顺风，等信风一到，便马上上帆，靠天渡海。

3. 两船火信相通

为趁信风，只能够坚持夜航。"入夜暗行，两舶火信相通。"[4]"亥时，火信相通，其貌如星，至晓不见。"[5]船上的火信相当于现在的信号灯，也就是灯笼。但那时点灯的也还是动物油类的灯盏，至于蜡烛，据说到中国南唐的时期，烈祖李昇才开始使用，是出产自江浙一带柏树油脂制成的蜡烛，圆仁渡海要早于南唐半个世纪，还是未必有的。时时需要拉上拉下，拨灯添油，该是多么的辛劳。但从"其貌如星"一句看，尽管时时有海难事发，大海并非孤单，除了圆仁他们的几艘船，还有不少夜航国的船只，或者是渔火。人类征服大海，几乎是共同的庶务。

4. 相去卅里许，画观音菩萨，读经誓祈

圆仁他们第一船和第四船虽然同时出港，第二船晚些时候也出发了。而第一船是七月二日，第四船是七月二十五日，才分别抵达目的港扬州海陵；第二船是八月二十四日到达海州。其中二四两船严重破损，艰苦备尝。海上航行历来有许多禁忌。圆仁他们那时是以祈祷来求助平安的。我的母亲曾经给我讲过，我的外祖是船工，船上烙饼，不允许叫翻过来，要叫打过来，因此烙饼也叫打饼。那时还流行一句俗语，叫做"船家烙饼打过来"。第一船和第四船，出发不久即因故分开。"廿四日，望见第四舶在前去，与第一舶相去卅里许，遥西方去。大使始画观音菩萨。请益、留学法师等相共读经誓祈。"[5]一船一百五六十人，一半是僧人，你想，这个场面也是蛮有趣的，两船互为发誓祈祷，阿弥陀佛，安哉，安哉！圆仁在《入唐求法巡礼行记》多次记录了这个仪式。"东波来，船西倾；西波来，东侧，洗流船上，不可胜计。船上一众，凭归佛神，莫不誓祈，人人失谋。"[7]在远征大自然之时，人类既有力而又无力，命运只好交给比大自然还大自然的佛神，人类在大自然面前的渺小和伟大，同时得到戏剧性的呈现。

5. 近陆地，无漂迁之惊

倘若在无风或者白昼，那大海还是很壮观的。"虽有艮巽风变，取看，

或生或枯。海色浅绿，人咸而无漂迁之惊。大竹、芦根、乌贼、贝等随澜而流，下谓近陆地矣。申时，大鱼随船游行。"⁽⁵⁾阳光灿烂，一碧万顷，见有大竹、芦根飘来，那是十分兴奋的。而下午三四点钟，阳光开始斜射，大鱼随船游行，与浪花一起嬉逐，也饶有兴味。在电视剧手段的表达里，这又是一组平移的近远镜头，或者叫做画面。这是只有航海人才能够欣赏到的波澜壮阔。

6. 信宿不去

"廿七日，平铁为波所冲，悉脱落。疲信宿不去，或时西飞二三，又更还居，如斯数度。海色白绿。竟夜令人登桅子见山岛，悉称不见。"⁽⁶⁾航海不要说人的气志力不足以胜天，就是能飞的候鸟，那无穷的气志力也常常望洋兴叹。那些疲惫已极度的候鸟，赖在船上，晚上都不肯离去，或者即使自己觉得太过意不去，飞走又飞回，总是这样反反复复。但候鸟是知道方向的，也许他们是在恩将信报，向西飞了，又飞回，告诉大使驻节他们，你们的航向是对的，借此它们还可以得到继续的搭乘。这也是未必就不可能的事实。我在上海至于大连的长山轮上，也看见过飞鸟，但那虽是近海，那鸟也上船桅，但如燕子，只是一点，即飞得远了。我的海员朋友告诉我们，那些鸟跟他们是相识的，每次经过，无论顺风还是逆风，它们都会来打个招呼，作一次暂短的探询。而圆仁他们的那些信鸟，尽管多少还是有些叫人同情怜悯，甚至于无奈，但那毕竟是没有了近海飞鸟的浪漫，而有的却是远海飞行的现实，那现实是残酷的，人与鸟同生共患得是多么令人感激和敬畏。这为《入唐求法巡礼行记》的戏剧性，又多少增添了一缕浅淡的幽思和深刻的鼓舞。人类，请耐心学会懂得与大自然和谐相处吧。

7. 令人登桅，竟日竟夜

那时还没有望远镜，观察海况，只能够登桅。"廿八日早朝，鹭鸟指西北双飞。风犹不变，侧帆指坤。巳时至白水，其色如黄泥。人众咸云：若是扬州大江流水。令人登桅子见，申云：从戌亥会，直流南方，其宽廿余里。""望见前路水还浅绿。暂行不久，终如所申。未时，海水亦白，人咸惊怪。令人上桅见陆岛，犹称不见。风吹不变，海浅波高，冲鸣如雷。"⁽⁷⁾黄泥是大江的信号，浅绿是岛屿的光临，舟人即将抵达海岸的兴奋溢于言表。这天从傍晌到过午这四个小时就令人登桅两次，大致是一路上一个时辰便令人登桅一次的。有时候可能因海况的骤变随时令人登桅的。那么，二十天里，要令人登桅多少次可想而知。一个擅长爬高的水手，在船上该有多么的令人敬畏。随命随到，到则升顶，猿猱一般，爬上爬下，不断向大使报告令人期望或者不愿的消息，有时候还可能向船众，望空展示下自己的绝技，或者向大海作远足的问候，这为我们塑造了一个多么可敬可爱的水手形象。

8. 新罗译语金正南

大使深怪海色还为浅绿，新罗译语金正南申云："闻道扬州掘港难过，今既踰白水，疑逾掘港欤。"[7]新罗译语，是那时朝鲜的翻译官。这次金正南担任译语，等到扬州等地的译语也都是由他来做的。那时朝鲜僧人入唐的也有很多。登州法华寺是张宝高建立的寺院，那里有二十多的新罗僧人，圆仁后来到这里结识了信惠，信惠通中、日、韩三国语，信惠他们后来对圆仁的归国，给予了相当帮助。②一个翻译官，在船上跑来跑去，在陆上前介后绍，忙忙活活，也是挺有意思的一个小角色。

9. 涛波高猛，官私杂物，随泥浮沉

从日本海到中国海，跟世界上其他海一样，也是无风三尺浪，何况大风时发，动不可测。"以绳结铁之，仅至五丈。经少时，下铁试海浅深，唯五寻。使等惧，或云：将下石停，明日方征。或云：须半下帆，驰艇知前途浅深，方渐进行。停留之说，事似不当。论定之际，逮酉戌，爱东风切扇，涛波高猛，船舶卒然趋升海渚。乍惊落帆，桅角摧折两度。东西之波互冲倾舶，桅叶海底，舶橹将破，仍截桅弃柁，舶即随涛漂荡。使头以下，至于水手，裸身紧逼裈，船将中绝，迁走橹触，各觅舍处。结构之会，为澜冲，咸皆差脱，左右栏端，结绳把牵，竞求活途。淹水泛满，船即沈居沙土，官私杂物，随淹浮沉。"[7]这个场面，有些像三国戏恶作剧式捉弄曹操的《华容道》。割须换袍跣行上马，任天摆布。下铁试海，下石停船，因风切扇，涛波高猛，乍惊落帆，桅角摧折，洋流冲倾，桅叶海底，舶橹将破，截桅弃柁，随涛漂荡，无所不用。使头以下至于水手，全部裸体着紧身短裤，准备跳海，只有使头还保留着《泰坦尼克号》式的尊严。人们结绳把牵，而泥水还是满船，官私杂物，依旧随泥水浮沉。这使我们想起《哈姆雷特》事后回顾的镇定，想起《培尔·金特》事后叙述的坦然，但说时迟那时快，圆仁他们那时是怎样的一个时刻啊，一船人乱作一团，祈祷声中，船竟然没有倾覆！

10. 亥时，遥有火光

船飘过大海，近岸没有深水港，也是一个问题。"廿九日晓，潮涸，淦亦随竭。令人见底，底悉破裂，沙埋艣栿。众人设谋：今舶已裂，若再逢潮生，恐增摧散欤！仍倒桅子，截落左右橹棚，于舶四方建棹，结缆艣栿。亥时，望见西方遥有火光，人人对之莫不忻悦。通夜瞻望，山岛不见，唯看火光。"（8）艣栿就是龙骨。船已经开裂龙骨都被沙埋，再有潮生就散架子了。于是决定截掉左右橹棚，在船四方固定位置设桨，用大绳捆绑龙骨。等到半夜才看见火光。但无论如何也是值得庆幸的，举船兴高采烈。

11. 舶沉居泥，人人销神，泣泪发愿

圆仁渡海船的戏剧性，还在于"山重水复疑无路，柳暗花明又一村"。当他们看见火光即将靠近扬州海岸的时候，潮汐不作美，反而作恶，跟他们又一次开了一个挺大的玩笑。"二日，早朝潮生，进去数百町许，西方见岛，其貌如两舶双居。须臾进去，即知陆地。流行未几，遇两潮洄洑，横流五十余町。舶沈居泥，不前不。爰潮水强遄，掘决舶边之淤泥，泥即逆沸，舶卒倾覆，殆将埋沉。人人惊怕，竞依舶侧，各各带裈，处处结绳，系居待死。不久之顷，舶复左覆，人随右迁，随覆迁处；稍逮数度，又舶底第二布材折离流去。人人销神，泣泪发愿。"（9）看见了岛屿，船继续前行，可是接近陆地，却"遇两潮洄洑，横流五十余町"，一町大约一百米。那就是五千米的横流，这对于那时的船来说，无疑是灭顶之灾。船沉淤泥，挖船边泥刚完，泥水沸腾，使船倾斜，船将沉没。人们害怕得要死，个个提着短裤子，处处拴绳子，靠在侧翻的那一面等死。可折腾又来了，"不久之顷，舶复左覆，人随右迁，随覆迁处；稍逮数度，又舶底第二布材折离流去。人人销神，泣泪发愿。"你想，临近岸上，还要随船逐倾，船左倾斜人往右边跑，船右倾斜人往左边跑。想想看，这是怎样的一组画面，一组镜头啊！稍稍停歇，定睛一看，船底的龙骨木制材料都顺水漂流了。

12. 迁国信物，大使无消息

圆仁的第一船是什么时候见到大唐来迎接的船只呢？"当戌亥隅，遥见物随涛浮流，人人咸曰：'若是迎舶欤？'疑论之间，逆风迎来，终知是船也。见小仓船一艘乘人，先日所遣射手壬生开山、大唐人六人，趁至舶前。爰录事以下，先问大使所之处，答云：'未知所之处。'乍闻惊悲，涕泪难耐。

即就其船，迁国信物。录事一人、知乘船事二人、学问僧圆载等已下廿七人，同迁乘之，指陆发去。"^{（9）}当戌亥隅，就是晚上八点钟左右，他们发现了来迎接的船只。一共七人，一个是射手壬开山，这使得我们知道，海岸与船之间通讯的方式是靠射手把信捆绑在弓箭上，射入船中的。这的确是一个发明，作为戏剧意义，也是具有十分的观赏性；还有六人，是大唐的接待人员。一波未平一波又起。圆仁船问大唐来者，却没有打听到他们大使的消息，都哭了。上交了日本国信物，二十七人上船，被接走了。虽然抵达目的地，实际上，人已经被折腾得成为落汤鸡了。

13. 第一船午时到江口，发现日中两国记月日时间相同

"午时到江口。未时到扬州海陵县白潮镇桑田乡东梁丰村。日本国承和五年七月二日，即大唐开成三年（公元 838 年）七月二日，虽年号殊，而月日共同。"^{（9）}"午时到江口，未时到扬州海陵县白潮镇桑田乡东梁丰村"。白潮镇，当为白湖镇，即今如皋市白蒲镇。东梁丰村在花市街，今属如东县，名胜利街。^③大唐时期，中日两国，虽纪年不一，而记月日时间相同。这相同记月日的原因，大概就在于日本那时一直为大唐帝国的属国。大唐接待日本圆仁他们这些遣唐使的船，从江口到扬州海陵划行了两个小时。

14. 大使离舶漂流

大使的船是第四船，因船受损，只好离开，乘坐小艇漂流。"留学僧等到守捉军中季赏宅停宿，闻大使以六月廿九日未时离舶，以后漂流之间，风强涛猛，怕船将沉，舍碇掷物，口称观音、妙见，意求活路，猛风时止。子时流大江口南芦原之边。"^{（9）}大使的小艇，七月一日早，仍以绳系船，曳出海边。判官以下，都取缆拉船。到未时船才找到扬州海陵县淮南镇大江口，整整拖曳一个上午。日晚，住宿于江口。二日晚，向镇家，兼送文条，相当于现在的护照。这里还有两个戏剧性细节，是很新奇，也是很有意义的。"即盐官判官元行存，乘小船来慰问，使等笔言国风。大使赠土物，亦更向淮南镇去。随言留居，劳问殊深，兼加引前之人。"^{（9）}一个是盐官判官元行存真诚热情接待，表现了大唐帝国的常态高姿；一个是大使笔言国风，虽有新罗译语，但用笔墨交流还是更直接的手段，可见中日文字语言交流的历史之深彻。这个戏剧性情节，是古典涉外戏剧的经典细节。遣唐使有大使、副使及判官、录事等官员，还有文员、医生、翻译、画师、乐师等各方面随员和

船工匠水手。但海况已经把他们折腾得筋疲力尽，狼狈不堪。大使乘坐小艇的漂行，其艰难困苦之状况，比之圆仁他们第一船的经历，有过之无不及。

15. 得知第四船晚时到达

这次遣唐使的三艘大船，第一和第四两船同行，而分道扬镳，第二船后行。"三日丑时，潮生。知路之船引前而赴掘港庭。巳时，到白湖口，逆流极遄。大唐人三人并本国水手等，曳船截流，到岸结缆，暂待潮生。于此闻第四舶漂北海。午时，仅到海陵县白潮镇管内守捉军中村。"（10）七月三日第四船到达，比第一船晚了两三天，总是算大致同时到达了。但第二船尚无任何信息。

16. 大使宿住国清寺

第一、第四两船人员是分别寻找住宿的。"爰先于海中相别录事山代氏益等卅余人迎出，再得相见，悲悦并集，流泪申情。爰一众俱居此间，雇小船等运国信物，并洗曝湿损官私之物。虽经数日，未有州县慰劳，人人各觅便宿，辛苦不少。请益法师与留学僧一处停宿。从东梁丰村去十八里，有延海村。村里有寺，名国清寺。大使等为漂劳，于此宿住。"（10）先期到达的，在海上分手的录事等人员三十多人，再次相见，悲喜交集。雇佣小船运送国信物，洗涮晾晒被海水污泥冲脏的携带物品，上岸之后的忙乱之状，构成了一如打扫战场一般的画面。入唐求法巡礼故事的开端，在展开中先动后静，动静对比，相互映衬。大使住在延海村国清寺。一场海梦，终于是醒来了。

（二）圆仁第一船、大使小艇，两船最后的扬州会合

圆仁的第一船，六月二十八日行至于今掘港附近的江海口。六月二十九日船已近北岸沙嘴。七月二日早晨行至北岸沙嘴与双墩之间的古横江口，午时到江口，未时到扬州海陵县白潮镇桑田乡东梁丰村。

大使所乘小艇于六月二十九日离开第一舶后，七月一日所飘流着陆的大江口南芦原之边，在胡逗洲南缘，即今南通市区一带。七月二日到今日之平潮镇地界。七月三日丑时过掘港，巳时到白湖口，即石港镇附近。大使所乘小艇这天与第一舶的圆仁他们会合。④

这为电影电视手段的表达，提供了一个十分明晰的古今船行入港的线路图谱。圆仁与大使，成为戏剧性故事的两条线索，主线是圆仁第一船，复线是大使小艇。交替呈现。

据今考证，遣唐使船长大约有三十米，宽七至八米，两帆，箱形平底，

抗强风大浪能力不好。但据圆仁此行的第一船乘员大约一百六十人推断，船应该更大些，否则不足以容纳此数。圆仁前代遣唐使的船，是沿朝鲜半岛渡海，往山东半岛登陆，再前往长安，这个路线为间航。后来日本和朝鲜半岛新罗交恶，遣唐使的船只能够横渡东中国海，在长江入海口登陆，这个线路为直航。圆仁遣唐使的船出发为直航。直航因为不能间歇，线路加长，涛波高猛，风险加剧，到达的几率也随减。而人战胜大自然的决心却在逐增。这个大线路，可作为影视手段航拍的一个参照系，一个大特写。

大使乘坐的第四船至于八月八日还搁浅沉在泥中，等搬运国信物时，发现船上五人已经"身肿死"，被泥水浸泡得像发面馒头一样了。"八日，闻第四舶犹在泥上，未到泊处，国信物未运上。其舶广棚离脱，淹水殆满，随潮生潮落，舶里涸沉，不足为渡海之器。求法僧等未登陆地，头判官登陆，居白水郎舍。船中人五人身肿死。大唐迎船十只许来，一日一度，运国信物至。波如高山，风吹不能运迁，辛苦尤甚。闻道：昨日扬州帖可行迎舶之状，令发赴既了，未详子细。"（31）船进入江海口，依旧风高浪猛，大唐十来只迎接搬运的船，一天来一次，也十分困难。

二、圆仁渡海回国

圆仁入唐求法巡礼十年，包括三个主要阶段，即海难、前往长安和在长安。倘再详细一些划分，其入唐求法巡礼的时空路线，又可分为六个阶段：

（一）启程渡海，二十天，两地。文宗开成三年六月十三日~七月三日，博多 —— 海陵 ——。

（二）前往海州，十个月，四地。开成三年六月~开成四年四月十八日，海陵 —— 扬州 —— 楚州 —— 海州 ——。

（三）前往五台山，一年零一个月，六地。开成四年四月十九日~开成五年五月十六日，登州赤山 —— 青州 —— 贝州 —— 赵州 —— 镇州 —— 五台山 ——。

（四）前往长安，三年，七地。开成五年五月十七日~会昌三年五月，五台山 —— 并州 —— 汾州 —— 晋州 —— 蒲州 —— 同州 —— 长安 ——。

（五）前往文登，四年半，九地。会昌三年六月三日~大中元年九月，长安 —— 洛阳 —— 郑州 —— 汴州 —— 泗州 —— 楚州 —— 海州 —— 密州

—— 登州 —— 文登 —— 。

（六）渡海回国，十三天。大中元年九月二日～十五日，文登县赤山莫
琊口 —— 橘浦 —— 。

圆仁长安被遣返，继续完成求法巡礼之后，于大中元年九月二日，于文
登县赤山莫琊口出发，莫琊口在今荣成县东南一百五十里；这次归途为间航，
圆仁满载经卷和佛心，携佛教典籍五百五十多卷归国。沿朝鲜半岛航行，经
朝鲜海峡，渐行渐止，过对马海峡，十五日到达橘浦，橘浦在现在的九州福
冈县境内。^{（ 571 ～ 580 ）}

圆仁的归途，因为路线的间航，加之十年不平凡的种种经验，心智成熟，
所以归途对于海况的记录是简约而平静的。但海况不会因为他心绪的改变而
变得不再险恶，是有许多可想象出的极大风险，在这将近半个月的航程里，
等待他们一如既往地去誓祈，去迎接，去战胜。

圆仁海难之后，至于归国，其前往长安和在长安两段巡礼的戏剧性意义，
另有文叙，兹不赘述。

注释：

①这里，包括以下，"（ ）"所标注的序号为《入唐求法巡礼行记》日记的则数，见
白化文，入唐求法巡礼行记；花山文艺出版社，1991

②白化文，入唐求法巡礼行记，前言；花山文艺出版社，1991

③李小荣，圆仁入唐求法通如之旅路线考；东南文化，1995，4

④同上

2017·致守疆，篆书楹联手稿

2015·影视学院 2011 级毕业答辩休息室

发表作品期刊之二

2008·全民参奥运

助记语言学卷

1997·在阶梯教室上《马克思主义原著导读》课

1981·武昌首届水浒学术讨论会，于行吟阁

导 言

助记语言,顾名思义,就是帮助人们记忆的语言。要研究助记语言,就得先说助记。总体来说,人们用于助记的方式,主要的不外乎以下三种:

第一种是实物助记。《易传》上说,"上古结绳而治,后世圣人易之以书契"。[1] 结绳就是在绳子上打个结,结绳而治则是有了已经发生或将要发生的事情,用这种方法提示一下,以免遗忘,这是最初的助记方法,叫做实物助记。

第二种是文字助记。上面说的,所谓书契,书是写,契是刻;书契就是有事情需要记载,便在木牍、竹简或龟甲、兽骨等物件上刻写一些文字,以便日后有所遵循,这是继结绳而治之后所使用的另外一种助记方法,叫做文字助记。

第三种是语言助记。语言助记,跟上面说的文字助记,既有密切关联,又有相对的独立性。这种助记方法是在文字作为书写工具,已经相当发达的情况下,利用文字的简捷和音韵的流畅,有意识地来帮助人们记忆,古人叫做口诀或者韵语,我们叫做语言助记。

实物助记、文字助记和语言助记,构成了用来帮助人们记忆的主要方法。

那么,我们为什么不沿用古人的说法,叫口诀或者韵语,而叫语言助记呢?口诀,口是口头,诀是诀窍;口诀还含有机密、高明的意味。口诀就是根据事物的内容要点编成的便于口头记诵的歌诀。比如,勾股法、珠算法口诀等。韵语呢,韵本身就有和谐、上口的意思。韵语是区别于散文文体,即有如诗词歌赋等所使用的那种特殊语言形式。比如,童蒙韵语、幼学歌等,都是采用韵语这种形式编写的小学识字课本。上面我们所举的这些例子,虽然都属于助记语言,但是,不管它叫口诀,还是叫韵语,都不能完全含盖助记语言所包括的种类或者范畴。因为口诀不一定都是韵语,韵语也未必就都是口诀。比如,我们上面说的勾股法、珠算法,它们都是口诀,可又不是韵语。而再比如,李白的《静夜思》《望天门山》等,它们虽然都是韵语,可又都不是口诀。

因此,把这一类的助记方法叫做语言助记,还是比较妥当的。现在还有助力车、助推器、助产士等等，都是这个意思。而按照传统的定义方法，我们就可以把研究语言助记的这一门学问或者学科，叫做助记语言学。

助记语言的历史很悠久。助记语言是伴随着人类社会生产和生活与之俱来的一种实用类型语言，属于社会语言学范畴。人们在长期的社会生产和生活等这些日常实践活动中，为记录身边所发生的自然、社会现象，承传科学文化知识、业务技能，发现和总结其一般规律或基本经验，有意无意地为克服事物或语言记忆上的困难，便逐渐摸索创造了有关用来帮助人们记忆的这种特殊语言形式。

从语言学形成发展的历史看，助记语言所涉及的领域十分广泛，包括阴阳学、军事学、哲学、宗教学、医药学、农学、童蒙学、数算学，甚至辞书、书法，乃至文论、史论和小说等等。也就是说，只要有需要传习和记忆的领域，就有助记语言的发生。

助记语言是一种历久弥新的语言。就现存的资料看，我国的助记语言，自殷周时期就已经有了萌芽，为解决知识或技能传习的问题，人们就已经开始对助记语言进行探索，并且逐步摸索形成了一套基本的规律。到现在已经具有将近四五千年的历史，中间经过了近二十个朝代，大致可以划分为五个时期。这五个时期的助记语言，不都是韵语和口诀，而是经过最初各种助记体例的探索，经过漫长多方的选择，最后才逐渐完全定型为韵语和歌诀这两种最基本的助记形式。

先秦为助记语言的探索时期，其代表作有《周易》《黄帝内径》《孙子兵法》《成相》等。先秦以降，两汉以来为初步形成时期，有《仓颉篇》《爰历篇》《博学篇》等。南北朝至唐代为发展时期，有《文心雕龙》《千字文》《金刚经》《坛经》《史记索隐述赞》等。宋代为成熟时期，有《麻衣神相》《三字经》《百家姓》等。明清为繁荣时期，有《珠算》《药性歌括四百味》《汤头歌诀》，还有《草诀歌》《声律启蒙》《弟子规》《幼学歌》等。助记语言涉及天文、地理、人事、物类，几乎包罗万象，始终没有间断。本书所要研究讨论的，也就是助记语言在形成的这个过程中，创造和运用的实际状况，及其价值和意义。

助记语言，中华人民共和国成立后虽几经淹没，但总还是在一些相关学科或领域坚持着传承、创造和使用，甚至有的还一直运用到了目前最为高科技的领域。诸如：

历史学家用它编制我国历史朝代顺序歌。据不完全统计，从字数看，仅仅这个内容，目前就有五六个版本：有四十二字本、五十字本、五十九字本、二百字本，二百一十字本，最多的还有三百八十四字本。这些版本有的是大陆的，也有的是香港、台湾的，有的还编入了字典附录或中小学课本。比如，

"夏商周，春秋战国秦。西汉新，公元界线平帝分。东汉三国西东晋，南北朝，隋唐五代宋辽金。元明清，民国寿命短，社会主义气象新。以上约计四千二百春。"(2)

这是五十九字本，可以称作简本。再比如，

"中华民族，历史悠长。三皇五帝，传位禅让。夏禹开始，建立家邦。汤灭夏桀，国号殷商。武王伐纣，西周辟疆。幽王贪色，身死国丧。平王迁都，东周洛阳。春秋五霸，齐桓楚庄；秦穆楚燕，齐赵魏韩。嬴政统一，自称始皇。反抗暴政，陈胜吴广。楚汉相争，胜者刘邦。西汉开国，长安称帝。新莽篡位，绿林赤眉。刘秀兴兵，反莽杀敌。再造东汉，洛阳登极。黄巾起义，分崩离析。惟魏蜀吴，三国鼎立。西晋代魏，司马称帝。五族乱晋，干戈不息。永嘉南渡，东晋是继。北十六国，分裂割据。宋齐梁陈，南方更替。北有北魏，北周北齐。南朝北朝，隔江峙立。杨坚创隋，南北统一。灭隋建唐，高祖李渊。安史之乱，黄巢造反。五代十国，分裂重现。赵氏篡周，北宋始建。辽夏女真，觊觎中原。金袭汴梁，靖康国难。南宋高宗，迁都临安。蒙古崛起，成吉思汗。忽必烈时，灭宋建元。顺帝腐败，丧失政权。洪武建明，定都应天。成祖永乐，改都顺天。明帝崇祯，自缢煤山。闯王进京，四十二天。三桂请兵，清帝入关。道光以后，列强侵犯。武昌起义，领袖中山。建立共和，宣统交权。老袁窃国，军阀混战。工农革命，帝封俱歼。各族人民，同掌政权。华夏文明，史称五千。"(3)

这个是三百八十四字本，可以称作繁本。无论简繁，与中国上下五千年浩茫历史相比，不知要简单易记多少倍。我们读到它们，不仅会有一种校园回归的清新之感，而且也同时复苏了我们关于祖国历史朝代的记忆。

武侠小说家用它来统计自己的小说。比如，

"飞雪连天射白鹿，笑书神侠倚碧鸳。"(4)

这十四部小说是：《飞狐外传》《雪山飞狐》《连城诀》《天龙八部》《射雕英雄传》《白马啸西风》《鹿鼎记》《笑傲江湖》《书剑恩仇录》《神雕侠侣》

《侠客行》《倚天屠龙记》《碧血剑》《鸳鸯刀》。这个曾经一度流行全中国。

幼儿园阿姨用它来教导小朋友。比如,《出行歌》:

"过马路,仔细看,要走人行横道线。红灯停,绿灯行,黄灯等一等。"

从城市居民的角度而言,这首歌几乎尽人皆知。它不仅对幼儿的出行教育起到了很好的启蒙作用,而且甚至影响了人遵章守纪的一生。

警察叔叔用它来敬告他的居民。比如,《警方寄语歌》:

"人生旅途有艰险,火灾就是第一关。消灭火灾有方法,提高警惕是关键。消防器材是个宝,平时注意维修好。严禁随时做他用,火灾发生无处找。"

我们也许刚刚走到楼梯口还没有进家门,就已经看见了这温馨而紧要的提示,那种责任感就会带着感激油然而生。

五笔字型输入法的专家用它来编写助记词,助记语言已经开始进入到高科技领域。比如,

"五笔字型均直观,依照笔顺把码编。键名汉字击四下,基本字根要照搬。一二三末取四码,顺序拆分大优先。不足四码要注意,交叉识别补后边。"[5]

这首助记词,概括了五笔字型拆字取码的五项原则。在其将近三十年大规模的社会实践,其实也是筛选的过程中,五笔字型输入法逐渐成为我们国内目前占据主导地位的汉字输入技术,倘若没有这个助记词,初学者那还真是很困难。

中医学博士用它来制作针灸歌赋。比如,

"手之三阴,从胸走手;手之三阳,从手走头;足之三阳,从头走足;足之三阴,从足走腹。"[6]

这不是张仲景,也不是李时珍,而是现代医师;而对于语言助记的传承却是那么的道地。

上面所举的例子,有四、五言,有七言,有杂言,形式各不相同,但我们发现,助记语言有两个共同的基本特征:

首先是易记性。助记语言在形式上,无论句子多少,总是那么简练,要言不烦,有时甚至还很形象,大多采用诗歌等韵语形式,合辙押韵顺口,易学易记。

其次是专业性。助记语言尽管内容高度概括,可并不是一看就都可以叫人一目了然,有些所包含的内容或者指代的意思,还需要经过专门学习或者

专业训练才能得其要领，学以致用。比如，五笔字型输入法"键名汉字击四下，基本字根要照搬"。字根，就是指二十五个键位，每个键位所标注的不同符号，总共有二百三十四个（1986）。可只要掌握了这首助记词，一经牢牢记住，并在实践中不断加以运用，久而久之，就会成为人们自身素质中的一个基本知识或技能，终生受益。

单单就助记语言学的研究价值而言，也主要体现在三个方面：

一是助记语言需要发展。从上面所举的例子，我们可以知道，助记语言这种形式一直到现在还为人们所喜闻乐见，还为大家所继承和创造；换一句话说，即使是到了更加现代化的信息时代，电脑时代，人们还要求助于古人的大脑，这充分说明助记语言是一门历久弥新、大有可为的学问。我们只有发展这门学问，才能使之更好地适应时代和社会需求，才能成为新时期各行各业，尤其是高科技领域，更为得心应手的助记工具。

二是助记语言需要承传。从目前助记语言发展研究的现状来说，有关助记语言的专业著述，除了医学这一领域，其他领域几乎都是空白。尽管现代人同样也在进行着有意无意的，在个别领域使用和再创造着助记语言，但与传统的助记语言相比，已经远远没有那些经典，那么实用和脍炙人口。这就大大削弱了它的实用性和使用价值，当然也就更谈不上文学性。

三是助记语言需要抢救。由于时代和社会的迅猛发展变革，致使助记语言诸多链条开始中断，即使某一些领域还在传承，但整个助记语言学本身濒临灭绝。而就其某些门类而言，已经开始消亡，比如，珠算学、军事学、宗教学，以及农谚和歇后语等等。把它说得大一些，助记语言同样也是一份很可宝贵的非物质文化遗产。所以，与对待其他传统文化遗产态度一样，对于助记语言的研究，只有结合各个行业部门的工作实际，结合现代化实际，运用辩证唯物主义和历史唯物主义的观点，剔除其糟粕，汲取其精华，不断地进行创新，才能更好地得以开发和利用，才能更好地为我们今天建设有中国特色社会主义事业服务。

二十世纪七十年代，华罗庚还曾到工厂、农村和学校普及优选法；现在高科技手段如此先进，我们只要努力做好上面的三项工作，助记语言学一定会被发扬光大，子子孙孙永葆用享。

本书的编辑体例为学科纵向式，即先以学科分类，再按时序编排。比如，

"辞书学的助记语言"这一章，就是先东汉《说文解字》，后清代《康熙字典》等。章前有"本章要点"，章后有"本章小结"。本书没有采用综合横向式，因为助记语言本质就是属于专业性的。这一编排体例更适用于专业研究、学习和创造。而关于各个历史时期，诸如先秦两汉，唐宋元明清等横向的助记语言状况，都是蕴含于本书各学科之中的，亦不难查阅。

以上是为《助记语言学》导言。

注释：

（1）康熙字典，序；康熙字典，中州古籍出版社，2006

（2）中国历史朝代顺序歌，第四种香港本第三首；百度文库，2012

（3）高明，中国历史王朝兴衰四字歌；李行健，学生规范字典，中国大百科全书出版社，2001

（4）金庸，鹿鼎记，后记；广州出版社，2011

（5）五笔字型输入法；道客巴巴 PDF 文档，2012

（6）李瑞，针灸歌赋速记口袋书；北京科技出版社，2006

参考文献：

王永民，五笔字型标准字典；电子科技出版社，2007

第一章　阴阳学的助记语言：卜筮和相术

本章要点：

　　本章为阴阳学助记语言研究。以《周易》为代表的殷周时期卜筮助记语言的两个主要形式，韵语和物语助记已经初步形成；韵语助记包括复韵和单韵助记，物语助记包括连锁和发散助记。《周易》韵语和物语助记形式对后来各个领域助记语言的创造和发展产生了相当的影响。以《麻衣神相》为代表的宋代相术助记语言的基本体例，"论说歌赋"四合一的形式，也已经走向程式化，成为阴阳学助记语言最终成熟的标志。

第一节　《周易》的助记语言

　　有关《周易》出现的时间，《玉海》引《山海经》说："伏羲得河图，夏人因之，曰《连山》。黄帝得河图，商人因之，曰《归藏》。列山氏得河图，周人因之，曰《周易》。"由此可知，《周易》在西周时期就已经基本定型。若仅以此作为有文字可考的助记语言学史料，那么，也可以这样说，助记语言的历史从西周开始就已经被完整地记录下来，并且一直对后世助记语言的形成和发展产生着深远的影响。

　　《周易》在朝在野流传了三四千年，是所有的文章样式都无法企及的。确定《周易》为现存史料中最早最完整的助记语言，主要是因为《周易》是属于最典型最普及的知识和技能传授的范畴。这也是判别是否为助记语言的重要标准，唯其知识和技能传授，才创造了助记语言，才使用了助记语言。《周易》的助记方式主要是韵语。其实，人们使用韵语助记并非起始于《周易》，而早在殷商时期就已经具有了确切的记载，只不过是这些记载当时远不如《周易》那么普及。比如："癸卯卜，今日雨：其自西来雨？其自东来雨？其自北来雨？其自南来雨？"[1] 这是殷商时期占卜的甲骨文字，也就是卜辞。郭沫若说"一日而问东西南北之方向，至可异。"（同上）这是用来训练的卜辞，否则就不会有这样四面来雨的不大合乎实际的天气变化的预兆。像这样的卜辞，内容简要，形式上有韵律，不能说不是已经很成型的助记语言。这段卜辞使用的是复韵，复韵就是押同一音节相同字的韵。跟复韵相对的是单韵，单韵则是押不同音节不同字的韵。一般说来，复韵是最初的生活助记形式，单韵是后来的文学助记形式。两者代表了助记语言形成和发展的前后两个阶段。简单说，就是复韵出现早，单韵出现晚。这好比幼儿牙牙学语，起初总是喜欢重复一个相同的音节，后来才学会各个音节的分工。助记语言中韵语助记的这个现象，也就是由简单的复韵助记到复杂的单韵助记的过程。这我们在后来的助记语言学史料中也得到了充分的印证。比如，《周易》八卦取象歌："乾卦三连坤六断，震如仰盂艮覆碗。上缺为兑下缺巽，离中虚兮坎中满。"[2]这首七言绝句体的八卦取象歌，语出王用臣《幼学儿歌四百首》，目前还没有见到比这个本子更早的，但可以肯定这是一个后来经过加工的复杂助记形式。而其口耳相传所产生的时代，也就是它的起初简单助记形式，恐怕要比王氏的这个本子更早。而此前在民间相人那里采风得到的同一内容的另一首八卦取象歌，便更加坚定了我们的这个推断。这个歌诀是："乾三连，坤六断；震仰盂，艮覆碗。离中虚，坎中满；兑上缺，巽下断。"这个歌诀，使用的不是七言绝句体，而是原始的三字经形式。王氏的本子，比如，名词"卦"、喻词"如"、动词"为"和语气助词"兮"等，明显带着经过后来文学加工的痕迹。而这个三字经本子，却明显能够看出初创时期的朴质，内容也比王氏的更加简要干练，不拗口，更便于记忆。毫无疑问，这应该是比王氏的本子更为早期的流传。而在河南的安阳，在山东的曲阜，以至于陕西的咸阳等地，卦摊儿上的调查，我们看到的也几乎都是这个形式。这一首八卦取象歌，时至于今仍还有许多人倒背如流。首句入韵，三言八句，跟儿歌差不多，简要形象，把八卦图象简明清楚地烙在人们的记忆里，已经成为助记语言学的经典。可以肯定，王氏的本子，应该就是在这个流传本子的基础之上，为统一全书的编辑体例而加工改编的。在新疆博物馆看唐代所传白居易《卖炭翁》抄本，我们就看到"一车炭重千余斤"，跟现在的"一车炭，千余斤"分明不同的两个本子，而前者恐怕是时人在传抄过程中，为上下文的统一齐整而有意的添加，这是一看便会感知到的。

从无意识助记到有意识助记，即从复韵助记到单韵助记，是助记语言发展的一个必然过程。《周易》出现的时期，正是助记语言形成的初起阶段，因此，在这部著述中，还保留着复韵助记和单韵助记混合使用的两种形态。这既构成了《周易》助记语言的风格特点，同时也反证了《周易》为相对更早时期助记语言著作的这一事实。

一、《周易》经传的韵语助记

《周易》凡六十四卦，从其文章结构而言，每卦都是由经和传两大部分构成的。经就是指本经，传则是指象辞、象辞和文言等。而从其助记语言形式来看，六十四卦的每一部分又都大体相同。下面以六十四卦中的首卦乾卦为例，从经传两部分，讨论整部《周易》助记语言的基本形式及其主要特征。

（一）《周易》本经：复韵和单韵

乾卦的本经很短，就那么八句话，总说一句，分说七句，因此，作为助记语言来说，使用的方式也不像其他各传的那么复杂，只有复韵和单韵两种，以单韵为主。

乾：元亨利贞。初九：潜龙，勿用；九二：见龙在田，利见大人；九三：君子终日乾乾，夕惕若，厉无咎；九四：或跃在渊，无咎；九五：飞龙在天，利见大人；上九：亢龙，有悔；用九：见群龙无首，吉。[3]

从时间上说，乾卦本经比象辞出现的早，其助记语言形式上的特征并不像象辞那么明显。而这样笼统地排列，也就更加难以看出它一些助记语言的影子；但假如把这一段卦词分为两组，一组是卦象，一组是预辞，这样我们就可以得到一个确认，那就是本经为便于传授，分明还是在努力地做着声韵和谐的探索，就是押韵；因为一经押韵，就要比不押韵容易记忆得多，容易巩固得多，便走上助记语言为传授而生成，而发展的轨道了。

第一组是卦象：潜龙，见龙在田，君子终日乾乾；或跃在渊，飞龙在天；亢龙，群龙无首。第二组是预辞：勿用，利见大人；夕惕若，厉无咎，无咎；利见大人。有悔，吉。

我们给它们这样分组，也并非不合乎上古人们占卜活动的逻辑，因为按照一般社会生产、生活的常识，作为普通的人只能知道一些卦象，而只有当时的卜筮者才是连预辞都知道的大师。就跟我们现在的人算卦，只知道自己抽了签儿，至于到底预示着什么他并不知道，还要等待算命先生给出答案，是同样的道理。简单说，就是乾卦本经的卦象跟它的预辞是两套卜筮助记语言系统，而本经跟它后面的彖辞等等又是两套卜筮助记语言系统。

这样一分组，结果就出来了：第一组以"田"（真部）、"乾"（元部），"渊、天"（真部）为韵，也就是韵脚字不同；而作为音节，它们韵母的韵头也未必相同，但主要元音和韵尾一定是相同的。我们叫做单韵。第二组分别以"人、人"，"咎、咎"为韵，也就是韵脚字和音节完全相同，我们叫做复韵。

大家知道，复韵和单韵这两种基本的助记形式，笼统地都可以称为韵语。按照常规的说法，复韵是原始歌谣的一个最初生活样式，后来才发展为单韵的文学样式。复韵和单韵这两种助记方式，在乾卦里交互地使用着，这是《周易》助记语言的基本特征，也是最初最原始助记语言的主要特征，是助记语言发展过程的一种过渡的形态。这种过渡的形态，在其他文章样式中也还同样残存着许多遗迹。比如，《诗经》里的《关雎》《伐檀》《硕鼠》《七月》等等，都是这样复韵和单韵混搭的方式。其中，《关雎》是最有代表性的，比如："关关雎鸠，在河之洲。窈窕淑女，君子好逑。参差荇菜，左右流之。窈窕淑女，寤寐求之。求之不得，寤寐思服。悠哉悠哉，辗转反侧。参差荇菜，左右采之。窈窕淑女，琴瑟友之。参差荇菜，左右芼之。窈窕淑女，钟鼓乐之。"[4]前四句以"鸠、洲、求"（幽部）为单韵，中四句以"之、之"为复韵，下四句以"得、服、侧"（职部）为单韵，最后八句则都是以"之、之、之、之"为复韵了。这还是属于原始生活化的助记形式，而像下面的这一首《采苓》就已经完成了这个过渡，是纯文学化的助记形式："采苓采苓，首阳之巅；采苦采苦，首阳之下；采葑采葑，首阳之东。"[5]如果说，《诗经》曾经过当时所谓文化大师诸如孔子一类专家的加工整理，那么《采苓》便是其中一首很明显地保留着斧凿之痕的作品。复韵已不复存在，只有单韵，已经成为新体诗；而《关雎》则被幸免，依旧是复韵和单韵交互使用的原始歌谣。

《周易》助记语言的这种过渡形态，即单韵和复韵交互使用，在后来的助记语言或者文学语言中逐渐被消失，特别是助记语言，已经完全走上单纯的诸如古体诗或歌诀那样狭窄的助记语言道路上去，只有单韵而无复韵。

（二）《周易》各传：单韵、复韵、句式和修辞

《周易》的各传，包括彖辞、象辞和文言等三部分。这三部分助记语言的形式，除了跟本经相同的复韵和单韵，还有句式、修辞和配合名言警句等多种综合的助记形式，比本经丰富得多。

1. 彖辞

彖辞，一般认为是总括之辞，在乾卦中只有这么一段：

大哉乾元！万物资始，乃统天。云行雨施，品物流形；大明终始，六位时成。时乘六龙，以御天。乾道变化，各正性命；保合太和，乃利贞。首出庶物，万国咸宁。⁽⁶⁾（下同）

这里的彖辞，前三句以"元"（元部）、"天"（真部）为韵，又与下文"天"构成复韵。而以下各句则明显换作以"形、成、命、贞、宁"（耕部）为韵。彖辞的助记方式，跟本经的复韵和单韵交互使用，已经不完全相同。全段以连续的单韵为主，韵律已经相当和谐。这可以说明两个问题，一个是人们更加注意到韵语助记对于知识技能传授的重要，所以开始有意识地对助记语言进行更加韵律化的实用性研究加工；一个是确证了彖辞的出现比本经要晚的事实。但即便是彖辞，按照目前一般研究者的说法，认为它们是战国时代的作品，但读起来语感总还是觉得跟那时战国诸子百家大相径庭，却跟它此前《尚书》的奇特语势十分接近。可以这样说，彖辞未必就不早于战国，甚至有可能也不在春秋和西周，而在殷商，因为它太像《尚书》。这无疑也同样地是把整个《周易》助记语言的历史全部前移。

2. 象辞

象辞，一般认为是佐证之辞，在乾卦中也只这么一段：

天行健，君子以自强不息。潜龙勿用，阳在下也。见龙在田，德施普也。终日乾乾，反复道也。或跃在渊，进无咎也。飞龙在天，大人造也。亢龙有悔，盈不可久也。用九，天德不可为首也。

上面说过，《周易》的主要助记形式是韵语，这个助记形式，贯穿它的全部经传。但为了调剂助记形式的枯燥，各传每个部分的助记形式又都各不尽相同。象辞的主要助记形式是以句式辅助韵语，即以"……也"句式煞尾，形成复韵；各句中间"也"字的前一字又形成单韵。第一句"天行健，君子以自强不息"为总说，以下为分说。这是《周易》六十四卦说解在结构上的一个共同特点。总说是要点，且只有一句，提纲挈领，不难于记忆。分说就要一句一句地来，以七个表示判断的"也"字句式加以强调，这是传统的诠释助记方法，也就是广义上的复韵。而在这七个句子中，根据内容的需要，能够做到押韵的就尽最大可能押韵，比如，"下、普"（鱼部）；"道、咎、造"（幽部），与下文"首"（幽部）又交互押韵，我们叫交韵。"悔、久"（之部），又与前文第二句"息"（职部），形成首尾押韵，我们叫做遥韵。

3. 文言

文言是对象辞的进一步说明，分为总说和分说两部分，其助记语言根据内容的不同，使用的方式也不完全一样。大致可以分为单韵、复韵、句式和简单的修辞几种。

（1）总说

文言的总说，就是对乾卦"元亨利贞"的诠释。总体使用了诠释的助记方式。

元者，善之长也；亨者，嘉之会也；利者，义之和也；贞者，事之干也。君子体仁足以长人；嘉会足以合礼；利物足以和义；贞固足以干事。君子行此四德者，故曰："乾，元亨利贞。"

总说，为的是不与象辞的助记方式重复，其使用了四个完整的表示判断的"……者……也"句式。在古代汉语里，这种比纯粹的"也"字式多了一个表示提顿"者"字的句式，其作用就是更能够容易引起人们的有意记忆。这四个句子，既说明了乾卦的核心思想"长、会、和、干"，即是君子四德；同时又有领起的作用，也就是更便于以下四句分承以上四句深入具体解释这些问题。而这些承上的句子又以"和、义"（歌部）为韵，从而使这段文言形成上为复韵、下为单韵的助记形式。然后再用"故曰"与开头进行因果照应，达到反复强调本经"乾，元亨利贞"的目的。因果推论是《周易》全卦的一个基本思想，这是从内容上说的；而从文章形式看，使用前后因果照应，则更能够突出助记语言的完整性。这一节在助记方式上调动了判断句式，复韵、单韵，以及修辞中反复、排比以及联想等多种手段，与单纯古体诗式的助记方式相比较，其效果自然显得更加活泼和开放，较好地体现了助记语言初始阶段，人们对于有效记忆方法多种渠道的探索和实验。

（2）分说

文言分说的这部分，总体使用了设问和引用的修辞助记方式，而为了避免助记语言形式的呆板，各个主要段落之间，穿插了不完全相同的助记形式。分说又是以两部分展开的，即说卦和发微。

① 说卦。从初九到上九共六段，下面逐段分析其助记语言的使用情况。

初九曰："潜龙勿用"，何谓也？子曰："龙德而隐者也。不易乎世，不成乎名；遁世无闷，不见是而无闷；乐则行之，忧则违之；确乎其不可拔，潜龙也。"

这是对初九的分说。分说就是一个卦一个卦的说明。第一句以设问的方式提出初九卦的问题"潜龙勿用"；第二句引用孔子的话进行具体的分析。以下各卦的分说都是这样的形式。设问有使人警觉的作用，引用则使人感觉立论充分而可信。这些都是《周易》常见的助记形式。显然，孔子的话也是受到了《周易》各传助记语言的影响，除了首句总说"潜龙勿用"为"龙德而隐者也"的意思之外，其他各句都很注意韵律的使用，比如，单韵有"用"（东部）、"名"（耕部）、"龙"（东部），复韵有"闷""之"等。

九二曰："见龙在田，利见大人。"何谓也？ 子曰："龙德而正中者也。庸言之信，庸行之谨，闲邪存其诚。善世而不伐，德博而化。易曰：'见龙在田，利见大人。'君德也。"

九二卦的解说，似乎更注重对于君德，即所谓中庸的"言"与"行"两个要素的强调，所以，并不顾及全段的韵律和谐，这样反而显得要点突出，紧凑精辟。因此，所使用的都是相邻韵部押韵的方式。比如， 先是以"信"（真部）、"谨"（文部）为韵，接着是以"伐"（月部）、"化"（歌部）为韵，也是相邻的韵部。但总体上看，有转有合，运用得很自如。九二卦文言，除了引用孔子，还引用了《周易》本经。

九三曰："君子终日乾乾，夕惕若，厉无咎。"何谓也？子曰："君子进德修业。忠信，所以进德也。修辞立其诚，所以居业也。知至至之，可与言几也。知终终之，可与存义也。是故，居上位而不骄，在下位而不忧。故乾乾，因其时而惕，虽危而无咎矣。"

这一卦虽然也是有重点的进行说解，而押韵上却照顾到全段，因为这是一个比较长的段，不押韵是不好记忆的。复韵有"业""咎"，单韵有"骄"（宵部）、"忧、咎"（幽部）等。两个"知"字句，还成为了名言，即"知至至之"，"知终终之"。名言警句跟其他助记形式相比，是更为简练深刻的助记形式。

九四："或跃在渊，无咎。"何谓也？子曰："上下无常，非为邪也。进退无恒，非离群也。君子进德修业，欲及时也。故无咎。"

这是九四卦。所使用的是传统的诠释助记方法，但由于在散句里很自然地融入了像"上下""进退"这样的整句，以对比的方式既强化了九三卦主旨"无咎"，也弥补了无韵助记的不足。

九五曰："飞龙在天，利见大人。"何谓也？子曰："同声相应，同气相求；水流湿，火就燥；云从龙，风从虎；圣人作而万物睹；本乎天者亲上，本乎地者亲下，则各从其类也。"

九五卦在修辞上用"声气"、"水火"、"云风"三组比喻和"天地"一组对比，很形象透辟地说明"各从其类"的道理；在句式上首次尝试使用像三字经那样更加便于记忆的句子，"水流湿，火就燥；云从龙，风从虎"，而且尽量联系上文顾及韵律，比如，单韵有"求"（幽部）、"燥"（宵部）"虎、睹、下"（鱼部）等。最完整的三字经韵语助记形式，这里应该是最早的记录。

上九曰："亢龙有悔。"何谓也？子曰："贵而无位，高而无民，贤人在下而无辅，是以动而有悔也。"

上九，以三无"无位、无民、无辅"，对应"高、贵、贤人在下"说明"动而有悔也"。这就比较容易记忆了。

② 发微。大致由九段构成，下面我们也逐段进行关于助记的说解。

潜龙勿用，下也。见龙在田，时舍也。终日乾乾，行事也。或跃在渊，自试也。飞龙在天，上治也。亢龙有悔，穷之灾也。乾元用九，天下治也。

这一段六个卦都分别地说到了，还说明了为什么"用九"。整体为复韵助记形式"也"；单韵为"也"字前一字形成的隔句韵，有"下、舍"（鱼部）、"事"（之部）、"试"（职部）、"治、灾、治"（之部）等。

潜龙勿用，阳气潜藏。见龙在田，天下文明。终日乾乾，与时偕行。或跃在渊，乾道乃革。飞龙在天，乃位乎天德。亢龙有悔，与时偕极。乾元用九，乃见天则。

这一段也是重复着分说上面各个卦的意思，韵律却逐渐地讲究起来，字句也趋于规整，我们把这个叫做整句。读出的感觉也有诗意了，可以说是渐入佳境。从文言整体看，也有调节助记方式单调乏味的用意。七句都是用的单韵，前三句以"藏、明、行"（阳部）为韵，后四句以"革、德、极、则"（职部）为韵。

乾元者，始而亨者也。利贞者，性情也。乾始能以美利利天下，不言所利。大矣哉！

分说之后还是回到总说，以表明"乾始"的"大矣哉"！其主旨是性情，下面的所有陈述都是依据它展开。因这个段落属于领起，比较简短，除了以判断句式助记，没有涉及韵律。

大哉乾乎？刚健中正，纯粹精也。六爻发挥，旁通情也。时乘六龙，以御天也。云行雨施，天下平也。君子以成德为行，日可见之行也。潜之为言也，隐而未见，行而未成，是以君子弗用也。君子学以聚之，问以辩之，宽以居之，仁以行之。易曰："见龙在田，利见大人"，君德也。

这是在继续深入阐发"君子以成德为行，日可见之行也"的道理。以"大哉乾乎"一句设问，整体上以"也"字句式作解释。"也"前一字，从前至后开始用韵，首先以"正、精、情"（耕部）、"天"（真部）、"平"（耕部），"行"（阳部）、"言、见"（元部），"成"（耕部）、"用"（东部）形成同部韵和邻部韵，这是单韵；论述"君德"的"学、问、宽、仁"四句，又以"之"形成复韵。最后引用《周易》本经作结，这是以修辞助记。

九三，重刚而不中，上不在天，下不在田。故乾乾，因其时而惕，虽危无咎矣。

这段是重点指出九三卦的要旨，用"乾"（元部）接"天、田"（真部）的韵，显得有所联系而不至于间断。

九四，重刚而不中，上不在天，下不在田，中不在人，故或之。或之者，疑之也，故无咎。

这段是重点指出九四卦的要旨，因增加了"中不在人"，使上中下三界圆满，以便于整体联想；加之以"故"提示结论，以"或之"顶针，简洁连贯，更便于记忆时一气呵成。

夫大人者，与天地合其德，与日月合其明，与四时合其序，与鬼神合其吉凶。先天而天弗违，后天而奉天时。天且弗违，而况于人乎？况于鬼神乎？亢之为言也，知进而不知退，知存而不知亡，知得而不知丧。其唯圣人乎？知进退存亡，而不失其正者，其为圣人乎？

文言最后说明"知进退存亡，而不失其正者，其为圣人"的道理。开始四句，是有名的圣人"四合"，即"德、明、序、吉凶"；以"明"（阳部）、"凶"（东部）为韵，后面转而以"退"（物部）接前面的"违"（微部）为韵，这可以叫做转接韵或过渡韵，属于遥韵。这些还都是相邻的韵部，用韵是比较宽松的。

而接续"亡、丧"（阳部）的同部韵，则使得声律响亮，有了重点突出的意味。这些都是单韵。末了以"人"回照开头的"人"，这是复韵，同时也还是遥韵。这是那时助记语言初起时期的一个基本特征，跟我们后来写文章结尾有意照应开头，以提示读者体味文章中心思想的意思差不多。而修辞上，排比、对比和反问的综合使用，则增加了论说语言游刃有余的文学之美，也凸显了助记语言语势的铿锵。《周易》彖辞、象辞和文言等的助记语言，由本经的较为单一、残缺，而逐渐发展到各传的较为全面、较为成熟和完美，也旁证了《周易》各传的出现晚于本经的事实。

二、《周易》经传的物语助记

上面说过，《周易》的助记语言，其主要形式为复韵和单韵交互使用的韵语助记，韵语助记贯穿《周易》六十四卦的始终。除了韵语助记，《周易》经传各卦中还羼杂了大量的另外一种助记形式，那就是知识性和哲理性交织呈现的物语助记。韵语助记和物语助记构成了《周易》助记语言的两大基本特征。

我们知道，《周易》基本的思维方式是取象比类。取象就是意象，比类就是推理，以意象推理。即以所选取的意象通过联想或者想象，进行或吉或凶或吝，吝就是暂缓等的判断，从而达到预知行为结果的目的。《周易》六十四卦的意象包括人事与物象，这些意象主观上虽然为卜筮所设计，而客观上却起到了形象助记的作用。这就是物语助记。

物语助记跟韵语助记是两种截然不同的助记形式，其主要区别是，韵语助记是从音韵的视角切入，自然形成记忆；而物语助记则是从物象的视角展开，有意强化记忆。前者是记住了音韵就记住了事物，后者是记住了物象就记住了道理。物语助记其实比"上古结绳而治"的助记方式还要早。人们有了需要记忆的事情，就在绳子上打个结，其实，这已经不是在记忆绳子，而是在记忆别的事物，这已经是从形象助记开始向抽象助记进行过渡。广义的物语助记，实际上应该包括更早的实物助记。远古的人们，那时无绳，也无书契，他们要在拿着竹矛和石块狩猎出发之前，把归来必要做的事情，比如，剥开兽皮的石斧，烤制兽肉的火种等事先准备出来，放置在洞中；或者即使不放置在洞中，也要看它一眼在什么地方，以做出提示性的标记，以免误事。

这种实物助记的方式，即使在今天现代人生活的节奏里，也还时时发生。比如，人们要出去看朋友，归来还有更急要的事情得办，还需要打一桶豆油，那他就会把那个油桶放置在最轻易就能够看到的地方。而你下午要为上级报送一个文件，你就可能会在早上上班时，把那个文件拿出来放置在办公桌上。这种实物助记的方式，恐怕在未来相当长久的时期内还会被人们所使用。相反，而你在手上写上"豆油"或者"文件"两个字，那就是物语助记。远古时候没有文字，那时的摩崖壁画，或者陶器上的彩绘和刻画等，应该就是属于这一种助记的形式了。

韵语助记属于抽象助记，物语助记则属于形象助记。概括地说，物语助记就是人们以生产和生活中常见的事物为载体，以表达某种知识、技能或者某种哲理的一种助记形式。《周易》的物语助记形式，在本经和各传两大部分都有大量的记载，从而形成了《周易》助记语言的另一特质。世代能够全本承传《周易》经传的，无论在朝在野，可以说无计其算。这除了韵语助记，物语助记也发挥了很大的作用。《周易》的物语助记形式，一直影响着后世各个时期、各个领域助记语言的创造，直到现在，在许多需要传授知识或者技能的领域，人们还在创造性使用着这种助记方式。这在本书的后几章，我们还有一些举证的论述。

（一）《周易》本经：龙马意象

龙马这两个意象，起源很早，历代相沿。"天用莫如龙，地用莫如马。故《礼》称骊骥，《诗》诵骠骆。"[7] 作为《周易》总纲的前两卦，乾坤两卦，首先为卜筮者设定的就是龙马的意象。龙的意象使用的是连锁性助记，马的意象则使用的是发散性助记。这两大助记又构成了《周易》物语助记的主要形式。下面举乾坤两卦的例子，说明物语助记的连锁性和发散性这两种助记方式的基本特征。

1. 乾卦：连锁助记

潜龙，见龙在田，或跃在渊，飞龙在天，亢龙，见群龙无首。

这是乾卦本经对于龙这个意象的排列顺序。龙为何物，这一直是一个很古老的话题。《周易》所描绘的龙，是一个能够时而潜水，时而在田，时而飞天的三栖者形象。比如，潜龙 —— 见龙在田 —— 或跃在渊 —— 飞龙在天。而且这个形象有时还很亢奋，还很群团，比如，亢龙 —— 见群龙无首。

　　要熟悉各卦，知晓各爻，首先必须记住乾卦，参透乾卦，而乾卦开篇给予人们的意象，也就是卦象，就是这样十分形象而生动的龙。而这个龙的形象，静态为潜藏，动态为在田在渊在天。其静动有序、张弛有节、节奏连贯的形象，无疑又为学习这门学问，掌握其要领，以及为本卦以下各卦各爻的说解，打下了特别直观顺势而记忆的基础。我们把乾卦用以描述卦象的物语助记方式，叫做初阶助记。而卦象后面那些解说或者判断卦象的预辞，即非物语助记形式，在记忆中，就自然顺理成章地呼之欲出。比如，潜龙——勿用。见龙在田——利见大人。或跃在渊——无咎。飞龙在天——利见大人。亢龙——有悔。见群龙无首——吉。

　　我们把后面这些由初阶助记发展而来的连贯助记，叫做中阶或高阶助记。简单地说，初阶助记就是卦象，中高阶助记就是预辞。由初阶到中高阶的助记方式，也就是逐级联想的助记方式，我们叫做连锁性助记。这是具体就《周易》乾卦一卦的考查，而对《周易》乾卦以下的上经下经各卦全体考查，也同样发现，六十四卦大都采取了这样一个相对统一的连锁性助记形式，从而形成了《周易》全书一个由初阶到中高阶相对比较完备的连锁性物语助记系统。

2. 坤卦：发散助记

　　牝马，履霜坚冰至，括囊，黄裳；龙战于野，其血玄黄。[8]

　　这是坤卦为牝马设置的生活场景。龙是天之物象，是自强不息的象征；牝马是地之物象，是厚德载物的比况。《周易》在乾卦中，对于所选取物象龙的形态，是依照龙自身的行为进行描述的，其物象行为变化的连锁性成为这一卦助记的主要形式。而坤卦对于所选取物象马的形态，则是根据牝马生活的环境、动作以及所关联的事物进行展开的，其物象行为变化的发散性则成为这一卦助记的主要特征。比如：

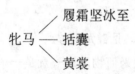

　　象辞解释说，履霜坚冰，阴始凝也。驯致其道，至坚冰也。一匹母马踏着霜凌，披挂着黄裳，负载着囊驮，行至于坚冰到来的河面，翘首以待。此时是需要做好跨越的准备，是需要把囊驮扎紧的，这就是括囊。象辞说，括

囊无咎，慎不害也。坤卦物语所描绘的牝马，由形到神，无不酷似得就如一幅画。作为物语助记形式，其发散性助记，主要表现为，以牝马为中心点，向履霜坚冰至、括囊、黄裳等不同相关散点进行辐射。这里要说明的是，这不是连锁性的，不是一条直线性的，因为牝马尚未过河，是在徘徊，而徘徊犹疑正是被占卜者的心态。从理论上说，坤卦的发散式助记跟乾卦连锁式助记由一个起点以直线形向前延伸不同，发散式助记没有初中高阶之分，发散式助记是由圆点向外呈扇形散射，从而形成它物语助记的放射性特征。这里，我们也同样是对坤卦一卦而言，而对《周易》上经下经全体经传的考查，发现六十四卦也同样存在这样一个发散性的物语助记系统。所以说，连锁助记和发散助记的物语助记，是构成《周易》韵语助记之外，另一个更为主要的助记形式。

而在坤卦这一卦后头，又再次出现"龙战于野，其血玄黄"，这显然是为了照应乾卦"见群龙无首"这个意象的，是龙马意象的叠加，同时也是对这两种助记方式照应性的提示，以保持助记形式相对的完整性，从而达到深化记忆的效果。

（二）《周易》各传：万物意象

《周易》的物语助记，除了上面所谓作为领起的乾坤两卦，以龙马为根本物象，象征天地，驾驭全卦；其他的六十二卦，则以世间万物演绎各卦各爻。化巨大为细小，化象征为具体，使传习者能够从身边的事物出发，联想世间万事万物，感知人生哲理。其直观性和故事性，成为《周易》其他六十二卦物语助记的基本特征。下面仍从连锁助记和发散助记两方面对此进行归类和讨论。

1. 连锁助记例表

卦序	卦名	连锁物象	卦义
4	蒙	发蒙，包蒙，困蒙，童蒙，击蒙	蒙昧
5	需	需于郊，需于沙，需于泥，需于血，需于酒食	期待
13	同人	同人于野，同人于门，同人于宗，同人于郊	集结
15	谦	鸣谦，劳谦，㧑谦	美德
16	豫	鸣豫，盱豫，由豫	喜悦
19	临	咸临，甘临，至临，知临，敦临	临下

23	剥	剥床以足，剥床以辨，剥床以肤	侵蚀
27	颐	观颐，颠颐，丘颐，拂颐，由颐	口养
28	大过	枯杨生稊，枯杨生华	过度
30	离	突如其来如，焚如，死如，弃如	附着
31	咸	咸其拇，咸其腓，咸其股，咸其脢，咸其辅	感应
33	遯	系遯，好遯，嘉遯，肥遯	退避
35	晋	晋如，摧如，愁如	前进
39	蹇	往蹇来反，往蹇来连，往蹇来硕	困难
43	夬	壮于前趾，壮于頄	决裂
47	困	困于株木，困于酒食，困于石，困于赤绂，困于葛藟	穷困
48	井	井泥，井谷，井渫，井甃，井冽，井收	用贤
51	震	震苏苏，震遂泥，震索索	劝诫
52	艮	艮其背，艮其趾，艮其腓，艮其限，艮其身，艮其辅	停止
53	渐	鸿渐于干，鸿渐于磐，鸿渐于陆，鸿渐于木，鸿渐于陵，鸿渐于逵	渐进
55	丰	丰其蔀，丰其沛，丰其屋	盛大
58	兑	和兑，孚兑，来兑，商兑，引兑	取悦
59	涣	涣奔其机，涣其躬，涣其群；涣汗其大号。涣其血	涣散
60	节	安节，甘节，苦节	节制

（四书五经，周易卷一、卷二；中国书店，1984）

　　在六十四卦连锁助记例中，就单卦而言，其连锁物象至少是两三个，有的还多达六七个。比如，四十八井卦：井泥，就是井底的泥沙；井谷，就是井水的出口；井渫，就是淘井；井甃，就是井壁；井冽，是使井水大量涌出；井收，就是汲水。这一卦实际是在讨论贤者在位，当像治井那样为民效力。一连串的关于井的物象，使得这一抽象事理便像说故事一样，在十分形象的强化记忆中，被传习者理解、接受，乃至被感召而变为实际行动。

2. 发散助记例表

卦序	卦名	发散物象	卦义
3	屯	屯如邅如，乘马班如。既鹿无虞，惟入于林中	艰难
9	小畜	密云不雨，自我西郊。舆说辐	阻碍
10	履	履虎尾，不咥人；素履，履道坦坦；眇能视，跛能履，履虎尾，咥人；夬履	履行

11	泰	拔茅茹，以其彙；包荒，用冯河，不遐遗；无平不陂，无往不复；帝乙归妹；城复于隍	亨通
22	贲	山下有火，贲；贲其趾，舍车而徒。贲其须。贲如，濡如；贲如，皤如，白马翰如。匪寇婚媾。贲于丘园，束帛戋戋；白贲	装饰
38	睽	睽孤，见豕负涂，载鬼一车，先张之弧，后说之弧。匪寇婚媾，往遇雨	乖异
40	解	田获三狐，得黄矢；负且乘，致寇至；公用射隼于高墉之上，获之	解除
49	革	大人虎变，君子豹变，小人革面	变革
50	鼎	鼎颠趾，鼎有实，鼎耳革，鼎折足，鼎黄耳金铉，鼎玉铉	养贤
54	归妹	归妹以娣，跛能履，眇能视。归妹以须，反归以娣。归妹愆期，迟归有时。帝乙归妹，其君之袂，不如其娣之袂良，月几望。女承筐无实，士刲羊无血	婚嫁
56	旅	射雉一矢亡，鸟焚其巢	不安
61	中孚	鸣鹤在阴，其子和之；我有好爵，吾与尔靡之	诚信
62	小过	过其祖，遇其妣；不及其君，遇其臣；密云不雨，自我西郊，公弋取彼在穴	小过
64	未济	小狐汔济，濡其尾，濡其首	未完

（四书五经，周易卷一、卷二；中国书店，1984）

　　而其发散助记的这一类，比起来连锁助记那一类就更加具有画面感和情境感，自然就更加易记易诵。比如，"五十四归妹：归妹以娣，跛能履，眇能视。归妹以须，反归以娣。归妹愆期，迟归有时。帝乙归妹，其君之袂，不如其娣之袂良，月几望。女承筐无实，士刲羊无血。"[9]姊妹一同出嫁，姊姊为主，妹妹做妾。做妾的卑微像跛脚却能行走，像眼瞎却能看见。后来又一同被休遣。出嫁时超过了婚龄，迟迟不嫁的原因是有所期待。而帝乙把女儿下嫁周文王，妹妹的嫁妆比姐姐的还要亮丽。婚期选在将近满月的时候。新娘捧着祭品的筐，但筐里没有实物。新郎宰羊，羊没有出血。承筐，后来就借以指代女子出嫁欢迎宾客了。

　　那么，这一卦讲的是什么道理呢？婚姻须合天地纲常伦理，即习俗，就是那时的姊妹共夫制。而这个事理是以两个故事呈现的，一个归妹以娣，一个是帝乙归妹。从物语助记的视角而言，就是以两个中心，辐射各自不同的助记点，形成发散性助记。

在编辑这两个例表的时候，是遵循了这样的一个原则的，即无论连锁助记，还是发散助记，举例时都尽量经传分列，而对于经进行解说的传，倘若与经的某种助记方式又十分连贯的，就兼而取之，因为传对于经来说，本身就是诠释性的助记。

《周易》为六经之首。《周易》助记语言的两大特征，韵语助记和物语助记，在那时纸笔传媒还十分闭塞的情形之下，作为一种比较实用的助记方式，以其易记易诵的优长，深深影响了当时和后来文章风格的形成，这在本书的后几章我们都会见到。易记易诵，不仅被文章家看好，而且能记能诵者，也一时成为热捧。比如，《汉书》说东方朔特别能记能诵，因此还做了官。"武帝初即位，征天下举方正贤良文学材力之士，待以不次之位，四方士多上书言得失，自衒鬻者以千数，其不足采者辄报闻罢。朔初来，上书曰：'臣朔少失父母，长养兄嫂。年十三学书，三冬文史足用。十五学击剑。十六学《诗》《书》，诵二十二万言。十九学孙吴兵法，战阵之具，钲鼓之教，亦诵二十二万言。凡臣朔固已诵四十四万言。又常服子路之言。臣朔年二十二，长九尺三寸，目若悬珠，齿若编贝，勇若孟贲，捷若庆忌，廉若鲍叔，信若尾生。若此，可以为天子大臣矣。臣朔昧死再拜以闻。'"[10] 像东方朔这样一个人能够记诵四十四万言的人，还自以为赶不上子路；而此前比子路尤为著称的，尚有诸如左丘明一类众多的"瞽能诵者"。看来，这个在那时能记能诵的现象，是一个十分普遍的现象。这可以反证，那时的文章样式是多么地注重使用助记语言，易记易诵；否则，能记能诵，就只能成为一句空谈。

注释：

（1）郭沫若全集，卜辞通纂，P78；科学出版社，1982

（2）王用臣，幼学启蒙儿歌四百首；希望出版社，1993

（3）四书五经，周易卷一；中国书店，1984

（4）四书五经，诗经卷一；中国书店，1984

（5）四书五经，诗经卷三；中国书店，1984

（6）四书五经，周易卷一；中国书店，1984

（7）梁书二，张率传；中华书局，1973

（8）四书五经，周易卷一；中国书店，1984

（9）四书五经，周易卷二；中国书店，1984

（10）汉书九，东方朔传；中华书局，1962

第二节 《麻衣神相》的助记语言

《麻衣神相》署名麻衣道者，为北宋李和（生卒不详）所撰。李和是陈抟的老师。《麻衣神相》是陈抟以注释说解的方式流传下来的。陈抟（公元871-989年），字图南，号扶摇子，赐号希夷先生。四川安岳人，一说河南鹿邑。著有《太极图》《阴真君还丹歌注》《人伦风鉴》。《宋史》有《陈抟传》。

《麻衣神相》的大量刊印，大约在元末明初之际。《麻衣神相》是一部以歌诀形式，对人体相貌进行系统概括的相术著述，也是一部最基础的相术工具书。

从文王拘而演《周易》至于今日，大约有三千多年，纵横将近二十个朝代。由此派生和繁衍出来的各种阴阳学说比肩接踵，而自宋代以降乃至清末民初又做到了登峰造极。据凉州太守杨秋帆《清明上河图》题卷所说，《清明上河图》人物众多，诸如三教九流、医卜星象、士农工商、江湖奇士、僧道之属，一时成为社会民生的主流。阴阳学说就是在这样一个纷纭复杂的社会形态中逐渐发展和繁荣起来的。其中，最为著名的相学，不仅流派众多，而且著述芜杂。比如，江湖派就有麻衣道者、袁柳庄、陈钊、陈希夷等；学士派有刘劭、管略、司马光、邵祖平，甚至曾国藩、袁树珊、韦千里等。其著述也汗牛充栋，除了《麻衣神相》，还有《柳庄神相》《神相全编》《鬼谷相法》《相理衡真》《平原相法》《太清神鉴》等，不一而足。

而在相学界影响巨大的主要是《麻衣神相》，可列相学之首，一直达到家喻户晓的程度。宋元明以来，正是以《麻衣神相》为代表的阴阳学，在坚持发展他们自身学说的同时，也发展了这个领域里的助记语言。

从严格的意义上说，《麻衣神相》以前的助记语言著述，大多还带有自发的性质，比如，《周易》《孙子兵法》《黄帝内经》，乃至《金刚经》等；

换句话说，这些作品基于助记语言发展的初起时期，还只是仅仅停留在语感尝试、有意无意进行助记的阶段。因此，无论骈散，只能尽最大可能地做到简短精要、上口易记。所以，就通篇作品而言，势必还显得十分驳杂。诸如，各种助记方法交错使用，句子形式参差不齐，韵律也不严格，还没有比较明显地体现出助记语言自身的规律，章法体例还没有形成，这些问题，都需要进一步探究，并加以解决。

一、《麻衣神相》的助记体例：论说歌赋

先秦以后，经过漫长时光的演进，而到宋代《麻衣神相》的时候，作为阴阳学助记语言的体例，才真正形成，才具有了自觉的性质。《麻衣神相》的主要体例为"论说歌赋"。论说歌赋作为文体，早在唐宋以前就已经具有各种成型的模本，但它们还是各自为体，还没有被综合起来加以运用，直至《麻衣神相》这时才把它们有机地融为一体了。

（一）开宗明义：尽与后人容易记

相学是不是一种迷信的学问，这在大家看来无论是见仁见智，总归还是清楚明白。《麻衣神相》本着"相法百家归一理，文字泛多难以撰；删出诸家奥妙歌，尽与后人容易记"[1]的编纂宗旨，五卷通篇完全按照论说歌赋的体例，即以韵语或口诀的方式，对历史上流传下来的各种版本进行重新定义和解说。就口诀而言，最短的为四言、五言绝句式，大部分为古体形式，最长的接近于千言。除了有些歌诀由于内容所限无法调整韵律外，绝大多数既有韵味又比较上口，而且概括得也相当全面，可以说是基本上达到了"尽与后人容易记"的设计目的。这对于从事相术的人来说，无疑是为他们提供了这样一个既便当、系统而又全面、完备的理想工具书。反过来说，《麻衣神相》不仅为相学本身的深入普及营造了社会氛围，同时也为助记语言向着更加广泛的社会领域扩展开辟了道路。

"尽与后人容易记"，在助记语言学史上，这也是目前我们发现的，在《黄帝内经》之后，较早有意识地把助记语言公然用诸于某一学科领域的明确提法。换句话说，也就是《麻衣神相》首次界定了助记语言的功能与性质。从助记语言学史的视角看，这个意义远比具体说解相学的某一部位，要更具有史料价值。

（二）助记体例：论说歌赋

《麻衣神相》共分五卷，卷一部位图为总说，包括十三部位、流年运气、六府三才、五星六曜和五行象说等；卷二局部图为分说，主要有相眉、相目、相鼻和相口几大类；卷三局部图也是分说，着重分析各种手相及达摩祖师相诀秘传；卷四则介绍《麻衣神相》的来历和各种相人之术；卷五为麻衣先生的金锁赋、银匙歌和论上中下三停吉气凶气等。

《麻衣神相》五卷内容分别以总论、分说、歌诀和赋，为其主要表达形式，从而形成了相术助记语言四位一体的基本体例。《麻衣神相》之所以选择论说歌赋作为其基本体例，主要还是因为论说歌赋它们有一个共同的特点，那就是笼统地都可称为韵语，都有以韵律助记的作用。从写作表达的角度而言，论说便于展开，比如，《五官总论》《论面》和《相目》；赋便于深化，比如，《麻衣先生石室神异赋》；歌更便于普及，比如，《银匙歌》《女人歌》等。其中尤其以歌诀为最有益于记忆，这是真正意义上的助记语言。因此，《麻衣神相》论说歌赋体例中更多的还是使用了歌诀。

《麻衣神相》成书之后，立即风靡一时。宋代以后的各种相书，也都大多受到《麻衣神相》的影响，甚至目前图书市场充斥的各种相书，包括港台的一些相书，实际上都是在《麻衣神相》基础上揉合了一些现时的内容编纂而成。由于《麻衣神相》的普遍传播，其助记体例论说歌赋也逐渐为后来所采用，甚至由元金明几代一直保持到清末民初以至于今。作为助记语言的基本体例，论说歌赋，歌赋的名目没有太大的变化，只是论说这部分，有的总论或者叫总括或者通论，有的分说叫各论等。比如，清代吴谦的《医宗金鉴》，现代版的《针灸学》中的灸法总论、灸法各论、禁针穴歌和金针赋等等。

本章将选择《麻衣神相》其中具有代表性的歌诀，对其助记语言现象作以概要的分析，以揭示这一领域在助记语言使用方面的主要特征和基本规律。

二、《麻衣神相》的助记语言：杂言歌诀

《麻衣神相》的助记语言，主要形式为杂言歌诀的四言、五言、七言古体，还有赋体。我们也将按照论说歌赋的四个基本体例展开讨论。

（一）总论

《麻衣神相》的总论，选取其六首韵语助记歌诀，依次为：《十三部位总图歌》《流年运气部位歌》《运气口诀》《识限歌》《金锁赋》《银匙歌》。

1. 十三部位总图歌

《十三部位总图歌》[2]（下同）是相面的总纲，要想熟知此法，必须首先熟知此纲。十三部位就是人面部自上而下的一个个分区，总图就是这十三部位及其名称的图谱。这跟针灸的穴位图谱一样，要相面，不知道面相的各个部位是不行的，所以，《麻衣神相》开篇就是这个《十三部位总图歌》。《十三部位总图歌》每部位用四句韵语概括，随文换韵；共计五十二句，三百六十四字。原文配有图谱，本书因为排版的关系没有节录。下面按照部位做具体分析：

第一天中对天岳，左厢内府相随续。高广尺阳武库同，军门辅角边地足。

与天中大略平行的有，天岳、左右厢、内府、高广、尺阳、武库、军门、辅角、边地。以衬句"相随续"承上启下，以衬字"足"收尾。押韵：岳、续、足。

第二天庭连日角，龙角天府房心墓。上墓四煞战堂连，驿马吊庭分善恶。

与天庭大略平行的有，日角（右为月角）、龙角（右为虎角）、天府、房心、父墓、上墓（天墓）、四煞、战堂、驿马、吊庭。以"墓"代称"父墓"，以衬字"连"承上，以衬句"分善恶"补足字数，同时说明驿马与吊庭的区别。押韵：角、墓、恶。

第三司空额角前，上卿少府更相连。交友道中交额好，重眉山林看圣贤。

与司空大略平行的有，额角、上卿、少府、交友、道中、交额、重眉、山林、圣贤。以衬字"前"和"相连"说明司空和上卿、少府的位置；以衬字"好"既补足音节，又点明"交额"的善相；以衬字"看"联系重眉、山林和圣贤三个面相。换韵，押韵：前、连、贤。

第四中正额角头，虎眉牛角辅骨游。玄角斧戟及华盖，福堂彩霞郊外求。

与中正大略平行的有，额角、虎角、牛角、辅骨、玄角、斧戟（画戟）、华盖、福堂、彩霞、郊外。以衬字"头、游、及、求"连接前后部位。换韵，押韵：头、游、求。

第五印堂交锁里，左目蚕室林中起。酒樽精舍对嫔门，劫路苍路青路尾。

与印堂大略平行的有，交锁、左目、蚕室、林中、酒樽、精舍、嫔门、劫路、苍路、青路。以衬字"里、起、对、尾"指明各个部位。换韵，押韵：里、起、尾。

　　第六山根对太阳，中阳少阳及外阳。鱼尾奸门神光接，仓井天门玄武藏。

　　与山根大略平行的有，太阳、中阳、少阳、外阳、鱼尾、奸门、神光、天仓、天井、天门、玄武。以衬字"对、及、接、藏"连接各部位。换韵，押韵：阳、阳、藏; 其中用了一个复韵，这种情况在唐宋以后的助记语言作品中不是太多，因为受当时格律的影响，绝大多数都在尽量使用单韵。

　　第七年上夫座参，长男中男及少男。金柜禁房并贼盗，游军书上玉堂庵。

　　与年上大略平行的有，夫座（右为妻座）、长男、中男、少男、金柜、禁房、贼盗、游军、书上、玉堂。以衬字"参、并、庵"点明各部位。换韵，押韵：参、男、庵。

　　第八寿上甲柜依，归来堂上正面时。姑姨姊妹好兄弟，外甥命门学堂基。

　　与寿上大略平行的有，甲柜、归来、堂上、正面、姑姨、姊妹、兄弟、外甥、学堂、命门。除了后两位都是原来的顺序，只是为形象和韵律把"学堂"和"命门"调换了一下位置。换韵，押韵：依、时、基。以衬字"依、时、好、基"形象地把各部位连接起来。这在《十三部位总图歌》里是第一次出现的，这也是助记语言逐渐生成发展的另一种形式，即有韵律还有形象，有居室有亲友有学堂等联想，更加能够帮助记忆。后面还会论及像《中医方剂顺口溜》那样著述中的助记方式，比如，主阳的方剂"仙人吃狗肉"就是仙灵脾、人参、枸杞子、肉苁蓉。

　　第九准头兰台正，法令灶上宫室盛。典御园仓后阁连，守门兵卒系印绶。

　　与准头大略平行的有，兰台（右为廷尉）、法令、灶上、宫室、典御、园仓、后阁、守门、兵卒、印绶。这也是有韵律有形象的助记方式，衬字"正、盛、连"把各部位连接在一起，配合以"兰台、法令、印绶"等情境。换韵，押韵：首二句"正、盛"为韵，末句"绶"又照应了第三部位的韵脚"头、游、求"，这样使得《十三部位总图歌》整体上有一个连接，有一个着落。我们把这种方式叫做勾连韵。另外从韵部看，即使不做"勾连"，"正、盛"与"绶"也可作为相邻的韵部通押，也还不至于拗口。

　　第十人中对井部，帐下细厨内阁附。小使仆人妓堂前，婴门博士悬壁路。

　　与人中大略平行的有，井部、帐下、细厨、内阁、小使、仆人、妓堂、婴门、博士、悬壁。直接以衬字"附、路"呼应前面的"井部"，就近取材，不用格外添加补足之字，这是助记语言运用的一个经验，一个捷径。换韵，押韵：部、附、路。

十一水星阁门对，比邻委巷通衢至。客舍宾兰及家库，商旅生门山头寄。

与水星大略平行的有，阁门、比邻、委巷、通衢、客舍、宾兰、家库、商旅、生门、山头。这也是明显的有韵律有形象的方式，以衬字"对、至、寄"连接各部位。换韵，押韵：对、至、寄。

十二承浆祖宅安，孙宅外院林苑看。下墓庄田酒池上，郊廓荒丘道路傍。

与承浆大略平行的有，祖宅、孙宅、外院、林苑、下墓、庄田、酒池、郊廓、荒丘、道路。也是有韵律有形象，把"成由勤俭败由奢"的意思都表现出来。一节之中换韵，押韵：安、看，上、傍。这种接连换韵的方式可能更加叫人警醒，有提醒记忆的作用。

十三地阁下舍随，奴仆碓磨坑堑危。地库陂池及鹅鸭，大海舟车无忧疑。

与地阁大略平行的有，下舍、奴仆、碓磨、坑堑、地库、陂池、鹅鸭、大海、舟车。《十三部位总图歌》的最后一节要收束和点题，所以，以衬句"无忧疑"化解"坑堑危"，有惊无险，化险为夷，很符合相术的心理。换韵，押韵：随、危、疑；同时又照应了第十一部位和第五部位的韵脚，这也是勾连韵，把十三部位连成一体。

作为韵语助记语言，《十三部位总图歌》总体看具有以下三个特点：

首先是形式为内容服务。《十三部位总图歌》的任何一个部位的说解，从第一到第十三部位都严格按照其实际顺序。具体部位所涉及各个穴位总计有一百多个，其顺序，《十三部位总图歌》，除了一例为了照应物语助记的形象性，仅仅两个穴位调整了一下前后顺序，其他都一仍旧贯。这就保证了知识技能传习的科学性和实用性。这也是助记语言学的根本所在。

其次是韵语与物语结合。由于《十三部位总图歌》的部位名称大都来自人间万象，所以，作者在编纂韵语助记的同时，凡是能够形成故事情节性的部位，都尽量做了用物语助记的形式来处理，把抽象的部位形象化，使物语助记的趣味性和韵语助记的音律美，得到了有机的调配，避免了助记语言的重复乏味。看来是下了许多下功夫的。

再次是七言古体形式。《十三部位总图歌》每一部位都使用了七言四句的古体形式。部位内容字数不够一行的，就加入了衬字，有的还加入了半句的衬句，但总的说来，衬字衬句的数量还不到十分之一，衬字衬句字数是被严格控制的。这样就有效地保证了部位内容的主体性和助记形式的简明性。七言古体形式，不仅呈现了文章形式完整统一的审美，而且也便于相术传习的实际使用。

2. 流年运气部位歌

《流年运气部位歌》共八十五句，比《十三部位总图歌》还多出三十多句，作为七言句式，在《麻衣神相》中还是比较长的段落。五百九十五字，一韵到底。押韵：行、明、城、停、刑、宁、成、庭、空、正、陵、平、程、生、生、阴、亨、真、宫、增、宫、中、惊、盈、明、星、逢、鸣、龄、中、同、耕、灵、宫、行、轻、明、鸣、名、生、轻、冥、仃、晶、腾、惊。

《流年运气部位歌》可分为三段，前后两段为总说，中间为分说。开头以"欲识流年运气行，男左女右各分明"领起，接着说流年。所谓流年，即从一岁到百岁；所谓运气，即面相吉凶。比如，"天轮一二初行运，三四周流至天城"，这是说一到四岁。"九十八九亥猪名，若问人生过百岁，顺数朝上保长生"，这是说百岁。以七十二个穴位对应一百个流年。百岁之后，用了十二句总括流年运气的周而复始。

就原文看，开头和结尾的段落都比较顺畅自如，中间的段落，因为受到流年和对应部位实际名称的限制，显得还有些牵强附会，比如，"天廓垂珠五六七，八九天轮之上停"。但总体还是十分酣畅的，比如，"六十四居陂池内，六十五处鹅鸭鸣。六十六七穿金缕，归来六十八九龄。"就其形式这么长散，而内容又这么众多的《流年运气部位歌》来说，能够做到如此的程度，既准确上口，又兼顾雅俗共赏，就已经是很不容易了。

诚然，助记语言运用中的牵强附会，是这门学说的一个致命伤痕。事实上，往往内容限制得愈加严格，其形式所表现出来的文学性和形象性就愈加显得捉襟见肘，以至于沦为文学大雅之家所不屑的顺口溜。

而相反，比如，开头的"欲识流年运气行，男左女右各分明"，和结尾的"五岳四渎相朝揖，扶摇万里任飞腾"，无论内容的表述，还是形式的运用，即使把它们和某些乐府诗歌置于一处，我们也没有说它们不雅的理由。原因之一就是它没有像中间那些部位，从一到百岁受到那么严格部位对应的限制，还有可以发挥拓展的空间。而像"二十三四边城池，二十五岁逢中正"

这样一类的句子，因为需要受到好多部位对应的限制，就只能是这样地顺口溜下去。这也是造成相术助记语言作者的文学道德修养，长期被误解、质疑，甚至被歧视，以至于使得他们的助记语言学著述，长期不能够得到被正常开发和利用的一个主要原因。

3. 运气口诀

水形一数金三岁，土厚惟将四岁推。火起五年求顺逆，木形二岁复何疑。金水兼之从上下，若云木火反求之。土自准头初主限，周而复始定安危。

《运气口诀》，以七言律诗的形式，用前七句，分说五行运气，用最后一句总说其特征。首句入韵，押韵：岁、推、疑、之、危。

《运气口诀》属于"形体相"。按照相术理论，人生是阴阳交合，五行相动的产物。阴阳五行的生成变化决定了人的贫贱富贵，所有这些都能够从形体上表现出来，即所谓"好头不如好面，好面不如好身"。人的形体可以分为金、木、水、火、土五种元素。而人往往又不是完全单一的形体，比如，有金形人，木形人，水形人，火形人，土形人；还有金形人带木土水者，木形人带金火土者。这些形体相生则吉，相克则凶。人十年一大运，五种形人各有所主，水形人主第一年的吉凶，木形人主第二年的吉凶，金形人主第三年的吉凶，土形人主第四年的吉凶，火形人主第五年的吉凶。兼有其他五行其中几行的，按照相生相克法则类推，周而复始。这就是《运气口诀》所概括的形体相的具体内容。

《运气口诀》看似简约，实则容量很大。倘要明了这个歌诀的全部内涵，就必须有扎实的相术基本功。《运气口诀》在总说所选的六首诗歌中，不像其他各首那样的具体说明，而是高度概括。这说明两个问题，一是总说这一部分，口诀的编纂具有层次性；一是总说口诀对于传习的对象也有不同。《运气口诀》是针对更高一级的相术传习对象的。

4. 识限歌

八岁十八二十八，下至山根上至发。有无活计两头消，三十印堂莫带杀。三二四二五十二，山根上下准头止。禾仓禄马要相当，不识之人莫乱指。五三六三七十三，人面排来地阁间。逐一推详看祸福，火星百岁印堂添。上下两截分贵贱，仓库平分定有无。此是神仙真秘诀，莫将胡乱教庸夫。

《识限歌》十六句，一百一十二字。首句入韵，中间三次换韵。押韵：八、发、杀，止、指，三、间、添，无、夫。

相术认为，人出生到七十六岁，大致可分为八个年龄段，在特定的年龄段里有特定的气色。气色主流年的休咎，休咎就是吉凶。《识限歌》全诗四句为一层，基本上是每一层说明三个年龄段。这就是《识限歌》所概括的意思。

可以看得出来，《识限歌》比前三首部位歌，在都使用衬字的基础上，还明显增加了"不识之人莫乱指"，"逐一推详看祸福"和"此是神仙真秘诀，莫将胡乱教庸夫"四句衬句。这是因为，这段总说的内容相对比较少，作者可以稍加展开发挥，以至把需要强化的内容也进行了重申。"莫将胡乱教庸夫"，也是我们所发现的，在助记语言学里，比较早的有意识提出关于使用韵语助记的注意事项，不可以其昏昏，使人昭昭。

5. 金锁赋

《金锁赋》[3]（下同）之"赋"不是文体，而是表达的意思。本书中的第四卷《麻衣先生石室神异赋》之"赋"才是文体，这从内容和形式上都能够看出来。《金锁赋》属于"命理通论"部分的内容。全段六十四句，四百四十八字，十二次换韵。押韵：理、记，绝、缺、拙，花、家、麻、怀、来，神、昏、贫，面、偏、年、寒、官、干，才、灾、来，长、亡、霜、长、王、箱、肥、期、时，寒、般、单，娇、饶、牢，直、知、儿、稀、奇、西、稀、匙、时；首尾韵律照应。

《金锁赋》是总结前人相术研究成果进而形成有关"命理通论"的要旨。所以开宗明义便是"相法百家归一理，文字泛多难以撰；删出诸家奥妙歌，尽与后人容易记"，助记的功能性十分明确。根据"删出诸家奥妙歌"这个意思，还可以知道，此前已经有许多相术专家在做有关助记的尝试，只是过于芜杂，需要把"泛多"的文字加以整理而已。《金锁赋》按照相法，自上而下，择要从六害眉心说起，进而山根、五星六曜、三停、五形、气色，一直到眉须；把主要部位变化所涉及的吉凶祸福作出了比较详细的概括说明。比如，依据"金不嫌方，木不嫌瘦，水不嫌肥，火不嫌尖，土不嫌浊"的理论，说相形"瘦自瘦兮寒自寒，瘦寒之人不一般；瘦有精神终必达，寒虽形彩定孤单"，指出人精神气质决定人的命运。这段结尾，以"议论争差识者稀，附于金锁号银匙。眉高性巧能通变，侍卫公王在此时"，反照开头相眉的"六害眉心亲义绝，宛如秋月圆还缺"，给人以相貌不可改变，而性情是可以弥补的慰藉。这也是相术心理学理论在这一总说中的运用。

《金锁赋》整段文字浅易，比如，"髭须要黑又要稀，依稀见肉始为奇。最嫌浓重焦黄色，父在东头子在西。"是典型的相术语言，可谓老妪能解。

6. 银匙歌

总说第五《金锁赋》最后一句"议论争差识者稀，附于金锁号银匙"，起承上启下过渡的作用，由此引出本段《银匙歌》。

《银匙歌》前后一百五十二句，一千零六十四字，是本书最长的歌诀。三十二次换韵，押韵：凶、同、穷、刑、名、仃、饼，长、妨、田、缠，花、斜、爷、场、娘，孤、途、居，殃、塘、当，缘、田、半、前、年、钱、连，吟、吟、淋、人、真，米、儿、啼，星、刑、娘、伤、星、名、钉、财、灾、回、眉、鸡、悲、当、粮，基、之、饥、之、样、娘、八、发、杀，止、指，三、间、添，无、夫，觉、恶，贤、传、纹、禽，生、东、凶、井、绳、顷，灾、台、灾，愚、居、储，指、宜、腴、余，红、空、纹，全、年、钱、三、参，福、覆，锁、躲、着、角。在韵律上，末尾句"不在东街卖馄饨，即在西街卖烧饼"，有意沿用该书一贯的传统，照应开头句"若不克妻并刑子，更忧家道主伶仃"，起前后勾连的作用。

《银匙歌》除了说明股肱，就是大腿和胳膊，以及头、面、眉、眼和手足之外，还重点说明了"八岁十八二十八"，"三二四二五十二"，"五三六三七十三"人生青壮年到老年这三个主要阶段的命相，为此还重复使用了《识限歌》中相关的说解。跟《柳庄神相》《水镜神相》等相关篇目比较，尽管有些删繁就简，但总还有些创意，比如，"下颏尖了作凶殃，典却田园更卖塘""见人欢喜心中破，人见眉皱太阳空"等。《银匙歌》也同样还注意到了相术教授的注意事项，比如，"不带学堂不是贤，莫把此法乱相传"。这是对传习者的警示之语。《银匙歌》还有很多积极劝善的句子出现，比如，"眼儿带秀心中巧，不读诗书也可人"；"好色之人眼带花，莫教眼睛视人斜"，这些都是很难得的。

而《银匙歌》结尾的"数篇细语名金锁，推明祸福令趋躲"，则表明相术的终极目的，教人排难解困，趋利避害。

《麻衣神相》总论所选六首都采用了七言古体的形式，只是各个部分的句数因内容多少而有所不同，有的八句，有的五十或八十多句，最多的一百五十多句。就助记语言的特点而言，《十三部位总图歌》，可作为《麻衣神相》全书的总代表。其他并无迥异，只有微殊。

（二）分说

作为助记语言，在《麻衣神相》论说这一部分中，除了总论的一部分，诸如《十三部位总图歌》《流年运气部位歌》等篇幅比较冗长，其余分说的这一部分，大量的篇幅还都是比较短小的。这些有关具体相术说解的段落，主要以类似五七言绝句的方式，按照相法概括人体由头至脚各个部位凶吉祸福等的内容，以便于为传习者提供最为简明扼要的相术实用歌诀。依据《十三部位总图歌》《流年运气部位歌》等所设计的体例，十三部位只是人体主要的部位，作为上位概念，它们又各领起下位十来个相互平行的部位，这样就有将近一百三十个部位，这些部位又被配置有一百个流年，再加上除了十三部位之外，还有不少别的部位交叉，比如，十二宫、五星六曜、六府三才三停等等。总体说来，一部《麻衣神相》所涉及具体部位的各种相法就将近五百种之多，比如，仅仅相手之纹就有六十四种。这里选择一些主要的有代表性的十三首，讨论《麻衣神相》分说助记语言的特点。

1. 五行形

木瘦金方水主肥，土形敦厚背如龟。上尖下阔名为火，五样人形仔细推。[4]（下同）

人有五行之形体，各有优长。《五行形》就是对所谓"金不嫌方，木不嫌瘦，水不嫌肥，火不嫌尖，土不嫌浊"等五行形体相术原理的形象性解释，也就是在说五行形的基本特征。前三句是五行形，后一句是衬句，有总结强调的作用。押韵：肥、龟、推。

2. 五行色

木色青来火色红，土黄水黑是真容。只有金形原带白，五般颜色不相同。

人亦有五行之气色，也就是木青、火红、土黄、水黑、金白，这是在说五行色的基本特征。首句和第二句概括五行的前四种木、火、土、水，第三句说金，末句为总括。押韵：红、容、同。

3. 交加眉

最嫌此眉主大凶，中年末景陷牢中。破家累及兄和弟，父在西兮母在东。[5]（下同）

眉有二十四种之多，这是主凶的一种。首句是总说主大凶，后三句具体说大凶的具体表现。"和"与"兮"都是衬字。押韵：凶、中、东。

4. 鹊眼

上下余纹秀且长，平生信义最忠良。少年发达犹平淡，终末之时更吉昌。

眼有将近四十种之多，上下眼皮有余纹，这是主吉的一种。首句说鹊眼的特征，后三句说具体的表象。押韵：长、良、昌。

5. 偏凹鼻

年寿低压山根小，鼻面相生差不多。准头兰尉些须见，不贫不夭病相磨。

鼻有二十四种之多，这是平常的一种。是由年寿、山根、准头、兰台和廷尉几个部位的不协调决定的。前三句说部位特征，后一句说一生不凶不吉的预兆。押韵：多、磨。这是首句不入韵。

6. 牛口

牛口双唇厚且丰，一生衣禄更昌隆。浊中带清心计巧，富贵康宁寿比松。

口有十六种，牛口是主吉的一种。首句说牛口的总体特征，次句说征兆，三句说具体特征，末句说征兆。押韵：丰、隆、松。

7. 棋子耳

耳圆轮廓喜相扶，白手兴家贵自图。祖业平常自创立，中年富贵若陶朱。

耳有十六种，棋子耳是主吉的一种。首句说棋子耳特征，后三句说吉象。押韵：扶、图、朱。

8. 色劳纹

纹如柳叶贯穿河，巷陌风花度岁多。暮雨朝云心便喜，中年因此患沉疴。[6]（下同）

手相之纹有六十四种，其中有十种是说色纹的。掌纹中间的纹叫"河"，沉疴就是大病。首句说色劳纹的特征，后三句说征兆。押韵：河、多、疴。

9. 鱼纹

妻位纹理鱼，清贵更何如？妻子能守节，冲破却淫愚。

这是说妻位的，在凶吉之间，不能过"河"，是与色劳纹相互对照的。首句说鱼纹特征，第二句设问说清高尊贵是都具备的，后二句则认为要实现清高尊贵的条件，即妻子须保守节操。押韵：鱼、如、愚。这是五言的句式，五言句式在本书中不是很多的。

10. 月角纹

月角阴纹自兑来，平生偏得妇人财。好事也须常戒忌，莫教色上惹官非。

月角纹是额头的纹理，这是说手掌纹理与之相像；兑是八卦在手的部位。首句说月角纹出处，第二句说征兆。后两句是劝诫。劝诫也是相术心理学的一个基本原理。押韵：来、财、非。

11. 占捕捉

七门俱暗应难获，眉上红黄尽可谋。更得印堂微见紫，自然成喜不需求。[7]（下同）

七门是两眉头、两奸门眼尾以及两命门和鼻梁等七个部位，印堂为两眉之中和鼻梁上。捕捉是指哪些部位可得和可不得，能否得到，主要看这些部位的变易。是说大凶、大吉和常态的几种面相，自然成喜是相术心理学的另一个基本原理，就是与生俱来的。押韵：谋、求。这也是首句不入韵。

12. 占水厄

赤色发井灶，其人有水灾。临河须谨慎，立便见悲哀。

水厄，就是水灾。接近准头和人中两侧的部位叫井灶，即灶上和井部。在古时候常常发大水，人与其他生灵一样，还可以在感观上有所表现，这就是征兆，就跟地震之前的动物们似的，也是一种生活的经验。首句说水厄面相的特征，后三句说预兆的具体情形，以及防范的措施。押韵：灾、哀。

13. 相鱼尾

眼尾生鱼尾，多财必主荣。太阴相对照，晚岁定功名。

这是女人们所最为讨厌的事情，所以，在相眉之后，《麻衣神相》又作为重点部位提出来加以说解。不过，这并非是凶相。太阴和鱼尾是相对的两个部位，有了鱼尾才和谐，才成为吉相。前两句和后两句，都是分别说鱼尾的特征和吉兆的。押韵：荣、名。这两个例子也都是五言，也都是首句不入韵。《麻衣神相》五言首句不入韵的句子较多，其主要的原因是受相术专名的限制。

（三）诸论

在《麻衣神相》中还有一部分是"论"，比如，论形、论神、论声、论气、论面、论眉等章节，这些实际上也属于分说的一部分，只是由于它们被编排在每一分说的前面作为某一单元相法的提示。比如，具体说手相的时候就事先论手，再加上论的后面每每又附录以歌诀，以对论进行概括和补充。在此我们把它们格外地分列出来加以研究，一方面是为了归类的便利，一方面也因为它们本身具有韵散兼杂的特点，便于展开对《麻衣神相》整体助记特征的研究。这里，我们选了四论。

1. 论面

列百部之灵居，通五腑之神路，推三才之成象，定一身之得失者，面也。故五岳四渎，欲得相朝，三停诸部欲得丰满也，貌端神静气和者，富贵之基也。若夫欹斜不正，倾侧缺陷，色泽昏暗，气貌丑恶者，贫贱之相也。面色白如凝脂、黑如漆光、黄如蒸粟、紫如绛缯者，皆大富贵。若面色赤暴，如火者，命短卒亡。毛色茸茸，昏浊枯燥，无风似有尘埃者，贫夭死。面色怒变青蓝者，毒害之人。面作三拳者，男主克子而贫，女主克夫而贱。面如满月，清秀而神采射人者，谓之朝霞之面，男主公卿将相，女主后妃夫人。面皮厚者性纯而孝，面皮薄者性敏而贫。身肥面瘦者，命长性缓；身瘦面肥者，命短性急。面白身黑者，性易而贱；面黑身白者，性难而贵。面如黄瓜者，富贵荣华；面如青瓜者，贤哲堪夸者也。

诗曰：鼻梁高起岂寻常，纹促中年寿不长。地阁丰圆田地盛，天庭平阔子孙昌。又云：对面不见耳，问是谁家子。对面不见腮，此人何处来。又云：面粗身细人之福，面细身粗一世贫。纵有玉楼无总发，一身无义亦无亲。[8]

《论面》前为散文，后为歌诀。明显跟《麻衣神相》其他章节，诸如，总说、分说和赋等的助记语言形式不同。

百部指人体各个部位，三才是说额、鼻和颏；五岳比喻额、鼻、颏与左右颧，四渎比喻耳、目、口、鼻；三停有上、中、下，指印堂以上、山根至于准头和人中至于地阁这几大部分。这些只是从系统学的角度划分的，互有交叉，相面主要揭示各个相关系统内部之间的关系。

作为论文，《论面》首先从百部、五腑、三才等部位，提出面相决定人一生得失这个问题，然后从正反两方面对此加以论证。正论富贵之面相，反论贫贱之面相。举例说明大富贵面相，和与之相反的，诸如命短卒亡、贫夭死、毒害之人的面相。接着具体说明男女富贵和男女贫贱面相。最后说明面相与性格及贵贱贤愚的关系。

《论面》，没有考虑韵律，不过骈散兼杂，正反对比鲜明，语句简短精要，也还是有益于记忆的；同时也起到了弥补单纯韵语助记枯燥乏味的不足。这也是《论面》给予我们的一条助记经验。附录的三首歌诀，第一首说面部的四个要点，鼻梁、寿纹和天庭、地阁；押韵：长、常、昌。第二首说耳和腮，主大贵和主大不吉；押韵：耳、子，腮、来。第三首说身面关系，玉楼是说居室，总发是孩童；押韵：贫、亲。

2. 论手

手者，其用所以执持，其情所以取舍。纹线长者，其性慈而好施；短厚者性鄙而好取。手垂过膝者，世间之英贤；手不过腰者，必一生贫贱。身小而手大者，一生福禄；身大而手小者，一生清穷。手薄削者贫，手端厚者富，手粗硬者下贱，手软细者清贵，手香暖者清华，手臭冷者污浊。指长而尖者俊，指短而秃者愚贱；指软而密者蓄积，指硬而疏者破败。掌光润者富有，掌干枯者贫穷；掌红如喷血者荣贵，掌黄如拂土者至贱；掌青色者贫苦，掌白色者寒贱。掌中当心生黑子者智而富，掌中四周生横理者愚而贫。

诗曰：贵人十指软绵绵，不但清闲福自添。损折定非君子相，凶愚可断不须嫌。[9]（下同）

《论手》先说手的用途，次说纹理，再说身手关系，然后说手形、指形和掌色等，其中也包括手感等内容。尽管语句不是太长，但由于相近之专名过多，还是有些不好记忆的。这也是助记语言完全走向韵语化所带来的弊端。歌诀主要说两种人的手相，一是贵人，多指女人；一是指非君子，即小人。损折是残缺不全。押韵：绵、添、嫌。

3. 论四肢

手足者，谓之四肢，以象四时；加之以首，谓之五体，以象五行。故四时不调，则万物失阙；四肢不端，则一生困苦。五行不利，则万物不生；五体不称，则一世贱穷。是以，手足亦象木之枝干也，多节者名为不材之木。然欲得软而滑净，筋骨不露；其白如玉，其直如干，其滑如苔，其软如绵者，富贵之人也。其或硬而粗大，筋缠骨；或其粗如土，其硬如石，其曲如柴，其肉如肿者，贫下之徒也。

《论四肢》没有附录歌诀，是纯粹的论；但在论中有意识在做着韵语助记。在这短短一百四十字的论文里，不仅多数语句简短，而且有韵律夹杂，比如，"肢、时，生、穷，干、绵，骨、土、徒"等，都是分别押韵的。这与助记语言早期的著述，比如，《周易》的象辞、象辞和文言体例基本相当。《麻衣神相》的论，应该比歌诀更早。

这段把四肢跟四时万物、树木枝干进行类比，阐述四肢与富贵、贫下的关系。

4. 论德行

这是《麻衣神相》最后部分杂论中的章节，用以强调德行在相术中的主导作用，同时也意在重申相术的根本目的是分明善恶，以德为本。这里选了"三相一歌"。

（1）相德

能忠于君，孝于亲，为众德之先，众行之表。不得阳赏，必为阴报；不在其身，而在其子孙。善相者先察其德，后相其形。故德善而形恶，无妨为君子；形善而行凶，难掩为小人。荀子曰："相面不如相心，论心不如择术"，此劝人为善也。形者人之材也，德者人之器也。材既美矣，而副之以德，犹如雕琢而成器也；器遇拙工而弃之，是为不材之材也。是知德在形先，形居德后也。郭林宗观人有九德：一曰容物之德，二曰乐善之德，三曰好施之德，四曰进人之德，五曰保常之德，六曰不忘之德，七曰勤身之德，八曰爱物之德，九曰自谦之德。

诗曰：几辈堂堂相貌精，几人相貌太轻盈。要知说相无他技，先相修德后相形。[10]（下同）

《相德》以忠孝为先表，把"善相者先察其德，后相其形"作为相术的准则。引用荀子相面的论述，强调"术"就是世界观在"面、心、术"三者关系中的重要性，劝人为善。"器遇拙工而弃之，是为不材之材也"则指出人怀才不遇也终究是人才的道理，主张等待机遇和学会忍耐。这个意思就是《周易》的潜龙勿用。引用郭林宗的九德，容物之德也就是《周易》中的厚德载物，进人之德是举荐人才的美德，保常之德是说要坚守仁义礼知信的基本道德。其他的德则指的是具体行为规范。《相德》论文部分也是有韵律的。首句入韵为君、亲，第四句为身、孙，最后句照应首句，亲、人。

歌诀与《相德》所论述的内容大体相同。押韵：精、盈、形，也是考虑到前文的。

（2）相善

善恶在心而见于貌，为心之表也。表端则心正，表欹则心曲，故曰：观其表则知其里矣。

诗曰：头耸而坚，额方而广；眉疏而秀，眼长而清；耳轮平厚，鼻梁耸直；心广而宽，背隆而厚；人中分明，口唇端正；气和而顺，声圆而宽；形正而峻，色明而泽；言语有叙，饮食有节；进退有仪，行坐有度。贵人之相而心之善行矣。

诗曰：鸡噪而起果何如，一念孳孳善有余。相取外形知内里，莫将相法藐江湖。

《相善》四言歌诀，一口气把头、额、眉、眼、耳、鼻梁、心、背、人中、口唇、气、声、形、色、言语、饮食、进退、行坐等十八个部位的善形，进行了比较准确而全面的概括。句式相当，结构大致相同，很少重复，可看出相术助记语言运用达到了相当熟练的程度。这是《麻衣神相》无韵助记的唯一的一个例子。附录诗为一首七言，押韵：如、余、湖。

（3）相恶

头尖额窄，眉重发焦，耳后舌露，口大唇薄，赤脉贯睛，白晕入眼，神如惊，色如垢，准头尖，地阁削。

诗曰：羊目四白皆为恶，耳小唇宽貌亦非。齿鼻偏斜心地窄，准尖额薄性情卑。堪惊蜂眼常情毒，又说豺声好害人。有此形声须改节，莫教阴祸自来侵。

《相恶》首先简要而概括说明头、眉、耳、舌、口、唇、眼、神、色，以及准头和地阁等一般的恶形，后以歌诀指出其中具体的，诸如羊目、耳唇、齿鼻、准额、蜂眼、豺声等特殊性的恶形；但不是一味的指责，而是进行预警或者加以劝勉，以免招致潜藏中的凶祸。这个是充满着正效应的。押韵：非、卑，人、侵。

（4）女人歌

女人端脸好容仪，缓步轻移出水龟。行不动尘言有节，终须约是贵人妻。女人轻步在人间，摆手摇头口似丹；爱自衣衫夸窈窕，与人私约笑情欢。女人对面少心情，眼有浮光似水晶；齿小眉疏发际下，一生辛苦主伶仃。女人鼻上横骨起，脚长腿短要摇头；逃眠寄宿僧房内，潜地随人走外州。[11]

《麻衣神相》开篇是《十三部位总图歌》，收篇则是《女人歌》。从编排顺次看，有突出相术多为女人而设的意味，诗句用语也带有轻蔑之嫌。歌诀按照韵律分为四段，除了第一段为贵人妻吉相，其他的三段笑情欢、主伶仃、走外州都是不吉之相。押韵：仪、龟、妻，间、丹、欢，情、晶、仃、头、州。

三、《麻衣神相》的助记风格：雅俗共赏

从众多的、交互使用的韵语助记和物语助记形式，向纯粹的歌诀形式过渡，以论说歌赋为基本体例，《麻衣神相》起到了划时代的作用。在这一过渡期间，《麻衣神相》显示了韵语助记语言雅俗共赏的特点。

我们先看一下《红楼梦》中的几首诗，"情天情海幻情身，情既相逢必主淫。漫言不肖皆荣出，造衅开端实在宁。"[11]（下同）宁即宁国府。这是秦可卿的判词，也就是谶语。谶语与相术同属于阴阳学范畴，具有可比性。主淫、主凶、主荣等一类的词语是相术的惯用语，在《麻衣神相》总论和分说中多次出现，比如，"眼尾生鱼尾，多财必主荣。太阴相对照，晚岁定功名。"而主淫一词仅在"相眼"一节中就出现三次，比如，桃花眼主淫、醉眼主淫、鸽眼主淫。《红楼梦》"情既相逢必主淫"使用的正是这样一类的术语。一方面，这说明《红楼梦》作者对于他此前的相书诸如《麻衣神相》之类是很熟悉的，《红楼梦》还有一回专门讲到散花寺抽签的事；相反，另一方面同时也说明《麻衣神相》之类的相书对《红楼梦》的影响。"凡鸟偏从末世来，都知爱慕此生才。一从二令三人木，哭向金陵事更哀。"凡鸟是凤。这是王熙凤的判词，也是谶语，其事也是大家所熟悉的。这一首和《麻衣神相》中的《月角纹》如出一辙，"月角阴纹自兑来，平生偏得妇人财。好事也须常戒忌，莫教色上惹官非。"读来有似曾相识的感觉，几乎就是同一个时期、同一个人的作品。不仅所用的声韵相同，而且风格也特别相近，都是在第一句直接入题，第三句陡转，只是《月角纹》的后两句在格律上所选择的韵部不同。

再比如，富、贵，败、亡，亲、疏等等，这样一类的表示吉凶祸福相互对应的词汇，构成《麻衣神相》的基本词汇。《麻衣先生石室神异歌》"悬壁昏暗，人亡家破""骨骼清奇，必须贵达""神光满面，富贵称心"等等，这在《红楼梦》的谶语中也不乏其例，比如，"势败休云贵，家亡莫论亲。偶因济刘氏，巧得遇恩人。""巧"一语双关。这是巧姐的判词。这里势败、家亡、云贵、论亲等也是以对应的形式出现的，也同样是相术的惯用语。

能够为《红楼梦》之类的纯粹文学作品所借鉴，表明作为相术之作的《麻衣神相》还有"雅"的营养可以吸收。就雅而言，除了我们在前面所选取的例子，

《麻衣神相》其中雅的篇目还有"通论"和"赋"这些散体和赋体。最为著称的是《麻衣先生石室神异赋》，比如，"富者自然体厚，贵者定是形殊。南方士宦清高，多主天庭在阔；北方公侯大贵，皆由地阁宽隆。北方之人贵且强，南方之人富而足。河目海口，食禄千钟；铁面剑颊，兵权万里。龙颜凤颈女人必配君王，燕颔虎头男子定登将相。相中诀法，寿夭最难；不独人中，惟神是定。"[12] 这无论怎么说都不能说不雅，比之司马相如的散体大赋未必逊色。在《麻衣神相》其他的歌诀中，另外还有不少即使是在说明十分鄙俗的部位，尤其是一些比较短小的歌诀，语言也并非不雅。比如，《相下部》："寿夭穷通各有因，相来僻处便惊人。阴头有痣人金贵，谷道无毛一世贫。"[13] 这是凡是成年尽人皆知的故事。可知作者在助记语言的推敲上是用过一番良苦之心的。当然，跟其他学科一样，作为相术，由于人体众多部位的严格限制，《麻衣神相》那些作为论说歌赋的篇目，整体上俗难为雅的通病，就在所难免了。

由于以《麻衣神相》为代表的相术空前流行，因之受相术助记语言的影响，自宋明以至于清末民初，大量助记语言学著述争相涌现，诸如蒙学，姓氏学，声律学，医药学，兵书，鉴略、韵史，庄农杂字，五花八门，应有尽有。到清代王用臣的《幼学歌》，已经是"观夫里谣巷谚，无骈而韵成，不师而口熟"[14] 的遍地歌诀了。

本章小结：

在以卜筮和相术为其主要内容的阴阳学领域，作为有意无意的助记语言，《周易》以其初创时期的探索，形成了韵语助记与物语助记相结合的形式，体现了春秋战国时期助记语言的基本特征，也推动了这一时期其他领域助记语言学的发展。而作为有意助记的语言，《麻衣神相》则明确提出助记为相术所用，并且形成了"论说歌赋"四合一的体例，代表了宋代以来这一领域助记语言的主要风格，同时也促进了其他领域助记语言的繁荣。

注释:

（1）李和著，金志文说解，麻衣神相，卷五，命相通论；世界知识出版社，2010

（2）李和著，金志文说解，麻衣神相，卷一，面相部位图；世界知识出版社，2010

（3）李和著，金志文说解，麻衣神相，卷五，命相通论；世界知识出版社，2010

（4）李和著，金志文说解，麻衣神相，卷一，面相部位图；世界知识出版社，2010

（5）李和著，金志文说解，麻衣神相，卷二，相骨与五官；世界知识出版社，2010

（6）李和著，金志文说解，麻衣神相，卷三，相手足；世界知识出版社，2010

（7）李和著，金志文说解，麻衣神相，卷五，命相通论；世界知识出版社，2010

（8）李和著，金志文说解，麻衣神相，卷二，相骨与五官；世界知识出版社，2010

（9）李和著，金志文说解，麻衣神相，卷三，相手足；世界知识出版社，2010

（10）李和著，金志文说解，麻衣神相，卷五，命相通论；世界知识出版社，2010

（11）曹雪芹，红楼梦，第五回；岳麓出版社，2004

（12）李和著，金志文说解，麻衣神相，卷四，麻衣先生石室神异赋；世界知识出版社，
　　　2010

（13）李和著，金志文说解，麻衣神相，卷五，命相通论；世界知识出版社，2010

（14）王用臣，幼学歌，序；幼学启蒙儿歌四百首，希望出版社，1993

第二章 辞书学的助记语言：韵图和查字法

本章要点：

本章为辞书学助记语言研究。主要以《说文部首歌》和《康熙字典》两部具有代表性的韵语助记著述为依据，讨论字典辞书关于韵图和查字法等韵语助记的基本体例和形式。《说文部首歌》韵语助记的韵律和衬字，《康熙字典》韵语助记的功利性和系统性，构成了本章研究的主要内容。

第一节 《说文部首歌》的助记语言

《说文》是《说文解字》的简称，是第一部汉语字典，作者为东汉许慎（约公元 58-147 年）。《说文》把九千三百五十三个汉字，根据形体，归为五百四十个部首，五百四十个部首又据形系联地划分为十四类。《说文》正文以此十四类分为十四卷，卷末另附叙目一卷，共十五卷。

一、《说文》的韵语助记

作为字书，《说文》本身也在探索使用韵语的方式进行助记，只不过没有像后来清代小学家所使用的韵语助记，那么集中和明显地突出助记语言的特征而已。比如，《说文》的"六书"：

一曰指事。指事者，视而可识，察而见意；上下是也。

二曰象形。象形者，画成其物，随体诘诎；日月是也。

三曰形声。形声者，以事为名，取譬相成；江河是也。

四曰会意。会意者，比类合谊，以见指挥；武信是也。

五曰转注。转注者，建类一首，同意相受；考老是也。

六曰假借。假借者，本无其字，依声托事；令长是也。[1]

这里的六书，《说文》也同样使用了先秦传统的复韵和单韵混搭的韵语助记形式。六句中的"是也"为复韵，六句各句前半部分为单韵。比如，一曰中的"事"（之部），"识、意"（职部）；二曰中的"物、诎"（物部）；

三曰中的"声、名、成"（耕部）；四曰中的"谊"（歌部）、"挥"（微部）；五曰中的"首、受"（幽部）；六曰中的"字、事"（之部）等。这仅仅是就韵语助记而言，另从句式助记的视角看，《说文》以整句作为六书概念的诠释，也是十分便于记忆的，至今还有许多现代人对此倒背如流。

但《说文》部首过多，难查难检，仍是个问题。到了清代，虽然有了《康熙字典》把部首减少到二百一十四个，但要学习古文，《说文》还是不可替代的工具书，不能不跨越的门槛。为此，便出现了大量的关于《说文》的部首韵语。作为助记语言，有三言，有七言，也有杂言。其中具有代表性的有三家，比如，冯桂芬的《说文部首歌》、章太炎《说文部首均语》、李天根的《说文部首韵语》。这些《说文》部首韵语，极大地方便了《说文》的检索，版本很多，流传也很广。

二、《说文部首歌》的韵语助记

《说文部首歌》作者为冯桂芬。冯桂芬（公元 1809-1874 年），字林一，江苏吴县人。清道光二十年（公元 1840 年）进士，授翰林院编修。林则徐称其为百年以来仅见的人才。著有《校邠庐抗议》。

冯桂芬的《说文部首歌》[2]即研究者习惯上所称道的百字韵。百字韵共合一百句，七百字。它是以《说文》十四卷五百四十个部首原文为基础，不改变其顺序，重新以七言句式、添加衬字作为韵语的方式，所创造出来的关于《说文》部首助记的歌诀。这个以字书专业韵语助记的视角看，应该是最长的助记歌诀。

（一）《说文部首歌》韵语助记例表

对比项目 卷序（字序）	原文 （字数）	韵语 （句数）	衬字 （字数）	押韵 （字数）
第一（1-14）	一丄示三王玉玨气士丨屮艸蓐茻 （14）	一丄示三王玉同，玨气士丨居其中。屮艸蓐茻一下全。 （3）	同 居其中 一下全 （7）	同，中。 全。 （3）

第二（15-44）	小八釆半牛犛 告口凵吅哭走 止癶步此正是 辵彳叒延行齒 牙足疋品龠冊 （30）	小八釆半牛犛逢， 告口凵吅哭走从。 止癶步此相追踪， 正是辵彳叒为标， 延行齒牙足同条， 疋品龠冊还相招。 （6）	逢 从 相追踪 为标 同条 还相招 （12）	逢，从， 踪。 标，条，招。 （6）
第三（45-97）	昍舌干谷只肉 句丩古十卅言 誩音辛举菐收 𠬞共異舁臼晨 爨革鬲弼爪丮 鬥又𠂇史支聿 聿畫隶臤臣𠬪 殺几寸皮㸚攴 教卜用爻㸚 （53）	昍舌干谷序无龙， 只肉句丩古不庞。 十卅言誩音非是， 辛举菐收𠬞同腔， 共異舁臼晨爨降。 革鬲弼爪丮鬥交， 又𠂇史支聿聿包。 畫隶臤臣𠬪不肖， 殺几寸皮㸚攴教， 卜用之下㸚上爻。 （10）	序无龙 不庞 非是 同腔 降 交 包 不肖 之下 上 （17）	龙，庞。是。 腔，降。交， 包。肖，教， 爻。 （10）
第四（98-142）	旻目䀠眉盾自 白鼻皕習羽隹 奞雈萑雥羊羴 瞿雠雦鳥烏華 冓幺丝叀玄予 放叚奴歺死冎 骨肉筋刀刃韧 丯耒角 （45）	旻目䀠眉盾共知， 自白鼻皕習羽施。 隹奞雈萑羊宜， 羴瞿雠雦鳥烏随。 華冓幺丝叀为曹， 玄予放叚奴同遭。 歺死冎骨肉筋刀， 刃韧丯耒角义高。 （8）	共知 施 宜 随 为曹 同遭 义高 （11）	知，施，宜， 随，曹，遭， 刀，高。 （8）
第五（143-205）	竹箕丌左工㞢 巫甘旨曰乃丂 可兮号亏喜壴 鼓豈豆豐豊虍 虎虤皿凵去血 丶丹青井皀鬯 食亼會倉入 缶矢高門亯京 亯㫗富㐭嗇來 麥夊舛舜韋弟 夂久桀 （63）	竹箕丌左见指挥， 工㞢巫甘曰乃归。 丂可兮号亏旨依， 喜壴鼓豈豆无违。 豐豊虍虎虤睎， 皿凵去血丶范围。 丹青井皀鬯同科， 食亼會倉入如何。 缶矢高門亯京多， 亯㫗富㐭嗇來歌， 麥夊舛舜韋无讹。 弟夂久桀皆搜罗。 （12）	见指挥 归 依 无违 睎 范围 同科 如何 多 歌 无讹 皆搜罗 （21）	挥，归，依， 违，睎，围。 科，何，多， 歌，讹，罗。 （12）
第六（206-230）	木東林才叒之 帀出宋生乇巫 琴華禾稽巢桼 束橐口員貝邑 𦥑 （25）	木東林才六上居， 叒木帀出宋萌芽。 继以生乇巫琴華， 禾稽巢桼束橐加， 口員貝邑𦥑无差。 （5）	六上居 萌芽 继以 加 无差 （10）	居。 芽，華，加， 差。 （5）

第七（231-286）	日旦軓𠬞冥晶 月有朤囧夕束 田馬東肉齊禾凶秝 片鼎香克彔白韭 黍秝米㲋未耑穴 朩林麻宀宮呂网 瓜瓠广冂月帛白 网两巾汹黹 （56）	日旦軓𠬞七上区， 冥晶月有朤囧殊。 夕多田馬東同符， 肉齊束片鼎相須。 克彔禾秝黍香俱， 米㲋白凶为之枢。 朩林麻未耑韭详， 瓜瓠广宀宮呂之彰。 月网网两巾相将， 市帛白汹黹頗頗。 （11）	七上区 殊 同符 相須 俱 为之枢 详 同彰 成章 相将 頗頗 （21）	区，殊，符， 須，俱，枢， 详，彰，章， 将，頗。 （11）
第八（287-323）	人匕比从比北 丘似王重臥身毳 冃尺尾履舟方先 儿兄兂兒兂先 禿 （37）	人匕比从比北齐， 丘似王重臥身冃。 衣裘老毛毳尸题。 尺尾履舟方儿呈， 兄先兂兒兂先禿迎， 見覞欠歙次无并。 （6）	齐 题 呈迎 并 （5）	齐，冃，题。 呈，迎，并。 （6）
第九（324-369）	頁百面丏首㒵 須彡彣文彣后 司卮卩印色卯 辟勹包茍鬼由广 厂丸危石長勿 冄而豕希与豚 豸舄易象 （46）	頁百面丏首㒵偕， 須彡彣文彣同侪。 后司卮卩印色皆， 卯辟勹包茍无乖。 鬼由厶鬼以次排。 山屾屵广厂为经， 丸危石長勿分形。 冄而豕希与垂型， 豚豸舄易象玲珑。 （9）	偕 同侪 皆 无乖 以次排 为经 分形 垂型 玲珑 （17）	偕，侪，皆， 乖，排。 经，形，型， 珑。 （9）
第十（370-409）	馬廌鹿麤龟兔 莧犬狀鼠能熊 火炎黑囪焱炙 赤大亦矢夭交 亢壺壹夅奢亢 夲夰大夫立竝 囟思心惢 （40）	馬廌鹿麤十上开， 龟兔莧犬狀鼠该， 能熊火炎黑皆来。 囪焱炙赤大亦承， 矢夭交亢壺壹登。 夲奢亢夲夰因仍， 大夫立竝可递征， 囟思心惢十下称。 （8）	十上开 该 皆来 承 登 因仍 可递征 十下称 （16）	开，该，来。 承，登，仍， 征，称。 （8）
第十一（410-430）	水沝瀕巜𡿨川 泉灥永辰谷仌 雨雲魚鱻燕龍 飛非卂 （21）	十一卷上水部纯， 沝瀕巜𡿨川同流， 泉灥永辰谷仌收， 雨雲魚鱻以类谋。 燕龍飛非卂为侮。 （5）	十一卷上 部纯，同流 收 以类谋 为侮 （14）	纯。 流，收，谋， 侮。 （5）

第十二（431-466）	乙不至西鹵鹽 戶門耳臣手乑 女毋民丿厂乁 氏氐戈戉我亅 珡乚亡匸匚曲 甾瓦弓弜弦系 （36）	乙不至西鹵鹽文， 戶門耳臣手乑分。 女毋民丿厂乁临， 氏氐戈戉我亅侵。 珡乚亡匸匚曲斟， 甾瓦弓弜弦系寻。 （6）	文 分 临 侵 斟 寻 （6）	文，分，临， 侵，斟，寻。 （6）
第十三（467-489）	糸素絲率虫蚰 蠡風它黽鼀卵 二土垚堇里田 畕黄男力劦 （23）	糸素絲率虫分门， 蚰蠡風它黽鼀參。 卵二土垚堇里含， 田畕黄男力劦谐。 （4）	分门 參 含 谐 （5）	门。 參，含，谐。 （4）
第十四（490-540）	金开勺几且斤 斗矛車自臽䪞 厽四宁叕亞 五六七九内畕 甲乙丙丁戊己 巴庚辛辡壬癸 子了孨𠫓酉酋戌亥 （51）	金开勺几且为端， 斤斗矛車自不刊。 臽䪞厽四宁分签， 叕亞五六七九占。 内畕以下干支兼， 已有巴坿辛辡拈。 子了孨𠫓酉酋沾。 （7）	为端 不刊 分签 占 以下干支兼 有，坿，拈 沾 （16）	端，刊，签， 占，兼，拈， 沾。 （7）
14	540	100	178	100

（冯桂芬，说文部首歌，民国丛书集成初版；商务印书馆，1936）

（二）《说文部首歌》的韵语助记：韵律和衬字

为避免跟本书其他章节所研究内容相互重叠，本节选取了《说文部首歌》最主要的特征，即它有别于同类韵语助记著述的形式，加以讨论。

1. 押韵：前后勾连

冯桂芬《说文部首歌》的韵律，主要以衬字为主。以原文为韵的仅有五个字：教，爻，刀，华，月。其中除了"爻"，为了押韵与前字调换了下位置，其他位置大都没有变化。为了便于协调，全文十九次换韵。所押之韵依次为：

同，中。全。逢，从，踪。标，条，招。龙，庞。登。腔，降。交，包。滫，教，爻。知，施，宜，随。曹，遭，刀，高。挥，归，依，违，睎，围。科，何，多，歌，讹，罗。居。芽，华，加，差。区，殊，符，须，俱，枢。详，彰，章，将，颜。齐，月，题。呈，迎，并。偕，侪，皆，乖，排。经，形，型，珑。开，该，来。承，登，仍，征，称。纯。流，收，谋，俦，文。分，临，侵，斟，寻。门。参，含，谐，端，刊，签，占，兼，拈，沾。

其中，第三句的"全"，与后面第九十一到第九十三句的"参、含、谙"，形成前后勾连韵。第十二句的"登"，与前面第三到第六句的"逢、从、踪"，形成后前勾连韵。第四十句的"居"，与第四十五到第五十句的"区、殊、符、须、俱、枢"，形成前后勾连韵。第九十句的"门"，与前面的第八十四到第八十九句的"文、分、临、侵、斠、寻"，形成后前勾连韵。这样做，既显得前后照应合为一体，又将就了押韵字句的难于拣选。其他句与句之间的押韵，虽几经换韵，但所用之字，都是取自同一韵部，比如，"偕，侪，皆，乖，排"等等，都是十分顺畅容易记忆的。

2. 衬字：以韵脚为主

《说文部首歌》，其衬字的使用是有一定控制的。七百字的助记歌诀，除了原文五百四十字，有干支十八字未用，使用了一百七十八个衬字，其中有一百字是韵脚。换句话说，它的衬字使用，是以韵脚为主的，这个不言而喻是为了助记的便利。另外七十八字是为了说明相关内容，比如，"内曶以下干支兼"，是说干支不用另外记忆。衬字能减则减，基本上没有邋邋遢遢的故意凑数。而衬字的使用，相对却比较灵活。在句首的，比如，"十一卷上水部纯"；在句中的，比如，"卜用之下叕上爻"；而绝大多数是在句后的，上文有例表，不再举例。

3. 开头：不尽指示区间

跟其他韵语助记的著述相比较，《说文部首歌》，没有像前人，比如，《麻衣神相》《药性歌括四百味》《汤头歌诀》那样，开头必言本位，也就是开头句一定指示所言内容的所在区间，比如，《药性歌括四百味》说人参开头便说，"人参味甘，大补元气；止渴生津，调荣养卫"[3]，说其他药品也一样。《说文部首歌》，在十四卷的区间内，只有第一卷结束说，"一下全"；第六、第七、第十和第十一卷开头，一共五次提示了助记韵语的区间所在，比如，"木東林才六上居"等。其他九卷都省略了。因而减少了助记用语的字数，也避免了行文的千篇一律。

4. 韵语：适当加入物语

《说文部首歌》，总体属于韵语助记的范畴，而有些段落，则加入了物语。比如，第十一卷，"雨雲魚鱻以类谋，燕龍飛非卂为俦"。同类或者近于同类，有了归类衬字的帮助，就具有了形象感，也就更便于记忆。再比如，第六卷，

"木東林才六上居，叒之币出宋萌芽，继以生毛巫垗華"。把树木一类的萌芽、开花巧妙地加以联系，生动活泼起来，不仅便于记忆，而且也避免了记忆形式的呆板。还有，第十一卷，"山屾屵广厂为经，丸危石长勿分形。彐而豕希互垂型，豚豸舄易象玲珑"等等，既考虑到了部首文字本身的科学性，也凸显了韵语助记的文学性。

5. 通篇：有所省略

一般的使用韵语助记，总是要面面俱到的。这个也是韵语助记的本质所决定的，因为一旦有所省略，就有可能使有些需要记忆的知识或者技能被遗落。《说文部首歌》，到第九十七句之前，也还都是逐部首一一进行助记的，而从这句开始便省略了十八个字的部首，因为这些部首是干支的绝大部分文字，尽管原文也并没有按照干支的顺序进行排列，但却都是人们所熟悉的常识，加之这一卷又是说文部首的末卷，结尾靠后的部首都在此处，即使不以韵语进行助记，传习者也一目了然。因此，便省略了诸如，"甲乙丙丁戊庚壬癸，丑寅卯辰巳午未申戌亥"等，这些部首的编排。所以，只是提取了非干支部首的一些字，以三句结束了全文："内甾以下干支兼，己有巴斝辛辡掂，孑了孨厶酉酋沾"。至此，刚好为一百句，《说文部首歌》的有所省略处理，也同时保证了百字韵全文句数的工整。

冯桂芬是鸦片战争期间中国学者中的新派。他在晚年以其语言文字之学的深厚功底，写了这部《说文部首歌》。除了他呼唤革新、掷地有声的《校邠庐抗议》，也为我们留下了这笔助记语言学的珍贵遗产。

注释：

（1）许慎，说文解字，序；说文解字四种，中华书局，1998

（2）冯桂芬，说文部首歌，民国丛书集成初版；商务印书馆，1936

（3）龚廷贤著，药性歌括四百味，沈连生注；北京科学技术出版社，2006

第二节　《康熙字典》的助记语言

　　《康熙字典》的编纂是一项浩大的工程，前后历时六年。《康熙字典》由大学者张玉书（公元 1642-1711 年）、陈廷敬（公元 1639-1712 年）主编，有凌绍雯、史夔、周起渭、陈世儒、贾国维等二十八位文字学家参编。《康熙字典》以十二地支为次序，分为十二集。以二百一十四个部首，按笔画排列单字，共收录汉字四万七千零三十五个，是当时收录汉字最多的字书。

　　《康熙字典》是一部非常普及的读本。自康熙五十五年（公元 1716 年）成书以来，四百年间，形成了诸多版本，有康熙内府武英殿本，道光七年的内府重刊本，以及此后陆续印行的其他诸如木刻本、石印本、铅印本、影印本。而至清末民初，以上海同文书局增纂石印本的发行量为最大，流行范围为最广。建国后又有许多现代版本，比如，一九九七年北京师范大学出版社简化字横排本，二零零二年中国档案出版社现代检索注音对照珍藏本，二零零四年中华书局本，二零零六年中州古籍出版社上下卷本，以及二零零八年社会科学文献出版社修订本等。自第一部汉语字典东汉许慎的《说文解字》面世以来，到《康熙字典》刊行的将近一千七百年间，尽管字书词典众多，而无论时代如何流转，社会如何变迁，能够称得上历久弥新、百世无衰的，也只有《康熙字典》。

一、《康熙字典》的韵语助记

　　《康熙字典》主要的助记形式是韵语歌诀。在字典按照基本体例完成正文之后，为便于读者学习、查阅和检索，在字典卷首凡例之后、正文之前，配合韵图，编纂者专门著录了《字母切韵要法歌诀》等十九种、三十五首韵语助记歌诀。这些歌诀计二百二十四句，一千四百六十字；以四言、五言、六言、十二言，还有词牌等多种形式，涵盖了与字典，诸如等韵、总目、检字和正文等有关的多项内容。可以这样说也不为过，如果把《康熙字典》比作五笔字型，那么，这些歌诀就是五笔字型的输入法。《康熙字典》韵语歌诀不仅为现代文字学研究保存下了最基本、最简洁的助记方法，而且也为我们后来字典的编纂指示了方向，使韵语歌诀成为字典编纂的一个元素，一个基本功能。

《康熙字典》韵语助记例表

序号	歌诀名称		内　　容	形式（句数）	押韵（字数）	总字数
1	证乡谈法		乡谈岂但分南北，每郡相邻便不同。 由此故教音韵证，不因指示甚难明。	七言（4）	同、明。（2）	28
2	分九音法		见溪郡疑是牙音，端透定泥舌头音。 知彻澄娘舌上音，帮滂并明重唇音。 非敷奉微轻唇音，精清从心齿头。 照穿状审禅正齿，影晓喻匣是喉音。 来日半舌半齿音，后习学者自明分。	七言（10）	音、分。（2）	70
3	分十二摄韵首法	开口呼	迦咤加◎砢鬏，迦哲结嗟僻惹。 冈张江将良穰，庚贞经精灵仍。 祴知饥赍离而，高朝交焦寮饶。 该桾皆◎唻◎，祴◎◎◎◎◎。 根珍金津林人，干霙坚尖连然。 钩鞲鸠掔留柔，歌摘角爵略弱。	六言（12）	句中连韵，韵尾无韵。	144（含空位）
		合口呼	瓜挝◎◎◎◎，◎叕诀蔍滕接。 光椿悻◎泷◎，工中弓踪龙戎。 孤竹居沮驴如，◎◎◎◎◎◎。 乖儶◎◎◎◎，傀追圭崔莝萎。 昆邨君遵伦摶，官觿涓镜牵埂。 ◎◎◎◎◎◎，锅桌夒◎莘◎。	六言（12）	同上	
4	寄韵法		双母重韵各有存，哲彻舌聂结内寻。 知等四字饥韵收，布苦随孤是来因。 赏慈五字复归饥，叕入诀内对韵真。 猪除从居不须问，挫瓜相连一处云。 俎孤同韵君须记，悲眭三声傀相亲。 亦有蕫瘰乖中取，若用呼碈鸠内跟。	七言（12）	存、寻、因、真、云、亲、跟。（7）	84
5	借入声法		迦结祴歌四声全，该干迦下借短言。 庚于祴求傀如是，冈高根钩歌内参。	七言（4）	全、言、参。（3）	28
6	揭十二摄法		迦结冈庚，祴高该傀。 根干钩歌，诸字骨髓。	四言（4）	傀、髓。（2）	16
7	分四声法		平声平道莫低昂，上声高呼猛烈强。 去声分明哀远道，入声短促急收藏。	七言（4）	昂、强、藏。（3）	28
8	切字样法（二首）		其一 切字之法最易通，切脚二字用本形。 记取康茶佉是样，故教学者初分明。 其二 切字之时不可忙，临文须要细参详。 刻雕残缺写多误，何用依形执字旁。	七言（8）	通、形、明。 忙、详、旁。（6）	56

9	贴韵首法	迦迦冈庚祴高该祴根干钩歌， 加结江经饥交皆◯金坚鸠角。 瓜瓜光工孤◯乖傀昆官◯锅， ◯诀狂弓居◯◯圭君涓◯矍。		十二言 （4）	歌，角，锅， 矍。（4）	48
10	赞嘱等韵 西江月 （二首）	其一 堪赞九音总括，包含万字无差。 从来切字有作家，难比如斯妙法。 有声韵中直取，见形篇内活拿。 若君记念细熟滑，实乃真金无价。 其二 切字须凭等韵，呼吸清浊音声。 横编竖纽要叮咛，音韵自然真正。 横竖各排千遍，师傅关钥分明。 若言此事不精灵，除是痴聋哑伥。		六七言 （16）	差、家、法、 拿、滑、价、 声、咛、正、 明、灵、伥。 （12）	100
11	检篇海 部首捷法	取字求声欲检篇，须当偏旁究本源， 又将部首数知画，后搀篇海十五卷。		七言 （4）	篇、源、 卷。（3）	28
12	部首笔画 十一类及 总括歌诀	一画	部首字略	七言（下 同）（1）	中（1）	7
		二画	〃	（5）	穷，容。（2）	35
		三画	〃	（8）	工，同，弓， 中，穷。（5）	56
		四画	〃	（8）	文，云，壬， 斤，尢，心。 （6）	56
		五画	〃	（10）	兄，生，凶， 形，评，形。 （6）	70
		六画	〃	（8）	耳，死，旨， 此，米。（5）	56
		七画	〃	（6）	身，臣，辛， 亲。（4）	42
		八画	〃	（4）	辰，金。（2）	28
		九画	〃	（6）	盾，音，林， 真。（4）	42
		十至 十二画	〃	（8）	舁，书，鱼， 须，壶。（5）	56
		十三至 十九画	〃	（6）	中，熊，龙， 终。（4）	42
		总成	总成四百四十四， 交参尽在此中容。 权将此法示初学， 后学有疑重改更。	（4）	容，更。（2）	28

13	检篇卷数法	一序二见溪，三内是郡疑。 端透泥定四，澄娘彻五知。 帮滂六内取，明并七为基。 非敷微八奉，精清从九归。 心邪十内有，照穿状十一。 审禅行十二，晓匣影十三。 喻母居十四，来日十五宜。	五言 （14）	溪、疑、知、基、归、一、宜。（7）	70
14	揭韵摄法 （二首）	其一 通止过果，江蟹臻山。 宕曾流深，效假梗咸。 其二 通江止遇，蟹臻山效。 果假宕梗，曾流深咸。	四言 （8）	山、咸。（2）	32
15	揭入声法 （二首）	其一 通江臻山宕，梗曾深咸样。 忽然若剖开，无穷多宝藏。 其二 通宕曾深全，江臻山梗咸。 入声唯九摄，仔细用心参。	五言 （8）	宕、样、藏。全、咸、参。（6）	40
16	明等第法	端精二位雨头居，知照中间次第呼。 来晓见帮居四等，轻唇三等外全无。	七言 （4）	居、呼、无。（3）	28
17	明摄内相同法	梗曾二摄与通随，止摄无时蟹摄推。 流遇略参江同宕，山咸深臻两相窥。	七言 （4）	随、推、窥。（3）	28
18	变形十八部	阜阳网罟邑宗都，辵道肉肝草府苏。 神示被衣心自性，利刀足路玉元珠。 雷还雨也火还照，建复夊乎手复摸。 教攴妙圆归净尽，独留彐犬吠韩玃。	七言 （8）	都、苏、珠、摸、玃。（5）	56
19	部首笔画十二部歌诀 （二首，录自家藏查字人手写）	其一 一二子中寻，三画问丑寅。 四在卯辰巳，五午六未申。 七酉八九戌，其余亥部存。 其二 一二在子三丑寅，四卯辰巳五午寻。 六在未申七在酉，八九在戌余亥存。	五言 （6） 七言 （4）	寻、寅、申、存。寅、寻、存。（7）	58
总计	35		224	123	1460

（康熙字典，等韵；康熙字典，中州古籍出版社，2006）

二、《康熙字典》韵语助记的功利性和系统性

作为辞书学的助记语言，《康熙字典》除了它的韵语歌诀助记之外，较之于其他学科，诸如，阴阳学、童蒙学、军事学、宗教学，甚至算学等领域的助记语言，一个最明显的区别，就是它的功利性和系统性的明确提出和完善设置。这也是助记语言这门学科，发展到它顶峰的必然结果，即至此使其真正成为社会语言学的一个分支。这个意义，远大于对它本身助记韵语歌诀的研究。

（一）《康熙字典》韵语助记的功利性

韵语助记的功利性，也就是指韵语助记歌诀编纂的目的性或者指向性。这是韵语助记由自发逐渐走向自觉，即成熟起来的重要标志。我们在讨论阴阳学韵语助记时，曾指出宋代李和的《麻衣神相》首次提出"尽与后人容易记"的功利性，或许由此我们才可以说，助记语言这个学问，作为一门学科正式登场，或者说走上了专业学术发展的轨道。

《康熙字典》继承了前人韵语助记歌诀编纂的功利性，在它十九种、三十五首韵语助记歌诀中，曾经前后多次强调其韵语助记对于该字典学习、查阅和检索的价值和意义。比如，《证乡谈法》："乡谈岂但分南北，每郡相邻便不同。由此故教音韵证，不因指示甚难明"。乡谈就是方言土语。现在我们研究现代汉语，就普通话而言，还划分了八大方言区。这表明，方言土语一直为语言文字学家，乃至字典辞书编纂者所关注。特别是字典辞书，因为历朝历代，一般的字典辞书都是以当时的官话，也就是我们现在所说的普通话为其基本语音的。《康熙字典》也不例外，所以开宗明义告诉读者，不仅南北方语言不同，即使在南方或者北方，在它们每一方之内的各个邻近地区的方言土语也不尽相同。因此，才有了字典辞书统一的音韵，读者如果不遵循《证乡谈法》这个总原则的指示是万万不可以的。因为这是一个最基本的常识。

《康熙字典》的功利性非常明确，毫不含糊。我们在查阅的时候，仿佛觉得那些编纂大师就在我们身边，随时跟我们对话。再比如，《分九音法》："见溪郡疑是牙音，端透定泥舌头音。知彻澄娘舌上音，帮滂并明重唇音。非敷奉微轻唇音，精清从心邪齿头。照穿状审禅正齿，影晓喻匣是喉音。来

日半舌半齿音，后习学者自明分。"[1]（下同）我们后来的现代五音、七音或者九音的韵图，就是根据这个韵语助记口诀，或沿袭或创新，设计出来的。比如，我们现在就可以依据《分九音法》设计以下这样一个音韵图表：

发音方法 发音部位		全清	次清	全浊	次浊	全清	全浊
唇音	重唇	帮	滂	并	明		
	轻唇	非	敷	奉	微		
舌音	舌头	端	透	定	泥		
	舌上	知	彻	澄	娘		
齿音	齿头	精	清	从		心	邪
	正齿	照	穿	床		审	禅
牙音		见	溪	群	疑		
喉音		影			喻	晓	匣
半舌音					来		
半齿音					日		

我们之所以能够得到这个图表，这本身就是《分九音法》韵语助记歌诀所给予我们的一个隐含的功利性，即纯粹的，知识或者技能的传授。而"来日半舌半齿音，后习学者自明分"这两句，则不只是在说"来日"两母，而是在说全段。因自唐代以来，分九音法一直在研究发展中，特别是到了清代还出现切字运动，更成为学术研究的焦点。所以编纂者说"后习学者自明分"，这虽然是大家所熟悉的，但从做学问上说，也还是得给读者提个醒。还有《切字样法》两首，比如，"切字之法最易通，切脚二字用本形。记取康茶佉是样，故教学者初分明。""切字之时不可忙，临文须要细参详。刻雕残缺写多误，何用依形执字旁。"

《康熙字典》在这两首《切字样法》韵语助记歌诀之前有一个说明："夫等韵者，梵语悉昙。此云字母乃是一切文字之母。所谓迦佉乃至劣蘗是也。梵语毘佉啰，此云切韵是一切文字之根本。冈康乃至矍莘是也。亦言，切者断韵分音为之切，韵者音声相和为之韵。能析诸字名派。所谓论韵母之横竖，辩九音之清浊，呼开合之正副，分四声之平仄，故名字母切韵。切字之法，如箭射标。切脚二字，上字为标，下字为箭。出切定音于那母下，定在那母下。取字为之立标。以脚为箭，定韵寻标，中者便是。亦定四声，行韵于平声，定取平声字；行韵于上声，定取上声字；行韵于去声，定取去声字；行韵于入声，定取入声字。所言平声者，为之平韵；仄声者，为之上去入三声，为之仄韵。如同佉字，是康茶切。出切于冈，摄开口正韵溪母下；行韵于迦，摄开口正韵彻母下。依韵寻标，定取溪母下佉字，是也。注云：此字在迦，摄开口正韵溪母下，是牙音，属次清，是平声，为平韵。此之一字以为定式，余者皆同。故云，此法是诸书之本，为众艺之胜。名派以就，然后明义如何。是义，大地一切文字，不出事物两用。何为事物？所谓空言无物为之事，凡所有形为之物。”

这段说明文字，主要讲的是切字。切字也叫反切，还叫反语，都是拼音的意思。切字是古人在“直音”、“读若”之后创制的一种新的注音方法。切字的基本原理，是用两个汉字相拼给另外的一个汉字注音，切之上字取声母，切之下字取韵母和声调。这段说明文字和上面《切字样法》前一首的韵语助记歌诀，说的都是这个意思。这段说明文字，是《康熙字典》全书切字的总括，而这首韵语助记歌诀，又是在这个说明文字的基础上提炼出来的。

如果说，《切字样法》前一首韵语助记歌诀所体现的《康熙字典》的功利性，还是出于技术层面的指导，“记取康茶佉是样，故教学者初分明”，是说因为要初学者一开始就得明确切字原理，所以必须告诉他们记取“康茶”二字切字的范例，到使用的时候才会了然于心。而《切字样法》后一首韵语助记歌诀，则显然是把单纯的知识或者技能的传授，上升为治学态度的高度了，“刻雕残缺写多误，何用依形执字旁”，是说作为一种学问的切字，其态度更应该是严谨而不是盲从，更需要深思慎取的。这从为学的视角看，后一首比前一首更加的难能可贵，成为无功利性了；而这恰恰又是《康熙字典》最高的功利性。这里，我们可以体悟到编纂者的用心良苦。

还有《赞嘱等韵·西江月》二首，也是这样。比如，“堪赞九音总括，包含万字无差。从来切字有作家，难比如斯妙法。有声韵中直取，见形篇内活拿。若君记念细熟滑，实乃真金无价。”“切字须凭等韵，呼吸清浊音声。横编竖纽要叮咛，音韵自然真正。横竖各排千遍，师傅关钥分明。若言此事不精灵，除是痴聋哑佽。”一般研究者认为，等韵是以音节表为主要方式对汉语字音进行分析的一门学科，是汉语音韵学的一个分支。《康熙字典》的等韵，主要是帮助读者切字。《赞嘱等韵·西江月》其一的"若君记念细熟滑，实乃真金无价"，旨在强调只有熟练掌握"九音总括"韵语助记歌诀，才能依声定韵见形取字，游刃有余。记是默读，念是诵读；细熟是体会，滑是为了补足韵律的衬字。其二则是从切字的具体方法步骤，声明等韵是目前最为适用的切字韵图。"横竖各排千遍，师傅关钥分明"是说编纂者经过反复验证，作为切字关键的图表，等韵的设计是清楚明白合于音韵学原理的，读者只管使用。师傅，是教授的意思；关钥就是打开城关的钥匙，这里把《康熙字典》正文喻为城关，把韵图喻为钥匙，十分形象贴切地描述了作为《康熙字典》编纂的元素，九音总括即等韵，在《康熙字典》中的位置。"若言此事不精灵，除是痴聋哑佅"，虽然有些"万般皆下品，惟有读书高"的鄙俗之嫌，但也能够看出编纂者的专业和自信。

此外还有些歌诀也都自然顺带地说到了韵语助记的功利性，不再一一举例。总的看来，《康熙字典》韵语助记的功利性，主要体现在两个方面，一是正告读者总体把握"乡谈"，即方言土语和《康熙字典》标准语音的关系；一是如何使用等韵进行切字。这两者也成为后来字典辞书韵语助记编纂的基本原则。

（二）《康熙字典》韵语助记的系统性

在助记语言这门学科中，最先创立韵语助记系统的，首推宋代李和的《麻衣神相》，继承这个传统并有所发挥的是明代的中医药学的韵语助记著作，比如，上面说过的《药性歌括四百味》等，之后，韵语助记系统性的代表作应该就是《康熙字典》。《康熙字典》的韵语助记系统性包括两大方面：

1.《康熙字典》韵语助记总体的编排体例

作为以二百一十四个部首统摄四万七千零三十五个汉字，这样大型工具书的内容提要，《康熙字典》的十九种、三十五首韵语助记歌诀，其体例也必然是要跟它正文内容的编排相匹配，相对应，是既系统而又科学的，否则便不会起到纲举目张的作用。《康熙字典》的韵语助记歌诀，正是按照它正文的基本架构，按照谱系式、总分的方法进行编排的。比如，《字母切韵要法》第一首韵语助记歌诀即为《证乡谈法》，这是全书的总纲，这是第一层级。接下来的《分九音法》又是余下各个分支，比如，《分十二摄韵首法》《寄韵法》《借入声法》《揭十二摄法》以及《分四声法》等的总纲，这是第二层级。往下《切字样法》又是余下各个分支，比如，《检篇海部首捷法》《部首笔画十一类》及《总括歌诀》《检篇卷数法》等的总纲，这是第三层级。《揭韵摄法》又是以下各个分支，比如，《揭入声法》《明等第法》《明摄内相同法》以及《变形十八部》等的总纲，这是第四个层级。如果把《部首笔画十二部歌诀》也纳入进来，那就是第五层级。形成总说在前，分说在中，再总说在后，依次纵横展开的总分式系统编排体例。

换句话说，也就是只有循序渐进地掌握了这些基本知识，记住这些基础性的元素，才能进入有关《康熙字典》正文的查阅、检索和学习。与《麻衣神相》等韵语助记著述编纂体例比较起来，《康熙字典》更加显示出其学术性团队的优势。

2.《康熙字典》韵语助记具体的说解顺次

《康熙字典》韵语助记具体的说解顺次，是比较注意系统性、层次性的。这主要体现在两个方面：

（1）不可逆排序

所谓不可逆排序，就是指《康熙字典》它的韵语助记歌诀，对于有些死知识这些单元的顺序，为了不至于造成二次混乱，其韵语助记歌诀，也都完全严格遵循本原顺序，不另起炉灶。比如，《检篇卷数法》："一序二见溪，三内是郡疑。端透泥定四，澄娘彻五知。帮滂六内取，明并七为基。非敷微八奉，精清从九归。心邪十内有，照穿状十一。审禅行十二，晓匣影十三。喻母居十四，来日十五宜。"检篇卷数，从第一到第十五卷的顺序如果被打乱，整个检篇卷数记忆的顺序和实际上三十六母的统摄顺序，就会混淆，就会适得其反，就会违背韵语助记歌诀的初衷，失去了韵语助记的作用。《康熙字典》的韵语助记歌诀《检篇卷数法》，牢牢锁定这个大方向不动摇，依据其所传授知识或者技能的本原顺序，成功地设计了这首韵语助记歌诀。《康熙字典》不可逆的韵语助记歌诀，还有诸如《分十二摄韵首法》《分四声法》等十几首。形式服从内容，是一切助记语言的基本原则。在不可逆排序这一点上，《康熙字典》为后世字典辞书树立了标格。

（2）可逆排序

所谓可逆排序，就是指作为字典辞书编纂的有关学术流派性知识或者技能方面的元素，《康熙字典》都做了前后顺序灵活的处理。比如，《分九音法》：

"见溪郡疑是牙音，端透定泥舌头音。知彻澄娘舌上音，帮滂并明重唇音。非敷奉微轻唇音，精清从心邪齿头。照穿状审禅正齿，影晓喻匣是喉音。来日半舌半齿音，后习学者自明分。"《分九音法》并没有完全按照通常所谓发音部位的"唇舌齿牙喉"和三十六母顺序相对应，而是以三十六母的对应"牙舌唇齿喉"的发音部位进行了处理。这样的编排还有《揭韵摄法》《揭入声法》等。这样既使得韵语助记的形式，更加上口，而且也顾及了其文学性的展示。

《康熙字典》的韵语助记，除了功利性和系统性，其文学性也是相对好于其他韵语助记著述的。像上面说过的两首《赞嘱等韵·西江月》不仅韵律优美，而且文辞也相当可读。这样的例子还有，诸如《明摄内相同法》《变形十八部》《明等第法》等，都十分顺畅。比如，《明等第法》："端精二位两头居，知照中间次第呼。来晓见帮居四等，轻唇三等外全无。" 基本就是七言绝句的形式，无论格律还是内容，都显示了语言文字学家的专业修养和国家级字典编纂的高雅品位。

三、《康熙字典》韵语助记对后世的影响

《康熙字典》刊行以后，清代的小学，即古文字学运动便蓬勃开展起来，古文字学家形成了最为"江山代有才人出"的壮观局面，其著述可以说浩如烟海。仅就字典辞书的编纂而言，部首韵语，音韵学，乃至考证之书，层出不穷。有很多大学者都投入此中来，这在上文我们已经说过。而说到《康熙字典》韵语助记语言对后世的影响，主要的，莫过于现代字典辞书的部首和查字法的韵语助记歌诀了。

（一）《四角号码新词典》

《四角号码新词典》为解决建国初期人们不会汉语拼音查字的困难，自一九五零年八月第一版，一直发行到一九八二年十二月第九版，此后还曾多次印刷，甚至于《新华字典》还在有的版本上增加了"四角号码"检字的附录，以方便人们使用。初步统计，截至一九八二年，其印刷总量大致在一千万册，几乎覆盖了此前人口总数的百分之一，也就是说，在大约一百个人当中就有一个人使用这种检字法，使用这种助记语言形式；或者可能还要多一些，因为一本辞书不可能就只供一两个人使用。即使到了汉语拼音普及的时代，也还有许多人津津乐道地使用"四角号码"查字法，就像有的人使用算盘跟计

算机比赛加减法一样，其熟练程度为习惯使用汉语拼音查字法的人所不及，因而成为了一种文化时尚的炫耀。《四角号码新词典》把笔画分为十类，第一版把"四角号码"查字法"助记词"叫做《笔画号码对照歌》，第九版叫做《四角号码查字口诀》，其内容都是相同的：

"横一垂二三点捺，叉四插五方框六。七角八八九是小，点下有横变零头。"[2]

这首助记词是王云五先生发明的，它以类似七言绝句的形式，首句不入韵，二四句押韵，前三句每句分别概括三个笔形代码，最后一句交代零的笔形代码；十个代码，通俗简捷明了。这个记住了，再记住查字取码顺序，按照左上、右上、左下、右下角的次序，取四个角笔形的代码，就可以查字了。

"四角号码"查字法大大降低了重码率，提高了查字准确度和效率，半个世纪以来，不仅使得它成为汉语拼音查字法普及之前，一直深受人们喜爱的辞书之一，而且它的这些逐渐完善的规则，还不断启发着后来诸多类似查字方法的发明。当然也包括前面我们开卷所列举的"五笔字型输入法"，都是在这一基础上提炼加工进行再创造的。"五笔字型输入法"识别码的设计，可以说，就是直接运用了"四角号码"查字法的代码区别法的。

（二）《三角号码字典》

《三角号码字典》[3]把笔画分为六类，《三角检字法口诀》是：

"一横二竖三点捺，四叉五角六方架。"

（三）《三向号码字典》

《三向号码字典》[4]把笔画分为三类，《编码口诀》是：

"横竖斜笔三向明，分向计数号码成。复笔只记起笔向，过九作九缺记零。"

（四）《五码查字法简明字典》

《五码查字法简明字典》[5]把笔画分为五类，口诀是：

"横竖撇点折，分类加诸和。缺笔以零代，过九归九说。"

这是字典辞书的编纂。而小学语文教学大纲指出，要使学生及早学会"音序查字"、"部首查字"和"数笔画查字"这三种方法。为此，北京师范大学实验小学高级教师王淑蓉编写了这三种方法。比如，音序查字法："查音序，很简单，看字母，是关键。音节表，仔细看，大声母，记心间。看音节，是哪个，声母下，能找见。据音节，查例字，此例字，在眼前。见例字，记页码，照页码，翻字典。在正文，遇例字，按声调，找生字。此方法，最灵验，建议你，试试看。"[6] 其他两种不再举例。这三种方法，习惯上叫《查字典三字经》。这个三字经流传很广，有的还列入了不同版本的小学语文教科书。

近现代众多有关字典辞书韵语助记歌诀的出现，一方面承袭了清代《康熙字典》等助记语言的传统，一方面又有所创新。自《康熙字典》刊行以来的三四百年间，人们对韵语助记歌诀的不断研究探索，一直影响到今天"五笔字型输入法"的开发和利用，甚至影响和启发了汉字智能手机输入法。

本章小结：

本章以韵语助记例表和韵语助记基本功能解析的方式，描述和讨论了作为清代字典辞书韵语助记的代表作——《说文部首歌》和《康熙字典》的韵语助记形式和内容，及其在该领域对后世助记语言发展的影响。清代是韵语助记最兴旺发达的时期，各类韵语助记著述繁多，字典辞书助记语言著述更是不胜枚举。其助记语言的状貌，透过这两部作品，可见其一斑。

注释：

（1）康熙字典，等韵；康熙字典，中州古籍出版社，2006

（2）笔画号码对照歌，四角号码新词典；商务印书馆，1954

（3）陈以强，三角号码字典；辽宁人民出版社，1983

（4）梁承穆，三向号码字典；齐鲁书社，1988

（5）罗先安，五码查字法简明字典；湖南人民出版社，1984

（6）查字典三字经，小学生标准字典；商务印书馆，2005

第三章　童蒙学的助记语言：幼学歌和声律

本章要点：

　　本章为童蒙学助记语言研究。童蒙韵语，是助记语言学最为重要的研究内容。童蒙韵语，作为童蒙教科书或教辅资料，自秦汉以来至于清末民初，一直未曾有过间断。本章分两部分，一部分为概述，介绍秦汉、南北朝以来，以及近现代童蒙韵语著述的情况；一部分为解析，以其代表作品，诸如《千字文》《三字经》和《声律启蒙》等，具体描述和阐释作为助记语言重点领域童蒙韵语的主要形式和基本内容。

第一节　童蒙韵语的历代著述

　　顾名思义，童蒙学就是对儿童进行启蒙教育的学问。童蒙学出现的很早，"周官外史掌达书名于四方，保氏养国子教以六书"[1]，书名就是文字，六书就是六种字体。这是周代儿童入学的课程，也就是我们所说的童蒙学。虽然从六书概念的定义看，已经初步有了韵语的迹象，而真正作为典型韵语的出现，并实施于童蒙学，而且具有文献记载的，还是在秦代统一六国之后。

一、启迪幼学，莫非此志

　　有关古人为什么要使用韵语这种形式作为助记，对儿童进行启蒙教育，有许多研究者都曾经有过不同视角的说明。清代王用臣认为，"天地之大，人事之繁，名物象数之渊奥，虽系负淹通，往往任举目前，或数典而昧之，奚论幼学？幼而言学，非徒病陋也，又苦易忘。观夫里谣巷谚，无骈而韵成，不师而口熟，抗队、倨句、舞蹈，以长言之，童而习耄弗谖也。昔之李氏《蒙求》《龙文鞭影》与夫《鉴略》《韵史》各书，启迪幼学，莫非此志。"[2]

　　王用臣，字念航，号斯陶居士，河北深泽人，生于道光二十二年（公元1842年），卒年不详。曾祖王锡培，为乾隆举人。其父王肇谦，为道光举人，历任福建漳州知府等职，《清史稿》有载。王用臣同治九年（公元1858年）

中举，有文言小说《斯陶说林》等。王氏认为最好的办法是韵语，其主要原因有两个，一个是典籍多，浩如烟海，不仅是初学的儿童，即便是自负盛名的学者也有不明晓之处，这就需要记忆；另一个是，仅就初学的儿童来说，他们不仅知识缺乏，而且也最易遗忘，这就需要有记忆的方法。就这个问题，一些学者从人幼年自街谈巷语的歌诀中学习到的知识，到老也不能忘记，这个实际生活经验中，受到启发，于是便开始编写童蒙韵语。王氏关于童蒙韵语的解释，实际上也是对于助记语言形成发展过程的一个历史性描述。我们也可以从中提取到有关助记语言学的一些基本元素，比如，首先是对于知识或者技能的记忆，其次是对于知识或者技能记忆的方法。童蒙韵语，就是其中的一个助记方法。王氏所提及的《蒙求》《龙文鞭影》《鉴略》《韵史》等，就是这样一类的童蒙韵语著述。

二、童蒙韵语的历代著述

其实，王氏所说的《蒙求》《龙文鞭影》等各书，也还是属于助记语言发展到了唐宋以来最兴旺时期的状况，而此前有关此类的著述，不仅历史悠久，而且成果也相当丰厚。本章在这一节，主要介绍秦汉以来至于清末民初各个历史时期的童蒙韵语著述。

（一）秦汉六部

以童蒙韵语进行助记的历史很早，我们在讨论《周易》助记语言的时候，就说到了"三字经"。但就目前我们可以得到的有关资料看，有文献记载的，主要的还是秦汉时期的四言韵语。

1. 秦三苍

公元前二百二十一年，秦统一六国，实行"书同文"。这一时期童蒙韵语的著述，有丞相李斯（约公元前 284- 公元前 208 年）《苍颉篇》七章，中车府令赵高（公元前？- 公元前 207 年）《爱力篇》六章，太史令胡母敬（生卒不详）《博学篇》七章，合二十章，即所谓"三苍"。这些著述大都是四字句式，两句为韵，已经开始把韵语助记这种形式，正式运用于儿童的启蒙教育。虽原本皆已不传，而近人很多大学者，诸如任大椿（公元 1738-1789 年）、孙星衍（公元 1753-1818 年）、王国维等，都对此有很深入的研究，都有比较详备的辑本可作为助记语言学研究的参考。

2. 汉三苍

到汉代，因古书时人已经难以读懂，汉宣帝从齐国征集到了能正读的人，命张敞（公元前？－公元前48年）等人学习承传。汉平帝时又征集一百多通晓之人于未央宫进行研究。由黄门侍郎扬雄（公元前53-公元18年）集成《训纂篇》，作为《苍颉篇》的续篇，总计得八十九章，五千三百四十字。因扬雄所集成的《训纂篇》最后二字为"滂熹"，到汉和帝时，郎中贾鲂（生卒不详）又续为《滂熹篇》。到晋代张轨（公元255-314年）又将秦之《苍颉篇》，即"秦三苍"，编为上卷；《训纂篇》编为中卷，《滂熹篇》编为下卷，仅《滂熹篇》就有七千多字。亦称"三苍"，即"汉三苍"。此外，汉代仿《苍颉篇》编出的字书，还有诸如汉武帝时司马相如（约公元前179-公元前118年）的《凡将篇》；汉元帝时黄门令史游（生卒不详）的《急就篇》；汉成帝时将作大匠李长（生卒不详）的《元尚篇》等。但这些韵语助记著述，有的已经使用七言句式，比如，史游的《急就篇》等。汉三苍加之《凡将篇》《急就篇》《元尚篇》，即为秦汉时期六部童蒙韵语著述，完整保留下来的只有《急就篇》。

而秦三苍，前人多有引用。比如，唐六臣《文选注》，释慧琳（生卒不详）《正续一切音义》等。孙星衍把前人引用《苍颉篇》文句收入他所辑《苍颉篇》及补本。据近现代考古学统计，《苍颉篇》还有残简出土。比如，二十世纪初，英国人斯坦因（公元1862-1943年）在甘肃敦煌汉长城烽燧遗址所出汉简中，发现有《苍颉篇》零星残简。王国维收录有《重辑苍颉篇》。《苍颉篇》残简，在一九三零至一九七七年这半个世纪里，从边地西北的居延汉代烽燧遗址，到内地安徽阜阳双古堆汉墓等都有发现。这说明其作为韵语助记的童蒙学，流传的地域范围十分广泛。以下是一般研究者认为《苍颉篇》比较完整的第一章，"苍颉作书，以教后嗣。幼子承诏，谨慎敬戒。勉力讽诵，昼夜勿置。苟务成史，计会辩治。超等轶群，出尤别异。初虽劳苦，卒必有意。"[3]《苍颉篇》经过两千多年的变革，至今还可以读出它历史本来的面目，尤其是开宗明义，表明其韵语助记的性质，作为研究助记语言学初起时期的资料，很可宝贵。

（二）南北朝以来，童蒙韵语的主要著述

童蒙韵语，继秦汉初起之后，南北朝为定型时期，宋代为发展时期，明清为繁荣时期。下面选取具有代表性的著述作以介绍。

1.《千字文》

《千字文》著者梁代周兴嗣。周兴嗣（公元 469-521 年），字思纂，河南沈丘人。南朝梁武帝时为散骑侍郎，给事中。周氏《千字文》编成于梁武帝大同（公元 535-543）年间。关于编著的经过和千字的来源，唐代姚思廉《梁书》说，"高祖以三桥旧宅为光宅寺，敕兴嗣与陆倕各制寺碑。及成，俱奏。高祖用兴嗣所制者。自是《铜麦铭》《栅塘碣》《北伐檄》《次韵王羲之书千字》，并使兴嗣为文。"(4)《次韵王羲之书千字》，就是选取王羲之遗书中一千个不重复的字，编为四言韵语。从周氏《千字文》看，虽不完全连贯，但大致可以揣摩出其意义。所叙述的内容，包括自然、社会、历史、伦理等方面的诸多常识。周氏《千字文》隋代开始流行，至今有一千四百多年的历史。作为童蒙韵语，与无名氏《百家姓》和王氏《三字经》被称为"三百千"。

2.《蒙求》

《蒙求》著者，后世学者有异议。《四库全书提要》注为后晋李瀚（生卒不详）。这里我们只称为李氏《蒙求》。李氏《蒙求》书名取自《周易》蒙卦，"匪我求童蒙，童蒙求我。"蒙求，是原文"童蒙求我"一句话里的两个词，与正文没有太多联系。这是古人文章标题的一个习惯。李氏《蒙求》以历史传说等人物、言行、故事，编为四言韵语。到宋代又有徐子光（生卒不详）为其作注。全书除了最后四句结语，正文全部为四言，每四个字为一个主谓结构的短语，上下两句对仗，各讲一个典故。李氏《蒙求》现存本总计二千四百八十四字。全书所讲的，大部分是历史人物故事。比如，"桓谭非讥，王商止讹。西门投巫，何谦焚祠。匡衡凿壁，孙敬闭户。孙康映雪，车胤聚萤。屈原泽畔，渔父江滨。绿珠坠楼，文君当垆。"当然也包括一些纯知识性的内容，比如，"杜康造酒，仓颉制字。程邈隶书，史籀大篆。蒙恬制笔，蔡伦造纸。"此外，还有一些神话故事和古代寓言，比如，"女娲补天，长房缩地。墨子悲丝，杨朱泣歧。"其中很多内容后来为《三字经》《日记故事》《龙文鞭影》《幼学》等童蒙韵语所使用。李氏《蒙求》对后来宋元明几百年之间蒙学的发展起了很大的作用。此后，陆续出现了大批蒙求韵语著述，体例与李氏《蒙求》基本相同。有《十七史蒙求》，著者为宋代王令（公元 1032-1059 年）。《纯正蒙求》，著者为宋末元初胡炳文（公元 1250-1333 年）。《广蒙求》，著者为明代姚光祚（生卒不详）。

　　还有《龙文鞭影》，这里需要展开说一下。《龙文鞭影》著者为明代萧良有。萧良有（公元1549-? 年），字以占，号汉仲，湖北汉阳人。明万历八年（公元1580年）进士，曾任国子监祭酒。有《玉堂遗稿》等。萧氏《龙文鞭影》原为《蒙养故事》，后由夏广文（生卒不详）作注。至明末清初，杨臣诤（生卒不详）认为萧氏《龙文鞭影》太简略，夏注又有错误，于是加以补充订正，改名《龙文鞭影》。意思是，"龙文，良马也，见鞭则疾驰，不俟驱策。"萧氏《龙文鞭影》至清代中叶以后开始盛行，现存各种通行本。至清末李恩绶（公元1835-1911年）又校补过一次。萧氏《龙文鞭影》有两个特点，一是内容很丰富，吸取此前若干童蒙韵语的材料，并从古代神话、小说，比如《搜神记》《世说》等著述里搜集故事。包括孟母断机、毛遂自荐、荆轲刺秦、鹬蚌相争、董永卖身、红叶题诗等，两千多个典故。另一个是体例上使用平水韵平声的全部三十个韵部，按韵部编排，形成四言韵语，每句概括一个典故。各个韵部字数不一。长的，比如，卷上支部，九十六句三百八十四字；短的，比如，卷上微部，仅十六句六十四字。而大部分平均在二十四句左右。这些四言韵语，对仗工整，易诵易记。比如，"粗成四字，诲尔童蒙。经书暇日，子史须通。重华大孝，武穆精忠。尧眉八彩，舜目重瞳。商王祷雨，汉祖歌风。"萧氏《龙文鞭影》继李恩绶之后，李晖吉（生卒不详）、徐兰畦（生卒不详）又合编了《龙文鞭影》二集。经过几代人的努力，萧氏《龙文鞭影》后来的注释也达到了很准确的程度。清末民初出版的《龙文鞭影》一般都是这个初集与二集的合订本。萧氏《龙文鞭影》值得一提的，还是它的按韵部编排体例，一直影响到了后来童蒙韵语集大成的著述《声律启蒙》。

3.《太公家教》

　　《太公家教》著者已无从查考。《太公家教》以四言韵语，杂述日常生活的行为习惯及其道德规范。书中有"太公未遇，钓鱼渭水"句，后人即取之以为书名。唐代中叶至北宋初年最为流行。等到《三字经》《百家姓》出现，中原地区才逐渐失传，而此时北方及东北少数民族地区却还在一直使用。金代还有人以此编作剧本，元代译为女真文，清代译为满文。敦煌莫高窟发现手写本一卷，后被以影印本的形式收入《鸣沙石室佚书》。

4.《兔园册》

　　《兔园册》亦作《兔园策》或《兔园册府》，著者唐代杜嗣先（生卒不详）。

据宋代王应麟《困学纪闻》，杜嗣先为唐梁王李恽僚属。李恽有兔园，即以此为书名。杜氏《兔园册》收集古今事迹典故，以韵语对仗的形式分类编辑，分四十八门，三十卷。五代时流行于乡村私塾。《新五代史·刘岳传》载，（冯道）且入朝，兵部侍郎任赞与岳在其背后。道行数反顾，赞问岳："道尔反顾何为？"岳曰："遗下《兔园册》尔。"《兔园册》者，乡校俚儒教田夫牧子之所诵也。可见其广为普及的程度。杜氏《兔园册》已失传，今仅存序文残篇，亦见《鸣沙石室佚书》。

5.《百家姓》

《百家姓》一般研究者认为成书于北宋初年，因开头为"赵钱孙李"，宋代皇帝为赵姓。《百家姓》为宋明以来童蒙学的主要普及读物。全文采用四言韵语，原收集姓氏四百一十一个，后增补到五百六十八个，其中单姓四百四十四个，复姓一百二十四个。《百家姓》对于儿童识字和姓氏文化传承等，都起了很大作用。

6.《童蒙训》

《童蒙训》亦名《吕氏童蒙训》，著者宋代吕本中。吕本中（公元1084-1145年），字居仁，安徽寿县人。祖籍莱州，世称东莱先生。有《春秋集解》《紫微诗话》等。吕氏《童蒙训》主要以宋代儒家有关修身、治学、从政等言论，作为童蒙韵语识字课本，共三卷。原本附有《论诗语》，今本论诗语已不存。

7.《三字经》

《三字经》著者南宋王应麟。王应麟（公元1223-1296年），浙江鄞县人。南宋进士。有《困学纪闻》《玉海》等。以下简称"王氏《三字经》"。王氏《三字经》明清学者均有补订，如区适子（公元1234-1324年）等。民国时期章炳麟（公元1869-1936年）还增订过有关明清的内容。王氏《三字经》为三言韵语。其内容主要为方名事类，经史诸子，以及历代王朝变迁。其中也穿插讲述历史故事。比如，孟母三迁，孔融让梨等，这些故事配合韵语，广为传诵。王氏《三字经》有几种不同版本。清初有一千一百四十字本，后来补充的本子达到一千二百四十八字。作为重要的童蒙韵语著述，王氏《三字经》流行很广，影响也很深远。

8.《童蒙须知》

《童蒙须知》著者南宋朱熹。朱熹（公元1130-1200年），字元晦，号晦庵，世称朱文公。安徽婺源人，宋代理学家。有《楚辞集注》《四书章句集注》等。《四书章句集注》当时还被钦定为教科书和科举考试标准。朱氏《童蒙须知》为杂言韵语，分为五部分。比如，开头便是，"夫童蒙之学，始于衣服冠履，次及言语步趋，次及洒扫涓洁，次及读书写文字，及有杂细事宜，皆所当知。今逐目条列，名曰童蒙须知。若其修身、治心、事亲、接物与夫穷理尽性之要，自有圣贤典训，昭然可考。"这是理学家所规定的，关于儿童自幼学习、洒扫、应对、进退等的行为规范，最具体也是最早的版本。朱氏《童蒙须知》文字浅近，全文一千多字。朱熹与刘子澄（生卒不详）还合著有《小学》。朱氏《小学》收录当时理学所倡导的道德言行等，共六卷。分内外篇，内篇包括立教、明论、敬身和稽古，外篇包括嘉言和善行等。

9.《幼学琼林》

《幼学琼林》著者清代程允升（生卒不详），原为《幼学须知》。嘉庆时期邹圣脉增补为《寄傲山房塾课新增幼学故事琼林》，简称《幼学琼林》，也称《幼学》。邹圣脉（公元1691-1762年），字宜彦，别号梧冈，福建长汀人。有《寄傲山房诗文集》《书经备旨》等。程氏《幼学琼林》为骈语，属于杂言，共四卷。卷一包括，天文、地舆、岁时、朝廷、文臣、武职。卷二包括，祖孙、父子、兄弟、夫妇、叔侄、师生、朋友宾主、婚姻、妇女、外戚、老幼寿诞、身体、衣饰。卷三包括，人事、饮食、宫室、器用、珍宝、贫富凶丧。卷四包括，科第、技艺、文事、讼狱、制作、释道鬼神、鸟兽、花木等。比如，天文部"混沌初开，乾坤始奠。气之轻清上浮者为天，气之重浊下凝者为地。日月五星，谓之七政；天地与人，谓之三才。日为众阳之宗，月乃太阴之象。虹名螮蝀，乃天地之淫气；月里蟾蜍，是月魄之精光。""心多过虑，何异杞人忧天；事不量力，不殊夸父追日。如夏日之可畏，是谓赵盾；如冬日之可爱，是谓赵衰。齐妇含冤，三年不雨；邹衍下狱，六月飞霜。""箕好风，毕好雨，比庶人愿欲不同；风从虎，云从龙，比君臣会合不偶。雨旸时若，系是休征；天地交泰，斯称盛世。"程氏《幼学琼林》辞采绚丽，韵律铿锵，为人称道。伟人毛泽东，才女谢冰莹等，都提及过程氏《幼学琼林》，甚至直到晚年还可以背诵。另外，程氏《幼学琼林》体例上虽然没有按照韵部编排，但骈语的句式，却对于后来，诸如相术、中医药学等韵语著述，产生很大影响。

10.《文字蒙求》

《文字蒙求》著者清代王筠。王筠（公元 1784-1854 年），字贯山，号篆友，山东安丘人，清代语言学家。有《说文释例》《说文韵谱校》等。王氏《文字蒙求》从许慎《说文解字》中选辑常用字两千多个，楷书与篆文并列，分象形、指事、会意、形声四卷。解说简明，便于初学。这是清代比较专业的小学识字课本。

11.《弟子规》

《弟子规》著者清代李毓秀。李毓秀（公元 1647-1729 年），字子潜，号采三。山西新绛人，清初学者、教育家。有《四书正伪》等。李氏《弟子规》原为《训蒙文》，乾隆时期经贾存仁（生卒不详）修订，改名《弟子规》。弟子规即学生守则。李氏《弟子规》为三言韵语，一千一百零二字。其内容以《论语》"弟子入则孝，出则弟，谨而信，泛爱众，而亲仁，行有余力，则以学文"为开头，结合学生日常行为规范逐层展开。分为总叙，入则孝，出则弟，谨，信，泛爱众，亲仁，余力学文等八部分。李氏《弟子规》就德才而言，更重视德。具体说就是孝顺父母，友爱兄弟，言行谨慎，守信，博爱大众，亲敬有德之人等，这些事情都做好了，才可以学习文化。同为《三字经》，李氏《弟子规》主要特点是，一般不举典故，直接进入说教。比如，泛爱众："凡是人，皆须爱。天同覆，地同载。行高者，名自高。人所重，非貌高。才大者，望自大。人所服，非言大。已有能，勿自私。人所能，勿轻訾。勿谄富，勿骄贫。勿厌故，勿喜新。人不闲，勿事搅。人不安，勿话扰。人有短，切莫揭。人有私，切莫说。道人善，即是善。人知之，愈思勉。扬人恶，即是恶。疾之甚，祸且作。善相劝，德皆建。"《弟子规》在清末民初特别流行，一般学者认为，这与当时的国情有关，即乱则治，教育界企望以此救国。

12.《声律启蒙》

《声律启蒙》著者清代车万育。车万育（公元 1632-1705 年），字双亭，号鹤田，湖南邵阳人。康熙甲辰进士，官至兵科给事中。有《萤照堂明代法书石刻》十卷。车氏《声律启蒙》为杂言韵语，分为上下卷。以平水韵三十部，按韵分编。以三言、四言、五言、六言、七言句式，从单字对到双字对，三字对、五字对、七字对、十一字对等，概括了天文、地理、花木、鸟兽、人物、器物等诸多有关对仗的内容。

车氏的《声律启蒙》代表了童蒙韵语的最高成就。本章第二节，有具体解析。

13.《幼学歌》

《幼学歌》著者清代王用臣。《幼学歌》分天文门、地理门、人事门、物类门，人事门又分为上下两卷，总计为五卷。又有《续幼学歌》五卷，总计十卷。《幼学歌》以四言、五言、七言和杂言韵语等形式，上述黄帝，近及清代掌故。短的，为五言四句二十字，比如，《九卿》《六朝》等。长的，多达三百七十多句，两千六百多字，比如，《步天歌》。一般的多为七言四句。我们现在大家所熟悉的《二十四节气歌》就是出自《幼学歌》，"春雨惊春清谷天，夏满芒夏暑相连，秋处露秋寒霜降，冬雪雪冬小大寒。"《幼学歌》是一部集大成的童蒙韵语著述，可以说是一部自秦汉以来，童蒙韵语的小百科全书。王延纶（生卒不详）《幼学歌》后记说，"念旆出其手编《幼学歌》以相质，延纶携之归，以为课儿之本，一时传播，争相借钞。" 可见当时流行的盛况。

（三）近现代仁人志士的童蒙韵语著述

近现代仁人志士，在他们以各种方式探索真理，挽救祖国危亡的同时，仍不忘童蒙教育。在他们的著述中，有不少是有关童蒙韵语的内容。

1. 黄遵宪

近代爱国诗人黄遵宪（公元 1848-1905 年），他在诗歌创作上主张"我手写吾口"。黄遵宪十分重视儿童启蒙，重视歌诵的精神教育作用。著有儿童诗《军歌二十四章》《幼稚园上学歌》《小学校学生相和歌十九章》等。诗体明白晓畅，具有浓烈的爱国激情。

2. 梁启超

近代改良主义思想家和大学者梁启超（公元 1873-1929 年），早年倡导并参与变法维新，介绍西方社会科学，一九一八年由于时局变革，专事著述。他的《饮冰室诗话》多有涉及儿童诗歌的理论和著述。著有儿童诗《爱国歌》《黄帝歌》《终业式》等。

3. 陶行知

人民教育家陶行知（公元 1891-1946 年），从二十年代到四十年代，一直坚持用诗歌宣传其教育思想。在他的诗歌创作中，有不少儿童诗歌，比如，《一双手》《耳朵先生》《锄头舞歌》《镰刀歌》《小先生歌》《朱大嫂送鸡蛋》等。其中有的诗，还为赵元任谱曲，流传很广。

4. 萧三

现代诗人、文学翻译家萧三（公元 1896-1983 年），建国前，主要儿童诗作有《瓦西庆乐》《三个上海的摇篮曲》《给儿子阿郎》《抗战剧团团歌》《儿童节》等。建国后又写了《小月亮歌》《看少年儿童画展》《友谊花和友谊手》《第一个人飞上了天》等。

此外，许多从事文学史研究的学者，也有关于童蒙韵语搜集整理的著述。比如，赵景深（公元 1902-1985 年）等编辑的《古代儿歌资料》。[3] 中国的童蒙韵语助记著述，也被很早就介绍到外国。比如，中国近代儿歌集《孺子歌图》（Chinese Mother Goose Rhymes），由美国何德兰（Isaac Taylor Headland，公元 1859-1942 年）编译，一九零零年在纽约出版。共收儿歌一百四十首。以英文排印，附有中文，绝大部分配有根据儿歌内容拍摄的照片。这些童蒙韵语，大部分见于百本堂、别梦堂钞本，以及韦大利（清朝末年，意大利驻中国的官员）所编辑的《北京儿歌》，同时也选入一些谚语、谜语。

谚语和谜语，绝大多数为童蒙韵语，清末民初还出版发行过专辑或者大全，这些久已流传大江南北，祖国各地，为人民大众喜闻乐见、耳熟能详，此不再赘述。

我国自秦汉至清末民初，童蒙韵语著述种类繁多，内容包罗万象，而其韵语助记方式却一以贯之。这个传统一直延续到现代。童蒙韵语除了教授儿童识字和生活常识，还兼有伦理道德等方面的规范和教育作用。

（四）童蒙韵语的主要特征：定位性、现代性、集成性和重教性

作为助记语言学的一个分支，童蒙韵语的特征总体可以概括为四个方面：

1. 定位性

自秦汉以来，我国童蒙韵语著述，总是开门见山，表明其受众为蒙童，其形式为韵语。这也是它的功利性所在。比如，《苍颉篇》第一章，"苍颉作书，以教后嗣。幼子承诏，谨慎敬戒。"比如，《弟子规》，"弟子规，圣人训。首孝弟，次谨信。泛爱众，而亲仁。有余力，则学文。"童蒙韵语明确的定位性，不仅对助记语言学研究有意义，而且对教育学研究也同样有意义。

2. 现代性和集成性

童蒙韵语的现代性和集成性，主要表现为，绝大多数童蒙韵语著述，一经问世就有学者出来根据时代和社会所需求，进行仿制、修改和补充，形成了为现实社会童蒙服务的传统。比如，所谓"三百千"，周氏《千字文》，王氏《三字经》，无名氏《百家姓》都是经过历代学者不断修订加工而成为经典的。童蒙韵语，也可以说，是世代学者集体创作的结晶。我们这样理解，还有一层意义，也就是现代人无须，其实也没有必要，对众说纷纭的作者做繁琐考证，只取其内容的精华，为时代所需所用而已。

3. 重教性

尊师性是历代童蒙韵语的一个主要内容，而另一方面，作为童蒙韵语的作者，也表现出极大的重教性。历朝历代大学者，几乎大都参与过童蒙韵语的著述，或有专著，或有修订。比如，秦汉时期的李斯、赵高、胡母敬、张敞、扬雄等。南北朝时期周兴嗣、陆倕等，唐代李瀚等。宋代王令、胡炳文、吕本中、王应麟、朱熹等。明代姚光祚、萧良有等。清代车万育、杨诤臣、程允升、邹圣脉、王筠、李毓秀、王用臣，还有民国时期大学者章炳麟。

童蒙韵语的定位性、现代性、集成性和重教性，成为这一个学科历久弥新的原动力。

注释：

（1）康熙字典，序；中州古籍出版社，2006

（2）王用臣，幼学歌，序；幼学启蒙儿歌四百首，希望出版社，1993

（3）赵守祥，中华文祖仓颉；人民出版社，2014

（4）梁书三，文学上，周兴嗣传；中华书局，1973

（5）赵景深，古代儿歌资料；少年儿童出版社，1963

参考文献：

（1）辞海，语言文字分册；上海人民出版社，1977

（2）辞海，教育心理分册，中国教育史；上海辞书出版社，1980

（3）张志公，传统语文教育初探（附蒙学书目稿）；上海教育出版社，1962

（4）儿童文学辞典；四川少年儿童出版社，1991

第二节　童蒙韵语解析

童蒙韵语具有代表性的著述，除了"三百千"还有车氏《声律启蒙》等。因为《百家姓》大家十分熟悉，不作解析。这里只以周氏《千字文》，王氏《三字经》和车氏《声律启蒙》为基本材料，通过解析，使传习者更能够深入了解其作为助记语言代表作品的思想内容和艺术成就。

一、周氏《千字文》

周氏《千字文》[1]全文二百五十句，每句四字，一千个字。首句入韵，然后隔句押韵。九次换韵，我们把它叫做九段韵。每段韵叙述一个大致的内容。

（一）周氏《千字文》的韵语助记

第一段：从开头"天地玄黄，宇宙洪荒"至"墨悲丝染，诗赞羔羊"。大体是在描述天地自然，远古治世的太平盛况。

天地玄黄，宇宙洪荒。日月盈昃，辰宿列张。寒来暑往，秋收冬藏。闰馀成岁，律吕调阳。云腾致雨，露结为霜。金生丽水，玉出昆冈。剑号巨阙，珠称夜光。果珍李柰，菜重芥姜。海咸河淡，鳞潜羽翔。龙师火帝，鸟官人皇。始制文字，乃服衣裳。推位让国，有虞陶唐。吊民伐罪，周发殷汤。坐朝问道，垂拱平章。爱育黎首，臣伏戎羌。遐迩一体，率宾归王。鸣凤在竹，白驹食场。化被草木，赖及万方。盖此身发，四大五常。恭惟鞠养，岂敢毁伤。女慕贞洁，男效才良。知过必改，得能莫忘。罔谈彼短，靡恃己长。信使可复，器欲难量。墨悲丝染，诗赞羔羊。

五十句二百字，一韵呵成。押韵：黄，荒，张，藏，阳，霜，冈，光，姜，翔，皇，裳，唐，汤，章，羌，王，场，方，常，伤，良，忘，长，量，羊。

这二百字又可分为三层，第一层从开头到"鳞潜羽翔"，计十八句，概述人类开天辟地以来的自然景象与季节变化，以及矿产，菜蔬，鱼类鸟类等。第二层以"龙师火帝，鸟官人皇"两句为过渡，转到人世，至"赖及万方"，计十八句，述说人类进入文明社会，文字创制，服装出现，从三皇五帝一直到周武王。第三层随便展开，计十四句，谈及为人处世，秉持天性等。

第二段：从"景行维贤，克念作圣"至"存以甘棠，去而益咏"。述说君子之德。这在周氏《千字文》里面，属于劝诫的内容。

景行维贤，克念作圣。德建名立，形端表正。空谷传声，虚堂习听。祸因恶积，福缘善庆。尺璧非宝，寸阴是竞。资父事君，曰严与敬。孝当竭力，忠则尽命。临深履薄，夙兴温清。似兰斯馨，如松之盛。川流不息，渊澄取映。容止若思，言辞安定。笃初诚美，慎终宜令。荣业所基，籍甚无竟。学优登仕，摄职从政。存以甘棠，去而益咏。

三十句一百二十字。押韵：圣，正，听，庆，竞，敬，命，清，盛，映，定，令，竟，政，咏。

周氏《千字文》的劝诫内容，从第一段的最后一层就已经开始了。本段则进行集中叙述。以竹兰比况君子之美，说到仰慕圣贤，为善，惜时，忠孝，学而优则仕等内容。这段其实是在说儒家之"仁"。这也能够从旁看出周氏《千字文》创作的社会背景和行文动机。有益于社会风化，构成周氏《千字文》的一个重要价值取向。

第三段： 从"乐殊贵贱，礼别尊卑"至"坚持雅操，好爵自縻"。述说礼与义。

乐殊贵贱，礼别尊卑。上和下睦，夫唱妇随。外受傅训，入奉母仪。诸姑伯叔，犹子比儿。孔怀兄弟，同气连枝。交友投分，切磨箴规。仁慈隐恻，造次弗离。节义廉退，颠沛匪亏。性静情逸，心动神疲。守真志满，逐物意移。坚持雅操，好爵自縻。

二十二句八十八字。押韵：卑，随，仪，儿，枝，规，离，亏，疲，移，縻。

如果说，第二段是在讲个人进修之善，那么，本段则是在说家庭、社会之美。要做到这一点，首先要在理念上知礼。所谓礼，就是封建社会的等级制度，这是周氏那时的社会行为准则，也可以叫做道德规范。其次，则是处理家庭、社会、人与人关系。诸如，要做到夫妻，父母，兄弟，家族，亲戚，朋友等的和谐有序，和睦相处。再次是，要坚持个人美好的操守。

第四段： 从"都邑华夏，东西二京"至"旷远绵邈，岩岫杳冥"。述说此前自春秋至汉代的历史。

都邑华夏，东西二京。背邙面洛，浮渭据泾。宫殿盘郁，楼观飞惊。图写禽兽，画彩仙灵。丙舍旁启，甲帐对楹。肆筵设席，鼓瑟吹笙。升阶纳陛，弁转疑星。右通广内，左达承明。既集坟典，亦聚群英。杜稿钟隶，漆书壁经。

府罗将相，路侠槐卿。户封八县，家给千兵。高冠陪辇，驱毂振缨。世禄侈富，车驾肥轻。策功茂实，勒碑刻铭。磻溪伊尹，佐时阿衡。奄宅曲阜，微旦孰营。桓公匡合，济弱扶倾。绮回汉惠，说感武丁。俊乂密勿，多士实宁。晋楚更霸，赵魏困横。假途灭虢，践土会盟。何遵约法，韩弊烦刑。起翦颇牧，用军最精。宣威沙漠，驰誉丹青。九州禹迹，百郡秦并。岳宗恒岱，禅主云亭。雁门紫塞，鸡田赤诚。昆池碣石，钜野洞庭。旷远绵邈，岩岫杳冥。

六十句二百四十字。押韵：京，泾，惊，灵，楹，笙，星，明，英，经，卿，兵，缨，轻，铭，衡，营，倾，丁，宁，横，盟，刑，精，青，并，亭，城，庭，冥。

周氏《千字文》自第四段开始进入基础知识的传授，这也是它的一个主要任务。先从浅近的历史知识谈起，汉代的都城建筑，文字的承传，直至回溯它此前的历史人物和典故。诸如，夏禹，武丁，周文王，春秋战国五霸七雄等，自然顺便也涉及到三山五岳，边塞长城等名胜，这些都是与历史紧密相连的事物。这段虽然不是按照历史顺序叙述，但总体思路明晰，而且具有形象性，有画面感。

第五段：从"治本于农，务资稼穑"至"两疏见机，解组谁逼"。述说农作和性情。

治本于农，务兹稼穑。俶载南亩，我艺黍稷。税熟贡新，劝赏黜陟。孟轲敦素，史鱼秉直。庶几中庸，劳谦谨敕。聆音察理，鉴貌辨色。贻厥嘉猷，勉其祗植。省躬讥诫，宠增抗极。殆辱近耻，林皋幸即。两疏见机，解组谁逼。

二十句八十字。押韵：穑，稷，陟，直，敕，色，植，极，即，逼。

在大略述说农事之后，举孟轲和史鱼的两个例子，转而说如何处理公务。这是再次承接第三段的礼与义而言的。这一类的训诫之语，构成了周氏《千字文》绝大部分的内容。

第六段：从"索居闲处，沉默寂寥"至"游鹍独运，凌摩绛霄"。述说常见的景物。

索居闲处，沉默寂寥。求古寻论，散虑逍遥。欣奏累遣，戚谢欢招。渠荷的历，园莽抽条。枇杷晚翠，梧桐蚤凋。陈根委翳，落叶飘摇。游鹍独运，凌摩绛霄。

十四句五十六字。押韵：寥，遥，招，条，凋，摇，霄。

这段是承接第五段历史，讲述一些景物的知识。因此，只是借助一些春天秋天的植物，诸如，荷花，琵琶，梧桐等，没有互相连贯的情节。

第七段：从"耽读玩市，寓目囊箱"至"诛斩贼盗，捕获叛亡"。述说日常生活。

耽读玩市，寓目囊箱。易𬨎攸畏，属耳垣墙。具膳餐饭，适口充肠。饱饫烹宰，饥厌糟糠。亲戚故旧，老少异粮。妾御绩纺，侍巾帷房。纨扇圆洁，银烛炜煌。昼眠夕寐，蓝笋象床。弦歌酒宴，接杯举觞。矫手顿足，悦豫且康。嫡后嗣续，祭祀烝尝。稽颡再拜，悚惧恐惶。笺牒简要，顾答审详。骸垢想浴，执热愿凉。驴骡犊特，骇跃超骧。诛斩贼盗，捕获叛亡。

三十二句一百二十八字。押韵：箱，墙，肠，糠，粮，房，煌，床，觞，康，尝，惶，详，凉，骧，亡。

从韵律使用情况看，临近结尾，这一段又回归了第一段的韵部。我们叫做勾连韵。有首尾照应，使记忆的结构完整统一的作用。内容上为大段集中识字，因而没有过多考虑叙事的连贯，仅以纺织、闺房、纨扇等联系到陈设，乃至乐舞宴会，而后说一些较为牵强的人情世故。这种作法，为后来许多童蒙韵语所效仿。仅从这一点看，周氏《千字文》，可谓始作俑者。

第八段：从"布射僚丸，嵇琴阮啸"至"孤陋寡闻，愚蒙等诮"。述说发明创造。

布射僚丸，嵇琴阮箫。恬笔伦纸，钧巧任钓。释纷利俗，并皆佳妙。毛施淑姿，工颦妍笑。年矢每催，曦晖朗曜。璇玑悬斡，晦魄环照。指薪修祜，永绥吉劭。矩步引领，俯仰廊庙。束带矜庄，徘徊瞻眺。孤陋寡闻，愚蒙等诮。

二十句八十字。押韵：啸，钓，妙，笑，曜，照，劭，庙。

介绍了几个人物和他们的掌故。有嵇康之琴，阮籍之箫，还有蒙恬制笔，蔡伦造纸等。《千字文》两次说到惜时，一次是第二段"尺璧非宝，寸阴是竞"，还有这一段的"年矢每催，曦晖朗曜"。这个有关惜时的劝诫，也影响了后来许多童蒙韵语。

第九段：也是全文最后两句：

谓语助者，焉哉乎也。

这两句也是有韵而上口的，而且以八个虚字煞尾，暗示了整篇文章收束。

作为以韵语为主要助记形式的童蒙学著述，周氏《千字文》具有以下几个特点：

首先，以韵律变化，就是换韵，来划分所讲述的内容。全文九段韵语，总体上每段讲述一个主要内容，基本不互相杂侧。

其次，内容所体现的大致为儒家的"仁、义、礼、智、信、孝"思想。在传授生活、生产常识，讲述历史人物的同时，直接或间接渗透了这些思想。其思想核心总体上为"和为贵"。

再就是，韵律灵活而无重复韵脚。周氏《千字文》只是在正文中仅有一个是重字"洁"。"女慕贞洁"和"纨扇员洁"。

周氏《千字文》以类似叙事的语体，严格遵照命题意图，把散乱的一千个字，组织成为基本有联系的识字课本，既有历史掌故又有自然景物，以及社会生活，可谓已经做到了极致。这在此后童蒙韵语著述中，是绝无仅有的。

（二）周氏《千字文》的普及和影响

历代童蒙学韵语助记著述甚多，其中普及和影响程度深广的亦不乏其例，而最为深广的，还是周氏《千字文》。

1. 续编与改本

受周氏《千字文》影响，后来有多种续编和改编本。比如，宋代胡寅（公元 1098-1156 年）《叙古千文》，侍其伟（生卒不详）《续千文》，葛正刚（生卒不详）《重续千文》。元代许横（公元 1209-1281 年）《稽古千文》。明代周履靖（公元 1549-1640 年）《广易千文》，李登（生卒不详）《正字千文》。清代何桂珍（生卒不详）《训蒙千字文》，龚聪（生卒不详）《续千字文》等。

这里值得一提的，还有太平天国编印的儿童识字课本《御制千字诏》。该书于一八五四年，由洪秀全（公元 1814-1864 年）下令颁行。选取常用字一千一百零四个，避用重字，编成四言韵语。内容包括自然知识、拜上帝会教义和太平天国革命前程等。有的段落还写出了金田起义后太平军胜利进军的情景，比如，"旗麾劲陈，远望窜跑。洞庭长驱，鲸鳌沫涎。皖省直进，将士扬鞭。" [2]

2. 史论

著名的"史记三家注"者之一，唐代司马贞（公元 679-732 年）的《史记索隐述赞》，全文多达一千六百六十句，六千六百四十字，完全以四言韵语，叙述和评价《史记》十二本纪、十表、八书、三十世家、七十列传，一百三十篇。

无论内容的述与赞，还是形式的韵语，都明显受着周氏《千字文》的影响。比如，夏本纪第二索隐述赞："尧遭鸿水，黎人阻饥。禹勤沟洫，手足胼胝。言乘四载，动履四时。娶妻有日，过门不私。九土既理，玄圭锡兹。帝启嗣立，有扈违命。五子作歌，太康失政。羿浞斯侮，夏室不竞。降于孔甲，扰龙乖性。嗟彼鸣条，其终不令！"[3]这段概括了禹的一生功绩和夏朝的兴亡。司马贞《史记索隐述赞》与周氏《千字文》不同的，无非是司马贞尚繁，周氏从简。一个以近千字概括了南北朝以前的中国历史，一个以近七千字，概括了汉武帝以前华夏民族的兴衰。

3.小说与戏文

宋代以后，人们甚至连日常排序都要用周氏《千字文》。比如，天字一号，这个成语就是来自周氏《千字文》首句"天地玄黄"的第一个字。天字一号，后来就比喻最高的、最大的或最强的。明代凌蒙初（公元1580-1644年），《初刻拍案惊奇》[4]卷十八："那女眷且是生得美貌，打听来是这客人的爱妾，日日雇了天字一号的太湖船，摆了盛酒，吹弹歌唱俱备，携了此妾下湖。"

还有戏文。比如，汤显祖（公元1550-1616年）《牡丹亭》[5]第十七出"道觋"，整出戏文，除了最后两句唱词，前面石道姑大段的内心独白，全文使用的几乎都是《千字文》原话。共引用了一百一十六句，整整四百六十四字。诙谐幽默地叙述了她自己石女的身世，相亲、陪嫁、婚礼、洞房尴尬，她的丈夫纳妾以及她出家，至于尼姑庵，乃至道士的骚扰，她清静而无聊的人生全程。比如：贫道紫阳宫石道姑是也。俗家原不姓石，则因生为石女，为人所弃，故号"石姑"。思想起来：要还俗，《百家姓》上有俺一家；论出身，《千字文》中有俺数句。早是二更时分，新郎紧上来了。替俺说，俺两口儿活象"鸣凤在竹"，一时间就要"白驹食场"。则见被窝儿"盖此身发"，灯影里褪尽了这几件"乃服衣裳"。天呵，瞧了他那"驴骡犊特"；教俺好一会"悚惧恐惶"。那新郎见我害怕，说道，新人，你年纪不少了，"闰馀成岁"。俺可也不使狠，和你慢慢的"律吕调阳"。俺听了口不应，心儿里笑着。新郎，新郎，任你"矫手顿足"，你可也"靡恃己长"。三更四更了，他则待阳台上"云腾致雨"，怎生巫峡内"露结为霜"？他一时摸不出路数儿，道是怎的？快取亮来。侧着脑要"右通广内"，踏着眼在"篮笋象床"。那时节俺口不说，心下好不冷笑，新郎，新郎，俺这件东西，则许你"俳徊瞻眺"，怎许你"适口充肠"。如此者几度了，恼的他气不分的嘴劳刀"俊乂密勿"，累的他凿不窍皮混沌的"天地玄黄"。和他整夜价则是"寸阴是竟"。待讲起，丑煞那"属耳垣墙"。这个还真有点像相声《电影名接龙》。汤显祖以周氏《千字文》大段引文，描述石道姑作为一个石女的洞房花烛夜，其目的是为了达到雅俗共赏。把那么私密的事情，文雅地表现出来，不仅需要作者的才华，而且更需要观众的接受。可以想见，周氏《千字文》在当时被群众所熟知的程度。

此外，宋元明清以来，书法家手写周氏《千字文》比比皆是，从赵孟頫一直到启功从未间断，这个事实也是其他童蒙韵语著述所无法企及的。

二、王氏《三字经》

作为重要的童蒙韵语著述，下面就王氏《三字经》[6]内容和形式两方面，讨论其韵语助记的主要特征。因为周氏《千字文》已作逐段说解，王氏《三字经》我们只作略说。

（一）王氏《三字经》内容的伦理性和知识性

"三百千"虽都属韵语识字课本，而且都具有两个最基本的功能，一是识字，一是思想道德教育。而从著者主观动机看，两者的孰轻孰重，各家认识却不尽相同。章氏在《重订三字经题辞》中说："以较梁人所辑《千字文》，虽字有重复，辞无藻采，其启人知识过之"。但王氏《三字经》跟《百家姓》和周氏《千字文》相比，我们读起来的感觉，王氏《三字经》，则更侧重于思想道德教育。其内容大致包含以下这样几个方面：

1. 后天教育

王氏《三字经》开宗明义，强调后天教育，对于人成长的重要性。比如，"人之初，性本善。性相近，习相远。苟不教，性乃迁。教之道，贵以专。"反之，倘若不坚持实施教育，人的善良天性，就会被改变。并以古代两个教子故事，进行劝诫。比如，"昔孟母，择邻处。子不学，断机杼。窦燕山，有义方。教五子，名俱扬。"为使孟子有好的学习环境，孟母多次搬家。而有一次孟子逃学，孟母竟以折断机杼为喻，来警示孟子逃学的后果，会前功尽弃。这是战国时期的故事。而五代时期，燕人窦禹钧更有成就，因教子有方，五个儿子一举科考成名。这两个教子故事，都很具有劝善性和启发性。

作为教育的双方，王氏《三字经》则认为"养不教，父之过。教不严，师之惰。子不学，非所宜。幼不学，老何为。玉不琢，不成器。人不学，不知义。" 这里是先说教育者，也就是家长和教师，对于儿童成长应该尽教育的义务和责任；然后说受教育者本身，也就是儿童，只有把握幼年学习这个人生最为关键的时期，才能学有所成。"昔孟母，窦燕山"是人事类比，"玉不琢，不成器"是物事譬喻，运用这两种修辞，既旁证了后天教育的重要，也避免了生硬的说教，是非常切合儿童心理的。

2.伦理道德规范

除了后天教育，伦理道德规范，也是王氏《三字经》一大亮点。比如，"为人子，方少时。亲师友，习礼仪。香九龄，能温席。孝于亲，所当执。融四岁，能让梨。弟于长，宜先知。首孝悌，次见闻。"这里以黄香温席和孔融让梨的故事，说儿童小的时候，须处理好礼仪与见闻的关系。首要的是知伦理，明长幼，行孝道；其次才是观察事物，学习知识，可谓循循善诱。王氏《三字经》诸如伦理道德规范这类内容，以明显段落出现的就这一处，这种以事说理的表达方式，我们叫做直接说理。而更多的关于伦理道德规范教育，王氏《三字经》则是蕴含在各类知识传授的段落里，也就是寓理于事，我们叫间接说理。比如，"赵中令，读鲁论。彼既仕，学且勤。披蒲编，削竹简。彼无书，且知勉。头悬梁，锥刺股。彼不教，自勤苦。"此处有三个彼此的"彼"字。这个指代词很明显是在强调这三个勤勉刻苦的人。宋代赵普官做到中书令，仍手不释卷读《论语》。两人家都很穷，买不起书，西汉路温舒把文字抄在蒲草上，公孙弘把《春秋》刻在竹片上。晋代孙敬怕打瞌睡，读书时把头发拴在梁上。战国苏秦读书每到疲倦时就用锥子刺大腿。这里的潜台词还是可以揣摩出来的。他们都无须别人督促规诫，絮叨提醒，都在自觉努力刻苦发奋。那么，这些响鼓不用重锤的勤勉刻苦者，对于他们受教育的另一面，即教育者家长和教师来说，不就是最大放心，最严礼节，最高境界的伦理么？王氏《三字经》以寓理于事，即间接说理的方式，劝勉儿童自觉修身，潜移默化提升伦理道德，可以说是贯穿全文始终的。

3.勤学励志

勤学励志的内容也十分突出，比如："昔仲尼，师项橐。古圣贤，尚勤学。赵中令，读鲁论。彼既仕，学且勤。披蒲编，削竹简。彼无书，且知勉。头悬梁，锥刺股。彼不教，自勤苦。如囊萤，如映雪。家虽贫，学不辍。如负薪，如挂角。身虽劳，犹苦卓。苏老泉，二十七。始发愤，读书籍。彼既老，犹悔迟。尔小生，宜早思。若梁灏，八十二。对大廷，魁多士。彼既成，众称异。尔小生，宜立志。莹八岁，能咏诗。泌七岁，能赋棋。彼颖悟，人称奇。尔幼学，当效之。蔡文姬，能辩琴。谢道韫，能咏吟。彼女子，且聪敏。尔男子，当自警。唐刘晏，方七岁。举神童，作正字。"此处一口气使用六十句一百八十字，来对儿童进行劝学教育。列举了诸如，孔子、赵普、路温舒、公孙弘、孙敬、车胤、朱买臣、李密、苏洵、梁灏、祖莹、李泌、蔡文姬、谢道韫、刘晏等历代刻苦读书的十五个典型人物。最为可贵的是，其中还列举了我们大家都比较熟悉的三位女性。这些事例，自从王氏《三字经》问世，便家喻户晓耳熟能详，成为鼓舞人们发愤立志的模范。

4. 生活常识和历史知识

王氏《三字经》关于生活常识和历史知识，占据了大量的篇幅。主要有这样两大方面：

（1）基础知识。有数目、三才、三光、三纲、四时、四方、五行、五常、六谷、六畜、七情、五色、五味、五臭、八音、四声、十义、五服、六艺、小学、四书、六经等二十二种。而且在某一种知识之前或者之后，都有明确提示。比如，"三才者，天地人。三光者，日月星。""曰平上，曰去入。此四声，宜调协。"这些都是基本名物。

（2）历史知识。有世系、前四史等。世系从伏羲神农一直到民国，上下五千年。这是自王氏《三字经》宋代以降，历代学者都届时补充的结果，从而形成王氏《三字经》历代都及时补充的优良传统。比如，"太祖兴，国大明。号洪武，都金陵。迨成祖，迁燕京。十六世，至崇祯。权阉肆，寇如林。李闯出，神器焚。清世祖，膺景命。靖四方，克大定。由康雍，历乾嘉。民安富，治绩夸。道咸间，变乱起。始英法，扰都鄙。同光后，宣统弱。传九帝，满清殁。革命兴，废帝制。立宪法，建民国。"这些都是王氏之后历代加以补充的。还有，历代补充的学者都考虑到《三字经》编纂的意义，旨在于现实。这一点，很值得发扬光大。因此，这部分也最长，这个版本，这一部分就有一百二十二句三百六十六字。而且每朝每代都有起止年代。比如，"嬴秦氏，始兼并。传二世，楚汉争。高祖兴，汉业建。至孝平，王莽篡。光武兴，为东汉。四百年，终于献。"

5. 结束语

这也是王氏《三字经》的一个重要内容。这部分接着勤学励志的刘晏，用了二十八句，鼓励儿童向他们学习，比如，"晏虽幼，身已仕。有为者，亦若是。犬守夜，鸡司晨。苟不学，曷为人。蚕吐丝，蜂酿蜜。人不学，不如物。幼而学，壮而行。上致君，下泽民。扬名声，显父母。光于前，裕于后。人遗子，金满籝。我教子，唯一经。勤有功，戏无益。戒之哉，宜勉力。"虽然很苦口婆心，却没有强硬说教的感觉，勤勤恳恳，水到渠成。其中好些都成为了格言。

（二）王氏《三字经》形式的富于变化

王氏《三字经》的形式，作为助记语言的韵语，其富于变化，主要表现在两个方面：

1. 句式灵活

古代蒙书，《弟子职》是四言，《急就篇》有一部分是三言，其余是七言和四言。汉魏以降，《千字文》《太公家教》《蒙求》等等都是四言。而王氏《三字经》全用三言。用三言句式，因其简短，往往容易写得艰深难读，或者牵强附会生拉硬凑，以至贫乏呆板。而王氏《三字经》却非常灵活。这主要表现在其句式的变化上。

（1）三字"主语＋动词＋宾语"式。比如，"蚕吐丝，蜂酿蜜"；"犬守夜，鸡司晨"。

（2）六字"主语＋动词＋宾语"式。比如，"昔仲尼，师项橐"；"我周公，作周礼"。

（3）十二字"主语＋谓语"式。比如，"苏老泉，二十七，始发愤，读书籍"。

王氏《三字经》由于很好地调动了句子结构，避免了上述那些缺点。

2. 用韵不拘泥

王氏《三字经》韵律的使用，跟它的句式使用，都是相当灵活的。归纳起来有四个特点：

（1）交织韵。比如，"昔孟母，择邻处。子不学，断机杼。窦燕山，有义方。教五子，名俱扬。""酸苦甘，及辛咸。此五味，口所含。" 句句韵和隔句韵的交替使用，使得韵律有了张弛的变化。

（2）勾连韵。比如，"匏土革，木石金。丝与竹，乃八音。曰平上，曰去入。此四声，宜调协。高曾祖，父而身。身而子，子而孙。"这段的前四句以"金，音"为韵脚，后四句没有接续中四句"入，协"，而是转以"身，孙"为韵，回头照应前四句的韵脚"金，音"。既活跃了韵律，也顾及了前后衔接。

（3）顶针韵。比如，"高曾祖，父而身。身而子，子而孙。""一而十，十而百。百而千，千而万。"以前句尾做后句头，连贯轻松，自然成诵。

（4）重头韵。比如，"有连山，有归藏。有周易，三易详。有典谟，有训诰。有誓命，书之奥。"六个"有"字，不曾有因重叠而造成繁复之感，而却是显得很快捷。此外，还有根据内容随时换韵，换句话说，也就是，内容更换，韵律也跟着更换。

作为童蒙韵语，王氏《三字经》经过近千年书塾的使用和学者的多次修订，内容更加丰富，形式更加富于变化，使之成为童蒙韵语著述的范本。

（三）王氏《三字经》新编、增补和延续

明清以来仿作和增补的《三字经》很多。有清初黄周星（公元1611-1680年）的《新编三字经》。道光时期连恒（生卒不详）的《增补注释三字经》。光绪时期蕉轩氏（生卒不详）著，王晋之（生卒不详）、张错之（生卒不详）重订的《广三字经》，以及后来民国时期章炳麟的《重订三字经》等等。光绪年间还出现过《西学三字经》。

此后到中国第二次国内革命战争时期在中央根据地还有作为群众文化课本的《工农三字经》。有木刻本，也有手抄本。一九三零年兴国县出版的木刻《工农三字经》，结合革命形势，还穿插了宣传革命的内容，比如，"工人们，劳不停，苦工做，晨到昏。打土豪，毙军阀，拖起枪，到红军。"[7]因为通俗易记，那时在解放区流传很广。

目前的《三字经》也不少，大致有十几种。比如，仅刘振平一个人就编过《识字三字经》（1998）《新编识字三字经》（2003）和《好伙伴三字经》（2006）。[8]有一课《航天英雄》，"杨利伟，是英雄；驾神舟，升太空；既勇敢，又从容。"目前最流行的还有《新编益智三字经》[9]全书分为中华、我的家、小玩具等一百零八类，每类四句十二字，总计一千二百九十六字。内容不再具体举例。

也有人以此开发小学语文教科书的，用于字源识字教学。比如，"一人大，二人天；日月明，小大尖。言午许，弓长张；金丁钉，工页项。"[10]汉字可拆开重组的大约占其总量的五分之三，用这种方法进行识字教学大有可为。辽宁省东港市实验小学采用此法，"快速识字，提前读写"，该校还为此编写了《韵语识字》课本，一年级小学生两个学期下来就可以识完一届小学全程两千五百个汉字，开始进入阅读写作。

这些新时期《三字经》，承续了王氏《三字经》为现实、为儿童服务的理念，内容紧密联系时代、生活和科技，寓教于诵。每闻幼儿诵读，实令人备感悠远、亲近和清新。

三、车氏《声律启蒙》

车氏《声律启蒙》[11]代表了童蒙韵语的最高成就。其主要特点为句式和韵律。这里我们作具体分析。

（一）车氏《声律启蒙》的段型与句式

车氏的《声律启蒙》分上下两卷。"卷一"十五部，计三千四百六十四字；"卷二"十五部，三千四百七十二字，总计六千九百三十六字。

每一韵部分为三段，为了简便，七十八字一段的，我们称之为 A 段型；七十六字一段的，我们称之为 B 段型；七十四字一段的，我们称之为 C 段型。使用 C 段型的，只有"卷一"一次，"卷二"两次，一共三次。全书以 AB 两种段型为主，交替出现，组成各韵部的三个段落。

A 段型的句式为："三三五，五五，三三五，五五，七七，四七，四七"，合计七十八字。比如，卷一"一东"的第三段：贫对富，塞对通，野叟对溪童。鬓皤对眉绿，齿皓对唇红。天浩浩，日融融，佩剑对弯弓。半溪流水绿，千树落花红。野渡燕穿杨柳雨，芳池鱼戏芰荷风。女子眉纤，额下现一弯新月；男儿气壮，胸中吐万丈长虹。

B 段型的句式为："三三五，五五，三三五，五五，七七，四六，四六"，合计七十六字。比如，卷一"一东"的第一段：云对雨，雪对风，晚照对晴空。来鸿对去燕，宿鸟对鸣虫。三尺剑，六钧弓，岭北对江东。人间清暑殿，天上广寒宫。两岸晓烟杨柳绿，一园春雨杏花红。两鬓风霜，途次早行之客；一蓑烟雨，溪边晚钓之翁。

C 段型的句式为："三三五，五五，三三五，五五，七七，四五，四五"，合计七十四字。比如，卷一"十五删"的第二段：犹对尚，侈对悭，雾鬓对烟鬟。莺啼对鹊噪，独鹤对双凫。黄牛峡，金马山，结草对衔环。昆山惟玉集，合浦有珠还。阮籍旧能为眼白，老莱新爱着衣斑。栖迟避世人，草衣木食；窈窕倾城女，云鬟花颜。

ABC 三种段型，每种段型，其句式有变化的，只是在每段的最后两组。比如，A 段型最后两组的"四七"或为"七四"。B 段型最后两组的"四六"或为"六四"。C 段型最后两组的"四五"或为"五四"。其他都没有变化，也就是说，每段的前半总是"三三五，五五，三三五，五五，七七"，很有规律，而后两组才有了变化。这样也避免了句式过于整齐划一的呆板。

（二）车氏《声律启蒙》的韵语助记

车氏《声律启蒙》分为上下两卷，分别以十五韵部编排。

《声律启蒙》卷一：助记韵语要素分析

1. 东部：共计三段，段型为 BBA 式。总共二百三十字。

云对雨，雪对风，晚照对晴空。来鸿对去燕，宿鸟对鸣虫。三尺剑，六钧弓，岭北对江东。人间清暑殿，天上广寒宫。两岸晓烟杨柳绿，一园春雨杏花红。两鬓风霜，途次早行之客；一蓑烟雨，溪边晚钓之翁。

沿对革，异对同，白叟对黄童。江风对海雾，牧子对渔翁。颜巷陋，阮途穷，冀北对辽东。池中濯足水，门外打头风。梁帝讲经同泰寺，汉皇置酒未央宫。尘虑萦心，懒抚七弦绿绮；霜华满鬓，羞看百炼青铜。

贫对富，塞对通，野叟对溪童。鬓皤对眉绿，齿皓对唇红。天浩浩，日融融，佩剑对弯弓。半溪流水绿，千树落花红。野渡燕穿杨柳雨，芳池鱼戏芰荷风。女子眉纤，额下现一弯新月；男儿气壮，胸中吐万丈长虹。

押韵："风，空，虫，弓，东，宫，红，翁，同，童，翁，穷，东，风，宫，铜，通，童，红，融，弓，红，风，虹"。二十四个字，重出的有七个："风，风，风；红，红，红；弓，弓；东，东；翁，翁；宫，宫；童，童"，最多的三次。单出的有八个："同，空，虫，穷，铜，通，融，虹"。叠字："浩浩，融融"，出现在第三段。历史传说人物有：颜回，阮籍，梁武帝，汉高祖。计四人。其他都是景物。

2. 冬部：共计三段，段型为 BAA 式。总共二百三十二字。

春对夏，秋对冬，暮鼓对晨钟。观山对玩水，绿竹对苍松。冯妇虎，叶公龙，舞蝶对鸣蛩。衔泥双紫燕，课蜜几黄蜂。春日园中莺恰恰，秋天塞外雁雍雍。

秦岭云横，迢递八千远路；巫山雨洗，嵯峨十二危峰。

明对暗，淡对浓，上智对中庸。镜奁对衣笥，野杵对村春。花灼烁，草蒙茸，九夏对三冬。台高名戏马，斋小号蟠龙。手擘蟹螯从毕卓，身披鹤氅自王恭。五老峰高，秀插云霄如玉笔；三姑石大，响传风雨若金镛。

仁对义，让对恭，禹舜对羲农。雪花对云叶，芍药对芙蓉。陈后主，汉中宗，绣虎对雕龙。柳塘风淡淡，花圃月浓浓。春日正宜朝看蝶，秋风那更夜闻蛩。战士邀功，必借干戈成勇武；逸民适志，须凭诗酒养疎慵。

押韵："冬，钟，松，龙，蛩，蜂，雍，峰，浓，庸，春，茸，冬，龙，恭，镛，恭，农，蓉，宗，龙，浓，蛩，慵"。二十四个字，重出的有四个："龙，龙，龙；冬，冬；蛩，蛩；恭，恭"，最多的三次。单出的有十五个："钟，松，蜂，雍，峰，浓，庸，春，茸，镛，农，蓉，宗，浓，慵"。叠字："恰恰，雍雍"，出现在第一段。"淡淡，浓浓"，出现在第三段。历史传说人物有：冯妇，叶公，项羽，桓温，毕卓，王恭，禹舜，羲农，陈后主，汉宣帝。计十二人。

3. 江部：共计三段，段型为AAB式。总共二百三十二字。

楼对阁，户对窗，巨海对长江。蓉裳对蕙帐，玉罄对银釭。青布幔，碧油幢，宝剑对金缸。忠心安社稷，利口覆家邦。世祖中兴延马武，桀王失道杀龙逢。秋雨潇潇，漫烂黄花都满径；春风袅袅，扶疏绿竹正盈窗。

旌对斾，盖对幢，故国对他邦。千山对万水，九泽对三江。山岌岌，水淙淙，鼓振对钟撞。清风生酒舍，皓月照书窗。阵上倒戈辛纣战，道旁系剑子婴降。夏日池塘，出没浴波鸥对对；春风帘幕，往来营垒燕双双。

铢对两，只对双，华岳对湘江。朝车对禁鼓，宿火对塞缸。青琐闼，碧纱窗，汉社对周邦。笙箫鸣细细，钟鼓响摐摐。主簿栖鸾名有览，治中展骥姓惟庞。苏武牧羊，雪屡餐于北海；庄周活鲋，水必决于西江。

押韵："窗，江，釭，幢，缸，邦，逢，窗，幢，邦，江，淙，撞，窗，降，双，双，江，缸，窗，邦，摐，庞，江"。二十四个字，重出的有六个："窗，窗，窗，窗；江，江，江，江；邦，邦，邦；双，双；缸，缸；幢，幢"。最多的四次。单出的有七个："釭，逢，淙，撞，降，摐，庞"。叠字："潇潇，袅袅"，出现在第一段。"岌岌，淙淙；对对，双双"，出现在第二段。"细细，摐摐"，出现在第三段。叠字有所增多。历史传说人物有：汉光武帝，马武，夏桀，龙逄，商纣王，秦王子婴，仇览，庞统，苏武，庄周。计十人。

4. 支部： 共计三段，段型为AAB式。总共二百三十二字。

茶对酒，赋对诗，燕子对莺儿。栽花对种竹，落絮对游丝。四目颉，一足夔，鸲鹆对鹭鸶。半池红菡萏，一架白荼蘼。几阵秋风能应候，一犁春雨甚知时。智伯恩深，国士吞变形之炭；羊公德大，邑人竖堕泪之碑。

行对止，速对迟，舞剑对围棋。花笺对草字，竹简对毛锥。汾水鼎，岘山碑，虎豹对熊罴。花开红锦绣，水漾碧琉璃。去妇因探邻舍枣，出妻为种后园葵。笛韵和谐，仙管恰从云里降；橹声咿轧，渔舟正向雪中移。

戈对甲，鼓对旗，紫燕对黄鹂。梅酸对李苦，青眼对白眉。三弄笛，一围棋，雨打对风吹。海棠春睡早，杨柳昼眠迟。张骏曾为槐树赋，杜陵不作海棠诗。晋士特奇，可比一斑之豹；唐儒博识，堪为五总之龟。

有些句子的节拍作了调整。比如，第一段即A段型，最后一组"四七"句式，其中的"七字句"节拍，由以往的"四三"式变为"三四"式，这里起了变化。比如，"智伯恩深，国士吞/变形之炭；羊公德大，邑人竖/堕泪之碑"。

押韵："诗，儿，丝，夔，鸶，蘼，时，碑，迟，棋，锥，碑，罴，璃，葵，移，旗，鹂，眉，棋，吹，迟，诗，龟"。二十四个字，重出的有三个："诗，诗；碑，碑；棋，棋"。单出的有十八个："儿，丝，夔，鸶，蘼，时，迟，锥，罴，璃，葵，移，旗，鹂，眉，吹，迟，龟"。这一部，重字不多。无叠字。历史传说人物有：苍颉，夔，豫让，羊祜，汉武帝，王吉，公仪休，阮籍，马良，张骏，杜甫，王献之，贺知章。计十三人；十四人次，羊祜两出。

5. 微部： 共计三段，段型为ABB式。总共二百三十字。

来对往，密对稀，燕舞对莺飞。风清对月朗，露重对烟微。霜菊瘦，雨梅肥，客路对渔矶。晚霞舒锦绣，朝露缀珠玑。夏暑客思欹石枕，秋寒妇念寄边衣。春水才深，青草岸边渔父去；夕阳半落，绿莎原上牧童归。

宽对猛，是对非，服美对乘肥。珊瑚对玳瑁，锦绣对珠玑。桃灼灼，柳依依，绿暗对红稀。窗前莺并语，帘外燕双飞。汉致太平三尺剑，周臻大定一戎衣。吟成赏月之诗，只愁月堕；斟满送春之酒，惟憾春归。

声对色，饱对饥，虎节对龙旗。杨花对桂叶，白简对朱衣。龙也吠，燕于飞，荡荡对巍巍。春暄资日气，秋冷借霜威。出使振威冯奉世，治民异等尹翁归。燕我弟兄，载咏棣棠韡韡；命伊将帅，为歌杨柳依依。

第二段即 B 段型，最后两组，由原句型"四六"式，变为"六四"式。"六四"式是第一次出现的。比如，"吟成赏月之诗，只愁月堕；斟满送春之酒，惟憾春归。"

押韵："稀，飞，微，肥，矶，玑，衣，归，非，肥，玑，依，稀，飞，衣，归，饥，旗，衣，飞，巍，威，归，依"。二十四个字，重出的有六个："飞，飞，飞；归，归，归；衣，衣，衣；肥，肥；玑，玑；稀，稀"，最多的三次。单出的有九个："微，矶，非，依，饥，旗，巍，威，依"。叠字："灼灼，依依"，出现在第二段。"荡荡，巍巍；韡韡，依依"，出现在第三段，"依依"出现两次。历史传说人物有：汉高祖，周武王，冯奉世，尹翁归。计四人。

6. 鱼部： 共计三段，段型为 AAB 式。总共二百三十二字。

无对有，实对虚，作赋对观书。绿窗对朱户，宝马对香车。伯乐马，浩然驴，弋雁对求鱼。分金齐鲍叔，奉璧蔺相如。掷地金声孙绰赋，回文锦字窦滔书。未遇殷宗，胥靡困傅岩之筑；既逢周后，太公舍渭水之渔。

终对始，疾对徐，短褐对华裾。六朝对三国，天禄对石渠。千字策，八行书，有若对相如。花残无戏蝶，藻密有潜鱼。落叶舞风高复下，小荷浮水卷还舒。爱见人长，共服宣尼休假盖；恐彰己吝，谁知阮裕竟焚车。

麟对凤，鳖对鱼，内史对中书。犁锄对耒耜，畎浍对郊墟。犀角带，象牙梳，驷马对安车。青衣能报赦，黄耳解传书。庭畔有人持短剑，门前无客曳长裾。波浪拍船，骇舟人之水宿；峰峦绕舍，乐隐者之山居。

第三段即 B 段型"四六"式，其中"六字句"节拍出现了"一五"式节拍，这也是第一次。比如，"波浪拍船，骇／舟人之水宿；峰峦绕舍，乐／隐者之山居。"这样的节拍，在第十三"删部"的第一段即 B 段型，也出现了一组。比如，"诣阙王通，献／太平十二策；出关老子，著／道德五千言。"

押韵："虚，书，车，驴，鱼，如，书，渔，徐，裾，渠，书，如，鱼，舒，车，鱼，书，墟，梳，车，书，裾，居"。二十四个字，重出的有五个："书，书，书，书，书；车，车，车；鱼，鱼，鱼；如，如；裾，裾"，最多的五次。单出的有九个："虚，驴，渔，徐，渠，舒，墟，梳，居"。无叠字。历史传说人物有：伯乐，孟浩然，鲍叔牙，蔺相如，孙绰，窦滔，傅说，太公望，有若，孔子，阮裕，苻坚，陆机，荆轲，邹阳。计十五人，十六人次，蔺相如两出。

7. 虞部： 共三段，段型为 ABB 式。共计二百三十字。

金对玉，宝对珠，玉兔对金乌。孤舟对短棹，一雁对双凫。横醉眼，捻吟须，李白对杨朱。秋霜多过雁，夜月有啼乌。日暖园林花易赏，雪寒村舍酒难沽。人处岭南，善探巨象口中齿；客居江右，偶夺骊龙颔下珠。

贤对圣，智对愚，傅粉对施朱。名缰对利锁，挈榼对提壶。鸠哺子，燕调雏，石帐对郇厨。烟轻笼岸柳，风急撼庭梧。鸜眼一方端石砚，龙涎三炷博山垆。曲沼鱼多，可使渔人结网；平田兔少，漫劳耕者守株。

秦对赵，越对吴，钓客对耕夫。箕裘对杖履，杞梓对桑榆。天欲晓，日将晡，狡兔对妖狐。读书甘刺股，煮粥惜焚须。韩信武能平四海，左思文足赋三都。嘉遁幽人，适志竹篱茅舍；胜游公子，玩情柳陌花衢。

押韵："珠，乌，凫，须，朱，乌，沽，珠，愚，朱，壶，雏，厨，梧，垆，株，吴，夫，榆，晡，狐，须，都，衢"。二十四个字，重出的有四个："珠，珠；乌，乌；须，须；朱，朱"。单出的有十六个："凫，沽，愚，壶，雏，厨，梧，垆，株，吴，夫，榆，晡，狐，都，衢"。无叠字。历史传说人物有：李白，杨朱，石崇，韦陟，苏秦，李勋，韩信，左思。计八人。

8. 齐部： 共三段，段型为 AAA 式。共计二百三十四字。

岩对岫，涧对溪，远岸对危堤。鹤长对凫短，水雁对山鸡。星拱北，月流西，汉露对汤霓。桃林牛已放，虞坂马长嘶。叔侄去官闻广受，弟兄让国有夷齐。三月春浓，芍药丛中蝴蝶舞；五更天晓，海棠枝上子规啼。

云对雨，水对泥，白璧对玄圭。献瓜对投李，禁鼓对征鼙。徐稚榻，鲁班梯，凤翥对鸾栖。有官清似水，无客醉如泥。截发惟闻陶侃母，断机只有乐羊妻。秋望佳人，目送楼头千里雁；早行远客，梦惊枕上五更鸡。

熊对虎，象对犀，霹雳对虹霓。杜鹃对孔雀，桂岭对梅溪。萧史凤，宋宗鸡，远近对高低。水寒鱼不跃，林茂鸟频栖。杨柳和烟彭泽县，桃花流水武陵溪。公子追欢，闲骤玉骢游绮陌；佳人倦绣，闷敧珊枕掩香闺。

押韵："溪，堤，鸡，西，霓，嘶，齐，啼，泥，圭，鼙，梯，栖，泥，妻，鸡，犀，霓，溪，鸡，低，栖，溪，闺"。二十四字，重出的有五个："溪，溪，溪；鸡，鸡，鸡；泥，泥；栖，栖；霓，霓"，最多的三个。单出的有十二个："堤，西，嘶，齐，啼，圭，鼙，梯，妻，犀，低，闺"。无叠字。历史传说人物有：汉武帝，成汤，周武王，伯乐，疏广，疏受，伯夷，叔齐，徐稚，鲁班，陶侃，乐羊子妻，弄玉，萧史，宋处宗，陶渊明。计十六人。

9. 佳部：共三段，段型为BAB式。共计二百三十字。

河对海，汉对淮，赤岸对朱崖。鹭飞对鱼跃，宝钿对金钗。鱼圉圉，鸟喈喈，草履对芒鞋。古贤尝笃厚，时辈喜诙谐。孟训文公谈性善，颜师孔子问心斋。缓抚琴弦，像流莺而并语；斜排筝柱，类过雁之相挨。

丰对俭，等对差，布袄对荆钗。雁行对鱼阵，榆塞对兰崖。挑荠女，采莲娃，菊径对苔阶。诗成六义备，乐奏八音谐。造律吏哀秦法酷，知音人说郑声哇。天欲飞霜，塞上有鸿行已过；云将作雨，庭前多蚁阵先排。

城对市，巷对街，破屋对空阶。桃枝对桂叶，砌蚓对墙蜗。梅可望，橘堪怀，季路对高柴。花藏沽酒市，竹映读书斋。马首不容孤竹扣，车轮终就洛阳埋。朝宰锦衣，贵束乌犀之带；宫人宝髻，宜簪白燕之钗。

押韵："淮，崖，钗，喈，鞋，谐，斋，挨，差，钗，崖，娃，阶，谐，哇，排，街，阶，蜗，怀，柴，斋，埋，钗"。二十四字，重出的有五个："崖，崖；钗，钗，钗；谐，谐；斋，斋；阶，阶"。最多的三次。单出的有："淮，喈，鞋，挨，差，娃，哇，排，街，蜗，怀，柴，埋"。 叠字："圉圉，喈喈"，出现在第一段。历史传说人物有：滕文公，孟子，颜回，孔子，曹操，陆绩，季路，高柴，张纲，梁冀，汉成帝，神女。计十二人。

10. 灰部：共三段，段型为BBB式。总计二百二十八字。

增对损，闭对开，碧草对苍苔。书签对笔架，两曜对三台。周召虎，宋桓魋，阆苑对蓬莱。薰风生殿阁，皓月照楼台。却马汉文思罢献，吞蝗唐太冀移灾。照耀八荒，赫赫丽天秋日；震惊百里，轰轰出地春雷。

沙对水，火对灰，雨雪对风雷。书淫对传癖，水浒对岩隈。歌旧曲，酿新醅，舞馆对歌台。春棠经雨放，秋菊傲霜开。作酒固难忘曲蘖，调羹必要用盐梅。月满庚楼，据胡床而可玩；花开唐苑，轰羯鼓以奚催。

休对咎，福对灾，象箸对犀杯。宫花对御柳，峻阁对高台。花蓓蕾，草根荄，剔藓对剜苔。雨前庭蚁闹，霜后阵鸿哀。元亮南窗今日傲，孙弘东阁几时开。平展青茵，野外茸茸软草；高张翠幄，庭前郁郁凉槐。

押韵："开，苔，台，魋，莱，台，灾，雷，灰，雷，隈，醅，台，开，梅，催，灾，杯，台，荄，苔，哀，开，槐"。二十四个字，重出的有五个："开，开，开；苔，苔；台，台，台，台；灾，灾；雷，雷"，最多的出现四次。单出的有十一个："魋，莱，灰，隈，醅，梅，催，杯，荽，哀，槐"。
叠字："赫赫，轰轰"，出现在第一段，而且是句子开头的位置，这也是第
一次。历史传说人物有：周厉王，召虎，桓魋，孔子，汉文帝，唐太宗，庾亮，
杨贵妃，陶渊明，公孙弘。计十人。

11. 真部： 共三段，段型为 BAB 式总计二百三十字。

邪对正，假对真，獬豸对麒麟。韩卢对苏雁，陆橘对庄椿。韩五鬼，李三人，
北魏对西秦。蝉鸣哀暮夏，莺啭怨残春。野烧焰腾红烁烁，溪流波皱碧粼粼。
行无踪，居无庐，颂成酒德；动有时，藏有节，论著钱神。

哀对乐，富对贫，好友对嘉宾。弹冠对结绶，白日对青春。金翡翠，玉麒麟，
虎爪对龙鳞。柳塘生细浪，花径起香尘。闲爱登山穿谢屐，醉思漉酒脱陶巾。
雪冷霜严，倚槛松筠同傲岁；日迟风暖，满园花柳各争春。

香对火，炭对薪，日观对天津。禅心对道眼，野妇对宫嫔。仁无敌，德有邻，
万石对千钧。滔滔三峡水，冉冉一溪冰。充国功名当画阁，子张言行贵书绅。
笃志诗书，思入圣贤绝域；忘情官爵，羞沾名利纤尘。

第一段即 B 段型，最后两组"六四"句式变形为"三三四"，这是第一
次出现。比如，"行无踪，居无庐，颂成酒德；动有时，藏有节，论著钱神。"

押韵："真，麟，椿，人，秦，春，粼，神，贫，宾，春，麟，麟，尘，巾，
春，薪，津，嫔，邻，钧，冰，绅，尘"。二十四字，重出的有两个："麟，
麟，麟；春，春，春"，最多的三次。单出的有十八个："真，椿，人，秦，
粼，神，贫，宾，尘，巾，薪，津，嫔，邻，钧，冰，绅，尘"。叠字："烁烁，
粼粼"，出现在第一段。历史传说人物有：苏武，陆绩，韩愈，李白，刘伶，
鲁褒，王阳，贡禹，萧育，朱博，谢灵运，陶渊明，汉宣帝，赵充国，孔子，
子张。计十六人。

12. 文部： 共三段，段型为 AAB 式。总计二百三十二字。

家对国，武对文，四辅对三军。九经对三史，菊馥对兰芬。歌北鄙，咏南薰，
迩听对遥闻。召公周太保，李广汉将军。闻化蜀民皆草偃，争权晋土已瓜分。
巫峡夜深，猿啸苦哀巴地月；衡峰秋早，雁飞高贴楚天云。

敧对正，见对闻，偃武对修文。羊车对鹤驾，朝旭对晚曛。花有艳，竹成文，
马燧对羊欣。山中梁宰相，树下汉将军。施帐解围嘉道韫，当垆沽酒叹文君。
好景有期，北岭几枝梅似雪；丰年先兆，西郊千顷稼如云。

　　尧对舜，夏对殷，蔡惠对刘蕡。山明对水秀，五典对三坟。唐李杜，晋机云，事父对忠君。雨晴鸠唤妇，霜冷雁呼群。酒量洪深周仆射，诗才俊逸鲍参军。鸟翼长随，凤兮洵众离长；狐威不假，虎也真百兽尊。

　　押韵："文，军，芬，薰，闻，军，分，云，闻，文，曛，文，欣，军，君，云，殷，蕡，坟，云，君，群，军，尊"。二十四字，重出的有五个："文，文，文；军，军，军，军；闻，闻；云，云，云；君，君"，最多的四次。单出的有十个："薰，曛，分，芬，欣，殷，蕡，坟，群，尊"。无叠字。历史传说人物有：殷纣，舜帝，召公，李广，文翁，三晋，晋武帝，周灵王太子晋，马燧，羊欣，陶弘景，冯异，王献之，谢道韫，卓文君，司马相如，蔡惠，郭乔，刘蕡，李部，李白，杜甫，陆机，陆云，周顗，鲍照。计二十八人。

13. 元部：共三段，段型为 BAB 式。总计二百三十字。

　　幽对显，寂对喧，柳岸对桃源。莺朋对燕友，早暮对寒暄。鱼跃沼，鹤乘轩，醉胆对吟魂。轻尘生范甑，积雪拥袁门。缕缕轻烟芳草渡，丝丝微雨杏花村。诣阙王通，献太平十二策；出关老子，著道德五千言。

　　儿对女，子对孙，药圃对花村。高楼对邃阁，赤豹对玄猿。妃子骑，夫人轩，旷野对平原。鲍巴能鼓瑟，伯氏善吹埙。馥馥早梅思驿使，萋萋芳草怨王孙。秋夕月明，苏子黄岗游绝壁；春朝花发，石家金谷启芳园。

　　歌对舞，德对恩，犬马对鸡豚。龙池对凤沼，雨骤对云屯。刘向阁，李膺门，唤鹤对啼猿。柳摇春白昼，梅弄月黄昏。岁冷松筠皆有节，春喧桃李本无言。噪晚齐蝉，岁岁秋来泣恨；啼宵蜀鸟，年年春去伤魂。

　　押韵："喧，源，暄，轩，魂，门，村，言，孙，村，猿，轩，原，埙，孙，园，恩，豚，屯，门，猿，昏，言，魂"。二十四字，重出的有七个："轩，轩；门，门；村，村；言，言；孙，孙；魂，魂；猿，猿"。单出的有十个："喧，源，暄，原，埙，园，恩，豚，屯，昏"。叠字："缕缕，*丝丝*"，出现在第一段。"馥馥，萋萋"，出现在第二段。"岁岁，年年"，出现在第三段。都是位于句首。历史传说人物有：懿公，范丹，袁安，王通，老子，杨贵妃，杜牧，戴公夫人，陆凯，范晔，苏轼，刘向，李膺，司马迁，李广，牛亨，董仲舒，杜宇。计十八人。

14. 寒部：共三段，段型为 ABA 式。总计二百三十二字。

　　多对少，易对难，虎踞对龙蟠。龙舟对凤辇，白鹤对青鸾。风淅淅，露溥溥，绣毂对雕鞍。鱼游荷叶沼，鹭立蓼花滩。有酒阮貂奚用解，无鱼冯铗必须弹。丁固梦松，柯叶忽然生腹上；文郎画竹，枝梢倏尔长毫端。

寒对暑，湿对干，鲁隐对齐桓。寒毡对暖席，夜饮对晨餐。叔子带，仲由冠，郏鄏对邯郸。嘉禾忧夏旱，衰柳耐秋寒。杨柳绿遮元亮宅，杏花红映仲尼坛。江水流长，环绕似青罗带；海蟾轮满，澄明如白玉盘。

横对竖，窄对宽，黑志对弹丸。朱帘对画栋，彩槛对雕栏。春既老，夜将阑，百辟对千官。怀仁称足足，抱义美般般。好马君王曾市骨，食猪处士仅思肝。世仰双仙，元礼舟中携郭泰；人称连璧，夏侯车上并潘安。

押韵："难，蟠，鸾，溥，鞍，滩，弹，端，干，桓，餐，冠，郸，寒，坛，盘，宽，丸，栏，阑，官，般，肝，安"。二十四字，无重出。是唯一没有重字韵的韵部。叠字："淅淅，溥溥"，出现在第一段。"足足，般般"，出现在第三段。历史传说人物有：阮孚，冯谖，丁固，文与可，鲁隐公，齐桓公，羊祜，子路，孔子，宋太祖，赵普，闵仲叔，李元礼，郭泰，夏侯湛，潘安。计十六人。

15. 删部： 共三段，段型为ACA式。总计二百三十字。

兴对废，附对攀，露草对霜菅。歌廉对借寇，习孔对希颜。山垒垒，水潺潺，奉璧对探镮。礼由公旦作，诗本仲尼删。驴困客方经灞水，鸡鸣人已出函关。几夜霜飞，已有苍鸿辞北塞；数朝雾暗，岂无玄豹隐南山。

犹对尚，侈对悭，雾鬓对烟鬟。莺啼对鹊噪，独鹤对双鹇。黄牛峡，金马山，结草对衔环。昆山惟玉集，合浦有珠还。阮籍旧能为眼白，老莱新爱着衣斑。栖迟避世人，草衣木食；窈窕倾城女，云鬟花颜。

姚对宋，柳对颜，赏善对惩奸。愁中对梦里，巧慧对痴顽。孔北海，谢东山，使越对征蛮。淫声闻濮上，离曲听阳关。骁将袍披仁贵白，小儿衣着老莱斑。茅舍无人，难却尘埃生榻上；竹亭有客，尚留风月在窗间。

第二段即C段型，最后两组为"五四"句式，是"卷上"跟其他韵部，在这个部位，都截然不同的句式。比如，"栖迟避世人，草衣木食；窈窕倾城女，云鬟花颜。"

押韵："攀，菅，颜，潺，镮，删，关，山，悭，鬟，鹇，山，环，还，斑，颜，颜，奸，顽，山，蛮，关，斑，间"。二十四字，重出的有四个："颜，颜，颜；关，关；山，山，山；斑，斑"。最多的三次。单出的有十四个："攀，菅，潺，镮，删，悭，鬟，鹛，环，还，奸，顽，蛮，间"。叠字："垒垒，潺潺"，出现在第一段。历史传说人物有：廉叔度，寇恂，孔子，颜回，羊祜，周公旦，孟浩然，孟尝君，魏颗，杨宝，阮籍，老莱子，姚崇，宋璟，柳公权，颜真卿，孔融，谢安，王维，薛仁贵。计二十人，二十一人次，孔子重出。

附录：《声律启蒙》卷一 韵语助记例表

序号	韵部	段落字数			合计	韵律字数		叠字字数	历史传说人物数量	备注
		1	2	3		押韵	重字			
1	东	76	76	78	230	24	7	2	4	
2	冬	76	78	78	232	24	4	4	12	
3	江	78	78	76	232	24	6	8	10	
4	支	78	78	76	232	24	3	0	14	羊祜重出
5	微	78	76	76	230	24	6	6	4	
6	鱼	78	78	76	232	24	5	0	16	蔺相如重出
7	虞	78	76	76	230	24	4	0	8	
8	齐	78	78	78	234	24	5	0	16	
9	佳	76	78	76	230	24	5	2	12	
10	灰	76	76	76	228	24	5	4	10	
11	真	76	78	76	230	24	2	2	16	
12	文	78	78	76	232	24	5	0	28	
13	元	76	78	76	230	24	5	6	18	
14	寒	78	76	78	232	24	0	4	16	
15	删	78	74	78	230	24	4	2	21	孔子重出
合计	15	1158	1156	1150	3464	360	68	38	205	重韵字占19%

（车万育，声律启蒙；远方出版社，2004）

《声律启蒙》卷二：助记韵语要素分析

1. 先部：段型为 BAB 式。总计二百三十字。

晴对雨，地对天，天地对山川。山川对草木，赤壁对青田。郏鄏鼎，武城弦，木笔对苔钱。金城三月柳，玉井九秋莲。何处春朝风景好，谁家秋夜月华圆。珠缀花梢，千点蔷薇香露；练横树杪，几丝杨柳残烟。

前对后，后对先，众丑对孤妍。莺簧对蝶板，虎穴对龙渊。击石磬，观韦编，鼠目对鸢肩。春园花柳地，秋沼芰荷天。白羽频挥闲客坐，乌纱半坠醉翁眠。野店几家，羊角风摇沽酒旆；长川一带，鸭头波泛卖鱼船。

离对坎，震对乾，一日对千年。尧天对舜日，蜀水对秦川。苏武节，郑虔毡，涧壑对林泉。挥戈能退日，持管莫窥天。寒食芳辰花烂熳，中秋佳节月婵娟。梦里荣华，飘忽枕中之客；壶中日月，安闲市上之仙。

押韵："天，川，田，弦，钱，莲，圆，烟，先，妍，渊，编，肩，天，眠，船，乾，年，川，毡，泉，天，娟，仙"。二十四字，重出的有两个："天，天，天；川，川"，最多的三次。单出的有十九个："田，弦，钱，莲，圆，烟，先，妍，渊，编，肩，眠，船，乾，年，毡，泉，娟，仙"。无叠字。历史传说人物有：周成王，子游，孔子，阮籍，李白，苏武，郑虔，鲁阳公，卢生，费长房。计十人，十一人次，孔子重出。

2. 萧部：段型为 AAA 式。总计二百三十四字。

恭对慢，吝对骄，水远对山遥。松轩对竹槛，雪赋对风谣。乘五马，贯双雕，烛灭对香消。明蟾常彻夜，骤雨不终朝。楼阁天凉风飒飒，关河地隔雨潇潇。几点鹭鸶，日暮常飞红蓼岸；一双鸂鶒，春朝频泛绿杨桥。

开对落，暗对昭，赵瑟对虞韶。辎车对驿骑，锦绣对琼瑶。羞攘臂，懒折腰，范甑对颜瓢。寒天鸳帐酒，夜月凤台箫。舞女腰肢杨柳软，佳人颜貌海棠娇。豪客寻春，南陌草青香阵阵；闲人避暑，东堂蕉绿影摇摇。

班对马，董对晁，夏昼对春宵。雷声对电影，麦穗对禾苗。八千路，廿四桥，总角对垂髫。露桃匀嫩脸，风柳舞纤腰。贾谊赋成伤鹏鸟，周公诗就托鸱鸮。幽寺寻僧，逸兴岂知俄尔尽；长亭送客，离魂不觉黯然消。

押韵："骄，遥，谣，雕，消，朝，潇，桥，昭，韶，瑶，腰，瓢，箫，娇，摇，晁，宵，苗，桥，髫，腰，鸮，消"。二十四字，重出的有两个："桥，桥；腰，腰"。单出的有二十个："骄，遥，谣，雕，消，朝，潇，昭，韶，瑶，瓢，箫，娇，摇，晁，宵，苗，髫，鸮，消"。叠字："飒飒，潇潇"，出现在第一段。历史传说人物有：赵王，虞舜，冯妇，陶渊明，范丹，颜回，班固，司马迁，董仲舒，晁错，杜牧，贾谊，周公。计十三人。

3. 肴部：段型为 BBA 式。总计二百三十字。

风对雅，象对爻，巨蟒对长蛟。天文对地理，蟋蟀对螵蛸。龙生矫，虎咆哮，北学对东胶。筑台须垒土，成屋必诛茅。潘岳不忘秋兴赋，边韶常被昼眠嘲。抚养群黎，已见国家隆治；滋生万物，方知天地泰交。

蛇对虺，蜃对蛟，麟薮对鹊巢。风声对月色，麦穗对桑苞。何妥难，子云嘲，楚甸对商郊。五音惟耳听，万虑在心包。葛被汤征因仇饷，楚遭齐伐责包茅。高矣若天，洵是圣人大道；淡而如水，实为君子神交。

牛对马，犬对猫，旨酒对嘉肴。桃红对柳绿，竹叶对松梢。藜杖叟，布衣樵，北野对东郊。白驹形皎皎，黄鸟语交交。花圃春残无客到，柴门夜永有僧敲。墙畔佳人，飘扬竞把秋千舞；楼前公子，笑语争将蹴踘抛。

押韵："爻，蛟，梢，哮，胶，茅，嘲，交，蛟，巢，苞，嘲，郊，包，茅，交，猫，肴，梢，樵，郊，交，敲，抛"。二十四字，重出的有四个："交，交，交；茅，茅；嘲，嘲；郊，郊"，最多的三次。单出的有十五个："爻，蛟，梢，哮，胶，蛟，巢，苞，包，猫，肴，梢，樵，敲，抛"。叠字："皎皎，交交"，出现在第三段。历史传说人物有：潘岳，何妥，元善，扬雄，葛君，商汤，齐桓公，贾岛。计八人。

4. 豪部：段型为 BAB 式。总计二百三十字。

琴对瑟，剑对刀，地迥对天高。峨冠对博带，紫绶对绯袍。煎异茗，酌香醪，虎兕对猿猱。武夫攻骑射，野妇务蚕缲。秋雨一川淇澳竹，春风两岸武陵桃。螺髻青浓，楼外晚山千仞；鸭头绿腻，溪中春水半篙。

刑对赏，贬对褒，破斧对征袍。梧桐对橘柚，枳棘对蓬蒿。雷焕剑，吕虔刀，橄榄对葡萄。一椽书舍小，百尺酒楼高。李白能诗时秉笔，刘伶爱酒每哺糟。礼别尊卑，拱北众星常灿灿；势分高下，朝东万水自滔滔。

瓜对果，李对桃，犬子对羊羔。春分对夏至，谷水对山涛。双凤翼，九牛毛，主逸对臣劳。水流无限阔，山耸有余高。雨打村童新牧笠，尘生边将旧征袍。俊士居官，荣引鹓鸿之序；忠臣报国，誓殚犬马之劳。

押韵："刀，高，袍，醪，猱，缲，桃，篙，褒，袍，蒿，刀，萄，高，糟，滔，桃，羔，涛，毛，劳，高，袍，劳"。二十四字，重出的有五个："高，高，高；刀，刀；袍，袍；劳，劳；桃，桃"，最多的三次。单出的有十三个："醪，猱，缲，篙，褒，蒿，萄，糟，滔，羔，涛，毛，袍"。叠字："灿灿，滔滔"，出现在第二段。历史传说人物有：陶渊明，雷焕，张华，吕虔，王祥，刘伶。计六人。

5. 歌部：段型为 BAA 式。总计二百三十二字。

山对水，海对河，雪竹对烟萝。新欢对旧恨，痛饮对高歌。琴再抚，剑重磨，媚柳对枯荷。荷盘从雨洗，柳线任风搓。饮酒岂知歆醉帽，观棋不觉烂樵柯。山寺清幽，直踞千寻云岭；江楼宏敞，遥临万顷烟波。

繁对简，少对多，里咏对途歌。宦情对旅况，银鹿对铜驼。刺史鸭，将军鹅，玉律对金科。古堤垂弹柳，曲沼长新荷。命驾吕因思叔夜，引车蔺为避廉颇。千尺水帘，今古无人能手卷；一轮月镜，乾坤何匠用功磨。

霜对露，浪对波，径菊对池荷。酒阑对歌罢，日暖对风和。梁父咏，楚狂歌，放鹤对观鹅。史才推永叔，刀笔仰萧何。种橘犹嫌千树少，寄梅谁信一枝多。林下风生，黄发村童推牧笠；江头日出，皓眉溪叟晒渔蓑。

押韵："河，萝，歌，磨，荷，搓，柯，波，多，歌，驼，鹅，科，荷，颇，磨，波，荷，和，歌，鹅，何，多，蓑"。二十四字，重出的六个："歌，歌，歌；荷，荷，荷；磨，磨；多，多；鹅，鹅；波，波"，最多的三次。单出的有十个："河，萝，搓，柯，驼，科，颇，和，何，蓑"。无叠字。历史传说人物有：阮籍，王质，颜真卿，韦应物，王羲之，吕安，嵇叔夜，廉颇，蔺相如，诸葛亮，接舆，欧阳修，萧何。计十三人。

6. 麻部：段型为 BAC 式。总计二百二十八字。

松对柏，缕对麻，蚁阵对蜂衙。赪鳞对白鹭，冻雀对昏鸦。白堕酒，碧沉茶，品笛对吹笳。秋凉梧堕叶，春暖杏开花。雨长苔痕侵壁砌，月移梅影上窗纱。飒飒秋风，度城头之筚篥；迟迟晚照，动江上之琵琶。

优对劣，凸对凹，翠竹对黄花。松杉对杞梓，菽麦对桑麻。山不断，水无涯，煮酒对烹茶。鱼游池面水，鹭立岸头沙。百亩风翻陶令秫，一畦雨熟邵平瓜。闲捧竹根，饮李白一壶之酒；偶擎桐叶，啜卢仝七碗之茶。

吴对楚，蜀对巴，落日对流霞。酒钱对诗债，柏叶对松花。驰驿骑，泛仙槎，碧玉对丹砂。设桥偏送笋，开道竟还瓜。楚国大夫沉汨水，洛阳才子谪长沙。书箧琴囊，乃士流活计；药炉茶鼎，实闲客生涯。

押韵："麻，衙，鸦，茶，笳，花，纱，琶，凹，花，麻，涯，茶，沙，瓜，茶，巴，霞，花，槎，砂，瓜，沙，涯"。二十四字，重出的有五个："麻，麻；茶，茶，茶；花，花，花；沙，沙；瓜，瓜"，最多的三次。单出的有十二个："衙，鸦，笳，纱，琶，凹，涯，巴，霞，槎，砂，涯"。叠字："飒飒，迟迟"，出现在第一段。历史传说人物有：陈师道，刘白堕，陶渊明，邵平，李白，卢同，范元授，桑虞，屈原，贾谊。计十人。

7.阳部： 段型为 BAB 式。总计二百三十字。

高对下，短对长，柳影对花香。词人对赋客，五帝对三王。深院落，小池塘，晚眺对晨妆。绛霄唐帝殿，绿野晋公堂。寒集谢庄衣上雪，秋添潘岳鬓边霜。人浴兰汤，事不忘于端午；客斟菊酒，兴常记于重阳。

尧对舜，禹对汤，晋宋对隋唐。奇花对异卉，夏日对秋霜。八叉手，九回肠，地久对天长。一堤杨柳绿，三径菊花黄。闻鼓塞兵方战斗，听钟宫女正梳妆。春饮方归，纱帽半淹邻舍酒；早朝初退，衮衣微惹御炉香。

荀对孟，老对庄，弹柳对垂杨。仙宫对梵宇，小阁对长廊。风月窟，水云乡，蟋蟀对螳螂。暖烟香霭霭，寒烛影煌煌。伍子欲酬渔父剑，韩生尝窃贾公香。三月韶光，常忆花明柳媚；一年好景，难忘橘绿橙黄。

押韵："长，香，王，塘，妆，堂，霜，阳，汤，唐，霜，肠，长，黄，妆，香，庄，杨，廊，乡，螂，煌，香，黄"。二十四字，重出的有五个："香，香，香；长，长；妆，妆；霜，霜；黄，黄"。单出的有十三个："王，塘，堂，阳，汤，唐，肠，庄，杨，廊，乡，螂，煌"。叠字："霭霭，煌煌"，出现在第三段。历史传说人物有：五帝，三王，唐玄宗，裴度，谢庄，潘岳，温庭筠，陶渊明，贾至，伍子胥，贾充，韩寿，苏轼。计十九人。

8.庚部： 段型为 BAA 式。总计二百三十二字。

深对浅，重对轻，有影对无声。蜂腰对蝶翅，宿醉对余酲。天北缺，日东生，独卧对同行。寒冰三尺厚，秋月十分明。万卷书容闲客览，一樽酒待故人倾。心侈唐玄，厌看霓裳之曲；意骄陈主，饱闻玉树之赓。

虚对实，送对迎，后甲对先庚。鼓琴对舍瑟，搏虎对骑鲸。金匼匝，玉瑽琤，玉宁对金茎。花间双粉蝶，柳内几黄莺。贫里每甘藜藿味，醉中厌听管弦声。肠断秋闺，凉吹已侵重被冷；梦惊晓枕，残蟾犹照半窗明。

渔对猎，钓对耕，玉振对金声。雉城对雁塞，柳枭对葵倾。吹玉笛，弄银笙，阮杖对桓筝。墨呼松处士，纸号楮先生。露浥好花潘岳县，风搓细柳亚夫营。抚动琴弦，遽觉座中风雨至；哦成诗句，应知窗外鬼神惊。

押韵："轻，声，酲，生，行，明，倾，赓，迎，庚，鲸，琤，茎，莺，声，明，耕，声，倾，笙，筝，生，营，惊"。二十四字，重出的有四个："声，声，声；生，生；明，明；倾，倾"，最多的三次。单出的有十五个："行，轻，醒，赓，迎，庚，鲸，琤，茎，莺，耕，笙，筝，营，惊"。无叠字。历史传说人物有：女娲，唐玄宗，陈后主，阮修，桓伊，韩愈，潘岳，周亚夫，师旷，杜甫，李白。计十一人。

9. 青部：段型为 AAC 式。总计二百三十字。

红对紫，白对青，渔火对禅灯。唐诗对汉史，释典对仙经。龟曳尾，鹤梳翎，月榭对风亭。一轮秋夜月，几点晓天星。晋士只知山简醉，楚人谁识屈原醒。绣倦佳人，慵把鸳鸯文作枕；吮毫画者，思将孔雀写为屏。

行对坐，醉对醒，佩紫对纤青。棋枰对笔架，雨雪对雷霆。狂蛱蝶，小蜻蜓，水岸对沙汀。天台孙绰赋，剑阁孟阳铭。传信子卿千里雁，照书车胤一囊萤。冉冉白云，夜半高遮千里月；澄澄碧水，宵中寒映一天星。

书对史，传对经，鹦鹉对鹡鸰。黄茅对白荻，绿草对青萍。风绕铎，雨淋铃，水阁对山亭。渚莲千朵白，岸柳两行青。汉代官中生秀柞，尧时阶畔长祥蓂。一枰决胜，棋子分黑白；半幅通灵，画色间丹青。

押韵："青，灯，经，翎，亭，星，醒，屏，醒，青，霆，蜓，汀，铭，萤，星，经，鸰，萍，铃，亭，青，蓂，青"。二十四字，重出的有五个："青，青，青，青；经，经；醒，醒；星，星；亭，亭"，最多的四次。单出的有十二个："翎，屏，灯，霆，蜓，汀，铭，萤，鸰，萍，铃，蓂"。叠字："冉冉，澄澄"，出现在第二段。 历史传说人物有：山简，屈原，孙绰，孟阳，车胤，李范，唐玄宗。计七人。

10. 蒸部：段型为 AAB 式。总计二百三十二字。

新对旧，降对升，白犬对苍鹰。葛巾对藜杖，涧水对池冰。张兔网，挂鱼罾，燕雀对鹏鹍。炉中煎药火，窗下读书灯。织锦逐梭成舞凤，画屏误笔作飞蝇。宴客刘公，座上满斟三雅爵；迎仙汉帝，宫中高插九光灯。

儒对士，佛对僧，面友对心朋。春残对夏老，夜寝对晨兴。千里马，九霄鹏，霞蔚对云蒸。寒堆阴岭雪，春泮水池冰。亚父愤生撞玉斗，周公誓死作金縢。将军元晖，莫怪人讥为饿虎；侍中卢昶，难逃世号作饥鹰。

规对矩，墨对绳，独步对同登。吟哦对讽咏，访友对寻僧。风绕屋，水裹陵，紫鹄对苍鹰。鸟寒惊夜月，鱼暖上春冰。扬子口中飞白凤，何郎鼻上集青蝇。巨鲤跃池，翻几重之密藻；颠猿饮涧，挂百尺之垂藤。

押韵："升，鹰，冰，罾，鸥，灯，蝇，灯，僧，朋，兴，鹏，蒸，冰，滕，鹰，绳，登，僧，陵，鹰，冰，蝇，藤"。二十四字，重出的有五个："冰，冰，冰；鹰，鹰，鹰；蝇，蝇；灯，灯；僧，僧"，最多的三次。单出的有十二个："罾，鸥，升，朋，兴，鹏，蒸，滕，绳，登，陵，藤"。无叠字。历史传说人物有：曹丕，孙权，刘表，范增，周公，元晖，卢昶，扬雄，何晏，管辂。计十人。

11. 尤部：段型为 ABA 式。总计二百三十二字。

荣对辱，喜对忧，夜宴对春游。燕关对楚水，蜀犬对吴牛。茶敌睡，酒消愁，青眼对白头。马迁修史记，孔子作春秋。适兴子猷常泛棹，思归王粲强登楼。窗下佳人，妆罢重将金插鬓；筵前舞妓，曲终还要锦缠头。

唇对齿，角对头，策马对骑牛。毫尖对笔底，绮阁对雕镂。杨柳岸，荻芦洲，语燕对啼鸠。客乘金络马，人泛木兰舟。绿野耕夫春举耜，碧池渔父晚垂钩。波浪千层，喜见蛟龙得水；云霄万里，惊看雕鹗横秋。

庵对寺，殿对楼，酒艇对渔舟。金龙对彩凤，獭豸对童牛。王郎帽，苏子裘，四季对三秋。峰峦扶地秀，江汉接天流。一湾绿水渔村小，万里青山佛寺幽。龙马呈河，羲皇阐微而画卦；神龟出洛，禹王取法以陈畴。

押韵："忧，游，牛，愁，头，秋，楼，头，头，牛，镂，洲，鸠，舟，钩，秋，楼，舟，牛，裘，秋，流，幽，畴"。二十四字，重出的有四个："牛，牛，牛；头，头，头；秋，秋，秋；楼，楼"，最多的三次。单出的有十三个："忧，游，愁，镂，洲，鸠，舟，钩，舟，裘，流，幽，畴"。无叠字。历史传说人物有：司马迁，孔子，王子猷，戴安道，王粲，王蒙，苏秦，伏羲，夏禹。计九人。

12. 侵部：段型为 AAA 式。总计二百三十四字。

眉对目，口对心，锦瑟对瑶琴。晓耕对寒钓，晚笛对秋砧。松郁郁，竹森森，闵损对曾参。秦王亲击缶，虞帝自挥琴。三献卞和尝泣玉，四知杨震固辞金。寂寂秋朝，庭叶因霜摧嫩色；沉沉春夜，砌花随月转清阴。

前对后，古对今，野兽对山禽。犍牛对牝马，水浅对山深。曾点瑟，戴逵琴，璞玉对浑金。艳红花弄色，浓绿柳敷阴。不雨汤王方剪爪，有风楚子正披襟。书生惜壮岁韶华，寸阴尺璧，游子爱良宵光景，一刻千金。

丝对竹，剑对琴，素志对丹心。千愁对一醉，虎啸对龙吟。子罕玉，不疑金，往古对来今。天寒邹吹律，岁旱傅为霖。渠说子规为帝魄，侬知孔雀是家禽。屈子沉江，处处舟中争系粽；牛郎渡渚，家家台上竞穿针。

押韵："心，琴，砧，森，参，琴，金，阴，今，禽，深，琴，金，阴，襟，金，琴，心，吟，金，今，霖，禽，针"。二十四字，重出的有六个："琴，琴，琴，琴；金，金，金，金；心，心；禽，禽；今，今；阴，阴"，最多的四次。单出的有八个："砧，森，参，深，襟，吟，霖，针"。叠字："寂寂，沉沉"，出现在第一段。历史传说人物有：闵子骞，秦王，蔺相如，虞舜，楚王，卞和，杨震，孔子，曾点。计九人。

13. 覃部： 段型为 AAA 式。总计二百三十四字。

千对百，两对三，地北对天南。佛堂对仙洞，道院对禅庵。山泼黛。水浮蓝，雪岭对云潭。凤飞方翙翙，虎视已眈眈。窗下书生时讽咏，筵前酒客日耽酣。白草满郊，秋日牧征人之马；绿桑盈亩，春时供农妇之蚕。

将对欲，可对堪，德被对恩覃。权衡对尺度，雪寺对云庵。安邑枣，洞庭柑，不愧对无惭。魏征能直谏，王衍善清谈。紫梨摘去从山北，丹荔传来自海南。攘鸡非君子所为，但当月一；养狙是山公之智，止用朝三。

中对外，北对南，贝母对宜男。移山对浚井，谏苦对言甘。千取百，二为三，魏尚对周堪。海门翻夕浪，山市拥晴岚。新缔直投公子纻，旧交犹脱馆人骖。文在淹通，已咏冰兮寒过水；永和博雅，可知青者胜于蓝。

押韵："三，南，庵，蓝，潭，眈，酣，蚕，堪，覃，庵，柑，惭，谈，南，三，南，男，甘，三，堪，岚，骖，蓝"。二十四字，重出的有五个："三，三，三；南，南，南；庵，庵；蓝，蓝；堪，堪"，最多的三次。单出的有十二个："潭，眈，酣，蚕，覃，柑，惭，谈，男，甘，岚，骖"。叠字："翙翙，眈眈"，出现在第一段。历史传说人物有：魏征，唐太宗，王衍，孟子，庄子，魏尚，周堪，季札，子产，孔子，子贡，盖文通，刘璋。计十三人，十五人次，孟子、庄子两出。

14. 盐部： 段型为 AAA 式。总计二百三十四字。

悲对乐，爱对嫌，玉兔对银蟾。醉侯对诗史，眼底对眉尖。风飙飙，雨绵绵，李苦对瓜甜。画堂施锦帐，酒市舞青帘。横槊赋诗传孟德，引壶酌酒尚陶潜。两曜迭明，日东生而月西出；五行式序，水下润而火上炎。

如对似，减对添，绣幕对朱帘。探珠对献玉，鹭立对鱼潜。玉屑饭，水晶盐，手剑对腰镰。燕巢依邃阁，蛛网挂虚檐。夺槊至三唐敬德，弈棋第一晋王恬。南浦客归，湛湛春波千顷净；西楼人悄，弯弯夜月一钩纤。

逢对遇，仰对瞻，市井对间阎。投簪对结绶，握发对掀髯。张绣幕，卷珠帘，石碏对江淹。宵征方肃肃，夜饮已厌厌。心褊小人长戚戚，礼多君子屡谦谦。美刺殊文，备三百五篇诗咏；吉凶异画，变六十四卦爻占。

押韵："嫌，蟾，尖，绵，甜，帘，潜，炎，添，帘，潜，盐，镰，檐，恬，纤，瞻，阎，髯，帘，淹，厌，谦，占"。二十四字，重出的有两个："帘，帘，帘；潜，潜"，最多的三次。单出的有十九个：嫌，蟾，尖，绵，甜，炎，添，盐，镰，檐，恬，纤，瞻，阎，髯，淹，厌，谦，占"。叠字"飘飘，绵绵"，出现在第一段。"湛湛、弯弯"，出现在第二段。"肃肃，厌厌；戚戚，谦谦"，出现在第三段。历史传说人物有：皮日休，刘伶，元稹，杜甫，曹操，陶渊明，崔浩，尉迟敬德，唐太宗，齐王，石碏，江淹。计十二人。

15. 咸部：段型为BAB式。总计二百三十字。

清对浊，苦对咸，一启对三缄。烟蓑对雨笠，月榜对风帆。莺睍睆，燕呢喃，柳杞对松杉。情深悲素扇，泪痛湿青衫。汉室既能分四姓，周朝何用叛三监。破的而探牛心，豪矜王济；竖竿以挂犊鼻，贫笑阮咸。

能对否，圣对贤，卫瓘对浑瑊。雀罗对鱼网，翠巘对苍崖。红罗帐，白布衫，笔格对书函。蕊香蜂竞采，泥软燕争衔。凶孽誓清闻祖逖，王家能乂有巫咸。溪叟新居，渔舍清幽临水岸；山僧久隐，梵宫寂寞倚云岩。

冠对带，帽对衫，议鲠对言谗。行舟对御马，俗弊对民岩。鼠且硕，兔多毚，史册对书缄。塞城闻奏角，江浦认归帆。河水一源形弥弥，泰山万仞势岩岩。郑为武公，赋缁衣而美德；周因巷伯，歌贝锦以伤谗。

押韵："咸，缄，帆，喃，杉，衫，监，咸，贤，瑊，崖，衫，函，衔，咸，岩，衫，谗，岩，毚，缄，帆，岩，谗"。二十四字，重出的有六个："咸，咸，咸；衫，衫，衫；岩，岩，岩；缄，缄；帆，帆；谗，谗"，最多的三次。单出的有九个："喃，杉，监，贤，瑊，崖，函，衔，毚"。叠字："弥弥，岩岩"，出现在第三段。历史传说人物有：孔子，白居易，周武王，管叔，蔡叔，霍叔，王济，王恺，阮咸，卫瓘，浑瑊，祖逖，巫咸，郑桓公，郑武公，巷伯。计十六人。

附录：《声律启蒙》卷二 韵语助记例表

序号	韵部	段落字数			合计	韵律字数		叠字字数	历史传说人物数量	备注
		1	2	3		押韵	重字			
1	先	76	78	76	230	24	2	0	11	孔子重出
2	萧	78	78	78	234	24	2	2	13	
3	肴	76	76	78	230	24	4	2	8	
4	豪	76	78	76	230	24	5	2	6	
5	歌	76	78	78	232	24	6	0	13	
6	麻	76	78	74	228	24	5	2	9	
7	阳	76	78	76	230	24	5	2	19	
8	庚	76	78	78	232	24	4	0	11	
9	青	78	78	74	230	24	5	2	7	
10	蒸	78	78	76	232	24	6	0	10	
11	尤	78	76	78	232	24	4	0	9	
12	侵	78	78	78	234	24	4	0	9	
13	覃	78	78	78	234	24	5	2	15	孟子，庄子重出
14	盐	78	78	78	234	24	4	8	12	
15	咸	76	78	76	230	24	6	2	16	
合计	15	1154	1166	1152	3472	360	67	26	168	重韵字占18%

（车万育，声律启蒙；远方出版社，2004）

（三）车氏《声律启蒙》韵语助记的特点、价值及其影响

车氏《声律启蒙》自顺康盛世问世以来，至今已经有三百年的历史。其间一直广泛流传，未曾间断。车氏《声律启蒙》，在推动韵语识字和格律诗创作两个方面，都起到了很大的普及作用。

1. 车氏《声律启蒙》韵语助记的特点

从韵语助记的视角而言，车氏《声律启蒙》，具有以下几个这样的特点：

首先，扩大了识字量。此前的童蒙韵语，字数相对都比较少。比如，所谓"三百千"，即王氏《三字经》一千一百二十二字，无名氏《百家姓》五百六十八字，和周氏《千字文》，三者合计起来才两千六百九十字，

还不到车氏《声律启蒙》的一半。车氏《声律启蒙》上下两卷，总数为六千九百三十六字，接近七千字。这是汉代以后，童蒙韵语集中识字，作为单行本，在数量上最大的一次突破。集中识字的好处是，在相同年龄段，因为识字量增加，可以进行提前读写，这就大大缩短了学程。这个经验已经为现代教育家所汲取，并运用于现代小学低年级识字教学。

其次，拓展了寓教于"对"的视野。童蒙韵语除了识字和文化知识传授，还担负有思想伦理教育的义务。车氏《声律启蒙》包罗万象地把天文、地理、花木、鸟兽、人物、器物等诸多的内容，融合在他从"一字对"一直到"十一字对"的对仗韵语之中。一方面拓展了童蒙韵语文化知识的宽度，一方面也拓展了思想教育的广度。仅就历史传说人物，车氏《声律启蒙》上下两卷，上卷二百零五个，下卷一百六十八个，合计起来有三百七十三个之多。这里除去重复的，也在三百以上。从帝王将相，才子佳人，一直到烈士节妇；而更多的，跟其他韵语助记著述相比较，还是加大了对文人的关注。尽管有些措辞情感还带着沉郁，但就其大部分内容而言，都是积极健康向上的。比如，孔子，颜回，屈原，苏武，冯异，诸葛亮，陶渊明，王羲之父子，李白，杜甫，白居易，韩愈，贾岛，杜牧等，名人几乎都涉及到了，而且还有许多是连国学家也都不知道的。这也是其他童蒙韵语因字数定位的限制所不能够达到的。从教育学讲，知识面的拓展，不仅具有辅助思想伦理教育的作用，而且比之枯燥的"三百千"，更能够激发受教育者的学习兴趣。

再次，完善了对仗的格式，统一了韵部。车氏《声律启蒙》之律，就是指的所谓一字对到十一字对的诗体格式。车氏《声律启蒙》三十韵部，每部三段，都是严格按照这个格式处理的，丝毫不含糊。比如，"卷二"，第一"先部"："晴对雨，地对天，天地对山川。山川对草木，赤壁对青田。郑郳鼎，武城弦，木笔对苔钱。金城三月柳，玉井九秋莲。何处春朝风景好，谁家秋夜月华圆。珠缀花梢，千点蔷薇香露；练横树杪，几丝杨柳残烟。"这是该部的第一段，一字对为"晴对雨，地对天"；二字对为"山川对草木，赤壁对青田"；三字对为"郑郳鼎，武城弦"；五字对为"金城三月柳，玉井九秋莲"；七字对为"何处春朝风景好，谁家秋夜月华圆"；十字对为"珠缀花梢，千点蔷薇香露；练横树杪，几丝杨柳残烟"。

作为助记语言，童蒙韵语的韵律历来很散乱，一直各取所需，无一定规。

到车氏《声律启蒙》才把这个规范起来。车氏《声律启蒙》上下两卷，完全按照平水韵三十部划分，而且每个韵部大致使用二百三十个左右的字，一韵到底。比如，"卷一"第一"东部"。全部二百三十个字，二十四句，押韵使用的都是"东部"韵的字，有"风，空，虫，弓，东，宫，红，翁，同，童，翁，穷，东，风，宫，铜，通，童，红，融，弓，红，风，虹"等。

车氏《声律启蒙》三十部，每部都是定型的二十四个字的韵脚，全书共用七百二十个字。部与部之间互不杂侧，独立成章。

2. 车氏《声律启蒙》韵语助记的文学价值及其影响

编纂的定位，决定了车氏《声律启蒙》在通俗的童蒙韵语中，成为高雅文学。车氏《声律启蒙》具有周氏《千字文》和王氏《三字经》的通俗，又具有此两者所不具有的高雅。换句话说，车氏《声律启蒙》，在通俗和高雅之间，主观上更趋向于高雅化，文学化，有许多语言都是可以跟诗词歌赋相媲美，并驾齐驱的。比如，"花间双粉蝶，柳内几黄莺。贫里每甘藜藿味，醉中厌听管弦声。肠断秋闺，凉吹已侵重被冷；梦惊晓枕，残蟾犹照半窗明。"这是"卷二"第八"庚部"第二段中的五言对、七言对和十一言对。对仗，格律，辞采，乃至意境等，都达到了炉火纯青的程度。这样的例子，在车氏《声律启蒙》全书三十韵部九十个段落里，都能够找到，可谓比比皆是。能够把韵语助记和知识或者技能传授，融汇得如此文学化，审美化，就这一点而言，在诸多童蒙韵语著述中，车氏《声律启蒙》首屈一指。它不仅仅是训练儿童掌握声韵格律应对的工具书，而且也成为成人写诗作赋的重要参考资料。

车氏《声律启蒙》，哺育了数以千计的文学家。鲁迅（公元 1881-1936年）《从百草园到三味书屋》[12] 说，"我就只读书，正午习字，晚上对课。先生最初这几天对我很严厉，后来却好起来了，不过给我读的书渐渐加多，对课也渐渐地加上字去，从三言到五言，终于到七言。"对课，旧时私塾中的一种功课，也就是车氏《声律启蒙》所传授的对对子。可以想见，鲁迅当年在三味书屋，也是按照车氏的《声律启蒙》的模式跟老师学习的。他还说过，他自己学了十四年这样的玩意，对于诗赋还是应该能够做好的。比如，他的《亥年残秋偶作》："曾惊秋肃临天下，敢遣春温上笔端。尘海苍茫沉百感，金风萧瑟走千官。老归大泽菰蒲尽，梦坠空云齿发寒。竦听荒鸡偏阒寂，起看星斗正阑干。"[13]

　　鲁迅这首七律，格律严谨，对仗工稳，情感沉郁，即使列入盛唐，亦无逊色。我们也可以给他尝试还原，作一个声律上的一字对到十一字对：

　　临对上，曾对敢，天下对笔端。春温对秋肃，曾惊对敢遣。沉百感，走千官，阒寂对阑干。金风萧瑟听，尘海苍茫看。老归大泽菰蒲尽，梦坠空云齿发寒。彼后百年，起有晨光星斗正；此前一世，竦无曙色荒鸡偏。

　　受过传统私塾教育而成为大文学家的，仅就现代仁人志士而言，除了鲁迅，还有孙中山，毛泽东，朱德，他们都是以声律创作诗赋的高手。车氏《声律启蒙》"卷二"第一"先部"，有挥戈退日的典故。说周武王率诸侯伐纣，战斗惨烈，天色却晚，周武王部下鲁阳公举长戈向日挥舞，吼声如雷，太阳吓退三个星座，恢复光明，终至克商。挥戈退日说的是力挽危局，英雄无畏。朱德元帅有《赠友人》诗曰："自信挥戈能退日，河山依旧战旗红。"[14]

　　车氏的《声律启蒙》作为那时的私塾童蒙韵语教科书，因受格律限制，也有不少地方，没有办法做到尽善尽美。比如，七百二十个韵脚的字，有一百三十五个重字，占了百分之十九。三十个韵部，只有一个韵部没有重字韵，就是"卷一"第十四"寒部"。这也是无可奈何的事。

本章小结：

　　童蒙韵语，是助记语言学领域里一个极为重要的分支。如果把韵语助记学比作一条大河，那么，童蒙韵语就始终是这条大河的干流。童蒙韵语，自秦汉定型以来，至南北朝继续发展，及宋明清繁荣，于今已有两千多年历史。其间著述丰厚，精品代出。最具代表性的普及读物，可称得上经典的是"三百千"；而《声律启蒙》的出现，则是对整个助记语言的汇总，使助记语言得到一次文化提升，助记语言从社会语言向文学语言迈进了一步。同期，与之具有相同文学化倾向的童蒙韵语著述，还有《幼学琼林》和《龙文鞭影》等。

注释：

（1）周兴嗣著，千字文，李小龙注解；人民文学出版社，2009

（2）太平天国，中国近代史资料丛刊；上海人民出版社，2000

（3）史记一，夏本纪，索隐述赞；中华书局，1982

（4）凌蒙初，初刻拍案惊奇；上海古籍出版社，1982

（5）汤显祖，牡丹亭；人民文学出版社，1982

（6）王应麟，三字经；哈尔滨出版社，2007

（7）辞海，教育心理分册，中国教育史；上海辞书出版社，1980

（8）绿色路教育丛书，儿童早期识读；人民日报出版社，2006

（9）鲁兵，程逸汝；新编益智三字经；少年儿童出版社，2005

（10）九年义务教育实验教材，小学语文第一册；辽宁出版社，2002

（11）车万育，声律启蒙；远方出版社，2004

（12）鲁迅全集2，朝花夕拾；人民文学出版社，1989

（13）周振甫，鲁迅诗歌注；江苏教育出版社，2006

（14）朱德诗选集；人民文学出版社，1977

参考文献：

（1）汉书六，艺文志；中华书局，1962

（2）张志公，传统语文教育初探（附蒙学书目稿）；上海教育出版社，1962

（3）辞海，语言文字分册；上海人民出版社，1977

（4）辞海，教育心理分册，中国教育史；上海辞书出版社，1980

（5）儿童文学辞典；四川少年儿童出版社，1991

第四章 军事学的助记语言：武经七书

本章要点：

　　本章为军事学助记语言研究。兵书用语的骈散间杂，成为春秋战国时期军事助记语言的普遍形式。《孙子》十三篇被列为《武经七书》之首，为兵书经典。其非典型韵语助记，代表了春秋战国时期军事助记语言的总体特征。因此，本章只具体讨论《孙子》十三篇，诸如结构、诠释、数序、对应和连锁等助记方式；对于《武经七书》其他各书的助记语言，只作简要描述。本章最后介绍明代茅元仪《武备志》所记载唐代军事助记语言《剑诀歌》，由朝鲜传回的经过。这标志着，军事助记语言，在唐代已经由非典型韵语助记，完成了向典型韵语助记的过渡。

第一节 《孙子》十三篇的助记语言

　　继卜事之后，军事学家比较早地在实用语言领域使用和发展了助记语言。这种情况在春秋战国时期（公元前 770- 公元前 221 年），已经相当普遍。战国时期没有统计，春秋时期，据童书业先生统计大小战争就有三百多次。[1] 战争的频繁发生，使得兵法的著述和传习，也就成为当时极为普遍的社会现象。

　　我们现在看到的兵书，春秋战国这一部分，主要保存在《武经七书》里。《武经七书》为官方校刊颁行的中国第一部军事教科书。北宋元丰三年（公元 1080 年），宋神宗下诏颁定《孙子》《司马法》《尉缭子》《六韬》《吴子》《三略》《李卫公问对》等七部兵书，作为武学的必修课程，统称为《武经七书》。后至南宋，又规定武举考试以此命题。从而奠定了军事学的基础，促进了军事助记语言的发展。

　　《武经七书》，其中有五部为春秋战国时期的著述。春秋时期有《孙子》，战国时期有《司马法》《尉缭子》《六韬》《吴子》等。到战国时期，兵书已经达到家喻户晓的程度。《韩非子·五蠹》说，"境内皆言兵，藏孙吴之书者，家有之。" 到汉代这种情况仍有增无减。我们在前章说过，"东方朔十九岁学孙吴兵法，战阵之具，钲鼓之教，亦诵二十二万言。"[2] 东方朔能够背诵的二十二万言，大致相当于二十部兵书。这样看来，除了《武经七书》保留下来的这五部，大部分已经失传，亦可见汉代以前兵书的盛况。近年山东临沂银雀山还出土有《孙膑》兵法竹简。退一步说，东方朔一个人能够背诵二十二万言，除了他个人的禀赋，就兵书本身而言，倘若没有形成或提供好的助记方法，那他的背诵也是很难做到的。

兵法之要，在于学以致用，不尚空谈。要做到学以致用，必要存乎其心；要存乎其心，就得解决记忆的问题。可以说，我国的兵书体例或者军事思想，在春秋战国时期既已形成或者奠基，而同样也可以这样说，军事助记语言，也正是在这一时期得到了前所未有的创造和开发。

一、《孙子》十三篇

《孙子》被列为《武经七书》之首，史家传统上称之为《孙子》十三篇。我们这一章为研究的方便，一仍旧贯。《孙子》十三篇著者孙武。孙武（约公元前 545- 公元前 470 年），字长卿，齐国乐安人。《史记》有《孙子吴起列传》，但所叙极为简略。说《孙子》十三篇传到吴国，吴王阖庐看过，先是请孙子以吴宫教战验证其法，后果见孙武有军事指挥之能，即任其为将，使吴国西破强楚，北威齐晋，一度称霸诸侯。有关孙武的家世和活动时间等，近年中国军事科学院有课题研究，成果丰厚，大家可以参看。

《孙子》十三篇[3]包括：始计，作战，谋攻，军形，兵势，虚实，军争，九变，行军，地形，九地，火攻，用间等，五千多字。

春秋时期战争的经验，为军事家的兵书著述，提供了得战独厚的条件。《孙子》十三篇即是对以往那些频繁发生的战例，对战争所进行的规律性总结，当然也有他自己个人天才的发挥。同样，《孙子》十三篇的助记语言，也是既借鉴了此前助记语言的经验，同时也有他自己为适应军事斗争需要的创新。我们在第一章讨论《周易》助记语言的时候说过，诸如韵语和物语，复韵和单韵，三言和四言，以及修辞手段等，这些非典型韵语助记方式，《孙子》十三篇大部分章节都有借鉴和运用。而另一方面，对于军事助记语言来说，它毕竟又是一个更为特殊的领域，所以，《孙子》十三篇的助记语言，更多的还是体现了他与众不同的特殊性，和他更加注重军事斗争需要的实用性。

《孙子》十三篇的助记语言，讲述一般军事现象即使用散句，而讲述战争规律则使用整句。整散混搭，轻重得当，中心突出，构成了它主要的助记语言特征。具体使用的助记方式，《孙子》十三篇却是十分灵活多样。比如，结构的运用，数序的排列，乃至正反对应的强化等，都是其他助记语言著述所没有的。从而比较好地解决了大量篇幅和简要记忆之间的矛盾。就助记效果而言，不要说自《孙子》十三篇问世以来，像东方朔那样为历代传诵；即使是现代，人们对于《孙子》十三篇的许多名言警句也并非陌生。比如，我们看电影《南征北战》，敌军将领嘲讽其同事张灵甫没有调查研究滥用兵法，有一句台词，大家至今还记忆深刻。那就是《孙子》十三篇《谋攻》里著名的论断"知彼知己，百战不殆"。

二、《孙子》十三篇的助记语言

《孙子》十三篇为上古时期古人的著作，加之军事专业性极强，我们在分析其助记语言特征时，有些理解上有难度的段落，就先串讲；没有难度的，则直接讨论。《孙子》十三篇的助记语言，大致可以分为五个主要类型：

（一）结构助记

所谓结构助记，就是指有意识的，以段落的编排，来辅助记忆的方法。结构助记有两种：

1. 总分

总分就是先总说后分说，总分两部分内容相同；总说略，分说详。我们叫做总分助记法。

《孙子》十三篇的总分助记，有两个系统，一个系统是《孙子》十三篇的第一篇《始计》为全书总说，领起其他十二篇。一个系统是第二至第十三各篇开头段都为本篇的总说，领起全篇。比如，《始计》篇：

孙子曰：兵者，国之大事，死生之地，存亡之道，不可不察也。

《孙子》十三篇，开篇即指明军事是关系到国家生死存亡的大事，用兵打仗的人，一定要通晓，要审慎。这是所有军事行为的总纲，也是全书的总纲。

故经之以五事，校之以计，而索其情：一曰道，二曰天，三曰地，四曰将，五曰法。

这段是说，所以要以这五个方面，去对敌我双方的情况进行比较分析和评估，从而探索战争胜负的情势。这五个根本方面：一是"道"，二是"天"，三是"地"，四是"将"，五是"法"。

这段是承接上段总纲展开来说的。换句话说，就是总纲被分解为"五事"。而从本篇来看，"五事"又是全篇的总纲。

道者，令民与上同意，可与之死，可与之生，而不危也；天者，阴阳、寒暑、时制也；地者，远近、险易、广狭、死生也；将者，智、信、仁、勇、严也；法者，曲制、官道、主用也。凡此五者，将莫不闻，知之者胜，不知之者不胜。

这段是说，所谓"道"，就是要使民众与君主同心，可与君主死生与共。所谓"天"，就是指昼夜、寒暑与四时节令的变化。所谓"地"，就是指道路的远近、地势之险厄平易、开阔狭窄与高低向背等。所谓"将"，就是要求将帅要具备智谋、信实、仁爱、勇敢和严明等五种品格。所谓"法"，就是指军队的组织编制、将吏的职分管理与军需物资的掌管使用。凡属上述五个方面的事，身为将帅，都不能不过问。了解这些情况，就能打胜仗；不了解这些情况，就不能打胜仗。

这段又是对"五事"的分解，具体说"五事"都包括哪些内容。而这个被分解的"五事"，一般研究者认为，又是《孙子》全书总纲。比如，刘伶、梁玉民《孙子兵法与五行说》[4]。那么，这样看来，我们就可以得出《孙子》十三篇，第一《始计》对于全书，对于它自身的本篇，以及它们之间，结构助记的四个总分式层级关系。如下表：

层级 项目	内 容	结构关系
1	《始计》第一段 孙子曰：兵者，国之大事，死生之地，存亡之道，不可不察也。	总说
2	《始计》第二段 故经之以五事，校之以计，而索其情：一曰道，二曰天，三曰地，四曰将，五曰法。	分说/总说
3	《始计》第三段 道者，令民与上同意，可与之死，可与之生，而不危也；天者，阴阳、寒暑、时制也；地者，远近、险易、广狭、死生也；将者，智、信、仁、勇、严也；法者，曲制、官道、主用也。 凡此五者，将莫不闻，知之者胜，不知之者不胜。	分说/总说
4	《孙子》十三篇，《始计》之下的十二篇 作战，谋攻，军形，兵势，虚实，军争，九变，行军，地形，九地，火攻，用间。	分说

总分这种助记方法，总是在具体论说之前，先交代所论述内容有多少，即总量。总量前常用词有"凡"或者"故"。比如，《火攻》篇，"凡火攻有五"；《谋攻》篇"故君之所以患于军者三"。接着才具体地进行一个一个的分说。

2. 分总

分总就是先分说后总括。我们叫做分总助记法。比如：

（1）《地形》篇

夫势均，以一击十，曰走；卒强吏弱，曰弛；吏强卒弱，曰陷；大吏怒而不服，遇敌怼而自战，将不知其能，曰崩；将弱不严，教道不明，吏卒无常，陈兵纵横，曰乱；将不能料敌，以少合众，以弱击强，兵无选锋，曰北。凡此六者，败之道也，将之至任，不可不察也。

这段是说，凡敌我双方地理形势均等，但却要以一击十，这样就必然会弃甲曳兵而逃，这叫"走"。士卒豪悍而将佐懦弱，军政弛坏，不能统辖管束，指挥松散无力，这叫"弛"。将佐豪悍而士卒懦弱，独将佐奋力则势必为下所累而陷于败绩，这叫"陷"。偏裨校佐怨怒而不服主将之命，遇敌怼而擅自出战，主将又不知他的才能，如山自内部崩坏，这叫"崩"。将帅懦弱缺乏威严，管理教育无章法，官兵关系紧张失常，布兵列阵又杂乱不整，这叫"乱"。将帅不能正确判断敌情，而以少击众、以弱击强，溃围决胜，又无选拔之精锐，那就必然要败北，这叫"北"。以上六种情况，都是造成战争失败的原因，将帅的重大责任所在，是不可不认真考察研究的。

分总助记，总是在分说之后进行总括。总括之前常用的词语有"凡此"或者"此"等。

（2）《九变》篇

故将有五危，必死可杀，必生可虏，忿速可侮，廉洁可辱，爱民可烦。凡此五者，将之过也，用兵之灾也。

这段是说，将帅有五个致命的弱点：只知硬拼就有被杀的危险；贪生怕死就有被掳的危险；刚忿急躁就有被轻侮的危险；清廉自好就有被污辱的危险；宽仁、爱民就有被烦扰的危险。以上五点，是将帅的过失，也是用兵的灾害。

《孙子》十三篇结构助记，除了总分式，和分总式，有的还用了总分总式。

结构助记有两个特点：一是提纲挈领，一是完备简明。作为兵书，不提纲挈领就会含糊不清；而光完备又不易记，光简明又不能全面表达。只有这两点都做到了，才能产生实用而且易记的效果。在先秦各个学科的助记语言著述中，结构助记，《孙子》十三篇使用的数量最多，而且质量也最好。《孙子》十三篇，或明或暗，差不多篇篇都使用了结构助记，这个与其军事学领域的特殊性有很大关系。因为对于军事的学习，首先是总体把握，其次才是具体的分析。这样，结构助记就成为诸多助记方式的首选。

（二）诠释助记

所谓诠释助记，就是以对概念进行定义或者解说的方式，来辅助记忆的方法。比如，《行军》篇：

敌近而静者，恃其险也；远而挑战者，欲人之进也；其所居易者，利也；众树动者，来也；众草多障者，疑也；鸟起者，伏也；兽骇者，覆也。

这段连续七个"……者……也"句式。是说，敌人逼近而安静的，是它有险可恃；离我军较远就来挑战的，是企图诱我前进；不据险而据平地宿营的，其中必有利便之处。林木摇动，是敌人伐木开道隐蔽来袭；草丛中设有许多障碍物，是敌人搞的疑兵之计；鸟雀惊飞，是下面有伏兵；野兽骇逃，是敌人大举前来突袭。

尘高而锐者，车来也；卑而广者，徒来也；散而条达者，樵采也；少而往来者，营军也；辞卑而备者，进也；辞强而进驱者，退也。

这段连续六个"……者……也"句式。是说，尘埃高起而锐直，是敌人的战车奔驰而来；低矮而广阔，是敌人的步卒正在开来；疏散而呈条缕状，是敌人在曳柴而走；伪装诈我，稀少而往来移动，则是敌人正在以轻兵安营扎寨；措辞谦卑但却在加强战备的，是敌人在准备进攻；措辞强硬而又做出要进攻架势的，则是要准备撤退。

轻车先出，居其侧者，陈也；无约而请和者，谋也；奔走而陈兵者，期也；半进半退者，诱也。

这段连续四个"……者……也"句式。是说，轻车先出，部署在两翼的，是在布列阵势；敌人尚未受挫却来请求讲和的，是敌人在搞阴谋；敌人急速奔走而布列战车的，是在期待同我决战；欲进不进，欲退不退的，是在诱我上钩。

杖而立者，饥也；汲而先饮者，渴也；见利而不进者，劳也；鸟集者，虚也；夜呼者，恐也；军扰者，将不重也；旌旗动者，乱也；吏怒者，倦也；杀马肉食者，军无粮也；悬缸不返其舍者，穷寇也。

这段连续十个"……者……也"句式。是说，敌兵斜倚兵杖而站立，是饥饿的表现；役卒汲水而先饮，是干渴的表现；敌人见利而不去夺取，是疲劳的表现；乌鹊群集，下面必无敌人；夜间惊呼，是恐惧不安的表现；军士自相扰乱，是将帅威令不重的表现；旌旗摇动不整，是军纪不严且队伍混乱的表现；军吏烦怒，是军队疲惫的表现；杀马而食，是军队缺乏粮食的表现；饮具悬置不用，军不归幕而暴露野宿，这就是计穷势极而准备拼死的穷寇了。

谆谆翕翕，徐与人言者，失众也；数赏者，窘也；数罚者，困也；先暴而后畏其众者，不精之至也；来委谢者，欲休息也。

这段连续五个"……者……也"句式。是说，絮絮叨叨、慢声细语地讲话，是不得人心；频繁赏赐，是处境困迫；动辄处罚，是一筹莫展；先行刻暴而后又害怕其部众，那就是最不精明的了；敌遣使者前来致礼言好，是想休兵息战。

说到"……者……也"句式，我们会想起《醉翁亭记》[5]。这是受《孙子》影响最深的一篇文章。我们平时随便阅读《醉翁亭记》，不会有什么特别的感觉。倘若学习课文，书后要求 "朗读并背诵全文"[6]，一认真起来，大家就会发现，他的"……者……也"句式也是使用了那么多，有二十个；却毫无雷同之感，反而使人感到新异，觉得十分有意思，有趣，便会沉醉于其中，喜欢上了，一背就背下来，背下来就记住了。回头再看看《孙子》十三篇，仅仅《行军》这一篇"……者……也"句式，就共计连续用了三十二个，怎么能够不顺畅，不引人入胜，不易记呢？

《行军》篇 "行军"的意思是，运用智慧，判断敌情。诠释助记的表现形式为"……者……也"句式，就是我们古汉语传统说法的判断句式，这是典型的诠释助记标识。有时候"者"还可以省略。《行军》篇"……者……也"句式，煞尾的这部分，往往更多的是使用一个词，比如，上面这段"饥也，渴也，劳也，虚也，恐也，乱也，倦也"等。

诠释助记有两个特点：一是语气和婉带有断定，一是神秘性带有暗示。这两个特点更适于军事语境。《行军》篇以诠释助记方式，一口气总结了春秋以前三十二种观敌瞭阵的经验，见微知著，料敌如神。诠释助记，《孙子》

十三篇，或多或少，处处有之，不再举例。

（三）序数助记

所谓序数助记，就是以自然数顺序，简明地提示主要内容，来辅助记忆的方法。序数助记有两种：

1. 明数

明数就是标明序数，我们叫做明数助记法。一般数序的前头都有总说，然后是以序数进行分说。比如：

（1）《始计》篇

故经之以五事，校之以计，而索其情：一曰道，二曰天，三曰地，四曰将，五曰法。

这段是说，所以，应该以五个方面的情况为参照，通过具体比较双方的作战条件，来预测战争胜负，这五个情况：一是"道"，二是"天"，三是"地"，四是"将"，五是"法"。下面接着就是叙述这个"五事"的具体内容。

（2）《谋攻》篇

故知胜有五：知可以战与不可以战者胜，识众寡之用者胜，上下同欲者胜，以虞待不虞者胜，将能而君不御者胜。此五者，知胜之道也。

这段是说，对于将军和国家来说，预知胜利有五个标准：知道自己可以打和不可以打的胜；懂得根据兵力多寡而恰当配备使用的胜；全军上下同心协力的胜；以有备之师而对懈怠之敌的胜；将帅有指挥才能而君主不加干预的胜。这五个，就是预知胜利的方法或途径。

（3）《九变》篇

故将有五危，必死可杀，必生可虏，忿速可侮，廉洁可辱，爱民可烦。凡此五者，将之过也，用兵之灾也。覆军杀将，必以五危，不可不察也。

这段是说，将帅有五个致命的危险：只知硬拼就有被杀的可能；贪生怕死就有被掳的可能；刚忿急躁就有被轻侮的可能；清廉自好就有被污辱的可能；宽仁爱民就有被烦扰的可能。以上五点，是将帅的过失，也是用兵的灾难。军队溃败和将帅被杀，都由上述"五危"引起，是不可不加以重视的。

（4）《火攻》篇

凡火攻有五：一曰火人，二曰火积，三曰火辎，四曰火库，五曰火队。

这段是说，火攻有五种方式：一是烧敌营舍人马；二是烧敌委积粮秣；

三是烧敌辎重器用；四是烧敌库室财货；五是烧敌险阻通道。下面接着就是说明实行火攻的具体办法。

（5）《用间》篇

故用间有五：有因间，有内间，有反间，有死间，有生间。

这段是说，使用间谍有五种方式：因间、内间、反间、死间、生间。下面接着就是解释这五间的具体内容和要求。

这五个例子，都有总说和分说。只是《谋攻》篇用了总总式，省略了分说的序数。《九变》篇，还使用了总分总式。这里的明数法，有的是三言，有的是四言，有的是杂言。这个是根据分说内容的字数多少来确定的。

2. 暗数

暗数就是不完全标明序数，总分只有一方标明序数，另一方可以参照它把对应的序数补充出来。我们叫做暗数助记法。比如：

（1）《谋攻》篇

故君之所以患于军者三：不知军之不可以进而谓之进，不知军之不可以退而谓之退，是谓縻军；不知三军之事而同三军之政，则军士惑矣；不知三军之权而同三军之任，则军士疑矣。三军既惑且疑，则诸侯之难至矣。是谓乱军引胜。

这段是说，国君贻害于军队的情况有三种：不了解军队不可以前进而强令其前进；不了解军队不可以退却而强令其退却，这是牵制军队行动；不了解军队的事务而插手军队的管理，将士就会感到迷惑；不懂军队的权变之道而干预军队的指挥，将士就会产生疑虑。那么，这段分说前的序数，我们就可以根据总说补出，就是一是什么，二是什么，三是什么。

（2）《军形》篇

兵法：一曰度，二曰量，三曰数，四曰称，五曰胜。

这段是说，用兵必须注意：一是土地幅员，二是军赋物资，三是兵卒战斗力，四是双方力量对比，五是取胜的概率。那么，这段分说前面的总说，我们也可以根据分说的"一曰，二曰，三曰，四曰，五曰"，补出"兵法有五"。

（3）《地形》篇

地形有通者、有挂者、有支者、有隘者、有险者、有远者。……凡此六者，地之道也，将之至任，不可不察也。

这段是说，地形有通形、挂形、支形、隘形、险形、远形六种。这六个方面是作战地形的基本参照，将帅最主要的职责，不能不明白这个道理。

敌兵有走者、有驰者、有陷者、有崩者、有乱者、有北者。凡此六者，非天地之灾，将之过也。

这段是说，军队失利，有所谓"走，弛，陷，崩，乱，北"六种现象。这六种现象，并非由地理条件造成的灾难，而是由将帅的过失造成的。这段也是可以补出总说的"敌兵有六"。

暗数法的这三个例子，《谋攻》篇总说在前，无分说序数。后两个例子也无分说序数，但总括在后。因为总分有一方标明序数，另一方就可以省略。这三个例子，分说的概念有三言，也有长句，最长的十六字。省略的序数我们都可以根据前后文补出来。

《孙子》十三篇序数助记有两个特点：一是使记忆的内容清晰，一是完整。前有提示，后有照应，不致遗漏。

（四）对应助记

所谓对应助记，就是以相对或者相反的事物或者概念，对所涉及的内容进行描述，来辅助记忆的方法。对应助记有两种：

1. 同反

同反就是使用同反义词语，我们叫做同反义助记法。

（1）《军形》篇

不可胜者，守也；可胜者，攻也。守则不足，攻则有余。善守者藏于九地之下，善攻者动于九天之上，故能自保而全胜也。

这一段不难，不作解释。对应的语句有三组：第一组是"不可胜者，守也；可胜者，攻也。"这是句与句对应，对应词是"守"和"攻"。第二组是"守则不足，攻则有余。" 这是词与词对应。对应词，除了"守"和"攻"，还增加了"不足"和"有余"。第三组是"善守者藏于九地之下，善攻者动于九天之上"，也是句与句对应。以"善守者"对应"善攻者"，以"藏于九地之下"对应"动于九天之上"。

（2）《兵势》篇

凡治众如治寡，分数是也；斗众如斗寡，形名是也；三军之众，可使必受敌而无败者，奇正是也；兵之所加，如以碫投卵者，虚实是也。凡战者，以正合，以奇胜。

　　这段是说，治理千军万马就如同治理小部队，那是由于有严密的组织编制；指挥大军作战就如同指挥小部队作战，那是由于有有效的号令指挥；统率三军部众可使其四面受敌而不致败北，那是由于奇正之法的运用；兵力所加，就如同以石击卵那样有力，那是由于善于以实击虚。大凡用兵作战，总是以正兵当敌，以奇兵取胜。

　　这段对应的词语有："治众"与"治寡"，"斗众"与"斗寡"。以同反义语素对应构成的词还有 "分数""形名""奇正"等。

　　2. 正反

　　正反跟使用同反义词对应不完全一样，不是使用两个意思相对或者相反的词，而是对应的双方，一个是正义词，一个是在正义词前加否定。我们叫做正反助记法。

　　（1）《始计》篇

　　兵者，诡道也。故能而示之不能，用而示之不用，近而示之远，远而示之近。

　　（2）《军形》篇

　　昔之善战者，先为不可胜，以待敌之可胜。不可胜在己，可胜在敌。故善战者，能为不可胜，不能使敌之必可胜。故曰：胜可知，而不可为。

　　（3）《虚实》篇

　　故我欲战，敌虽高垒深沟，不得不与我战者，攻其所必救也；我不欲战，虽画地而守之，敌不得与我战者，乖其所之也。

　　"乖其所之"，就是我们设法改变敌人行动方向。这三段其他都不难，不作解释。对应的词语，例（1）有"能"与"不能 "，"用"与"不用"；例（2）有"不可胜"与"可胜"；例（3）有"欲战"与"不欲战"。

　　根据统计的结果，我们知道，《孙子》十三篇，每篇都有对应助记，有的篇目多达十分之七。为什么会出现这样的情况呢？首先是战争是国家大事，必然涉及诸如君主和将帅，将帅和士卒，军队和百姓等，这些对应的大事。其次是战争是敌我双方的行为，必然涉及诸如彼此，输赢，天时与地利，胜与败，远近与广狭等，这些具体的对应情况。战争本身的富于对应性，也为《孙子》十三篇对应助记提供了丰富的资料，提供了优选的便利。这也是《孙子》十三篇对应助记为什么出现得这么多，组织得这么有序，诵读这么上口的一个根本原因。

"不比不知道，一比吓一跳。" 比就是以两两相对的事物，权衡利弊，判别真伪，实现优选。《孙子》十三篇正是抓住这一点，来组织其对应助记的。其对应助记有两个特点：一是鲜明，一是警醒。《孙子》十三篇尽管对应语句众多，但却易记易诵。作为助记语言，这也是《孙子》十三篇全书最为本质的特征，最为典型的助记方法。

（五）连锁助记

所谓连锁助记，就是以事物或者概念，一个接着一个进行联系的方式，来辅助记忆的方法。连锁助记有两种：

1. 并接

并接就是连锁的语句是并列关系，我们叫做并接助记法。

（1）《始计》篇

利而诱之，乱而取之，实而备之，强而避之，怒而挠之，卑而骄之，佚而劳之，亲而离之，攻其无备，出其不意。此兵家之胜，不可先传也。

（2）《兵势》篇

声不过五，五声之变，不可胜听也；色不过五，五色之变，不可胜观也；味不过五，五味之变，不可胜尝也；战势不过奇正，奇正之变，不可胜穷也。奇正相生，如循环之无端，孰能穷之哉！

（3）《军争》篇

以治待乱，以静待哗，此治心者也。以近待远，以佚待劳，以饱待饥，此治力者也。

故用兵之法，高陵勿向，背丘勿逆，佯北勿从，锐卒勿攻，饵兵勿食，归师勿遏，围师遗阙，穷寇勿迫，此用兵之法也。

这几段不是很难，只解释最后一段。

最后一段是说，因此用兵打仗的一般法则是：敌据山险，慎勿仰攻；敌背靠丘阜，切勿迎击；敌假装败退，不要追击；敌气锐盛，不要进攻；敌若以利诱我，不要贪取；敌若归幕返国，不可阻击拦截；包围敌人，需虚留缺口；敌若陷入绝境，则不要过分逼迫。这些都是用兵的一般法则。

例（1）是以"利而诱之"等八个短语，形成一个"攻其无备，出其不意"的链接。

例（2）是以"声不过五，五声之变，不可胜听也"等四个长句，形成一个"奇正相生"的链接。

例（3）是以"以治待乱"等五个短语，形成一个"治心，治力"的链接；又以"高陵勿向"等八个短语，形成一个"兵之法"的链接。

2. 顺承

顺承就是连锁的语句是承接关系，我们叫做顺承助记法。

（1）《谋攻》篇

夫用兵之法，全国为上，破国次之；全军为上，破军次之；全旅为上，破旅次之；全卒为上，破卒次之；全伍为上，破伍次之。

这段是说，大凡用兵打仗，其指导原则应是：迫使敌人举国降服的为上策，通过交兵接仗而攻破敌国的次之；能使敌人全军降服的为上策，攻破敌军的次之；能使敌人整卒降服的为上策，消灭敌人的次之。

故曰：知己知彼，百战不殆；不知彼而知己，一胜一负；不知彼不知己，每战必败。

这段为名言警句。不难，不作解释。

（2）《军形》篇

地生度，度生量，量生数，数生称，称生胜。故胜兵若以镒称铢，败兵若以铢称镒。

这段是说，"计地出卒"之法有如下五个环节：一是对土地幅员进行丈量的"度"；二是对物产资源进行评估的"量"；三是对兵员众寡进行计算的"数"；四是对双方军力进行对比的"称"；五是对双方胜负情状进行预测的"胜"。这五环节是相生的。胜利的军队较之失败的军队，就好比以"镒"称"铢"那样处于绝对优势，而失败的军队较之胜利的军队，则像用"铢"称"镒"那样处于绝对劣势。

（3）《兵势》篇

乱生于治，怯生于勇，弱生于强。治乱，数也；勇怯，势也；强弱，形也。

这段是说，表面上的混乱产生于真正的严整；表面上的怯懦产生于真正的勇敢；表面上的弱小产生于真正的强大。严整和混乱，是属于组织编制方面的问题；勇敢和怯懦，是属于兵势方面的问题；强大和弱小，是属于军形方面的问题。

（4）《虚实》篇

故备前则后寡，备后则前寡，备左则右寡，备右则左寡，无所不备，则无所不寡。

这段是说，所以防备前面，后面就空虚；防备后面，前面就空虚；防备左边，右边就空虚；防备右边，左边就空虚；处处防备，就处处空虚。

（5）《军争》篇

三军可夺气，将军可夺心。是故朝气锐，昼气惰，暮气归。善用兵者，避其锐气，击其惰归，此治气者也。

这段是说，军队的锐气可以使之衰懈，将帅的意志和决心也可以使之动摇。所以军队初战时士气锐盛，继而懈怠，最后衰竭。所以善于用兵打仗的人，总是避开敌人初来时的锐气，待其士气懈怠和衰竭之时再行攻击，这是掌握军队士气变化的一般法则。

例（1）是以"五全"和"五破"，形成一个"谋攻"的链接，又以"三知"和"三不知"，形成一个"知彼知己"的链接。例（2）是以"地度量数胜"的"五计"，形成一个"计地出卒"的链接。例（3）是以"治勇强"形成一个"兵势"的链接。例（4）是以前后左右的"四方"，形成一个"备寡"的链接。例（5）是以朝昼暮的"三时"，形成一个"治气"的链接。

《孙子》十三篇连锁助记有两个特点：一是连贯，一是畅快。无论其并接，还是顺承，这些段落总是分说多而清楚，总说少而简洁。有铺排，有归纳；不乱不散，透辟明白。《孙子》十三篇连锁助记，与其对应助记一样，构成军事助记语言表达的两个主要方式，成为军事助记语言最值得称道，最为精彩的部分。

上述讨论的是，《孙子》十三篇结构助记等五种无韵语助记。此外，《孙子》十三篇还使用了韵语助记。这一点与《周易》是相同的。只是《孙子》十三篇因军事的特殊性，非韵语助记使用的多，而使韵语助记显得使用的少而已。我们在研究中发现，其实，《孙子》十三篇很多篇章都有韵律可考。

首先是复韵。比如，《始计》篇，"利而诱之，乱而取之，实而备之，强而避之，怒而挠之，卑而骄之，佚而劳之，亲而离之，攻其无备，出其不意。"这段以八个"之"字构成复韵。《孙子》十三篇使用复韵的，我们统计占十分之四五左右。

其次是单韵。而单韵的使用，认真考察也十分明显，比如：

《虚实》篇，"夫兵形象水，水之行避高而趋下，兵之形避实而击虚；水因地而制流，兵因敌而制胜。故兵无常势，水无常形。能因敌变化而取胜者，谓之神。故五行无常胜，四时无常位，日有短长，月有死生。"这段不难，不作解释。"下，虚"同韵，为"鱼部"；"形，生"同韵，为"耕部"。《军争》篇，"军争之难者，以迂为直，以患为利。故迂其途，而诱之以利。后人发，先人至，此知迂直之计者也。"这段是说，争夺先机之利之所以困难，是由于要变迂远为近直，把不利转变成有利。所以要采取表面迂远的进军路线去迷惑敌人，并用小利去引诱敌人。即使在敌人之后出发，也能比敌人先期到达战地，这就是懂得变迂为直的策略原则的掌握运用了。"至，计"同韵，为"质部"。《九变》篇，"故用兵之法，无恃其不来，恃吾有以待之；无恃其不攻，恃吾有所不可攻也。""来，待"同韵，为"之部"。而且复韵也还在混合使用，比如，上段的"利"，这段的"攻"。复韵和单韵交互使用，是助记语言学初起时期最典型的特征，即所谓"动乎天然，不费雕琢"。

我们把以上讨论的，《孙子》十三篇这种非韵语和韵语混搭的助记方式，称之为非典型韵语助记。

《孙子》十三篇作为春秋战国时期兵法经典，具有标志性和代表性。知《孙子》十三篇的助记语言，对于春秋战国时期其他军事著述助记语言，便可以得到一个总体的俯视。所以，《武经七书》其他各篇的助记语言，我们只集中在下一节作以简论，此不再强聒。

注释：

（1）童书业，春秋左传研究；中华书局，2006

（2）汉书九，东方朔传；中华书局，1962

（3）军事科学院，孙子兵法新注；中华书局，1981

（4）大连陆军学院学报；1988，1

（5）郭预衡，古代十大散文家全集，欧阳修；大连出版社，1998

（6）语文，八年级下；人民教育出版社，2009

第二节 《孙子》十三篇助记语言的影响及其变异

在这一节里，我们将讨论两个问题，一个是《孙子》十三篇对《武经七书》其他各篇助记语言的影响；一个是明代《武备志》的出现，标志着军事助记语言非典型韵语助记时代结束，典型韵语助记时代到来。

一、《孙子》十三篇助记语言的影响

《孙子》十三篇问世至今已经有两千五百多年。就其内容而言，历代的军事斗争不仅在使用它，而且同时也在评注它。据统计，自那时诸子百家以来到现代，仅就大学者大军事家就有几十人之多，孙膑，尉缭子，司马迁，班固，曹操，诸葛亮，李世民，李筌，许洞，岳飞，茅元仪，戚继光，李自成，石达开，曾国藩，毛泽东，刘伯承，郭化若等，对《孙子》十三篇，无一不是审读精研，赞赏有加，而绝无微词。在国外，《孙子》十三篇也久负盛名。唐初传日本，明代入欧洲，与克劳塞维茨（公元 1780-1831 年）《战争论》齐名，却要比克氏早两千二百年。

《孙子》十三篇许多的至理名言，至今仍为人们熟悉，所借鉴和运用。比如，《孙子》十三篇"兵者，诡道也"，"不战而屈人之兵"的战争思想；"十则围之，五则攻之"的战略战术；"知彼知己，百战不殆"的胜算论；"兵贵速，而不贵久"的速胜论；"兵无常势，水无常形"的应变论，甚至心理战等诸多的理论观点，不仅对现代战争仍然具有实际指导价值，而且对于相邻学科，诸如商战、企管等领域也多有启发，八十年代国外曾经一度出现"孙子热"，有些企业家把《孙子》十三篇的相关理论用诸于企业管理和商品营销。

就其形式而言，《孙子》十三篇的非典型韵语助记，也影响和推进了后世助记语言学的发展。比如，仅《孙子》十三篇的序数助记一法，在后来战国时期就多有继承。比如，《司马法》："一曰人，二曰正，三曰辞，四曰巧，五曰火，六曰水，七曰兵，是谓七政。荣、利、耻、死，是谓四守。容色积威，不过改意。凡此道也。"[1]　再比如，《吴子》："凡兵之所起者有五：一曰争名，二曰争利，三曰积恶，四曰内乱，五曰因饥。其名又有五：一曰义兵，二曰强兵，三曰刚兵，四曰暴兵，五曰逆兵。禁暴乱曰义，恃众以伐曰强，

因怒兴师曰刚，弃礼贪利曰暴，乱人疲、举事动众曰逆。五者之服，各有其道，义必以礼服，强必以谦服，刚必以辞服，暴必以诈服，逆必以权服。"(2)这些都直接使用了《孙子》十三篇的序数助记法的明数法。

二、《武经七书》其他各书的助记语言

《孙子》十三篇作为《武经七书》之首，从助记语言而言，普遍受其影响的，当然还是其他六书。但我们主要研究的是军事助记语言定型时期的著述，即春秋战国时期的《司马法》《尉缭子》《六韬》《吴子》；因为这些军事著述，距离《孙子》十三篇的时间和空间最近，甚至一度成为被集体使用的军事教科书。因此《孙子》十三篇对他们的影响最直接，也最大。这个时期的军事著述助记语言，最具有统一性，因此也就最具有普遍性和规律性。所以另外的有关《三略》和《李卫公问对》，便不作讨论。

（一）《司马法》五篇

《司马法》是《司马穰苴兵法》的简称。"齐威王使大夫追论古者司马兵法而附穰苴于其中，因号曰司马穰苴兵法。"(3)《司马法》原为"军礼司马法百五十五篇"(4)，后世多已散失，现存五篇：仁本，天子之义，定爵，严位，用众。

《司马法》五篇论述的，主要是从殷周到春秋战国时期的作战原则和方法。司马迁说"闳廓深远，虽三代征伐，未能竟其义，如其文也。"(5)《司马法》五篇，其助记方式以诠释助记和四言整句为主。比如，《仁本》篇：

战道：不违时，不历民病，所以爱吾民也；不加丧，不因凶，所以爱夫其民也；冬夏不兴师，所以兼爱其民也。故国虽大，好战必亡；天下虽安，忘战必危。

诠释助记，以"爱吾民，爱夫其民，兼爱其民"构成，阐释其儒家的博爱战争观。四言整句以批驳"好战"和警示"忘战"，成为与《孙子》十三篇"知彼知己，百战不殆"一样的经典，被后人缩减为"好战必亡，忘战必危"。

（二）《尉缭子》二十四篇

《尉缭子》作者，一说《尉缭子》为魏惠王时的隐士，一说为秦始皇时大梁人尉缭（生卒不详）。后世兵势署名尉缭子。《汉书·艺文志》杂家类著录《尉缭》二十九篇，兵形势家类著录《尉缭》三十一篇。一九七二年山

东临沂银雀山汉墓出土有《尉缭子》残简。《尉缭子》现存二十四篇：天官，兵谈，制谈，战威，攻权，守权，十二陵，武议，将理，原官，治本，战权，重刑令，伍制令，分塞令，束伍令，经卒令，勒卒令，将令，踵军令，兵教上、兵教下，兵令上、兵令下。

《尉缭子》以梁惠王与尉缭子问对形式开篇，我们叫"尉缭子问对"。这个也是一种助记方法，叫做问对助记法。后来还有兵书《李卫公问对》等等。《尉缭子》二十四篇，主要是依据春秋战国时期，为《孙子》十三篇等其他军事著述所未涉及的内容，以《孙子》十三篇的军事思想，阐释其军事主张。《尉缭子》二十四篇，以问对助记法为多，比如，《天官》篇：

有提十万之众，而天下莫当者谁？曰桓公也。有提七万之众，而天下莫当者谁？曰吴起也。有提三万之众，而天下莫当者谁？曰武子也。

这里，三个设问，讲到了齐桓公，吴起，孙武；用以论述国士和带兵的关系。这个问对助记的形式，还一度影响了唐宋八大家的欧阳修，欧阳修也研究过《武经七书》，他仿此句式写了《醉翁亭记》，大家可以参阅。

（三）《六韬》六十篇

《六韬》，据《汉书·艺文志》，"惠襄之间，或曰显王时，或曰孔子间焉"（公元前 676- 公元前 479 年）。一九七二年山东临沂银雀山汉墓出土有一部分《六韬》竹简。《六韬》是目前所存兵书文字最多的兵书，分为"文，武，龙，虎，豹，犬"六韬，现存六十篇：

文韬，十二篇：文师，盈虚，国务，大礼，明传，六守，守土，守国，上贤，举贤，赏罚，兵道。

武韬，五篇：发启，文启，文伐，顺启，三疑。

龙韬，十三篇：王翼，论将，选将，立将，将威，励军，阴符，阴书，军势，奇兵，五音，兵征，农器。

虎韬，十二篇：军用，三陈，疾战，必出，军略，临境，动静，金鼓，绝道，略地，火战，垒虚。

豹韬，八篇：林战，突战，敌强，敌武，鸟云山兵，鸟云泽兵，少众，分险。

犬韬，十篇：分兵，武锋，练士，教战，均兵，武车士，武骑士，战车，战骑，战步。

《六韬》六十篇，是以周文王与史编问对，引出周文王与太公问对。我们叫做"太公问对。"《六韬》六十篇内容很驳杂，还有些叙事的成分。《六韬》六十篇的助记方式，以推论助记为多，比如，《文韬》第三篇，国务：

太公曰："民不失务，则利之；农不失时，则成之；省刑罚，则生之；薄赋敛，则与之；俭宫室台榭，则乐之；吏清不苛扰，则喜之。民失其务，则害之；农失其时，则败之；无罪而罚，则杀之；重赋敛，则夺之；多营宫室台榭以疲民力，则苦之；吏浊苛扰，则怒之。故善为国者，驭民如父母之爱子，如兄之爱弟。"

这里以连续十二个"若……则……"的推论句式，表达了"驭民如父母之爱子，如兄之爱弟"的用兵之道。"若……则……"推论，常常省略"若"。推论助记跟《孙子》十三篇的连锁助记基本相同，不同的只是一个为单句，一个为复句。

（四）《吴子》六篇

《吴子》，《汉书·艺文志》著录有《吴起》四十八篇。一九七二年，山东临沂银雀山汉墓出土竹简中，未见该书。《吴子》今存六篇：图国，料敌，治兵，论将，应变，励士。

《吴子》六篇，以吴起见魏文侯，讨论魏文侯所不关心的军旅之事，而说服魏文侯的故事，论述吴起的军事思想。这个也是问对的助记方式，我们叫做"吴子问对"。此书，汉代以前流传很广。"世俗所称师旅，皆道孙子十三篇，吴起兵法，世多有。"[6]《吴子》六篇的助记方式以连锁助记为多，比如，《图国》：

是以圣人绥之以道，理之以义，动之以礼，抚之以仁。此四德者，修之则兴，废之则衰。

绥是安抚的意思。这里以"道义礼仁"连锁助记，论述国家用兵兴衰之道。这个与《孙子》十三篇和《六韬》六十篇的不同，仅在于前两者使用单句或者复句，这里是使用短语或词。

《武经七书》其他两篇，《三略》和《李卫公问对》的助记方式，大都受到《孙子》十三篇的影响，大都为一个模式。不赘述。

茅元仪说，"先秦之言兵者六家，前孙子者，孙子不遗；后孙子者，不能遗孙子。谓五家为孙子注疏可也"。[7]他说，中国军事著述，《孙子》十三篇是上古的总结；《孙子》十三篇之后，中古以来的五家，仅仅是《孙子》十三篇的一个注解。当然，就军事助记语言学而言，《孙子》十三篇，也同样起到了承上启下的作用。

军事助记语言，到唐代《剑诀歌》，到明代《武备志》，才开始摆脱《孙子》十三篇模式，非典型韵语助记结束，典型韵语助记时代到来。

三、茅氏《武备志》的《剑诀歌》

《武备志》著者明代茅元仪。茅元仪（公元 1594-1640 年），字止生，号石民，浙江吴兴人。崇祯二年曾任副总兵，治舟师戍守觉华岛，即菊花岛，今辽宁兴城南。

茅氏《武备志》二百四十卷，二百多万字，插图七百三十八幅，有明天启元年等印本。《武备志》由兵诀评、战略考、阵练制、军资乘、占度载五部分组成。《诀评》，十八卷，收录了《武经七书》，并选录《太白阴经》《虎钤经》的部分内容，进行评点。《诀评》这部分涉及到许多韵语助记的内容。

（一）《剑诀歌》：唐代军事助记语言歌诀的出现

唐代是诗的盛世，诗是大雅的宫殿，是不收入助记语言这些所谓大俗的建筑的。但这并非意味着此时助记语言的不复存在。比如，茅氏《诀评》的"教艺·剑"：

茅子曰："古之剑，可施于战。闻故唐太宗有剑士千人。今其法不传。断简残编中有诀歌，不详其说。近有好事者，得之朝鲜，其势法俱备。固知中国失之而求之四裔。不独西方之《等韵》，日本之《尚书》也。备载于左，剑诀歌：

电掣昆吾晃太阳，一升一降把身藏。摇头进步风雷响，滚手连环上下方。左进青龙双探爪，右行丹凤独朝阳。撒花盖顶遮前后，六步之中用此方。

蝴蝶双飞射太阳，梨花舞袖把身藏。凤凰攘翅乾坤小，掠膝连肩劈两旁。进步满空飞白雪，回身骑马去思乡。[8]

这个是纯粹的歌诀助记法，也就是典型韵语助记。描写了一系列十分精彩的击剑动作，呈现了诸多十分赏心悦目的画面。并指明什么时候，用什么招式什么方法。七言十四句，首句入韵，一韵到底。前一首八句韵脚为"阳，藏，方，阳，方"；后一首六句韵脚为"阳，藏，旁，乡"。两首十四个韵脚，"阳"重出三次，"藏"重出两次，"方"重出两次。其他两字没有重出。

这正是宋元以来韵语助记的普遍形式。这个时期的韵语助记，使用格律诗的七言，或者五言，四言等；但韵律十分自由，只限字数，不限韵律，特别是韵脚可以重韵。句数也不一定非四非八不可，以实际需要为用。顺口溜，实用，只要记得牢，能运用。

茅氏先说，唐代有剑士上千人，有剑势剑法，有《剑诀歌》。他那时出土文物断简残编中也见到过，但不懂是什么意思，最近有好事者从朝鲜得到《剑诀歌》，这才明白。茅氏还发了一通感慨，"不独西方之《等韵》，日本之《尚书》也。" 是说这些典籍，岂止外国，中国早经拥有！可知，茅氏所备载的《剑诀歌》，实乃唐代军事助记语言，只是我们失传，人家朝鲜还保留，不过是人家拿去，我们又拿回来罢了。这个事实言之凿凿。

（二）《诀评》的其他助记形式

《剑诀歌》，顾名思义，就是击剑的要领。军事助记的韵语，特别是歌诀，往往是因军事而制歌诀。击剑的特点的凌厉飞动，锋芒毕露，《剑诀歌》也恰恰体现了这一个特点。而《诀评》虽然无韵，却采取了更为斩截的办法。

1. 二言助记

二言助记是用在总说这部分的。因为传习总体把握的实战需要，所以必须要言不烦。比如：

初习："眼法，击法，洗法，刺法。眼法有六：即看剑，看走，看手；平视，斜视，意顾。"剑诀云："眼像两盏灯"。

这里的二言助记，采取了总分法"明数"与"暗数"相结合的形式。先言概说初习四法，再具体说每一法。如果具体的方法较多，那就加上总数。简明扼要。

2. 三言助记

三言助记是由二言助记扩展而来。其实就是把具体的习法加上了一个学习内容的词根。比如：

击法有五：豹头击，跨左击，跨右击，翼左击，翼右击。

刺法有五：逆鳞刺，坦腹刺，双明刺，左夹刺，右夹刺。

格法有三：举鼎格，旋风格，御车格。

洗法有三：凤头洗，虎穴洗，腾蛟洗。

为什么不说"豹头"而说"豹头击"，不说"逆鳞"而说"逆鳞刺"，不说"举鼎"而说"举鼎格"，不说"凤头"而说"凤头洗"等等，这是韵语助记的功能性决定的，形式能够省略而无关内容紧要的，形式则省略；否则形式则不会省略。说豹头、逆鳞、举鼎、凤头，不仅会混淆击、刺、格、洗四法，而且也无强调本法的意味，所以万万不可以省略的。

这个教艺，就是教授剑技，除了二言三言助记，此外四言助记、五言助记，乃至杂言助记的使用，都是很灵活的。

3. 诠释助记

诠释助记来源于《孙子》十三篇，这个上文已有重点叙述。茅氏《诀评》，直接使用了这个方法。比如：

举鼎势者，即"举顶格"也。点剑势者，即"点剑刺"也。左翼势者，即"左翼击"也。

豹头势者，即"抱头击"也。坦腹势者，即"坦腹刺"也。跨右势者，即"跨右击"也。

撩掠势者，即"撩掠格"也。御车势者，即"御侧格"也。展旗势者，即"展旗击"也。

看守势者，即"看守击"也。银蟒势者，即"银蟒格"也。钻击势者，即"钻击"也。

腰击势者，即"腰击"也。展翅势者，即"展翅击"也。右翼势者，即"右翼击"也。

揭击势者，即"揭击"也。左夹势者，即"左夹刺"也。跨左势者，即"跨左击"也。

掀击势者，即"掀击"也。逆鳞势者，即"逆鳞刺"也。敛翅势者，即"敛翅击"也。

右夹势者，即"右夹刺"也。凤头势者，即"凤头洗"也。横冲势者，即"横冲击"也。

这个即所谓"二十四架势"，这里一口气使用了二十四个"……者……也"句式。这也是继《孙子》十三篇，继欧阳修《醉翁亭记》之后，使用此种句式最多用于助记的范例。为了避免重复造成记忆疲劳，每种剑势之后，附加了"法能"，比如：

掀击势，法能：掀挑上杀，抢步钻杀，左脚右手"朝天势"向前，退步坦腹刺。

　　逆鳞势，法能：直刺喉颈，右脚右手"探海势"向前，掣步左翼击。

　　敛翅势，法能：佯北诱赚，左右手脚"拔蛇势"倒退，进步腰击。

　　右夹势，法能：绞刺中杀，左脚右手"奔冲势"向前，立步举鼎格。

　　凤头势，法能：洗刺剪杀，右脚右手"白蛇弄风势"向前，掣步揭击。

　　横冲势，法能：疾奔颏闪滚杀，进退两手两脚，随势冲进，制步撩掠。

　　而"法能"的句式，也尽量采取每句十八字、"四四五五"的形式。这就弥补了无韵助记的缺憾，为教学者在传习剑术记忆要领时，提供了具有规律性的助记元素。简捷明了，迅速得其要领。

　　我们发现，军事助记语言，从《孙子》十三篇的非典型韵语助记，到唐代的《剑诀歌》的典型韵语助记，所走过的道路，恰恰跟阴阳学助记语言，从《周易》的非典型韵语助记，到《麻衣神相》的典型韵语助记，所走过的道路完全相同。换句话说，作为助记语言，《孙子》十三篇跟《周易》同处于一个时段，而《剑诀歌》则跟《麻衣神相》所处的时段基本相当。从而旁证了我国助记语言各个领域，横向形成发展时间的一致性。同时也回答了，到唐代和宋代这两个时期，助记语言为什么被全部韵律化的问题。这就是因为，唐代和宋代本身就是韵律化的时代。通俗的助记语言，无论怎么被高雅的诗化语言所排斥，都概莫能外。

本章小结：

　　军事助记语言，在整个助记语言学领域里，因为军事本身的属性，决定了它属于特殊性助记语言范畴。也可以这样说，其助记语言也是军事化的，斩截明快，雷厉风行。早期助记语言的非典型韵语助记，以《孙子》十三篇为其总代表；《武经七书》之后的军事助记语言，与时俱进，逐渐转向典型韵语助记，这就是唐代《剑诀歌》的问世。这些都是军事助记语言的经典。同时，他们从非典型韵语助记到典型韵语助记的过程，继《周易》之后，也再次体现了助记语言发展的一般规律。

注释：

（1）中国军事史编写组，武经七书，司马法；解放军出版社，1986

（2）中国军事史编写组，武经七书，吴子；解放军出版社，1986

（3）史记七，司马穰苴列传；中华书局，1982

（4）汉书六，艺文志，礼；中华书局，1962

（5）史记七，司马穰苴列传；中华书局，1982

（6）史记七，孙子吴起列传；中华书局，1982

（7）茅元仪，武备志卷一，兵诀评序；中国兵书集成；解放军出版社、辽沈书社，1989

（8）茅元仪，武备志，卷八十六；阵练制，教艺三

第五章 宗教学的助记语言：大乘正宗和禅宗

本章要点：

　　本章为宗教学助记语言研究。宗教学的助记语言，我们只研究佛经的《金刚经》和《坛经》。《金刚经》为大乘正宗之始，《坛经》为禅宗原创。这两部经典具有双重代表性，一个是传入，一个是产出。《金刚经》开创了故事性的物语助记，探索了偈言的韵语助记，从而构成了后世佛经助记语言发展的基础。《坛经》发展了这个助记语言形式，以物语助记鲜明的故事性和韵语助记的诗化语言，成为助记语言在这一领域里的集大成。

第一节　《金刚经》的助记语言

　　宗教的布道，其主要载体还是信众。这章我们研究的主要是佛教。简单说，布道就是所谓住持教授信徒念经。这就需要解决记忆的问题。那么，佛教是怎么解决念经的助记问题呢？"教念经也跟教书一样，师父面前一本经，徒弟面前一本经，师父唱一句，徒弟跟着唱一句。是唱哎。舅舅一边唱，一边还用手在桌上拍板。一板一眼，拍得很响，就跟教唱戏一样。是跟教唱戏一样，完全一样哎。连用的名词都一样。舅舅说，念经：一要板眼准，二要合工尺。说：当一个好和尚，得有条好嗓子。"[1]

　　"要板眼准，要合工尺"，工尺，就是调子。这是后来的事情。但这个可以为我们推断，在文字还不能够得到大面积普及的背景下，佛教是用什么方法助记的。佛教主要助记方式是物语和韵语助记两种。物语助记，简单说就是讲故事，渗透佛理。韵语助记，就是《受戒》里所说的这种形式。这两个特点，虽是由佛教经典著作的性质决定的，比如，《金刚经》主要是通过释迦牟尼与弟子须菩提对话，阐释佛理，启迪智慧，即所谓物语助记；而佛经的偈言，就是《受戒》所说的"要板眼准，要合工尺"，本身又是诗化的形式，即所谓韵语助记；但因物语助记有故事性，韵语助记有韵律性，物语助记往往还夹杂韵语，这两种助记方式，后来便成为我国佛教助记语言两种最主要的助记方式，直至《坛经》也还是如此。

一、《金刚经》三十二品

《金刚经》本为姚秦时期三藏法师鸠摩罗什翻译。现代版本《金刚经》[2]为钟明译注。

笼统说，姚秦就是晋朝时期。前秦姚苌之子姚兴，打败苻坚之孙苻登，前秦灭亡。姚兴称帝，史称姚秦，也叫后秦。鸠摩罗什（公元344-413年），祖籍天竺，出生于西域龟兹，即今新疆库车。七岁随母出家，游学天竺诸国。精通梵汉两语和经、律、论三藏。后秦弘始三年（公元401年）入长安，至十一年（公元409年）与弟子译成《大品般若经》《法华经》《维摩诘经》《阿弥陀经》《金刚经》等佛家著述，这就是所谓佛经。

《金刚经》分为三十二品，内容主要为四个方面，开示无住，遮照中道，安立二谛，较量功德。比如，较量功德包括，净信功德，法施功德远大于财施，受持读诵演说的功德，不受福德是无量功德等。全文五千多字，跟《孙子》十三篇字数差不多。

二、《金刚经》三十二品的助记语言

因为《金刚经》内容专业性的过于古奥，再加上翻译时间的相对久远，距离我们现在已经有一千六百多年了。如果要逐品分析，三十二品都需要翻译，而即使全部都翻译出来，要理解也还是很困难，所以我们只选择《金刚经》前后两部分的主要章节，对其助记语言进行介绍和说明。

（一）《金刚经》物语助记的问对与连锁

第一品 法会因由分

如是我闻：一时佛在舍卫国。祇树给孤独园，与大比丘众千二百五十人俱。尔时，世尊食时，著衣持钵，入舍卫大城乞食。于其城中次第乞已，还至本处。饭食讫，收衣钵，洗足已。敷座而坐。

这品的意思是说，这是阿难尊者亲自听到佛所说的。当时，佛在印度舍卫国，祇树给孤独园，与有成就的大比丘，一千二百五十人在一起。饭时，世尊穿上袈裟，拿着饭碗，到舍卫大城去化缘。在城中，不分贵贱贫富，挨家挨户的要饭，然后回到原地吃饭。饭后，世尊收拾好袈裟饭碗，洗完脚，便放置座垫，盘坐在座位上。

这品物语助记，主要说明"法会因由"。其故事性很强，由阿难讲大家听。时间是饭前，地点是舍卫国祇树给孤独园。人物为至尊一人和大比丘一千二百五十人。事件是乞食。饭前饭后的情节都很连贯，还有打坐的场面。

物语助记方式，在国内和国外流传时间都很早。比如，左丘明传授国语，荷马传授史诗。到后来清末民初直至建国初期的盲人说书，都是靠物语助记的。换句话说，物语助记，往往不需要文字，只是口耳相传，这就需要使所传授的内容充满故事性。佛经的助记语言大体就是这样构成的。

第二品　善现启请分

时长老须菩提在大众中，即从座起，偏袒右肩，右膝着地，合掌恭敬。而白佛言："希有！世尊。如来善护念诸菩萨，善付嘱诸菩萨。世尊！善男子、善女人，发阿耨多罗三藐三菩提心，云何应住？云何降伏其心？"佛言："善哉！善哉！须菩提！如汝所说，如来善护念诸菩萨，善付嘱诸菩萨。汝今谛听，当为汝说。善男子、善女人，发阿耨多罗三藐三菩提心，应如是住，如是降伏其心。""唯然！世尊！愿乐欲闻。"

这品意思是说，这时，长老须菩提，在大众中就从座位上站起来，偏袒右肩，右膝跪地，合掌恭敬地对佛说："希有，世尊！如来无所从来，亦无所去，显现在平常生活中，正是如来护念一切菩萨，要付嘱一切菩萨的佛法。世尊，如果善男子善女人，发愿要上求佛果下化众生，辛勤修行，增长智慧，发现了如来所付嘱的无上正等正觉心，应当如何安住这心？如何降伏妄心？"佛说："问得好！问得好！须菩提，正如你所说，如来善护念诸菩萨，善付嘱诸菩萨。你现在仔细听，当为你说明。如果善男子善女人，发现了如来付嘱的无上正等正觉心，应当如同发现这心那样的安住这心，应当如同发现这心那样的降伏妄心。"长老须菩提说，"是这样的，世尊，我们很希望听佛详细的说明。"

这品物语助记，主要说明"善现启请"。从这品开始，《金刚经》进入以问对助记的方式阐释经义。问对助记是物语助记的一个分支。因为讲故事，就得有对话。这种助记方式不是从佛教开始的，我国上古各家的典籍有很多。比如，医药学的《黄帝内经》，儒学的《论语》，军事学的《武经七书》等。到汉代散体大赋几乎发展成为全文都是问对的形式。问对助记其特点除了故事性，还有警醒性。比如，《金刚经》各品，都使用了很多设问和反问，这就起到了强化记忆的作用。

从物语助记看，这品人物形象也十分鲜明，须菩提的外貌、动作，以及言语的连续发问等，佛的有条不紊教诲，都特别具有情节性。当现场进入受众记忆的时刻，应该是十分清晰，而不致忘怀的。

第三品　大乘正宗分

佛告须菩提："诸菩萨、摩诃萨，应如是降伏其心：所有一切众生之类，若卵生、若胎生、若湿生、若化生；若有色、若无色；若有想、若无想；若非有想，非无想。我皆令入无馀涅盘而灭度之。如是灭度无量无数无边众生，实无众生得灭度者。""何以故？""须菩提！若菩萨有我相、人相、众生相、寿者相，即非菩萨。"

这品意思是说，于是佛告诉须菩提，诸位菩萨，大菩萨应如是降伏他的妄心。所有一切众生之类的心，如卵生的鸟虫，如胎生的人兽，如湿生的水族，如化生的天人，如有色界天众生，如无色界天众生，如有想天众生，如无想天众生。我都要使他们入于不生不灭的境界，而灭除妄心。像这样灭度无量无数无边的众生，没有任何众生得以灭度。你知道为什么吗？须菩提，如果菩萨心中还有自我相状，他人相状，众生相状，长生不老相状，那么，他就还没有如实领悟如来所护念所付嘱的无上正等正觉心，他就不叫做菩萨，还只是善男子善女人而已。

这品主要说明"大乘正宗"。这里的物语助记方式，还穿插使用了连锁助记。比如，"所有一切众生之类，若卵生、若胎生、若湿生、若化生；若有色、若无色；若有想、若无想；若非有想，非无想。"

一连用了十个表示举例的词"若"，我们叫做十生相，即前四生，中四生，后两生；而且中后两生类还用了对应助记，"有"和"无"等。《金刚经》这种物语助记里羼杂其他辅助记忆的方式，调节了纯粹物语助记的缓慢性，增加了紧凑感，具有了动态，逐渐使其全文后半部分的助记方式，多样化起来。

第四品　妙行无住分

"复次，须菩提！菩萨于法，应无所住，行于布施。所谓不住色布施，不住声、香、味、触、法布施。须菩提！菩萨应如是布施，不住于相。何以故？若菩萨不住相布施，其福德不可思量。须菩提！于意云何？东方虚空可思量不？""不也，世尊！""须菩提！南西北方，四维上下虚空，可思量不？""不也。世尊！""须菩提！菩萨无住相布施，福德亦复如是，不可思量。须菩提！菩萨但应如所教住！"

这品意思是说，"再说，须菩提，菩萨修行佛法，应当无所住。住是执着。也就是说，布施而离开布施色，色就是相状。应当无所住而行布施。不住声音、香气、味道、触摸、意识的布施。须菩提，菩萨应当像这样行布施，不住于相状的布施。这是什么缘故呢？如果菩萨不住相状行布施，他所得到的福德就不可思量。须菩提，你的意思怎么样？东方的虚空可以思量它的大小吗？"须菩提说，"不可以，世尊。"佛说，"须菩提，南方、西方、北方，四方上下的虚空，可以思量它的大小吗？"须菩提说，"不可以，世尊。"佛说，"须菩提，菩萨不住相状行布施，他的福德也是这样，不可以思量。须菩提，菩萨但应如我所教授的，安住无上正等正觉心。"

这品主要说明"妙行无住"。其助记方式，问对助记基本成了佛一言堂，即便是有问话，也都是无疑而问。四问两答，层层递进。这品其中也穿插了两组别的助记，就是结构助记中的暗数助记。比如，"所谓不住色布施，不住声、香、味、触、法布施。""东、南、西、北方，四维上下虚空，可思量不？"前一句的总说，可以补出"不住色有五"；后一句前头的总说"四维"，是蒙后省略了。

（二）《金刚经》韵语助记的复韵与偈语

第十八品 一体同观分

"须菩提！于意云何？如来有肉眼不？""如是，世尊！如来有肉眼。""须菩提！于意云何？如来有天眼不？""如是，世尊！如来有天眼。""须菩提！于意云何？如来有慧眼不？""如是，世尊！如来有慧眼。""须菩提！于意云何？如来有法眼不？""如是，世尊！如来有法眼。""须菩提！于意云何？如来有佛眼不？""如是，世尊！如来有佛眼。""须菩提！于意云何？如恒河中所有沙，佛说是沙不？""如是，世尊！如来说是沙。""须菩提！于意云何？如一恒河中所有沙，有如是沙等恒河，是诸恒河所有沙数，佛世界如是，宁为多不？""甚多。世尊！"佛告须菩提，"尔所国土中，所有众生若干种心，如来悉知。何以故？如来说诸心，皆为非心，是名为心。所以者何？须菩提！过去心不可得，现在心不可得，未来心不可得。"

这品前半部分不难，我们从恒河沙数开始解释。意思是说，佛说，"须菩提，

你的意思怎么样？恒河中所有沙子，佛说它是沙子吗？" 须菩提说，"是的，
世尊，如来说它是沙子。"佛说，"须菩提，你的意思怎么样？如一恒河中
的所有沙子，有像沙子那么多的恒河，又像那么多恒河所有沙数那么多的佛
世界，你说它多不多呢？" 须菩提说，"很多，世尊。"佛告诉须菩提，"像
那么多国土中的所有众生有很多种心，如来具有肉眼、天眼、慧眼、法眼、佛眼，
很清楚的知道他们的种种心。为什么呢？如来说一切众生种种心都是虚妄心，
只是假名为心。为什么这样说呢？须菩提，过去心了不可得，现在心了不可
得，未来心了不可得，只是眼耳鼻舌身意对色声香味触法所产生的意识现象，
相续不断使我们错谬的以为己心。"

这品主要说明"一体同观"。假如我们以《受戒》那种方式来处理这品
的助记，"要板眼准，要合工尺"，那么我们就可以得到一个启发，这品在
使用韵语进行助记。只不过是这里的韵语使用的是复韵，而不是单韵；它的
复韵都是长句，而不是像此前的复韵那么短暂，那么明显而已。下面，我们
把这品的复韵提出来：

第一组"须菩提！于意云何？如来有肉眼不？""如是，世尊！如来有
肉眼。"第二组"须菩提！于意云何？如来有天眼不？""如是，世尊！如
来有天眼。"第三组"须菩提！于意云何？如来有慧眼不？""如是，世尊！
如来有慧眼。"第四组"须菩提！于意云何？如来有法眼不？""如是，世尊！
如来有法眼。"第五组"须菩提！于意云何？如来有佛眼不？""如是，世尊！
如来有佛眼。"

这五组使用复韵助记的，就是我们平常所说的，佛的五眼："肉眼，天
眼，慧眼，法眼，佛眼"。具体说，这五眼的助记方式，是以物语助记中问
对助记并加入复韵助记的。我们来比较一下《周易》那一章的复韵助记。比
如，殷商卜辞的复韵助记： "癸卯卜，今日雨：其自西来雨？其自东来雨？
其自北来雨？其自南来雨？"[3]

我们发现《金刚经》使用的还是那种原始的复韵助记方法。这种助记其
显著的特点就是，用同一句式或者相同字的韵脚。这是最原始的歌谣助记。
跟卜辞相比，只不过是这品用了长句，卜辞用了短句而已。但这品依旧恪守
着卜辞复韵助记句与句字数相等的传统。这就一方面便于记忆，一方面起到
了规范复韵助记的作用。

这品五眼之后的恒河沙数，也是这个模式的复韵助记，但形式加长，内容难度加大，由浅入深。可知佛经十分注意遵循助记方法教授的规律性而循序渐进的。从而较好的实现了对于"过去心不可得，现在心不可得，未来心不可得"的诠释效果。

第二十六品　法身非相分

"须菩提！于意云何？可以三十二相观如来不？"须菩提言："如是！如是！以三十二相观如来。"佛言："须菩提！若以三十二相观如来者，转轮圣王即是如来。"须菩提白佛言："世尊！如我解佛所说义，不应以三十二相观如来。"尔时，世尊而说偈言：

"若以色见我，以音声求我，是人行邪道，不能见如来。"

这品的意思是说，"须菩提，你的意思怎么样？可以佛色身的三十二种好相而观见如来吗？"须菩提说，"可以，可以，可以佛色身的三十二种好相而观见如来。"佛说，"须菩提，如果可以佛色身的三十二种好相而观见如来，转轮圣王也具有三十二种好相，他也就是如来了。"须菩提对佛说"世尊，就我了解佛所说的义趣，如果不见诸相非相，不应以佛色身的三十二种好相而观见如来。"这时，世尊就用偈语说，"若以色见我，以音声求我，是人行邪道，不能见如来。"

这品主要说明"法身非相"。所使用的助记方式为偈语助记，偈语助记有两种情况，一是无韵诗句，就是我们刚才举的例子，后四句偈语的这种诗句。虽然无韵，但是诗化的句式，跟散句比，也极易成诵。还有一种是有韵的偈语。比如：

第三十二品　应化非真分

"须菩提！若有人以满无量阿僧祇世界七宝，持用布施。若有善男子、善女人，发菩提心者，持于此经，乃至四句偈等，受持、读诵，为人演说，其福胜彼。云何为人演说？不取于相，如如不动。何以故？

一切有为法，如梦幻泡影；如露亦如电，应作如是观。"

这品意思是说，"须菩提，如果有人，以充满无量数世界的七宝用来布施。又如果有善男子善女人，发心上求佛果，下化众生的话，实践此经，甚至只用四句偈语来实践、读诵，为他人演说，他的福德胜过七宝布施。那么，如何为他人演说呢？应无所住而演说，关照般若。

因为任何一切可以证取，可以说明的都是有为法，而有为法都如同梦幻泡影，本来不可取不可说，又如同水露，如同闪电，虽然呈现过，瞬间消失，不可取不可说，应作如是观。"

这品主要说明"应化非真"。后四句即为有韵偈语。第三、第四句的"电"和"观"都是押韵的。有韵偈语比无韵偈语增加了韵律，就更加上口易记。《金刚经》以后佛经的偈语，大部分变为有韵偈语了。

注释：

（1）汪曾祺，受戒；中国当代文学作品导读；北京大学出版社，2005

（2）金刚经，坛经；钟明译注；远方出版社，2006

（3）郭沫若全集，卜辞通纂，P78；科学出版社，1982

第二节 《坛经》的助记语言

《坛经》，亦称《六祖坛经》。为唐代禅宗六祖慧能大师于韶州大梵寺，得法传法的事迹，以及与其门徒的言行。由其弟子法海集录。慧能（公元638-713年），俗姓卢氏，岭南新州，今广东新兴县人。佛教禅宗祖师，得黄梅五祖弘忍传授衣钵，继承东山法门，为禅宗第六祖，世称禅宗六祖。唐中宗追谥大鉴禅师。

一、《坛经》十品

《坛经》[1]共分十品，即行由，般若，决疑，定慧，坐禅，忏悔，机缘，顿渐，宣诏，付嘱。这十品又可分三部分，第一部分为，大梵寺开示"摩诃般若波罗蜜法"。第二部分为，回曹溪山后传授"无相戒"。第三部分为，与其弟子之间的问答。《坛经》是中国佛教唯一被尊称为"经"的著述。现有元明清藏本。

二、《坛经》十品的助记语言

《坛经》十品的助记语言与《金刚经》不完全相同。它语言比较通俗，大众化。其中偈语也明显比《金刚经》多。作为佛教学探索时期的助记语言，物语和韵语交织使用的方式，仍然是《坛经》十品最主要的助记方式。因本书绝大多数章节在讨论韵语助记，这节韵语助记暂且忽略。而《坛经》物语助记的绝对故事性，又是其他助记语言领域所无，所以这节重点讨论《坛经》物语助记的绝对故事性问题。仅就此而言，《坛经》十品最具有代表性的是第一品《行由》。所以在这一节，我们主要讨论第一品。这样《坛经》的助记语言，我们就可以得到一个较为突出的典型性解读。

（一）《行由》助记语言绝对故事性解析

《坛经》第一品《行由》，一般研究者分为十段，我们亦按此十段，逐段进行解析。

第一段：时，大师至宝林，韶州韦刺史与官僚入山，请师出，于城中大梵寺讲堂，为众开缘说法。师升座次，刺史官僚三十余人、儒宗学士三十余人、僧尼道俗一千余人，同时作礼，愿闻法要。大师告众曰："善知识！菩提自性，本来清净，但用此心，直了成佛。善知识！且听慧能行由，得法事意。"

大师指慧能，宝林在广东韶州，今韶关南华山。韦刺史名琚。大梵寺亦在韶州。开缘说法，让大众与佛教结缘。法要，佛法的要义。善知识，是对佛教信众的敬称。菩提，梵语，即觉悟。自性，即本性，禅宗认为人本有佛性。直了，即顿悟。

第一段我们叫做"出山说法"。叙述慧能到了宝林寺，韶州韦刺史与官僚入山，请他出山，在城中大梵寺讲堂，为信众开缘说法。这是慧能故事的倒叙。

第二段：慧能严父，本贯范阳，左降流于岭南，作新州百姓。此身不幸，父又早亡，老母孤遗，移来南海；艰辛贫乏，于市卖柴。时，有一客买柴，使令送至客店。客收去，慧能得钱，却出门外，见一客诵经。慧能一闻经语，心即开悟。遂问："客诵何经？"客曰："《金刚经》。"复问："从何所来，持此经典？"客云："我从蕲州黄梅县东禅寺来。其寺是五祖忍大师在彼主化，门人一千有余。我到彼中礼拜，听受此经。大师常劝僧俗，但持金刚经，即自见性，直了成佛。"慧能闻说，宿昔有缘，乃蒙一客取银十两与慧能，令充老母衣粮，教便往黄梅参礼五祖。

范阳，在今北京大兴、宛平一带。左降，被贬官降职。岭南，即今广东地区。新州，今广东新兴地区。南海，今广东佛山一带。蕲州，今湖北蕲州西北。

五祖忍大师，慧能的师傅弘忍被后世禅宗尊为五祖。弘忍（公元602-675年），湖北黄梅人，本姓周。主化，主持教化。

第二段我们叫做"于市卖柴"。叙述慧能籍贯，父亡随母往南海，于市卖柴，闻听《金刚经》，结下佛缘，有人给他银子安顿母亲，他便出家了。跟第一段相比较，逐渐增加问对的叙事方式。慧能感悟的急切，诵经客的心态从容，都开始有了故事性。

第三段：慧能安置母毕，即便辞违，不经三十余日，便至黄梅，礼拜五祖。祖问曰："汝何方人？欲求何物？"慧能对曰："弟子是岭南新州百姓，远来礼师，惟求作佛，不求余物。"祖言："汝是岭南人，又是獦獠，若为堪作佛？"慧能曰："人虽有南北，佛性本无南北；獦獠身与和尚不同，佛性有何差别？"五祖更欲与语，且见徒众总在左右，乃令随众作务。慧能曰："慧能启和尚，弟子自心常生智慧，不离自性，即是福田。未审和尚教作何务？"祖云："这獦獠，根性大利！汝更勿言，著槽厂去。"慧能退至后院，有一行者，差慧能破柴踏碓，经八月余。

獦獠，是当时对携犬行猎为生的南方少数民族的一种蔑称。和尚，梵语，指出家的佛教徒。作务，劳动。福田，即信佛教行善事也会有福报。根性，慧根；大利，领悟很快。踏碓，碓是舂米的器具，用脚踩木槌碾米。

第三段我们叫做"破柴踏碓"。叙述慧能拜五祖为师，跟五祖对话。以"人有南北，佛性无南北"，引起五祖重视。五祖知其聪慧，怕他遭受嫉恨，先叫他做杂务，劈柴舂米，一做就是八个多月。慧能善辩而能够忍耐的性格，五祖爱心而故意严厉呵护的神态，都特别像旧时代作坊的师徒。《坛经》故事的众生化，从这段开始贯穿于这一品全篇。

第四段：祖一日忽见慧能，曰："吾思汝之见可用，恐有恶人害汝，遂不与汝言，汝知之否？"慧能曰："弟子亦知师意，不敢行至堂前，令人不觉。"祖一日唤诸门人总来，"吾向汝说。世人生死事大，汝等终日只求福田，不求出离生死苦海。自性若迷，福何可救？汝等各去自看智慧，取自本心般若之性，各作一偈，来呈吾看，若悟大意，付汝衣法，为第六代祖。火急速去，不得迟滞。思量即不中用，见性之人，言下须见。若如此者，轮刀上阵，亦得见之。"

般若，梵语；也作班若、波若、钵若、般罗若等，意为智慧。偈，梵语，又译颂；四句整齐韵语，对佛法的理解、赞颂；也有完全概括的意思。"思量即不中用，见性之人，言下须见。若如此者，轮刀上阵，亦得见之。"冥思苦想那可没用，能见到佛性的人，言谈之间立马觉悟。像这样的人，就是挥刀上阵打仗时，也能见到佛性。

第四段我们叫做"以偈选祖"。叙述五祖和慧能师徒二人，心照不宣。师傅言怕有人害你，才不跟你说话；徒弟说明白你的意思才不到你的堂前。师傅教大家作偈语，选接班人。这段，五祖第一次阐述了人的佛性向善的一面是永存的。这是《坛经》的理论基础。

第五段：众得处分，退而递相谓曰："我等众人，不须澄心用意作偈，将呈和尚。有何所益？神秀上座，现为教授师，必是他得。我辈谩作偈颂，枉用心力。"诸人闻语，总皆息心，咸言我等已后，依止秀师，何烦作偈。神秀思惟，诸人不呈偈者，为我与他为教授师，我须作偈将呈和尚。若不呈偈，和尚如何知我心中见解深浅？我呈偈意，求法即善，觅祖即恶，却同凡心，夺其圣位奚别？若不呈偈，终不得法，大难大难。

五祖堂前，有步廊三间，拟请供奉卢珍画《楞伽经》变相，及五祖血脉图，流传供养。神秀作偈成已，数度欲呈，行至堂前，心中恍惚，遍身汗流，拟呈不得。前后经四日，一十三度呈偈不得。秀乃思惟，不如向廊下书著，从他和尚看见，忽若道好，即出礼拜，云是秀作；若道不堪，枉向山中数年，受人礼拜，更修何道。

是夜三更，不使人知，自执灯，书偈于南廊壁间，呈心所见。偈曰："身是菩提树，心如明镜台，时时勤拂拭，勿使惹尘埃。"

秀书偈了，便却归房，人总不知。秀复思惟，五祖明日，见偈欢喜，即我与法有缘；若言不堪，自是我迷，宿业障重，不合得法。圣意难测。房中思想，坐卧不安，直至五更。

处分，吩咐。澄心，清心。和尚，指弘忍。神秀，俗姓李，河南开封尉氏人；当时是弘忍的大弟子，后来受唐王朝礼遇，他的禅学流派在历史上称为禅门北宗。教授师，梵语；教授即规范正行，教授师是对高僧的敬称。谩作，胡乱作。依止，仰仗追随。供奉，是唐朝皇宫中对有某种技能的人给予的官职；卢珍，宫廷画师。五祖血脉图，即初祖达摩、二祖慧可、三祖僧璨、四祖道信、五祖弘忍，禅宗传承图。菩提树，印度的一种常绿乔木，传说释迦牟尼在此树下觉悟成佛。明镜台，即明镜；《大乘起信论》中曾把众生的心喻作镜子。宿业，指人前世言行；障重，意为障碍严重。

第五段我们叫做"神秀作偈"。叙述众徒平时知道神秀可作为他们的师傅，便不想作偈；神秀也为自己如不作偈恐师傅不知道自己的慧根，作偈又怕有篡师傅位之嫌，两难之际，还是作了。这就是禅宗著名的偈语的前身。神秀后来是禅宗北派领袖。这里着重写他十三次徘徊不肯呈上偈语，和呈上后的又彻夜不眠。这些心理活动的描写，有若小说之细微，有若监控录像之真实，展示了未来一派宗师成长的心路历程。

第六段：祖已知神秀入门未得，不见自性。天明，祖唤卢供奉来，向南廊壁间绘画图相，忽见其偈。报言："供奉却不用画，劳尔远来。经云：'凡所有相，皆是虚妄。'但留此偈，与人诵持，依此偈修，免堕恶道。依此偈修，有大利益。"令门人炷香礼敬，尽诵此偈，即得见性。门人诵偈，皆叹善哉！祖三更唤秀入堂，问曰："偈是汝作否？"秀言："实是秀作。不敢妄求祖位，望和尚慈悲。看弟子有少智慧否？"祖曰："汝作此偈，未见本性，只到门外，未入门内。如此见解觅无上菩提，了不可得。无上菩提，须得言下识自本心，见自本性，不生不灭，于一切时中，念念自见，万法无滞；一真一切真，万境自如如，如如之心，即是真实。若如是见，即是无上菩提之自性也。汝且去一两日思惟，更作一偈，将来吾看，汝偈若入得门，付汝衣法。"神秀作礼而出，又经数日，作偈不成，心中恍惚，神思不安，犹如梦中，行坐不乐。

"供奉却不用画，劳尔远来。"五祖对卢供奉说，"供奉不用再画了，劳你远来白跑一趟。""凡所有相，皆是虚妄"，见《金刚经》第五品，是佛祖对须菩提说，佛祖所有的身相，都是虚妄不实的，一切皆空才是佛门真谛。慈悲，即救众生苦难。念念，每一念之间，极短暂的瞬间。如如，就是相同如一。万法，法是梵语意为达摩，万法就是指一切。无上菩提，即最高的觉悟。

第六段我们叫做"未入门墙"。叙述五祖知道神秀还没入佛的门墙，叫他三更来，跟他说要它回去再作。神秀没有能够再次作出偈语，很是抑郁。五祖在这里引用了《金刚经》"凡所有相，皆是虚妄"的理论，阐释了"无上菩提之自性"的禅宗主张。五祖对每一慧根之徒的不离不弃，爱护有加；神秀对问的小心谨慎、谦恭，第二次不能够作出的默然自惭；师傅教诲的直截了当，禅宗的"一真一切真，万境自如如"，在故事的叙述中，都直接被透射出来。

以上各段都为慧能出场作铺垫，水到渠成了。

第七段： 复两日，有一童子，于碓坊过，唱诵其偈，慧能一闻，便知此偈未见本性，虽未蒙教授，早识大意，遂问童子曰："诵者何偈？"童子曰："尔这獦獠不知，大师言，世人生死事大，欲得传付衣法，令门人作偈来看，若悟大意，即付衣法，为第六祖。神秀上座于南廊壁上书无相偈，大师令人皆诵，依此偈修，免堕恶道，依此偈修，有大利益。"慧能曰："我亦要诵此，结来生缘。上人，我此踏碓八个馀月，未曾行到堂前，望上人引至偈前礼拜。"童子引至偈前礼拜。慧能曰："慧能不识字，请上人为读。"时有江州别驾，姓张名日用，便高声读。慧能闻已，遂言："亦有一偈，望别驾为书。"别驾言："汝亦作偈？其事希有。"慧能向别驾言："欲学无上菩提，不可轻于初学，下下人有上上智，上上人有没意智。若轻人，即有无量无边罪。"别驾言："汝但诵偈，吾为汝书，汝若得法，先须度吾，勿忘此言。"慧能偈曰：

"菩提本无树，明镜亦非台。本来无一物，何处惹尘埃？"

书此偈已，徒众总惊，无不嗟讶。各相谓言："奇哉！不得以貌取人，何得多时使他肉身菩萨。"祖见众人惊怪，恐人损害，遂将鞋擦了偈，曰："亦未见性。"众以为然。

上人，对德行高尚者的尊称。别驾，官名，刺史的佐僚。没意智，一时没了心智。肉身菩萨，虽为父母给予的身体，精神上却已达到了菩萨的境界。

第七段我们叫做"将鞋擦偈"。叙述慧能闻听众徒诵神秀偈语，自己也要作偈语。慧能不识字，请张日用为他书写在廊壁上。五祖得知，怕他被人损害，故意用鞋子把他的偈语擦掉。这段童子看不起慧能；张日用不肯书写，慧能说服他"下下人有上上智，上上人有没意智"，张日用虽书写慧能偈语的却讨价还价；众徒感叹的"不得以貌取人"，以及五祖将鞋擦偈对慧能的保护，都既是佛化的故事，又是生活化的劝善。

第八段： 次日，祖潜至碓坊，见能腰石春米，语曰："求道之人，为法忘躯，当如是乎！"乃问曰："米熟也未？"慧能曰："米熟久矣，犹欠筛在。"祖以杖击碓三下而去。慧能即会祖意，三鼓入室。祖以袈裟遮围，不令人见，为说《金刚经》，至应无所住而生其心，慧能言下大悟一切万法，不离自性。

遂启祖言："何期自性本自清净，何期自性本不生灭，何期自性不自具足，何期自性本无动摇，何期自性能生万法。"祖知悟本性，谓慧能曰："不识本心，学法无益；若识自本心，见自本性，即名丈夫、天人师、佛。"三更受法，人尽不知。便传顿教及衣钵，云："汝为第六代祖，善自护念，广度有情，流布将来，无令断绝。听吾偈曰：有情来下种，因地果还生。无情亦无种，无性亦无生。"祖复曰："昔达摩大师，初来此土，人未之信，故传此衣，以为信体，代代相承，法则以心传心，皆令自悟自解。亘古佛佛惟传本体，师师密付本心。衣为争端，止汝勿传，若传此衣，命如悬丝。汝须速去，恐人害汝。"慧能启曰："向甚处去？"祖云："逢怀则止，遇会则藏。"慧能三更领得衣钵，云："能本是南中人，素不知此山路，如何出得江口？"五祖言："汝不须忧，吾自送汝。"祖相送直至九江驿，祖令上船，五祖把橹自摇。慧能言："请和尚坐，弟子合摇橹。"祖云："合是吾渡汝。"慧能曰："迷时师度，悟了自度，度名虽一，用处不同。慧能生在边方，语音不正，蒙师传法，今已得悟，只合自性自度。"祖云："如是如是，以后佛法，由汝大行，汝去三年，吾方逝世。汝今好去，努力向南，不宜速说，佛法难起。"

　　腰石，腰绑石头以增加体重，便于加力舂米。犹欠筛在，还差用筛子筛米。丈夫，如来有十号，其一为调御丈夫。天人师，如来十号之一，意为天和人都尊佛为师。顿教，禅宗主张顿悟，所以叫顿教。有情，梵语，意为众生。"有情来下种"偈，前两句说众生没有超脱有情，所以难脱因果报应的循环；后两句说超脱有情而觉悟后就能达无性亦无生的佛教空谛境界。达摩大师，南天竺即今印度南部人；南北朝时来中国传教，为禅宗初祖。"逢怀则止，遇会则藏"，"怀"指怀集县，"会"指四会县，都是广东的县名；此为谶语，暗示慧能先在广东一带隐居等待机会。"合是吾渡"，双关，"渡"与"度"谐音相通，弘忍与慧能通过说渡船来表达佛法的传授。

　　第八段我们叫做"三更受法"。叙述五祖夜晚碓坊探视慧能，三更为慧能说《金刚经》之法，按照佛教仪轨传衣钵授慧能为六世祖，指点慧能离开此地前往他山，以船渡慧能，并做遗嘱。慧能"何期"启言对佛法的深刻领悟，五祖"有情"偈语对慧能的警醒告诫；五祖对衣钵的看法，慧能对前途的迷茫；五祖指点迷津的谶语，师徒共渡的双关。这些带有神秘的佛事，都充满了人间的真情。

第九段：慧能辞违祖已，发足南行，两月中间，至大庾岭，逐后数百人来，欲夺衣钵。一僧俗姓陈，名惠明，先是四品将军，性行粗糙，极意参寻，为众人先，趁及慧能。慧能掷下衣钵于石上，曰："此衣表信，可力争耶？"能隐草莽中。惠明至，提掇不动，乃唤云："行者行者，我为法来，不为衣来。"慧能遂出，盘坐石上。惠明作礼云："望行者为我说法。"慧能云："汝既为法而来，可屏息诸缘，勿生一念，吾为汝说。"明良久，慧能云："不思善，不思恶，正与麽时，那个是明上座本来面目？"惠明言下大悟。复问云："上来密语密意外，还更有密意否？"慧能云："与汝说者，即非密也。汝若返照，密在汝边。"明曰："惠明虽在黄梅，实未省自己面目。今蒙指示，如人饮水，冷暖自知。今行者即惠明师也。"慧能曰："汝若如是，吾与汝同师黄梅，善自护持。"明又问："惠明今后向甚处去？"慧能曰："逢袁则止，遇蒙则居。"明礼辞。

大庾岭，在江西大庾县和广东南雄县的分界之处，过了岭就属于岭南。惠明，即慧明，敦煌本作惠顺，俗姓陈，据说是南朝陈宣帝的孙子。趁及，赶上。黄梅，湖北黄梅县，弘忍所在地，代指弘忍。同师黄梅，就是我和你都是以黄梅五祖为师。"逢袁则止，遇蒙则居"，"袁"指袁州，今江西宜春县；"蒙"，袁州的蒙山。

第九段我们叫做"同师黄梅"。叙述慧能离开五祖，果真如五祖所言，至大庾岭，惠明带人来抢夺衣钵。而惠明为慧能感化，要拜慧能为师，慧能说我们同师黄梅。惠明迷惘，慧能跟师傅五祖一样以谶语为其指点迷津。惠明初期时的粗暴，顿悟时的真诚，离开慧能之前的困惑；慧能放置衣钵的果断，逃遁草莽的隐忍，为惠明说法的直截，这些极富戏剧性的情节，都为一个不能割舍的"情"字，和一个必须割舍的"法"字所贯穿。

第十段：慧能后至曹溪，又被恶人寻逐，乃于四会，避难猎人队中，凡经一十五载，时与猎人随宜说法。猎人常令守网，每见生命，尽放之。每至饭时，以菜寄煮肉锅。或问，则对曰："但吃肉边菜。"一日思惟，时当弘法，不可终遁，遂出至广州法性寺，值印宗法师讲《涅槃经》。时有风吹幡动，一僧曰风动，一僧曰幡动，议论不已。慧能进曰："不是风动，不是幡动，仁者心动。"一众骇然。印宗延至上席，徵诘奥议，见慧能言简理当，不由文字。宗云："行者定非常人，久闻黄梅衣法南来，莫是行者否？"慧能曰："不敢。"

宗于是作礼，告请传来衣钵，出示大众。宗复问曰："黄梅付嘱，如何指授？"慧能曰："指授即无，惟论见性，不论禅定、解脱。"宗曰："何不论禅定解脱？"慧能曰："为是二法，不是佛法，佛法是不二之法。"宗又问："如何是佛法不二之法？"慧能曰："法师讲《涅槃经》，明佛性是佛法不二之法。如高贵德王菩萨白佛言：犯四重禁，作五逆罪，及一阐提等，当断善根佛性否？佛言：善根有二，一者常，二者无常，佛性非常非无常，是故不断，名为不二；一者善，二者不善，佛性非善非不善，是名不二；蕴之与界，凡夫见二，智者了达，其性无二，无二之性，即是佛性。"印宗闻说，欢喜合掌，言某甲讲经，犹如瓦砾；仁者论议，犹如真金。于是为慧能剃发，愿事为师。慧能遂于菩提树下，开东山法门。

慧能于东山得法，辛苦受尽，命似悬丝。今日得与使君官僚僧尼道俗同此一会，莫非累劫之缘，亦是过去生中供养诸佛，同种善根，方始得闻如上顿教，得法之因。教是先圣所传，不是慧能自智，愿闻先圣教者，各令净心。闻了各自除疑，如先代圣人无别。一众闻法，欢喜作礼而退。

曹溪，在广东韶关市南。四会，广东四会县，今新会县。《涅槃经》，即《大般涅槃经》，主要教义是"一切众生，悉有佛性"。幡，寺院里的旗子。高贵德王菩萨，全称光明遍照高贵德王菩萨。四重禁，即奸淫、杀戮、偷盗、大妄语四重罪。五逆，罪恶之极逆于常理，又叫五间业。一阐提，佛教称断绝善根之极恶人为一阐提，但誓愿济度众生自己不成佛的菩萨也被称作一阐提，所谓二种一阐提，这里是指前者。蕴，指五蕴，又称五阴，即色、受、想、行、识。某甲，自称，相当于"我"。

第十段我们叫做"曹溪传法"。叙述慧能至曹溪又被恶人寻找追逐，躲到四会，与猎人为伍，度过了十五年。觉得不应该忘记自己的使命，决定出山。在一次印宗说法论辩时被发现。印宗为慧能剃发，并愿拜其为师。慧能就在菩提树下开始讲授东山法门。这段慧能阐释了佛法是不二之法的真谛。慧能隐居为猎人守网时的放生；每至饭时，以菜寄煮肉锅的只吃肉边菜；时有风吹幡动两僧坚持的议论；印宗发现慧能为大师时，两个人的问对；慧能不二之法的阐释弘扬，印宗瓦砾真金比况的自省，各个细节都是一环紧扣一环展开。

这段最后照应这品的开头，说慧能从黄梅东山禅寺得到佛法真传，此后经历了无尽的辛苦和危险，曾经命如悬丝，几经劫难，今天终于能够和韦使君、众位官员、僧尼、道人、信佛大众共同聚会讨论佛法。

（二）《行由》助记语言绝对故事性表现

《行由》助记语言的绝对故事性代表了《坛经》全部经书的助记语言特征，其具体表现主要为以下几方面：

1. 泛众化的故事背景

作为助记语言，《坛经》的开篇即仿照《金刚经》物语助记的模式，类似《金刚经》佛的在祇树给孤独园说法。这一点，正所谓不能数典忘祖，是在形式上学习外来宗教说法的必然结果。但事实上，《坛经》与《金刚经》不同，《金刚经》是佛与信众的交谈；《坛经》是六祖受当地官员之请，出山弘扬佛法。"师升座次，刺史官僚三十余人、儒宗学士三十余人、僧尼道俗一千余人，同时作礼，愿闻法要。" 这可以看出《坛经》的故事背景，比《金刚经》更为广泛。《坛经》受到上层的礼赞，也得到了相关学科界的重视，似乎已经在开始学术交流，或者说高学历者开始喜欢佛教。这是从故事的开篇而言。而从下文看，《坛经》所发生的九个故事， 诸如"于市卖柴"的巧遇信徒诵经，"以偈选祖"师徒之间人心的纠葛， "同师黄梅"前后的一个个劫难等，无一不是与人情世故有关。这就构成了《坛经》叙事由上到下的泛众化背景。泛众化的亲民性，为《坛经》的普及，受众的接受，提供了情感上乐于接受的助记氛围。

2. 慧能完整的人生经历

慧能完整的人生经历，比如，上面我们讨论过的第一品《行由》，就是以十个情节，讲述了一个慧能正式成为禅宗六祖前全部经历的完整故事：

①出山说法；②于市卖柴；③破柴踏碓；④以偈选祖；⑤神秀作偈；⑥未入门墙；⑦将鞋擦偈；⑧三更受法；⑨同师黄梅；⑩曹溪传法。

假如，我们把这个看做一个小说，那么，就可以得到它整个结构的各个要素：②为开端；③④⑤⑥⑦为发展；⑧为高潮；⑨⑩为高潮后发展；①为结局。这是一个倒叙的故事。

由于故事结构主观编排的明晰性，在客观上，起到了以便整体把握故事内容的助记作用。

3. 抑恶扬善的主题

《坛经》五祖多少次明说暗示，指出慧能一生经历的阴影。比如，第三段，"五祖更欲与语，且见徒众总在左右，乃令随众作务。"这是怕坏人听见。第四段，祖一日忽见慧能，曰："吾思汝之见可用，恐有恶人害汝，遂不与汝言，汝知之否？"这是五祖已经察觉。第七段，童子曰："尔这獦獠不知，大师言，世人生死事大，欲得传付衣法，令门人作偈来看"，这是大家都歧视他。还有别驾言："汝亦作偈？其事希有。"这是不相信的面斥。第八段，"衣为争端，止汝勿传，若传此衣，命如悬丝。汝须速去，恐人害汝。"这是五祖在警示他衣钵的潜在危险。第九段，"慧能辞违祖已，发足南行，两月中间，至大庾岭，逐后数百人来，欲夺衣钵。"第十段，"慧能后至曹溪，又被恶人寻逐，乃于四会，避难猎人队中，凡经一十五载。"这两段都是五祖预言变成的现实，多么可怕。

人世非净土，佛国也烂污。《坛经》正是在这样的善与恶的抗争交涉中成为抑恶扬善的正果。抑恶扬善主题，以其正反对比的鲜明性和向善性，强化了信众的心理记忆，成为《坛经》一个很突出的助记方式。

4. 诗化的问对

《坛经》的物语助记，其中含有一个很主要的方式，就是问对。这个也就具有了小说的性质。小说问对是以白话讲故事，《坛经》问对则是以韵语说佛理。比如：

第五段，是夜三更，不使人知，自执灯，书偈于南廊壁间，呈心所见。偈曰："身是菩提树，心如明镜台，时时勤拂拭，勿使惹尘埃。"这是诗。是神秀不被五祖看好的偈语，他还没有入门墙。

第七段，慧能偈曰："菩提本无树，明镜亦非台。本来无一物，何处惹尘埃？"这也是诗。是慧能被五祖认为得道的偈语。其实，两者是用偈语暗地里在进行着较量的问对。多么浪漫和超然。

第八段，次日，祖潜至碓坊，见能腰石舂米，语曰："求道之人，为法忘躯，当如是乎！"乃问曰："米熟也未？"慧能曰："米熟久矣，犹欠筛在。"这是暗语的修辞。五祖与慧能师徒二人心照不宣，"犹欠筛在"，是说只差师傅指点了。慧能遂启祖言："何期自性本自清净，何期自性本不生灭，何期自性不自具足，何期自性本无动摇，何期自性能生万法。"这是排比的修辞。是慧能自性在师傅五祖面前的诠释。三更受法，人尽不知。听吾偈曰："有情来下种，因地果还生。无情亦无种，无性亦无生。"这是诗。是五祖把衣钵传给六祖慧能的箴言。祖复曰："衣为争端，止汝勿传，若传此衣，命如悬丝。汝须速去，恐人害汝。"这是诗。是五祖对衣钵潜在危险的警示。慧能启曰："向甚处去？"祖云："逢怀则止，遇会则藏。"这是暗语，也如哑谜，是五祖为慧能指点去向的迷津。

第九段，惠明趁及慧能。慧能掷下衣钵于石上，曰："此衣表信，可力争耶？"能隐草莽中。这是反问的修辞。惠明至，提掇不动，乃唤云："行者行者，我为法来，不为衣来。"这是对照的修辞。慧能曰："汝若如是，吾与汝同师黄梅，善自护持。"明又问："惠明今后向甚处去？"慧能曰："逢袁则止，遇蒙则居。"这是跟第八段一样的暗语，是慧能在指点惠明，跟当初五祖指点他的迷津一样。这个还影响到了《水浒》："遇宿重重喜，逢高不是凶。"[2]

诗化的问对，即非典型韵语和典型韵语助记方式的混搭，因为诗化本身的高度概括性，微言大义，使得《坛经》的许多定义被凝缩为经典；因为诗化的韵律性，好诵易记，又使得这些经典得以广泛流传。

5.真实的细节

《坛经》讲的是一个"真"字。其叙事的细节也相当真实，胜于小说。比如，"于市卖柴"一段的慧能卖柴得钱，客赠银两；"以偈选祖"和"神秀作偈"两段的神秀十三度呈偈，落选的神思不安；"三更受法"一段五祖的击碓三下，袈裟遮围；"同师黄梅"一段的惠明提取衣钵，慧能隐遁草莽；"曹溪传法"一段的慧能寄煮食菜，两僧的幡动风动等等。都使用了众多的细节描写，刻画了鲜活的人物形象。小童的幼稚，张日用的率直，神秀的忠厚，五祖的智慧和审慎，惠明的本性善良，主人公慧能的超智慧和超隐忍等，都是过目成形的。

问对的诗化，增添了《坛经》故事的张力；细节描写的形象化，增添了《坛经》故事的引力。两者成为后世佛经助记语言的最大亮点。

须知中国的佛教，就说禅宗，不仅六祖慧能不识字，请问有多少信徒是识字的？六祖以后由于僧众过多，唐武宗两次沙汰，竟然有几十万众。对于我们的这些群体，至少在最初，传播《坛经》最佳的方法，就是讲故事。《坛经》所形成的助记方式，故事的物语，偈言的韵语，再次开阔了这一巨大的助记语言空间，成为了助记语言学的经典。

本章小结：

本章讨论了佛经代表作品《金刚经》和《坛经》的助记语言。在诸多助记语言领域里，其他领域的助记语言，从早期的形成到后来的发展，大致走上了一个从非典型韵语到典型韵语助记，即纯粹韵律化助记的道路，既使助记语言上口易记，却又使之走上了单车道的死胡同。而大致流传将近两千年的佛教助记语言，并无变质，以它故事性物语助记和偈言韵语助记的两大方式，成为助记语言研究的活化石。

注释：

（1）金刚经，坛经；钟明译注；远方出版社，2006

（2）施耐庵，水浒，第四十二回；岳麓书社，2006

第六章 算学的助记语言：珠算和其他算学

本章要点：

　　本章为算学助记语言研究。我国自周秦以来至于清代，算学名家名著辈出，成就卓著，其助记语言为算学的普及与提高发挥了很大的作用。本章以一节重点讨论珠算的助记语言，一节简要介绍其他算学著述的助记语言。珠算助记语言的主要特点是无韵式和推论性。其他算学著述的助记语言主要为无韵与有韵混搭，从而构成了我们民族算学助记语言的基本特点。

第一节　珠算的助记语言

　　讲到珠算的助记语言，人们就会想到"九归"口诀。最早记录九归口诀的是宋代杨辉。杨辉（生卒不详），钱塘人，即现在浙江杭州。杨辉有《详解九章算法》等被称为"杨辉算法"。现行的高中代数所提及的"杨辉三角"，就是他在这本书里所画的一张图表。那么，这样看来，珠算口诀至少在宋代就已经出现了。而真正专门记录珠算口诀的，则是明代徐心鲁的《盘珠算法》。徐心鲁（生卒不详），福建建瓯金溪人。徐氏《盘珠算法》，又名《新刊订正家传秘诀盘珠算士民利用》，于万历元年（公元 1573 年）在福建刊行。这是目前所见关于珠算口诀最早的专著。而此时的珠算口诀已经广泛普及了。徐氏《盘珠算法》共两卷，有插图。卷一为珠算加、减、乘、除的运算及口诀和习题，卷二为一般应用题解。

　　珠算是从我国古代的筹算发展而来，是纯粹的中国制造。到宋代由于商品经济的迅猛发展，筹算已不能适应人们日常生产、生活计算的需要，于是在民间，珠算就在筹算基础上开始产生了。珠算的助记语言也就是珠算口诀，跟童蒙助记语言也就是韵语，其形成发展的规律大体相同，是人们社会生产、生活专业技能群体化传授的结果。到元代，珠算跟其他童蒙韵语一样，作为与语文对应的一门基础课程，进入了私塾或者学堂。时人朱世杰（公元 1249-1314 年）还编有《算学启蒙》课本。

一、珠算加、减、乘、除的运算口诀

徐氏《盘珠算法》的珠算口诀，几乎包括了加、减、乘、除的全部运算。

珠算，梁上档一个珠代表五，梁下档一个珠代表一；档上叫上珠，档下叫下珠，上下珠连起来称本档。珠算各法口诀，每句第一个数，表示要加上，或者减去，或者乘上，或者除以的那个数。

下面，我们即从这几个方面，讨论其主要的助记特征。

（一）珠算加法口诀：二十六句

珠算加法，有四种：直加，满五加，进十加，破五进十加。其口诀表如下：

加几	不进位		进位	
一	一上一	一下五去四	一去九进一	
二	二上二	二下五去三	二去八进一	
三	三上三	三下五去二	三去七进一	
四	四上四	四下五去一	四去六进一	
五	五上五		五去五进一	
六	六上六		六去四进一	六上一去五进一
七	七上七		七去三进一	七上二去五进一
八	八上八		八去二进一	八上三去五进一
九	九上九		九去一进一	九上四去五进一

1. 直加

直加即加数在本档直接加上，不变动已靠梁的算珠，只须按照加数拨珠靠梁。其口诀，比如，一上一至九上九。这个不用解释。

2. 补五加

补五加即本档下珠不够用，需要动用上珠，而把多加的数从下珠中减去。其口诀，比如，二下五去三。读作：二／下五去三。

例如，四加二，解作：本档下珠已有四珠。要加二，不够用，就得把上珠向下拨一珠，还得再从下珠向下拨三珠，就是多加的。即二下五去三，四加二等于六。

3. 进十加

进十加即两数相加的和满十或大于十时，本档的上下珠不够用，就在本档拨去加数的补数，在左档进一。其口诀，比如，六去四进一。读作：六／

去四进一。

例如，九加六，解作：本档上珠为一珠，下珠为四珠，数为九。要加六，下珠不够用，就得在下珠向下拨四珠，再在左档下珠向上拨一珠。即六去四进一，九加六等于十五。

4. 破五进十加

破五进十加即两数相加的和超过十，进位时，本档下珠不够，就要联系减法口诀中破五的方法，拨去上珠，添加下珠，再向左进一。其口诀，比如，六上一去五进一。读作：六／上一去五进一。

例如，八加六，解作：本档上珠为一珠，下珠为三珠，数为八。要加六，进位时，本档下珠不够用，就要在下珠向上拨一珠，上珠向上拨一珠，再在左档下珠向上拨一珠。即六上一去五进一，八加六等于十四。

（二）珠算减法口诀：二十六句

珠算减法，有四种：直减，破五减，退十减，退十补五减。其口诀表如下：

减几	不退位		退位	
一	一去一	一上四去五	一退一还九	
二	二去二	二上三去五	二退一还八	
三	三去三	三上二去五	三退一还七	
四	四去四	四上一去五	四退一还六	
五	五去五		五退一还五	
六	六去六		六退一还四	六退一还五去一
七	七去七		七退一还三	七退一还五去二
八	八去八		八退一还二	八退一还五去三
九	九去九		九退一还一	九退一还五去四

说过珠算加法，这里我们就可以简单说。

1. 直减

直减即本档数大于或等于减数时，可以直接拨去减数。其口诀，比如，一去一至九去九。这个不用解释。

2. 破五减

破五减即本档数等于或大于五，减去小于五的数，下珠不够减，须动用上珠。其口诀，比如，二上三去五。读作：二／上三去五。

例如，六减二。本档为六。要减二，下珠不够用，就得把下珠向上拨三珠，再把上珠向上拨一珠。即二上三去五，六减二等于四。

3. 退十减

退十减即本档数不够减，需要从左档退一当十；再减去减数，把剩余的数加在本档上。其口诀，比如，八退一还二。读作：八／退一还二。

例如，二十七减八。左档为二，本档为七，数为二十七。要减八，不够用，需要从左档下珠向下拨一珠，再从本档下珠向上拨二珠。即八退一还二，二十七减八等于十九。

4. 退十补五减

退十补五减即亦称满五退位减。本档数不够减，需要从左档退一当十，而本档还不够用，就需要再从本档上珠向下拨下一珠，再把多加的从本档下珠减去。其口诀，比如，七退一还五去二。读作：七／退一还五去二。

例如，十六减七。左档为一，本档为六，数为十六。要减七，本档下珠不够用，就得从左档退一当十；还不够用，还得把本档上珠向下拨一珠，就是补五；再把多加的二，从本档下珠减去。即七退一还五去二，十六减七等于九。

（三）珠算乘法口诀：四十五句

乘法口诀是最简单的算学口诀，这个不用解释。我们暂时把它列在下面，留待讨论之用。乘法口诀表：

一一 得一								
一二 得二	二二 得四							
一三 得三	二三 得六	三三 得九						
一四 得四	二四 得八	三四 十二	四四 十六					
一五 得五	二五 一十	三五 十五	四五 二十	五五 二十五				
一六 得六	二六 十二	三六 十八	四六 二十四	五六 三十	六六 三十六			
一七 得七	二七 十四	三七 二十一	四七 二十八	五七 三十五	六七 四十二	七七 四十九		
一八 得八	二八 十六	三八 二十四	四八 三十二	五八 四十	六八 四十八	七八 五十六	八八 六十四	
一九 得九	二九 十八	三九 二十七	四九 三十六	五九 四十五	六九 五十四	七九 六十三	八九 七十二	九九 八十一

（四）珠算除法口诀：两种

珠算除法，用现代人的视角归纳，可分为一位数除法和多位数除法。作为最简单的助记语言，归除法口诀，就是指除数是一位数的除法；而稍微复杂一些的，剥皮法口诀，就是指除数是多位数的除法。这里我们主要讨论这两种基本方法，此外会简要介绍下其他助记方法。

1.归除法口诀：四十五句

归除法口诀就是九归口诀。除数是一位数的除法，只要背熟口诀，就可以直接使用这一口诀进行计算。比如，三一三十一，表示三除十，商为三，余数为一。三二六十二，表示三除二十，商为六，余数为二。其口诀表如下：

一归	逢一 进一								
二归	二一 添作五	逢二 进一							
三归	三一 三十一	三二 六十二	逢三 进一						
四归	四一 二十二	四二 添作五	四三 七十二	逢四 进一					
五归	五一 变二	五二 变四	五三 变六	五四 变八	逢五 进一				
六归	六一 下加四	六二 三十二	六三 添作五	六四 六十四	六五 八十二	逢六 进一			
七归	七一 下加三	七二 下加六	七三 四十二	七四 五十五	七五 七十一	七六 八十四	逢七 进一		
八归	八一 下加二	八二 下加四	八三 下加六	八四 添作五	八五 六十二	八六 七十四	八七 八十六	逢八 进一	
九归	九一 下加一	九二 下加二	九三 下加三	九四 下加四	九五 下加五	九六 下加六	九七 下加七	九八 下加八	逢九 进一

2.剥皮法口诀：六句

在除数是多位数时，剥皮法相对比较简便。掌握这一口诀，就会计算除数是多位数的除法。其口诀如下：

数	口诀		备注
大数	空加一	隔位减除数	用除数和被除数，从左数起的同样位数比较，如果被除数比除数大或者相等，即为"大数"，否则为"小数"。如果被除数的位数比除数少，可将被除数看作与除数一样的位数，在被除数的后面补零。
小数	随进一	隔位减除数	
半数	随进五	不隔减半除	

这个口诀得略微展开说一下：

（1）大数空加一，隔位减除数；例如，一百二十一除以十一，等于十一。

第一步：比较，被除数十二比除数十一大，为"大数"。首先"空加一"，就是在被除数左面，隔一位打上一，作为商数。然后"隔位减除数"，就是从商数右面隔一位起的被除数十二中减去除数十一。

第二步：继续比较，被除数为十一，除数为十一，两数相等。还需要"大数空加一，隔位减除数"。结果商是十一。即一百二十一除以十一，等于十一。

（2）小数随进一，隔位减除数；例如，一百八十除以四十五，等于四。

第一步：比较，被除数十八比除数四十五小，即为"小数"。"小数随进一，隔位减除数"，就是在紧挨被除数左边一位上进一，然后从商数右边隔一位起的被除数八十中减去四十五。

第二步：继续比较，被除数十三比除数四十五小。这样，还需要"小数随进一，隔位减除数"。

第三步：还是继续比较，被除数九十比除数四十五大，则为"大数"。需要"大数空加一，隔位减除数"。商是四，即一百八十除以四十五，等于四。

（3）半数随进五，不隔减半除；例如，三百零八除以五十六等于五点五。

第一步：比较，被除数三十比除数五十六小，但比五十六的一半大。"半数随进五，不隔减半除"，就是在紧挨被除数左边一位进五，然后不隔位从被除数三十中减去除数的一半二十八。

第二步：被除数二十八正好是除数的一半，仍用"半数随进五，不隔减半除"。商是五十五，即三百零八除以五十六等于五点五。

以上讨论的是珠算除法归除法和剥皮法口诀助记语言。此外，还有，比如：

商	口诀
商九	见一无除作九一，见二无除作九二，见三无除作九三，见四无除作九四，见五无除作九五，见六无除作九六，见七无除作九七，见八无除作九八，见九无除作九九。
退商	无除退一下还一，无除退一下还二，无除退一下还三，无除退一下还四，无除退一下还五，无除退一下还六，无除退一下还七，无除退一下还八，无除退一下还九。
估商	大半前商五，小半前商四，几倍隔商几，无除递减一。

因为珠算除法归除法和剥皮法口诀，已经成为人们在珠算运算中优选的方法。所以，上面列的这三种不再讨论。

二、珠算助记语言的无韵式和推导性

在整个助记语言学领域，倘若以精准性来进行分类，能够当之无愧的，只有两个学科，一个是数算学，一个中医药学；而数算学比中医药学在这一点上，还要显得十分突出。建国后，曾经有一句口头禅，那就是我们用算盘打出了第一颗原子弹。那得多么精准。作为助记语言，可以说，这是对珠算最高的评价。

（一）珠算助记语言的无韵式

韵语助记，是助记语言发展成熟的典型标识。珠算的普及在明代已经开始。我们在研究童蒙韵语的时候，列举了明代和明代以前众多的韵语助记著述，比如《千字文》《百家姓》《声律启蒙》等等。应该说，珠算大行其道的时候，也正是助记语言发展成熟的时候。而在这个浪潮里，珠算却很少使用韵语助记的形式。比如，上面讨论过的珠算加法二十六句、减法二十六句和乘法四十五句，不算除法，将近一百句口诀中，没有几句是使用韵语助记的，都是无韵助记。偶有韵语，比如，珠算减法口诀"二上三去五，三上二去五，四上一去五"，虽说使用了复韵，但这些押韵的"五"，都属于珠算实际应用中本身必不可移的要素，即便在韵脚的位置，也是纯属巧合，非刻意为之。

珠算的无韵式助记，成为它助记的主要形式。很简单，其原因就在于算学这个学科本身的第一要素即为准确性。这个定位，决定了珠算助记语言的性质；换句话说，只能是无韵式的，或者绝大多数是无韵式的。而从助记语言本身而言，韵语式助记总归还是优势于非韵语式助记的。基于此，在珠算能够使用韵语的时候，算学家们也在尽量组织一些韵语的形式，而且使用得也非常恰如其分。比如，珠算除法的剥皮法："大数空加一，隔位减除数；小数随进一，隔位减除数；半数随进五，不隔减半除。"其中"数，五，除"等，在遴选中，还都是注意使用了韵字。因"不隔减半除"之"半除"，也是可以换用"一半"，或者"半数"的。因为韵律的上口，也便更加方便了记忆。这也能够看出，作者在加工提炼韵语助记这一方法的时候，是经过反复斟酌损益的。再比如，估商口诀："大半前商五，小半前商四，几倍隔商几，无除递减一。"也同样是把韵脚字"四，一"，调到尽量和谐的位置。但这些韵语式助记，在珠算助记语言比例上看，总归还是极其个别的现象，总体还是无韵式助记占绝大多数。

这个现象，也为我们研究助记语言各个领域的用语规律，设定了一个参照系。那就是，自然科学领域的助记语言，往往是无韵式使用的多，韵语式使用的少。而其他学科领域的助记语言，其用语形式则往往与之相反。

（二）珠算助记语言的推导性

我们在学习研究其他学科领域助记语言的时候发现，除了形式上，比如，韵语的有规律可循，其内容大致是无规律可参照的。比如，《百家姓》首句"赵钱孙李"，《千字文》"天地玄黄"，《三字经》的"人之初"，我们倘不读它全文，便不可能知道它下面是什么。而珠算助记语言则不然。可以说，绝大多数是有规律可循的，甚至是可以做到举一反三的。

比如，珠算加法口诀，知道"六上一去五进一，七上二去五进一"，就能够推知"八上三去五进一，九上四去五进一"。珠算减法口诀，知道"二退一还八，三退一还七，四退一还六，五退一还五"，就能够推出"六退一还四，七退一还三，八退一还二，九退一还一"。珠算乘法口诀，知道"一一得一；一二得二，二二得四；一三得三，二三得六，三三得九"，就能够推知"一九得九，二九十八……八九七十二，九九八十一"。珠算除法口诀，知道"二一添作五，四二添作五"，就能够推知"六三添作五，八四添作五"等等，这些规律性的东西。

即便是智力慢一些或者没有文化的人，通过验算和推理，也会学一当十。这也是珠算为什么普及得这么广泛，文化层次高低都能够接受得这么快；并且一经学习掌握，就会成为人们自身素质的一个组成部分的主要原因。反过来说，我们也可以探知，前人珠算助记语言纯学术性研究的精深；也可以看出其实用性大众化传播的广泛。

而算学家总是在不断地创造出新的算法口诀，他们更新了算学，同时也更新了大众的助记思维。比如，史丰收还有速算法口诀：

乘数	口　诀
二	二满五进一。
三	三超三进一，三超六进二。
四	四满二五进一，四满五○进二，四满七五进三。
五	五满二进一，五满四进二，五满六进三，五满八进四。
六	六超一六进一，六超三进二，六满五进三，六超六进四，六超八三进五。
七	七超一四二八五七进一，七超二八五七一四进二，七超四二八五七一进三， 七超五七一四二八进四，七超七一四二八五进五，七超八五七一四二进六。
八	八满一二五进一，八满二五进二，八满三七五进三， 八满五进四，八满六二五进五，八满七五进六，八满八七五进七。
九	九超一进一，九超二进二……九超八进八。

（史丰收，史丰收速算法；科学出版社，1989）

　　这个就是任何数乘以二至九，从左向右，从高位到低位的速算规律，即"算前位，看后位，提前进位"的速算口诀。心脑算超越了珠算。

　　珠算助记语言，有很多已经作为成语，进入人们日常交际的口语，进入小说和字典辞书。比如，"二一添作五"，"三一三十一"，都是比喻平分的意思。"你们每个人都得了一百五十元。这叫做二一添作五，谁也不占谁的便宜。"[1]"至于做门的工钱——我跟你二一添作五。"[2]"好好儿的'二一添作五'的家当，如今弄成'三一三十一'了。"[3]

　　再比如，"不管三七二十一"，《现代汉语词典》已作为一个词条收入，释义为"不顾一切，不问是非情由"。"山下有人送饭上来，不管三七二十一，抢了一碗就吃。"[4]

　　还有"一退六二五"，比喻把责任推脱得一干二净的。"陈家的老的、小的，只是个一退六二五，说他们做买卖的人素来不结交官府，推得干干净净！"[5]

　　还有 "三下五除二"，比喻干净利落。老电影里经常出现的台词，"三下五除二，就把敌人给报销了！"前几年影视节目还有叫这个名字的，"三下五除二"。

　　这些珠算成语，早已为人民大众所喜闻乐见。珠算口诀作为成语使用，其频率如此之高，范围如此之广，也旁证了一个很值得思考的学术问题，学术大众化问题。那就是自明代以来，珠算助记语言在我们国家，也包括亚洲一些邻近国家，其普及的程度，深入的程度，就像现代智能手机一样，是任何一种助记语言都无法比拟的。手机带在手上，算盘也是可以带在手上的。

那时，除了学生书包里要带算盘，有一种计算方法叫"袖里吞金"，是用手指如同算卦一样，连算盘也省略了。

注释：

（1）欧阳山，高干大，第十二章；人民文学出版社，1960

（2）张天翼，清明时节，六；作家出版社，1954

（3）石玉昆，三侠五义，第二回；齐鲁书社，1993

（4）陆定一，老山界；上教版七年级语文上册，1997

（5）欧阳山，三家巷；中国青年出版社，2012

第二节　其他算学著述的助记语言

据《中国算学史》[1]，从先秦至于清末，两千多年来，中国光是著名算学家及其著述，就有二十七家，三十多种。比如，唐代整理的《算经十书》，《周髀算经》《九章算术》《海岛算经》《张丘建算经》《夏侯阳算经》《五经算术》《辑古算经》《缀术》《五曹算经》《孙子算经》等，即为先秦以来至于唐代一千多年间的十部著名算学著述。这些算学著述，曾一度被列为国子监的教科书。

而宋元算学名家名著更是江山代有才人出，比如，《黄帝九章算经细草》《测圆海镜》《益古演段》《数书九章 》《算学启蒙》《四元玉鉴》等。

到了明末清初、清中叶，更是不乏其人，比如，《算法统宗》《数理精蕴》《割圆密率捷法》《衡斋算学》等。

清末虽然为列强所虎视鹰瞵，而算学名家名著不仅辈出，而且与世界高端数学接轨。比如，《象数一原》《求表捷术》《则古昔斋算学》《行素轩算稿》《致曲术》等。

从我国算学家的出身和经历看，尽管他们术业有专攻，乃至一生献身算学事业，但各个都是国学功底坚深，文章思维缜密，语言表达简洁，有些还是文采斐然吟诗作赋的大师。尤其是南北朝之后，助记语言，特别是韵语助记语言的盛行，在他们这些算学的著述中，与上一节我们讨论的珠算助记语言一样，保存了诸多虽然形式各异，而内容却完全是为数算传授而创造的助

记语言珍品，以至成为助记语言学领域里一份宝贵的历史文化遗产。下面我
们选取有代表性的，择要作以简介。

一、商高的勾股测量术：连锁式助记

商高（生卒不详）是周代初期，也就是公元前一世纪时人。商高的勾股
测量术，见于周公问数：

昔者周公问于商高曰："窃闻乎大夫善数也。请问古者包牺立周天历度，
夫天不可阶而升，地不可得尺寸而度。请问数安从出？"商高曰："数之法，
出于圆方。圆出于方，方出于矩，矩出于九九八十一。故折矩，以为勾广三，
股修四，径隅五。"[2]

周公问商高，数是怎样得来的。商高回答说，数是根据圆和方的道理得
来的，圆从方来，方又从矩来。矩是根据乘、除计算出来的。"勾广三，股
修四，径隅五"，即为"勾三股四弦五"，也就是"三比四比五"。这就是
著名的勾股定理。

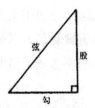

《周髀算经》所记载商氏的助记语言，仍属于助记语言早期阶段的问对
形式。中医药学的《黄帝内经》，宗教学的《金刚经》等的助记语言，都是
这样的一个形式。商高在问对式助记中使用了连锁式助记。比如：

"数之法出于圆方，圆出于方，方出于矩，矩出于九九八十一。"

这个助记方式，可以分为两个连锁层级，用连接线来表示，第一层级为：
数——圆方；第二层级为：圆——方——矩——九九八十一。

"故折矩，以为勾广三，股修四，径隅五。"

同样，这段用连接线来表示就是：勾——股——径。

商氏在算学领域初创的连锁式助记，为后来人们把勾股法口诀简化为"勾
三股四弦五"奠定了基础，直至现代还广为使用和流行。

商氏的连锁助记，还见于周公问矩：

周公曰："大哉言数，请问用矩之道？"商高曰："平矩以正绳，偃矩以望高，覆矩以测深，卧矩以知远。环矩以为圆，合矩以为方。"周公曰："善哉！"（同上）

商氏说，把矩放平了，可以测定水平和铅直方向；把矩立起来，可以测量高度；把矩反过来倒置，可以测量深度；把矩卧于地面，可以测定水平距离；把矩环转一周，可以得到圆形；把两矩合起来，可以得到长方形。这段连锁助记方式是两个不同层级，一个是：平矩 —— 偃矩 —— 覆矩 —— 卧矩；一个是：环矩 —— 合矩。传习者只要记住"平，偃，覆，卧；环，合"，其内容自然跃然心上。

二、《九章算术》算学问题：体例式助记

《九章算术》为汉代以前的一部古老算学著述，由于秦代焚毁，大部散佚，至于西汉末东汉初年，由张苍（公元前256-公元前152年）、耿寿昌（生卒不详）重新整理成册。魏晋时刘徽（约公元225-295年）《九章算术》注说，"周公制礼而有九数，九数之流则《九章》是矣"；又说"汉北平侯张苍、大司农中丞耿寿昌皆以善算命世。苍等因旧文之遗残，各称删补，故校其目则与古或异，而所论多近语也。"

《九章算术》，九章分别为：方田、粟米、衰分、少广、商功、均输、盈不足、方程、勾股；共收二百四十六个数学问题。其助记语言主要为体例式助记。

关于体例问题，我们不可以只是把它看作一种文章样式，因为假如仅仅把它看作一种文章样式，那么著者就没有必要统一全书体例，即可随性自由组织全书编排，而未必一定煞费苦心，把全书每一章节体例都做得完全一致，甚至几乎每一章节文字都要相等。倘若这样做了，那就不只是文章样式问题，而完全是为了传授，为了记忆了。因之，我们只能够把它作为助记语言的一种形式来看待，这个形式，我们称之为体例式助记。

比如，句股，以御高深广远：

今有勾三尺，股四尺，问为弦几何？答曰：五尺。

今有弦五尺，勾三尺，问为股几何？答曰：四尺。

今有股四尺，弦五尺，问为勾几何？答曰：三尺。

术曰：勾、股各自乘，并，而开方除之，即弦。又，股自乘，以减弦自乘。其余，开方除之，即勾。又，勾自乘，以减弦自乘。其余，开方除之，即股。[3]

这三道题应该属于勾股法的抽象例题。其体例式助记形式为："今有，问，答，术"。"今有"是条件，"问"是设问，"答"是答案，"术"是解法。

再看下面两个实际应用题的例子：

今有圆材，径二尺五寸。欲为方版，令厚七寸，问广几何？

答曰：二尺四寸。

术曰：令径二尺五寸自乘，以七寸自乘，减之。其余，开方除之，即广。

今有竹高一丈，末折抵地，去本三尺。问折者高几何？

答曰：四尺二十分尺之一十一。

术曰：以去本自乘，令如高而一。所得，以减竹高而半余，即折者之高也。（同上）

这几个题，也都使用了"今有，问，答，术"的体例式助记。第一个是圆材欲为方版，二十一字。第二个是折竹问题，二十字。两个题的文字，都做到了极其俭省，即尽管条件不一样，但字数基本相同。

我们再看一个另外的例子：

今有二人同所立，甲行率七，乙行率三。乙东行，甲南行十步而斜东北与乙会。问甲、乙行各几何？

答曰：乙东行一十步半，甲斜行一十四步半及之。

术曰：令七自乘，三亦自乘，并而半之，以为甲斜行率。斜行率减于七自乘，余为南行率。以三乘七为乙东行率。置南行十步，以甲斜行率乘之；副置十步，以乙东行率乘之；各自为实。实如南行率而一，各得行数。（同上）

这个例子的最大亮点是，不仅使用"今有，问，答，术"的体例式助记，而且还出现了算学指代符号"甲，乙"。这个助记方式一直沿用至今。

《九章算术》其他各章的二百四十六个数学问题，都完全是按照这样一个体例式"今有，问，答，术"的基本助记形式进行编纂的。后来的算学著述即以为范本，从而形成了"今有某数"的统一命题方式，一直沿用到建国前。这个助记方式的好处是，不仅便于背诵，不至于遗漏；而且便于检索，不至于错乱。由于体例式助记的这两个特性，《九章算术》在民间得以广泛流布，比如，竹高问题，竟然还入选一九八九年全国高考语文试题。

《九章算术》这个"四合一"体例，不仅影响了此后历代算学，甚至一直影响到现代应用文体。"今有"这个助记开头方式，直至建国初期，介绍信开头，就是使用这个惯用语的，"今有我处某某，到你处做某事"等等。

三、《杨辉算法》：五言韵语式助记

杨辉（生卒不详），字谦光，南宋钱塘即今杭州人。曾任过地方官。有《详解九章算法》《日用算法》《乘除通变本末》《田亩比类乘除捷法》《续古摘奇算法》，后三种合称为《杨辉算法》。与秦九韶、李冶、朱世杰并称"宋元数学四大家"。

北宋初年，流行一种除法，即增成法。增成法的优点在于以加倍补数的办法避免了试商，但对于位数较多的被除数，运算比较麻烦，后人改进了它，总结出了"九归古括"，包含四十四句口诀。杨氏在《乘除通变本末》中引《九归新括》口诀三十二句，分为"归数求成十"，"归数自上加"，"半而为五计"三类。我们从这个口诀类别本身看，也都是属于助记语言范畴的。

南宋是童蒙韵语特别流行的时代，像"三百千"这些三四言韵语，已经完全进入书塾学堂，而五七言韵语，也开始盛行，比如，谢枋得（公元1226-1289年）《千家诗》等已经风靡。《杨辉算法》的《乘除通变本末》的五言韵语助记，就是在此时完成的。比如，求一乘：

五六七八九，倍之数不走。二三须当半，遇四两折扭。倍折本从法，实即反其有。用加以代乘，斯数足可守。

押韵："九，走，扭，有，守"。再比如，求一除：

倍折本从法，为除积相就。用减以代除，定位求如旧。

押韵："就，旧"。可以看出杨氏的这一套五言韵语助记形式，已经摆脱了前一节我们说过的，珠算无韵式助记的窠臼，使其助记从单一的无韵式助记而走向韵律化，诗意化了。这也是受到那个时代童蒙韵语的影响的。换句话说，童蒙韵语已经开始进入算学。《杨辉算法》这两段助记语言的内容，我们看了下面将要说到的朱世杰的《算学启蒙》，便会了然，不再解释。

四、朱世杰《算学启蒙》：无韵与有韵混搭式助记

朱世杰（公元1249-1314年），字汉卿，号松庭，元代燕山即今北京人。

有《算学启蒙》《四元玉鉴》。

朱氏《算学启蒙》前言，有十八条长长的数算口诀。珠算口诀主要有乘法九九，除法九归，斤两化零等等。前两者已经与现代相同，不赘述。珠算除法数算口诀，朱世杰已经从一求推进到十五求。一求就是十六分之一等于零点零六二五，以此类推，十五求就是十六分之十五等于零点九三七五。其口诀如下：

求	口 诀	求	口 诀	求	口 诀
一	隔位六二五	六	两价三七五	十一	六八七五
二	退位一二五	七	四三七五置	十二	七五
三	一八七五记	八	转身变作五	十三	八一二五
四	改日二十五	九	五六二五	十四	八七五
五	三一二五是	十	六二五	十五	九三七五

在我国古代，算学助记语言的产生，不外乎两个渠道：一个是民间劳人，他们实际生产生活的需要；一个是书塾算学家，他们专业研究的务求。这使得算学助记语言一直沿着两种模式进行着创造。比如，我们说过的珠算各法口诀，或是无韵，或是有韵，风格和形式各异。

这首一至十五求助记语言，与前一节珠算的助记语言不尽相同。这首是无韵助记与有韵助记混搭。因为算学的准确性质，是不允许因助记而改变其数字的，也就是只能够照搬。但在这首口诀里的前八求，作者是使用五言韵语的助记形式，后七求则使用杂言无韵助记的形式。因为五言韵语助记的需要，前七求，三求加了衬字"记"，五求加了"是"，七求加了"置"的韵脚，这样更便于背诵，便于记牢。而后面的八求因为有的字数过少，加衬字反而累赘，就省略了。我们还发现这个几求的口诀，还使用了连锁式助记，连锁式助记很明显，不再分析。

朱氏在他的《四元玉鉴》里也时不时穿插一些别的助记方法。比如，四元术表示法口诀，发散式助记：

元气居中，立天元一于地下，地元一于左，人元一于右，物元一于上。

这个发散式助记是跟连锁式助记相对立的助记方式。这两种助记方式，我们在《周易》助记里都讨论过。看来这个传统助记方法已经延续几千年。

元气是常数项；天、地、人、物，代表四元；相当于现在的未知数 x，y，z，u。这里的发散式助记，只要记住发散点元气居中，其下上左右四元概念，便记得牢牢。

五、程大位《算法统宗》：七言韵语式助记

程大位（公元 1533-1606 年）字汝思，号宾渠，明代安徽休宁率口即今黄山屯溪人。有《直指算法统宗》，简称《算法统宗》。

程氏《算法统宗》中有许多数学题都是以口诀的形式出现的。比如，"以碗知僧"：

巍巍古寺在山中，不知寺内几多僧。三百六十四只碗，恰合用尽不差争。三人共食一碗饭，四人共进一碗羹。请问先生能算者，都来寺内几多僧？

押韵："僧，争，羹，僧"。有点像故事了。

程氏《算法统宗》还首次以"定位总歌"的助记形式，完整地阐释了珠算定位法。比如：

数家定位法为奇，因乘俱向下位推。加减只需认本位，归与归除上位施。法多原实逆上数，法前得零顺下宜。法少原实降下数，法前得零逆上知。

押韵："奇，推，施，宜，知"。七言韵语助记比五言韵语助记的含量大，也减少了五言韵语助记带来的紧迫感和疏漏。七言韵语助记是数算学助记语言发展的最高形式。

程氏以歌诀方式把捷算法推行于世，是出于他对算学功利性的高度认识，天地山川人世，大到军国，小到民生，"多算胜，少算无不胜，岂能无算乎！"

就算学助记语言发展而言，即从无韵到有韵助记，算学助记跟童蒙助记相比较，并没有因为算学语言本身的无韵性而远离韵语助记，恰恰相反，算学助记在历代算学家们的努力下，却是更加走进了广阔的韵语助记的话语空间，而且居于要津。这一点，在普及性的算学著述当中体现得尤为明显。

两千多年来，从周代的《周髀算经》，一直到上面说到明代程大位《算法统宗》，乃至于清代的数算家，比如，李善兰（公元 1811-1882 年）《则古昔斋算学》，夏鸾翔（公元 1823-1864 年）《致曲数》，华蘅芳（公元 1833-1902年）《行素轩算稿》，都有意无意在使用着不尽相同的算学助记方式，或无韵，或有韵，或连锁，或发散，这使算学在我国各个历史时期，特别是

宋元以后的普及，都达到了空前的程度。直至现在，有许多算学题，人们还能够倒背如流。比如，"鸡兔问题"：

　　一山兔子一山鸡，两山并作一山里。数数脑袋三千六，数数腿来一万一。问问：多少兔子多少鸡？

　　数算助记方式的歌诀化，一方面使其在民间一直广为流传，另一方面算学家也在不停地创造。比如：

　　三人同行七十稀，五束梅花廿一枝。七子团圆正月半，除百零五便得知。

　　这是后世算学家为《孙子算经》"大衍求一术"编制的口诀。这可以说，算学的在民间普及与在学界的提高是同步的。这些都是七言韵语助记的方式。还有三字经助记方式的，比如：

　　鸡翁一，值钱五；鸡母一，值钱三；鸡雏一，值钱三。百钱买百鸡，问鸡翁母雏各几何？[4]

　　三字经的助记形式具有快捷性，也符合能简则不繁的助记语言学原理。

　　就一个人来说，他的聪明才智往往首先在算学方面表现出来；而就一个民族来说，其智慧也同样往往首先表现在算学方面。两千多年的算学助记语言的历史，充分证明，我们中华民族是伟大而充满智慧的民族。而我们的民族又是一个十分谦和善良的民族，对于外来有益的文化总是兼收并蓄。仅就算学的引进而言，语言形式的选择，助记语言比起一般非助记语言来不仅毫无逊色，而且或许略胜一筹。比如，印度拜斯伽逻（公元 1114-1185 年）所著《立拉瓦提》中的莲花问题，我们即是以韵语对译的：

　　平平湖水清可鉴，面上半尺生红莲。出泥不染亭亭立，忽被强风吹一边。渔人观看忙向前，花离原位二尺远。能算诸君请解题，湖水如何知深浅？

　　这是勾股问题。还有比如，意大利的裴波那契（公元 1175-1250 年）《算盘书》，"七个老妇同赴罗马，每人有七匹骡，每匹骡驮七个袋，每个袋盛七个面包，每个面包带有七把小刀，每把小刀放在七个鞘之中，问各有多少？"十九世纪初，我们的《算术》课程，就是以歌诀的方式，把它稍加改造编入教科书的：

　　我赴圣地爱弗西，途遇妇女数有七；一人七袋手中提，一袋七猫数整齐，一猫七子紧相依。妇与布袋猫与子，几何同时赴圣地？

　　这个是乘方问题。这些算学题，在我们走访的那些当年的学习者，目前尚健在的老人，他们至今还能够在不经意间地随口背出。算学助记语言，跟其他领域的助记语言一样，一经掌握，便成为人们终身受用的一个基本技能。

本章小结：

　　本章主要讲述了珠算助记语言的无韵式和推论性，简要介绍了五部比较重要的算学著述，及其助记语言的无韵与有韵混搭的特征。算学助记语言，在某种意义上说，是被童蒙韵语忽略的领域，研究它是对童蒙韵语的完善和补充。这一章，需要谈及的算学助记语言其实还有很多。但由于本书的定位，由于算学的久远艰深，有些著述纵使助记语言史料如何丰富，也不能够再逐一地展开来加以讨论。这个问题，也只能够留待助记语言学的分支去研究。

　　注释：

（1）王渝生，中国算学史；上海人民出版社，2006

（2）周髀算经，卷上

（3）九章算术，卷九

（4）张丘建算经，钱宝琮注，算经十书；中华书局，1963

　　参考文献：

（1）辽宁小学试用课本，算术第八册，1970

（2）胡光锦，新编小学生数学实用词典；北京师范大学出版社，1996

（3）王渝生，中国算学史；上海人民出版社，2006

第七章　医药学的助记语言：中医和中药

本章要点：

　　本章为中医和中药学助记语言研究。我国医药学的助记语言，从上古时期的《黄帝内经》，到中古时期的《伤寒论》《金匮要略》，以及近古时期的《药性歌括四百味》《汤头歌诀》等，一直不断地在沿用发展着，以至于到清代成为助记语言最为鼎盛的学科。这里关于古代史的分期，是现代人的分法，先秦为上古，汉唐为中古，此后到明清为近古；与古代典籍所说的分期不是一回事。《黄帝内经》以问对、推导和韵语间杂的助记形式，呈现了中古以前医药学助记语言的基本特征；而《药性歌括四百味》《汤头歌诀》等，则一改《黄帝内经》的助记语言体式，转而完全使用韵语，这使得我国医药学助记语言，最终走上纯韵语化助记的道路。

第一节　《黄帝内经》的助记语言

　　《黄帝内经》成书的时间，一般认为是在战国时期。诸如，宋代的邵雍、司马光、朱熹，明代的桑悦、方孝儒，以及清代魏荔彤等，他们认为《黄帝内经》的《素问》与《周礼》语言形式有许多相同之处，而《史记》例如《扁鹊传》中有关医理的内容，也有不少与其相类似的地方；但前者却比后者更为简古。另外，我们还知道，那就是《黄帝内经》除了它的总记方法为"问对"助记之外，分记的具体方法多为韵语，这也与先秦韵散夹杂的行文状况相互趋同。《四库全书简明目录》也是将其创制完成的时间，定性为战国时期的。那么，我们研究《黄帝内经》的助记语言，也可以这样说，对于上古时期即汉代以前的助记语言，以至对于整个助记语言学领域，也都是一个重要的补充。

　　《黄帝内经》分为《素问》和《灵枢》两部分。其理论体系主要包括，古代医药学的生命观、藏象经络、诊治法则，以及养生运气等方面。全书一百六十多篇，十四万多字。在古代信息传播技术还相当落后的情况下，作为医药学基本知识和基本技能的传承，主要的还是靠助记。助记在医药学传承上是起了很大作用的。

《黄帝内经》助记语言主要分为三个形式，一是问对，一是推导，一是韵语。而韵语助记，虽然也是大量使用的，但因为本书前些章节，主要讨论的就是韵语助记的问题，而《黄帝内经》的韵语助记方式，又恰恰与前些章节所讨论过的韵语助记特点相同，所以，这一节即不谈韵语助记，只重点谈前两个问题。

一、《黄帝内经》的问对式助记

本章选取了《黄帝内经》[1]的两节，一是《素问》的《上古天真论》，一是《灵枢》的《九针十二原》。这两节完全可以作为《黄帝内经》问对式助记语言的代表。

（一）《上古天真论》的问对助记：串联式

问对就是我们所说的对话，问对助记的形式，往往是以内容分组的。《上古天真论》的问对助记共分四组。

第一组问对：

乃问于天师曰：余闻上古之人，春秋皆度百岁，而动作不衰；今时之人，年半百而动作皆衰者，时世异耶，人将失之耶？

岐伯对曰：上古之人，其知道者，法于阴阳，和于术数，食饮有节，起居有常，不妄作劳，故能形与神俱，而尽终其天年，度百岁乃去。今时之人不然也，以酒为浆，以妄为常，醉以入房，以欲竭其精，以耗散其真，不知持满，不时御神，务快其心，逆于生乐，起居无节，故半百而衰也。

夫上古圣人之教下也，皆谓之虚邪贼风，避之有时，恬淡虚无，真气从之，精神内守，病安从来。是以志闲而少欲，心安而不惧，形劳而不倦，气从以顺，各从其欲，皆得所愿。故美其食，任其服，乐其俗，高下不相慕，其民故曰朴。是以嗜欲不能劳其目，淫邪不能惑其心，愚智贤不肖不惧于物，故合于道。所以能年皆度百岁，而动作不衰者，以其德全不危也。

第一组，讨论关于"人之所以能够年龄超过百岁，而动作不显得衰老，正是由于领会和掌握了修身养性的方法，而身体不被内外邪气干扰危害所致。"

第二组问对：

帝曰：人年老而无子者，材力尽耶，将天数然也？

岐伯曰：女子七岁，肾气盛，齿更发长；二七而天癸至，任脉通，太冲脉盛，月事以时下，故有子；三七，肾气平均，故真牙生而长极；四七，筋骨坚，发长极，身体盛壮；五七，阳明脉衰，面始焦，发始堕；六七，三阳脉衰于上，面皆焦，发始白；七七，任脉虚，太冲脉衰少，天癸竭，地道不通，故形坏而无子也。丈夫八岁，肾气实，发长齿更；二八，肾气盛，天癸至，精气溢泻，阴阳和，故能有子；三八，肾气平均，筋骨劲强，故真牙生而长极；四八，筋骨隆盛，肌肉满壮；五八，肾气衰，发堕齿槁；六八，阳气衰竭于上，面焦，发鬓颁白；七八，肝气衰，筋不能动，天癸竭，精少，肾藏衰，形体皆极；八八，则齿发去。肾者主水，受五藏六府之精而藏之，故五藏盛，乃能泻。今五藏皆衰，筋骨解堕，天癸尽矣。故发鬓白，身体重，行步不正，而无子耳。

第二组，讨论关于"人为什么发鬓都变白，身体沉重，步伐不稳，也不能生育子女了。"

第三组问对：

帝曰：有其年已老而有子者，何也？

岐伯曰：此其天寿过度，气脉常通，而肾气有余也。此虽有子，男不过尽八八，女不过尽七七，而天地之精气皆竭矣。

第三组，讨论关于"人虽有生育能力，但男子一般不超过六十四岁，女子一般不超过四十九岁，精气变枯竭了。"

第四组问对：

帝曰：夫道者年皆百数，能有子乎？

岐伯曰：夫道者能却老而全形，身年虽寿，能生子也。

第四组，讨论关于"掌握养生之道的人，能防止衰老而保全形体，虽然年高，也能生育子女"。

最后，不是问对，而是用黄帝的话作结：

黄帝曰：余闻上古有真人者，提挈天地，把握阴阳，呼吸精气，独立守神，肌肉若一，故能寿敝天地，无有终时，此其道生。中古之时，有至人者，淳德全道，和于阴阳，调于四时，去世离俗，积精全神，游行天地之间，视听八达之外，此盖益其寿命而强者也，亦归于真人。其次有圣人者，处天地之和，从八风之理，适嗜欲于世俗之间。无恚嗔之心，行不欲离于世，被服章，举不欲观于俗，外不劳形于事，内无思想之患，以恬愉为务，以自得为功，形体不散，精神不散，亦可以百数。其次有贤人者，法则天地，象似日月，辨列星辰，逆从阴阳，分别四时，将从上古合同于道，亦可使益寿而有极时。

以黄帝的结语，说明四种人，就是"真人"，他的寿命同于天地而没有终了的时候，这是他修道养生的结果；"至人"，他延长寿命和强健身体的方法，这种人也可以归属真人的行列；"圣人"，寿命也可达到百岁左右；"贤人"，使生活符合养生之道，这样的人也能增益寿命，但有终结的时候。

本节的讨论，是就人的寿命繁衍，即自然生命现象这一话题，分为四组问对展开的。每一组讨论一个问题，四个问题相互联系，或是承接，或是生发。比如，第一组为长命百岁，第二组为人变衰老，第三组为男女的不育，第四组为防衰老，仍能够生育。因为话题集中，又由黄帝提问、岐伯作答加以分解，加之中间又以黄帝感悟语作为串联，这样就解决了论说式散文枯燥乏味不便于记忆的问题。

我们把这种问对助记叫做串联式问对。这是从助记的整体上加以研究的，就是总记。因为有了串联，记忆的上下文内容便自然得以承接，得以连贯，不至于在记忆中脱漏。就跟我们现代人演节目的串联词是一样的。实际上，串联词本身就是对于遗忘的提示。《黄帝内经》，像《素问》和《灵枢》等其他章节，都是采取这种问对方式进行助记的。问对助记，也就是先解决总记，先立框架；再解决分记的问题，分记就是框架内部的具体记忆，其助记方法，我们下文另有说明。

串联式问对的助记形式，往往是一问一答一结；这种的助记形式，适用于章节简短、主题集中，而分支较多的内容。既有问话人领起，又有答话人收束，还有问话人心得体会，便于形成一个记忆链。这种助记方式，在上古时期，乃至中古时期的许多学科领域，都是比较普遍被运用的。比如，《孙子兵法》《金刚经》等，都是这样。串联式问对，后来还演化为小说的对话和戏剧的台词。这种助记方式，更适合在医药学基本知识和基本技能的传习时，以谈话法完成其主要教学内容。

（二）《九针十二原》的问对助记：对应式

《九针十二原》概括地说，也就是"针经"。是黄帝以为苦药石针不利于救治，希望用小针解除疾苦，而向岐伯进行的咨询。为了使这种疗法传于后世，就必须制定出针经之法；为使针经之法永远不灭，历久而不失传，容易运用，而又难以忘记，这又必须制定出细针进退深浅的准则来。

这一节只有两组问对，却讨论了要远比《上古天真论》复杂得多的针灸专业性问题。这里值得注意的是，黄帝还明确提出了关于助记的告诫：易用难忘。这在助记语言学史上，在独立的学科中，还是第一次的。它的意义，远远超过了医药学本身。随着上古医药学在后世的普及，其在推动整个助记语言学发展上，起了既居高临下，而又具体入微的引导作用。

第一组问对：

黄帝问于岐伯曰：余子万民，养百姓而收其租税；余哀其不给而属有疾病。余欲勿使被毒药，无用砭石，欲以微针通其经脉，调其血气，营其逆顺出入之会。令可传于后世，必明为之法，令终而不灭，久而不绝，易用难忘，为之经纪，异其篇章，别其表里，为之终始。令各有形，先立针经。愿闻其情。

岐伯答曰：臣请推而次之，令有纲纪，始于一，终于九焉。请言其道！小针之要，易陈而难入。粗守形，上守神。神乎神，客在门。未睹其疾，恶知其原？刺之微，在速迟。粗守关，上守机，机之动，不离其空。空中之机，清静而微。其来不可逢，其往不可追。知机之道者，不可挂以发。不知机道，叩之不发。知其往来，要与之期。粗之闇乎，妙哉，工独有之。往者为逆，来者为顺，明知逆顺，正行无间。迎而夺之，恶得无虚？追而济之，恶得无实？迎之随之，以意和之，针道毕矣。

凡用针者，虚则实之，满则泄之，宛陈则除之，邪胜则虚之。大要曰：徐而疾则实，疾而徐则虚。言实与虚，若有若无。察后与先，若存若亡。为虚与实，若得若失。

虚实之要，九针最妙，补泻之时，以针为之。泻曰，必持内之，放而出之，排阳得针，邪气得泄。按而引针，是谓内温，血不得散，气不得出也。补曰，随之随之，意若妄之。若行若按，如蚊虻止，如留如还，去如弦绝；令左属右，其气故止；外门已闭，中气乃实。必无留血，急取诛之。

持针之道，坚者为宝。正指直刺，无针左右。神在秋毫，属意病者。审视血脉，刺之无殆。方刺之时，必在悬阳，及与两卫。神属勿去，知病存亡。血脉者在俞横居，视之独澄，切之独坚。

九针之名，各不同形。一曰镵针，长一寸六分；二曰员针，长一寸六分；三曰鍉针，长三寸半；四曰锋针，长一寸六分；五曰铍针，长四寸，广二分半；

六曰员利针，长一寸六分；七曰毫针，长三寸六分；八曰长针，长七寸；九曰大针，长四寸。镵针者，头大末锐，去泻阳气；员针者，针如卵形，揩摩分间，不得伤肌肉者，以泻分气；鍉针者，锋如黍粟之锐，主按脉，勿陷以致其气；锋针者，刃三隅以发痼疾；铍针者，末如剑锋，以取大脓；员利针者，大如牦，且员且锐，中身微大，以取暴气；毫针者，尖如蚊虻喙，静以徐往，微以久留，正气因之，真邪俱往，出针而养，以取痛痹；长针者，锋利身薄，可以取远痹；大针者，尖如梃，其锋微员，以泻机关之水也。九针毕矣。夫气之在脉也，邪气在上，浊气在中，清气在下。故针陷脉则邪气出，针中脉则浊气出，针太深则邪气反沉、病益。故曰：皮肉筋脉，各有所处。病各有所宜，各不同形，各以任其所宜，无实实，无虚虚。损不足而益有余，是谓甚病。病益甚，取五脉者死，取三脉者恇；夺阴者死，夺阳者狂，针害毕矣。刺之而气不至，无问其数。刺之而气至，乃去之，勿复针。针各有所宜，各不同形，各任其所。为刺之要，气至而有效，效之信，若风之吹云，明乎若见苍天，刺之道毕矣。

本节第一组问对，讨论的是九针。九针就是指，镵、员、鍉、锋、铍、员利、毫、长和大针。主要说的是创作针经的意义，使用小针的要领，九针分类及用途，小针的操作方法、治疗法则及其注意事项。

第二组问对：

黄帝曰：愿闻五脏六腑所出之处。

歧伯曰：五脏五俞，五五二十五俞；六腑六俞，六六三十六俞。经脉十二，络脉十五，凡二十七气，以上下。所出为井，所溜为荥，所注为俞，所行为经，所入为合，二十七气所行，皆在五俞也。

节之交，三百六十五会，知其要者，一言而终；不知其要，流散无穷。所言节者，神气之所游行出入也。非皮肉筋骨也。

睹其色，察其目，知其散复。一其形，听其动静，知其邪正。右主推之，左持而御之，气至而去之。

凡将用针，必先诊脉，视气之剧易，乃可以治也。五脏之气，已绝于内，而用针者反实其外，是谓重竭。重竭必死，其死也静。治之者辄反其气，取腋与膺。五脏之气，已绝于外，而用针者反实其内，是谓逆厥。逆厥则必死，其死也躁。治之者反取四末。

刺之害中而不去，则精泄；害中而去，则致气。精泄则病益甚而恇，致气则生为痈疡。

五脏有六腑，六腑有十二原，十二原出于四关，四关主治五脏。五脏有疾，当取之十二原。十二原者，五脏之所以禀三百六十五节气味也。五脏有疾也，应出十二原。十二原各有所出。明知其原，睹其应，而知五脏之害矣。阳中之少阴，肺也，其原出于太渊，太渊二。阳中之太阳，心也，其原出于大陵，大陵二。阴中之少阳，肝也，其原出于太冲，太冲二。阴中之至阴，脾也，其原出于太白，太白二。阴中之太阴，肾也，其原出于太溪，太溪二。膏之原，出于鸠尾，鸠尾一。肓之原，出于脖胦，脖胦一。凡此十二原者，主治五脏六腑之有疾者也。

胀取三阳，飧泄取三阴。

今夫五脏之有疾也，譬犹刺也，犹污也，犹结也，犹闭也。刺虽久犹可拔也，污虽久犹可雪也，结虽久犹可解也，闭虽久犹可决也。或言久疾之不可取者，非其说也。夫善用针者，取其疾也，犹拔刺也，犹雪污也，犹解结也，犹决闭也。疾虽久，犹可毕也。言不可治者，未得其术也。

刺诸热者，如以手探汤；刺寒清者，如人不欲行。阴有阳疾者，取之下陵三里，正往无殆，气下乃止，不下复始也。疾高而内者，取之阴之陵泉；疾高而外者，取之阳之陵泉也。

第二组问对，讨论的是十二原。十二原就是指，六腑有十二原，分别为肺太渊二，心大陵二，肝太冲二，脾太白二，肾太溪二，膏鸠尾一，肓脖胦一。十二原，主治六腑之疾。主要说的是，五俞穴、十二原穴的分布，以及功能、主治等。

简言之，第一组问对，说针；第二组问对，说穴位。两组既是相互承接的，同时也是相互对应的。我们把这种助记形式，叫做对应式助记。因为问对的内容，往往不都是相互对应的，这跟我们人平时谈话是一样的，有完全对应，也有不完全，甚至答非所问。

对应式助记，既是总记的方法，同时也是分记的方法。本节属于总记研究的范畴。对应式助记，就是在了解所记忆内容总体上的基本的分类之后，再掌握具体的主要的分支，进而对于相关章节进行全部记忆的方法。这种方法，尤其对于诸如类似像《黄帝内经》这样一类总说明确，分说具体，层级多而细学科的记忆，还是十分奏效的。《九针十二原》的助记方法，就是采取了这样一种助记的方法。只要明确本节的主题"九针十二原"，再联系上文关于"针"，即"镵、员、鍉、锋、铍、员利、毫、长和大针"的记忆，而下文关于"穴位"，即"五脏有六腑，六腑有十二原，十二原出于四关，四关主治五脏"的记忆，即全部针经的记忆，便会顺藤摸瓜，摘而下之，自然成诵。

二、《黄帝内经》的推导式助记

这一部分，还是以上两文为例，来说明《黄帝内经》在总记的问对助记形式之下，即如何解决具体分记的问题的。按照黄帝"易用难忘"的告诫，《黄帝内经》在总记，也就是问对的框架内，主要采取了推导式助记的分记方法，当然还辅助了其他的助记方法，比如，上文说的韵语等。推导式助记，就是根据已知的病理、诊治，及其范围等规律，换句话说，就是根据上一个医药学概念或者数据，而推得出下一个医药学概念或者数据的记忆方法。

（一）《上古天真论》的推导助记：开路式

在人的可控记忆范围，闭路是有限的系统，开路可能是有限的、也可能是无限的系统。开路式推导，是跟闭路式推导相近而又不相同的助记方法。《黄帝内经》所谓开路式推导助记，指的就是在一个医药学的开路系统内，根据已知推得出未知的助记方法。

比如，《上古天真论》，首先介绍黄帝其人的天赋，说他："昔在黄帝，生而神灵，弱而能言，幼而徇齐，长而敦敏，成而登天。"这里不仅连续使用了六个四言短语，以"言、天"为韵，已经很像诗经的语言了；而且还用"生、弱、幼、长、成"，人的生命发育过程，为论述的时序，形成一个开路系统。也就是说，"生、弱、幼、长、成"这个时序，应该还有"衰、老、病、死"等的内容。那么，记住或者以"生"领起，下面的"弱、幼、长、成"等，记忆起来就顺理成章。这就为记忆提供了更多的便利。

再比如，帝曰："人年老而无子者，材力尽耶，将天数然也。岐伯曰：女子七岁，肾气盛，齿更发长。"根据"女子七岁"，那么，作为医药学的传习者，就可以自然地推导记取出，二七、三七、四七、五七、六七、七七等相关年段的内容。

同样，还有"丈夫八岁，肾气实，发长齿更。"据此"丈夫八岁"，也就可以更加自然地推导记取出，二八、三八、四八、五八、六八、七八、八八等相关年段的内容。

（二）《九针十二原》的推导助记：闭路式

闭路式推导，指的就是在一个医药学的闭路系统内，根据已知推得出未知的助记方法。比如，《九针十二原》："五脏有六腑，六腑有十二原，十二原出于四关，四关主治五脏。五脏有疾，当取之十二原。十二原者，五脏之所以禀三百六十五节气味也。五脏有疾也，应出十二原。"这样，研习者就会依据五脏的"肺"，推得记取出"心、肝、脾、肾"等相关脏器的内容。照理，当然便可以更容易推得记取出，肺太渊二，心大陵二，肝太冲二，脾太白二，肾太溪二，膏鸠尾一，肓脖胦一等，即所谓十二原；只是特殊记一下膏肓各为一个穴位，就解决问题了。

我们把开路和闭路助记的方法，统称为路径助记法。这种助记方法起源较早，像我们前些章节讲过的，卜辞的预测天气，就是按照东西南北四方助记的；相术学的金木水火土，则是按照五行助记的；易学的卦爻乾坤震巽坎离兑艮，则是按照阴阳八卦助记的。而医药学就是在这个基础上，运用和发展了这种助记方法，为更适合于医药学本身实际情况的需要，而改进为总记为问对形式，分记为推导形式，使得医药学的助记语言，不仅更为方便传承，而且更加人文化了。

《黄帝内经》的问对式助记，无论其串联式问对，还是对应式问对，总体都是属于叙述助记，既是叙事体，又是代言体。这使得传习者在记忆过程中，始终会感觉到有两个人，或者几个人在讲一个什么故事；而这两个人，或者几个人，又都是在分别扮演着不同角色。他们的人物形象十分亲切可感，而又栩栩如生。这种助记方法，具有"亲其师，敬其道"的凝聚效应。诱使传习者向往，牵引其入境，以至诲人不倦，学而不厌。《黄帝内经》的推导式助记，也无论是开路式推导，还是闭路式推导，总体上都是属于论说助记，既是议论体，又是说明体。而两者却不是截然分开，而是相互交织，互为弥补。这种助记方法，具有"水乳交融"的中和效应；避免了只是议论，或者只是说明的刻板，减少了劝学意味，增加了饱学兴趣。

《黄帝内经》在这两大助记方式之内，又使用了许多整洁的四言，比如，

《上古天真论》，"今时之人不然也，以酒为浆，以妄为常，醉以入房，以欲竭其精，以耗散其真，不知持满，不时御神，务快其心，逆于生乐，起居无节，故半百而衰也。" 诗体化助记形式的参入，有助于缓解问对式记忆的疲劳，而增加诗意记忆的乐趣。除此，"也"字句，比如，《九针十二原》"今夫五脏之有疾也，譬犹刺也，犹污也，犹结也，犹闭也。刺虽久犹可拔也，污虽久犹可雪也，结虽久犹可解也，闭虽久犹可决也。或言久疾之不可取者，非其说也。夫善用针者，取其疾也，犹拔刺也，犹雪污也，犹解结也，犹决闭也。疾虽久，犹可毕也。言不可治者，未得其术也。"像这样系列化的连锁句式，在《黄帝内经》中，非常普遍。或比喻，或排比，或解说，或推论，真有点像和尚，有板有眼，讲工尺，诵经一般。记起上句，紧跟着就会记起下句；记起上段，紧跟着就会记起下段。要有行云流水之情，必有行云流水之境；要有一目十行之才，必有一目十行之书。

注释：

（1）中医四部经典；天津科学技术出版社，2005

（2）龚廷贤著，药性歌括四百味，沈连生注；北京科学技术出版社，2006

第二节　《药性歌括四百味》和《汤头歌诀》的助记语言

我国的助记语言，发展到明清时期，各个分支学科，几乎完全呈现出韵语化的局面。除了本节要讨论的医药学著作《药性歌括四百味》《汤头歌诀》等，此外，还有我们已经讨论过的《珠算》《声律启蒙》《弟子规》《幼学歌》等等，涉及天文、地理、人事、物类，差不多包罗万象，应有尽有。

一、《药性歌括四百味》的助记语言：四言韵语

《药性歌括四百味》为明代医药学家龚廷贤所撰。龚廷贤（公元 1522-1619 年），字子才，号云林山人。江西金溪人。其父龚信，父子都曾在太医院任职。龚廷贤师承家学，另著有《济世全书》《寿世保元》《万病回春》《小儿推拿秘旨》《种杏仙方》《鲁府禁方》《医学入门万病衡要》《复明眼方

外科神验全书》《云林神彀》等，并为其父续编有《古今医鉴》。

药性就是药的性质、气味和功能，歌括就是以歌诀的形式进行概括，四百味即四百种中药。全书六千四百六十四字，分为序言、正文和跋三部分，都是以四言韵语写成的。在我国医药学史上，以歌括的形式，系统介绍四百味中药的著作，这还是第一部。《药性歌括四百味》几乎跟那时风靡的古典小说一样，在医药学界，特别是在民间得到非常广泛的流传。可谓是一本具有代表性的有关中医药学启蒙的普及读物。新版的《药性歌括四百味》还加了注解和图片。[2]

（一）《序言》的助记语言：总括和告诫语

《药性歌括四百味》的《序言》，以四言八句韵语，描述中药药性及其配伍：

诸药之性，各有奇功，温凉寒热，补泄宣通。

君臣佐使，运用于衷，相反畏恶，宜忌不同。

补泄宣通，宣是去壅塞。君臣佐使，原指君主、臣僚、僚佐、使者，后以代指中药处方中各味药的不同作用。《神农本草经》："上药一百二十种为君，主养命；中药一百二十种为臣，主养性；下药一百二十种为佐使，主治病；用药须合君臣佐使。"相反畏恶，"反、畏、恶"指的是中医药配伍的相互关系。反，是指两味药配伍在一起，彼此会抵消对方的药效，甚至产生副作用；畏，是指两味药配伍在一起，其中一味药的副作用或毒性，会被另一味所制约而减弱；恶，是指两味药配伍一起，会产生或增强副作用或毒性。比如，十九畏，十八反。

其中"运用于衷"为韵语助记中的告诫语。所谓告诫语，就是韵语助记，常常在基本知识或者基本技能传习的内容中，加入告诫或者劝勉的话。告诫语，分为明语和暗语两种。明语就是明确告诉传习者要烂熟于心，学以致用。比如，上文说的"运用于衷"。暗语就是隐含在基本知识或者基本技能传习内容中的告诫意味。比如，"诸药之性，各有奇功"，除了总括之外，也含有告诫的意思。助记语言加入告诫语，既比纯粹知识技能语助记，更加显得人文化，同时也起到了警示督促的作用。

以"功，通，衷，同"为韵。

（二）正文的助记语言：药味或药性、功效和应用，以及告诫语

因《药性歌括四百味》的说解体例大致相同，加之其篇幅较长，暂选其

中前十味加以说明。

1. 人参

人参味甘，大补元气，止渴生津，调荣养卫。

这是《药性歌括四百味》的第一味。调荣养卫，荣与枯相对，就是生发；卫与侵相对，就是养护。《药性歌括四百味》的说解体例，总是在介绍每味药的药名、药味或药性之后，说解其功效和应用。人参这首，首句说药名和药味。以下三百九十九味，都是这样的。这样处理的好处是，省去了记忆的标题，使记忆的概念清晰，不混淆，又简明概括。次句说应用，第三、四句说功效。

以"气，卫"为韵。

2. 黄芪

黄芪性温，收汗固表，托疮生肌，气虚莫少。

收汗固表，就是敛汗法。首句说药性，次句和第三句说应用和功效，第四句说适应症。《药性歌括四百味》每一味药四句的内容，除了首句说药名和药味或者药性，内容是固定的，至于其他三句具体说功效还是应用，是根据药物本身特性和为押韵的需要而定的。即以实用为要，形式不完全拘泥于一格。

以"表，少"为韵。

3. 白术

白术甘温，健脾强胃，止泻除湿，兼去痰痞。

痞，指胸腹间阻塞不舒畅的一种自觉症状，也称"痞块"或者"痞积"。白术这味药，首句用"甘温"说药味药性，以下三句说功效应用。

以"胃，痞"为韵。

4. 茯苓

茯苓味淡，渗湿利窍，白化痰涎，赤通水道。

茯苓开头不说药性，只说药味。《药性歌括四百味》，只说药味的时候，用"味"字，比如，下文的"味苦""味辛"等。接下来混说功效和应用。

以"窍，道"为韵。

5. 甘草

甘草甘温，调和诸药，炙则温中，生则泻火。

甘草这首的说解与前几味不同，说完药性，说配伍，还说了炮制，"炙则温中，生则泻火"。炙是烘焙过的，生是未烘焙过的。可知《药性歌括四百味》的说解是有详有略，重点突出的。

以"药，火"为韵。

6. 当归

当归甘温，生血补心，扶虚益损，逐瘀生新。

当归这首，与前文"甘温"重复。《药性歌括四百味》，在说解药味和药性时，如果是同时用两个字概括，比如本文的"甘温"，下文的"味甘""味苦""味辛""性温"等等，往往不避讳重复。这个处理方式，完全是从实用的原则出发的。这也是助记语言学与诗学的本质差异。

以"心，新"同音字为韵。

7. 白芍

白芍酸寒，能收能补，泻痢腹痛，虚寒勿与。

白芍这首的说解，是首句说药味和药性，次两句说功能和应用，而第四句则说那些患虚寒症的人，是不可以服用的。这句也是告诫语，属于暗语。跟《序言》的明语有别，《序言》的明语是在鼓舞传习者努力发奋，这里的暗语是提示传习者对症下药。

以"补，与"为韵。

8. 赤芍

赤芍酸寒，能泻能散，破血通经，产后勿犯。

赤芍这首的助记语言形式，与白芍相同。其告诫语是"产后勿犯"，属于暗语。"产后勿犯"是产后不可以下此药的意思。《药性歌括四百味》的这种暗语式的告诫语，下文还有"下血堪任""解肌立妥""湿热可疗""风温皆用"等，都是著作者行医的经验之谈，也是职业的责任之感。

以"寒，散，犯"为韵。

9. 生地

生地微寒，能消湿热，骨蒸烦劳，兼能破血。

生地这首在首句说解药性的时候，使用了"微"字，表明其性质达到的程度。《药性歌括四百味》的这种程度性说解是很有分寸的，下文还有"大寒""苦寒""微温"等。

以"热，血"为韵。

10．熟地

熟地微温，滋肾补血，益髓填精，乌须黑发。

熟地这首，一口气说解了其滋补、益填和乌黑六个功效，是有主要，也有次要的，全面、明确而集中。这样连贯式的说解，下文还有"黄连味苦，泻心除痞，清热明眸，厚肠止痢"等。

以"血，发"为韵。

《药性歌括四百味》正文的助记语言，其他三百九十味的体例，总体上跟上文十味的说解相同。这里还需要指出的是，其韵律有两种情况，一种是本味药句内用韵，一种是联系上下味药用韵。熟地其实是与下文的沉香之"邪，佳"，才能体会出韵脚的。《药性歌括四百味》排列的顺序，以"人参"居首，也是有用意的。《神农本草经》说，"人参，味甘微寒，主补五脏，安精神，定魂魄，止惊悸，除邪气，明目，开心益智。久服，轻身延年。一名人衔，一名鬼盖。生山谷。"以"人参"居首，既是著作者希望人延年益寿，也是神农的初心。而相关的药物，又总是排列在一处的。比如，白芍和赤芍，生地和熟地。这样也有利于记诵。

（三）《跋》的助记语言：照应和告诫语

《药性歌括四百味》的《跋》，与《序言》的助记语言形式完全相同，四言八句：

药共四百，精致不同，生熟新久，炮煅炙烘。

汤丸膏散，各起疲癃，合宜而用，乃是良工。

疲癃指曲腰高背之疾，这里是泛指，意为各种疾病。作为助记语言，《药性歌括四百味》的《跋》，又是与其《序言》相互照应的。其照应的内容包括两个方面，一个是"药共四百"，这是结语式的照应。这种照应，即在正文的说解完成之后，著作者往往总是要回过头来，对整个助记内容，在总数上做出重复性的提醒。这在其他的学科，也是普遍使用的，比如，前几章我们讲过的相术助记语言《麻衣神相》等。这种照应，既有总括，也有对全体记忆进行警示的作用。另一个是"合宜而用"，这是告诫语式的照应，是暗语和明语并用的。暗语是"药共四百，精致不同，生熟新久，炮煅炙烘"，明语是"汤丸膏散，各起疲癃，合宜而用，乃是良工"。暗语说的是药性，明语说的是用药。"药共四百""合宜而用",起到了画龙点睛的作用,也就是重申了《药性歌括四百味》的主题。

《淮南子·修务训》说,神农"尝百草,一日而遇七十毒"。由此我们可以推知《药性歌括四百味》的著作者,是比神农所尝的百草还要多出许多倍的。其献身、敬业和实践精神,远远超出这本助记语言学著述的范畴。我们研究中医药助记语言,从《黄帝内经》到《药性歌括四百味》,就是不仅要学习其专业助记的方法,而且更主要的还是学习他们的这种精神。有这种精神,才有医药学传承,才有医药学创造和发展。

二、《汤头歌诀》的助记语言:七言韵语

《汤头歌诀》为清朝康熙年间汪昂编著。汪昂(公元 1615-1694 年),字讱庵,安徽休宁人。曾中秀才,后弃文从医。另著有《素问灵枢类纂约注》《医方集解》《本草备要》,以及《讱庵文集》等。

"汤头"就是中药汤剂。中药的一副汤剂往往要由若干味药组成,很不便于记忆。医药学家很早即尝试把一些传统常用的中药方剂,改成歌诀。此前已有《医学入门载歌》三百首,《东垣歌》二百六十八首。到清朝康熙三十三年,也就是一六九四年,汪昂八十岁的时候,在整理古方的基础上,加之临床经验,完成了《汤头歌诀》。汪昂早年从文的经历,使得他的《汤头歌诀》在韵语助记这方面更胜一筹。《汤头歌诀》全书二百首,分为二十类,以七言诗体编成。其体例为汤剂名称、用药、适应症和随症加减等。

但汪昂的二百首,与此前的中药方剂歌诀不同。他在"凡例"中说,"每用一方,搜寻殆遍。本集歌止二百首,而方三百有奇,分为二十门,某病某汤,举目易了,方后稍为训释,推明古人制方本义,使用药者有所依据,服药者得以参稽,庶觉省便。"诗歌的数量比前人减少了三分之一,而方剂却比前人增加了三分之一;而且增加了简要的注释。

在"凡例"中,他又说,"古歌四句,仅载一方,尚欠详顺,本集歌不限方,方不限句。"《汤头歌诀》因方制歌,从四句、六句、八句甚至到二十句都有,而以四句和六句居多。这样就比前人的歌诀更为灵活,更加实用。

在"凡例"中,他还说,"本集诸歌,悉按沈约诗韵,其中平仄不能尽叶者,以限于汤名、药名,不可改易也。"这表明,《汤头歌诀》的韵语助记,

始终是遵循"形式为内容服务"的原则的。这既可以跟上文《药性歌括四百味》韵语助记的原则相互印证，同时也告诉我们，一切韵语助记都必须遵循"形式为内容服务"的这个原则，因为助记语言的第一要义就是实用，而简便等其他元素则是居于第二位的。

建国后，严苍山（公元 1898-1968 年），又增补了一部分新近产生和以前未经编入过的汤头，于一九五六年，由上海医学出版社出版。本章所使用的资料，就是来源于这个版本。后来的一些新编《汤头歌诀》都是以此来进行增补的。

下面按照方剂句数，对《汤头歌诀》[1]的助记语言加以说明。

（一）四句：一个衬字

四句一个衬字的，比如，补益之剂，升阳益胃汤：

升阳益胃参术芪，黄连半夏草陈皮。苓泻防风羌独活，柴胡白芍姜枣随。

升阳益胃，是汤头，就是方剂名称。这也为我们理解《汤头歌诀》的汤头，提供了一个思路，汤头就是以汤为头，即每一方剂歌诀，都用这个方剂的名字开头，故名《汤头歌诀》。以方剂开头，这种助记方式的作用，我们在上一节已经讨论过。

参术芪，是三味药，即人参、白术和黄芪。黄连半夏草陈皮是四味药，草是炙甘草。苓泻防风羌独活，是五味药，茯苓、泽泻、防风、羌活、独活。柴胡白芍姜枣随，是四味药，柴胡、白芍、生姜和大枣。

短短二十八字概括了一个方剂名和十六味药。歌诀有的是一个字代表一味药；有的是用两个字即药的全称；有的是用一个词根，关联两味药，比如"羌独活"，就是羌活和独活。最后的一个"随"字，既有随后配伍的意思，也是为押韵而添加的衬字。

以"皮，随"为韵。

（二）六句：两个衬字

六句两个衬字的，比如，补益之剂，四君子汤：

四君子汤中和义，参术茯苓甘草比。益以夏陈名六君，祛痰补气阳虚饵。除却半夏名亦功，或加香砂胃寒使。

四君子汤中和义，参术茯苓甘草比。中和义，是一般说来；比，是并列。这两句是总说四君子汤，由基本的四味药构成，就是人参、白术、茯苓和炙甘草。

益以夏陈名六君，祛痰补气阳虚饵。这两句是说，加上半夏、陈皮就是六君子汤，是治疗脾虚多痰的。饵，有药饵的意思。

除却半夏名亦功，或加香砂胃寒使。这两句是说，六君子汤不用半夏也可以，如果再加木香、砂仁，可以治疗脾虚气滞。 使，是使治疗胃寒的倒装，也有为押韵而设衬字的意味。那么，前句的"比"也可以归入衬字的。

以"义，比，饵，使"为韵。

（三）八句：两个衬字

八句两个衬字的，比如，和解之剂，黄芩汤：

黄芩汤用甘芍并，二阳合利枣加烹。此方遂为治痢祖，后人加味或更名。再加生姜与半夏，前症兼呕此能平。单用芍药与甘草，散逆止痛能和营。

黄芩汤用甘芍并，二阳合利枣加烹。这两句是说，黄芪汤基本成分是黄芪、甘草、芍药、大枣。

此方遂为治痢祖，后人加味或更名。这两句原注说，"利，泻泄也。痢，滞下也。仲景（张仲景）本治伤寒下利，机要（葛洪）用此治痢，更名黄芪芍药汤。洁古（张元素）治痢，加木香。槟榔、大黄、黄连、当归、官桂，名芍药汤。"

再加生姜与半夏，前症兼呕此能平。这两句是说，前两句的四味药，再加生姜和半夏，可以治呕利之症。

单用芍药与甘草，散逆止痛能和营。这两句原注说，"炙等分，名芍药甘草汤，仲景。" 散逆止痛是其功效；能和营，意思是说能够起到中和的疗效的作用。并、营为衬字。

以"并，烹，名，平，营"为韵。

（四）十句：两个衬字

十句两个衬字的，比如，利湿之剂，五苓散：

五苓散治太阳腑，白术泽泻猪茯苓。膀胱化气添官桂，利便消暑烦渴清。除桂名为四苓散，无寒但渴服之灵。猪苓汤除桂与术，加入阿胶滑石停。此为和湿兼泻热，疸黄便闭渴呕宁。

五苓散治太阳腑，白术泽泻猪茯苓。这两句是说，五苓散主治利水渗湿。其基本成分为白术、泽泻、猪苓、茯苓。

膀胱化气添官桂，利便消暑烦渴清。膀胱化气，原注"入肺肾而通膀胱"。这两句是说加上桂枝，便可以利便、消暑、清烦渴。

除桂名为四苓散，无寒但渴服之灵。这两句是说，五苓散不加桂枝就是四苓散。对于无寒只渴之症，是奏效的。

猪苓汤除桂与术，加入阿胶滑石停。这两句是说，除去桂枝和白术，加阿胶、滑石，就是猪苓汤。

此为和湿兼泻热，疸黄便闭渴呕宁。这两句是说，猪苓汤主治水热互结。与、停为衬字。衬字往往是连词，或者押韵的字，是助记语言学中韵语助记常用的方式。

以"苓，清，灵，停，宁"为韵。

（五）长句：九个衬字

《汤头歌诀》长句的还有，经产之剂，妊娠六合汤，长达二十六句：

海藏妊娠六合汤，四物为君妙义长。伤寒表虚地骨桂，表实细辛兼麻黄。少阳柴胡黄芩入，阳明石膏知母藏。小便不利加苓泻，不眠黄芩栀子良。风湿防风与苍术，温毒发斑升翘长。胎动血漏名胶艾，虚痞朴实颇相当。脉沉寒厥亦桂附，便秘蓄血桃仁黄。安胎养血先为主，余因各症细参详。

后人法此治经水，过多过少别温凉。温六合汤加苓术，色黑后期连附商。热六合汤栀连益，寒六合汤加附姜。气六合汤加陈朴，风六合汤加芫羌。此皆经产通用剂，说与时师好审量。

这么长的篇幅一韵到底，真的很了不起。因上文已有解释的范例，这里有关具体文字所指代的药名，不再另行解释。这首可分两大段，第一大段为前十六句，主要说"产"方剂。前四句，说妊娠六合汤基本成分；中十二句，说对症下药。第二大段，主要说"经"方剂。前八句，说用药要适中；后两句为全文的总括。其中"余因各症细参详"和"说与时师好审量"，为告诫语，都是明语。"兼、藏、良、长、颇、相当、商、加"为衬字。衬字除了连词，其他的词语也有与文意相关的意味，不完全是无意义的。

以"汤，长，黄，藏，良，长，当，黄，详，凉，商，姜，羌，量"为韵。

《汤头歌诀》还附录有《十二经脉歌》，亦长达两千四五百言，洋洋大观。

《汤头歌诀》以医药学实际需要为其准则，打破《药性歌括四百味》以来，传统的纯粹韵语助记方式，剂不限方，歌不限句，并增加分类和简注，极大地提高了其专业实用性和社会使用率；同为医药学韵语助记，惟其自付梓以来乃至建国初期，一直"居高声自远"，被赞赏有加，甚至一度享有"熟读汤头三百首，不会开方也会开"的美誉，而成为医药学韵语著述的典范。

在明清两朝，无论在医药学界，还是在民间，同《汤头歌诀》一样，《药性歌括四百味》也得到了空前的普及。龚廷贤也因之得到朝野"天下医之魁首"和"医林状元"等至高无上的嘉奖。

作为专业基本知识和基本技能传习的助记语言，医药学助记语言，也同样因《药性歌括四百味》和《汤头歌诀》这两部著作的广泛深入影响，尤其是在目前其他学科助记语言濒临灭绝和已经灭绝的情势下，唯独医药学助记语言，不仅这两部著作本身，仍作为医药学教学和科普读物不断被再版，而且新编的这一类助记语言著述，也如雨后春笋，方兴未艾。一九八六年天津科学技术出版社的《新编汤头歌诀》，二零零六年北京科学技术出版社的《药性歌括四百味》还配发了中成药的图片，还有二零零七年中国医药科技出版社的《新编汤头歌诀》等，都是在原本基础上进行增补的。

中国当代的医药学助记语言，继承了明清两代医药学助记语言的优秀成果，不仅有所发展，而且还有所创新。比如，《当代名医临床秘诀》[2]全书十五章，一百五十多分科，都使用了"方歌"。例如，轻宣达邪汤：

轻宣达邪有荆芥，升麻桔梗翘射干。薄荷芦根香豆豉，竹叶甘草葱僵蚕。

再比如，《中医方剂顺口溜》[3]全书十八章，近百个分科，也都是采取趣味助记的。例如，第一章解表剂，大青龙汤：

石大江干妈姓桂。

就是"生姜、炙甘草、大枣、桂枝、麻黄、石膏，杏仁"。第二章泻下剂，大承气汤：

小黄朴实。

就是"芒硝、大黄、厚朴、枳实"。此外，还有《中医方剂趣记法》[4]，《人体解剖学实用歌诀》[5]等等，这一类的医药学"速记口袋书"，可以说，应有尽有，不一而足。

本章小结：

本章讲述我国上古医药学助记语言的代表作品《黄帝内经》的无韵助记，

即总记的问对助记和分记的推导式助记形式；以及近古的代表作品《药性歌括四百味》和《汤头歌诀》的有韵助记，即四言四句助记和七言多句助记的体例。我国医药学助记语言的告诫语，自上古以来一直贯穿至近古，这使得我国医药学助记语言更加具有了人文化的性质。当代医药学助记语言，继承前人的优秀传统，有了进一步的发展，韵语助记仍在使用，趣味性助记还在不断创新。

另因本章涉及古医学，故引文未作详解，只讨论了助记问题。

注释：

（1）汪昂著，汤头歌诀，严苍山补辑；上海医学出版社，1956

（2）张昱，当代名医临床秘诀；科学技术文献出版社，2004

（3）刘俊士，中医方剂顺口溜，第三版；人民军医出版社，2013

（4）殷克敏，中医方剂趣记法；人民军医出版社，2004

（5）曹乃洛，人体解剖学实用歌诀；化学工业出版社，第二版，2008

后 记

我国助记语言，自先秦伊始，至今已有三四千年的历史。其助记方式，从周初卜筮和相学的韵散间杂，经过春秋、战国时期军事学和医药学问对助记的诗意化，至秦汉时期童蒙学和训诂学单纯韵语助记的创立，在南北朝、隋唐童蒙学、文论学和史论学等学科韵语助记逐渐扩大化的推动下，宋至明清三代，形成了包括阴阳学、医药学、珠算学、军事学、辞书学，以及童蒙学等各个学科在内的，纯韵语化的助记模式。此间，出现了一大批既是本学科专家，同时又是韵语助记语言学者的双师型人才，积累了大量的韵语助记语言学经典文献，成为一座储量极丰的文化语言学宝藏。

《助记语言学论稿》，书原计划写十一章，因为上课和整理旧著，仅完成了阴阳学、辞书学、童蒙学、军事学、宗教学和算学，以及医药学等七章。还有训诂学、文论学和史论学，以及书法学和其他学科，诸如，农谚和歇后语等，资料搜集到，而没有进行完全的提取和阐述。不过，就目前所完成的以上这七章而言，从内容上完全可看做是我国助记语言学的主要部分；从助记体例上，也完全可视为我国助记语言的主要表现形式，总体上反映了我国助记语言学的状貌。

上面说的，本书没有论及的那些助记语言学的门类，诸如，训诂学东汉王逸的《离骚章句》，文论学南北朝刘勰的《文心雕龙》，史论学唐代司马贞的《史记索隐述赞》，书法学明代韩道亨的《草诀百韵歌》等等，这些都是以精雕细刻的韵语写成的极品，同样是一份十分宝贵的助记语言学文化遗产。为此，本书拟选其主要代表作品，比如，司马贞的《史记索隐述赞》、韩道亨的《草诀百韵歌》等，附录于后，以供后来研究者参考使用。

当代科学家们已经意识到，解决信息化时代，人们由于过分依懒计算机，致使心脑技能委顿的问题，助记语言是一个最为简便，最为可行，最为基础的办法。当一个人在总结他助记语言而且形成歌诀的时候，他的专业知识和技能，一定是炉火纯青的。

　　现代人无论文科理科，数理化文史哲，还是医疗、教育、工农商学兵，各行各业，人们对于专业知识和技能的识记问题，诸如，速记的问题，助记方法选择的问题，以及最终形成助记韵语等问题，都是上有前车之鉴，下有轨迹可循的。在总结学习前人助记语言经验的基础上，再经过现时阶段一定的专业基础训练，我们定会超越古人，创造出更好更多的助记语言，为伟大的时代和富强的祖国服务。

附录：

Ⅰ．史論助記語言：《史記索隱述贊》

五帝本紀第一索隱述贊

帝出少典，居於軒丘。既代炎曆，遂禽蚩尤。高陽嗣位，靜深有謀。小大遠近，莫不懷柔。爰洎帝嚳，列聖同休。帝摯之弟，其號放勳。就之如日，望之如雲。鬱夷東作，昧谷西曛。明揚仄陋，玄德升聞。能讓天下，賢哉二君！

夏本紀第二索隱述贊

堯遭鴻水，黎人阻饑。禹勤溝洫，手足胼胝。言乘四載，動履四時。娶妻有日，過門不私。九土既理，玄圭錫茲。帝啟嗣立，有扈違命。五子作歌，太康失政。羿浞斯侮，夏室不競。降於孔甲，擾龍乖性。嗟彼鳴條，其終不令！

殷本紀第三索隱述贊

簡狄吞乙，是為殷祖。玄王啟商，伊尹負俎。上開三面，下獻九主。旋師泰卷，繼相臣扈。遷囂圮耿，不常厥土。武乙無道，禍因射天。帝辛淫亂，拒諫賊賢。九侯見醢，炮格興焉。黃鉞斯杖，白旗是懸。哀哉瓊室，殷祀用遷！

周本紀第四索隱述贊

后稷居邰，太王作周。丹開雀錄，火降烏流。三分既有，八百不謀。蒼兕誓眾，白魚入舟。太師抱樂，箕子拘囚。成康之日，政簡刑措。南巡不還，西服莫附。共和之後，王室多故。壓弧興謠，龍漦作蠹。積帶荏禍，實傾周祚。

秦本紀第五索隱述贊

柏翳佐舜，皋陶是旌。蜚廉事紂，石槨斯營。造父善馭，封之趙城。非子息馬，厥號秦嬴。禮樂射御，西垂有聲。襄公救周，始命列國。金祠白帝，龍祚水德。祥應陳寶，妖除豐特。里奚致霸，衛鞅任刻。厥後吞併，卒成凶慝。

秦始皇本紀第六索隱述贊

六國陵替，二周淪亡。並一天下，號為始皇。阿房雲構，金狄成行。南遊勒石，東瞰浮梁。滈池見遺，沙丘告喪。二世矯制，趙高是與。詐因指鹿，災生噬虎。子嬰見推，恩報君父。下乏中佐，上乃庸主。欲振頹綱，云誰克補。

項羽本紀第七索隱述贊

亡秦鹿走，偽楚狐鳴。雲鬱沛谷，劍挺吳城。勳開魯甸，勢合碭兵。卿子無罪，亞父推誠。始救趙歇，終誅子嬰。違約王漢，背關懷楚。常遷上游，臣迫故主。靈壁大振，成皋久拒。

戰非無功，天實不與。嗟彼蓋代，卒為凶豎。

高祖本紀第八索隱述贊

高祖初起，始自徒中。言從泗上，即號沛公。嘯命豪傑，奮發材雄。彤雲鬱碭，素靈告豐。龍變星聚，蛇分徑空。項氏主命，負約棄功。王我巴蜀，實憤於衷。三秦既北，五兵遂東。氾水即位，咸陽築宮。威加四海，還歌大風。

呂太后本紀第九索隱述贊

高祖猶微，呂氏作妃。及正軒掖，潛用福威。志懷安忍，性挾猜疑。置鴆齊悼，殘彘戚姬。孝惠崩殂，其哭不悲。諸呂用事，天下示私。大臣莝醢，支孽芟夷。禍盈斯驗，蒼狗為菑。

孝文本紀第十索隱述贊

孝文在代，兆遇大橫。宋昌建冊，絳侯奉迎。南面而讓，天下歸誠。務農先籍，布德偃兵。除帑削謗，政簡刑清。綈衣率俗，露臺罷營。法寬張武，獄恤緹縈。霸陵如故，千年頌聲。

孝景本紀第十一索隱述贊

景帝即位，因脩靜默。勉人於農，率下以德。制度斯創，禮法可則。一朝吳楚，乍起凶慝。提局成釁，拒輪致惑。晁錯雖誅，梁城未克。條侯出將，追奔逐北。坐見梟獍，立翦牟賊。如何太尉，後卒下獄。惜哉明君，斯功不錄！

孝武本紀第十二索隱述贊

孝武纂極，四海承平。志尚奢麗，尤敬神明。壇開八道，接通五城。朝親五利，夕拜文成。祭非祀典，巡乖卜征。登嵩勒岱，望景傳聲。迎年祀日，改曆定正。疲耗中土，事彼邊兵。日不暇給，人無聊生。俯觀嬴政，幾欲齊衡。

三代世表第一索隱述贊

高辛之胤，大啟禎祥。脩己吞意，石紐興王。天命玄鳥，簡狄生商。姜嫄履跡，祚流岐昌。俱膺曆運，互有興亡。風餘周召，刑措成康。出彘之後，諸侯日彊。

十二諸侯年表第二索隱述贊

太史表次，抑有條理。起自共和，終於孔子。十二諸侯，各編年紀。興亡繼及，盛衰臧否。惡不揜過，善必揚美。絕筆獲麟，義取同恥。

六國年表第三索隱述贊

春秋之後，王室益卑。楚彊南服，秦霸西垂。三卿分晉，八代與媯。遞主盟會，互為雄雌。二周前滅，六國後驟。壯哉嬴氏，吞並若斯。

秦楚之際月表第四索隱述贊

秦失其鹿，群雄競逐。狐鳴楚祠，龍興沛谷。武臣自王，魏豹必復。田儋據齊，英布居六。

項王主命，義帝見戮。以月系年，道悠運速。洶洶天下，瞻烏誰屋？真人霸上，卒享天祿。

漢興以來諸侯王年表第五索隱述贊

漢有天下，爰覽興亡。始誓河嶽，言峻寵章。淮陰就楚，彭越封梁。荊燕懿戚，齊趙棣棠。犬牙相制，麟趾有光。降及文景，代有英王。魯恭梁孝，濟北城陽。仁賢足紀，忠烈斯彰。

高祖功臣侯者年表第六索隱述贊

聖賢影響，風雲潛契。高祖應籙，功臣命世。起沛入秦，憑謀仗計。紀勳書爵，河盟山誓。蕭曹輕重，絳灌權勢。咸就封國，或萌罪戾。仁賢者祀，昏虐者替。永監前修，良慚固蒂。

惠景閒侯者年表第七索隱述贊

惠景之際，天下已平。諸呂構禍，吳楚連兵。條侯出討，壯武奉迎。薄竇恩澤，張趙忠貞。本枝分蔭，肺腑歸誠。新市死事，建陵勳榮。咸開青社，俱受丹旌。旋窺甲令，吳便有聲。

建元以來侯者年表第八索隱述贊

孝武之代，天下多虞。南討甌越，北擊單于。長平鞠旅，冠軍前驅。術陽衞璧，臨蔡破禺。博陸上宰，平津巨儒。金章且佩，紫綬行紆。昭帝已後，勳寵不殊。惜哉絕筆，褚氏補諸。

建元以來王子侯者年表第九索隱述贊

漢世之初，矯枉過正。欲大本枝，先封同姓。建元已後，藩翰克盛。主父上言，推恩下令。長沙濟北，中山趙敬。分邑廣封，振振在詠。扞城禦侮，曄曄輝映。百足不僵，一人有慶。

漢興以來將相名臣年表第十索隱述贊

高祖初起，嘯命群雄。天下未定，王我漢中。三傑既得，六奇獻功。章邯已破，蕭何築宮。周勃厚重，朱虛至忠。陳平作相，條侯總戎。丙魏立志，湯堯飾躬。天漢之後，表述非功。

禮書第一索隱述贊

禮因人心，非從天下。合誠飾貌，救弊興雅。以制黎甿，以事宗社。情文可重，豐殺難假。仲尼坐樹，孫通蕢野。聖人作教，罔不由者。

樂書第二索隱述贊

樂之所興，在乎防欲。陶心暢志，舞手蹈足。舜曰簫韶，融稱屬續。審音知政，觀風變俗。端如貫珠，清同叩玉。洋洋盈耳，咸英餘曲。

律書第三索隱述贊

自昔軒后，爰命伶綸。雄雌是聽，厚薄伊均。以調氣候，以軌星辰。軍容取節，樂器斯因。自微知著，測化窮神。大哉虛受，含養生人。

曆書第四索隱述贊

曆數之興，其來尚矣。重黎是司，容成斯紀。推步天象，消息母子。五勝輪環，三正互起。

孟陬貞歲，疇人順軌。敬授之方，履端為美。

天官書第五索隱述贊

在天成象，有同影響。觀文察變，其來自往。天官既書，太史攸掌。雲物必記，星辰可仰。盈縮匪愆，應驗無爽。至哉玄監，云誰欲謁。

封禪書第六索隱述贊

禮載升中，書稱肆類。古今盛典，皇王能事。登封報天，降禪除地。飛英騰實，金泥石記。漢承遺緒，斯道不墜。仙閭蕭然，揚休勒志

河渠書第七索隱述贊

水之利害，自古而然。禹疏溝洫，隨山濬川。爰洎後世，非無聖賢。鴻溝既劃，龍骨斯穿。填閼攸墾，黎蒸有年。宣房在詠，梁楚獲全。

平准書第八索隱述贊

平准之立，通貨天下。既入縣官，或振華夏。其名刀布，其文龍馬。增算告緡，哀多益寡。弘羊心計，卜式長者。都內充殷，取贍郊野。

吳太伯世家第一索隱述贊

太伯作吳，高讓雄圖。周章受國，別封於虞。壽夢初霸，始用兵車。三子遞立，延陵不居。光既篡位，是稱闔閭。王僚見殺，賊由專諸。夫差輕越，取敗姑蘇。甬東之恥，空慚伍胥。

齊太公世家第二索隱述贊

太公佐周，實秉陰謀。既表東海，乃居營丘。小白致霸，九合諸侯。及溺內寵，竪鍾蟲流。莊公失德，崔杼作仇。陳氏專政，厚貨輕收。悼簡遘禍，田闞非儔。汎汎餘烈，一變何由？

魯周公世家第三索隱述贊

武王既沒，成王幼孤。周公攝政，負扆據圖。及還臣列，北面歜如。元子封魯，少昊之墟。夾輔王室，系職不渝。降及孝王，穆仲致譽。隱能讓國，春秋之初。丘明執簡，褒貶備書。

燕召公世家第四索隱述贊

召伯作相，分陝而治。人惠其德，甘棠是思。莊送霸主，惠羅寵姬。文公從趙，蘇秦騁辭。易王初立，齊宣我欺。燕噲無道，禪位子之。昭王待士，思報臨菑。督亢不就，卒見芟夷。

管蔡世家第五索隱述贊

武王之弟，管蔡及霍。周公居相，流言是作。狼跋致艱，鴟鴞討惡。胡能改行，克復其爵。獻舞執楚，遇息禮薄。穆侯虜齊，蕩舟乖譴。曹共輕晉，負羈先覺。伯陽夢社，祚傾振鐸。

陳杞世家第六索隱述贊

盛德之祀，必及百世。舜禹餘烈，陳杞是繼。媯滿受封，東樓纂系。閔路篡逆，夏姬淫嬖。

二國衰微，或興或替。前並後虜，皆亡楚惠。句踐勃興，田和吞噬。蟬聯血食，豈其苗裔？

衛康叔世家第七索隱述贊

　　司寇受封，梓材有作。成錫厥器，夷加其爵。暨武能脩，從文始約。詩美歸燕，傳矜石碏。皮冠射鴻，乘軒使鶴。宣縱淫嬖，羼生佹朔。蒯聵得罪，出公行惡。衛祚日衰，失於君角。

宋微子世家第八索隱述贊

　　殷有三仁，微箕紂親。一囚一去，不顧其身。頌美有客，書稱作賓。卒傳塚嗣，或敘彝倫。微仲之後，世載忠勤。穆亦能讓，實為知人。傷泓之役，有君無臣。偃號桀宋，天之棄殷。

晉世家第九索隱述贊

　　天命叔虞，卒封於唐。桐珪既削，河汾是荒。文侯雖嗣，曲沃日彊。未知本末，祚傾桓莊。獻公昏惑，太子罹殃。重耳致霸，朝周河陽。靈既喪德，厲亦無防。四卿侵侮，晉祚遂亡。

楚世家第十索隱述贊

　　鬻熊之嗣，周封於楚。僻在荊蠻，篳路藍縷。及通而霸，僭號曰武。文既伐申，成亦赦許。子圍篡嫡，商臣殺父。天禍未悔，憑姦自怙。昭困奔亡，懷迫囚虜。頃襄考烈，祚衰南土。

越王句踐世家第十一索隱述贊

　　越祖少康，至於允常。其子始霸，與吳爭彊。檇李之役，闔閭見傷。會稽之恥，句踐欲當。種誘以利，蠡悉其良。折節下士，致膽思嘗。卒復讎寇，遂殄大邦。後不量力，滅於無彊。

鄭世家第十二索隱述贊

　　厲王之子，得封於鄭。代職司徒，緇衣在詠。虢鄶獻邑，祭祝專命。莊既犯王，厲亦奔命。居櫟克入，夢蘭毓慶。伯服生囚，叔瞻屍聘。釐簡之後，公室不競。負黍雖還，韓哀日盛。

趙世家第十三索隱述贊

　　趙氏之系，與秦同祖。周穆平徐，乃封造父。帶始事晉，夙初有土。岸賈矯誅，韓厥立武。寶符臨代，卒居伯魯。簡夢翟犬，靈歌處女。胡服雖彊，建立非所。頗牧不用，王遷囚虜。

魏世家第十四索隱述贊

　　畢公之苗，因國為姓。大名始賞，盈數自正。胤裔繁昌，系載忠正。楊幹就戮，智氏奔命。文始建侯，武實彊盛。大樑東徙，長安北偵。卯既無功，印亦外聘。王假削弱，虜於秦政。

韓世家第十五索隱述贊

　　韓氏之先，實宗周武。事微國小，春秋無語。後裔事晉，韓原是處。趙孤克立，智伯可取。既徙平陽，又侵負黍。景趙俱侯，惠又僭主。秦敗脩魚，魏會區鼠。韓非雖使，不禁狼虎。

田敬仲完世家第十六索隱述贊

　　田完避難，奔於大姜；始辭羇旅，終然鳳皇。物莫兩盛，代五其昌。二君比犯，三晉爭彊。

和始擅命，威遂稱王。祭急燕趙，弟列康莊。秦假東帝，莒立法章。王建失國，松柏蒼蒼。

孔子世家第十七索隱述贊

孔子之冑，出於商國。弗父能讓，正考銘勒。防叔來奔，鄹人掎足。尼丘誕聖，闕里生德。七十升堂，四方取則。卯誅兩觀，攝相夾谷。歌鳳遽衰，泣麟何促！九流仰鏡，萬古欽躅。

陳涉世家第十八索隱述贊

天下匈匈，海內乏主。掎鹿爭捷，瞻烏爰處。陳勝首事，厥號張楚。鬼怪是憑，鴻鵠自許。葛嬰東下，周文西拒。始親朱房，又任胡武。夥頤見殺，腹心不與。莊賈何人，反噬城父！

外戚世家第十九索隱述贊

禮貴夫婦，易敘乾坤。配陽成化，比月居尊。河洲降淑，天曜垂軒。德著任姒，慶流娀嫄。逮我炎曆，斯道克存。呂權大寶，竇喜玄言。自茲已降，立嬖以恩。內無常主，後嗣不繁。

楚元王世家第二十索隱述贊

漢封同姓，楚有令名。既滅韓信，王於彭城。穆生置醴，韋孟作程。王戊棄德，與吳連兵。太后命禮，為楚罪輕。文襄繼立，世挺才英。如何趙遂，代殞厥聲！興亡之兆，所任宜明。

荊燕世家第二十一索隱述贊

劉賈初從，首定三秦。既渡白馬，遂圍壽春。始迎黥布，絕閒周殷。賞功胙士，與楚為鄰。營陵始爵，勳由擊陳。田生遊說，受賜千斤。權激諸呂，事發榮身。徙封傳嗣，亡於郢人。

齊悼惠王世家第二十二索隱述贊

漢矯秦制，樹屏自彊。表海大國，悉封齊王。呂后肆怒，乃獻城陽。哀王嗣立，其力不量。朱虛仕漢，功大策長。東牟受賞，稱亂貽殃。膠東濟北，雄渠辟光。齊雖七國，忠孝者昌。

蕭相國世家第二十三索隱述贊

蕭何為吏，文而無害。及佐興王，舉宗從沛。關中既守，轉輸是賴。漢軍屢疲，秦兵必會。約法可久，收圖可大。指獸發蹤，其功實最。政稱畫一，居乃非泰。繼絕寵勤，式旌礪帶。

曹相國世家第二十四索隱述贊

曹參初起，為沛豪吏。始從中涓，先圍善置。執珪執帛，攻城掠地。衍氏既誅，昆陽失位。北禽夏說，東討田澮。剖符定封，功無與二。市獄勿擾，清淨不事。尚主平陽，代享其利。

留侯世家第二十五索隱述贊

留侯倜儻，志懷憤惋。五代相韓，一朝歸漢。進履宜假，運籌神算。橫陽既立，申徒作扞。灞上扶危，固陵靜亂。人稱三傑，辯推八難。赤松原遊，白駒難絆。嗟彼雄略，曾非魁岸。

陳丞相世家第二十六索隱述贊

曲逆窮巷，門多長者。宰肉先均，佐喪後罷。魏楚更用，腹心難假。棄印封金，刺船露裸。

閒行歸漢，委質麾下。滎陽計全，平城圍解。推陵讓勃，袞多益寡。應變合權，克定宗社。

絳侯周勃世家第二十七索隱述贊

絳侯佐漢，質厚敦篤。始擊碭東，亦圍屍北。所攻必取，所討咸克。陳豨伏誅，臧荼破國。事居送往，推功伏德。列侯還第，太尉下獄。繼相條侯，紹封平曲。惜哉賢將，父子代辱！

梁孝王世家第二十八索隱述贊

文帝少子，徙封於梁。太后鍾愛，廣築睢陽。旌旗警蹕，勢擬天王。功扞吳楚，計醜羊孫。竇嬰正議，袁盎劫傷。漢窮梁獄，冠蓋相望。禍成驕子，致此猖狂。雖分五國，卒亦不昌。

五宗世家第二十九索隱述贊

景十三子，五宗親睦。栗姬既廢，臨江折軸。閼于早薨，河間儒服。餘好宮苑，端事馳逐。江都有才，中山褆福。長沙地小，膠東造鏃。仁賢者代，淫亂者族。兒姁四王，分封為六。

三王世家第三十索隱述贊

三王封系，舊史爛然。褚氏後補，冊書存焉。去病建議，青翟上言。天子沖挹，志在急賢。太常具禮，請立齊燕。閎國負海，旦社惟玄。宵人不遷，菫鬻遠邊。明哉監戒，式防厥愆。

伯夷列傳第一索隱述贊

天道平分，與善徒云。賢而餓死，盜且聚群。吉凶倚伏，報施糾紛。子罕言命，得自前聞。嗟彼素士，不附青雲！

管晏列傳第二索隱述贊

夷吾成霸，平仲稱賢。粟乃實廩，豆不掩肩。轉禍為福，危言獲全。孔賴左衽，史忻執鞭。成禮而去，人望存焉。

老子韓非列傳第三索隱述贊

伯陽立教，清淨無為。道尊東魯，跡竄西垂。莊蒙栩栩，申害卑卑。刑名有術，說難極知。悲彼周防，終亡李斯。

司馬穰苴列傳第四索隱述贊

燕侵河上，齊師敗績。嬰薦穰苴，武能威敵。斬賈以徇，三軍驚惕。我卒既彊，彼寇退壁。法行司馬，實賴宗戚。

孫子吳起列傳第五索隱述贊

孫子兵法，一十三篇。美人既斬，良將得焉。其孫臏腳，籌策龐涓。吳起相魏，西河稱賢；慘礉事楚，死後留權。

伍子胥列傳第六索隱述贊

讒人罔極，交亂四國。嗟彼伍氏，被茲凶慝！員獨忍詬，志復冤毒。霸吳起師，伐楚逐北。

鞭屍雪恥，抉眼棄德。

仲尼弟子列傳第七索隱述贊

教興闕里，道在鄒鄉。異能就列，秀士升堂。依仁遊藝，合志同方。將師宮尹，俎豆琳琅。惜哉不霸，空臣素王！

商君列傳第八索隱述贊

衛鞅入秦，景監是因。王道不用，霸術見親。政必改革，禮豈因循。既欺魏將，亦怨秦人。如何作法，逆旅不賓！

蘇秦列傳第九索隱述贊

季子周人，師事鬼谷。揣摩既就，陰符伏讀。合從離衡，佩印者六。天王除道，家人扶服。賢哉代厲，繼榮黨族。

張儀列傳第十索隱述贊

儀未遭時，頻被困辱。及相秦惠，先韓後蜀。連衡齊魏，傾危詐惑。陳軫挾權，犀首騁欲。如何三晉，繼有斯德。

樗里子甘茂列傳第十一索隱述贊

嚴君名疾，厥號智囊。既親且重，稱兵外攘。甘茂並相，初佐魏章。始推向壽，乃攻宜陽。甘羅妙歲，卒起張唐。

穰侯列傳第十二索隱述贊

穰侯智識，應變無方。內倚太后，外輔昭王。四登相位，再列封疆。摧齊撓楚，破魏圍梁。一夫開說，憂憤而亡。

白起王翦列傳第十三索隱述贊

白起王翦，俱善用兵。遞為秦將，拔齊破荊。趙任馬服，長平遂阬。楚陷李信，霸上卒行。賁離繼出，三代無名。

孟子荀卿列傳第十四索隱述贊

六國之末，戰勝相雄。軻遊齊魏，其說不通。退而著述，稱吾道窮。蘭陵事楚，騶衍談空。康莊雖列，莫見收功。

孟嘗君列傳第十五索隱述贊

靖郭之子，威王之孫。既彊其國，實高其門。好客喜士，見重平原。雞鳴狗盜，魏子馮煖。如何承睫，薛縣徒存！

平原君虞卿列傳第十六索隱述贊

翩翩公子，天下奇器。笑姬從戮，義士增氣。兵解李同，盟定毛遂。虞卿躡蹻，受賞料事。

及困魏齊，著書見意。

魏公子列傳第十七索隱述贊

信陵下士，鄰國相傾。以公子故，不敢加兵。頗知朱亥，盡禮侯嬴。遂卻晉鄙，終辭趙城。毛薛見重，萬古希聲。

春申君列傳第十八索隱述贊

黃歇辯智，權略秦楚。太子獲歸，身作宰輔。珠炫趙客，邑開吳土。烈王寡胤，李園獻女。無妄成災，朱英徒語。

範睢蔡澤列傳第十九索隱述贊

應侯始困，託載而西。說行計立，貴平寵稽。倚秦市趙，卒報魏齊。綱成辯智，範睢招攜。勢利傾奪，一言成蹊。

樂毅列傳第二十索隱述贊

昌國忠讜，人臣所無。連兵五國，濟西為墟。燕王受閒，空聞報書。義士慷慨，明君軾閭。閒乘繼將，芳規不渝。

廉頗藺相如列傳第二十一索隱述贊

清飆凜凜，壯氣熊熊。各竭誠義，遞為雌雄。和璧聘返，澠池好通。負荊知懼，屈節推工。安邊定策，頗牧之功。

田單列傳第二十二索隱述贊

軍法以正，實尚奇兵。斷軸自免，反閒先行。群鳥或眾，五牛揚旌。卒破騎劫，皆復齊城。襄王嗣位，乃封安平。

魯仲連鄒陽列傳第二十三索隱述贊

魯連達士，高才遠致。釋難解紛，辭祿肆志。齊將挫辯，燕軍沮氣。鄒子遇讒，見訊獄吏。慷慨獻說，時王所器。

屈原賈生列傳第二十四索隱述贊

屈平行正，以事懷王。瑾瑜比潔，日月爭光。忠而見放，讒者益章。賦騷見志，懷沙自傷。百年之後，空悲吊湘。

呂不韋列傳第二十五索隱述贊

不韋釣奇，委質子楚。華陽立嗣，邯鄲獻女。及封河南，乃號仲父。徙蜀懲謗，懸金作語。籌策既成，富貴斯取。

刺客列傳第二十六索隱述贊

曹沫盟柯，返魯侵地。專諸進炙，定吳篡位。彰弟哭市，報主塗廁。刎頸申冤，操袖行事。

暴秦奪魄，懦夫增氣。

李斯列傳第二十七索隱述贊

鼠在所居，人固擇地。斯效智力，功立名遂。置酒咸陽，人臣極位。一夫誑惑，變易神器。國喪身誅，本同末異。

蒙恬列傳第二十八索隱述贊

蒙氏秦將，內史忠賢。長城首築，萬里安邊。趙高矯制，扶蘇死焉。絕地何罪？勞人是愆。呼天欲訴，三代良然。

張耳陳餘列傳第二十九索隱述贊

張耳陳餘，天下豪俊。忘年羈旅，刎頸相信。耳圍鉅鹿，餘兵不進。張既望深，陳乃去印。勢利傾奪，隙末成釁。

魏豹彭越列傳第三十索隱述贊

魏咎兄弟，因時而王。豹後屬楚，其國遂亡。仲起昌邑，歸漢外黃。往來聲援，再續軍糧。徵兵不往，菹醢何傷。

黥布列傳第三十一索隱述贊

九江初筮，當刑而王。既免徒中，聚盜江上。再雄楚卒，頻破秦將。病為羽疑，歸受漢杖。賁赫見毀，卒致無妄。

淮陰侯列傳第三十二索隱述贊

君臣一體，自古所難。相國深薦，策拜登壇。沈沙決水，拔幟傳餐。與漢漢重，歸楚楚安。三分不議，偽遊可歎。

韓信盧綰列傳第三十三索隱述贊

韓襄遺孽，始從漢中。剖符南面，徙邑北通。積當歸國，龍雛有功。盧綰親愛，群臣莫同。舊燕是王，東胡計窮。

田儋列傳第三十四索隱述贊

秦項之際，天下交兵。六國樹黨，自置豪英。田儋殞寇，立市相榮。楚封王假，齊破酈生。兄弟更王，海島傳聲。

樊酈滕灌列傳第三十五索隱述贊

聖賢影響，雲蒸龍變。屠狗販繒，攻城野戰。扶義西上，受封南面。酈況賣交，舞陽內援。滕灌更王，奕葉繁衍。

張丞相列傳第三十六索隱述贊

張蒼主計，天下作程。孫臣始紃，秦曆尚行。御史亞相，相國阿衡。申屠面折，周子廷爭。

其他娓娓，無所發明。

酈生陸賈列傳第三十七索隱述贊

廣野大度，始冠側注。踉門長揖，深器重遇。說齊曆下，趣鼎何懼。陸賈使越，尉佗懾怖。相說國安，書成主悟。

傅靳蒯成列傳第三十八索隱述贊

陽陵信武，結髮從漢。動叶人謀，功實天贊。定齊破項，我軍常冠。蒯成委質，夷險不亂。主上稱忠，人臣扼腕。

劉敬叔孫通列傳第三十九索隱述贊

廈藉眾幹，裘非一狐。委輅獻說，緜蕝陳書。皇帝始貴，車駕西都。既安太子，又和匈奴。奉春稷嗣，其功可圖。

季布欒布列傳第四十索隱述贊

季布季心，有聲梁楚。百金然諾，十萬致距。出守河東，股肱是與。欒布哭越，犯禁見虜。赴鼎非冤，誠知所處。

袁盎晁錯列傳第四十一索隱述贊

袁絲公直，亦多附會。攬轡見重，卻席嫛賴。朝錯建策，屢陳利害。尊主卑臣，家危國泰。悲彼二子，名立身敗！

張釋之馮唐列傳第四十二索隱述贊

張季未偶，見識袁盎。太子懼法，嗇夫無狀。驚馬罰金，盜環悟上。馮公白首，味哉論將。因對李齊，收功魏尚。

萬石張叔列傳第四十三索隱述贊

萬石孝謹，自家形國。郎中數馬，內史匍匐。縮無他腸，塞有陰德。刑名張歐，垂涕恤獄。敏行訥言，俱嗣芳躅。

田叔列傳第四十四索隱述贊

田叔長者，重義輕生。張王既雪，漢中是榮。孟舒見廢，抗說相明。按梁以禮，相魯得情。子仁坐事，刺舉有聲。

扁鵲倉公列傳第四十五索隱述贊

上池秘術，長桑所傳。始候趙簡，知夢鈞天。言占虢嗣，屍蹶起焉。倉公贖罪，陽慶推賢。效驗多狀，式具於篇。

吳王濞列傳第四十六索隱述贊

吳楚輕悍，王濞倍德。富因采山，釁成提局。憍矜貳志，連結七國。嬰命始監，錯誅未塞。

天之悔禍，卒取奔北。

魏其武安侯列傳第四十七索隱述贊

竇嬰田蚡，勢利相雄。咸倚外戚，或恃軍功。灌夫自喜，引重其中。意氣杯酒，睥睨兩宮。事竟不直，冤哉二公！

韓長孺列傳第四十八索隱述贊

安國忠厚，初為梁將。因事坐法，免徒起相。死灰更然，生虜失防。推賢見重，賄金貽謗。雪泣悟主，臣節可亮。

李將軍列傳第四十九索隱述贊

猿臂善射，實負其能。解鞍卻敵，圓陣摧鋒。邊郡屢守，大軍再從。失道見斥，數奇不封。惜哉名將，天下無雙！

匈奴列傳第五十索隱述贊

獫狁薰粥，居於北邊。既稱夏裔，式憬周篇。頗隨畜牧，屢擾塵煙。爰自冒頓，尤聚控弦。雖空帑藏，未盡中權。

衛將軍驃騎列傳第五十一索隱述贊

君子豹變，貴賤何常。青本奴虜，忽升戎行。姊配皇極，身尚平陽。寵榮斯僭，取亂彝章。嫖姚繼踵，再靜邊方。

平津侯主父列傳第五十二索隱述贊

平津巨儒，晚年始遇。外示寬儉，內懷嫉妒。寵備榮爵，身受肺腑。主父推恩，觀時設度。生食五鼎，死非時蠹。

南越列傳第五十三索隱述贊

中原鹿走，群雄莫制。漢事西驅，越權南裔。陸賈騁說，尉他去帝。嫪后內朝，呂嘉狠戾。君臣不協，卒從剿棄。

東越列傳第五十四索隱述贊

句踐之裔，是曰無諸。既席漢寵，實因秦餘。騶駱為姓，閩中是居。王搖之立，爰處東隅。後嗣不道，自相誅鋤。

朝鮮列傳第五十五索隱述贊

衛滿燕人，朝鮮是王。王險置都，路人作相。右渠首差，涉何謞上。兆禍自斯，狐疑二將。山遂伏法，紛紜無狀。

西南夷列傳第五十六索隱述贊

西南外徼，莊蹻首通。漢因大夏，乃命唐蒙。勞浸靡莫，異俗殊風。夜郎最大，邛筰稱雄。

及置郡縣，萬代推功。

司馬相如列傳第五十七索隱述贊

相如縱誕，竊貲卓氏。其學無方，其才足倚。子虛過吒，上林非侈。四馬還邛，百金獻伎。惜哉封禪，遺文卓爾。

淮南衡山列傳第五十八索隱述贊

淮南多橫，舉事非正。天子寬仁，其過不更。轀車致禍，斗粟成詠。王安好學，女陵作詗。兄弟不和，傾國殞命。

循吏列傳第五十九索隱述贊

奉職循理，為政之先。恤人體國，良史述焉。叔孫鄭產，自昔稱賢。拔葵一利，赦父非愆。李離伏劍，為法而然。

汲鄭列傳第六十索隱述贊

河南矯制，自古稱賢。淮南臥理，天子伏焉。積薪興歎，伉直愈堅。鄭莊推士，天下翕然。交道勢利，翟公愴旒。

儒林列傳第六十一索隱述贊

孔氏之衰，經書緒亂。言諸六學，始自炎漢。著令立官，四方挖腕。曲臺壞壁，書禮之冠。傳易言詩，雲蒸霧散。興化致理，鴻猷克贊。

酷吏列傳第六十二索隱述贊

太上失德，法令滋起。破觚為圜，禁暴不止。姦偽斯熾，慘酷爰始。乳獸揚威，蒼鷹側視。舞文巧詆，懷生何恃！

大宛列傳第六十三索隱述贊

大宛之跡，元因博望。始究河源，旋窺海上。條枝西入，天馬內向。蔥嶺無塵，鹽池息浪。曠哉絕域，往往亭障。

遊俠列傳第六十四索隱述贊

遊俠豪倨，藉藉有聲。權行州里，力折公卿。朱家脫季，劇孟定傾。急人之難，免讎於更。偉哉翁伯，人貌榮名。

佞幸列傳第六十五索隱述贊

傳稱令色，詩刺巧言。冠義入侍，傅粉承恩。黃頭賜蜀，宦者同軒。新聲都尉，挾彈王孫。泣魚竊駕，著自前論。

滑稽列傳第六十六索隱述贊

滑稽鴟夷，如脂如韋。敏捷之變，學不失詞。淳于索絕，趙國興師。楚優拒相，寢丘獲祠。

偉哉方朔，三章紀之。

日者列傳第六十七索隱述贊

日者之名，有自來矣。吉凶占候，著於墨子。齊楚異法，書亡罕紀。後人斯繼，季主獨美。取兔暴秦，此焉終否。

龜策列傳第六十八索隱述贊

三王異龜，五帝殊卜。或長或短，若瓦若玉。其記已亡，其繇後續。江使觸網，見留宋國。神能託夢，不衛其足。

貨殖列傳第六十九索隱述贊

貨殖之利，工商是營。廢居善積，倚市邪贏。白圭富國，計然強兵。倮參朝請，女築懷清。素封千戶，卓鄭齊名。

太史公自序第七十索隱述贊

太史良才，寔纂先德。周遊歷覽，東西南北。事覈詞簡，是稱實錄。報任投書，申李下獄。惜哉殘缺，非才妄續！

（司馬貞，史记索隐述赞；史记全十册，中华书局，1982）

Ⅱ.书法助记语言:《草诀百韵歌》

《草诀百韵歌》在明末清初有几种版本,内容基本相同,只是字体各有所异。有的标记为王羲之所作所书。下面是张石秋摹本,所系原帖为明代书法家韩道亨于万历四十一年(公元 1613 年)写本:

草圣最为难,龙蛇竞笔端。毫厘虽欲辨,体势更须完。

有点方为水,空挑却是言。宀头无左畔,辶遶阙东边。

长短分知去,微茫视每安。步观牛引足,羞见羊踏田。

六手宜为稟,七红即是袁。十朱知奉已,三口代言宜。

左阜贝丁反,右刀寸点弯。曾差头不异,归浸体同观。

孤殆通相似,矛柔总一般。采夆身近取,熙照眼前看。

思惠鱼如画,禾乎手似年。既防吉作古,更慎达为连。

宁乃繁于叔,侯兮不减詹。称摄将属倚,某枣借来旋。

慰赋真难别,朔邦岂易参。常收无用直,密上不须山。

才畔详笺牒,水元看永泉。東同东且异,府象辱还偏。

才傍于成卉,勾盘東作阑。乡卿随口得,爰凿与奎全。

玉出头为武,于衔点是丹。蹄号应有法,云虐岂无传。

盗意脚同适,熊弦身似然。矣其头少变,兵共足双联。

莫写包庸守,勿书绿是缘。漫将绳当腊,休认寡为宽。

即脚犹如恐,还身附近迁。寒容审有象,宪害寅相牵。

满外仍知备,医初尚类坚。直须明谨解,亦合别荆前。

颡向戈牛始,鸡须下子先。撇之非是乏,勾木可成村。

萧鼠头先辨,寅宾腹里推。之加心上恶,兆载兔头龟。

点至堪成急,勾干认是卑。寿宜圭与可,齿记止加司。

右邑月何异,左方才亦为。举身为乙未,登体用北之。

路左言如借,时边寸莫违。草勾添反庆,乙九贴人飞。

惟末分忧夏,就中识弟夷。贲斋曾较不,流染却相依。

或戒戈先设,皋华脚预施。睿虞元仿佛,拒捉自依稀。

顶上哀衾别,胸中器谷非。止知民倚氏,不道树多枝。

虑逼都来近,论临勿妄窥。起旁合用短,遣上也同迷。

欲识高齐马，须知兕既儿。　寺专无失错，巢笔在思维。

丈畔微弯使，孙边不绪丝。　莫教顾作愿，勿使雍为离。

醉碎方行处，丽琴初起时。　栽裁当自记，友发更须知。

忽讶刘如对，从来岳似垂。　含贪真不偶，退邑尚参差。

减灭何曾误，党堂未易追。　女怀丹是母，叟弃点成皮。

若谓同涉浅，须贱教作师。　鼋鼍晁一类，茶菊策更亲。

非作浑如化，功劳总若身。　示衣尤可惑，奄宅建相邻。

道器吴难测，竟充克有伦。　市于增一点，仓会可同人。

数段情何密，曰甘势则匀。　固难防梦简，自合定浮淳。

添一车牛幸，点三上下心。　参参曾不别，哄巽岂曾分。

夺旧元无异，赢赢自有因。　势头宗掣絜，章体效平辛。

合戒哉依岁，宁容拳近秦。　邪听行复止，即断屈仍伸。

田月土成野，七九了收声。　最迫艰难叹，尤疑事予争。

葛尊上草得，廊庙月边生。　里力斯成曼，圭心可是春。

出书观项转，别列看头平。　我家曾不远，君畏自相仍。

甚人犬傍获，么交玉伴琼。　滕滕中委曲，次比两分明。

二下容为乱，宀藏了则宁。　而由问上点，早幸得头门。

耻死休相犯，貌朝喜共临。　鹿头真戴草，狐足乃疑心。

勿使微成渐，奚容闷即昆。　作南观两甫，求鼎见棘林。

休助一居下，弃奔七尚尊。　隶头真似系，帛下即如禽。

沟潥皆从戈，纸笺并用巾。　惧怀容易失，会念等闲并。

近息追微异，乔商乔不群。　款频终别白，所取岂容昏。

戚感威相等，驭敦殷可亲。　台名依召立，敝类逐严分。

邹歇歌难见，成几贱易闻。　傅传相竞点，留辨首从心。

昌曲终如鲁，食良末若吞。　改头聊近体，曹甚不同根。

旧说唐同雁，尝思孝似存。　扫掬休得混，彭赴可相侵。

世老偏多少，谢衡正浅深。　酒花分水草，技放别支文。

可爱郊邻郭，偏宜湛友谌。　习观羲献迹，免使墨池浑。

（张石秋，草诀百韵歌；陕西人民出版社，1984）

Ⅲ.俗语助记语言：谚语、歇后语

A

挨着铁匠会打钉，挨着木匠会拉锯

挨一拳，学一招

爱饭有饭，惜衣有衣

爱火不爱柴，火从哪里来

爱叫的麻雀不长肉，咬人的狗不露齿

爱叫的母鸡不下蛋

爱俏不穿棉

爱走夜路，总会遇见鬼

碍了脸皮，饿了肚皮

岸上学不好游泳，嘴里说不出庄稼

按倒葫芦瓢起来

按着葫芦抠子儿

熬得过初一，熬不过十五

B

八个金刚抬不动个礼字

八个人也抬不走一个理字

八月十五云遮月，正月十五雪打灯

把势要常踢打，算盘要常拨拉

白的黑不了，黑的白不了

百里不同风，千里不同俗

百人百味，众口难调

百日砍柴一日烧

百闻不如一见，百见不如一干

稗草不拔，水稻不发

稗子再好也长不出稻米

半夜说起五更走，天亮还在大门口

帮人帮到底，救人救个活

棒头出孝子，娇惯养逆儿

包子有肉不在褶上

褒贬是买主，喝喊是闲人

饱带干粮晴备伞，丰年也要防歉年

饱谷穗往下垂，瘪谷穗朝天锥

饱时莫忘饥时苦，有衣莫忘无衣难

抱元宝跳井，舍命不舍财

备席容易请客难

本钱易寻，伙计难讨

笨鸟儿先飞

逼哑巴说话

逼着公鸡下蛋，打着鸭子上架

比上不足，比下有余

鞭打骡子惊起马

扁担是条龙，一生吃不穷

遍地是黄金，缺少有心人

冰冻三尺，非一日之寒

冰雪虽厚，过不了六月

兵糊涂一个，将糊涂一群

兵熊熊一个，将熊熊一窝

病从口入，祸从口出

病来如山倒，病去如抽丝

病人不忌嘴，大夫跑断腿

病入膏肓，良医束手

病有四百四病，药有八百八方

拨亮一盏灯，照亮一大片

脖子再长，高不过脑袋

补漏趁天晴，读书趁年轻

不比不知道，一比吓一跳

不知苦中苦，难为人上人

不出声的狗才咬人

不除污浊水不清，不灭害虫苗难生

不当家不知柴米贵

不养儿不知父母恩

不懂庄稼脾气，枉费一年力气

不懂装懂，永世饭桶

不读哪家书，不识哪家字

不干不净，吃了没病

不管白猫黑猫，抓住老鼠就是好猫

不会看的看热闹，会看的看门道

不会烧香得罪神，不会说话得罪人

不会做饭的看锅，会做饭的看火

不见兔子不撒鹰

不见真佛不念经

不看家中宝，单看门前草

不冷不热，五谷不结

不怕不识货，就怕货比货

不怕不识字，就怕不识人

不怕官，就怕管

不怕路远，只怕志远

不怕一万，只怕万一

不生孩子，不知道腰酸肚子疼

不是一家人，不进一家门

不听老人言，吃亏在眼前

不行春风，难得夏雨

不蒸包子争口气

不知闷葫芦里卖的什么药

不撞南墙不回头

不做亏心事，不怕鬼叫门

不做贼，心不惊；不吃鱼，嘴不腥

C

财多惹祸，树大招风

彩云经不住风吹，朝霞遮不住风晒

仓头好省，仓底难留

槽头买马看母子

草膘料力水精神

草活一秋，人活一世

草入牛口，其命不久

茶壶里煮饺子，

肚里有货嘴里倒不出来

长衫有人穿，长话无人听

长痛不如短痛

常读口里顺，常写手不笨

常在河边走，哪能不湿鞋

朝里无人莫做官

潮怕二十，人怕四十

炒豆大伙吃，炸锅一人担

车到山前必有路，船到桥头自然直

车快了要翻，马快了要颠

扯了龙袍也是死，打死太子也是死

趁水和泥，趁热打铁

称上四两棉花纺纺

撑死胆大的，饿死胆小的

成功无难事，只怕心不专

成家子，粪如宝；败家子，钱如草

成熟的瓜要落蒂，长高的树要分丫

城吃镇，镇吃乡，乡人吃到老荒庄

秤不离砣，公不离婆

秤锤虽小压千斤

吃饱的猫不抓耗子

吃别人嚼过的馍没味道

吃不穷，穿不穷，打算不到就受穷

吃了秤砣铁了心

吃了哑巴亏

吃了人家的嘴软，拿了人家的手短

吃了三天素，就想上西天

吃哪行饭，说哪行话

吃人家的饭，看人家的脸，
端人家的碗受人家的管

吃水不忘打井人

吃五谷杂粮，保不住不生病

丑媳妇怕见公婆

丑媳妇总要见公婆

臭鱼烂虾，健康冤家

出门看日头，上路看风头，
打铁看火头

揣了二十五个兔子百爪抓心

床上有病人，床下有愁人

创业难，守业更难

春雨贵如油

此地无朱砂，红土也为贵

从小看大，三岁看老

D

打不到狐狸惹一身臊

打狗看主人

打狗欺主

打是疼骂是爱

打铁先要本身硬，身正影子才不斜

打着灯笼也找不到

大船烂了还有三千个钉

大风刮不了多时，大雨下不了多久

大狗爬墙，小狗学样

大水冲了龙王庙，自家不识自家人

大鱼吃小鱼，小鱼吃虾米

耽误庄稼是一季，耽误孩子是一代

但添一斗不添一口

当一天和尚撞一天钟

当着真人，不说假话

到什么山上唱什么歌

倒打一钉耙

稻多打出米来，人多讲出理来

灯靠油，人靠饭

灯里有油火光亮，地里有粪多打粮

地不翻，苗不欢

地靠人种，人靠心红

地是活宝，越种越好

钉是钉铆是铆

东一榔头，西一杠子

冬练三九，夏练三伏

赌近盗，淫近杀

多一事不如少一事

躲过了初一，也躲不开十五

E

额头上刻了个王字也成不了老虎

儿不嫌母丑，狗不嫌家贫

二八月乱穿衣

二姑娘带钥匙，当家的不主事

二十年的媳妇熬成婆，
百年的道路熬成河

二月二龙抬头

F

富人妻，墙上皮，掉一层再和泥；

穷人妻，心肝肺，一时一刻不能离

G

敢吃三斤姜，敢挡三条枪

跟着什么人学什么人，

跟着巫婆会跳神

耕问仆，织问婢

瓜儿不离秧，孩儿不离娘

瓜好吃不讲老嫩，人对眼不讲丑俊

贵人上宅，柴涨三千，米涨八百

过来冬，涨一针；过了年，涨一线

H

孩子离开娘，瓜儿离了秧

好活计勤算账

好事不出门，坏事传千里

好事不瞒人，瞒人没好事

好雁总是领头飞，好马总是先出列

喝口凉水也塞牙，放屁都砸后脚跟

皇帝轮流做，明年到我家

皇帝女不愁嫁

皇帝身上也有三御虱

黄鼠狼专咬病鸭子

谎话说千遍，假事误当真

货无大小，缺者便贵

J

饥不饥拿干粮，冷不冷拿衣裳

纪律不能松，松了乱哄哄

家家都有一本难念的经

叫花子拨算盘，穷有穷打算

教子之法，莫叫离父；教女之法，

莫叫离母

井淘三遍吃甜水，人从三师武艺高

救了落水狗，反被咬一口

君子一言，驷马难追

K

开门七件事，柴米油盐酱醋茶

开水不响，响水不开

L

烂泥糊不上墙，朽木当不了梁

老不舍心，少不舍力

老鼠急了会咬猫

老鼠拉木锨，大头在后面

累死十个庄稼汉，抵不上一个好媳妇

冷练三九，热练三伏

离家三里远，别是一乡风

离家一里，不如屋里

落了毗的凤凰不如鸡

M

马有三肥三瘦，人有三起三落

麦穗发了黄，秀女儿也出了房

猫急上树，狗急跳墙

没有规矩不成方圆

没有过不去的火焰山

没有曲子酿不成酒

没有弯弯肚子，不敢吃镰刀头

没有梧桐树，引不到凤凰来

没做亏心事，不怕鬼叫门

美不美，故乡水；亲不亲，故乡人

谋事在人，成事在天

N

拿豆包不当干粮

拿人家手短，吃人家嘴软

哪个人前没人说，哪个人后不说人

哪壶水不开提哪壶

男不可跟女斗，老不可跟少斗

南京到北京，买家没有卖家精

恼一恼，三分老；笑一笑，三分少

能存一肚饭，存不住一句话

你敬他一尺，他敬你一丈

你指东咱不往西，你指狗咱不骂鸡

你走你的阳关道，我走我的独木桥

娘想儿，流水长；儿想娘，筷子长

娘要嫁人，天要下雨

宁给饥人一口，不送富人一斗

牛吃稻草鸭吃谷，各人自有各人福

牛打江山马坐殿

牛皮不是吹的，火车不是推的

女大不由娘

女大十八变

女大自巧，狗大自咬

女子无才便是德

P

拍拍屁股走了

跑得了初一跑不了十五

贫贱之交不可忘，糟糠之妻不下堂

Q

七次量衣一次裁

七十二行行行出状元

七月的天，孩子的脸

骑驴的不知赶脚苦

骑驴看唱本，走着瞧

千行万行，庄稼是头一行

千里不同风，百里不同俗

千里送鹅毛，礼轻情意重

千年田，八百主

前有车，后有辙

钱要用在刀刃上

钱在手头，食在口头

敲锣卖糖，各干一行

巧妇难为无米之炊

亲不亲家乡人

亲兄弟，明算账

秦桧还有三个相好的

禽有禽言，兽有兽语

青蛙要命蛇要饱

晴带雨伞，饱带干粮

晴天不肯走，直待雨淋头

穷怕来客，富怕来贼

穷人家的孩子早当家

秋后的蚂蚱，没几天蹦跶头了

R

热不过火口，亲不过两口

热不过三伏，冷不过三九

人划算家不富，火不烧山地不肥

人不可貌相，海水不可斗量

人不像人，鬼不像鬼

人多力量大，柴多火焰高

人恶人怕天不怕，人善人欺天不欺

人活一口气

人活一张脸，树活一层皮

人老不算老，心老才算老

人怕出名猪怕壮

人怕上床，子怕上墙

人穷志短，马瘦毛长

人生一世，草木一秋

人是活的，钱是死的

人是铁，饭是钢

人抬人高，水抬船高

人无千日好，花无百日红

人无头不走，雁无头不飞

人误地一时，地误人一年

人心似铁，官法如炉

人言未必真，听言停三分

人有三分怕虎，虎有七分怕人

人有一技之长，不愁家无米粮

人有志，竹有节

人争一口气，佛争一炷香

人中吕布，马中赤兔

日里文绉绉，夜里偷毛豆

日子若要过得好，老少三辈无大小

肉包子打狗，一去不回

入国问禁，入乡问俗

软刀子杀人不见血

若要人不知，除非己莫为

若要甜，加点盐

S

三百六十行，行行出状元

三百六十行，行行有名堂

三春不赶一秋忙

三个臭皮匠顶个诸葛亮

三个和尚没水吃

三更四耙五锄田，一季庄稼吃两年

三十年河东，三十年河西

三天打鱼，两天晒网

杀敌一万，自损三千

杀鸡不用刀

杀鸡给猴看

山歌不唱忘却多，好田不耕草成窝

山要绿化，人靠文化

山中方七日，世上已千年

山中无老虎，猴子称大王

善有善报，恶有恶报；不是不报，

时候未到

伤筋动骨一百天

伤其十指，不如断其一指

商借农而立，农赖商而行

赏罚分明，百事不成

上半夜想想人家，下半夜想想自己

上山骡子平川马，下山毛驴不用打

上歪一尺，下歪一丈

上有天堂，下有苏杭

少吃咸鱼少口干

少吃一口，安定一宿

少叫一声哥，多走十里坡

少年偏信，老年多疑

赊三千弗如现八百

舍不得孩子，套不住狼

舍得一身剐，敢把皇帝拉下马

伸手不打笑脸人

伸手不见五指

身在福中不知福

深山藏虎豹，乱世出英雄

什么树开什么花，什么藤结什么瓜

什么藤结什么瓜，什么人说什么话

生不带来，死不带走

生米煮成熟饭

绳子总在细处断

省事不如省官

圣人门前卖字画

圣人也有三分错

剩饭炒三遍，狗都不吃

虱多不痒，债多不愁

狮子老虎也护犊

十步之内必有芳草

十层单不如一层棉

十个瞎子九个精

十个指头有长短

十个嘴把势，顶不住一个手把势

十年树木，百年树人

十七十八无丑女

十日滩头坐，一日行九滩

十月怀胎，一朝分娩

识者曰宝，不识者曰草

食不言寝不语

使口如鼻，至老不失

是狗改不了吃屎，是狼改不了吃肉

是狐狸早晚得露出尾巴来

是骡子是马牵出来遛遛

手中没把米，叫鸡鸡不来

手中有粮，心中不慌

书三写，"鱼"成"鲁"，"虚"成"虎"

书生治兵，十城九空

输棋不输品，赢棋不赢人

树靠土长，鱼靠水养

树老易空，人老易松

树争一层皮，人争一张脸

T

桃三杏四梨五年，枣子当年便还钱

桃养人，杏伤人，李子树下埋死人

天黄有风，人黄有病

天可度，地可量，唯有人心不可防

天上鸟飞，地下影儿过

天上下雨地下流，两口子打架不记仇

天上星多月不明，地上人多心不齐

田怕秋旱，人畏老贫

田舍翁亦当积三斛麦

同行不揭短，揭短砸人碗

偷鸡不成蚀把米

头遍生，二遍熟，三遍四遍成师傅

头有二毛好种桃，立不逾膝好种橘

秃子头上的虱子，明摆着

土帮土城墙，人帮人成王

兔子不吃窝边草

W

弯扁担，压不断

弯木头，直木匠

王八吃秤砣，铁了心了

未晚先投宿，鸡鸣早看天

乌有反哺之义，羊有跪乳之恩

巫师斗法，病人吃亏

无巧不成书

无事不登三宝殿

无事田中走，谷米长几斗

无心人说话，只怕有心人来听

五更天，鬼龇牙，寒冬腊月人冻煞

五谷不熟，不如荑稗

X

西方不亮东方亮

稀泥糊不上墙

瞎猫碰上死耗子

瞎子点灯白费蜡

先君子后小人

闲官清，丑妇贞，穷吃素，老看经

小和尚念经，有口无心

小河涨水大河满，小河没水大河干

笑一笑，十年少；愁一愁，白了头

心比天高，命比纸薄

新三年，旧三年，缝缝补补又三年

学到老，学不了

学问学问，勤学好问

Y

牙疼不是病，疼起来要命

眼见千遍不如手过一遍

眼见为实，耳听为虚

养家千百口，做罪一人当

摇头不算，点头算

要火不要柴，火从哪里来

要叫马儿跑，得叫马儿多吃草

要知田中事，乡间问老农

夜不闭户，路不拾遗

一把钥匙开一把锁

一朵鲜花插在牛粪上

一个和尚挑水吃，两个和尚抬水吃，

三个和尚没水吃

一粒老鼠屎，搞坏一锅汤

一龙生九种，种种各别

一是一，二是二

一手捉不住两条大鱼，

一眼看不清两行书

一锥子扎不出血

有茶有酒兄弟多，疾难来了不见人

有错三扁担，没错扁担三

有斧砍倒树，有理说倒人

有情人终成眷属，是鸳鸯棒打不分

有状元徒弟，没状元师傅

鱼沉的再深，总有个冒泡的时候

鱼过千层网，网网还有鱼

远来和尚好念经

月亮出来是圆的，小两口打架是玩的

月满则亏，水满则溢

Z

在家千日好，出门一时难

早霞不出门，晚霞行千里

灶王爷上天，好话多说

针尖大小的窟窿，能透斗大的风

参考文献：

钟雷，歇后语谚语大全，哈尔滨出版社，2005

Ⅳ. 行政区助记语言例：国家、省和市

（1）我国省级行政区简称别称歌

京津沪，辽吉黑，冀鲁豫，晋陕甘；

闽粤桂，川滇黔，苏浙皖，湘鄂赣；

青新宁，蒙台藏，渝港澳，加海南。

（沈然，中华字典；新疆少年出版社，2003）

（2）北京政区（城区四，近郊区四，远郊区八，县区二）歌

东西城崇宣，朝海丰景山；

门房通顺大，平怀昌密延。

（3）辽宁省辖地级十四市歌

沈大鞍抚本铁丹，辽朝营阜锦葫盘。

（4）大连市辖十区县歌

西沙中甘旅，金普瓦庄长。

（以上为作者编写）

Ⅴ · 文学作品助记语言例：中国当代文学

（1）史铁生《我与地坛》

我与地坛，描摹咏叹。解读生命，感悟本源。

荒园不衰，残废不残。诗意意象，句式舒缓。

深邃阔大，分而不散。九十年代，散文经典。

（2）巴金《怀念萧珊》

怀念萧珊，大块文章。直叙追忆，朴实流畅。

道德理性，深挚善良。怀念控诉，荡气回肠。

（3）翟永明《女人》

黑夜意识，自我道德。欣赏快感，激情宣泄。

（4）舒婷《神女峰》《惠安女子》

解构男权，尊重女性。风格柔婉，意象鲜明。

（5）昌耀《巨灵》

人与历史，互动关系。主题宏大，感情深挚。

写实方式，高潮迭起。生命本质，深刻揭示。

语言风格，艺术品位。古老反复，浓烈致密。

（6）曾卓《悬崖边的树》

悬崖树，意象诗。借助树，写心思。

上世纪，知分子，生存态，特惊奇。

要飞翔，勿沉迷。

（7）贺敬之《回延安》

回延安，看母亲。知分子，与人民。

抒情柔，感情真。信天游，比兴淳。

（8）郭小川《甘蔗林——青纱帐》

甘蔗林，青纱帐；运思巧，富想象。

忆革命，抒理想。战困难，气势磅。

辞赋体，情深长。

（9）蔡其矫《波浪》

波浪抒情诗，意象含哲理。

前半写波浪，后半抒胸臆。

礼赞大自然，生命自由体。

（10）阮章竞《漳河水》

漳河水，三部曲：往日解放长青树。

漳河边上三女性，荷荷苓苓紫金英。

离了婚，敢抗争，虽遭不幸能劳动；

人物形象栩栩生。

叙事巧，抒情浓，糅合使用赋比兴。

两句一节一换韵，民间谣曲清新风。

（11）陈忠实《白鹿原》

渭河呜咽奔流，白鹿两家恩仇。

一部民族秘史，多少文化沉舟。

（12）余华《活着》

余华写小说，代表是活着。先锋精神在，乡村沉重多。

福贵何凄惨，半生尽坎坷。先是当国兵，后来做俘虏。

虽然分土地，公社大饥饿。大炼钢铁后，最惨是文革。

家珍累病重，有庆死输血。凤霞难产死，苦根遭豆魔。

亲人云散尽，孤身一人多。可怜赴衰老，悲剧对牛说。

活着为什么？为看别人死，为己孤独活！

（13）池莉《烦恼人生》

生活是张网，一天即成型。理想是个梦，一生做不成。

工人印家厚，烦恼处处多。知青恋人走，娶个黄脸婆。

女徒单相思，自己一门躲。技术虽过硬，住的是鳖窝。

老人过生日，寿面囊中涩。不让考电大，轮渡对诗歌。

苦辣酸甜里，玫瑰早褪色。浪漫世俗化，市民小生活。

（14）莫言《枯河》

文革乡村事，枯河心上河。扭曲人性丑，贬比褒更多。

（15）马原《冈底斯的诱惑》

先锋派自马原出，元叙事情似有无。

线索几条通雪域，雪人天葬巨龙殊。

（16）阿城《棋王》

寻根文化动棋王，融汇道禅启后章。

送别列车能忘所，迎合轮战自图强。

两餐不裹知恐惧，一碗热开悟张扬。

无地自容总有以，有人以为是侠肠。

（17）汪曾祺《受戒》

受戒偏从破戒开，清规正为浊规来。

婉约世俗真悠美，豪放民风假尘埃。

两小佛门追有爱，几多圣地逐无猜。

世情虽旧犹诗外，乡土还新如画排。

（18）柳青《创业史》

五三年，蛤蟆滩。互助组，势必然。

两代人，步履艰。苦水泡，梁生宝。

翻身后，跟党走。集体化，斗争中，

买稻种，分稻种，砍竹子，为群众。

勤朴质，作风正。公道美，无私病。

胸怀阔，朝气蓬。勤思考，脚踏实，

灯塔社，大丰收。比垮了，后进层。

党领导，真英明。作品中，其他人，

梁三老，三大能；高增福，任欢喜，

徐改霞，王二直；多性格，各鲜明。

构画卷，活生生。自然景，浑厚美；

社会俗，真质朴；时代感，最强音。

结构严，心理细。发议论，抒情意，

开山作，好笔力。文学史，有位置。

（19）杨沫《青春之歌》

九一八，一二九，历史动荡之关口。

全民主流是抗战，知识青年怎样走？

面对形形色色之人物，只有合流才是路。

林道静，反封建，走出家庭和包办。

追求革命和爱情，无所顾忌真大胆。

余永泽，卢嘉川，直到江华之出现；

渴望爱情与斗争，追寻革命步步登。

很单纯，易冲动，个人英雄主义色彩浓，

终于成为坚定革命之先锋。

只有在党领导下，青春才能成精英。

（20）梁斌《红旗谱》

农民革命起斗争，三代二事两英雄。

自发自觉诚飞跃，个人集体总攀升。

不是中共能领导，哪有梦想变现成。

老忠塑造最丰满，慷慨好义不盲从。

志和虽弱且保守，不断成长能包容。

两两相谐方方面，互为映衬互补充。

强调对话写心理，故事性强线索清。

冀北民俗亦多彩，除夕庙会口语浓。

（21）茹志鹃《百合花》

笔调清新俊逸，情节单纯明密，细节丰富新奇。

一床百合被子，三个人物故事。

军民鱼水情谊，人性淳朴壮丽。

（22）宗璞《红豆》

革命爱情不可调，心理折磨路遥遥。

成为党的工作者，白马王子也分镳。

知识分子真情感，丰富复杂人性高。

倒叙方式两条线，一握红豆总煎熬。

（23）王蒙《组织部来了个年轻人》

党内心脏存消极，官僚主义作风奇。

斗争消除艰辛事，极强意义在现实。

复杂形象刘世吾，典型人物很特殊。

严重官僚习气盛，却不令人很厌恶。

仿佛是个哲学家，其实冷漠又麻木。

林震不是孤独者，前途光明道曲折。

理想现实矛盾多，前进只得除疾疴。

一篇文章五十年，至今犹能刮目看。

（24）周立波《山那面人家》

山那面人家，一片茶子花。社会大变革，乡村景物佳。

主人翁地位，生命树新发。新人爱集体，胜过新婚里。

新娘卜翠莲，大方而勤俭。新郎邹麦秋，勤劳且忠厚。

山乡在巨变，精神尤可观。清新幽默风，深深故乡情。

（25）孙犁《铁木前传》

白洋淀派铁木前，古朴道德人性篇。

明快跳跃轻柔笔，时代精神向上看。

虽说描写集体化，却在表现共富难。

小说主人黎老东，发家致富忘当年。

俨然变成庄园主，竟把老刚当乞怜。

生动具体艺术例，形象揭示人性贪。

（26）赵树理《登记》

登记两条线，母女罗汉钱。婚姻能自主，法典是关键。

叙事评书体，语言用民间。结构纵剖面，结局大团圆。

人物小飞蛾，隐忍多良善。女儿张艾艾，自信而乐观。

两代同女性，新旧两重天。当代文学史，开篇山药蛋。

以上作品，为作者教授文学作品赏析课（张志忠，中国当代文学作品导读；北京大学出版社，2009）的教学笔记。

Ⅵ.助记语言学谱系例表

<table>
<tr><th>谱系</th><th colspan="2">1</th><th colspan="2">2</th><th colspan="2">3</th><th>备注</th></tr>
<tr><td rowspan="10">助记语言学</td><td rowspan="10">助记方式</td><td rowspan="10">实物助记
语言助记
文字助记</td><td rowspan="10">助记方法</td><td rowspan="3">故事化</td><td rowspan="3">物语助记</td><td>连锁助记</td><td>太祖兴，国大明。号洪武，都金陵。迨成祖，迁燕京。十六世，至崇祯。权阉肆，寇如林。李闯出，神器焚。
（王应麟，三字经）</td></tr>
<tr><td>发散助记</td><td>帝乙归妹，其君之袂，不如其娣之袂良，月几望。女承筐无实，士刲羊无血。
（周易，归妹）</td></tr>
<tr><td>问对助记</td><td>帝曰：有其年已老而有子者，何也？岐伯曰：此其天寿过度，气脉常通，而肾气有余也。此虽有子，男不过尽八八，女不过尽七七，而天地之精气皆竭矣。
（黄帝内经，上古天真论）</td></tr>
<tr><td rowspan="2">机密化</td><td rowspan="2">口诀助记</td><td>推导助记</td><td>六退一还五去一，七退一还五去二，八退一还五去三，九退一还五去四。
（珠算减法口诀，退十补五减）</td></tr>
<tr><td>趣味助记</td><td>巍巍古寺在山中，不知寺内几多僧。三百六十四只碗，恰合用尽不差争。三人共食一碗饭，四人共进一碗羹。请问先生能算者，都来寺内几多僧？
（程大位，算法统宗，以碗知僧）</td></tr>
<tr><td rowspan="2">诗意化</td><td rowspan="2">韵语助记</td><td>复韵助记</td><td>癸卯卜，今日雨：其自西来雨？其自东来雨？其自北来雨？其自南来雨？
（郭沫若，卜辞通纂）</td></tr>
<tr><td>单韵助记</td><td>春雨惊春清谷天，夏满芒夏暑相连，秋处露秋寒霜降，冬雪雪冬小大寒。
（王用臣，幼学启蒙儿歌，二十四节气歌）</td></tr>
<tr><td rowspan="3">体例化</td><td rowspan="3">结构助记</td><td>总分助记</td><td>故经之以五事，校之以计，而索其情：一曰道，二曰天，三曰地，四曰将，五曰法。
（孙子十三篇，始计）</td></tr>
<tr><td>模式助记</td><td>今有勾三尺，股四尺，问为弦几何？答曰：五尺。
今有弦五尺，勾三尺，问为股几何？答曰：四尺。
（九章算术，勾股问题）</td></tr>
<tr><td>诠释助记</td><td>一曰指事。指事者，视而可识，察而见意；上下是也。
二曰象形。象形者，画成其物，随体诘诎；日月是也。
三曰形声。形声者，以事为名，取譬相成；江河是也。
四曰会意。会意者，比类合谊，以见指挥；武信是也。
五曰转注。转注者，建类一首，同意相受；考老是也。
六曰假借。假借者，本无其字，依声托事；令长是也。
（许慎，说文解字，序）</td></tr>
</table>

跋

《榘矱集》是我的第一部合集，包括诗歌、戏剧和助记语言学。一位朋友叫我解释下，这个书的名字"榘矱"。这个词是出自《离骚》的"求榘矱之所同"。"榘矱"是量器，意为规矩、法度。我喜欢这个词，就拿来做书的名字了。

本集中，诗歌这部分，其实也是我的随笔。除了与几个朋友有意的唱和之外，大多为我平时生活步履的遗痕。新旧体诗比较起来，旧体诗多一些，新体诗少一些。新体诗是有了感想才写的，旧体诗是有无感想都在写的。我一直在努力地尝试歌剧的写作，诗歌是不可以搁置和懈怠的。这就是新旧体诗能够做到五百多首的来由。戏剧这部分，无论戏曲、清唱剧，还是民族唱法的剧，总体来说都是属于歌剧的范畴。目前创作、演唱和欣赏歌剧，久已被时下的媒体所替代得只剩下少有几个频道的寥若晨星，至于舞台的演出，怕是也已门可罗雀。我是想为它做些事情的。这就使得这本合集中剧本的创作显得很杂，这真是一件很无可奈何的事。还要说明的是，在剧本之外，我还在一个朋友的感动下，竭尽全力地去写了汉代的戏剧史。和王国维一样，前四史是被我翻了好几个个儿的。这才归结出汉代戏剧的几种形式，诸如，庙酹歌舞剧、传承歌舞剧和即兴歌舞剧等等的剧目。这个是我的发明。助记语言学这部分，是我一个人积累了将近三十年的史料，以业余的光阴，一章一章逐渐完成的。最后统一了体例，但有些章节还是能看出步履匆匆的瑕疵。这真是一个只能如此交待的工作了。

在还没有编辑这本书的时候，我的同学钦鸿，寄下了他的两本《文坛话旧》，还要我去借《东北现代文学大系》，继续补充他的《现代作家笔名录》。但不久就接到他夫人关于他走了的消息。这使我想起来，他的催促，要我放下课程，整理旧著。《絜矱集》就是在这个背景下开始编辑起来和完成的。

我工作了许多年，写了许多年。除了这一集，还有两集，一集是《蕙茝集》，收入的是散文随笔和文史的札记；这个，是我的主要的文章的内容，量也是超过前集的。另一集是《崦嵫集》，收的是篆书《离骚》全本。余下的会出一个补遗之类的小册子。

人都有文学艺术的梦。前几天在微信上看到，我同学退休写的不少诗，还有歌词，还有谱曲，很惊诧。他们说，还在编广场舞呢。我的文学梦，可能比他们早，半个世纪应该是有的了。从我十四岁初一得了征文奖，到我三十九岁在《中国语文》上发文章，这大约二十五年，我拼命工作，拼命写文章，还全本翻译了《史记》。三毛的母亲缪进兰纪念三毛的时候，说她那么多报纸杂志，也没见她都发表了啥，咋就整天着魔一般地发呆，着魔一般写作。我也是曾经在通宵之后，把早餐做好，惹得他们母子起来异口同声说，你咋还没睡。但我们得到的，却如鲁迅先生所说，正如煤的形成，当初用大量木材，结果只是一小块儿。我的这一小块儿，尚不知热量如何，燃烧怎样，总之是形成出来了。

这个后记，本来是我家人要写的，却又率然搁笔，我就只好自己写出。我是一个尤其喜欢读后记的人；但我的后记，因为需要说的话太多，而跟这一本小书比，却又是那么微不足道的不能够相称，就写这些吧。

我要感谢的人很多。

这本书的"学者文库"专家团队，主编宋韵声先生、责任编辑陈景泓先生等，那么认真严谨专业一丝不苟。我的学生詹孝玲，在上戏考博复试后校对了全稿；在陕师大读博的张军校勘了古汉语部分；本文库执行主编徐军先生统校了全书，并指导设计了助记语言学谱系例表；排版的张进、兰心，尤其是兰心，加班加点排版校改，都是应该好好答谢他们的。

作者

2017，5，1

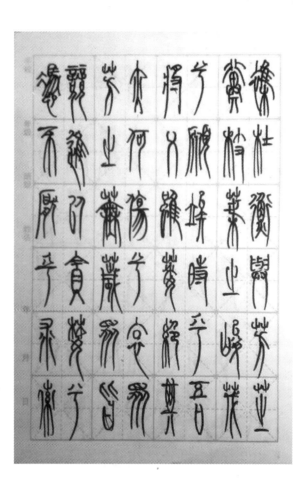

2007·篆书离骚全本手稿之一

1981·作者在武昌参加首届水浒学术讨论会

2017·微电影《王国维传》海宁站拜会王学海先生

2017·微电影《王国维传》海宁站拍摄现场